"十一五"国家重点图书规划项目·防空指挥自动化系列丛书

防空指挥自动化系统

吕 辉 贺正洪 李续武 主 编

吕 辉 贺正洪 李续武 李 松
张金成 谢 波 王 刚 刘 曙 编 著
孙 炜 张林锋

军队 2110 工程资助项目

西北工業大學出版社

【内容简介】 指挥自动化系统(C^3I)是军队的重要军事装备，已成为国防威慑的重要力量，是军队现代化的基本标志，因此受到各国政府和军队的高度重视。防空指挥自动化系统是军队指挥自动化系统的重要组成部分，它担负着预警探测、情报处理、指挥控制等重要任务。本书着眼于系统的功能、结构组成和主要理论技术，以信息的录取、处理、传输为主线，介绍了自动化雷达情报处理、自动化武器控制和防空化作战的主要理论和技术，以及它们与通信技术、计算机技术、网络技术等现代高科技术的内在联系，从而形成完整的系统概念。"围绕系统，突出原理"是本书的特色。本书可作为军队院校指挥自动化专业本科生和研究生的教材，对从事指挥自动化工作的管理、研究、维护和使用人员，也是一本有价值的参考书。

图书在版编目(CIP)数据

防空指挥自动化系统/吕辉，贺正洪，李续武等编著．—西安：西北工业大学出版社，2006.1
(2017.8 重印)
(防空指挥自动化系列丛书)
ISBN 978-7-5612-1854-9

Ⅰ.防… Ⅱ.①吕… ②贺… ③李… Ⅲ.①防空—指挥控制系统：自动化系统
Ⅳ.E115

中国版本图书馆 CIP 数据核字(2005)第 134139 号

出版发行：西北工业大学出版社
通信地址：西安市友谊西路 127 号　邮编：710072
电　　话：(029) 88493844　88491757
网　　址：www.nwpup.com
印 刷 者：陕西宝石兰印务有限责任公司
开　　本：787 mm×1 092 mm　1/16
印　　张：21.125
字　　数：509 千字
版　　次：2006 年 1 月第 1 版　2017 年 8 月第 4 次印刷
定　　价：55.00 元

防空指挥自动化系列丛书
编　委　会

总　序

随着计算机网络技术和信息技术的发展，人类跨入了信息时代，信息战已登上历史的舞台。加强指挥手段建设，提高信息作战能力，努力建设和发展我军指挥自动化系统，已经是历史的必然。

信息技术的高速发展及其在军事领域的广泛运用，正深刻改变着军事斗争的方式。当前，指挥自动化已成为国防威慑的重要力量，是军队现代化的基本标志。军队指挥自动化系统已成为打赢高技术局部战争必备的重要手段，是实施信息作战的重要武器系统。军队指挥自动化系统建设要以我军新时期军事战略方针为依据，着眼于提高我军整体作战效能和信息化水平，坚持战斗力标准，加强建设综合一体、功能完备、技术先进、协调配套、稳定可靠、安全保密的指挥自动化系统，提高我军高技术条件下的联合作战指挥能力和信息作战能力。建设指挥自动化系统的目标是要努力实现指挥控制、情报侦察、预警探测、通信、电子对抗和信息保障系统一体，各军兵种指挥自动化系统一体，战略、战役、战术级指挥自动化系统一体，以及指挥自动化系统与主战武器系统一体。既要具备抵御信息攻击的能力，又要具备信息攻击的能力。

我军指挥自动化建设经过多年的努力，已经取得了许多重要的进展。加强我军现代化建设，必须着眼于改善作战指挥手段，提高信息作战能力，把指挥自动化建设作为国防和军队现代化建设的战略重点。这是世界军事变革对我军现代化建设提出的客观要求，是提高部队“打赢”能力的迫切需要。

在防空指挥自动化系统建设的过程中，空军工程大学导弹学院在教学、科研方面进行了多年的工作，完成了许多重要建设项目，培养了大批高素质的人才。为了总结多年教学、科研成果，编写出版防空指挥自动化系统系列丛书5本，分别是《防空指挥自动化系统》《防空指挥自动化信息处理》《防空指挥自动化通信系统》《防空指挥自动化系统软件工程》《防空指挥自动化指挥控制系统》。从系统、信息处理、通信系统、软件工程及指挥控制等方面，分别介绍了防空指挥自动化系统的基本原理和关键技术，这对从事防空指挥自动化领域的工程技术人员及军队相关领域的指战员都有很好的参考价值。

本系列丛书的作者，都是我院长期从事防空指挥自动化系统研究的专家、学者，有丰富的教学和实践经验。他们对自己从事的工作进行了科学总结，编写风格尽量做到理论与实践相结合，形成系统概念；书中图文并茂，通俗易懂，努力做到开卷有益。为了保证本系列丛书的编写质量，专门成立了丛书编委会，反复研究编写思想和编写提纲。相信防空指挥自动化系统系列丛书的出版发行会对我军防空指挥自动化系统的建设起到一定的促进作用。

本系列丛书的出版，得到了西北工业大学出版社的重视和大力支持，正是他们对国防建设的高度事业心和责任心，并为此付出了辛勤的劳动，使本系列丛书得到顺利出版，在这里向他们表示诚挚的敬意。

空军工程大学导弹学院院长

2005 年 12 月

前 言

指挥自动化系统(C^3I)是军队的重要军事装备,已成为国防威慑的重要力量,是军队现代化的基本标志,因此受到各国政府和军队的高度重视。人们把指挥自动化系统看做"力量倍增器""第三次军事革命"等。我军也认为,指挥自动化系统是打赢高技术条件下局部战争必备的指挥手段,是实施信息作战的重要武器系统。经过多年的努力,我军指挥自动化建设已取得长足发展,初步建成了各级指挥自动化系统,在保障作战指挥、战备值班、训练演习、抢险救灾、科学实验中已经发挥了重要作用。

防空指挥自动化系统是军队指挥自动化系统的重要组成部分,它担负着预警探测、情报处理、指挥控制等重要任务。先进的装备总是由人去驾驭和指挥的,任何时候都是人的因素起主导作用。因此,人才培养必须适应装备发展的需要。为了满足防空指挥自动化建设对人才培养的需要,我们编写了这本《防空指挥自动化系统》。本书着眼于系统的功能、结构组成和主要理论技术,以信息的录取、处理、传输为主线,介绍了自动化雷达情报处理、自动化武器控制和防空作战的主要理论和技术,以及它们与通信技术、计算机技术、网络技术等现代高科技的内在联系,从而形成完整的系统概念。"围绕系统,突出原理"是本书的特色。本书也是作者多年教学实践的总结,并融入了作者的研究成果,有一定的理论深度,又有一定的普及意义。

本书共分为9章,各章的主要内容如下:

第1章　指挥自动化系统概述。介绍军队指挥自动化的含义、系统结构、功能及关键技术。

第2章　雷达数据的录取。介绍雷达信号检测的原理和目标坐标测定、雷达数据录取的方法。

第3章　雷达信息的处理。介绍雷达信息二次和三次处理的基本原理和技术。

第4章　数字通信基础。介绍数据通信系统和数据通信的相关技术。

第5章　防空 C^3I 系统的实现。介绍防空 C^3I 系统中常用的通信方式及其实现方法。

第 6 章　防空 C^3I 系统中的计算机网络。介绍防空 C^3I 系统中计算机网络的基本概念、功能和主要理论技术。

第 7 章　防空作战指挥。介绍防空作战指挥与决策的原理、方法，以及实现决策科学化的工具——决策支持系统。

第 8 章　自动化武器控制系统。介绍自动化武器控制的基本概念和实现方法。

第 9 章　防空 C^3I 系统工程。介绍系统分析、综合与设计。

本书由吕辉、贺正洪、李续武主编，并确定本书的编写思想和编写提纲。吕辉、李续武编写了第 1,4,6 章；贺正洪编写了第 2,3,7,8 章；第 5 章由谢波、孙炜完成；第 9 章由李松、王刚完成。张金成、刘曙参加了全书的讨论和部分内容的编写。吕辉、李松、张林锋完成了全书的统稿。

本书可作为军队院校指挥自动化专业本科生和研究生的教材，对从事指挥自动化工作的管理、研究、维护和使用人员，也是一本有价值的参考书。

在本书的编写过程中，参阅了大量文献资料，在此向这些文献的作者表示感谢。由于编者水平有限，不妥之处，敬请读者批评指正。

编著者

2005 年 10 月

目 录

第 1 章 指挥自动化系统概述 …… 1

1.1 指挥自动化与指挥自动化系统 …… 1

1.2 指挥自动化系统的组成、功能及地位和作用 …… 3

1.3 指挥自动化系统的结构、分类与特征 …… 13

1.4 指挥自动化系统的发展历程与趋势 …… 17

1.5 指挥自动化系统的关键技术 …… 23

第 2 章 雷达数据的录取 …… 31

2.1 信息获取 …… 31

2.2 统计检测基本原理 …… 34

2.3 雷达信号的检测 …… 40

2.4 确定目标坐标的方法 …… 51

2.5 雷达数据的录取 …… 55

第 3 章 雷达信息的处理 …… 69

3.1 雷达信息二次处理的任务 …… 69

3.2 目标航迹的外推与滤波原理 …… 71

3.3 航迹参数的递推式滤波(平滑) …… 81

3.4 航迹的建立与航迹的相关 …… 87

3.5 雷达信息三次处理的任务 …… 93

3.6 时空统一 …… 95

3.7 点迹核对与坐标平均 …… 98

3.8 三次处理的信息综合算法 …… 109

第 4 章 数字通信基础 …… 115

4.1 数字通信系统的基本组成 …… 115

4.2 数据通信系统 …… 118

4.3 通信信道 …… 127
4.4 数据传输方式 …… 135
4.5 交换方式 …… 140
4.6 差错控制技术 …… 143

第 5 章 防空 C^3I 系统的实现 …… 148

5.1 通信在指挥自动化系统中的地位和作用 …… 148
5.2 防空 C^3I 系统中通信设备的分类和发展 …… 150
5.3 指挥所的主要通信设施 …… 157
5.4 短波通信 …… 161
5.5 微波通信 …… 164
5.6 卫星通信 …… 168
5.7 光纤通信 …… 174
5.8 移动通信系统 …… 182

第 6 章 防空 C^3I 系统中的计算机网络 …… 189

6.1 计算机网络概述 …… 189
6.2 计算机网络的结构 …… 194
6.3 局域网技术 …… 199
6.4 广域网技术 …… 217
6.5 网络互连 …… 226
6.6 计算机网络的安全与管理 …… 231

第 7 章 防空作战指挥 …… 235

7.1 作战指挥 …… 235
7.2 指挥决策 …… 239
7.3 威胁估计 …… 247
7.4 目标分配及算法 …… 251
7.5 决策支持系统 …… 261

第 8 章 自动化武器控制系统 …… 269

8.1 自动控制的基本原理 …… 269
8.2 自动化武器控制的实现 …… 272

第 9 章 防空 C^3I 系统工程 …… 277

9.1 防空 C^3I 系统军事需求分析 …… 277
9.2 防空 C^3I 系统总体设计 …… 284

9.3 防空 C^3I 系统建设与综合集成 …… 295
9.4 防空 C^3I 系统建模 …… 303
9.5 防空 C^3I 系统仿真 …… 311
9.6 防空 C^3I 系统建模仿真中的 VV&A …… 318

参考文献 …… 326

第 1 章　指挥自动化系统概述

由于科学技术的蓬勃发展，改变了传统的战争方式，突破了传统的战争空间和时间观念。未来战争要求必须实现军队指挥自动化。指挥自动化是现代科学技术与军队指挥实践发展的历史产物，是现代科学技术在军队指挥领域的集中运用和结晶，是提高军队整体作战效能的有效途径，是现代高技术战争的重要制胜因素。指挥自动化系统作为指挥自动化手段的技术实现，是军队现代化建设的一个重要方面，在世界上已有半个世纪的发展历程。为了提高我军在高技术条件下的联合作战指挥能力和信息作战能力，我国也必须对指挥自动化和指挥自动化系统进行全面规划、研究，发展与建设综合一体、功能完备、技术先进、协调配套、稳定可靠、安全保密的指挥自动化系统。

军队指挥自动化和指挥自动化系统理论集中反映了军队指挥领域的最新理论成果和主要学术问题。学习和掌握军队指挥自动化和指挥自动化系统理论，是学习和发展军队指挥理论的必然要求。本章介绍军队指挥自动化与指挥自动化系统的含义，指挥自动化系统组成、功能、分类、结构、特征以及发展历程、趋势与关键技术，使读者对军队指挥自动化系统有一个初步了解。

1.1　指挥自动化与指挥自动化系统

指挥自动化与指挥自动化系统是研究指挥自动化理论的两个最基本的概念，它们是同一个事物的不同表现，既有联系，又有区别。只有弄清这两个基本概念，才能搞清指挥自动化更深层次的问题。

1.1.1　指挥自动化

有关指挥自动化的含义、概念或定义的说法很多，目前大家普遍能够接受的关于指挥自动化的定义是：在军队指挥体系中，采用现代电子技术、信息技术、军事理论和系统工程方法，并与指挥人员相结合，实现军事信息的采集、传递、处理自动化和决策方法科学化，对部队和武器实施指挥与控制，以提高指挥效能和管理效率。

指挥自动化是属于作战指挥手段的范畴。自动化的指挥方式相对于传统的指挥方式，能使指挥员和参谋人员从大量烦琐的技术性事务工作中解脱出来，有更多的时间和精力从事创造性的指挥活动，可以大大缩短作战准备时间，加快科学决策过程，提高军队指挥的时效性，以利于作战快速反应，缩短指挥周期，对战场实施优化控制。

在理解指挥自动化这一概念时，需要把握以下四点：

(1) 指挥自动化是军事技术发展的必然结果,并随着科学技术的进步、战争需求的变化和军事理论的创新而不断发展。

(2) 指挥自动化不仅是指作战指挥的自动化,而且涉及现代军队活动的各个方面和各个层次,在军队的作战、战备、训练、管理、抢险救灾等活动中发挥着重要的作用。

(3) 指挥自动化是相对抽象和定性的概念,是控制论、信息论和系统论等现代科学技术在军队指挥领域的应用和反应,而非物理实体。指挥自动化是人们在军队指挥领域要达到的目的,而指挥自动化系统是实现这一目的的手段。

(4) 实现指挥自动化,是一个将军事理论和现代信息技术应用于军事领域的过程。军事需求是牵引,信息技术作推动。因此,实现指挥自动化,必须重视军事理论和指挥自动化理论的研究,必须综合运用现代信息技术,包括微电子技术、电子计算机技术、通信技术和传感器技术等。

1.1.2　指挥自动化系统

指挥自动化系统作为指挥自动化的技术实现,是国防基础设施的重要组成部分,是军队现代化的重要标志。那么指挥自动化系统是什么?指挥自动化系统是指在特定作战理论指导下,综合运用现代电子信息技术和设备,并与指挥人员相结合,把指挥、控制、通信和情报有机地结合成一体,构成对部队和武器实施指挥与控制的人 — 机系统。其基本功能是实现各种军事信息的采集、传递、处理自动化和指挥决策方法科学化,并具有预警、抗毁、机动、电子对抗、快速反应和合成作战指挥等能力;平时能满足部队管理和训练等需要。

在理解指挥自动化系统这一概念时,需要把握以下四点:

(1) 指挥自动化系统是具体的物质系统,是客观的存在,而指挥自动化是比较抽象的概念。

(2) 指挥自动化系统实质上是军事信息系统。即通过先进的技术手段来获取信息、传输信息、处理信息,并使信息增值,进行辅助决策,以提高指挥控制的效率。

(3) 指挥自动化系统是一个系统的概念。它是许多相互依赖、相互作用的系统要素组成的,包括了各种分系统和设备,也包括相应的人员、编制等。

(4) 指挥自动化系统是“人 — 机”系统。在军队指挥的全过程中,决定的因素是人,指挥自动化系统只是一种指挥工具和手段,只能完成那些可事先编出程序的重复性、事务性和技术性的工作,不能代替人的主观能动性和指挥员的创造性劳动。指挥员和参谋人员是军队指挥自动化系统的组成部分,并且处于主导和核心地位,整个系统都是为他们服务的。只有充分考虑人 — 机互补、合理分工、紧密配合,才能建成高水平的指挥自动化系统。可见,人是系统的参与者和决策者,人是决定性因素。

1.1.3　指挥自动化系统的名称演变

军事的强劲需求和技术的有力推动,使指挥自动化系统经历了初创、曲折发展、日趋成熟、广泛应用的发展过程。在这一发展过程中,系统的组成越来越完善,功能越来越强大,对信息化战争的支撑作用也越来越明显。从目前来看,指挥自动化系统是现代高技术战争必要的物质基础。通常指挥自动化系统是一个泛指指挥系统的一般概念,针对某一具体的系统来讲,到底包含哪些要素,要根据具体情况而定。而且不同的国家对其有着不同的定义和理解,例如,美国称

其为 C^2,C^3I,C^4I 等,苏联称其为军队指挥自动化系统,北约则称其为 CCIS(指挥、控制和情报系统)。下面介绍美军指挥自动化系统的演变。

美军的指挥自动化系统是从 C^2 系统逐步演变发展而来的。指挥自动化系统的内涵是随着技术进步和需求的变化逐步扩展的。20 世纪 50 年代称其为“指挥与控制”(Command and Control,C^2)系统。20 世纪 60 年代,随着远程打击武器特别是战略导弹和战略轰炸机的大量装备,通信手段在系统中的作用日益完善,于是在系统名称中加上“通信”一词,形成“指挥、控制与通信”(Command Control and Communications,C^3)系统。1977 年,美国首次把情报作为指挥自动化不可缺少的因素,并与 C^3 系统结合,形成“指挥、控制、通信与情报”(Command Control Communications and Intelligence,C^3I)系统。由于计算机在系统中的地位日益重要,到 1989 年又加上“计算机”一词,变成“指挥、控制、通信、计算机与情报”(Command Control Communications Computer and Intelligence,C^4I)系统。在以后的几年里,C^4I 系统逐渐从分立式、封闭式的独立系统发展成为一体化的 C^4I 系统。近几年来,美国根据局部战争的经验,进一步认识到掌握战场态势的重要性,加上以信息技术为代表的军事技术的飞速发展,首次提出了“战场感知”的概念,即利用各种监视和侦察设备,全面了解战区的地理环境、地形特点和气象情况等,实时掌握敌我兵力部署、武器装备配置及其动向,为作战行动提供可靠的依据。因此,一体化的 C^4I 系统的内涵又进一步扩大,演变成包括监视与侦察的一体化的 C^4ISR(Command Control Communications Computer Intelligence Surveillance and Reconnaissance,C^4ISR)系统。随着信息技术的发展和战争的需求,赋予 C^4ISR 系统的任务也不断变化。美国国防部还计划建设 C^4ISRW 系统,即由探测预警系统、指挥控制系统、通信系统和各种打击系统组成的一体化系统。现代高技术战争,已不再是平台与平台之间的对抗,而是体系与体系、系统与系统之间的对抗。指挥自动化系统也必须具备对抗与反对抗的能力,否则难以在对抗日趋严峻的环境下生存和维持正常活动。因此,一些专家学者又拓展了指挥自动化系统的内涵,提出了一些新的概念,如 C^3ICM(指挥自动化对抗)、C^2W(指挥控制战)等。其中 C^2W 是在情报支援下,综合应用作战保密、军事欺骗、心理战、电子战和实体摧毁,阻止敌方获取信息,影响、削弱或摧毁敌方指挥控制能力,同时保护己方的指挥控制能力。

从上述可以看出,指挥自动化系统名称的变迁,在一定程度上反映了指挥自动化系统在技术水平、性能和应用领域等方面的发展,同时也表明了人们对指挥自动化系统认识的深化,逐渐丰富其内涵,扩展其外延。随着指挥自动化系统本身的发展,还会出现一些新的名词。因此我们没有必要深究其名称,关键是要把握其实质,搞清其内涵和外延。

1.2　指挥自动化系统的组成、功能及地位和作用

1.2.1　作战指挥过程

作战指挥的任务是组织搜集情报、处理情报,根据处理的结果制定作战方案,下达作战任务和命令指示,监督部队执行命令情况,必要时进行指挥控制的调整。具体来说包括如下几个环节:

(1) 收集、处理和显示有关敌方、我方、地形与其他方面的情报。这是作战指挥的第一个环节,目的是进行作战态势分析和空情态势分析。作战态势分析是在战斗准备阶段进行的,通过

对各种侦察手段获取的情报的处理，获取敌方有关编制、武器装备、兵力配置等信息，为我方制定作战方案提供依据。空情态势分析是在战斗实施阶段进行的，为作战决心的生成提供依据。

(2) 辅助决策，定下决心，拟制作战方案。这是作战指挥的第二个环节。在作战态势分析的基础上，制定作战方案，内容包括作战目的、作战使用力量、作战方法、保障措施等。作战方案可以由指挥员根据受领的任务和指挥自动化系统对情报的处理结果，提出几个作战方案；也可以由指挥自动化系统自动给出几个作战方案。对于指挥自动化系统自动给出的作战方案不需要进行评估，因为指挥自动化系统在给出数个作战方案的同时，对各个作战方案的优劣也进行了说明。对于指挥员提出的作战方案需要进行作战模拟，以选择较优的作战方案。

(3) 下达命令与指示，实施指挥与控制。指挥自动化系统根据作战方案和空情态势分析，自动、迅速地进行作战计算、形成控制指令，经指挥员确认后，即可通过通信设备传输到作战单元。

(4) 检查命令执行情况，必要时进行调控。在战斗实施过程中，指挥自动化系统不间断地侦察敌情、我情，并将结果显示出来。因此，在整个战斗过程中，指挥员能够实时监控部队执行命令的情况；如果战场没有出现预期的变化，指挥员还可以通过指挥自动化系统及时调整控制指令，以适应新的情况。

其过程可用图 1-1 来说明。

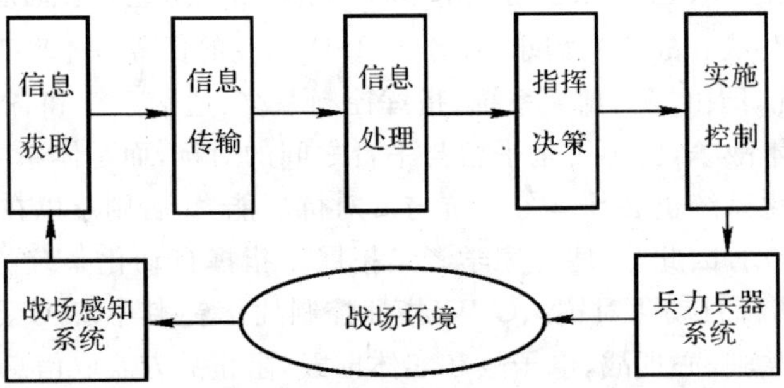

图 1-1　作战指挥过程

1.2.2　指挥自动化系统的组成

各种类型的指挥自动化系统都是由若干个分系统组成的。而对于同一个系统，从不同的角度对系统进行划分，则划分出的子系统也各不相同。

1. 从基本要素的角度划分系统

从构成系统的基本要素考虑，指挥自动化系统可以分为人、机、网三个分系统。“人”是指系统技术保障人员、操作员和指挥人员。“机”是指计算机硬件、软件及有关的技术设备和探测设备。“网”是指由各种通信设备及通信信道所组成的通信网络。

2. 从信息的角度划分系统

从信息流程的角度来考虑，指挥自动化系统包括信息获取分系统、信息传输分系统、信息处理分系统、信息显示分系统、决策指挥分系统、武器控制分系统。

信息获取分系统主要由各种侦察设备组成，如侦察卫星、预警机、雷达、传感器及其他侦察探测设备等。它能及时、准确地收集敌我双方的有关作战方面的信息，为指挥员指挥决策提供依据。

信息传输分系统由各种通信信道、交换设备和通信终端组成。通信信道主要包括短波、微波、光纤、卫星通信等；交换设备主要包括电话自动交换机和电报、数据自动交换机及网络交换设备等；通信终端主要包括电传机、电话机和图形显示器等。通常这些设备组成多功能的通信网络，能够迅速、准确、安全地传输各种信息。

信息处理分系统的核心设备是计算机，计算机对信息的处理渗透到系统工作过程的每一个环节。信息处理的目的是以最优的形式为各级指挥员提供关于受控对象的态势信息，辅助指挥员科学决策，对各种方案进行模拟、选优等。

信息显示分系统主要由大屏幕显示器、投影仪和记录仪等组成，它以文字、表格、图形图像等多种形式，为指挥员提供形象、直观、清晰的态势情报和战场实况。

决策指挥分系统的任务是根据信息处理生成的态势信息和作战意图，运用先进的辅助决策手段，分析受控对象的态势，评估我方和友方受敌方威胁及可能的受损程度，预测各种作战方案的效能、得益和代价，排定最优作战方案序列，辅助指挥员实现决策科学化。

武器控制分系统的功能是实现武器指挥控制自动化，例如导弹制导系统、飞机作战指挥引导系统、火炮控制自动化系统等。这些武器控制系统自身往往也是一种指挥自动化系统，也包括信息获取、信息处理、信息传输、作战方案选择、指挥决策和引导控制等环节，构成一个相对独立的指挥自动化系统，嵌套在上级指挥自动化系统之中。

3. 从系统功能的角度划分系统

从系统功能的角度考虑，指挥自动化系统可分为指挥控制系统、情报系统、通信系统、电子对抗系统、其他作战信息保障系统。各个分系统自身又是一个指挥自动化系统，分系统之间相互渗透和交叉，通过综合集成，形成功能完备、一体化的指挥自动化系统。

(1) 指挥控制系统。指挥控制系统是指挥自动化系统的核心，它直接影响指挥自动化系统整体效能的发挥。指挥控制系统主要用于综合处理各种信息，为指挥员进行指挥决策提供可靠的信息；辅助指挥员拟制作战方案并通过模拟推演、评估，选择较优的作战方案，为指挥员定下决心、下达命令提供准确的依据；同时提供用于兵力兵器指挥控制和引导的数据，通过通信系统下达给部队或武器系统，实施指挥和控制。指挥自动化的总体结构设计，在某种意义上来说，就是围绕指挥控制分系统来进行的。

指挥控制系统主要由起工作平台作用的硬件系统和完成作战功能的软件系统组成。硬件系统包括信息处理分系统、信息显示分系统、信息传输分系统和系统监控分系统。

信息处理分系统是以计算机为核心设备的。因此，计算机性能的优劣关系到整个系统的性能。指挥控制系统的大规模并行处理机可以满足信息处理速度的要求，同时系统互通性、兼容性、开放性要好，对电磁信号具有防护控制能力。

信息显示分系统是指挥控制系统中实现人—机交互的主要手段，应该具有显示内容多、容量大、工作稳定和可靠等特点；具有显示控制功能和图形交换能力，能进行分页、分区的显示，既可显示总体态势，也可显示局部情况；具有较强的人—机交互对话功能和指挥通信功能，便于指挥员在显示控制台上进行人工干预。

信息传输分系统是指内部通信设备，包括程控交换设备和通信终端等。

系统监控分系统由以监控计算机为主的系统监控台和各种检测装置、报警装置、控制切换装置等组成。其主要任务是实施对系统设备运行情况的监控、通信线路的监控和系统运行环境的监控等。

从完成的作战功能来看，软件系统包括战场信息分系统、作战分析分系统、作战模拟分系统、作战评估分系统、参谋作业分系统、系统监控与检测分系统、作战分系统、火力支援分系统等。

(2) 情报系统。情报系统由包括情报侦察系统、预警探测系统和情报处理中心组成，主要负责搜集敌我双方的各种情报。防空 C^3I 系统的情报系统运用多种探测设备，形成全方位、立体化、全天候的侦察监视。现代情报侦察监视系统，从防空的角度来说，通常由地面雷达警戒网、空中预警网和无线电技术侦察网等组成；从防天的角度来说，通常由侦察卫星预警网和地面雷达预警网组成。下面主要介绍防空情报侦察监视系统的组成。

1) 地面雷达警戒网。将各种警戒雷达按照性能统一部署、合理配置，形成全方位、立体化的雷达警戒网。

2) 空中预警网主要由空中预警机组成。其主要优点是机动性强、情报传递快、侦察范围大，尤其是对低空目标和超低空目标的探测能力好。

3) 无线电技术侦察网是由装备有专门无线电技术设备的侦听战组成。其任务是通过侦听、侦收、测向等方法，截获、破译敌方指挥通信信息，以获得敌方空袭活动的预先征兆和实时情报。

(3) 通信系统。随着现代战争突发性的增强，军队指挥机关需要掌握和运用大量的各式各样的信息，要求通信必须快速、准确和保密。因此，在指挥自动化系统中，通信系统是重要的物质基础；没有良好的通信保障，指挥自动化系统就发挥不出应有的指挥效能，更谈不上是兵力“倍增器”了。

按照传输媒介的不同，通信可分为有线通信和无线通信两大类。有线通信主要分为架空通信线路、电缆通信线路和光纤通信线路等；电缆通信又可分为地下电缆通信线路、水下电缆通信线路和野战电缆通信线路。无线通信按照传输方式可分为短波通信、超短波通信、微波中继通信、对流层散射通信和卫星通信等。

通信系统一般分为内部通信系统和外部通信系统。内部通信是指指挥控制系统内部的通信，主要由通信终端和程控交换设备组成；外部通信是指挥控制系统与情报侦察系统、预警探测系统、作战部队(武器系统)、友邻部队和上下级指挥控制中心等的通信，主要由有线和无线通信系统组成。

(4) 电子对抗系统。电子对抗是电子信息技术与军事斗争日益结合的产物，是在信息空间展开的斗争。在现代战争中，为了取得战争的胜利，除了对敌武器系统和信息系统进行硬杀伤外，还应该对敌武器系统和信息系统进行软杀伤，使其瘫痪或执行错误的动作，从而有效地保护我方指挥自动化系统和武器系统不受敌干扰、破坏，处于良好的工作状态。电子对抗就是一种软杀伤的方法。电子对抗系统一般由侦察传感设备、显示操作设备、干扰执行设备、通信设备和数据处理中心等组成。

(5) 其他保障系统。保障系统一般是指气象保障、后勤保障、装备保障等。

对于上述三种划分指挥自动化系统的方法来说，通常采用第三种划分方法。

1.2.3　指挥自动化系统的主要功能

1. 信息获取功能

信息获取是指系统运用在空间适当配置和运行的各类感测器和专设情报系统，全面地获取受控系统的实时态势信息，对获取的信息进行感测器层的信息处理(如识别、分类、状态估计等)。常见的信息类型包括敌情、我情、友情、气象、天文、地理、社情等，常见的信息载体有数据、文件、话音、图像和图形等。对信息获取的基本要求是力图使获取的信息是完备、真实、准确和实时的。

及时可靠的情报是指挥员进行决策的依据，为使所获情报互相补充、彼此印证，需通过各种可能途径、手段收集情报。在现代战争中，获取情报的手段主要有电磁侦察、航空侦察、卫星侦察和人员侦察等。其中前三种属于技术侦察，所获情报具有多样性和广泛性的特点，如采用自动化设备并与自动化系统相衔接，就能提高情报的时效性和准确性。

航空侦察和卫星侦察可通过雷达、遥感器和光学装置，获取全球性的战略情报和大范围的战役战术情报。如卫星侦察可以监视导弹发射场、军港、机场等大型军事设施，并能将所获信息立即发回地面站；航空侦察也是把侦察到的情报发往指挥所，而不是待飞机着陆后再提供照片。实时传回的空中侦察情报需经自动化系统的汇集、处理、判读和显示，方可提供使用。

电磁侦察主要的目的是获取敌人电磁信号和有形活动的情报。通过自动化设备对电磁信号的探测和分析，可以了解敌方通信、雷达、导航等设备的技术参数和部署、活动情况，还可以破译其使用的密码等。军队的有形活动总要留下痕迹或造成某些变化，侦察设备测得这些变化后，经过计算和分析，便可获得实时情报。

人员侦察在现代条件下仍占有重要地位，其所获情报也可通过自动化传递、处理和显示，及时提供使用。

指挥自动化系统可以和各种探测、侦察设备连接，组成一个多手段、全方位的情报网，并能自动地收集大量的实时情报，这是人工指挥系统无法与之相比的。

2. 信息传输功能

运用适当的通信系统和设备，可以实现系统中各个分系统、各组成单元之间的信息交换与传输。为了有效传输多种信息，应当采取适当的信息处理技术和设备，在发送端将传输信息进行编码、存储、打包、转发等处理，而在接收端进行对应的逆处理。信息传输的基本要求是无差错、近零时延、抗干扰、防窃取和连续、稳健。

迅速、准确、保密和不间断地传递情报，是保证适时、连续和隐蔽指挥的前提。指挥自动化系统拥有高质量的通信网和各种功能的终端设备，为迅速、准确传递信息创造有利条件，更重要的是它采用数字通信方式，便于应用计算机等自动化设备，使多种通信业务高速、自动地完成。

在自动化通信网中，信息的加密和解密都是自动进行的，无需机要部门的译电工序。这就可以实现电报用户制度，即像打电话一样，参谋人员利用身边的终端设备，直接拍发电报，使原来作战、机要、通信三种工作合并，从而简化了工序，节省了人力，并赢得大量宝贵的时间。机要电报与用户电报收发过程的比较如图 1－2 所示。

通信交换中心的电子计算机，不仅“记住”了各用户的直达线路和迂回线路，而且能对所有线路随时地检测，掌握每条线路的性能及其工作情况。所以，当某条直达线路发生故障或占线时，它能按最好、次好的顺序自动选择并接通迂回线路，保证信息不间断地传送。如果直达与迂回线路都不能使用时，交换中心的计算中心可将信息存储起来，一旦线路空闲或恢复，便立即自动发出，参谋人员不必等待，可集中精力去处理其他工作。由于交换中心具有存储信息的功能，故可对信息进行分组交换，即先将信息存储起来，然后自动分成若干组，通过多手段、多信道传到对方，再按原来顺序予以还原。这样做的好处是，不仅缩短了传递时间，而且提高了信息传递的可靠性和保密性。因为如果将一份信息量很大的情报从头到尾地传递，既费时又易被敌人侦察、干扰或截取。

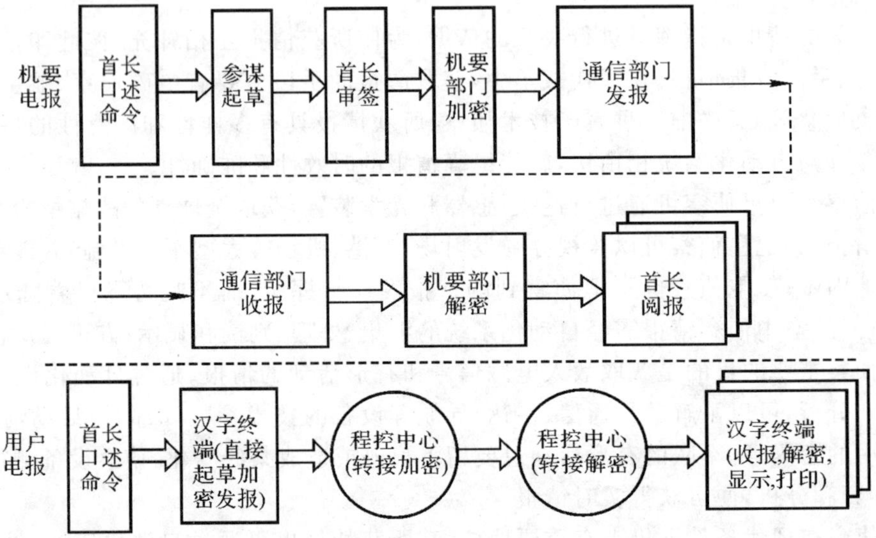

图 1-2　机要电报与用户电报收发过程示意图

3. 信息处理功能

信息处理是指挥自动化系统的一项基本功能和任务，它存在于系统的各分系统和组成单元中，渗透到系统工作过程的每一个环节。按照信息处理程序及其所处理信息占有时间和空间乘积的大小，可以将指挥自动化系统的信息处理由低到高地划分为五个信息处理层：

(1) 单感测器实时信号处理；

(2) 单感测器数据处理；

(3) 多感测器数据融合处理；

(4) 多属性信息融合处理；

(5) 态势评估与辅助决策中的信息变换与再生。

信息处理的目的是以最优的形式为各级指挥员提供关于受控对象的态势信息，辅助指挥员科学决策。对信息处理的基本要求是近零时延、最优化和稳健。

处理情报是对原始情报进行分类、分析、综合，进行鉴别和浓缩。

为了全面及时地了解战场情况，指挥员及其司令部总是希望增加收集情报的手段和加快情报传递速度，但是大量情报涌向司令部，如不及时处理，势必造成积压，这与情报缺乏同样有害。在传统的指挥系统中，处理情报是最薄弱的一环。据统计，用普通手段只能处理所获得情报的 30%，指挥官在做出决策时，由于时间紧迫，只能使用已处理情报的 30% 来组织指挥战斗，这无疑降低了指挥质量。采用指挥自动化系统可以解决这个矛盾，自动化情报处理系统能够迅速处理情报，满足作战指挥要求。针对不同类型的情况，系统所采用的处理方式是不同的。

对于数字情报，如雷达、声呐、传感器以及其他数据获取设备传来的数字信号，不需任何变换即可直接输入计算机进行处理或存储。对于已经或较易格式化的情报，如电报、图标、报告等，可事先规范化并予以编码，变成数字信号，便于计算机自动进行处理。对于非规范化的情报（如电话记录、口头或书面情报等），或需要深入分析判断的情报，则须经参谋人员亲自处理，而后利用计算机终端进行处理。

对于传输来的情报，一般要先做出评价。如果是新情报，则需分类编号；有的情报需注明"保存期"；若是较长的情报，还应写出"摘要"；如系急需情报，经值班参谋批注后，可立即在有关首长和单位的屏幕上显示，然后再进行上述处理。以上工作除摘要一项外，值班参谋只要按动少量字符键便可完成，处理一份情报一般不超过一分钟，因为大量具体工作都是由计算机按事先编好的程序自动完成的，这就明显地提高了情报处理效率。当正在处理情报过程中，又来了等级较高的急报时，自动化系统自动识别电报的等级码并发出信号，值班参谋根据先急后缓的原则，优先处理急报，不致延误。

4. 信息显示功能

情报信息和辅助决策方案要以适当的形式显示出来，才便于指挥员了解和使用。在这方面，指挥自动化系统具有许多独到的优点：不仅显示速度快、精度高，而且能以多种形式进行显示；除文字、符号外，还能显示图形、图像。图形、图像显示具有直观、形象、真实等特点，这对执行单位透彻地理解上级意图和准确地执行命令非常重要，是其他形式无法相比的。

图形、图像信息主要是用管面显示器、大屏幕显示器和绘图仪等设备显示。这些设备能根据需要显示整幅画面，也可对其中一部分加以放大，还可同时显示不同形式的信息，如图形、符号、文字、表格等，以便决策者分析比较、综合研究。

5. 辅助决策功能

辅助决策是指各级指挥控制中心的指挥机构根据信息处理生成的态势信息和作战意图，运用先进的辅助决策手段，分析受控对象的态势，评估我方和友方受敌方威胁和可能受损程度，预测各种作战方案的效能、得益和代价，排定最优作战方案序列，辅助指挥员实现决策科学化。

辅助决策是指挥自动化系统的核心任务和功能，辅助决策的水平是指挥自动化系统先进性和有效性的主要标志，是现代高技术条件下作战指挥迫切需要解决的关键问题。作战指挥自动化系统是一种复杂的人 — 机系统，辅助决策是指挥自动化系统的一个难题，必须综合多学科理论，在先进技术与装备的支持下才可能有效地解决。

决策是指挥员的创造性劳动，对那些不能量化而对战斗结局又有重大影响的因素，如敌我作战人员的军政素质、心理状态、敌军的特点等，都要求指挥员充分发挥自己的聪明才智，去实施准确的判断和灵活的指挥，这是任何自动化指挥工具都不能代替的。在有多个决策方案时，指挥员单凭经验不易取舍，这时便可借助自动化指挥工具对各个方案进行推算，对比优劣、权衡利弊，从中选取最佳方案。但是必须指出，战斗决策与其他领域的决策不同的地方是战斗行动前无法在极为相似的条件下对战斗决策的质量进行检验。上述推演结果的准确程度，根据想定的具体条件不同，可能有很大差异，最后仍然需要指挥员靠经验、智慧和责任感来决策。这说明，即使有了指挥自动化系统，决策仍然是指挥员创造性劳动的产物。系统本身只为指挥员制定决策、充分发挥其指挥艺术提供了更有利的条件，决不是代替指挥员的创造性劳动。

6. 指挥控制功能

(1) 作战指挥功能。作战指挥的任务是根据选定的作战方案或作战方案序列，将有关的指令和信息按照适当方式下达给作战部队或武器控制系统，对战斗行动实施指挥引导、进程监视、趋势预测，必要时调整作战方案或行动计划，实时地指导各战斗诸元协同行动，达到预定的作战目的。

从系统 — 信息论的观点来看，可以把作战指挥与兵力控制归结为“信息施效”过程，由指令传输、指令解释、信息变换、武器控制和信息反馈等基本环节构成。随着各种先进武器不断地出现和作战打击力不断地提高，可以借助于武器控制自动化系统来实现武器指挥控制自动化，例如导弹制导系统、飞机作战指挥引导系统、火炮控制自动化系统等。这些武器控制系统自身也往往是一种指挥自动化系统，也包括信息获取、信息处理、信息传输、作战方案选择、指挥决策和引导控制等环节，构成一个相对独立的指挥自动化系统，嵌套在上级指挥自动化系统之中。

作为指挥周期的最后一个环节，实施指挥就是传递指挥情报，因此传递情报环节的功能和优点在这个环节中均能体现。采用自动化设备实施指挥控制，不仅及时、保密，而且能以多种形式将首长的决策传递到所属部队，便于部属理解任务、适时行动。

由于战场情况复杂多变，部队在实现决策时，势必会遇到一些难以预料的情况和变化，这时，指挥员必须针对出现的新情况，及时采取有力措施，实施主动灵活的指挥。而实施这种主动灵活的前提，是通过指挥自动化系统，确保将变化了的新情况及时反馈到指挥所，迅速形成新的指挥周期。

(2) 武器控制功能。武器控制是指挥自动化系统的另一重要功能，其目的是充分发挥己方武器的威力，削弱敌方武器的威胁。现代武器不仅威力强，而且速度快，往往要求在几秒钟内确定或修改指挥方案，因此，必须提高指挥控制的速度和质量。武器控制是军队指挥自动化系统发展较早、较成熟的功能之一，它分为自动化控制系统和自动武器控制系统。两者的区别在于，前者需要人参与决策，而后者完全是按照预定程序工作的。如图 1-3(a)，(b) 所示。

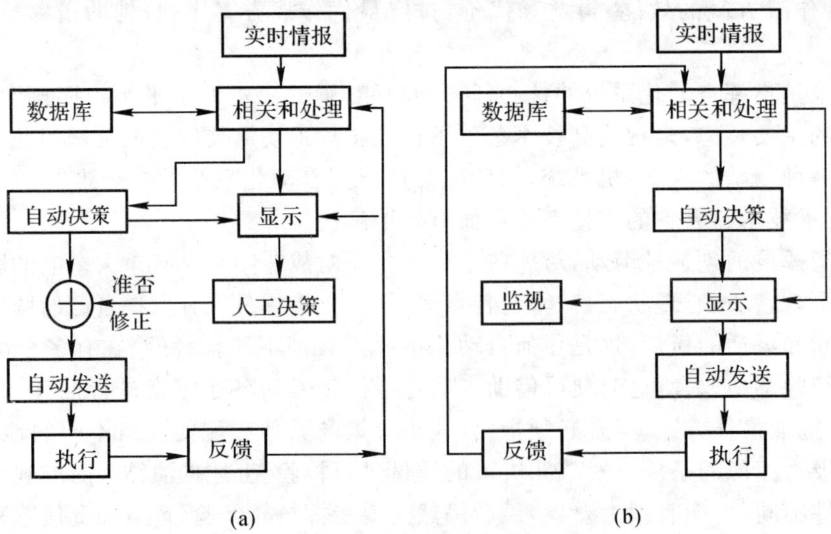

图 1-3 武器控制系统
(a) 自动化控制系统； (b) 自动武器控制系统

对付高速飞行器的防空系统，是自动武器控制系统的典型实例，如图1-4所示。该系统从发现、跟踪、识别目标，到目标参数测定、威胁预测，直至己方武器选定、发射、引导等，都不要人的参与，全部自动地进行。

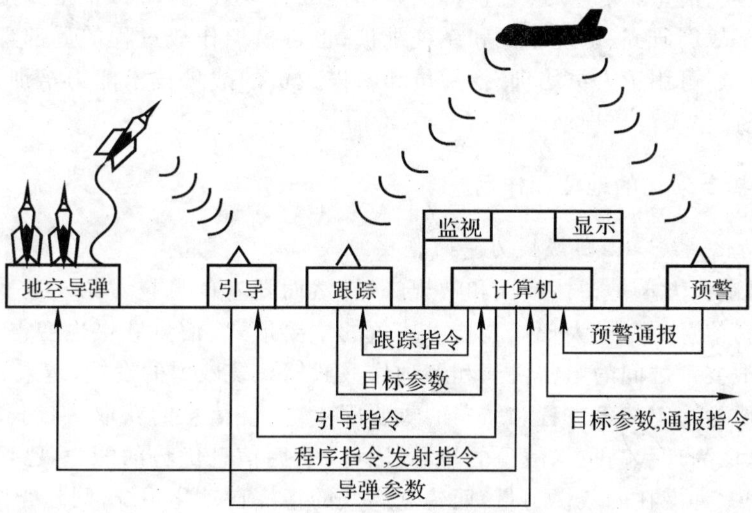

图1-4 自动防空系统示意图

自动化控制系统是由人决策或由机器协助人决策的。如战略核武器控制系统，其决策权由国家最高指挥者掌握，机器只起到协助决策的作用。又如炮兵射击指挥系统，其中高炮对空作战时限性较强，影响因素较少，多是自动武器控制系统；而地炮则是自动化控制系统，指挥员可以变更情况参数，修正计算机给出的射击方案，实行人工决策以应付复杂的战术情报及大量的随机因素。

7. 其他功能

(1) 数据库管理和文电处理。数据库是现代指挥自动化系统各级指挥控制中心的重要分系统。按既定原则从各类情报系统获得的各种历史的、实时的和预测的相关信息，从上级、下级、友邻中心获得的各种相关信息和指令、计划与报告等有关资料存入数据库；及时更新和修改数据库；在态势分析与评估、决策、兵力分配与控制时，从数据库检索和提取出与态势状态有关的数据和信息进行相关和融合处理；这些就是数据库管理任务的主要内容。在上下级指挥机构之间，在友邻部队之间，在与国家某些非军事部门（气象、民航、民防、安全等）之间以及指挥所与所属部队之间，一些实时指令、情报等有关信息是通过文电传送的，指挥自动化系统应以适当的方式实时地接受、处理和转发这些信息，通常由专门设置的各相应处理环节分别完成这些任务。

(2) 后勤支援和保障。在信息时代，信息和信息技术在军队后勤上的应用使现代后勤从“物力型”转变成“信息型”。各种后勤指挥和管理自动化系统与相应的作战指挥自动化系统互连、互通，构成完整的、一体化的军队指挥自动化系统。作战指挥自动化系统通过后勤指挥和管理自动化系统实时掌握可支持作战行动的后勤物质基础的储备、配置、流通的有关情况，为指挥决策和作战方案选定提供基础条件，又将实施作战行动对后勤支援与保障的要求传送给后勤指挥和管理自动化系统，使后勤单元和作战单元的行动协调一致，力争以最小的人力和物力代价获得最优作战效能。

(3) 系统模拟和训练。运用系统建模和系统仿真的理论与方法，可以在系统中模拟典型作战模式的态势生成、信息获取与处理、指挥决策和作战行动效能评估，直至方案选择和行动实施的全过程，用于战例研究、系统调试和系统维护；也可模拟作战过程的局部环节或系统工作流程的局部环节；还可用于人员培训、指挥员和参谋人员的战术技术能力培训、系统管理技术人员培训和系统操作人员培训。

1.2.4　指挥自动化的地位和作用

1. 指挥自动化系统是国防威慑力量的重要组成部分

传统的国防威慑力量是指核威慑和常规威慑。然而随着信息技术的飞速发展及其在军事领域的广泛应用，信息战已成为现代高技术战争的主要形式，信息威慑也变得日益重要。在信息化战场，各作战要素之间的紧密协调和各种作战武器系统威力的发挥，越来越需要信息的支持，信息优势已成为决定战争进程和结局的重要因素，围绕信息的获取、控制和使用权所展开的对抗和争夺已成为现代高技术战争的核心。因此，掌握信息优势的能力，已经成为当今军事领域正在强化的一种潜在的威慑力量，而建立高效的指挥自动化系统，则是夺取和保持信息优势的关键。指挥自动化系统实质上是一个集指挥、控制、通信和情报于一体的军事信息系统，它通过先进的技术手段获取信息、传输信息、处理信息、再生信息，通过优化配置，协调作战资源，使信息施效。

近几场高技术局部战争清楚地表明，先进的武器装备和军队整体作战能力的发挥离不开先进的指挥手段。因此，我们应该充分意识到指挥自动化系统的地位和作用，并把它提高到关系国家安危和衡量国力重要标志的高度来认识。

2. 指挥自动化系统是军队战斗力的"倍增器"

现代战争不再是单一平台之间的对抗，而是多平台之间的对抗、体系之间的对抗和系统之间的对抗。

指挥自动化系统则为这种整体对抗提供了一条有效的途径。只有通过指挥自动化系统，才能将各种作战要素、作战资源、武器系统连接为一个统一的整体，才能对其进行优化配置，充分发挥作战体系的整体效能，使有限的兵力得到倍增。近几场局部战争充分证实了在现代高技术条件下，指挥自动化系统与武器系统具有同等重要的地位，任何取得绝对优势的一方，都是具备了与武器系统相配合的、有效的指挥自动化系统，否则要付出沉重的代价。

指挥自动化系统与军队战斗力的关系也可用图 1－5 来形象地说明。

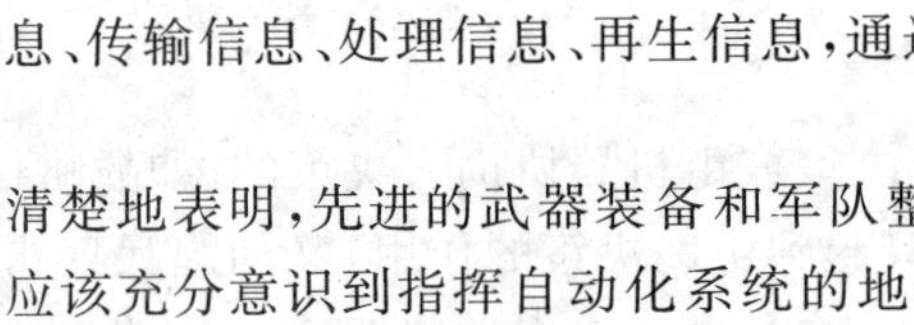

图 1－5　指挥自动化系统与战斗力的关系

3. 指挥自动化系统是现代高技术战争中作战指挥的必备手段

指挥自动化系统对高技术战争的作战指挥有着重要的影响，主要表现在以下几个方面：

(1) 指挥自动化系统拓展了作战指挥范围。现代战争具有立体性、分散性等特点。立体性是指战场立体化突出，空中、海上、海下、地面和外层空间的作战同时或交错进行；分散性是指作战资源和部队的分散配置。针对现代战争立体性、分散性和破坏性等特点，必须拓展作战指挥的范围。而指挥自动化系统就能够使指挥员在远离战场的情况下，实时、直观、形象地掌握战场态势和有关情况，进而进行决策，实施指挥控制。因此，在某种程度上实现了"运筹于帷幄之中，决胜于千里之外"。

(2) 指挥自动化系统极大地提高了作战指挥的时效性。在高技术战争中，作战空间大，节奏加快，战场情况瞬息万变，这就要求指挥手段在保证作战行动时，必须有充分的反应时间，并使指挥节奏更快、更及时。通过自动化指挥手段可以快速获取瞬息万变的战场信息，对信息进行快速的分析、综合和处理，进而形成科学的指挥决策，然后通过自动化的信息传输手段，将各种命令、指示和各种反馈信息及时、准确地传输到各个作战单元，从而保证对作战单元实施及时有效的指挥控制。

(3) 指挥自动化系统在很大程度上提高了作战指挥决策的正确性、科学性。通过自动化辅助决策手段对作战指挥中指挥员难以及时科学地决策的问题进行决策，可以提高决策的质量和速度；但不排斥人的创造性，指挥员可以对指挥自动化系统的辅助决策方案进行修正。

4. 指挥自动化系统是信息战的重要武器系统

随着信息技术及其装备在军事领域中的应用，信息优势在现代战争中的作用越来越明显。信息战的目的就是要获取对信息的占有权、控制权和使用权，使己方指挥控制机构获取的信息比对方更加完整、准确、及时、可靠，其作战对象是对方的军事和民用信息系统。为了获取信息优势，而采取诸如信息获取、军事欺骗、心理对抗战、电子战、网络战等作战行动，有些作战行动必须依靠指挥自动化系统才能实现。指挥自动化系统已成为信息保障、信息对抗、信息防护措施中最主要的工具。美国1995财政年度国防报告首次对信息战进行了阐述："信息战不仅是更好综合运用己方的C^4I系统的手段，而且是有效地与潜在敌方的C^4I系统相匹敌的手段。一方面保证己方信息系统的完好，免遭敌方利用、恶化和破坏；另一方面则设法利用、恶化和破坏敌方的信息系统。在这个过程中，取得运用部队的信息优势。因此，信息战就是C^4I与C^4I的对抗，信息系统安全与安全的对抗，以及情报的集聚和综合。"由此可以看出，信息战的作战对象主要是C^4I系统，信息战的物质基础和技术手段也主要依赖于C^4I系统。

1.3　指挥自动化系统的结构、分类与特征

1.3.1　指挥自动化系统体系结构

指挥自动化系统体系结构框架通常由作战体系结构、系统体系结构和管理体系结构组成。作战体系结构从军事指挥员的角度来描述指挥自动化系统体系结构的作战需求，是对作战任务和行动、作战要素以及完成或支援军事作战所要求的信息流的一种描述。系统体系结构是从系统研制开发人员的角度，描述为完成用户的军事需求的系统的体系结构，即说明大系统中多个系统是如何连接和实现互操作的，并且描述在这个体系结构中各系统的内部结构和运行，它更侧重于整体框架，侧重于系统之间以及系统内部各部分的接口和通信关系，侧重于对系统以及系统内部各部分之间的信息交换关系的描述。管理体系结构从项目管理者的角度，描述对系

统或项目研制开发中的管理内容和措施。管理体系结构主要是对技术标准、质量、时间、项目以及经费等方面进行全面科学的管理，保证体系结构的设计以及系统的研制质量。这三个体系结构分别从不同的角度对系统体系结构进行描述，三个体系结构是一个有机的整体，构成对指挥自动化系统体系结构完整、科学的描述。这三种体系结构是在系统设计和开发时要着重考虑的问题，在此我们不具体讨论，下面主要介绍防空指挥自动化系统的宏观结构和微观结构。

1. 指挥自动化系统的宏观结构

指挥自动化系统是根据军队编制体制、作战任务、作战编制和指挥关系构成的。它自上而下逐级展开，左右相互联系，构成一个有机和立体的整体。这种结构能够保障各级各类作战指挥和作战协同，具有较好的整体性与较强的生存适应能力。各级各类指挥自动化系统的有机结合，就构成了指挥自动化系统体系。过去人们常用宝塔模型或五角星模型来反映系统的体系结构；但宝塔模型仅表现了系统的层次，五角星模型仅是战役系统模型，不能表示指挥自动化系统间的关系。相比之下，三维立体模型能较好地反映整个指挥自动化系统之间横向和纵向的联系，它以系统的层次、军兵种和作战业务这三维构成一个立体模型，如图 1-6 所示。

系统层次维与军队指挥层次相对应，军事指挥的层次性决定了指挥自动化系统的空间结构应该是有序分层的。根据指挥自动化系统的职能和规模，可将系统层次维分为四层：战略级指挥自动化系统、战区级指挥自动化系统、战役级指挥自动化系统、战术级指挥自动化系统。军兵种维与部队编制相适应，按部队编制可分为四类：陆军指挥自动化系统、海军指挥自动化系统、空军指挥自动化系统、第二炮兵指挥自动化系统。军事业务维与指挥自动化系统内涵相适应，可划分为指挥控制系统、情报系统、通信系统、电子对抗系统、其他作战保障系统。

从总体上看，上述模型把军队指挥自动化系统分为四个层次、四个军兵种和五种军事业务。模型的每个空间对应一个类型的指挥自动化子系统，某几个空间单元的系统就可以构成某个类型的指挥自动化系统。

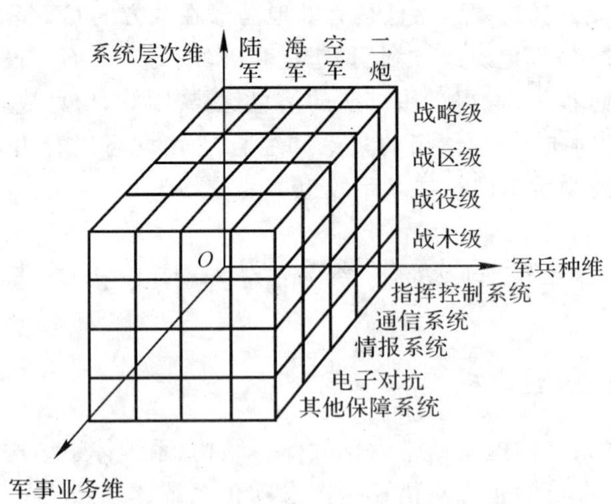

图 1-6 指挥自动化系统的宏观结构

2. 指挥自动化系统的微观结构

从功能的角度来看，指挥自动化系统由五个功能分系统组成，其功能结构、层次关系分别如图1-7、图1-8所示。

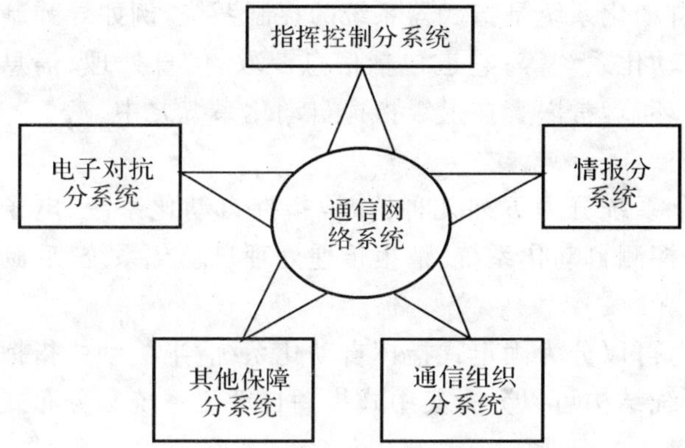

图1-7　系统功能结构

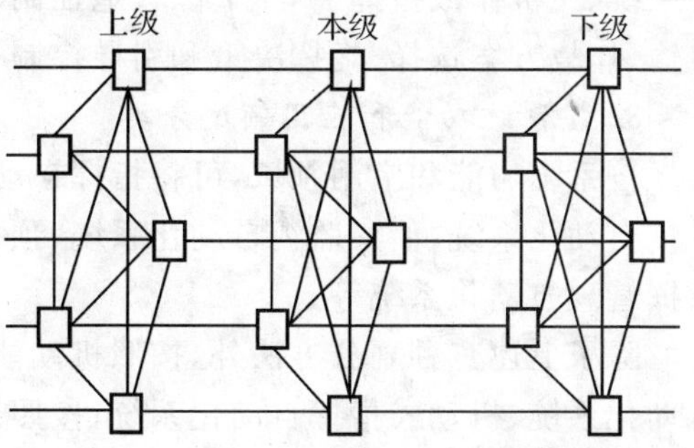

图1-8　分系统层次关系

在这种分布式结构中，利用通信网络系统把本级指挥自动化系统的指挥控制、情报系统、电子对抗、通信组织及其他保障等分系统交叉连接、横向成网，构成本级指挥自动化系统的功能单元结构。信息流可在其内部传输，又可在上、下级之间垂直传输。每个功能领域的系统不仅接收上级系统的指挥控制，完成其本身功能；而且还要作为整体的一部分支援整个指挥系统或其他系统。

指挥自动化系统的立体体系结构，基本上反映了我军作战指挥自动化系统的特征，既有相对的层次划分，又有层与层之间的交叉，特别是在联合作战中，各军兵种作战指挥自动化系统之间的相互交叉体现得更加突出；既有相对的军兵种系统划分，又有各军兵种的公用的业务系统，如国防通信网，既要保障陆军通信的需要，又要保障海军、空军和二炮的通信的需要。

1.3.2　指挥自动化系统的分类

从不同的角度可以将指挥自动化系统分成不同的类别。

1. 按系统配属的军种分类

指挥自动化系统按配属的军种可分为陆军指挥自动化系统、海军指挥自动化系统、空军指挥自动化系统和二炮指挥自动化系统等。其中陆军指挥自动化系统包括军委(陆军部分)、军区(陆军部分)、集团军、师(旅)、团指挥自动化系统等。海军指挥自动化系统包括海军、舰队、编队和舰艇四级指挥自动化系统；海军指挥自动化系统按工作环境还可以分为岸基指挥自动化系统和舰载指挥自动化系统。空军指挥自动化系统包括空军，军区空军，空军军、师、旅、团、营指挥自动化系统。二炮指挥自动化系统包括兵种指挥自动化系统、作战基地指挥自动化系统和作战部队指挥自动化系统。

2. 按担负的任务和规模分类

指挥自动化系统按担负的任务和规模可分为战略指挥自动化系统、战役指挥自动化系统、战术指挥自动化系统和作战平台指挥自动化系统。

战略指挥自动化系统包括军委作战指挥中心(或总部指挥中心)、国防通信网和战略情报系统。海军、空军、陆军、二炮等指挥所也是战略指挥自动化系统的组成部分，根据总部作战指挥中心的命令指挥部队完成作战任务。国防通信网是部队信息传递和交换的基础，主要用来在全军范围内传输指挥信息、管理信息和情报保障信息；各军种也有自己的专用通信系统，它们是对国防通信网的补充和完善。战略情报系统是运用预警探测、技术侦察、部队侦察等手段组成的全方位的军事情报系统。作战平台指挥自动化系统是指武器系统的控制系统，例如导弹制导系统、飞机作战指挥引导系统、火炮控制自动化系统等；它也包括信息获取、信息处理、信息传输、作战方案选择、指挥决策和引导控制等环节，常嵌套在上级指挥自动化系统之中。

3. 按系统功能和应用领域分类

按系统功能和应用领域，可将指挥自动化系统分为下列几种：作战指挥自动化系统、电子对抗自动化系统、侦察监视自动化系统、预警探测自动化系统、情报传递处理自动化系统、后勤指挥管理自动化系统等。

除了上述三种划分方法外，按照机动能力可以分为固定式指挥自动化系统、半机动式指挥自动化系统、机动式指挥自动化系统；按照系统结构可以分为集中式指挥自动化系统和分布式指挥自动化系统，等等。

1.3.3 指挥自动化系统的特征

传统的指挥自动化系统具有以下几个特点：

(1) 指挥自动化系统是军事信息系统；

(2) 指挥自动化系统是闭环的控制系统；

(3) 指挥自动化系统是人—机系统；

(4) 指挥自动化系统是实时系统；

立足于现代高技术战争的指挥自动化系统除具备上述特点外，还具有下列两个特点：

1. 指挥自动化系统是个分布式系统

传统的指挥自动化系统是高度集中式的指挥自动化系统，如美国的“赛其”系统，日本的“巴其”系统等。这些指挥自动化系统的集中性表现在两个方面：一是用一台大型电子计算机来完成全部的数据的接收、处理、发送等，离开中心计算机系统就不能工作；二是系统的传输网络是树状的，只有纵向路由，没有横向路由。采用这种结构的指挥自动化系统是一种由上级下达命令指示，下级逐级接收、执行，以上级主机为中心的作战指挥系统。在战争中，上级指挥中心或某个通信节点被毁，整个指挥系统将瘫痪或严重受损。于是在这种背景下产生了分布式指挥自动化系统。

分布式指挥自动化系统的概念最初是在美国1982年版的“2000年空地一体战”文本中确定的。定义为“分布式指挥自动化系统是这样一些系统，它的各项组成在地理上是分散的，而在其内部及它们之间是相互协调的，确保以最有效的方式，对决策这一共同目标进行有效支持。被分布的各项内容包括：通信和处理资源，对通信和处理资源的管理和控制功能、指挥控制功能，以及管理和实施这些功能的人。”

这种全新的分布式系统，不仅在地理位置，而且在功能和控制上也是分布的。对全局来说具有高度集中的决策能力，对局部来说具有高度自主和协同的能力，中心指挥所可在任意节点入网。

在各级各类指挥控制中心，常采用分布式结构，通过局域网相互连接成一个功能上分布、资源上共享的本级指挥控制中心，通过远程网并运用用户互操作、远程数据访问、虚拟终端等技术，使本级指挥控制中心和各级指挥控制中心在物理上和功能上高度分布。通信分系统要采用局域网、区域网、广域网；以有线、无线、微波和卫星等多种传输手段和方式确保各级各类指挥机构互连互通，共享信息，共享资源，有效地保障作战指挥和信息传输。总的来说，分布式结构相对于集中式的结构具有以下特点：

(1) 各模块结构单元在地理位置上是分散的。

(2) 系统内无关键节点。

(3) 系统互通能力强，具有多路由多手段的通信保障。

(4) 系统是一个开放型的系统，系统内部的功能节点或节点内部局域网上的计算机可任意移出和加入，不影响网内的工作，保证系统组成的灵活性和可扩展性。

(5) 动态配置能力强。当某个节点遭到破坏或中断联络时，系统可重建系统传输网络、恢复通信的能力、重新进行节点功能的分配，使系统抗毁性和生存能力显著提高。这里所说的节点功能分配通常是指指挥节点的分配，即本级指挥所被毁时，或是由预备指挥所接替本级指挥所的工作，或是由某一下级指挥所接替本级指挥所的工作。

2. 指挥自动化系统一体性强

指挥自动化系统的一体化主要表现在两个方面：一是各系统的一体化；二是指挥系统和武器控制系统的一体化。

在现代战争中，为了以最小的代价取得战争的胜利，多军种的联合作战是必然的选择。这就要求各军种的指挥自动化系统能够互连互通互操作、信息共享，以便能够快速有效地指挥部队，形成一体化的力量，充分发挥整体效能。

指挥系统的效能最终要靠武器系统的效能来体现，因此，指挥系统和武器控制系统的一体化是提高防空系统整体作战效能的必然要求。

另外，指挥自动化系统的一体化还体现在战略、战役、战术级指挥自动化系统的一体化，作战、训练、保障、办公的一体化，建设、使用、管理的一体化等。

1.4　指挥自动化系统的发展历程与趋势

1.4.1　C^3I 系统发展概况

外国军用 C^3I 系统的建设工作，首先是从防空 C^3I 系统开始的。美国空军于 1949 年成立了防空系统工程委员会，开始筹建美国本土的半自动化防空系统 —— 赛其(SAGE) 系统。苏联军队也几乎在同一时期积极研制和发展相类似的系统。经过近 50 年的历程，目前俄罗斯、美国等国都建立起了比较完整的现代化 C^3I 系统，基本上可以满足国家军事指挥当局的需要。外军 C^3I 系统的发展大体上可划分为以下几个阶段：

第一阶段是 20 世纪 50 年代的初建阶段。这个阶段由于技术条件的限制和经验不足，所发展的一些系统自动化程度不高，各部门各自为政，局限于本机构系统的建设，系统间的协同问题考虑不够。这阶段的建设除构成了半自动化 C^3I 系统外，主要为 C^3I 系统的进一步发展摸索经验，奠定了理论基础和技术基础。

第二阶段是 20 世纪 60 年代至 70 年代中期的全面发展阶段。这一时期是外国军用 C^3I 系统建设取得重大成果的时期，美军和前苏军研制了一系列现代化 C^3I 系统，如空中预警系统、空中指挥所系统、地下指挥所系统、战略空军及机动型战术空军的 C^3I 系统，以及三军的联合战术信息分发系统、全球军事指挥控制系统等。一些北约国家和日本也相继研制部署了与 SAGE

系统类似的防空 C^3I 系统。经过这一发展阶段，美国和苏联的各类、各级 C^3I 系统已基本上配成了较完整而统一的体系，具有较先进的技术水平，各类各级系统之间的互通性已基本实现，能满足不同环境中执行不同任务的需要。相应的领导机构和管理体制也日趋完善。

第三阶段是 20 世纪 70 年代末至 90 年代前后的更新发展阶段。在这一时期内，外国对 20 世纪 70 年代以前研制、装备的军事 C^3I 系统不断地改进、完善和逐步更新换代，并为 2000 年以后发展新系统打下基础，做准备。例如，美国提出战略 C^3I 现代化计划并组织实施，对全球军事指挥控制系统进行多方面改进；发展战术 C^3I 系统，特别是美国陆军战术指挥控制系统，不断更新改进空军预警机，更新并改进各种分布式 C^3I 系统、空基监视系统、新的战场信息管理系统及空间对抗的 C^3I 系统等更高层次的 C^3I 系统计划。在这一时期内，对发展 C^3I 系统的指导思想与管理方式也在演化，新形成的"信息系统"将雷达、计算机、通信、显示等系统综合为一体，并且视信息系统为特种武器系统，与飞机、导弹等武器一样具有战斗力。

20 世纪 90 年代以后，进入第四个阶段，旨在建立一体化 C^3I 系统。

我军指挥自动化系统的发展过程与上述外军指挥自动化系统的发展过程相似，可分为三个阶段：

(1)20 世纪 50 年代末至 70 年代末，是我军学习外国 C^3I 系统的概念、内涵和技术，摸索我军指挥自动化系统建设的方法、技术和途径的时期。

(2)20 世纪 70 年代末至 80 年代末，我军建设了一批能在平时担负值班任务的指挥自动化系统。

(3) 从 20 世纪 80 年代末以来，我军建设了一些区域性军兵种指挥自动化系统，例如陆军集团军、海军、空军的区域性指挥自动化系统和机动式指挥自动化系统。特别是 90 年代以来，以战区指挥自动化系统建设为标志，军队指挥自动化系统建设和使用向一体化方向迅速发展。

下面简要介绍美国空军 C^3I 系统的发展状况。

1.4.2 美国空军 C^3I 系统发展状况

由于空军在现代化战争和军事对抗行动中的突出地位和作用，美国国家和军事当局一直高度重视发展空军的 C^3I 系统，美国第一个现代化 C^3I 系统就是国土防空系统，每年在空军 C^3I 系统上的投资也较多。

1. "赛其"系统(Semi Automatic Ground Environment System，SAGE)

"赛其"系统是半自动化地面防空系统，它是世界上第一个 C^3I 系统，它的建成和使用是指挥控制系统的里程碑。

第二次世界大战以前，美国对防空并不重视。第二次世界大战以后，美国和苏联的对立状态加剧，特别是 1949 年，苏联爆炸了第一个核试验装置，打破了美国的核垄断。几乎在同一时期，酝酿和爆发了朝鲜战争，苏联的轰炸机已对美国本土构成直接威胁，迫使美国认真考虑本土防空体系的建设问题。1949 年美国着手加强北美大陆的防空体系，相继筹建了防御战略轰炸机的预警网——"松树线"、"中国、加拿大线"和"远程预警线"，海上部署了"雷达哨舰"巡逻，空中有"空中预警机"监视，并于 1958 年建成了第一个地面控制/引导中心，与上述信息获取系统(预警网)一起实现了现代化防空系统。以后美国又陆续扩大系统规模，到 20 世纪 60 年代中期建成了具有 5 个控制中心和 14 个引导中心的"赛其"系统，其中的每两个引导中心负责一个防区的引导、截击任务，由上级或最高指挥当局协调各防区的工作，实现目标的交接。在各个引导中心都配置了电子计算机，来自预警网的雷达信息送入计算机，由计算机进行目标航迹处理和显示数据处理。指挥员根据态势显示，选择拦截方案和所用的武器（歼击机、导弹或火炮），并自动引导、拦截武器进入攻击目标的有效范围。在“赛其”系统中，有些分系统的工作仍然是人工的，例如雷达站对目标的搜集、发现、识别和跟踪是由操作员手工实现的，因此整个系统是半自动化的，“赛其”系统能同时处理 300 ～ 400 批目标数据，能同时引导武器对 100 个目标进行截击。

2.“贝克”系统(Back - Up Interception Control System，BUIC)

在洲际导弹问世以前，美国的防空依靠“赛其”系统，但是赛其系统的严重缺点是生存能力差，工作维护费用大。为了解决该系统存在的问题，经分析研究，于 1961 年后提出了部署一个分散、坚固、成本低廉的系统 —— 备用截击控制系统 —— 作为“赛其”系统的后备支持系统。一旦“赛其”系统某引导中心失效，则用 BUIC 系统的相应控制中心代替它的工作，以保持整个系统的防空能力仍能满足要求。

3. 联合监视系统(Joint Surveillance System，JSS)

为了解除(减轻)“赛其”系统造成的沉重经济负担，1974 年美国提出计划，用 13 个空军和联邦航空局的联合控制中心代替原“赛其”系统的控制中心，使军、民用雷达尽可能兼用，减少雷达运行费用。计划完成后，预计可减少工作人员 6 200 人，每年节省费用 1 亿美元。该计划由两部分组成：

(1) 空军当时的对空监视雷达系统和联邦航空局的空中交通管制系统中航路雷达系统合并，变成主要由航空管理局管理的共用数据系统。

(2) 兴建一批区域作战控制中心，由这些中心执行整个系统的指挥控制功能。

联合监视系统于 1977 年 8 月开始论证，1979 年由休斯公司承建，1983 年建成了美国本土的 4 个分区作战中心，1984 年，整个系统投入使用，全面取代了“赛其-贝克”系统。

4. 预警和控制系统(Airborne Warning and Control System，AWACS)

鉴于地面雷达网的低空探测能力差，高空(高仰角)探测范围也有限，而且地面固定式雷达容易受敌方导弹攻击，美国于 20 世纪 70 年代初开始研制机载预警和控制系统，1977 年初开始装备部队正式使用。该系统是在 E - 3A 飞机上装备预警雷达分系统、数据处理分系统、显示和控制分系统、通信分系统以及敌我识别器等组成的，其主要任务如下：

(1) 探测、识别和跟踪高速低空和中空飞行的轰炸机，把处理后的数据传送给防空司令部和战术空军司令部。

(2) 可用做逐级指挥、引导截击机执行截击任务的空中指挥所。多部 AWACS 组成空中警戒网，在低空探测能力、高空(高仰角)探测能力、探测范围以及抗毁能力等方面都比地面雷达网优越。特别是将超视距离雷达与 AWACS 相结合，可以极大地提高空中预警能力。到 20 世纪 80 年代中期，美国已装备了近 40 部 E - 3A 机载预警和控制系统。空中警戒网与地面雷达网共存，相互协调和补充，是适应未来空中对抗行动的合理方案。

除以上用于本土防空的 C^3I 系统外，美国空军还发展了一些用于进攻作战的战术 C^3I 系统，与全球军事指挥控制系统相适应。

5. 联合监视与目标攻击雷达系统(Joint Surveillance and Target Attacking Radar System，JSTARS)

JSTARS 是 20 世纪 80 年代中期开始研制的战术 C^3I 系统，其主要任务是实施空 — 地一体作战，对敌方阵地上的固定目标进行探测、跟踪，并引导战术武器从远程发射，对选定的地面目标实行攻击。

JSTARS 由安装在 E-8A 飞机上的机载合成孔径地面目标成像雷达、高速数字信号和数据处理设备、显示设备和作战控制分系统以及相应的武器控制（地面和机载）接口设备和地面站设备等组成。目标成像雷达输出的目标诸元经保密数字式数据传输线路送至地面指挥中心站，支持其进行作战指挥。该系统还可以将这些数据直接发送给正在实施进攻作战的飞机，在飞机驾驶员图形工作站显示画面上标出欲攻击目标和有利的攻击路线，保证驾驶员的安全并成功地打击敌方阵地上的目标。

6. 精确定位攻击系统（Precision Location and Strike System，PLSS）

PLSS 是用来对敌方阵地上的防空雷达体系进行定位，提供精确的位置信息，引导强击机对敌防空雷达实施打击，或将位置数据传送给导弹控制系统由导弹实施精确攻击。系统组成主要包括：

(1) 三架装载无线测距设备的 TR-1 战术高空侦察机组成的精确定位网络；

(2) 地面的中央处理设备；

(3) 地面的小型处理设备。

三架侦察机在空中按邻接环行航线飞行，飞机头部安装的天线接收到敌防空雷达辐射信号后，精确测定信号到达的时间和方向，然后传给地面中央处理设备。地面定点安装的小型测距设备应答器供侦察机精确测定自己的位置，各侦察机的位置数据也发送给地面中央处理器，根据以上数据就能准确计算出敌防空雷达的位置。

7. 战区空运指挥中心

美空军的军事空运司令部中用一个基于 VAX 机的全球决策支持系统 GDSS（Global Decision Supporting System）来跟踪和协调全球飞机的运动。战区空运指挥中心和空运控制分队将战区中各军种对作战部队、作战保障物资和武器装备的需要上报后勤管理系统，后勤管理系统将运输需求送到 GDSS，组织空运。后勤管理系统主要由库存管理及分配系统和武器管理信息系统组成，它们能在几分钟内提供精确的供需信息，然后由战区空运指挥中心来指挥和协调空中运输计划的实施。

1.4.3 指挥自动化系统发展趋势

1. 21 世纪美国的战略方针

美国在经济实力、军事科学技术和军事力量上是当今世界唯一的超级大国，其军事目标是“对付全球安全的挑战”。美国在获得新的军事技术革命的成果方面远远走在世界各国的前面。美国军事家和军事理论家断言，这种优势必须而且能够继续保持，至少可持续到 21 世纪中叶。

美国军事部门根据政府的政治主张和政策，确定美国的利益范畴包括国土防卫、经济利益和世界经济中的支配地位、促进国外民主进程、与“行为准则”实施相关的多国干涉和维和行动、维护其声望和形象。对美国来讲，21 世纪的战场可能以正规战场环境和非正规环境的形式出现在世界上任何一个地方的海、陆、空域直至空间。以信息技术为核心和推动力，包括航天技术、推进技术、精确制导技术、隐身技术、定向武器技术和无人平台技术等重要领域的国防科学技术的发展及其在军事上的应用，导致作战能力的极大提高和作战方式的巨大变化。国家政治、军队战略思想和军事技术的发展和变革，使 21 世纪战场将呈现的基本特征是非线式战场和脱离接触的战斗、综合武器平台、不对称、信息化、网络化、一体化、全维对抗和精确打击。

为了确保在世界上的军事优势地位，维护政府确定的美国利益范畴，美国国防部和各军种开展了迎接21世纪的有关军事技术革命和军事革命理论与实现的研究，为军队建设确定适应未来发展的思想、战略、技术装备和体制改制的方针等。1995年，美国国防部发布了"联合展望2010年"的报告，确立了美军21世纪"对付全球安全挑战"的战略思想和三军联合作战原则，提出了机动作战、精确攻击、全维防御、集中后勤和信息优势等五大作战构想。

2. 21世纪的美军 C^4I 计划

为了适应21世纪美国全球战略思想与联合作战（三军联合、合成兵联合、美军与盟军联合）原则，美国将面向21世纪的军事信息系统建设构想归纳为一体化 C^4I 计划，旨在建立覆盖全球直至空间的美国三军及盟军共用的综合一体化战场信息系统，有力地支持美军和盟军的各种军事活动和作战行动。

一体化 C^4I 计划的基础和核心是1992年6月在美参联会上提出的国防部"战士 C^4I"设想。其早期目标是把各军种现有的主要 C^4I 系统综合起来，在它们之间实现最大程度的互通；未来的目标是建立一个覆盖全球、多级、多功能、保密而安全的 C^4I 网络。它将为所有参战人员（上至总统、下至单兵）提供实时获取信息、发送信息、存储信息、决策与控制的可靠媒体、工具和手段。它既为战略部队服务，也为各地、各类战术部队提供相应的"即插即用"系统。

在国防部"战士 C^4I"设想的原则指导下，美国陆军、海军和空军都分别制定了相应的未来 C^4I 计划。以 C^4I 系统为核心的未来战场信息系统发展的基本环节有：① 基础研究；② 系统原型研制；③ 利用建模、仿真与虚拟现实技术进行系统性能的演示论证；④ 系统实现；⑤ 战场实用测试和演示论证。

未来 C^4I 系统发展模式和发展原则的要点是：重视军民结合，坚持三军协同，充分利用先进科学技术成果来研究和开发关键信息技术与系统，遵循精干、高效、安全、通用的原则，走分阶段和可持续发展的道路，以尽可能低的代价，继续保持美国在世界范围内的信息优势和时间与空间优势。

3. 指挥自动化系统的发展趋势

指挥自动化系统的建设和发展必须要考虑战争需求和技术的进步，尤其要考虑战争的需求。

(1) 加强指挥自动化系统的一体化建设。海湾战争后，美国海军认识到其作战指挥系统存在着互连、互通、互操作性差，信息共享水平低的问题，积极研究探索通过提高信息的共同感知能力来提高海军作战能力的途径。经过多年的研究和试验，美国海军提出了网络中心战这一概念和理论，并逐步得到国防部和其他军种的认可。1997年4月，美国海军作战部部长杰伊·约翰逊上将最早提出了网络中心战的概念，并称网络中心战是200年来军事领域最重要的变革。随后美国专家学者纷纷开始研究网络中心战。美国国防部组织专家研究后认为网络中心战是信息时代的战争形态，美军以网络中心战这种全新的战争需求为牵引，全面推行信息化、网络化建设，设想用30年时间，在世界上率先建立信息时代的信息化军队。

网络中心战就是利用计算机信息网络对地理上分散的部队实施一体化的指挥与控制。其核心是利用网络使各种探测系统、武器系统和指挥控制系统等形成一个有机的整体，实现信息共享，实时掌握战场态势，缩短决策时间，提高指挥速度和协同作战能力；各级指挥员可以利用网络交换大量的图文信息，掌握整个战场态势；通过网络交换作战意图，制定作战计划，以便对敌方实施快速、准确、连续的打击。简而言之，网络中心战就是要做到信息共享、态势感知、自觉协同、提高效能，获取全维优势。

为了满足网络中心战的需求，指挥自动化系统必须朝着一体化的方向发展，加强指挥自动化系统的互连、互通、互操作和信息共享。一体化的指挥自动化系统几乎涵盖了战场上所有的军事电子技术装备，是获取战场信息优势的一个重要方面，受到了世界各军事大国的高度重视。美军的 C^4ISR 系统就包括了美全球军事指挥控制系统、国防信息基础设施、国防信息系统网络、国防报文系统和国防交换网等关键部分，力求通过约束和规范 C^4ISR 系统的采办和开发，保证 C^4ISR 系统间的互连，实现从原来分立的、功能单一的系统向综合系统的转变。美军旨在把许多个相互独立的系统逐步集成为一体，把作战人员、作战平台与装备等纳入统一的网络中。

(2) 提高指挥自动化系统的指挥控制战能力。在信息化的战场，信息是最重要的战斗力，只有实时获取准确的信息、充分利用信息，物质和能量才能最大限度地转化为战斗力。为此，敌我双方围绕信息占有权、使用权、控制权展开一场异常激烈的争夺战。可以这么说，指挥控制战是现代战争的初始阶段的必然形式。指挥控制战就是"综合应用作战安全(OPSEC)、军事欺骗、心理战(PSYOPS)、电子战(EW) 和实体摧毁手段，依靠利用己方情报和阻止敌方获取信息带来的双重效果，影响、削弱或摧毁敌方指挥控制能力，同时在敌方类似作战行动中保护己方的指挥控制能力"。指挥控制战的作战对象是敌方的军事指挥控制，而实战目标是敌方的指挥控制系统和信息基础设施。指挥控制战的手段分进攻性手段和防御性手段。进攻性手段是指采用实体摧毁和信息攻击的办法，破坏敌方指挥控制系统"观察 — 判断 — 决策 — 行动(OODA)"环路的功能，降低敌方的指挥和反应的效率；防御性手段用来保障我方的指挥控制能力。可以说，指挥控制战必然会对作战指挥和指挥自动化系统产生深远的影响。例如，为了有效地开展指挥控制战，在设计指挥体系时，就要实现从树形集中式指挥体制向网络分散式指挥体制的转换，以获得更大的灵活性、横向连通性和跨指挥体制的作战协同；而指挥体制从集中式指挥到分散式指挥的转变则意味着指挥自动化系统从集中式到分布式的转变。为提高指挥自动化系统指挥控制战的能力，我们应该加强下列几个方面的研究：

1) 加强信息基础设施的建设，加强预警探测系统、情报侦察系统专业技术及系统运用技术的研究，以提高预警探测、情报侦察的能力。

2) 加强信息层信息攻击和信息防御技术研究。

3) 加强物理层攻击技术研究。物理层攻击技术主要包括动能武器和定向能武器，这里主要是指加强指挥自动化系统对动能武器和定向能武器的控制和运用技术的研究，而不是武器系统本身所涉及到的技术。

(3) 提高指挥自动化系统的硬杀伤能力。目前，在系统对抗、体系对抗的作战环境中，如何提高信息系统和武器系统的生存力和攻击力呢？

信息系统的武器化和武器系统的信息化是解决上述问题的一条有效途径。信息系统的武器化和武器系统的信息化就是要提高指挥自动化系统和武器系统一体化的水平，从而提高整个防空系统的生存力和攻击力。

1.5　指挥自动化系统的关键技术

1.5.1　信息获取技术

信息获取技术是指信息获取系统本身及运用该系统所涉及到的技术。信息获取技术包括系统技术和专业技术两个方面。系统技术包括多传感器的优化配置、管理技术,多源信息融合技术等。专业技术包括雷达、红外、光学、声呐等领域的技术,其中信号处理技术主要包括目标跟踪的实时非线性滤波技术、分布式检测、图像信号处理技术、高带宽光学处理技术、非线性信号处理技术、目标信号特征的稳健识别算法、多分辨处理技术等。下面主要介绍系统技术。

1. 多传感器的优化配置、管理技术

未来信息化空防对抗中,优势将掌握在形成信息化作战体系的一方,哪一方信息化作战体系强,并能在一定条件下造成信息优势,就等于控制了信息、信息链和信息支配权,胜利的天平就会向哪一方倾斜。对于防空作战而言,低空突防、隐身突防、反辐射导弹、战术弹道导弹以及各种电子干扰将是未来防空体系面临的主要威胁。它们共同的特点是使得防御一方探测预警和实施目标跟踪异常困难,导致防空系统反应时间极短,使得空袭突防效率大幅度地提高。所以有效的对空防御要求必须建立立体、多维探测体系,即对大量的、异质的各类传感器进行优化配置和有效的管理,提高目标探测概率,加强探测预警能力,提高信息获取系统的整体效能。

为了实现多传感器及其平台的全空域、分布式优化配置,必须运用建模仿真技术,模拟未来逼真的战场环境和我方的预警探测系统,才能在众多的优化配置方案中选出最佳配置方案,并对其进行智能管理。

2. 多源信息融合技术

信息获取系统配备有大量的雷达、声呐、卫星、激光、红外等多种探测设备,它们从全方位、全频段以多种方式探测情报信息。但是各个传感器提供信息的时间、精度各不相同;特别是电子对抗技术的应用,使得从传感器接收到的信息变化莫测,真伪难变,无法提供及时、完整、准确的情报。

信息融合的任务就是把各个传感器在空间或时间上的冗余或互补的数据和信息,依据某种准则进行综合处理,以获得对被测对象的一致性描述。信息融合技术能够弥补信息不完全、部分信息不精确所造成的缺陷,能扩大情报处理系统的空间、时间、频率覆盖范围;增加信息可信度,降低信息模糊度,改善探测性能,提高空间分辨力,支持信息共享,合理利用资源;经综合处理、分析、判断,获得真实、完整、准确的敌我信息和战场态势,使指挥自动化系统建立在良好的情报保障基础上,提高指挥自动化系统的整体性能。信息融合涉及的理论包括信息处理、模式识别、估计理论、不确定理论、最优化理论、专家系统、神经网络等。

在指挥自动化系统中,信息融合可以在几个不同的层次上对多源数据进行处理,即结合指挥自动化系统的信息处理特点,将信息融合分为六级(六个层次)。

一级处理为检测/判决层融合,是信号处理级的融合。它根据所选择的准则形成最优化门限,以产生最终的检测输出,即做出目标是否存在的判决。

二级处理为位置级融合,目的是获得目标的位置和速度。它通过综合来自多传感器的位置信息建立目标的航迹和数据库,包括坐标变换、数据校准、点迹相关、滤波预测、航迹关联和航迹融合等。

三级处理是属性级融合(目标识别)。它是对来自多传感器的目标识别(属性)数据进行组合,以得到对目标身份的联合估计。

四级处理是态势层融合。首先由不完整的数据集合建立一般化的态势表示,对前几级处理产生的兵力分布给出一个合理的解释,然后通过对复杂战场环境的正确分析与表达,导出敌我双方兵力的分布推断,绘出意图、行动计划和结果。

五级处理是威胁层融合,包括敌方威胁程度的判断和我方武器使用的方案。即估计敌方的作战能力,并对敌方的意图和攻击力给出提示和警告;同时根据我方的作战能力,对多批空中目标分别选择最有效的防空兵器进行拦截,形成最佳兵力、兵器使用方案。

六级处理是自适应融合层。在最佳控制传感器和系统资源的基础上,达到精确及时的预测,并通过反馈完善整个融合处理过程,使融合处理过程达到最佳化或自适应最佳化。

1.5.2 计算机应用技术

1. 数据库技术

数据库技术是在20世纪60年代产生的;1970年美国IBM公司首先提出了关系数据库模型和关系理论;80年代中期又产生了很多面向对象数据库模型和原型系统。面向对象数据库是面向对象技术与数据库技术相结合的产物,把“面向对象”的概念融合到数据库中去就形成了所谓的“面向对象数据库”。数据库技术主要涉及三个方面:一是数据库管理系统软件技术;二是数据库应用系统涉及的技术;三是数据库理论。近年来,数据库技术在军事领域里的应用越来越广泛,其作用也越加明显,它是作战指挥自动化的基础。

2. 语音识别与图形、图像处理技术

计算机语音识别与图形、图像处理技术是当代计算机科学与声像、雷达等技术的发展汇合而产生的。

语音识别在指挥自动化系统中有着广泛的前景,主要是指系统能够自动接收处理语音情报和语音命令。

计算机图形处理技术是用计算机对数据和图形显示进行相互转换的方法和技术,它研究图形的输入、模型(图形对象)的构造和表示、图形数据库管理、图形数据通信、图形的操作、图形数据的分析,以及如何以图形信息为媒介实现人—机交互的方法和技术。

计算机图像处理技术是使用计算机对图像进行一系列加工,以达到所需的结果。图像处理一般指数字图像处理。在指挥自动化系统主要是对红外跟踪设备等产生的图像进行处理。

语音识别与图形、图像处理技术是指挥控制系统中智能化人—机接口技术之一,涉及到众多理论和技术,其最终目的是建立方便、灵活、有效的人—机接口界面,最大限度地提高指挥自动化系统的作战效能。

3. 多媒体技术

指挥自动化系统的功能和性能在很大程度上要通过人—机交互体现和发挥出来,好的人—机交互设计和技术实现才更能充分发挥指挥自动化系统的作用。人—机交互设计涉及到人—机接口设计和人—机界面设计两个方面。人—机交互设计与指挥自动化系统的设计、开发及应用密切相关,涉及到系统的战术技术指标及系统的组织和工作方式,是系统设计的重点之一。先进的人—机接口应该在指挥员与系统之间提供多种快速有效的信息交互方式;先进的人 — 机界面应该能最大程度地方便指挥员与系统的交互。目前日益发展的多媒体技术及设备为先进的人 — 机交互设计提供了一条有效的途径。

多媒体技术是计算机技术与图形、图像、动画、声音和视频等高新技术的结合产物。多媒体技术及其设备能够将多种形式的信息在计算机上并行处理并显示,使人们可以在声、文、图并茂的表现形式下获取、理解和使用信息。多媒体技术是信息处理技术的飞跃,已成为当今世界计算机技术发展的主流。多媒体在指挥自动化系统的应用包括两个方面:多媒体信息处理技术和多媒体信息传输技术。

多媒体信息处理技术是对文字、数据、图形和声音等多媒体的信息进行综合处理的技术。它可以使指挥自动化系统的信息处理能力得到明显的增强,使系统可对文字、数据、图形和声音等多媒体的信息进行综合处理、显示、使用,在一定程度上实现系统内的人 — 机对话,使系统具有某些智能化的效果。

多媒体信息传输技术是以多媒体计算机技术为基础,是多媒体计算机技术在通信领域的应用。指挥控制系统中使用多媒体信息传输技术,可以将只能传输数据或语音的通信线路改造为能够同时传输文字、数据、图形、图像和声音等信息的通信线路,大大地提高了通信系统或线路的使用效率,用一个通信网络就能完成需要多个通信网络才能完成的信息传输任务。因此,多媒体技术是多功能的综合性指挥控制系统的重要技术保障,将促进指挥控制系统向更高阶段的发展。

4. 人工智能技术(AI)

人工智能技术是 20 世纪 50 年代发展起来的计算机科学技术的一个重要分支,它是让计算机来模拟人类智能活动的有关理论和技术。其中人工智能中的专家系统和神经网络在军事上的运用尤为普遍。

(1) 专家系统。专家系统实质上是一个智能计算机程序系统,其内部含有大量的某个领域专家水平的知识与经验,能够利用人类专家的知识和解决问题的方法来处理该领域的问题。也就是说,专家系统是一个具有大量的专门知识与经验的程序系统,它应用人工智能技术和计算机技术,根据某领域一个或多个专家提供的知识和经验,进行推理和判断,模拟人类专家的决策过程,以便解决那些需要人类专家处理的复杂问题。简而言之,专家系统是一种模拟人类专家解决领域问题的计算机程序系统。专家系统的关键技术是知识的表示、获取和运用,难点是专家的知识往往是不完全的、不精确的。

目前,专家系统在军事领域有着广泛的应用,例如,作战指挥专家系统、目标识别专家系统、情报处理专家系统、空战指挥引导专家系统等。这些系统是具有军事知识和军事原则的程序系统,它应用人工智能技术,根据一个或多个军事领域专家提供的知识和处理问题的逻辑思维方法,模仿军事专家们的决策过程,为指挥员提供科学、合理、有效的决策方案。随着对专家系统研究的深入,新一代专家系统呈现出分布式、协同式、自学习等特点,这必将给未来战争的模式和战略战术带来重大影响。

(2) 神经网络。神经网络是用电子、光学或生物学工程技术手段来模仿人脑神经网络的结构和功能并构造具有大脑某些特征的信息处理系统。通俗地讲,神经网络就是神经网络计算机,它是一类新的计算模型,是模仿人脑神经网络的结构和某些工作机制而建立的一种计算模型。这种计算模型的特点是,利用大量的简单计算单元(即神经元)连成网络,来实现大规模并行计算。神经网络的工作机理是通过学习,改变神经元之间的连接强度。

通常从数学的角度看，信息处理是为了获得输入要素所期望的输出要素而选择函数的过程。如工厂的生产控制线、自动化设备的控制等都是以传感器所收集的输入要素（温度、压力等）为基础，推导出所需的输出要素（电机的运转速度、开关的开与关等）的信息处理的实例。在这些信息处理中，均可使用神经网络技术，以提高信息处理的效率。

神经网络技术可以解决指挥控制系统中难以解决的信息控制问题。指挥控制系统采用神经网络技术的优点是不受故障容限的制约，输入的数据对干扰极不敏感。在美国已有部分战术指挥控制系统网络中的管理系统采用了神经网络技术。神经网络技术可以大大地提高战术指挥控制系统控制下的各种武器系统的探测、跟踪、寻与机动的能力。

5. 建模仿真技术

建模仿真技术在指挥自动化系统中的应用主要表现在两个方面：一是用于系统的需求分析、设计、开发和建设；二是用于系统的作战模拟。

(1) 用于系统的分析、设计、开发和建设。在指挥自动化系统的设计和研制中存在一系列的难题，比如如何确定指挥自动化系统的需求，如何协调并确定指挥自动化系统的战术技术指标？如何优化系统结构？如何评估多种可选系统方案的优劣？如何测试和评估系统的战术技术指标，评估它的性能和作战效能？如何改进现有系统，找出瓶颈，使系统不断优化？所有这些都是在指挥自动化系统的需求分析、设计、开发和建设过程中必须要考虑的问题。建模仿真技术就为解决这些问题提供了一条可行的途径。建模仿真是可以控制的无破坏性的允许多次重复的试验手段，是以控制论、相似原理和计算机技术为基础，以计算机与多种物理效应为工具，借助系统模型对真实的或设想的系统进行实验研究的一门综合性技术，是计算机科学、系统科学和数学科学等学科的综合结晶。建模仿真已经成为各种系统分析、系统设计、运筹规划和预测决策的强有力的工具。因此，在设计、开发指挥自动化系统之前，有必要建立一个仿真系统，用来研究指挥自动化系统的静态特性和动态特性，解决系统中的一些关键问题，揭示各种方案的优势和不足，并根据一定原则和指标选择最优的系统方案。

(2) 用于系统的作战模拟。作战模拟技术就是用计算机技术对未来作战环境、作战行动、作战过程以及武器装备性能等进行描述和模拟。采用计算机作战模拟，可以根据已知的或想定的程序和数据来描述和研究作战过程；可以对战斗力的诸因素、敌我双方的主要关系做出精确的定量分析；可以对某些不允许或难以在实际中研究的军事行动进行模拟；可以较好地体现敌我双方的对抗性和交战活动的随机性；可以试验某一因素对总的作战效果的影响程度。实质上，作战模拟不仅为我们提供了一个“作战实验室”，使受训者得到实战实装的锻炼，我们还可以利用它评估武器系统的效能，研究新的作战思想和样式，评估作战方案的优劣等。实践证明，作战模拟技术反映了从硬模拟到软模拟的进步；实现了新技术和军事艺术的结合；采取了系统科学的研究方法，使研究的过程更加逼真，结果更加可信。正因如此，计算机作战模拟技术引起国内外广大科研工作者和军事人员的密切关注，并正在军事领域内发挥越来越重的作用。

目前，作战模拟正朝着一体化模拟和虚拟现实模拟的方向发展。

1) 一体化模拟。单一的模拟系统，一般只具备单一的训练功能，不能满足未来信息化战争联合作战和系统对抗的需求。为了有效解决这一问题，外军普遍采取了计算机网络技术，把各个单一的模拟系统连接起来，进行一体化模拟训练，从而在系统集成中实现战斗力的整体提高。美军于20世纪80年代提出了“分布式模拟”的模拟化训练新概念，其实质就是将分散在不同地点、相互独立的模拟系统用计算机网络连接起来，组成高度一体化的模拟网络系统。在这个模拟网络系统中，所有受训单位或个人既可单独进行模拟训练，又可与其他单位或个人配合进行一体化的协同模拟训练。

2）虚拟现实模拟。虚拟现实模拟训练，就是综合运用虚拟现实技术，在视觉、听觉、触觉等方面为受训者生成一个极为逼真的未来战争虚拟环境，使受训者最大限度地得到近似实战化的训练。虚拟现实模拟，是外军于 20 世纪 90 年代开始兴起并逐步推广的一种新的现代模拟训练方式。目前，外军的虚拟现实模拟已经进入实用化阶段，广泛运用于各军兵种的单兵单装训练、作战指挥训练、战役战术训练等各个层次。从外军特别是发达国家军队的虚拟现实模拟实践看，虚拟现实模拟可以最大限度地营造逼真的战场景况，模拟未来战争的各种可能情况，使受训者最大限度地贴近实战锻炼；可以为受训者提供各种困境、危境、绝境等高危境况，全面模拟演练各种高危险性的行动，提高处理各种危险突发事件的能力。

6. 高速并行处理技术

在现代高技术战争中，信息量越来越大，为了满足作战指挥的时效性，指挥控制系统中计算机的处理速度也必须越来越快。然而计算机的运行速度的提高是有限制的，提高到一定程度后，再提高就十分困难。并行处理技术就是在这种背景下产生的。并行处理技术是一项很有生命力的技术。在单个处理器的功能和性能提高以后，如何使多个处理器共同发生作用，从而构成高性能的计算机平台，这就是并行处理技术所要解决的问题。并行处理技术利用具有并行处理功能的软件，可以大幅度地提高信息处理的速率。它所包含的技术内容有高性能计算机系统、高级软技术与算法以及高性能的网络技术。近年来并行处理技术已成功地应用于军事系统，例如，并行处理技术可以用于指挥控制系统、武器控制系统、雷达多目标信号处理、人工智能、作战模拟、侦察卫星所拍摄的照片的处理等。

7. 信息网络技术。

信息网络实际上是计算机技术与通信技术相结合，实现资源（硬件、软件、信息）共享的系统；它把分布在各地的具有独立处理功能的多个计算机系统，通过通信线路和相应设备连接起来，在网络协议控制下实现信息传输。信息网络技术是解决多种设备互连的手段。客观地讲，局域网、城域网、广域网、并行处理机互连网络、输入输出通道等都属于信息网络技术的范畴；狭义地讲，信息网络技术主要指局域网、城域网和广域网技术，其关键技术主要包括交换技术、传输技术、公用传输技术。

交换技术通常有三种：线路交换、分组交换和报文交换。

网络中所采用的传输介质有双绞线、电缆、光纤、视线介质和卫星通信等。其中视线介质通信包括无线电通信、微波通信、红外通信等利用空间传输电磁波技术实现的通信。

公用传输技术包括 X.25 协议、帧中继、ISDN 综合服务数字网、千兆快速以太网（Fast Ethernet）技术、ATM（异步传输模式）技术、B—ISDN（宽带综合业务数字网）、大容量无线网络技术和空间信息高速公路技术等。

8. 信息安全技术

指挥自动化系统实质上是个大型复杂的军事信息系统，信息的获取、处理、再生、传输贯穿于系统的整个工作过程。因此信息安全是指挥自动化系统能够正常工作的前提条件。信息安全就是要保证信息的保密性、完整性、可用性、可控性和可审查性。保密性就是确保信息不泄漏给未经授权的人；完整性是指信息传输过程中信息不丢失和防止信息被未经授权的篡改；可用性就是保证信息及信息系统确实为授权使用者所用；可控性就是对信息及信息系统实施安全监控，即可以控制授权范围内的信息流向及行为方式；可审查性是指对出现的网络安全问题能够提供调查的依据和手段。

高技术战争中，信息的占有权、使用权、控制权是双方争夺的焦点，信息优势将在一定程度上决定战争的胜负。因此信息安全面临着严重的威胁，主要表现在以下几个方面：

(1) 非授权访问。非授权访问是指没有预先经过同意，就使用网络或计算机资源，如有意避开系统访问控制机制，对网络设备及资源进行非正常使用，或擅自扩大权限，越权访问信息。它主要有以下几种形式：假冒、身份攻击、非法用户进入网络系统进行违法操作、合法用户以未授权方式进行操作等。

(2) 信息泄漏或丢失。它通常包括信息在传输中丢失或泄漏（如“黑客”们利用电磁泄漏或搭线窃听等方式截获机密信息，或通过对信息流向、流量、通信频度和长度等参数的分析，推出有用信息，如用户口令、账号等重要信息）；信息在存储介质中丢失或泄漏；通过建立隐蔽隧道等窃取敏感信息等。

(3) 破坏数据完整性。以非法手段窃得对数据的使用权，删除、修改、插入或重发某些重要信息，以取得有益于攻击者的响应；恶意添加，修改数据，以干扰用户的正常使用。

(4) 拒绝服务攻击。它不断对网络服务系统进行干扰，改变其正常的作业流程，执行无关程序使系统响应减慢甚至瘫痪，影响正常用户的使用，甚至使合法用户被排斥而不能进入计算机网络系统或不能得到相应的服务。

(5) 计算机病毒。计算机病毒是指编制或者在计算机程序中插入的破坏计算机功能或者毁坏数据，影响计算机使用，并能自我复制的一组计算机指令或者程序代码。通过网络传播计算机病毒，其破坏性大大高于单机系统，而且用户很难防范。

为了解决信息安全的问题，人们越来越重视信息安全技术的研究与应用。常用的信息安全技术包括防火墙技术、病毒防治技术、加密技术、审计监控技术、计算机安全测试与评估技术等。

(1) 防火墙技术。防火墙是一种形象的说法，其实它是一种由计算机硬件和软件的组合，使互连网与内部网之间建立起一个安全网关，从而保护内部网免受非法用户的侵入。防火墙的职责就是根据本单位的安全策略，对外部网络与内部网络之间交流的数据进行检查，符合的予以放行，不符合的拒之门外。

(2) 病毒防治技术。目前在网络病毒防治技术方面，基本处于被动防御的地位，因此对于计算机网络病毒的防治，不能单独依靠技术手段来有效地杜绝和防止其蔓延，必须把技术手段和管理机制紧密结合起来，提高人们的防范意识，才有可能从根本上保护网络系统的安全运行。首先应从硬件设备及软件系统的使用、维护、管理、服务等各个环节制定出严格的规章制度，规范工作程序和操作规程。其次，指定专人负责具体事务，及时检查系统中出现病毒的症状，汇报出现的新问题、新情况，经常做好病毒检测的工作。最重要的是制定严格的管理制度和网络使用制度，提高自身的防毒意识；跟踪网络病毒防治技术的发展，尽可能采用行之有效的新技术、新手段，建立“防杀结合、以防为主、以杀为辅、软硬互补、标本兼治”的最佳网络病毒安全模式。

(3) 加密技术。数据加密技术是为提高信息系统及数据的安全性和保密性，防止秘密数据被外部用户所采用的主要技术手段之一。随着信息技术的发展，网络安全与信息保密日益引起人们的关注。目前各国除了从法律上、管理上加强数据的安全保护外，从技术上分别在软件和硬件两方面采取措施，推动着数据加密技术和物理防范技术的不断发展。按作用不同，数据加密技术主要分为数据传输加密、数据存储加密、数据完整性的鉴别以及密钥管理技术等。

数据传输加密就是对传输中的数据流加密，常用的方法有线路加密和端—端加密两种。前者侧重在线路上而不考虑信源与信宿，是对保密信息通过各线路采用不同的加密密钥提供安全保护。后者则指信息由发送端自动加密，并进入TCP/IP数据包回封，然后作为不可阅读和不可识别的数据穿过互连网，当这些信息一旦到达目的地，被自动重组、解密，成为可读数据。

数据存储加密就是防止在存储环节上的数据泄密，可分为密文存储和存取控制两种。前者一般是通过加密算法转换、附加密码、加密模块等方法实现；后者则是对用户资格、权限加以审查和限制，防止非法用户存取数据或合法用户越权存取数据。

数据完整性鉴别就是对介入信息的传送、存取、处理的人的身份和相关数据内容进行验证，达到保密的要求，一般包括口令、密钥、身份、数据等项的鉴别，系统通过对比验证对象输入的特征值是否符合预先设定的参数，实现对数据的安全保护。

密钥管理包括密钥的产生、分配保存、更换与销毁等各个方面。

(4) 审计监控技术。审计监控的目的是帮助安全人员审计系统的可靠性和安全性，对妨碍系统运行的明显企图及时报告给保密检测控制中心，及时采取措施。一般要在网络系统中建立安全保密检测控制中心，负责对系统安全的检测、处理、控制和审计。

(5) 计算机安全测试与评估。军事网络信息系统所处理的信息大都是秘密信息，因此系统必须要安全、保密、可靠。判定一个军事计算机网络是否安全可靠，必须有一套科学合理的评价标准。美国很早就开始制定了这方面的标准，如"DOD可信计算机系统安全评估准则"、"可信网络评估准则"、"可信数据库评估准则"等。我们也必须加强这方面的研究，使安全措施真正发挥作用。

1.5.3　决策支持技术

作战指挥是一个复杂的系统工程，在作战指挥过程中，指挥员必须根据敌我双方的态势，快速、准确地做出决策，以取得战争的主动权。然而，现代战争是立体战争，战争的突发性增加，破坏力增大，战场范围广阔，参战部队多，战斗样式转换迅速等，这些都使现代战争的作战指挥愈来愈复杂，难度愈来愈大，因而凭借指挥员个人的才智和能力来迅速、准确地做出决策几乎是不可能的。所以各国竞相借助于计算机研制了各种各样的指挥决策支持系统，用于辅助指挥员快速、准确地做出决策，从而大大增强了对战争的控制能力。

决策支持技术是在现代决策科学理论、方法与现代计算机技术相结合的基础上发展起来的综合技术。目前，基于决策支持技术的决策支持系统(DDS)的设计主要有三种类型：一是以战术计算机为核心，运用运筹学知识和数学模型完成规定的任务；二是通过模拟军事指挥人员的决策思维过程和总结实战成功经验，建立以知识库和模型库为基础、以推理机为核心的军事专家系统来完成规定的任务；三是决策者根据自己的判断，从多个备选方案中选择一个优选方案。

在指挥自动化系统中，决策支持系统通常从以下几个方面辅助决策者：一是从计算机的数据库中及时抽取精确的信息，为决策提供情报保障；二是辅助设计各种可能的决策方案，并对不同方案进行分析，从分析数据形成判断；三是在动态变化中形成决策和规划任务；四是通过计算，确定最优解(或满意解)，形成战略与战役计划和行动程序等。军事决策支持系统的主要支撑技术包括军事运筹、专家系统、神经网络等人工智能技术。

随着对决策支持系统研究的深入和DDS与其他的技术的结合，出现新一代的决策支持系统，如群决策支持系统(GDSS)，分布式决策支持系统(DDSS)，智能决策支持系统(IDSS)，战略决策支持系统(SDSS)，智能的、交互式的、集成化的决策支持系统(I^3DSS)，这些决策支持系统必将在指挥自动化系统中发挥重要的作用。

1.5.4 综合集成技术

中国工程院院士朱光亚曾指出："综合集成在工程技术最终转化为生产力过程中发挥着关键的作用。综合集成利用系统工程和运筹分析方法，把小系统整合为大系统，发挥大系统的整体优势和综合效能，它包括以下几方面的工作：系统工程、软件集成、综合集成演示及科学的计划管理等。综合集成既是一门工程技术，也是一门艺术，同时又是工具和科学的方法论，是实现工程技术向现实生产力转化的重要手段和途径。"综合集成方法的实质是把科学理论与经验知识结合起来，人脑思维与计算机分析结合起来，个人决断与群体结合起来，发挥综合系统的整体优势。

现代高技术战争的巨大消耗使各国不得不考虑在有限的军费条件下，如何优化综合集成信息系统、武器和平台，以进行联合作战，获得最大的整体作战效能。信息系统、武器和平台的优化综合集成是更大系统的综合集成，是总体技术的革命。

指挥自动化系统综合集成就是运用系统工程思想和方法，采用先进的网络通信技术、信息处理技术、分布式人工智能技术、系统分析技术以及军事运筹学方法，综合集成指挥自动化系统的组成要素，建立一个结构优化、自适应、高性能、高抗毁、实时互操作的防空指挥自动化系统，通过合理的协调管理和指挥控制，实现防空体系结构的合理化、系统组成的配套化、作战功能的一体化，达到防空效能最优的目的。因为信息技术发展快，战术需求的变化也快，所以必须用综合集成的方法和技术来发展指挥自动化系统。指挥自动化系统综合集成技术包括系统的体系结构、信息基础的综合集成技术、信息源的综合集成技术、互操作技术、无缝技术、软件综合集成技术、安全保密技术、可靠性和生存能力技术、系统的连续优化技术等。

第 2 章　雷达数据的录取

利用各种传感器获取全面、准确的实时情报信息，是实现指挥自动化的前提和条件。在防空指挥自动化系统中，雷达是获取空中情报的主要手段，是系统的信息源。本章在介绍统计检测原理的基础上，讨论了雷达信号检测和目标坐标测定的方法，最后着重介绍了雷达数据的录取方法。

2.1　信息获取

2.1.1　情报信息的类型

现代战争的基本特征是情报信息的激烈争夺。随着军事技术的飞速发展，情报信息的探测和处理技术有了长足的发展。从近几场局部战争看，由空间、空中、地面、水面和水下构成的各种侦察探测网，每时每刻都在捕捉和传递战场内外的各种情报。战争实践反复证明，现代战争中的胜利者必定是占有并有效地利用了情报的一方，而失败者则是缺少且没有很好地利用情报的一方。

情报也是指挥自动化的前提。根据作战指挥的需要，以各种现代化手段和方法获得关于作战环境的有关发展、变化的情况，以及对这些情况进行鉴别、处理，去粗取精，去伪存真，把有用的情报显示出来，作为决策指挥的重要依据，是指挥员做出决策的基础。

作战指挥所需的情报通常由以下几种类型的情报组成：国家各级有关领导机关、上级指挥机关、地方政府、友邻部队等提供的各种情报；利用空间、空中、海上、地面的各种情报侦察手段，如通过雷达预警网、侦察卫星预警网、空中预警网、无线电技术侦察网等侦察监视设备以及其他各种手段获取的作战所需的各种情报。

通过各种手段获取的情报大致可分为四大类：敌情、我情、友情和自然情。若按时间划分，它又可分为实时情报和非实时情报。

2.1.2　多传感器信息获取

为了获取作战指挥所需的各种情报信息，需要使用各种各样的传感器(感测器)。

随着科学技术的发展，传感器性能获得了很大的提高，各种面向复杂应用背景的多传感器系统大量涌现。特别是进入 20 世纪 70 年代以后，高技术兵器，尤其是精确制导武器和远程打击武器的出现，已使战场范围扩大到陆、海、空、天、电磁五维空间中。为了获得最佳的作战效果，依靠单传感器提供信息已无法满足作战需要，必须运用包括微波、毫米波、电视、红外、激光、电子支援措施(ESM) 以及电子情报技术(ELINT) 等覆盖宽广频段的各种有源和无源探测器在内的多传感器集成来提供观测数据，通过信息融合的优化综合处理，实时发现目标、获取目标状态估计、识别目标属性、分析行为意图，进行态势评估和威胁分析，提供火力控制、精确制导、电子对抗、作战模式和辅助决策等作战信息。

传感器可以装载在各种平台上来完成情报信息的获取任务。因此，按照传感器所布置的平台来分，信息获取系统可分为空间、空中、地面、水面和水下等5类信息获取系统。

空间信息获取系统主要是由各种侦察卫星组成，包括照相侦察卫星、电子侦察卫星、导弹侦察卫星、海洋监视卫星等，这些卫星获取情报主要是通过卫星上装备的各种探测器来完成。

空中信息获取系统是由侦察直升机、有人驾驶侦察机、无人驾驶侦察机和空中预警机等组成的。

地面信息获取系统常装备各种雷达、红外传感器、电子侦察设备，以及压力、振动等一些特殊传感器。

水面及水下信息获取系统主要由声呐和各种电子侦察设备组成。

按照技术特性与工作原理可将传感器分为雷达、红外探测设备、激光探测设备、可见光探测设备、声呐和各种地面传感器等。

1. 雷达

雷达是使用最广泛的探测器之一。它能探测目标的距离、方位和速度，并且探测距离远、精度高，可以昼夜全天候探测飞机、舰船、车辆、导弹等各种目标，已经成为现代战争中不可缺少的探测、侦察、监视和预警设备。多年来，国内外都研制和装备了一些新型雷达。根据采取的总体技术不同，这些新型雷达可分为各种不同体制类型，如相控阵雷达、脉冲压缩雷达、脉冲多普勒雷达、超视距雷达、双(多)基地雷达、超宽频带雷达等。这些雷达都有各自的优点，比如，相控阵雷达具有对付多目标的能力，大型的相控阵雷达一般能同时搜索1 000个以上的目标，同时跟踪100～200批以上的目标，同时具有抗干扰性能好、自适应能力强、可靠性高等优点；脉冲压缩雷达可以显著地提高雷达的探测距离，同时保证很高的距离分辨率，是抗干扰能力较强的一种雷达体制；脉冲多普勒雷达利用多普勒效应探测运动目标，不仅具有脉冲雷达对目标距离的分辨能力，而且具有连续雷达对目标速度的分辨能力和更强的抑制杂波的能力，能在较强的杂波背景中分辨出运动目标回波；超视距雷达工作在短波波段，利用电离层反射效应观测视距以外的目标，天波超视距雷达，其探测距离可达1 000～4 000 km，可以探测到数千千米外的低空、超低空目标，能及早发现刚刚发射的弹道导弹、低空远程轰炸机和巡航导弹，增加预警时间，由于其工作频率低，因此具有良好的探测隐身目标的能力；采用双(多)基地雷达是提高雷达抗干扰、抗摧毁和反隐身能力的有效途径，是对空情报雷达发展的一个重要方向；超宽频带雷达兼有低频和宽频带的特点，同时具有极高的距离分辨率和极近的距离探测能力，同时具有透视能力，对隐身目标具有极高的探测能力，还具有良好的目标成像能力和极强的抗干扰能力，能有效地抑制杂波和多路径效应等优点，是雷达发展的又一重要方向。

2. 红外探测设备

红外探测设备利用物体的黑体辐射现象去获取物体辐射或反射的红外光能，并加以转换形成人眼可以看见的目标可见光图像。红外技术在夜视、侦察、导航等许多方面已得到成功的应用，例如，红外夜视仪是夜战的重要装备。红外探测技术也广泛地用于预警卫星、侦察卫星、军用气象卫星等设备上。预警卫星上利用红外探测器探测洲际导弹的尾焰来完成预警任务，侦察卫星则利用红外热成像技术使卫星在夜间也能侦察敌方的活动，它对探测伪装目标和容易忽略的物体具有独特的作用。

3. 激光探测设备

激光探测设备利用激光特有的高亮度、高定向、高单色、高相干的特性对物体进行探测，已成为军事领域至关重要的工具。在战术侦察方面发展了激光测距、激光指示、激光雷达、激光成像、激光探潜等技术。在对地面及水下目标的识别、侦察、监视和分类等情报装备中，激光探测设备发挥着重大作用。

4. 可见光探测设备

可见光探测设备是用来捕获目标在可见光内辐射和反射的电磁波信息的探测设备，具有分辨率高、直观清晰、易于识别等特点。主要的可见光探测设备有照相机和电视摄像机，它们既可以由地面人员直接操作，也可以安装在飞机、卫星等空中、空间平台上。

5. 声呐

声呐是利用声波在水下传播的特性，通过电声转换和信号处理，完成水下目标探测和通信任务的设备。声呐是反潜战的主要水下耳目。

6. 地面传感器

地面传感器是利用目标所引起地面的震动波、声响、红外、磁性等来探测目标。地面传感器根据探测设备接收信息的不同，可分为振动传感器、声响传感器、磁性传感器等。它们将接收到的信息转换为电信号，经过信号处理、放大后，由发射机发射，监视中心接收到发射的信号便能获得有关情报。

2.1.3　雷达信息的获取

目前，防空系统中主要使用各种类型的雷达组成雷达网来获取有关空中目标的实时情报。本书将以较大篇幅介绍雷达信息的获取和处理方法。

为满足防空作战指挥的需要，对雷达信息有如下 4 种要求：

(1) 获取雷达信息的及时性。为保证在确定的界限内消灭目标，雷达信息应该快速处理，并以最小的延迟时间传送到用户。

(2) 雷达信息的充分性。信息应该包括区域内的全部空中目标。此外，每个目标都有所要求的信息组成部分(速度、飞机类型等)。

(3) 雷达信息的高可靠性。

(4) 足够高的雷达信息精度。它在很大程度决定了指挥系统的功效。

1. 雷达信息的处理过程

在雷达网中，各个雷达站获取的信息都要向雷达情报处理中心传送，雷达信息的处理，分别在雷达站和雷达情报处理中心进行。对雷达信息的处理过程可分为以下三个阶段：

1) 一次处理，即对雷达站单个扫描周期内的信息进行处理；

2) 二次处理，即对单个雷达站几个扫描周期内所获得的信息进行处理；

3) 三次处理，也称为综合处理，是指对来自几个雷达站的信息进行处理。

(1) 一次处理的任务。一次处理的任务包括：① 在雷达接收机输出的信号中，从杂波干扰背景中检测出有用目标的回波，判定目标的存在；② 录取目标的坐标(方位、距离、高度)；③ 录取目标的其他参数，如目标大小、架数、国籍、发现时间，并对目标进行编号。

(2) 二次处理的任务。二次处理的任务包括：① 按照一次处理提供的数据，对运动目标建立航迹，计算并存储运动参数，必要时，对目标进行坐标变换；② 对目标进行跟踪，判断每次扫描的回波信号是否是同一目标；③ 预测并判断运动目标的未来状况，计算目标的运动参数，如目标的航向、运动速度和加速度等。

(3) 三次处理的任务。雷达网中包括多部雷达，它们分布在不同的地点，各雷达站获取的信息传递汇集到雷达情报处理中心。各雷达站的雷达信息虽然经过两次处理，但汇集到雷达情报中心之后仍不能直接使用，需要进行三次处理。三次处理的任务如下：

1) 将目标的坐标和运动参数统一于同一坐标系和计时系统。一次处理和二次处理都是按各雷达站的坐标系统进行的，各雷达站的工作在时间上是不同步的，因此，将这些雷达站的数据汇集起来以后，首先要统一坐标和时间的标准。

2) 将各雷达站的点迹数据(包括目标的坐标、运动参数以及其他各种特征参数) 加以识别，归入相同的目标航迹数据中去。这是因为有的目标同时被几个雷达站探测，它们各自将数据集中到雷达情报处理中心。由于各雷达站的测量精度不同，数据计算和传递过程中所引入的误差也不同。因而由不同雷达投送来的目标数据在坐标系统和计时系统被统一后，还要解决目标归并问题。在多目标情况下，就需要制定一种准则，以区分哪些数据是属于同一目标的，哪些数据是属于另外目标的。辨认出同一目标的各种数据之后，还要规定一种标准，将这个目标的不同数据归并为一个点迹。

3) 在以上两步处理的基础上，计算目标的运动参数，建立统一的航迹，实施统一的跟踪和其他处理。

2. 雷达信息一次处理的任务

如前所述，作为信息源的雷达站接收目标回波信号，对其进行放大，并输出到终端设备。雷达站终端可能是显示器或数据自动录取设备。

在雷达接收机的输出端，除了有用的目标回波信号以外，还伴有噪声(接收机内部噪声和各种外部干扰)。在某些情况下，噪声尖头信号与有用回波信号的幅度差不多(见图 2-1)，噪声是时间上的随机函数，它使有用的目标回波信号产生失真；此外，回波信号本身也是起伏的(由媒质的非一致性、目标振动而引起的信号衰落)。因此，首先应从噪声背景中检测回波信号，然后从中提取关于探测目标的有用信息(确定目标坐标和特性)。

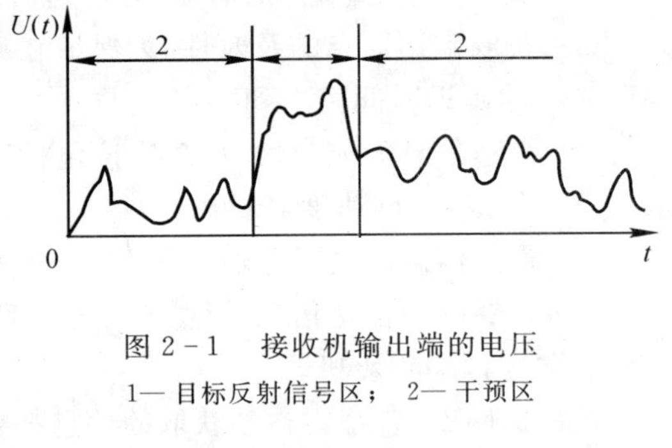

图 2-1 接收机输出端的电压

1— 目标反射信号区； 2— 干预区

对雷达信息进行一次处理时应完成的基本任务是检测空中目标的回波信号，测定探测到的目标坐标。其辅助任务是进行目标的坐标编码，目标的初次编号，目标坐标的存储。

2.2 统计检测基本原理

有用回波信号的检测是通过对叠加有随机噪声的信号进行分析来实现的。雷达信息的处理是统计学意义上的，该任务的最佳解决方案是以统计检测理论为基础，根据观测结果寻找最优解。下面以发现目标为例介绍统计检测的基本原理，这些原理也广泛用于后面将要讨论的其他问题。

信号检测时做如下两种假设：

H_1—— 被观测信号对应于存在目标的情况；

H_0—— 被观测信号对应于不存在目标的情况。

探测目标的任务可表述成：寻找一种选择某一假设的准则，使所选的假设最适合于实际情况。

对所观察的实际事件所做的假设，有时会出现错误的判决。下面介绍两种常见的错误判决。

(1) 当 H_0 为真时，拒绝接受假设 H_0，这个判决用条件概率表示为

$$P(H_1^*/H_0) = P_f$$

式中，星号 * 表示接受该假设的事件，该错误判决在统计检测原理中称为第一类错误或虚警。为了确定第一类错误的无条件概率，需要知道真实假设 H_0 的先验概率 $P(H_0)$。

根据概率相乘的定理，无条件概率可表示为

$$P(H_1, H_0) = P(H_0)P(H_1^*/H_0)$$

(2) 当 H_1 为真时，拒绝接受假设 H_1；即存在目标，而做出无目标判决，这种错误判决称为第二类错误或漏报，漏报的条件概率表示为

$$P(H_0^*/H_1) = P_L$$

第二类错误的无条件概率表达式为

$$P(H_0^*, H_1) = P(H_1)P(H_0^*/H_1)$$

此外，还有两种正确判决的情况：

(1) 正确发现目标(称为检测概率)，其对应的条件概率和无条件概率表达式分别为

$$P(H_1^*/H_1) = P_d$$

$$P(H_1^*, H_1) = P(H_1)P(H_1^*/H_1)$$

(2) 正确的不发现目标，其对应的条件概率和无条件概率表达式分别为

$$P(H_0^*/H_0) = P_{an}$$

$$P(H_0^*, H_0) = P(H_0)P(H_0^*/H_0)$$

所有关于发现目标的可能判决情况和判决的特征列于表 2-1 中。

表 2-1　发现目标的可能判决情况和判决的特征

实际事件	做出的判断	判决的特征	
		条件概率	无条件概率
H_1	$H_1{}^*$	$P_d = P(H_1{}^*/H_1)$	$P(H_1)P_d$
H_1	$H_0{}^*$	$P_L = P(H_0{}^*/H_1)$	$P(H_1)P_L$
H_0	$H_0{}^*$	$P_{an} = P(H_0{}^*/H_0)$	$P(H_0)P_{an}$
H_0	$H_1{}^*$	$P_f = P(H_1{}^*/H_0)$	$P(H_0)P_f$

对统计数据的分析显示，当有目标回波信号时，接收机的输出电压峰值比无回波信号时

大，这样就可合理地假设，当出现高电平信号时证明有目标。那么最简单的假设选择规则就是，把接收信号与一定的电平(门限)进行比较，当信号高于 u_0 时选择假设 H_1；当信号低于 u_0 时，选择假设 H_0。现在的问题是电平 u_0 的选取。

由图 2-2 可知，随门限 u_0 的升高(比如 u'_0)，P_L，P_{an} 也增大，而 P_f 和 P_d 会减少。同样，当门限 u_0 降低时(比如 u''_0)，P_f 和 P_d 会增大，而 P_L，P_{an} 会减少，因此，门限 u_0 的选择就是寻找合适的折衷值。此时求出的解在某种规则下是最佳的，比如最大正确发现概率规则或最小虚警规则。根据使用条件和要求不同，可以有各种不同的最佳准则及其对应的判决规则。

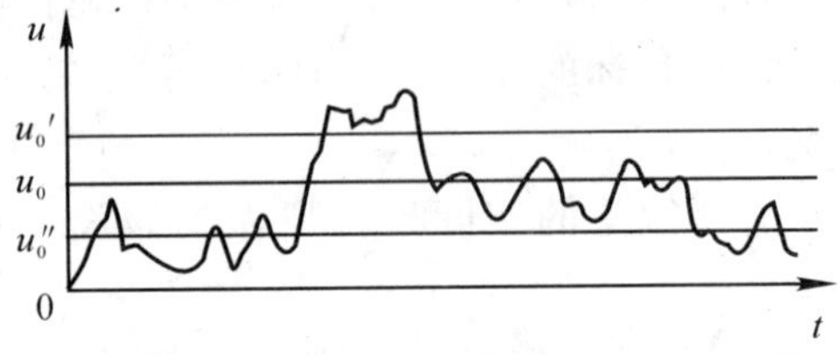

图 2-2 门限 u_0 的选择

目前最常用的最佳准则有 5 种：最小平均风险(代价)准则，即贝叶斯准则；最小错误概率准则(理想观察者准则)；给定虚警条件下的最小漏报准则(奈曼-皮尔逊准则)；最大似然准则；序列假设检验。

下面分别介绍上述准则的实质。

1. 最小平均风险准则(贝叶斯准则)

正如前所述，探测目标的过程中会有以下情况出现。

(1) 虚警。不存在目标时，判定为有目标，其无条件概率为 $P_f P(H_0)$。

(2) 漏报。存在目标时，判定为无目标，其无条件概率为 $P_L P(H_1)$。

(3) 正确发现目标。存在目标时，判定为有目标，其无条件概率为 $P_d P(H_1)$。

(4) 正确的不发现目标。不存在目标时，判定为无目标，其无条件概率为 $P_{an} P(H_0)$，很明显，它们之间的关系式为

$$\begin{cases} P_f + P_{an} = 1 \\ P_d + P_L = 1 \end{cases}$$

对以上每一种情况都引入代价的概念，代价的大小根据错误的严重性和出现频率决定。漏报是比虚警更严重的错误，所以漏报的代价就更大，正确发现和正确不发现是真实的判决，所以它们的代价为 0。

第 i 种情况的代价标记为 r_i，所有情况的加权平均代价(平均风险)用数学期望 $\bar{r}$ 确定，即

$$\bar{r} = \sum_{i=1}^{n} r_i P_i$$

式中，n 为不同情况的个数；P_i 为第 i 种情况的出现概率。

平均风险准则是选择一种判决，保证 $\bar{r}$ 值为最小。我们在此要寻找的平均风险值为

$$\bar{r} = r_f P_f P(H_0) + r_L P_L P(H_1) \tag{2-1}$$

式中，r_f 为虚警的代价；r_L 为漏报的代价。

已知，P_f，P_L 取决于选择的门限电平值及信号与噪声的统计特性。通常使用幅度或相位的概率密度来表述纯噪声和信号加噪声的统计特性。下面只使用幅度的概率密度分布来表示它们的统计特性。

用 $W_N(u)$ 表示噪声幅度的概率密度分布，用 $W_{SN}(u)$ 表示信号加噪声的概率密度分布，其分布如图 2-3 所示。

知道 $W_N(u)$ 和 $W_{SN}(u)$ 的分布规律，可以求出 P_f 和 P_L。现在给出门限电平值 u_0，则

$$\left.\begin{aligned}P_f &= \int_{u_0}^{\infty} W_N(u)\mathrm{d}u \\ P_L &= \int_0^{u_0} W_{SN}(u)\mathrm{d}u = 1 - \int_{u_0}^{\infty} W_{SN}(u)\mathrm{d}u\end{aligned}\right\} \tag{2-2}$$

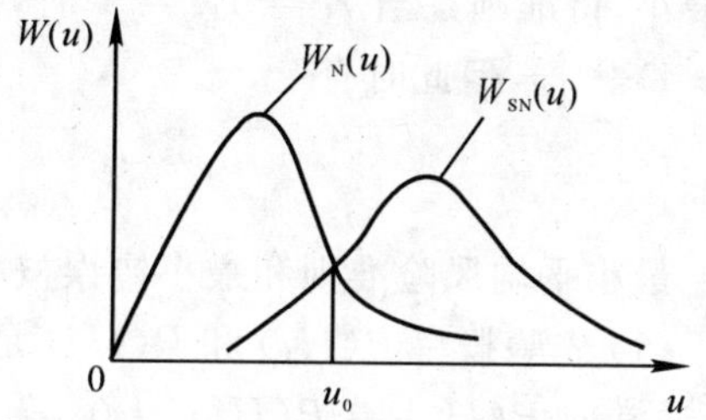

图 2-3　概率密度 $W_N(u)$ 和 $W_{SN}(u)$ 的分布

同理可以确定

$$P_d = \int_0^{\infty} W_{SN}(u)\mathrm{d}u$$

$$P_{an} = \int_0^{u_0} W_N(u)\mathrm{d}u$$

把式(2-2)代入式(2-1)，得

$$\bar{r} = r_f P(H_0)\int_0^{\infty} W_N(u)\mathrm{d}u + r_L P(H_1) - r_L P(H_1)\int_{u_0}^{\infty} W_{SN}(u)\mathrm{d}u =$$

$$r_L P(H_1) + \int_0^{\infty}[r_f P(H_0) W_N(u) - r_L P(H_1) W_{SN}(u)]\mathrm{d}u \tag{2-3}$$

为了找到一个门限值 u_0，使平均风险 $\bar{r}$ 有极小值，可求式(2-3)的极值。对 u_0 求导，并令导数为零，并考虑到对积分下限求导的导数等于被积函数，而符号相反，得

$$\frac{\mathrm{d}\bar{r}}{\mathrm{d}u_0} = [-r_f P(H_0) W_N(u_0) + r_L P(H_1) W_{SN}(u_0)]\big|_{u_0=u_{opt}} = 0$$

由此得

$$\frac{W_{SN}(u_{opt})}{W_N(u_{opt})} = \frac{r_f P(H_0)}{r_L P(H_1)}$$

$W_{SN}(u)/W_N(u)$ 称为似然比，它表征了出现信号这一假设的可能性，用 λ 表示。当 $u = u_{opt}$ 时，似然比为

$$\lambda = \frac{W_{SN}(u_{opt})}{W_N(u_{opt})}$$

它等于门限值，即

$$l = \frac{P(H_0) r_f}{P(H_1) r_L}$$

从图 2-4 可知，当 $u_1 > u_{opt}$（检测到信号的情况）时，有

$$\frac{W_{SN}(u_1)}{W_N(u_1)} > \frac{W_{SN}(u_{opt})}{W_N(u_{opt})}$$

因此，当获得取样值 u_i，要根据它做出有信号或只有噪声的判决，必须求出似然比，即

$$\lambda(u_i) = \frac{W_{SN}(u_i)}{W_N(u_i)}$$

用此似然比与门限 l 进行比较，若满足条件

$$\lambda(u_i) \geqslant l \tag{2-4}$$

则做出有信号的判决，否则做出无信号的判决。

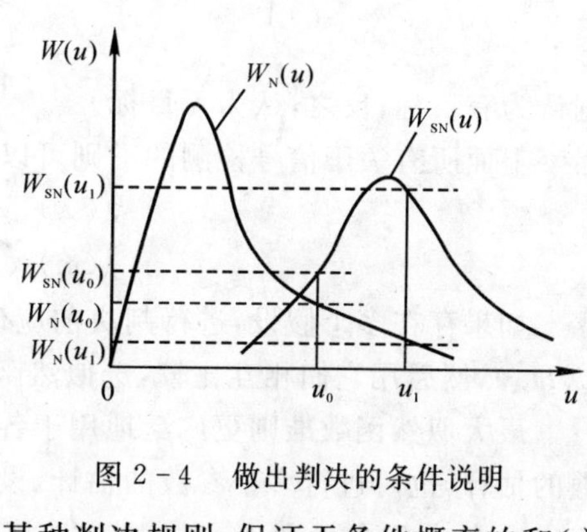

图 2-4　做出判决的条件说明

2. 最小错误概率准则（理想观察者准则）

认为已知假设的先验概率 $P(H_1)$ 和 $P(H_0)$，寻找某种判决规则，保证无条件概率的和（总的错误概率）P_e 为最小，即

$$P_e = P_f P(H_0) + P_L P(H_1) \tag{2-5}$$

为最小。该准则是当 $r_f = r_L = 1$ 时，最小平均风险准则的特例。因此做出判决的条件同式(2-4)一样，但此时有

$$l = \frac{P(H_0)}{P(H_1)}$$

最小平均风险准则和最小错误概率准则的主要不足之处如下：

(1) 先验概率 $P(H_1)$ 和 $P(H_0)$ 是未知的，实际上很难确定在雷达扫描扇区内是否出现目标，通常取 $P(H_0) = P(H_1) = 0.5$。

(2) 错误代价的选择是很主观的。实际上，怎样评价漏报的代价，它会带来什么样的破坏呢？再说怎样去评价人们的惊慌失措和牺牲等代价呢？

3. 奈曼-皮尔逊准则

奈曼-皮尔逊准则的实质是，当给定虚警概率 P_f 不大于某一值 ε 时，使漏报概率 P_L 最小(即发现概率最大)，表示为

$$\begin{cases} P_L = \min \\ P_f \leqslant \varepsilon = \text{const} \end{cases}$$

此时不需要知道先验概率。

P_f 已给出，门限值 u_0 从下面表达式推出，则有

$$P_f = \varepsilon = \int_{u_0}^{\infty} W_{N(u)} \, du$$

对 u_0 求解，得

$$u_0 = u_0(\varepsilon)$$

判决条件有式(2-4)的形式。

门限 l 将与给定值 $P_f = \varepsilon$ 有关，即

$$l(\varepsilon) = \frac{W_{SN}[u_0(\varepsilon)]}{W_N[u_0(\varepsilon)]}$$

当 $\lambda(u) \geqslant l(\varepsilon)$ 时，接受有信号的判决；而当 $\lambda(u) < l(\varepsilon)$ 时，则判决无信号。

4. 最大似然准则

有实际应用价值的方法是不需知道先验分布的。最大似然准则的基础是似然函数。该方法的实质是寻找一种假设，使似然函数有最大值。例如，若 $W_{SN}(u_i) \geqslant W_N(u_i)$，即

$$\frac{W_{SN}(u_i)}{W_N(u_i)} \geqslant 1$$

则认为有目标；反之，认为无目标。

上面所有关于信号检测的准则可以写成下面的通用表达式，即

$$\left.\begin{array}{ll} \lambda(u_i) \geqslant l & \text{有信号(目标)} \\ \lambda(u_i) < l & \text{无信号} \end{array}\right\} \tag{2-6}$$

如果存在多个假设，进行判决前应确定所有的似然函数：$L(H_1), L(H_2), \cdots, L(H_j), \cdots, L(H_m)$，然后用它们相互比较，选似然函数值最大的假设作为判决。

最大似然函数准则更广泛地用于各种参数的确定(参数估计)。用该方法既可进行单个参数的估计，也可进行多个参数的估计。设取抽样值(测量结果)为 $X = (x_1, x_2, \cdots, x_n)$，要由它确定一个或几个参数 $a_1, a_2, \cdots, a_m$。该方法的实质是，获得的参数估计值要保证似然函数 $L(X/a_1, a_2, \cdots, a_m)$ 取最大值。

对一个未知的参数 a，为求出其估计值 $\bar{a}$，需要解关于估计值的似然方程式，即

$$\left.\frac{\partial L(X/a)}{\partial a}\right|_{a=\bar{a}} = 0$$

对多个未知的参数的情况，需要解方程组，即

$$\begin{cases} \left.\dfrac{\partial L}{\partial a_1}\right|_{a_1=\bar{a}_1} = 0 \\ \left.\dfrac{\partial L}{\partial a_2}\right|_{a_2=\bar{a}_2} = 0 \\ \cdots\cdots \\ \left.\dfrac{\partial L}{\partial a_m}\right|_{a_m=\bar{a}_m} = 0 \end{cases}$$

5. 序列假设检验

前面讨论的所有信号检测准则有一个共同的缺点，即当似然比等于门限值时，判决是不确定的。

如果是由操作员来发现目标，他就用下面的方法：当出现不确定的情况，时间来得及时，他就等待下一个信号的到来；只有当他能肯定时，他才做出“有目标”或“无目标”的判定。

显然，自动检测系统也可引入同样的方法：根据某一参数 u 的值来判断是否发现目标，但这里用于比较的电平不是一个，而是两个(见图 2-5)。此时，如果信号大于 u'_0，则取假设 H_1；如果信号小于 u''_0，则取假设 H_1；如果信号大于 u''_0，而小于 u'_0，则继续进行分析。这种连续分析的方法称为序列假设检验。

在最佳检测的过程中，用似然比 $\lambda(u)$ 与门限 l 比较。连续分析时，相应的门限也应选另外两个值：A，B，其中，A 对应于 u'_0 的门限值，B 对应于 u''_0 的门限值。

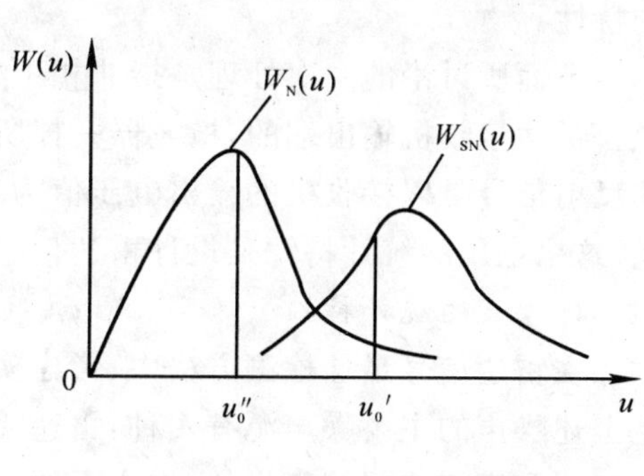

图 2-5　序列假设检验实质的图解说明

检测方法分以下三种情况：

(1) 若 $\dfrac{W_{SN}(u)}{W_N(u)} \geqslant A$，则接受假设 H_1 的条件；

(2) 若 $\dfrac{W_{SN}(u)}{W_N(u)} \leqslant B$，则接受假设 H_0 的条件；

(3) 若 $\dfrac{W_{SN}(u)}{W_N(u)} < A$，则接受继续分析的条件。

A 与 B 用下面的方法求取：

对第(1) 种情况，在 $u'_0 \sim \infty$ 范围内积分；对第(2) 种情况，在 $0 \sim u''_0$ 范围内积分，可得

$$\int_{u'_0}^{'} W_{SN}(u)\mathrm{d}u \geqslant A\int_{u'_0}^{\infty} W_N(u)\mathrm{d}u$$

$$\int_0^{u''_0} W_{SN}(U)\mathrm{d}u \leqslant B\int_0^{u''_0} W_N(u)\mathrm{d}u$$

显然，上面两式可写成

$$1 - P_L(u'_0) \geqslant AP_f(u'_0)$$

$$P_L(u''_0) \leqslant B[1 - P_f(u''_0)]$$

求出系数为

$$A \leqslant \frac{1-P_{\mathrm{f}}(u'_0)}{P_{\mathrm{f}}(u'_0)}, \quad B \geqslant \frac{P_{\mathrm{L}}(u''_0)}{1-P_{\mathrm{f}}(u''_0)}$$

选择 A,B 时,取上两式为等号时的边界值。

因此,用连续分析法时,必须给出 P_{f} 和 $P_{\mathrm{L}}(u''_0)$ 的表达式。$P_{\mathrm{L}}(u''_0)$ 越小,界值 $B(u''_0)$ 越低;相反,$P_{\mathrm{f}}(u'_0)$ 减小,界值 $A(u'_0)$ 增加。但是随着这些概率的减小,会增加做出判决的平均时间,甚至大到不能容忍的地步。因而,在对 $P_{\mathrm{f}}(u'_0)$ 和 $P_{\mathrm{L}}(u''_0)$ 选择时,必须考虑这个时间。通常给定一个概率后,另一个概率根据允许时间确定。

当对 n 个信号进行固定抽样,并保证相同的错误判决概率,则用连续分析法检测的平均判决时间比最佳检测法短。

有时采用截短的连续分析法,其分析时间受到限制。如果分析时间超过了允许值,则用前面所述准则之一进行判决,即用一个固定门限。

2.3 雷达信号的检测

通常,在雷达的目标回波信号中总是混杂着各类噪声和干扰,要在噪声和杂波干扰背景中发现目标,就需要对雷达信号进行检测。这一过程称为雷达信号的检测。

2.3.1 一次处理系统中信号与噪声的统计特性

雷达信号的详细特性请看统计雷达学。下面只介绍在一次处理中直接用到的信号和噪声的特性。

下面所讨论的一次处理是指非相干处理(检波以后的处理)。一次处理系统的输入信号是取自雷达接收机输出端的,检波器去掉所获得振荡的高频部分,获得包络信号。判断有无目标的反射信号是以接收机的输出电压值为基础的,该电压正比于幅度包络在检波器负载上的分量。这个电压的统计特性是设计雷达信息一次处理最佳接收机的基础。

1. 噪声的统计特性

在雷达信号最佳检测方法中,考虑实际噪声过程中广泛存在的起伏噪声(高斯白噪声)。产生上述噪声的主要噪声源有 4 种:雷达接收设备的内部噪声,消极干扰,积极噪声干扰以及由大气层和宇宙空间等产生的、进入天线接收机的电磁振荡。

由于起伏噪声的影响,在雷达接收机包络检波器负载上获得一个电压,其概率密度的瞬时值服从瑞利分布,即

$$W_{\mathrm{N}}(u) = \frac{u}{\sigma^2} \mathrm{e}^{\frac{u^2}{2\sigma^2}} \tag{2-7}$$

式中,u 为包络检波器输出电压的瞬时值;σ^2 为起伏噪声的方差。

以下在讨论雷达信号检测问题时,噪声模型都用式(2-7)表示。

2. 信号的统计特性

这里所说的信号是指目标回波与噪声的混合包络,它是在包络检波器负载上获得的。通常认为目标回波有恒定或者快速起伏的幅度。

当回波信号的幅度恒定时,包络检波器输出端电压瞬时值的概率密度服从广义瑞利分布,即

$$W_{SN}(u) = \frac{u}{\sigma^2}\mathrm{e}^{-\frac{u^2+u_S^2}{2\sigma^2}}\mathrm{I}_0\left(\frac{uu_S}{\sigma^2}\right) \qquad (2-8)$$

式中，u 为目标回波与噪声在混合包络检波器输出端的电压；u_S 为目标回波信号的幅度；$\mathrm{I}_0(z)$ 为第一类零阶贝塞尔函数（$z = uu_S/\sigma^2$）。

贝塞尔函数 $\mathrm{I}_0(z)$ 如图 2-6 所示。图 2-7 给出了对应于式(2-8) 的概率密度分布曲线。对 $u_S/\sigma = 0$，即无目标回波的情况，$\mathrm{I}_0(uu_S/\sigma^2) = 1$，式(2-8) 成为式(2-7) 所示的瑞利分布。u_S/σ 值越大，曲线越向右偏，并趋向正态分布。

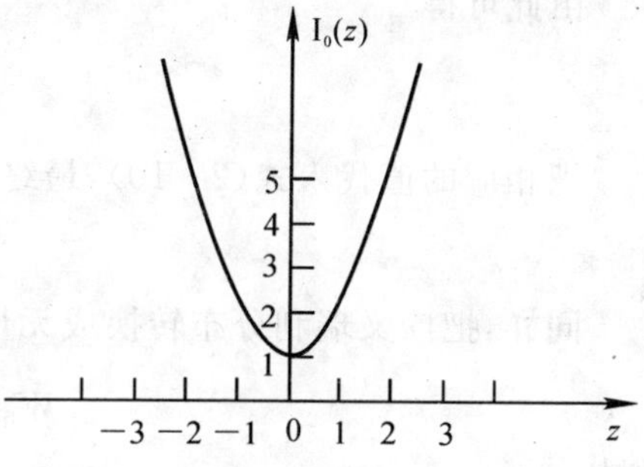

图 2-6　函数 $\mathrm{I}_0(z)$ 的图形

当目标回波快速起伏时，回波信号与噪声在混合包络检波器输出端的电压服从瑞利分布，即

$$W_{SN}(u) = \frac{u}{\sigma^2+\sigma^2}\mathrm{e}^{-\frac{u^2}{2(\sigma^2+\sigma_S^2)}} \qquad (2-9)$$

式中，σ_S^2 为信号幅度平方的均值。

因此，对所选包络值的一维概率密度分别用式(2-7) 和式(2-9) 表示。

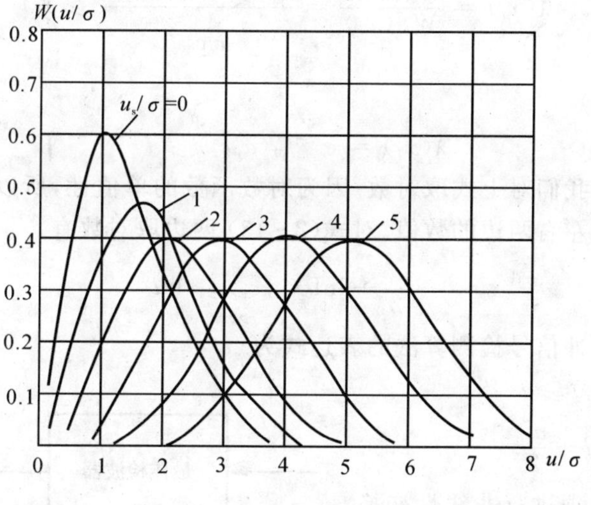

图 2-7　不同 u_S/σ 值的概率密度分布

常有必要写出 n 个被选值的联合概率密度（例如由 n 个脉冲组成的串）。对互不相关的一组值，其联合密度可以写为

$$W(u_1, u_2, \cdots, u_n) = W(u_1)W(u_2)\cdots W(u_n) = \prod_{i=1}^{n} W(u_i)$$

2.3.2　单脉冲的最佳检测

在对单个信号进行最佳检测时，需确定似然比，同时根据式(2-6) 与门限值进行比较。为完成该任务，须知道一次处理系统输入端信号与噪声的概率密度。把噪声概率密度表达式(2-7) 转换成无量纲的形式（进行归一化），即

$$x = \frac{u}{\sigma}, \qquad du = \sigma dx$$

转换成变量 x 时，须使每个概率单元都相等，即

$$W(u)du = W(x)dx \tag{2-10}$$

由此可得

$$W(x) = W(u)\frac{du}{dx}$$

把相应的值代入式(2-10)，最终得

$$W_N(x) = x e^{-\frac{x^2}{2}} \tag{2-11}$$

同样，把广义瑞利分布转换成无量纲(归一化)的形式，得

$$W_{SN}(x) = x e^{-\frac{x^2+a^2}{2}} I_0(ax) \tag{2-12}$$

式中
$$a = u_S/\sigma$$

为寻找噪声中单个脉冲信号的最佳检测算法，须根据所选的准则计算似然比，并与门限 l 进行比较，即

$$\lambda(x_i) = \frac{W_{SN}(x_i)}{W_N(x_i)} = \frac{x_i e^{-\frac{x_i^2+a_i^2}{2}} I_0(a_i x_i)}{x_i e^{-\frac{x_i^2}{2}}} \geqslant 1$$

即

$$\lambda(x_i) = e^{-\frac{a_i^2}{2}} I_0(a_i x_i) \geqslant l \tag{2-13}$$

为简化计算装置，我们对上式取对数。因为对数函数的单值性，所以上面的不等关系并没有被破坏，只是改变了左右两边的数值。对式(2-13)两边取对数有

$$-\frac{a_i^2}{2} + \ln I_0(a_i x_i) \geqslant \ln l$$

最终，得到的单脉冲信号检测算法的表达式为

$$\ln I_0(a_i x_i) \geqslant l'$$

式中
$$l' = \ln l + \frac{a_i^2}{2}$$

因此，接收信号必须进行非线性变换，并把结果与门限值 l' 进行比较。单脉冲信号检测装置的结构图如图 2-8 所示。

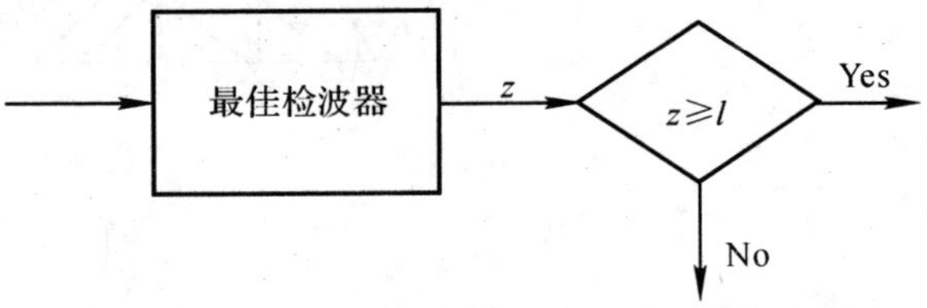

图 2-8 单脉冲信号检测结构图

函数 z 可以用下式近似得到，即

$$z = \begin{cases} \dfrac{(a_i x_i)^2}{4}, & a_i x_i \leqslant 1 \\ a_i x_i, & a_i x_i > 1 \end{cases}$$

当 $a_i x_i \leqslant 1$ 时，对应于弱信号；当 $a_i x_i > 1$ 时，对应于强信号。

检波器的最佳特性相对于弱信号时应该是平方关系；而相对于强信号时则为线性关系，如图 2-9 所示。

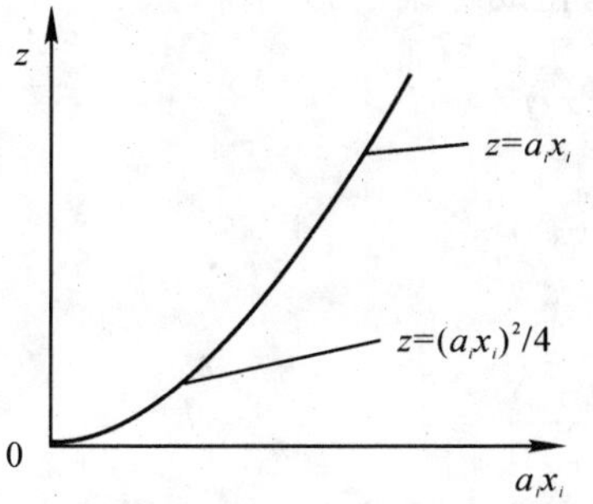

图 2-9　检波器的最佳特性

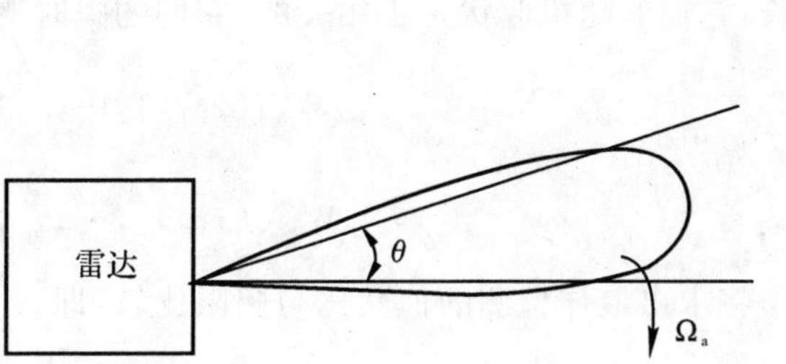

图 2-10　水平面内的方向图

2.3.3　脉冲串的最佳检测

实际的目标回波信号不是单个脉冲，而是同一距离处的一串脉冲。脉冲串中的脉冲数取决于天线方向图主瓣的宽度、转动速度及探测信号的重复频率。

设雷达天线以角速度 Ω_a 作圆周扫描，其水平方向的宽度为 θ(见图 2-10)。探测信号的重复周期为 T_n(见图 2-11)。当目标出现在天线方向图范围内时，将会反射雷达辐射信号。反射信号相对于探测信号延迟时间 t_r 后，进入接收机。目标处在方向图范围内的时间 $t = k\theta/\Omega_a$，在此期间雷达发射多个探测脉冲，因而接收机也接收到多个目标回波信号。脉冲数由下式确定，即

$$n = \frac{k\theta}{\Omega_a T_n} \tag{2-14}$$

式中，k 为系数。考虑到天线方向图半功率点范围外可能出现的回波脉冲，通常取 $k = 1 \sim 1.5$。

当 $\theta = 2°, \Omega_a = 36°/\text{s}, k = 1, T_n = 3\ \text{ms}$ 时，脉冲数为

$$n = \frac{1 \times 2°}{36° \times 0.003} \approx 19$$

目标位于方向图内的时间为

$$t = \frac{2°}{36°/\text{s}} \approx 0.06\ \text{s}$$

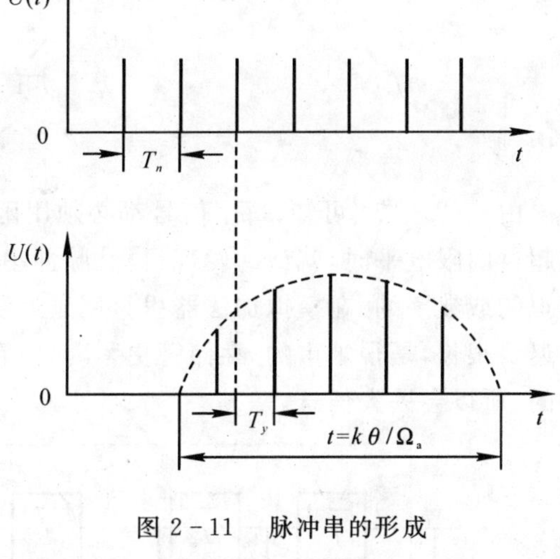

图 2-11　脉冲串的形成

在此期间内，若目标以 300 m/s 的速度飞行，则飞过距离 $s = 300\ \text{m/s} \times 0.06\ \text{s} = 18\ \text{m}$，目标的距离实际上没有什么变化。因此在环形显示器上，表示不同径向扫描的单个回波脉冲到屏幕中心的距离是一样的，并以小弧显示在屏幕上。必须利用所有的回波信号来检测目标。实践中，操作员就是用屏幕上亮点进行分析的。

我们不用单个信号来发现目标，而用多个回波脉冲，即取

$$X = (x_1, x_2, \cdots, x_n)$$

对单个信号的最佳处理是采用一维概率密度，对脉冲串的处理则是采用相应的 n 个取样的多维概率密度 $W_{nN}(x_1, x_2, \cdots, x_n)$ 和 $W_{nSN}(x_1, x_2, \cdots, x_n)$。

这 n 个值在离散时间点 $t_1, t_2, \cdots, t_n$ 时确定。因为所接收的信号(反射脉冲)之间的时间足

够长，它们的随机起伏是不相关的。它们的瞬时概率密度可以化成一维的，则有

$$W_{nN}(x_1,x_2,\cdots,x_n)=\prod_{i=1}^{n}W_N(x_i)$$

$$W_{nSN}(x_1,x_2,\cdots,x_n)=\prod_{i=1}^{n}W_{SN}(x_i)$$

将求出最佳检测的似然比与门限比较，即

$$\lambda(x_1,x_2,\cdots,x_n)=\frac{W_{nSN}(x_1,x_2,\cdots,x_n)}{W_{nN(x_1,x_2,\cdots,x_n)}}\geqslant l$$

假如单个脉冲的信号加噪声包络电压和纯噪声包络电压的条件概率分布分别服从广义瑞利分布和瑞利分布，则有

$$\frac{\prod_{i=1}^{n}x_i\mathrm{e}^{-\frac{x_i^2+a_i^2}{2}}\mathrm{I}_0(a_ix_i)}{\prod_{i=1}^{n}x_i\mathrm{e}^{-\frac{x_i^2}{2}}}=\prod_{i=1}^{n}\mathrm{e}^{-\frac{a_i^2}{2}}\mathrm{I}_0(a_ix_i)\geqslant l$$

取对数后得

$$\sum_{i=1}^{n}\left[-\frac{a_i^2}{2}+\ln\mathrm{I}_0(a_ix_i)\right]\geqslant l$$

经处理，脉冲串的最佳检测算法可写为

$$z'=\sum_{i=1}^{n}\ln\mathrm{I}_0(a_ix_i)\geqslant l' \tag{2-15}$$

式中

$$l'=\sum_{i=1}^{n}\frac{a_i^2}{2}+\ln l$$

由式(2-15)可知，每个信号都必须用函数 $\ln\mathrm{I}_0(a_ix_i)$ 进行处理，然后对得到的值求和。当和超过门限电平时，就认为发现目标。脉冲串检测结构图见图 2-12。求和运算，即积累可以是模拟的或数字的。在模拟加法器里只用延迟线或存储管。因为需要延迟数百或数千微秒，所以延迟线很长，是很笨重的。存储管更紧凑，但它工作不稳定。此外，存储管内的信号积累是非线性的，所以会丢失信息。

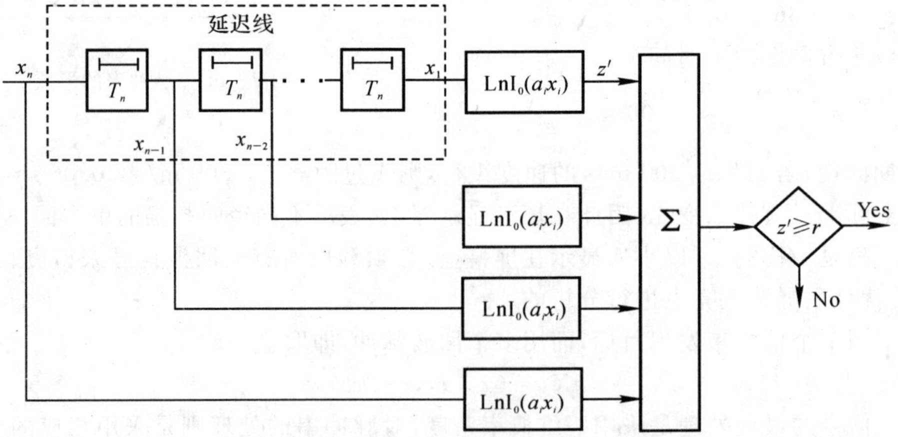

图 2-12 用脉冲串探测目标的结构图

正因为模拟积累存在上述缺点，所以现在更多采用数字积累，这样要简单、经济和可靠得多。但用数字积累必须把信号转换成数字形式，信号在数字化过程中会带来误差，但可用某种方法对其进行补偿，以获得质量更好的数字处理。

数字处理时完成以下任务：

(1) 把信号转换成数字形式；

(2) 形成最佳处理算法；

(3) 算法的电路实现。

下面讨论前两项任务。

2.3.4　二进制最佳检测

1. 信号的模数转换

用数字设备处理雷达信号时，必须先把雷达接收机输出的连续电压进行时间取样和幅度量化。

用数字设备进行信号数字化的第一个阶段是在时间上对信号进行量化，即进行取样，把时间上连续的观测信号，根据时间先后顺序，以一定的时间间隔离散地取其幅度值。通常在时间离散点上，不但可以确定幅度，也可确定信号的其他参数。第二阶段是对幅度进行量化(分层)。

图 2 - 13 为雷达信号量化的结构图，图 2 - 14 为工作时序图。

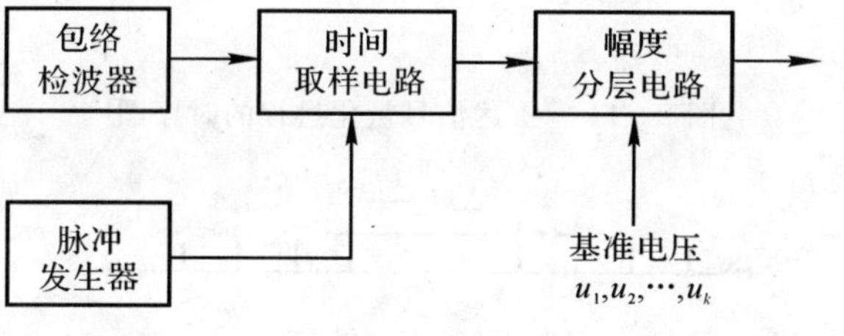

图 2 - 13　雷达信号量化结构图

在图 2 - 14 中，雷达接收机的输出电压(见图 2 - 14(a)) 送到取样电路的输入端，取样电路的另一输入端接取样标准脉冲，其脉冲宽度为 τ_c、周期为 T_c(见图 2 - 14(b))。该电路输出端在每个取样脉冲期间得到一个包络的取样，取样值送到幅度量化电路的输入端。幅度量化电路通常有 m 个门限值和$(m+1)$ 个等级，在每个取样间隔内输出所超过的门限等级号。等级号可能是二进制编码的，或者用等于所超等级数的标准幅度脉冲表示(见图 2 - 14(d))。

实践中常用二分层进行量化，称为二进制量化。用二进制量化电路，当脉冲幅度高出门限(见图 2 - 14(c) 中的 u_2) 时，输出标准脉冲(为 1)；而比门限低时，无脉冲输出(为 0)(见图(2 - 14e))。

在时间上取样后，把雷达的作用距离分成若干段，每段距离为

$$\Delta = \frac{cT_c}{2}$$

式中，c 表示光速，段数由下式确定，即

$$k = \frac{r_{max}}{\Delta r}$$

式中，r_{max} 为雷达的最大发现距离，如图 2－15 所示。

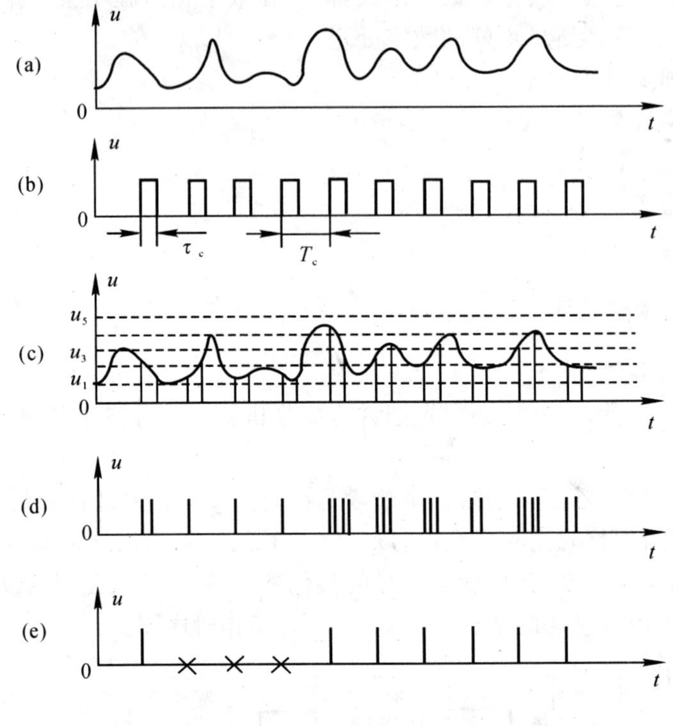

图 2－14 雷达信号量化过程的时序图

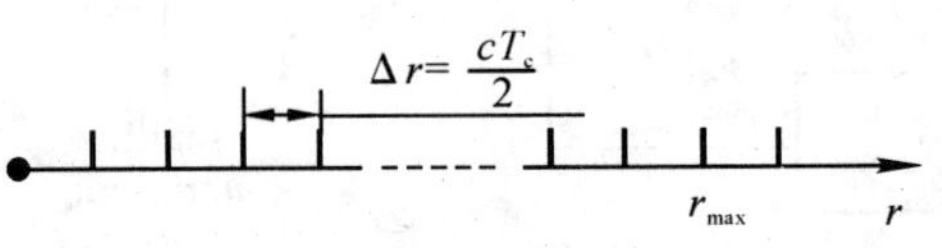

图 2－15 距离量化原理

每次距离扫描由发射探测信号开始。天线从发射一个探测脉冲到发射下一个探测脉冲，将转过方位角 $\Delta\beta$。因此，雷达扫描区域的方位角将以下面的间隔分成段，则有

$$\Delta\beta = 2\pi \frac{T_n}{T}$$

式中，T_n 表示探测脉冲重复周期；T 表示天线旋转周期。

因此，时间量化的结果是使雷达扫描区分成小块（见图 2－16），大小为

$$s = \Delta r \Delta\beta$$

雷达扫描区内总的分块数为

$$N = \frac{2\pi r_{max}}{\Delta\beta \Delta r}$$

幅度量化使屏幕上每一个单元块的发光照亮离散化。二进制量化将使确定的存储单元（屏幕上的发光点）有或者没有“1”。

2. 二进制检测的最佳算法

从理论上讲，没有一种数字化信号的处理算法在质量上能优于或达到非数字化信号的最

佳处理算法，这是因为数字化过程不可避免会丢失信息。当获得“1”时，我们只知道信号高于门限，而无法说出它高出多少(以二分层为例)。从另一方面讲，用数字计算机进行量化信息的处理，不会出现模拟方法所特有的饱和。尽管量化会损失信息，但信号的数字化处理的效果在多数情况下不会比模拟处理差。

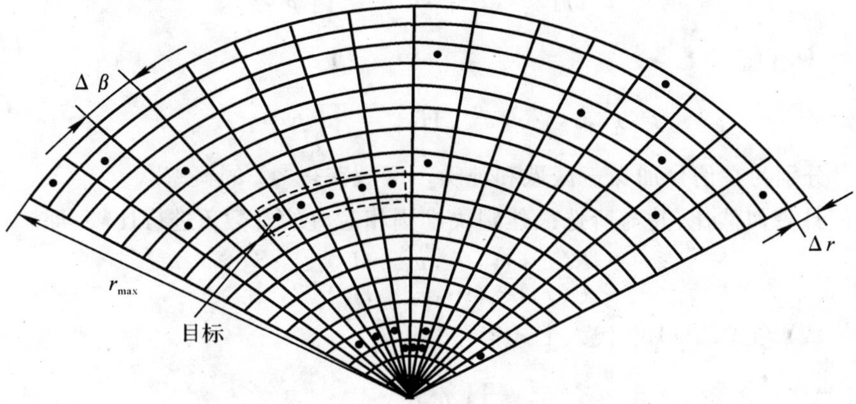

图 2-16　取样和分层后雷达扫描区模型

现在讨论二进制最佳检测算法。采用此算法时，必须分析相同距离单元(一个距离环)内的信息。

假定在同一个距离环上，出现 n 个方位上相邻的离散取样值 $x_1, x_2, \cdots, x_n$(见图 2-16)。对每一个取样值 x_i 的幅度进行二分层量化，即通过与门限 x_0 进行比较，可得

$$x_i = \begin{cases} 1, & x_i \geqslant x_0 \\ 0, & x_i < x_0 \end{cases}$$

量化的最终结果是获得一个“0”与“1”的串。此时，检测的任务是分析获得的“0”，“1”串。做出最佳判决，即得到的取样串是来自目标回波脉冲，还是干扰引起的。这种最佳检测算法与模拟信号相似，都是检验关于没有信号的假设 H_0 和有信号的假设 H_1。为此，需要根据所选准则计算似然比，并与门限进行比较。这里先要找出“1”，“0”序列的统计特性。

在 i 位置获得“1”的概率记为 p_i，而在该位置获得“0”的概率为 q_i。很明显，有

$$q_i = 1 - p_i$$

第 i 次实验结果中，获得两种结果中任何一种的概率可写为

$$P(x_i) = p^{x_i} q^{1-x_i}$$

由于实验的非相关性，所以在 n 次实验中，获得某一个“0”与“1”组合的联合概率为

$$P(x_1, x_2, \cdots, x_n) = \prod_{i=1}^{n} p_i^{x_i} q_i^{1-x_i} \tag{2-16}$$

根据上式，n 次实验中每一个都为 1 的概率为

$$P(1,1,\cdots,1) = \prod_{i=1}^{n} p_i$$

而全部获得“0”的概率为

$$P(0,0,\cdots,0)=\prod_{i=1}^{n}q_i$$

根据式(2-16),可写出实际为假设 H_1 时,获得某一个组合的条件概率 $P(x_1,x_2,\cdots,x_n\mid H_1)$ 的表达式为

$$P(x_1,x_2,\cdots,x_n\mid H_1)=\prod_{i=1}^{n}p_{S_i}^{x_i}q_{S_i}^{1-x_i} \tag{2-17}$$

对于假设 H_0,有

$$P(x_1,x_2,\cdots,x_n\mid H_0)=\prod_{i=1}^{n}p_{N_i}^{x_i}q_{N_i}^{1-x_i} \tag{2-18}$$

式中,p_{S_i},p_{N_i} 分别为在信号加噪声区域和纯噪声区域获得"1"的概率。

下面我们计算似然比,并与所选最佳判决准则相对应的常数 l 进行比较,即

$$\frac{P(x_1,x_2,\cdots,x_n\mid H_1)}{P(x_1,x_2,\cdots,x_n\mid H_0)}\geqslant l$$

把式(2-17)和式(2-18)代入上式得

$$\frac{\prod_{i=1}^{n}p_{S_i}^{x_i}q_{S_i}^{1-x_i}}{\prod_{i=1}^{n}p_{N_i}^{x_i}q_{N_i}^{1-x_i}}\geqslant l$$

或者

$$\prod_{i=1}^{n}\left(\frac{p_{S_i}}{p_{N_i}}\right)^{x_i}\left(\frac{q_{S_i}}{q_{N_i}}\right)^{1-x_i}\geqslant l$$

取对数后得到

$$\sum_{i=1}^{n}\left[x_i\ln\frac{p_{S_i}}{p_{N_i}}+(1-x_i)\ln\frac{q_{S_i}}{q_{N_i}}\right]\geqslant\ln l$$

经过处理得

$$\sum_{i=1}^{n}x_i\ln\frac{p_{S_i}}{p_{N_i}}\frac{q_{N_i}}{q_{S_i}}\geqslant\ln l-\sum_{i=1}^{n}\ln\frac{q_{S_i}}{p_{N_i}} \tag{2-19}$$

引入表达式

$$\ln\frac{p_{S_i}}{p_{N_i}}\frac{q_{N_i}}{q_{S_i}}=\eta_i,\quad \ln l-\sum_{i=1}^{n}\ln\frac{q_{S_i}}{q_{N_i}}=z_0$$

最终得到

$$\sum_{i=1}^{n}x_i\eta_i\geqslant z_0 \tag{2-20}$$

式中,函数 η_i 是在信号和噪声区内获得"1"和"0"的概率期望值,称为二进制检测的权函数。权函数的包络在形式上与天线方向图包络相一致,见图 2-17 所示。

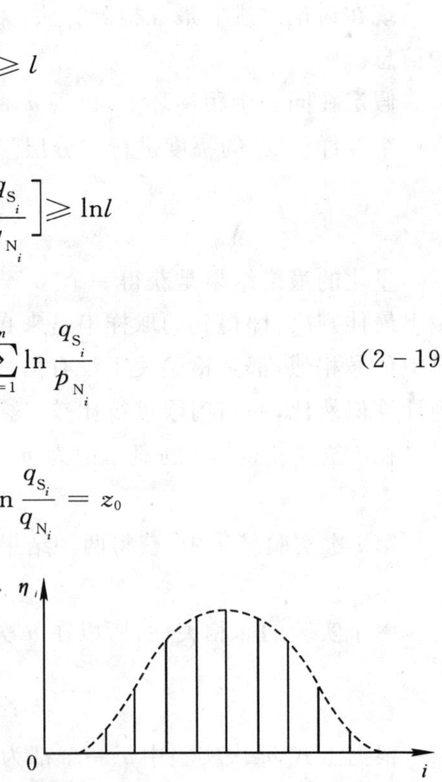

图 2-17 权函数包络

根据式(2-20)的算法,二进制最佳检测过程所完成的操作如下:

(1) 脉冲宽度内，在量化器输出端记忆信号(1 与 0)；

(2) 把量化器输出为 1 所对应位置的权函数值相加，这些值是事先编进去的；

(3) 把得到的和与门限进行比较，并给出发现(或未发现) 脉冲串的判决。

图 2-18 为实现上述检测算法的结构图(也称为滑窗检测器)。图中输入信号存储器采用移位寄存器的形式。此外，还有权系数寄存器，用来存储权系数 η_i，利用与门“&” 实现乘法 $\eta_i x_i$。图 2-18 中所列单元可以用数字电路实现。

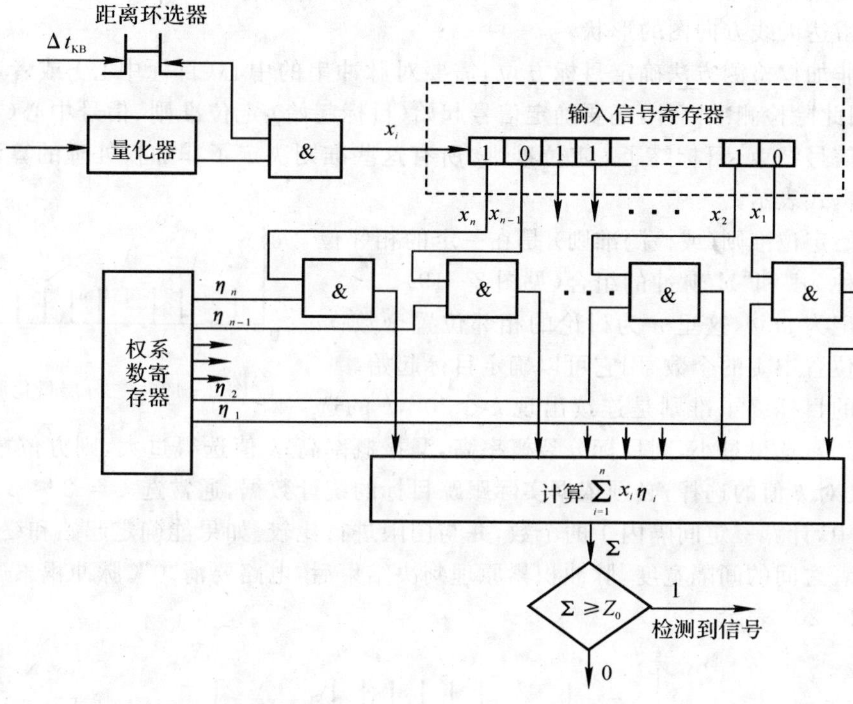

图 2-18　二进制滑窗检测器结构图

数字检测设备的特点是有两个门限，一个在量化器内，是检测单个脉冲的门限；另一个在和电路输出端，是检测脉冲串的门限。

2.3.5　非加权二进制检测

前面讨论的量化雷达信号的处理方法比较复杂，因为在检测过程中需要事先编好的权函数并确定它们所对应的方位角位置。

为简化设备，可把信号包络当成直角的，这样，在各位置获得“1” 的概率为

$$p_{S_1} = p_{S_2} = \cdots = p_{S_n} = p_S$$

$$p_{N_1} = p_{N_2} = \cdots = p_{N_n} = p_N$$

式(2-19) 可以写为

$$\sum_{i=1}^{n} x_i \geqslant \frac{\ln l - n\ln \dfrac{q_S}{q_N}}{\ln \dfrac{p_S q_N}{p_N q_S}} \tag{2-21}$$

此时检测程序是，计算量化器在脉冲串宽度范围内输出“1”的个数，并将其与式(2-21)右边所确定的门限进行比较。

检测电路用常见的二进制计数器实现。但是用这种设备做判决不是最佳的，因为处理过程中没有考虑雷达天线方向图的形状。

用这种非加权检测方法确定目标方位，需要对脉冲串的中心（目标中心）或者起始、终了进行定位。因此除检测准则外，还要确定信号起始（目标起始）定位准则、信号中心（目标中心）定位准则和信号结束（目标终了）定位准则。所有这些准则决定了非加权处理的算法。它们可用数学和逻辑式表示。

目标起始定位准则（或检测准则）是在一定的相邻位置内出现某种“0”和“1”脉冲的组合（见图 2-19）。

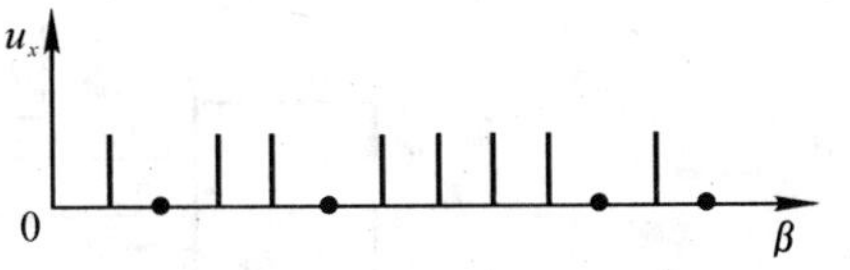

图 2-19　二分层量化脉冲串

该准则记为 m/n，这里 n 为讨论的相邻位置个数；m 为在这 n 个位置中 1 的个数。用它可以确定目标起始。

最常用的目标终了准则是连续出现 k 个“0”，k 的选取应当考虑到 k 选得过小，则目标分裂概率高，漏报概率高；k 值选得过大，则方位精度和方位分辨力变差。对 k 值的选择，必须依据实际跟踪目标的统计数据，通常选 $k = 2 \sim 3$。

在检测中，计算一定间隔内 1 的个数，并与门限进行比较。如果能确定起始和终了位置，则可以计算两者之间的间隔宽度。脉冲积累原理判决结束后，电路要清“0”。脉冲积累过程可用时序图（见图 2-20）表示。

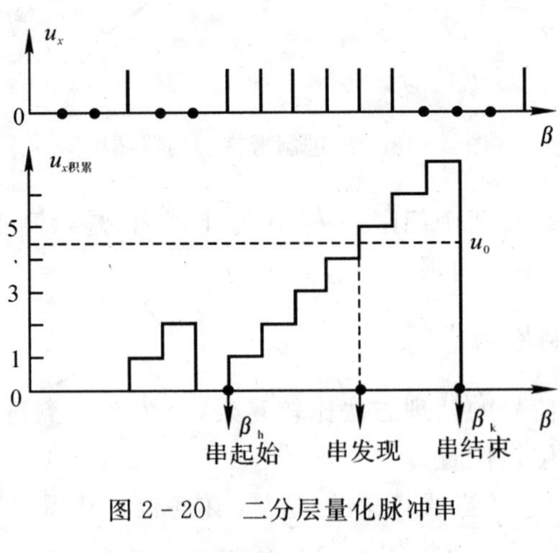

图 2-20　二分层量化脉冲串

假设 $k = 2$，当只有一个脉冲通过时，就会还原到“0”位置。当量化器有输出时，脉冲累加器的输出电压在每一个时间间隔会跃升一次。对于同一次回波，积累会继续。如果下面出现两次“0”，则累加器输出 $u_{x积累}$ 会跳变到“0”。当积累 5 次，电压跳过 $u_x = u_0$ 时，检测到信号（见图 2-20）。该累积器给出起始定位信号 β_h、终了定位信号 β_k 和检测信号，并可给出脉冲积累数。这种检测器称为逻辑检测器，用 $m/n-k$ 表示，式中 m/n 为检测准则；k 为终了定位准则。

2.4　确定目标坐标的方法

目标在空间的位置可用极坐标或直角坐标表示。有必要时，可实现极坐标到直角坐标的转换，或相反的转换。

在极坐标中确定目标坐标的方法：测距仪测得目标时，方向图所对应的方位即为目标方位；回波信号相对于探测脉冲的延迟时间反映了目标的距离；测高仪在垂直面上的方向图位置反映了目标高低角。

用测距仪确定方位角，和用测高仪测高低角没有本质上的区别。因此，下面只讨论距离和方位角的测量方法。

2.4.1　目标距离的测定

如前所述，目标距离可直接用反射信号与探测脉冲之间的延迟时间 t_r 表示，即

$$r = \frac{c\,t_r}{2}$$

如进行时间量化，则

$$t_r = kT_c, \quad r = \frac{c\,kT_c}{2} = k\Delta r$$

式中，k 为延迟时间 t_r 内的量化间隔数；T_c 为取样脉冲重复周期，Δr 为量化的距离间隔（距离环之间的宽度）。

$$\Delta r = \frac{cT_c}{2}$$

因此，距离的确定变为计算在 t_r 时间内的标准脉冲个数。可直接用 Δr 作为计数器最低位的刻度值。

该方法的测距误差用均方值 σ_r 表示为

$$\sigma_r = \sqrt{\sigma_u^2 + \sigma_D^2}$$

式中，σ_u 为与雷达站测量精度有关的误差均方值；σ_D 为时间量化产生的误差均方值。

2.4.2　目标方位的测定

角坐标的最佳测定要运用随机过程的参数估计法。通常用最大似然比法，即接受作为最佳值的参数 β（此时为天线方位角 β_a），能保证在信号区内似然函数最大，即 $W(x_1, x_2, \cdots, x_n, \beta \mid H_1)_{\max}$。

下面讨论二分层量化时，角坐标的测定方法。

用二分层量化测定目标方位的方法如下：

设有一组量化信号（“0”与“1”），它们对应的距离是相同的，是在天线处于不同方位时获得的，因此必须以最大的精度来确定目标的真实方位。

接下来是寻找式(2－17)的极值，则有

$$p(x_1, x_2, \cdots, x_n \mid H_1) = \prod_{I=1}^{N} p_{S_i}^{x_i} q_{S_i}^{1-x_i}$$

确实，出现“1”的概率 p_{S_i} 和出现“0”的概率 q_{S_i} 取决于天线方向图与目标在空间的相对位置(见图 2-21)。

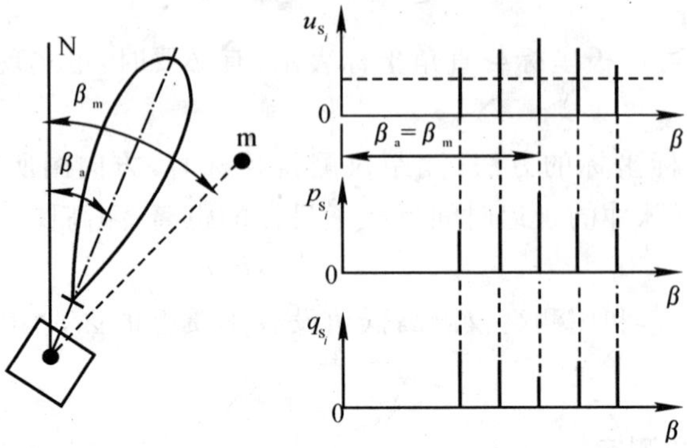

图 2-21 方位角测定原理

设 β_a 表示天线方向图的角位置，β_m 表示目标角位置。若天线方向图是对称的，则当 $\beta_a=\beta_m$ 时，信号有最大值。

当给定比较门限 u_0 时，p_{S_i} 值有与回波信号包络相同的形状，值 q_{S_i} 在 $\beta_a=\beta_m$ 时最小，即 p_{S_i} 与 q_{S_i} 取决于 β_a。

可见，式(2-17)是 β_a 的函数，当 $\beta_a=\beta_m$ 时，条件概率最佳。

为求极值，先对表达式两边取对数，则有

$$\ln P(x_1,x_2,\cdots,x_n \mid H_1)=\ln\prod_{i=1}^{n} p_{S_i}^{x_i} q_{S_i}^{1-x_i}=\sum_{i=1}^{n} x_i(\ln p_{S_i}-\ln q_{S_i})+\sum_{i=1}^{n}\ln q_{S_i} \tag{2-22}$$

对 β_a 求导，并令其等于 0，即

$$\sum_{i=1}^{n} x_i\left(\frac{1}{p_{S_i}}\frac{\partial p_{S_i}}{\partial\beta_a}-\frac{1}{q_{S_i}}\frac{\partial q_{S_i}}{\partial\beta_a}\right)+\sum_{i=1}^{n}\frac{1}{q_{S_i}}\frac{\partial q_{S_i}}{\partial\beta_a}\bigg|_{\beta_a=\bar{\beta}_m}=0 \tag{2-23}$$

式中，$\bar{\beta}_m$ 为目标方位角估计值。

不难看出，若方向图对称，则天线正对准目标时，表达式中第二个求和项等于 0。考虑到 $(1-q_{S_i})=p_{S_i}$，得到

$$\frac{\partial q_{S_i}}{\partial\beta_a}=-\frac{\partial p_{S_i}}{\partial\beta_a}$$

则估计目标角度的表达式为

$$\sum_{i=1}^{n} x_i\frac{1}{p_{S_i}}\frac{1}{q_{S_i}}\frac{\partial p_{S_i}}{\partial\beta_a}\bigg|_{\beta_a=\beta_m}=0 \tag{2-24}$$

记为

$$\frac{1}{p_{S_i}}\frac{1}{q_{S_i}}\frac{\partial p_{S_i}}{\partial\beta_a}=\eta_{\beta_i} \tag{2-25}$$

最终得

$$\sum_{i=1}^{n} x_i \eta_{\beta_i} = 0 \tag{2-26}$$

式中，η_{β_i} 为权函数，有非对称性(见图 2-22)。

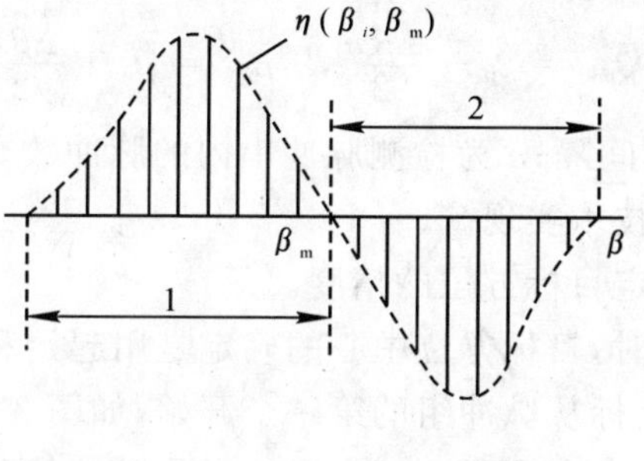

图 2-22　权函数 η_{β_i} 的形状

1— 函数正值区，因为导数 $\partial p_S/\partial\beta_a$ 为正(方向图上升部分)；

2— 函数负值区(方向图下降区 $\partial p_S/\partial\beta_a < 0$)

实现式(2-26)算法的设备结构图如图 2-23 所示，与门“&”保证选择相同距离环的脉冲。图中包括由移位寄存器组成的量化信号存储器、权系数存储器、实现乘法的与电路“&”，以及两个加法器和比较电路。

因此，在发现目标后，当 $\sum\limits_{i=n/2+1}^{n} n_{\beta_i} x_i$ 和 $\sum\limits_{i=1}^{n/2} n_{\beta_i} x_i$ 相等时就可确定目标的角度。通过表示“正北”的基准脉冲和从比较电路来的信号两者之间的移位脉冲数可确定角度的大小。

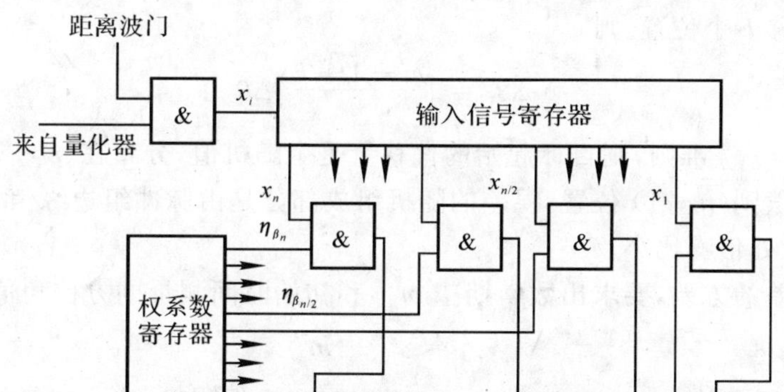

图 2-23　测定方位角的设备结构图

当用逻辑检测器处理信号时，中心位置的确定有以下方法。

(1) 根据已确定的目标起始和终了方位角来确定中心位置(目标方位值)，即由下式：

$$\bar{\beta}_m = \frac{\bar{\beta}_n + \bar{\beta}_h}{2} \tag{2-27}$$

式中，$\bar{\beta}_m$ 为目标方位估计值；$\bar{\beta}_n$ 为目标起始信号方位；$\bar{\beta}_h$ 为目标终了信号方位。

（2）根据信号起始、终了方位和宽度来确定中心位置，即

$$\bar{\beta}_{mk} = \bar{\beta}_h - \frac{\Delta\beta n}{2}, \quad \bar{\beta}_{mk} = \bar{\beta}_n + \frac{\Delta\beta n}{2} \tag{2-28}$$

确定。式中，$\Delta\beta$ 为脉冲的角度间隔；n 为检测脉冲串内的脉冲数。

上述方法很容易用数字技术实现。

下面讨论逻辑检测器测定目标方位的精度。

用逻辑检测器处理信号时，目标方位中心的确定是用起始和终了信号的坐标实现的。设脉冲串由 n 个脉冲组成，判读坐标从脉冲组的第一个开始，如图 2-24 所示。图中，n_1 为建立目标起始信号的位置；n_2 为产生目标终了信号的位置；$\Delta\beta$ 为脉冲的角间隔。

目标方位的测量值为

$$\bar{\beta}_m = \frac{n_1 + n_2}{2}\Delta\beta \tag{2-29}$$

方位的真实值为

$$\bar{\beta}_m' = \frac{n-1}{2}\Delta\beta \tag{2-30}$$

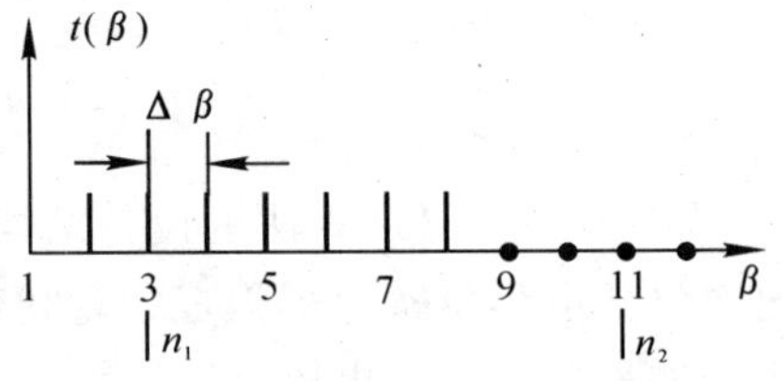

图 2-24　方位角的逻辑测定原

测角时相应的系统误差和随机误差之和为

$$\Delta\beta_a = \pm(\bar{\beta}_m - \bar{\beta}_m') = \pm\left(\frac{n_1 + n_2}{2} - \frac{n-1}{2}\right)\Delta\beta$$

系统误差由所选准则确定。如选用 $n/n-k$ 准则，则目标起始向右偏移了 $n-1$ 个位置，而目标终了向右偏移 k 个位置。则

$$\Delta\beta_s = \left(\frac{n-1+k}{2}\right)\Delta\beta$$

如果选用 $m/n-k$ 准则，则目标起始的偏移量是个随机值，分布在 $(m-1)$ 到 $(n-1)$ 之间。通常对移位值补偿到 $(n-1)$ 位置。误差的随机组成部分是由脉冲组边缘信号丢失的非对称性产生的，因为边缘处信噪比小。

为确定该误差的方差，要求出数学期望 m_{β_m} 和初始时间测量的方位角值 $\alpha^2_{\beta_m}$，则有

$$\sigma^2_\beta = \alpha^2_{\beta_m} - m^2_{\beta_m}$$

为求出 $m^2_{\beta_m}$，需把所有的 n_1，n_2 值对式(2-29)求加权和。很明显，这些权值是在 n_2 位置检测目标终了和在 n_1 位置检测目标起始的联合概率。

设概率为 P_{n_2/n_1}，得

$$m_{\beta_m} = \sum_{n_1=1}^{n}\sum_{n_2=n_1+k}^{n+k}\frac{n_1+n_2}{2}\Delta\beta P_{n_2/n_1}$$

相应地确定 $\alpha^2_{\beta_m}$，则有

$$\alpha^2_{\beta_m} = \sum_{n_1=1}^{n}\sum_{n_2=n_1+k}^{n+k}\left(\frac{n_1+n_2{}^2}{2}\right)\Delta\beta^2 P_{n_2/n_1}$$

分析这些表达式得知，信噪比大时，误差的方差值与所选准则（3/4—2，2/3—2，3/3—2，4/4—2）的关系小。当信噪比小时，准则 $n/n-k$ 的误差比准则 $m/n-k$ 的小些。

2.5　雷达数据的录取

在雷达信息的一次处理过程中，雷达数据录取是在杂波处理和信号检测之后的第二个处理环节。它的主要任务是目标坐标数据的录取，其次是目标特征数据的录取。对于情报雷达来说，主要指目标距离数据、方位数据和高度数据的录取，其次是目标特征数据的录取。

2.5.1　雷达数据录取的基本概念

雷达数据录取一般分为人工、半自动和自动录取等方式。

1. 人工录取

在早期的雷达中，数据录取由人工完成。观测人员在环视显示器荧光屏(PPI)上发现目标之后，利用测距测角设备，在指示盘上读取目标方位和距离，完成坐标数据的录取任务。目标类型及大小等特征数据也是由人工判别。人工录取的优点是可以发挥人的主观能力。经验丰富、操作熟练的观测员可以在杂波背景中发现目标，并能比较准确地测定目标数据，而且可根据目标回波亮点的大小、亮度及起伏规律等判定目标的类型、群目标的个数等。此外，人工录取所用的设备比较简单，成本较低。但是，随着生产与科学技术的发展，人工录取已不能满足要求。在现代战争中，飞机的航速、密度在不断增长，只靠人工录取来对整个运动态势做出判断，显然在速度、精度、容量等各方面都不能满足要求，因此，目前雷达数据录取必须采用自动或半自动的录取方法。

2. 半自动录取

在半自动录取系统中，仍然是由人工通过显示器发现目标之后，利用一套录取装置，由人工操纵，录取荧光屏上目标位置的初始坐标数据。这种装置的组成如图 2-25 所示，图中的综合显示器是一种附有录取装置，能显示原始视频，又能显示处理视频的环视显示器。在荧光屏上可显示录取标志，例如小圆圈或十字形录取标志。操纵员通过操纵面板上的录取设备(操纵杆或滚球)控制这个录取标志，使它对准目标，再按下录取控钮，目标的坐标数据便被录取下来，通常由录取设备录取的坐标数据是对应于目标位置的相应于扫描电压的模拟量，须经编码器进行电压 — 数据变换，将变换后的二进制码经缓冲存储器送入计算机。此后就进入对该目标的自动录取跟踪过程，这就是以初始录取的目标坐标为中心，设置适当的录取波门，待下一次天线扫掠，目标信号又落入此波门时，能自动地录取第二次或第三次目标坐标数据，从而由两个以上点迹建立航迹，进入以后的自动录取与跟踪过程。由上述可知，半自动录取就是由人工完成初始录取，随后进入自动录取。在半自动录取过程中，有时为了将目标的某些特征数据一起编码，可由人工或自动地将这些数据送入编码器，与坐标数据码一同送入缓冲存储区，如图 2-25 所示。

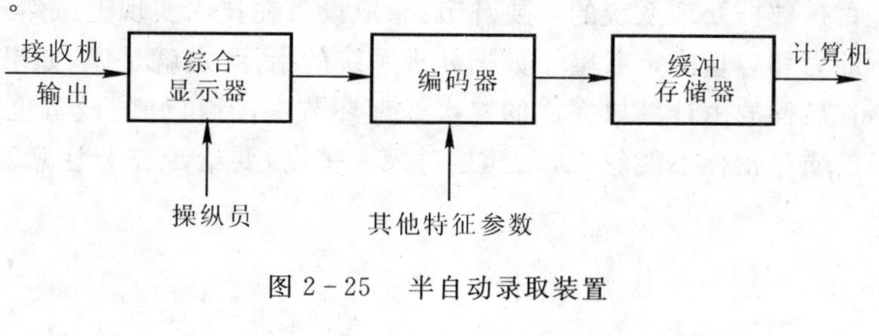

图 2-25　半自动录取装置

半自动录取的优点：可按目标重要程度做出最优先录取方案；可避免录取杂波形成假目标，易于在干扰背景中识别和录取目标。半自动录取的缺点：录取速度慢，在多目标的复杂情势中措手不及；观测人员如果疏忽，可能漏掉目标；目标运动情势及重要程度随时变化，人工删除及录取操作繁杂，且需连续观测，负担过重。

3. 全自动录取

全自动录取和半自动录取的区别在于前者的初始录取也是自动的，即从发现目标到坐标数据读出，全部过程由设备自动完成，只有某些特征参数，如目标分类需要人工置入。全自动录取装置的组成如图 2－26 所示。由自动检测设备发现目标之后，发出“目标发现”信号，利用此信号录取目标的坐标数据。距离编码是在雷达同步信号和“目标发现”信号控制下，对距离时钟脉冲计数并编码，输出目标距离数据。方位编码是在“0”方位信号和“目标发现”信号控制下，对方位计数脉冲计数并编码，输出目标方位数据。为了实现多目标录取，按照目标发现先后，进行时间编码，经排队控制，使之有秩序地经缓冲存储器送入计算机，以便随着方位与距离的扫描，依次对各个目标进行连续的自动检测与跟踪。

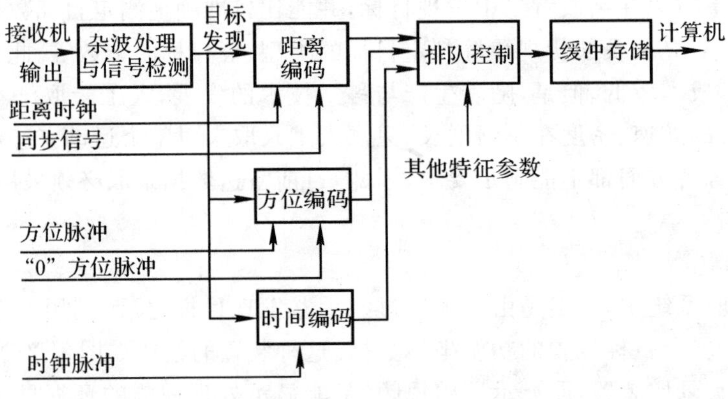

图 2－26 全自动录取装置

全自动录取的优点：录取速度快，能应付多目标情势；能自动做出优先录取方案；无需连续观测，可减轻观测员负担。全自动录取的缺点：会造成虚假录取，把干扰、陆地和岛屿也作为目标录取，可能漏掉杂波干扰区内甚至干扰区外的弱小目标；目前优先录取的准则比较简单，难于适应目标多且态势复杂多变的场合。

目前，雷达的数据处理系统，都同时设有半自动录取和全自动录取装置。如果目标数量多，超过录取和处理设备的限额，或者杂波干扰过于严重，可采用半自动录取；反之，可采用全自动录取。如果在全自动录取时，录取的目标数达到限额，又出现新的更重要的目标时，则可进行人工干预，去掉不重要的目标，由人工（半自动）录取新的更重要目标。

数据录取是雷达数据处理系统的首要环节。录取设备在技术实现上虽然并不困难，但录取精度、速度、分辨能力和容量决定着整个数据处理系统的指标。也就是说，如果目标数据录取的质量低劣，那么，在后面的由计算机完成的二次处理环节中，有再好的设备也无济于事。因此，对数据录取设备的质量指标不能忽视，尤其是对录取精度，要给予充分注意。下面主要介绍数据录取方法。

2.5.2　目标距离数据的录取

目标距离是目标的第一个最基本的数据。雷达测量目标距离是根据电磁波在雷达与目标之间往返传输所需要的时间来确定的，即

$$r = \frac{1}{2} c\, t_r$$

因此，测量出 t_r，就可知道目标的距离 r。为了把测量得到的时间 t_r 变换成二进制数码，在录取设备中，需采用"时间－数码"变换设备。这就是下面讨论的距离编码器。

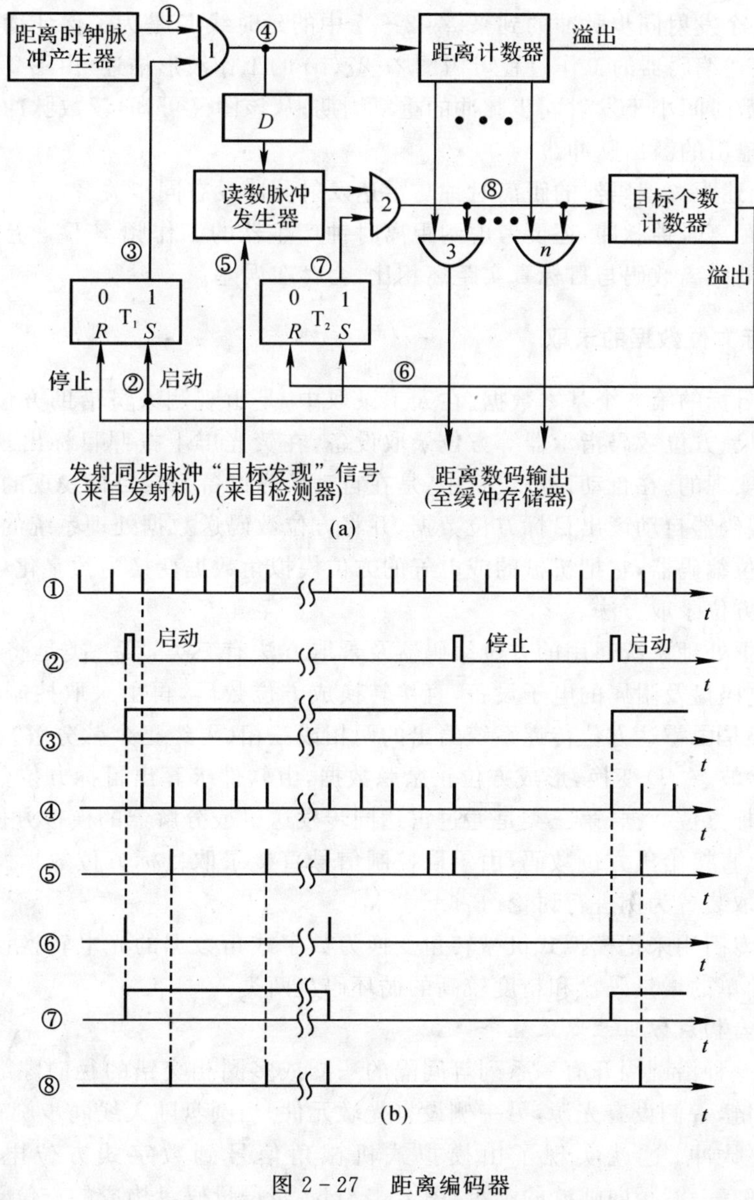

图 2－27　距离编码器

(a) 构成框图；(b) 工作波形

能够录取多个目标的距离编码器可按图 2－27(a) 的方式构成。图中，距离时钟脉冲产生器

是晶振稳频脉冲产生器，其脉冲重复周期即为距离取样间隔，作为时间量化单元。当雷达发射时，发射同步脉冲使触发器 T_1 置"1"。来自距离时钟脉冲得以通过与门 1，送入距离计数器，计数开始。当目标回波进入自动检测器时，产生"目标发现" 信号，送至读数脉冲产生器，产生读数脉冲。目标个数计数器和触发器 T_2 是用于防止目标过多，使计算机和跟踪系统进入饱和，因后面各个环节的容量和速度是有限的。目标个数计数器的位数是按允许录取的目标数限定的。因此，从与门 2 输出的读数脉冲个数受触发器 T_2 的脉冲所限制，受限于所设计的允许录取目标数。在读数脉冲控制下，由与门 3 至 n 读出目标的距离数码，送缓冲存储器。距离计数器不论目标回波到来与否，一直计到检测全程，产生溢出脉冲，使触发器 T_1 置"0"，计数停止，同时计数器清零，待下一个发射同步脉冲的到来。图 2-27 中的延时线 D 是为了保证读数时刻是在计数器稳定之后。上述编码器的工作过程可由图 2-27(b) 的工作波形描述。由图 2-27(b) 可见，距离计数器的计数时间小于发射同步脉冲的重复周期；从该图又可知：读数脉冲的个数受控于目标个数计数器输出的溢出脉冲。

必须指出，上述距离编码器的距离时钟与雷达发射脉冲没有同步关系，而且目标发现信号也不能恰恰对准距离时钟脉冲，还要考虑到距离时钟产生器的工作频率不一定很稳定。因此，距离编码器输出的距离数码与目标真实距离相比，会存在误差。

2.5.3 目标方位数据的录取

目标方位是目标的第二个基本数据。在人工录取中，是由观测人员借助方位盘、方位照准线或电子方位标尺、方位数码指示器等方位录取设备，在荧光屏上按照目标出现位置，直接由人工读取数据而实现的。在自动录取设备中，是在自动检测设备判定目标发现的时刻发出录取信号，借助方位编码器自动读出目标方位数据，并将方位数码送数据处理系统的 CPU 中。方位录取的关键是方位编码器，它把机械的或电气的方位模拟角数据变换为数字化角数据。下面讨论方位编码器及方位录取方法。

目前雷达数据处理系统通用的方位编码器及录取方法有三类：第一类是将模拟式的机械转角，借助于光电码盘及附属的电子设备，直接转换成方位数码，再由录取控制信号录取目标方位数据；第二类是由雷达方位传递系统给出的两相或三相(再经正余弦分解) 的模拟方位同步信号，经相关检波、A/D 变换，形成方位正余弦数据，由软件求算出目标方位数据，再由录取控制信号录取目标方位数据；第三类是通过雷达同步发送机或分解器的模拟方位同步信号，借助于硬件和软件，直接给出方位数码，由录取控制信号直接录取目标方位数据。下面以方位码盘构成的方位录取装置为例进行讨论。

方位码盘是专门用来把模拟式机械转角变换为数字式角数据的光电转换设备，通称光电码盘。其可分为简单的增量码盘和精度较高的循环码盘两类。

1. 用增量码盘构成方位录取装置

增量码盘是一种沿圆周开有一系列等间隔的一圈或多圈相交错的径向隙缝的圆盘，其中心轴与天线轴交链，一侧设有光源，另一侧设有光敏元件。当圆盘随天线同步旋转时，把隙缝透过的光转换为电脉冲。这就实现了由模拟式机械角信号到数字式方位电信号的变换。图 2-28(a) 是刻有一圈径向隙缝的圆盘，图 2-28(b) 是增量码盘构成的方位录取装置。

图 2-28(b) 中，码盘与光源之间置有带缝遮光片，使码盘只有一个隙缝受到光照。码盘上有一个正北隙缝，每当天线转至指向正北时，光源照射此隙缝，由上端的光敏元件产生正北脉

冲，作为计数器的清零脉冲。因此，正北隙缝又称清零隙缝，由下部的光敏元件产生增量计数脉冲 P_2，送至计数器。计数器输出的计数脉冲就表示以正北为零点的方位数码。来自自动检测器的目标发现信号作为录取信号，送至读数脉冲产生器，这时经各与门并行输出的数码即为该目标的方位数码，送至数据处理系统。从这种装置的工作过程可看出，它只适用于天线作单方向转动的情况。为适应天线双向转动，使之均可自动录取方位，就必须采用带有转向隙缝的增量码盘及可逆计数器、转向鉴别器等电路与器件。

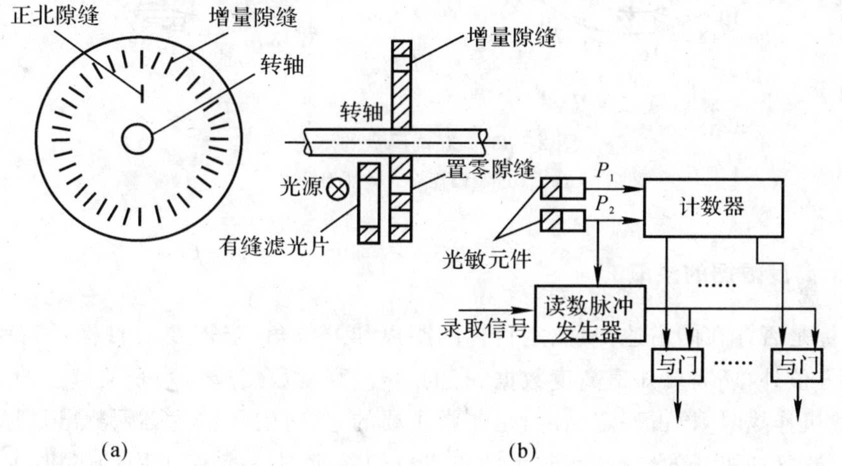

图 2-28　用增量码盘构成方位录取装置
(a) 增量码盘　(b) 录取装置

上述增量码盘的优点是易于制造，成本低，构成录取装置的设备也不复杂；其缺点是当丢失脉冲或受到脉冲干扰时，要产生计数误差，直至清零之前，此误差始终存在，而且多次误差还会积累，形成更大的误差。因此整个设备必须妥善屏蔽，防止干扰脉冲进入。

2. 二进制码盘和循环码构成的方位录取装置

为了克服增量码盘误差持续与积累的缺点，可采用数码与角度位置直接对应的二进制或循环码码盘，这样可以直接取得各角度位置的相应数码。图 2-29(a)，(b) 是五位二进制和循环码码盘的示意图。盘的最外层是最低位，最里层是最高位。同样，盘一侧由光源照射，另一侧设置光敏元件。图中剖面处表示该位为“1”，白色为“0”。目前这类码盘可做到 16 位以上，对空情报雷达多采用 12 位，将 360° 分为 $2^{12} = 4\,096$ 个量化单元，每个量化单元近似相当于 0.088°。

采用二进制码盘可直接读出并行二进制数码，简单方便，但存在一个严重缺点，即读数可能出现粗大误差。如图 2-29(a) 所示，当角位置由 15(即为 01111) 变为 16(即为 10000) 时，五位数字全变了。由于制造码盘时总有一定公差，并且光电读出设备也存在误差，在数码变换交界处，往往不能像图上画的那样截然分明，这样从 15 变为 16 的时候，有可能在变换过程中读出从 0 到 31 的任何数值，引起粗大误差。在其他一些角位置上，如 7 变成 8，23 变成 24，31 变成 0 等，都有可能发生类似的错误。为了克服这一缺点，现在普遍采用循环码盘。循环码的特点是两个相邻的十进制数所对应的循环码只有一位码不相同，这样，就可以大大降低产生误差的概率，而且即使出现误差，也仅仅是相邻位相混，而不会产生粗大误差。

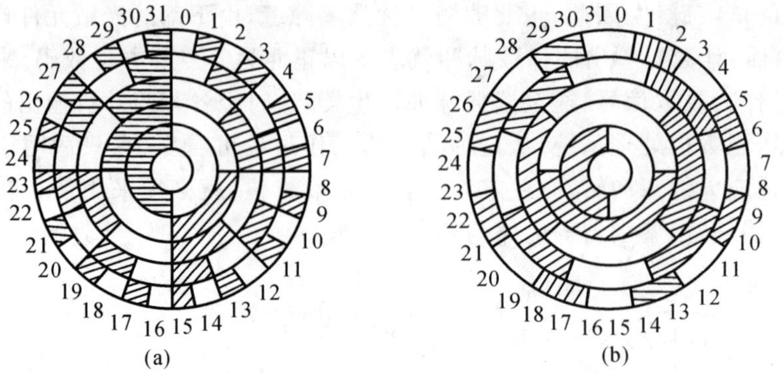

(a) (b)

图 2-29 五位码盘的示意图

(a) 二进制码盘； (b) 循环码盘

2.5.4 高度数据的录取

发现目标是否存在的雷达，只测定目标的距离和方位角。当需要对目标进行引导的时候，除了距离和方位外，还需要知道高度数据。有的场合，高度数据成为一个关键性的坐标数据。例如，我机与敌机作战时，抢占一定高度，是非常重要的，这时引导雷达必须测出目标的高度以实施正确的引导。又如机场的航行管制，为防止飞机的碰撞，在一定范围内的飞机，必须调配在不同的高度上飞行，这也需要测量目标的高度。

现在，测量目标高度使用的方法主要有以下几种：

(1) 一部平面雷达，配以一部或几部测高雷达，完成三个坐标的测量。

(2) 利用 V 形波束测量高度。

(3) 三坐标雷达在仰角上产生多波束，通过波束之间的比幅以测定高度。

(4) 在航行管制系统中，利用飞机上的高度计测高，在地面要求报告高度时，向飞机发出询问信号，飞机收到以后，能自动发回高度数据。这种测高方法，与前述的三种方法在原理上有所不同。

专用的测高雷达，它的波束是扁平的，在方位上较宽，在仰角上较窄，测高时波束上下摆，高度 H 的计算公式为

$$H = H_a + r\sin\varepsilon + \frac{r^2}{2R_e} \tag{2-31}$$

式中，H_a 是天线的高度；r 是目标的斜距；ε 是目标的仰角；R_e 是地球的等效半径，其数值是 8 500 km，比实际的地球半径(6 368 km) 大，这是因为考虑了大气密度随着高度而变化并不是均匀的，使得电磁波在雷达站与目标之间的传播不是理想的直线，而是弯曲的，在计算目标高度时对地球半径加以修正的缘故。式(2-31) 中的第三项，则是考虑了地球表面的弯曲对计算高度的影响所加入的修正项。由于第一项 H_a 对高度 H 所起的影响很小，所以实际计算高度的公式为

$$H = r\sin\varepsilon + \frac{r^2}{2R_e} \tag{2-32}$$

应用 V 形波束的雷达，高度的计算公式为

$$H = \frac{r\sin\theta}{\sqrt{1+\sin^2\theta}} \tag{2-33}$$

式中，r 是斜距；θ 是垂直波束发现目标到倾斜波束发现目标天线所转过的方位角。

有了以上的公式以后，只要测得目标的距离 r 和仰角 ε，或方位角 θ，就可以利用计算机来计算目标的高度，这是当前常用的一种方法。目前，单独应用 V 形波束的雷达来测高的很少，而以平面雷达配上测高雷达完成三个坐标的测量较为普遍。对于这种体制，工作的过程是这样的：对需要测量高度的目标，由计算机送出目标的距离数据（往往要求是提前量）和方位数据，测高雷达按照这些数据，将天线转到给定的方位上，并在给定的距离上测量该目标的仰角和距离，然后向计算机送回仰角数据 ε（或 $\sin\varepsilon$）和距离数据 r，就可以进行高度的计算。

对于三坐标雷达，测高的方法有所不同。这类雷达在垂直方位上有多个波束，相邻两个波束有一定的重叠，每个波束有一路接收机，各路接收机的增益是一致的。比较接收机输出电压的幅度，可以确定目标是处在哪一个波束之内，从而测定它的仰角，计算出高度。

三坐标雷达实现比幅测高，可以用模拟电路，也可以用数字电路来完成，它们在原理上是一样的。下面我们举例说明数字比幅测高的方法。

设三坐标雷达在垂直平面上总共有 n 个波束，每个波束在半功率点互相重叠，共有 $(n-1)$ 个这种重叠的点，它们所对应的仰角叫做基准角。图 2-30 画了三个相邻波束的方向图，波束自低仰角开始编号，基准角的编号也从低仰角开始，如图中的 ε_{j-1}，ε_j 等。对于同一个目标，一般情况下最多只有三个相邻波束的接收机有输出，所以，测量目标仰角的第一步就是确定 n 个波束中有回波输出的三个相邻波束，然后在这三个束中确定目标的仰角，即对三个波束的接收机输出电压进行比幅。如果其中两个相等，例如 $u_{j-1}=u_j$（u 表示输出电压），那么此时的目标仰角等于基准角 ε_{j-1}；如果 $u_j > u_{j-1}$，同时 $u_j > u_{j+1}$，那么目标处在波束 j 所对应的仰角之内，这时候我们同样送出基准角 ε_{j-1}，同时根据 $(u_j - u_{j-1})$ 的大小，加上一个修正量 $\Delta\varepsilon$；如果 $u_{j+1} > u_j > u_{j-1}$，这表明目标处在束 $j+1$ 所对应的仰角之内，送出的基准角应当是 ε_j，并根据 $(u_{j+1} - u_j)$ 的大小加上仰角修正量 $\Delta\varepsilon$。

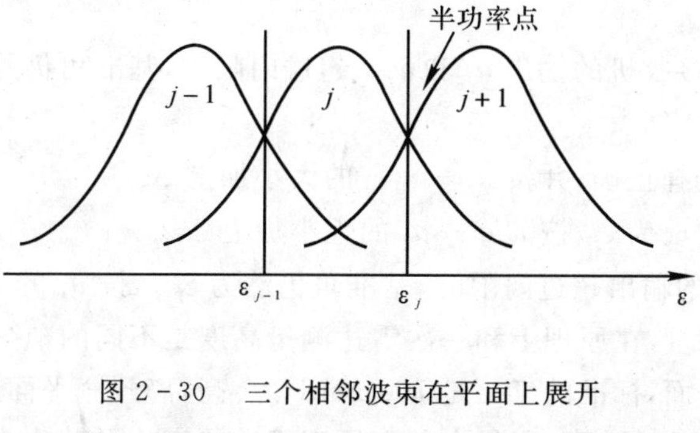

图 2-30　三个相邻波束在平面上展开

按照上述的基本原则，我们可以组成一个数字式的比幅测高的方案。如图 2-31 所示，把 n 个波束所对应的 n 路接收机输出电压，经过取样、保持和模数变换以后，得到每一路输出电压的数字量，存放在数码寄存器之中。这些数码，逐个地和一设定数字门限进行比较，当寄存器中的数码大于门限值时，这一路在输出。门限的数值必须按照回波信号的大小加以调整，所以用最大的回波信号经过模数变换以后的数值作为确定门限的一种依据；与此同时，必须保证所设定的门限要大于波束的副瓣电平，这样才能保持比幅测角的正确性。n 路接收机的输出，经过门限比较以后，最多只有三路有输出，有时候只有两路有输出，还有的时候则只有一路有输出，目标就处在这些有输出的各路所对应的仰角之中，可以据此确定仰角。通常先粗略地确定基准角，对三路输出的幅度进行比较后，对基准角加以必要的修正，并得出仰角的精细量 $\Delta\varepsilon$。确定基准角的过程如下：

(1) 三路相邻接收机的输出 u_{j-1}，u_j 和 u_{j+1} 都超过门限时，基准确选为 ε_{j-1}（见图 2-30），同时进行比幅。

1) $u_{j-1} > u_j > u_{j+1}$，ε_{j-1} 选择正确，不必修正，目标处在波束 $(j-1)$ 之中，按 $u_{j-1}-u_j$ 的大小计算精细量 $\Delta\varepsilon$，以 ε_{j-1} 中减去精细量 $\Delta\varepsilon$ 作为目标的仰角。

2) $u_j > u_{j-1}$，同时 $u_j > u_{j+1}$，ε_{j-1} 选择正确，按 u_j-u_{j-1} 的大小，算出 $\Delta\varepsilon$，并和 ε_{j-1} 相加作为目标的仰角。

3) $u_{j+1} > u_j > u_{j-1}$，ε_{j-1} 的选择不正确，因为此时目标处在波束 $(j+1)$ 之中，将基准角修正为 ε_j，并按 $u_{j+1}-u_j$ 的大小，加上 $\Delta\varepsilon$。

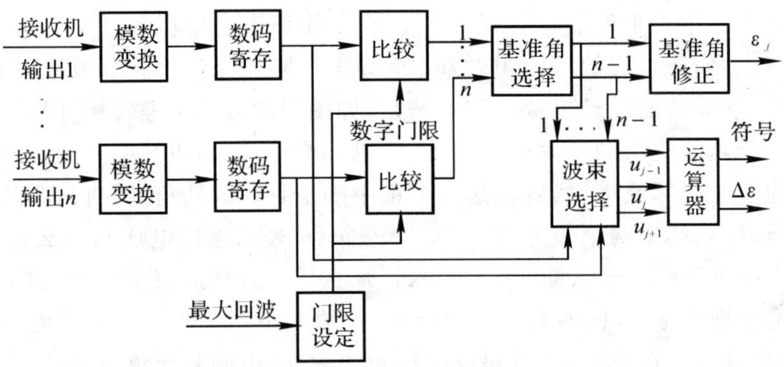

图 2-31 三坐标雷达数字比幅测高原理

(2) 只有两路相邻接收机的输出 u_j 和 u_{j+1} 超过门限时，基准角仍然选为 ε_{j-1}，同时对 u_j 和 u_{j+1} 进行比幅。

1) $u_j > u_{j+1}$，ε_{j-1} 选择正确，并按 u_j-u_{j+1} 的大小加上 $\Delta\varepsilon$。

2) $u_{j+1} > u_j$，ε_{j-1} 要改为 ε_j，按 $u_{j+1}-u_j$ 的大小加上 $\Delta\varepsilon$。

(3) 只有接收机 j 的输出超过门限时，基准角仍然为 ε_{j-1}，按 u_j 的大小加上 $\Delta\varepsilon$。

二次雷达的高度测量，在原理上和一次雷达测量高度是不同的，它是利用飞机上的气压表测高。大家知道，在海平面，标准的气压是 760 mmHg* 高，离开海平面越高，气压越低。大约每升高 11 m，气压降低 1 mmHg 高。飞机上的气压表读数的变化可转化为机械轴的转动，从而可以使安装在轴上的码盘随之旋转，读出高度数据。在实际的航管系统中，专门规定了一种模式，叫做模式 C，用以询问高度。这一模式的询问脉冲有两个，相隔 21 μs，当地面指挥所需要某个目标回答高度时，用模式 C 发出询问信号，机上的应答设备接到询问后，就读出高度码盘的数，

* 1 mmHg = 133.322 Pa。

去调制高频，发回地面。地面的接收设备对应答码确认以后，读出高度。通常与气压表耦合的码盘是按照循环码排列的，所以地面接收到的机上应答的高度是循环码，译码以后，需要把它变成二进制码供计算机使用，或者直接变成十进制码加以显示。

地面收到的高度码，一般还需要加以修正，这是因为标准大气压随气象条件而有所变化，有时候海平面的气压可能低一些，例如是 750 mmHg 高，比标准值低 10 mmHg 高，这样，按 760 mmHg 高为标准的高度读数偏大，其误差为 110 m，因此要将读数减去 110 m；有的时候可能偏高，例如 770 mmHg 高，于是读数偏小，要加上 110 m。这一修正，要根据气象台站的报告将修正的数字置入计算设备中去。另一方面，飞机场本身与海平面相比较，有一相对高度，而气压表提供的高度数据则是以海平面为标准的，所以要减去机场的海拔高度，才是飞机离地面的高度。

二次雷达所测量的高度数据比一次雷达的测高数据准确，分辨率也高，而且应用二次雷达测高，数据容量大，数据率高。因此，在能够使用二次雷达测高的场合，均以二次雷达的高度数据为准，一次雷达的高度数据可以作为参考。

2.5.5　目标特征参数的录取

在录取了目标的坐标以后，指挥机关还需要了解目标的某些特性，例如识别敌我、机型、架数。此外，还要求录取发现目标的时间，以及对已经发现的目标编号。所有这些任务，统称为目标特征参数的录取。特征参数的录取是比坐标录取更加复杂的问题，这中间的某些任务，在目前的技术条件下，机器能够做到，而另外一些任务，机器是做不到的，例如识别机型，现在主要依据观察员的判断。

下面分别说明特征参数的录取。

1. 敌我识别

识别目标是属于敌方还是我方，在作战的过程中，是非常重要的一项任务。在航行管制系统中，存在着类似的问题，这就是需要识别已经发现的目标是属于航行计划中已经编批的，还是在计划以外的其他目标。

早在第二次世界大战期间，就已经有了敌我识别(IFF) 系统，当时的系统比较简单，由地面询问站向空中目标发出询问信号，飞机上应答器接收到询问信号以后，如果认出是己方的询问，就发回一个脉冲给地面站，否则就不给回答。以后，这种识别系统的应答信号发展成为在两个相隔 20.3 μs 的框架脉冲之间，加上若干个脉冲，二次雷达就在这个基准之上形成的。框架脉冲之间的脉冲个数开始时为 6 个，以后发展成为 12 个。下面我们就来介绍这种二次雷达是怎样识别敌我的。

现代的二次雷达，地面询问站的标准频率是 1 030MHz，应答机的标准频率是 1 090 MHz，所以地面接收站的工作频率也是 1 090 MHz。由于发射和接收使用两个不同的载波频率，因此不存在杂波的干扰，这是二次雷达和一次雷达相比一个突出的优点。

询问信号由一个对脉冲(P_1，P_3) 组成，工作的模式不同，P_1 和 P_3 的时间间隔不同，如表 2-2 所示。其中模式 D 是供民用的备用询问信号；模式 C 是高度询问信号；其他的都是识别模式。通常二次雷达交替地用识别模式和测高模式进行询问，所以地面上得到的目标批号数据和高度数据的比例是 1∶1。

表 2-2 询问模式

模　式	脉冲间隔 /μs	应　用
1	3.0±0.1	军用识别
2	5.0±0.2	军用识别
3/A	8.0±0.2	军民合用识别
B	17.0±0.2	民用识别
C	21.0±0.2	测高(军民合用)
D	25.0±0.2	民用识别(备用)

飞机上的应答信号由两个框架脉冲 F_1 和 F_2 以及 12 个码元脉冲组成，另外还有一个脉冲 X，通常情况下是不用的。每个应答脉冲之间的间隔是 1.45 μs。12 个码元脉冲分成 A,B,C,D 四组，每组有三个脉冲。应答脉冲的时序关系如图 2-32 所示。实际使用时，除了框架脉冲 F_1 和 F_2 一定要有以外，其他位置上有没有脉冲，要按应答码来决定。A,B,C,D 这四组码都以二进制加权，例如 $A_1=1,A_2=2,A_4=4$；其他依此类推。如果某一飞机的批号是 1357，则码元脉冲的分配情况如下：

$$A=1 \quad (A_1=1,A_2=0,A_4=0)$$
$$B=3 \quad (B_1=1,B_2=1,B_4=0)$$
$$C=5 \quad (C_1=1,C_2=0,C_4=1)$$
$$D=7 \quad (D_1=1,D_2=1,D_4=1)$$

1 表示有脉冲，0 表示没有脉冲。由于码元总共有 12 个，每个码元有 1 和 0 两种可能的取法，所以总共有 $2^{12}=4\ 096$ 种不同的码子可供使用。图 2-32 中在 F_2 以后 4.35 μs 处的 SPI 脉冲，叫做特殊识别码，一般情况下是不用的。如果有两架飞机回答的码相同时，调度人员分不清楚，这时候，他可以选择其中一架飞机，要求除原来回答的识码之外，还要加上特殊的识别码 SPI，以示区别。码元 X 通常取 0 值，是备用的，必要时用它传递特殊的信息。此外，还有三种特殊的码：

(1)7700 表示飞机出现故障，危急求救；

(2)7600 表示无线电通信出现故障；

(3)3100 表示飞机被劫持。

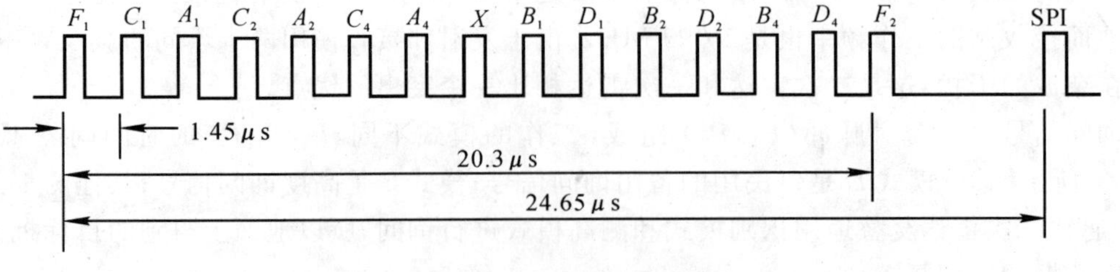

图 2-32 应答脉冲的时序关系

二次雷达的终端设备可以分成两类，一类是人工和机器相结合的，叫做半自动录取设备；另一类则是应用计算机，构成全自动录取。一般的中小机场，用半自动录取完全胜任；大型机场，如果业务并不繁忙，也可以使用半自动录取设备。

半自动录取设备的基本组成部分如图 2-33 所示，从地面站接收机来的视频信号加到公共译码器，它分析应答码的真假，去掉干扰，解出框架脉冲 F_1 和 F_2 和识别码，以及高度码、特殊识别码和危急信号。

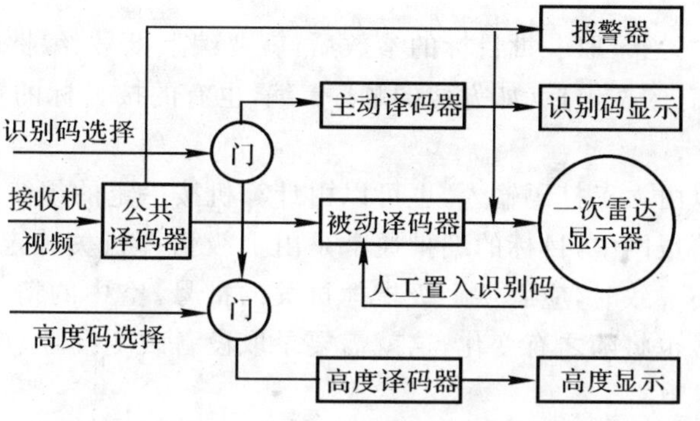

图 2-33　二次雷达半自动录取设备的组成

公共译码器的输出首先送给被动译码器。在计划飞行的情况下，飞机的批号是事先编好的，航行线路和时间也是有规定的，所以调度员可以按照计划置入识别码，在被动译码器中与公共译码器送来的电码进行比较。当两者完全符合时，被动译码器送出符合信号到一次雷达的环视显示器上；雷达发现符合信号，就可以知道哪架飞机按计划到达指定的空域，并在显示器上可以读出飞机的方位和距离。通常调度员可以设置几组识别码，分几路同时与几架飞机的应答信号相比较，凡是识别码相符合的飞机，都在一次雷达的环视显示器上出现标志。

有时候，可能出现飞机上的应答码事先并不知道，这样，被动译码器就没有符合信号输出，对这个飞机的批号也就不能了解。因此，除了被动译码器之外，设置了一个主动译码器。公共译码器的输出，在识别码选择信号的控制下，选出未知的识别码，送往主动译码器，它能够把输入的未知识别码，分成 A,B,C,D 四组，并翻译成十进制数码，用数码管显示出来，于是调度员便知道了这架飞机的批号。

当需要知道某一已知批号飞机的高度时，可以使用高度选择信号打开与门，将公共译码器的输出送入高度译码器，它能够自动把飞机所回答的高度码译成十进制数字，在数码管上显示出来。

二次雷达的输出信号加到一次雷达的环视显示器上显示时，有一些特殊规定的符号。不同的指挥系统和航管系统，可能使用不同形式的符号。

2. 机型识别

在防空系统中，识别机型可以判断来袭目标的性能、威胁程度等，便于采取对策。航管系统也往往需要了解机型，以确切地掌握空情，实施正确的管制。识别机型目前还没有成熟的电子设备可以直接解决问题，往往主要依靠观测员来判断。因为机型不同，回波的宽度、强度、波形的起伏等情况都不相同，在显示器上的图像变化也有所不同，有经验的观测人员通过显示器上的图像变化情况，常常能够比较准确地判断机型。

用机器来识别机型是目前常用的间接的办法，这就是通过录取和计算目标的高度、速度、机动方式等运动参数来进行判断。机型不同，上述的这些变化范围常常是很大的，用机器比较的结果有时候就可能与实际情况有较大的出入，因此，指挥员对机型的判断，要根据多方面的情报，而机器的识别结果仅作为其中的一种根据。

3. 批号的录取

在航管系统中，按计划飞行的目标，批号是事先编排的，录取设备通过识别码的比较，可以确定目标的批号。

在防空系统中，每当录取一批目标的参数后，就要编上批号。编批的方法有好多种，有的按发现的先后顺序编，有的按坐标(如方位的顺序)编，也有的按目标的重要程度(如对我方的威胁程度)来编。

编批的工作可以由人工打码输入，也可以由计算机按一定的规律自动编批。

在统一的雷达情报网中，目标的编批通常是由上级指挥机关确定，并向下通报。下级指挥机关的批号与上级不一致时，应服从上级指挥机关的批号。空中的情况有变化时(如有的敌方目标被我击落)，批号也将随之有变化，这就需要录取设备改变批号。

4. 发现时间的录取

目标发现的时间是一个重要的特征参数，它对运动参数的计算、目标未来位置的预测、指挥方案的组织实施等，关系都很密切。

整个雷达网要有统一的计时系统，上、下指挥机关要进行对时，以上级的时间为标准。计时的单位决定于计算运动参数所要求的精度，通常取 1/16 s 或 1/32 s。图 2-34 是录取发现时间的一种方案。图中的计数器按照所选取的计时单位进行计数。由于检测器积累的时间比计时单位小得多，所以检测器发现目标被认为是实时的，因此可以选取检测过程中的一种标志信号作为发现时间的录取信号。在这个方案中，选用了"目标结束"信号去录取时间，用它去打开读出门，读出计数器中所计的时间。"对时信号"是利用计数器计满时的溢出脉冲。前面提到，下级指挥机关的计时标准决定于上级指挥机关的计时标准，要做到这样，最好是上级指挥机关定期地报时，这就需要设置一个专用的通信信道，需要花较大的代价。现在的方案中，由录取设备向上级指挥机关定期地发送对时信号，上级指挥机关接到对时信号时，记下当时的时间 t_0，这个时间，是以上级指挥机关为准的。以后送来目标的发现时间，它实际上是计数器的数码，这个数码乘以计时单元，就是上一次对时信号发出以后所过去的时间，把它加在 t_0 之上，就得到以上级指挥机关为准的目标发现时间。传送对时信号可以利用传送发现时间的信道，这样就避免了另用一条计时信道所付的代价。

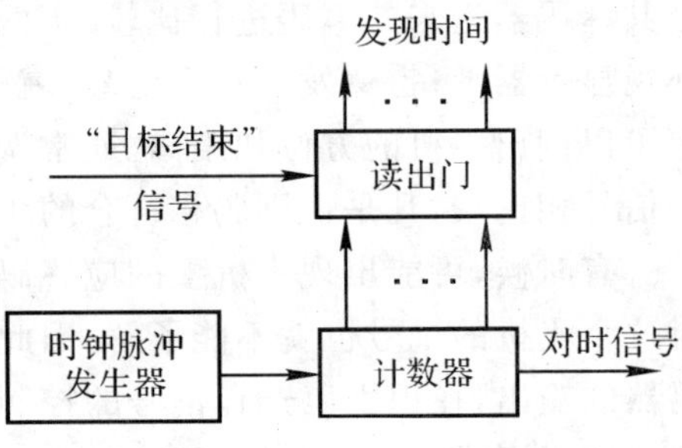

图 2-34 发现时间的录取

2.5.6 雷达信息一次处理算法流程

常用的雷达信息一次处理设备是专用数字计算机，它完成以下功能：

(1) 接收来自环形扫描雷达和敌我识别装置的信息；

(2) 从接收到的信息中分出目标信号；

(3) 确定目标的距离和方位，并对它们进行编码；

(4) 把来自目标识别装置的识别信号和目标坐标相关；

(5) 暂时保存雷达信息；

(6) 接收来自控制台的询问命令（目标指示），根据该命令测量目标高度和确定目标的附加特征；

(7) 产生控制信号，以保证测高雷达天线转到一定的方位；

(8) 保证操纵员观察特定目标的特征信息；

(9) 为操作员准备数据，以便做出决策，往控制台发送信息。

当空情较复杂时，关于多个目标的空情信息在送往通信线路之前，可能会在计算机中保存几秒钟。因此在计算机中要测量接收到脉冲包的最后一个脉冲与往输出设备发送信息之间的时间间隔。如信息的延迟时间超过了规定值，则认为信息已过时并要擦去。

在计算机的信息输出设备，集合了关于目标的全部信息：目标批号、方位、距离、脉冲包宽度、保存时间、敌我识别特征和同步脉冲。目标的其他特征通常根据控制台专门的询问信号进行确定与传递。

现在讨论计算机在一次处理阶段实现信息处理的算法。

通常完成不同任务的算法用结构图或流程图表示。在计算机中进行一次处理的算法结构图如图 2-35 所示。

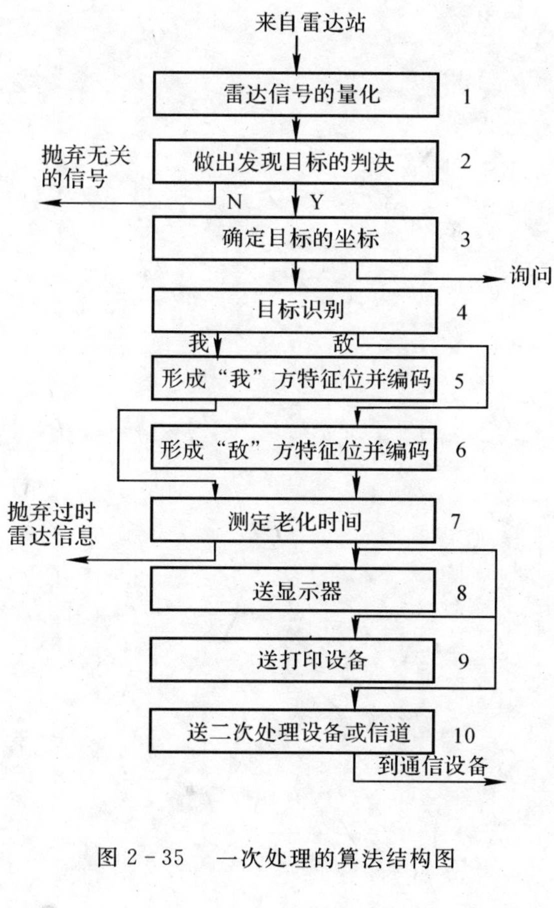

图 2-35　一次处理的算法结构图

图 2-35 中，序号 1 ～ 10 分别表示算法的各个操作阶段，其中：

第一阶段(1)—— 雷达脉冲的量化。

第二阶段(2)—— 与规定的准则进行比较，确定在该信号有无足够的有用信息。如果信号包含所要求的最少信息，则取出检测到的信号并允许进入下面的操作；如果没有所需的最少信息，则抛弃该信号。

第三阶段(3)—— 计算目标坐标并发出询问信号，以确定目标高度。

第四阶段(4)—— 进行目标识别。如果和目标信号一起，识别设备收到“敌”特征信号，则算法转入第六阶段(6)；如果接到“我”特征信号，则转入第五阶段(5)。

第五阶段(5)—— 把目标信号加入“我”特征信号并编号，然后转入第七阶段(7)。

第六阶段(6)—— 把目标信号加入“敌”特征信号并编号，然后转入第七阶段(7)。

第七阶段(7)—— 根据时间上的信息撤消准则，检查是否应撤消该信息。如果算出的老化时间超过允许极限，则抛弃该信息。如果老化时间少于允许极限，则算法转入下面三个并行的操作：

第八阶段(8)—— 信息送到显示设备；

第九阶段(9)—— 信息送到打印设备；

第十阶段(10)—— 信息送到二次处理设备的输入端或信道。

到此为止，一次信息处理结束。

第3章 雷达信息的处理

雷达信息的处理要经过三个阶段，以雷达信号检测和雷达数据录取为主要内容的一次处理在上一章已介绍过，本章主要介绍雷达信息的二次和三次处理。二次处理是单个雷达站多个扫描周期的信息处理，内容包括航迹的外推与滤波原理及方法、航迹建立与相关。三次处理是多个雷达站的信息处理，内容包括时间和空间的统一、点迹核对与坐标平均、信息综合处理算法。

3.1 雷达信息二次处理的任务

雷达信息一次处理只是目标信息提取过程的初级阶段。目标点近似地反映了探测时刻目标的真实位置。但根据一个目标点还不能可靠地做出发现目标的判定，更不可能根据它来确定目标飞行的航迹参数(航向、航速)，而这些参数是雷达信息用户所必须了解的。

为了做出有目标的判决和确定目标的航迹参数，必须分析几个扫描周期内获得的信息。自然，根据三个或三个以上相邻扫描周期的目标点迹，所得到的正确发现概率更大。同时，根据多个点迹的位置可以确定目标飞行方向(航向)，测量点迹之间的距离可算出飞行速度(航速)。

前述所有工作的最终目的是确定目标运动轨迹(航迹)。从原理上讲，这些工作可以公式化，并可交给计算机完成。为说明二次处理任务的实质，下面分析在几个扫描周期内雷达操作员的工作(或者自动处理时，计算机的工作)。当显示屏上在某个扫描周期内出现亮点时，操作员把它当成可能的目标点进行记录，并起始可能的航迹。因为缺少目标的运动参数，因此不可能预测它在下一个扫描周期内所处的位置。但可以利用有关目标类型和可能的目标速度范围等先验信息。

例如，在现代的空气动力学中，最小目标速度 $v_{\min}$ 和最大目标速度 $v_{\max}$ 所对应的马赫数分别为0.1和0.25($c = 340$ m/s)。这样，在屏幕上出现下一个目标点的可能区域，为以第一当前点为中心的环(见图3-1)。环的内、外边界圆周半径分别为 $R_{\max}$ 和 $R_{\min}$，它们由目标速度范围确定，即

$$R_{\max} = v_{\max} T$$

$$R_{\min} = v_{\min} T$$

式中，T 为雷达扫描周期。

由此方法获得的区域称为零外推区域(E_0)或第一截获波门。当下一次扫描出现当前点 P_1 和 P'_2，并进入目标可能出现区域(E_0)时，操作员(或自动化设备)就可确定目标速度 v 和方向 θ，则有

$$
\begin{cases} v = \dfrac{1}{T}\sqrt{\Delta x^2 + \Delta y^2} \\ \theta = \arctan \dfrac{\Delta y}{\Delta x} \end{cases}
$$

二次处理中第一项工作的实质是确定目标的运动参数。通过计算目标运动参数，不难估计目标在下一扫描周期所处位置的坐标。计算目标在下一扫描周期的坐标称为外推(预测)，而算出的坐标所对应的点称为外推点 $P_{e1}(P'_{e1})$。

很明显，下一个当前点 P_3 与外推点 P_{e1} 是不重合的，因为外推点的计算是有误差的，这些误差是由目标运动参数的计算误差和目标可能的机动所引起的。因此，为了选择目标，可在外推点 P_{e1} 周围划出一个足够小的区域 $E_1(E'_1)$，这个区域就叫外推波门。划出该区域的过程称为目标波门选通。

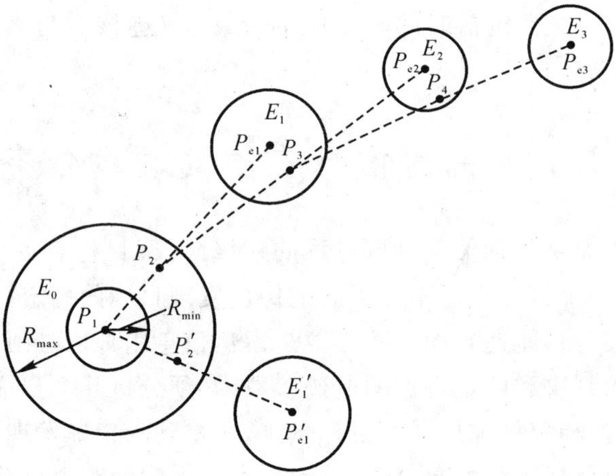

图 3-1 二次处理的原理

当然，外推区 E_1 的尺寸可以取得比 E_0 小，因为产生 E_1 时，利用了前两个扫描周期获得的关于目标运动参数的后验信息。随着关于目标运动参数的信息增加和可靠性的提高，每一个新的扫描周期的外推波门都有可能减小。但是最小的波门尺寸受外推误差、测量误差和目标机动可能性的限制。

通常，在同一波门内会出现多个点，这些点可能是虚假的目标或其他真实目标。因此，为了航迹延续必须从波门的多个点中选择一个。把波门内的所有点迹进行比较，并按某种准则选择其中一个点。比较的准则常选点到波门中心的距离。对进入波门的点迹进行比较的过程叫做核对，它实现点迹与航迹配对。

很明显，几个周期之后随机航迹因在相应扫描周期内缺少目标点而不再继续(见图3-1的 E'_1 内)。

因此，利用几个周期的回波点可以提高目标正确发现概率，同时也降低了虚警概率。此外，还可以确定目标运动参数(速度、加速度等)，通过航迹平滑可更精确地测定目标坐标。

雷达信息二次处理过程可分为两个阶段：

(1) 建立目标航迹(发现航迹)；

(2) 目标航迹的跟踪。

二次处理中的目标航迹的建立可以是目测的(由操作员完成)或自动的(由计算机完成)。航迹自动建立叫做自动截获。

航迹跟踪是连续地进行点迹与航迹相关、坐标平滑和计算目标运动参数。自动航迹跟踪常简称为自动跟踪。

二次处理在航迹建立与航迹跟踪阶段的基本操作如下:

(1) 确定目标运动参数(航向、航速、加速度);

(2) 目标坐标的外推与平滑(滤波);

(3) 波门选通 —— 划出一个目标在下一扫描周期可能出现的位置区域;

(4) 核对 —— 比较位于波门内的目标坐标,选择一个与航迹配对并使航迹继续。

上述操作完成的质量,根据一系列准则来判定。评价指挥自动化系统中二次处理的质量用下述指标:

(1) 目标外推与跟踪的误差;

(2) 目标连续跟踪的时间;

(3) 同时跟踪的航迹数;

(4) 同时跟踪的假航迹数;

(5) 假航迹存续的时间;

(6) 系统跟踪的分辨能力,即系统可以区分的跟踪目标之间的最小距离。

下面将讨论二次处理过程中的主要操作。

3.2　目标航迹的外推与滤波原理

3.2.1　二次处理系统输入信号的统计特性

送到二次处理系统输入端的信号为目标点和虚假点的坐标测量值。一次处理系统测量的坐标是存在一定误差的,因此,表示目标位置的信号是以有用信号加噪声的形式出现的。在直角坐标系中可以写为

$$\begin{cases} x(t) = x(a,t) + \Delta x(t) \\ y(t) = y(b,t) + \Delta y(t) \\ H(t) = H(c,t) + \Delta H(t) \end{cases}$$

式中,$x(a,t)$,$y(b,t)$,$H(c,t)$ 为时间的函数,表示坐标真实值(目标的航迹);$\Delta x(t)$,$\Delta y(t)$,$\Delta H(t)$ 为使航迹产生偏差的干扰信号。

目标运动的轨迹与很多因素和条件有关,如飞行高度、速度、机动可能性等。此外,目标航迹受一系列随机因素的影响,如敌人的对抗手段、媒质的非一致性、控制的不精确。通常目标航迹可用随机函数表示。要精确地表示该函数,必须知道其分布规律或确定其参数的变化规律。但确定这些规律并非总是可行的,因此只能做出关于目标运动特性的几种假设,根据目标类型来选择其运动模型。下面讨论空气动力目标的运动模型。

1. 目标航迹模型

如前所述,空气动力目标的运动轨迹是时间上的随机函数。但目标是有足够惰性的实体,并作某些近似,以使其航迹接近于平滑的时间函数。通常目标航迹可分成匀速直线段和机动

段，它们随机地轮流出现。最简单的航迹近似模型是用 m 阶多项式表示的，记为

$$\begin{cases} x(a,t) = \sum_{k=0}^{m} a_k t^k \\ y(b,t) = \sum_{k=0}^{m} b_k t^k \end{cases}$$

式中，系数 a_k, b_k 反映相应坐标的运动参数（初始位置、速度、加速度等）。

很明显，多项式阶数越高，近似表达越精确，同时处理系统也越复杂。多项式阶数的选择取决于对目标运动方式的假设。对匀速直线运动，选一阶多项式足够；对机动目标，常选两阶多项式。

多项式模型的不足之处，是没有考虑不可预见的目标机动能力。更新的模型，是在对参数的统计特性作某种假设之后的随机过程模型。

2. 干扰的统计特性

二次处理时的干扰为坐标测量误差和虚假目标点迹。

引起坐标测量误差的原因有内部和外部噪声、雷达测量系统的不完善、测量系统内信号的快速起伏、手动或自动测量时操作员的主观错误等。

这些误差产生偏离真实航迹的随机坐标偏移。

对这些误差常采用下面的先决条件加以限制。

(1) 对独立的被观测坐标的测量误差是互不相关的。这样可以对每个坐标进行单独处理。下面将讨论 x 坐标。

(2) 第 i 时刻的单次测量误差服从正态分布。

(3) 在时刻 $t_1, t_2, \cdots, t_n$ 的测量误差 $\Delta x_1, \Delta x_2, \cdots, \Delta x_n$ 的集合通常服从 n 维正态分布，随机值的相关性用误差相关矩阵表示，即

$$\boldsymbol{R} = \begin{bmatrix} \boldsymbol{R}_{11} & \boldsymbol{R}_{12} & \cdots & \boldsymbol{R}_{1n} \\ \boldsymbol{R}_{21} & \boldsymbol{R}_{22} & \cdots & \boldsymbol{R}_{2n} \\ \vdots & \vdots & & \vdots \\ \boldsymbol{R}_{n1} & \boldsymbol{R}_{n2} & \cdots & \boldsymbol{R}_{nn} \end{bmatrix} \tag{3-1}$$

矩阵的对角线元素是相应测量的方差。当测量间隔的周期长时，常把它们之间相关性忽略，相关矩阵将成为对角矩阵。如果所有测量的精度一样，则对角线上的元素都相等。

虚假点迹可能随机地和不相关地出现在雷达的整个扫描区域内。从统计学的观点，它们可用时间上的平均密度 f 或扫描区单位面积上的平均密度 ν 来表示。

圆周扫描（扇形扫描）时，单位面积上的虚假点迹密度用以下方法确定。

在距离上把扫描区分成宽为 Δr 的距离环，Δr 等于距离分辨率。很明显，这样的距离环个数为 $r_{\max}/\Delta r$，一个扫描周期内，在空间可能出现的假点迹数为 fT。

如果时间继续，则在每个环上出现平均假点迹数是相同的，进入一个环的假点迹有

$$\nu' = \frac{fT}{r_{\max}} \Delta r$$

距离为 r 的环的面积为

$$S_r = \pi\left(r + \frac{\Delta r}{2}\right)^2 - \pi\left(r - \frac{\Delta r}{2}\right)^2$$

得
$$S_r = 2\pi r\Delta r$$

单位面积的假点迹数为

$$\nu = \frac{\nu'}{S_r} = \frac{fT}{2\pi r r_{\max}}$$

通常假点迹是互不相关的。在面积上分布规律取等概率的，即

$$W_\nu(\Delta x, \Delta y) = \nu$$

在完成二次处理基本操作的过程中，虚假点的出现会影响波门选择点迹的质量。

3.2.2　目标坐标和运动参数的外推与滤波原理

外推的任务是预告下一个时刻目标的位置，外推的根据是前一时刻测得的坐标数据。很明显，目标的未来位置与前面的位置有关；而且预测的时间越短，这种联系越紧密。

滤波(平滑)理解为确定在已观察时间内的目标坐标和参数的近似值。

为完成上述任务通常作下述假设：

(1) 系统只跟踪一个目标；

(2) 输入数据是用直角坐标表示的，下面只考虑 x 坐标；

(3) 事先知道目标运动规律。例如常用多项式模型表示其运动规律，则有

$$X(a,t) = \sum_{k=0}^{m} a_k t^k$$

(4) 在时刻 $t_1, t_2, \cdots, t_n$ 得到的坐标测量值为 $x_1, x_2, \cdots, x_n$；

(5) 测量误差服从正态分布。

解决上述任务需要以下步骤：

(1) 以测量数据为基础，寻找目标运动参数的估计值 $\bar{a}_0, \bar{a}_1, \cdots, \bar{a}_m$，这些值在某种准则下最符合真实值 $a_0, a_1, \cdots, a_m$。

(2) 假定目标的运动规律不变，寻找目标坐标的外推值。

根据所选准则，采用的滤波方法有最大似然法和最小二乘法两种。后一种方法是当测量误差为正态分布且坐标测量值之间互不相关时，是最大似然法的一种特例。下面详细讨论这两种方法。

1. 最大似然法滤波

设在 $t_1, t_2, \cdots, t_n$ 时刻得到目标坐标测量值 $x_1, x_2, \cdots, x_n$(见图 3-2)。

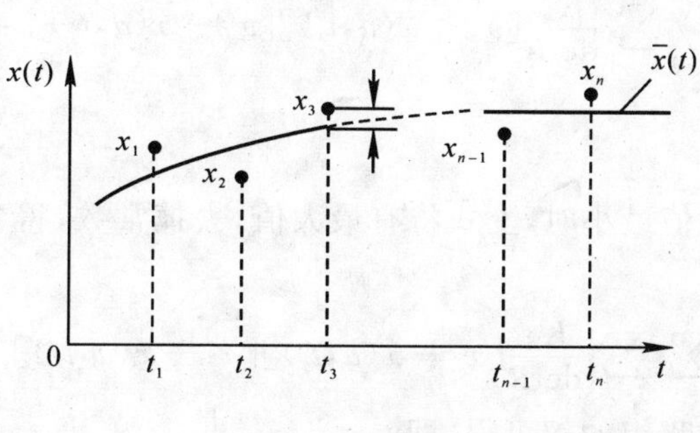

图 3-2　坐标滤波原理

在任一时刻的坐标真实值由下式确定，即

$$x(a,t_i)=\sum_{k=0}^{m}a_k t_i^k$$

最大似然法的实质是选择系数 $a_0,a_1,\cdots,a_m$，使测量值 $x_1,x_2,\cdots,x_n$ 相对于坐标真实值的概率最大。选择的系数是最大似然意义下对真实值的估计。

为了确定上述概率，必须知道航迹参数为真实值的条件下，随机值 $x_1,x_2,\cdots,x_n$ 的条件分布规律。

考虑到采用的假设条件，这里的分布规律是正态的。似然函数可写为

$$L(x/a)=W(x_1,x_2,\cdots,x_n/a)=$$

$$\frac{1}{(2\pi)^{n/2}\det\boldsymbol{R}^{1/2}}\exp\left[-\frac{1}{2}\sum_{i=1}^{n}\sum_{j=1}^{n}\frac{K_{ij}}{\det\boldsymbol{R}}[x_i-x(a,t_i)][x_j-x(a,t_j)]\right]$$

式中，$\det\boldsymbol{R}$* 为测量误差相关矩阵行列式；K_{ij} 为行列式元素的代数余子式，去掉行列式 $\det\boldsymbol{R}$ 的第 i 行第 j 列并乘以 $(-1)^{i+j}$ 后，便可得到它。

$x_1,x_2,\cdots,x_n$ 分布概率的最大值与最大似然函数的极大值相对应。确实，从图 3-3 可得到，对一次测量，随机值 x 取从 x_1 到 $x_1+\mathrm{d}x$ 的概率为 $W(x_1/a)\mathrm{d}x$。相应地，随机值 x 值取从 x_2 到 $x_2+\mathrm{d}x$ 的概率等于 $W(x_2/a)\mathrm{d}x$。非常明显，总有不等式

$$W(x_1/a)\mathrm{d}x>W(x_2/a)\mathrm{d}x$$

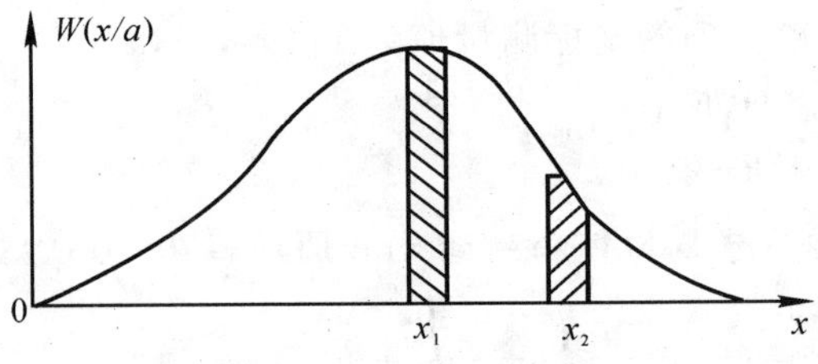

图 3-3 最大似然法示意图

同样的结论可用于随机值的集合，这样，参数估计值应该对应于似然函数的最大值。通常对似然函数取对数，则有

$$\ln L(x/a)=\ln W(x_1,x_2,\cdots,x_n/a)=$$

$$\ln C-\frac{1}{2}\sum_{i=1}^{n}\sum_{j=1}^{n}\frac{K_{ij}}{\det\boldsymbol{R}}[x_i-x(a,t_i)][x_j-x(a,t_j)]=\ln C-\frac{1}{2}\theta$$

式中，C 为常数值。

当上式第二项的绝对值最小时，上式将有最大值。去掉常数，得到寻找航迹参数估值的条件，即

$$\theta=\sum_{i=1}^{n}\sum_{j=1}^{n}\frac{K_{ij}}{\det\boldsymbol{R}}[x_i-x(a,t_i)][x_j-x(a,t_j)]=\theta_{\min} \tag{3-2}$$

参数估计值从以下方程组的解可得，即

---

* $\det\boldsymbol{R}$ 表示矩阵 $\boldsymbol{R}$ 的行列式。

$$\begin{cases} \left.\dfrac{\partial\theta}{\partial a_0}\right|_{a_0=\bar{a}_0} = 0 \\ \left.\dfrac{\partial\theta}{\partial a_1}\right|_{a_1=\bar{a}_1} = 0 \\ \cdots\cdots \\ \left.\dfrac{\partial\theta}{\partial a_m}\right|_{a_m=\bar{a}_m} = 0 \end{cases}$$

因此,为寻找航迹参数的估计值,必须对表达式(3-2)求导,令导数为0,求解可得的方程组。

2.最小二乘法滤波与外推

最小二乘法滤波与外推的实质是,航迹参数的估计值应保证在时刻 $t_1, t_2, \cdots, t_n$ 的测量值与真实值之间的偏差平方和最小。用数学表达式写为

$$\theta = \sum_{i=1}^{n}[x_i - x(a,t)]^2 = \theta_{\min} \tag{3-3}$$

显然,寻找估计值的过程也是解方程组,即

$$\begin{cases} \left.\dfrac{\partial\theta}{\partial a_0}\right|_{a_0=\bar{a}_0} = 0 \\ \left.\dfrac{\partial\theta}{\partial a_1}\right|_{a_1=\bar{a}_1} = 0 \\ \cdots\cdots \\ \left.\dfrac{\partial\theta}{\partial a_m}\right|_{a_m=\bar{a}_m} = 0 \end{cases}$$

该方法是最大似然法的特例。

确实,当所有的测量互不相关时,式(3-2)中的相关矩阵为

$$\boldsymbol{R} = \begin{bmatrix} \sigma_{11}^2 & 0 & \cdots & 0 \\ 0 & \sigma_{22}^2 & \cdots & 0 \\ \vdots & \vdots & & \vdots \\ 0 & 0 & \cdots & \sigma_{nn}^2 \end{bmatrix} = \begin{bmatrix} \sigma_1^2 & 0 & \cdots & 0 \\ 0 & \sigma_2^2 & \cdots & 0 \\ \vdots & \vdots & & \vdots \\ 0 & 0 & \cdots & \sigma_n^2 \end{bmatrix}$$

式中,σ_i^2 为第 i 次测量的方差。

该矩阵对应的行列式的值为

$$\det\boldsymbol{R} = \sigma_1^2\sigma_2^2\cdots\sigma_n^2$$

除 $i=j$ 以外,对所有的 i,j 值,代数余子式 K_{ij} 都等于0。当 $i=j$ 时,代数余子式的值为

$$K_{ij} = \sigma_1^2\sigma_2^2\cdots\sigma_{i-1}^2\sigma_{i+1}^2\cdots\sigma_n^2$$

比值为

$$\frac{K_{ij}}{\det\boldsymbol{R}} = \frac{1}{\sigma_i^2}$$

这样,式(3-2)变为

$$\theta=\sum_{i=1}^{n}\frac{1}{\sigma^2}[x_i-x(a,t_i)]^2 \tag{3-4}$$

如果所有测量的精度都相等，即$\sigma_1^2=\sigma_2^2\cdots=\sigma_n^2=\sigma^2$，约去常数$1/\sigma^2$，得到最小二乘法的表达式。对非等精度测量，必须利用式(3-4)，即求偏差的平方和时必须加权，权值等于$1/\sigma_i^2$。有时把该方法称为加权平均法。

现在来完成多项式运动模型的滤波与外推任务。考虑到所采用运动模型，式(3-3)可写为

$$\theta=\sum_{i=1}^{n}(x_i-a_0-a_1t_i-a_2t_i^2-\cdots-a_mt_i^m)^2$$

对上式进行微分，并令其等于0，得$m+1$元方程组，整理后得

$$\begin{cases}\bar{a}_0n+\bar{a}_1\sum\limits_{i=1}^{n}t_i+\cdots+\bar{a}_m\sum\limits_{i=1}^{n}t_i^m=\sum\limits_{i=1}^{n}x_i\\ \bar{a}_0\sum\limits_{i=1}^{n}t_i+\bar{a}_1\sum\limits_{i=1}^{n}t_i^2+\cdots+\bar{a}_m\sum\limits_{i=1}^{n}t_i^{m+1}=\sum\limits_{i=1}^{n}x_it_i\\ \cdots\cdots\\ \bar{a}_0\sum\limits_{i=1}^{n}t_i^m+\bar{a}_1\sum\limits_{i=1}^{n}t_i^{m+1}+\cdots+\bar{a}_m\sum\limits_{i=1}^{n}t_i^{2m}=\sum\limits_{i=1}^{n}x_it_i^m\end{cases}$$

如测量次数$n\geqslant m+1$，则方程可求解。例如用一阶多项式作近似，即目标作匀速直线运动，为估计a_0和a_1，需要不少于两次的测量。对二阶多项式必须有三次测量，并依此类推。

根据线性方程组求解规则，方程组的解为

$$\bar{a}_i=\frac{\Delta_i}{\Delta}$$

式中，Δ为由未知量$\bar{a}_0,\bar{a}_1,\cdots,\bar{a}_m$的系数组成的行列式；$\Delta_i$为除了$\bar{a}_i$的系数用方程右边代替以外，其他取上面相同的行列式。

解方程组后，可以得到$0\leqslant t\leqslant t_n$内任何时刻的坐标平滑值，即

$$x(\bar{a},t)=\bar{a}_0+\bar{a}_1t+\cdots+\bar{a}_mt^m$$

可见，为求取式中的所有系数，必须保存$n\geqslant m+1$个周期的测量值，所以这种方法称为有限记忆滤波。

假设目标运动规律在未来一段时间内不变，则可得出时间间隔τ后的坐标外推值，即

$$x_e(t_n+\tau)=\bar{a}_0+\bar{a}_1(t_n+\tau)+\cdots+\bar{a}_m(t_n+\tau)^m$$

必须注意到，多项式的阶数越高，近似航迹就越接近真实值。但空气动力目标的特点是匀速直线运动和在个别时间段内作匀加速机动或匀角速转弯机动。

因此，通常讨论两种目标运动假设：

(1) 目标作匀速直线运动；

(2) 目标以固定转弯半径作圆周运动。

下面将详细讨论这些假设条件下的滤波与外推问题。

3.2.3 匀速直线运动目标航迹外推与滤波

1. 外推与滤波公式的推导

当作匀速直线运动时，真实航迹用一阶多项式表示，即

$$x(a,t)=a_0+a_1t$$

用最小二乘法求解系数的方程为

$$\left.\begin{aligned}\bar{a}_0 n+\bar{a}_1\sum_{i=1}^{n}t_i&=\sum_{i=1}^{n}x_i\\ \bar{a}_0\sum_{i=1}^{n}t_i+\bar{a}_1\sum_{i=1}^{n}t_i^2&=\sum_{i=1}^{n}t_ix_i\end{aligned}\right\}\tag{3-5}$$

系数为

$$\bar{a}_0=\frac{\Delta_0}{\Delta}=\frac{\sum_{i=1}^{n}x_i\sum_{i=1}^{n}t_i^2-\sum_{i=1}^{n}x_it_i\sum_{i=1}^{n}t_i}{n\sum_{i=1}^{n}t_i^2-\left(\sum_{i=1}^{n}t_i\right)^2}\tag{3-6}$$

$$\bar{a}_1=\frac{\Delta_1}{\Delta}=\frac{n\sum_{i=1}^{n}t_ix_i-\sum_{i=1}^{n}x_i\sum_{i=1}^{n}t_i}{n\sum_{i=1}^{n}t_i^2-\left(\sum_{i=1}^{n}t_i\right)^2}\tag{3-7}$$

通常在探测目标的过程中，信息获取有相同的时间间隔 T。举例说，出现第一次信息的时间为 0，即 $t_1=0$，那么 $t_2=T,t_3=2T,t_i=(i-1)T,t_n=(n-1)T$，把 $t_i=(i-1)T$ 代入系数 $\bar{a}_0$ 和 $\bar{a}_1$ 的表达式，并进行变换，最后得

$$\bar{a}_0=\sum_{i=1}^{n}\frac{4(n-1)-6i}{n(n+1)}x_i=\sum_{i=1}^{n}\eta_0(i)x_i\tag{3-8}$$

$$\bar{a}_1=\sum_{i=1}^{n}\frac{6(2i-n-1)}{T(n^2-1)n}x_i=\sum_{i=1}^{n}\eta_{a_1}(i)x_i\tag{3-9}$$

式中

$$\left.\begin{aligned}\eta_0(i)&=\frac{4(n-1)-6i}{n(n+1)}\\ \eta_{a_1}(i)&=\frac{6(2i-n-1)}{T(n^2-1)n}\end{aligned}\right\}\tag{3-10}$$

为加权系数。

假设 $n=2$，则有

$$\bar{a}_0=x_1,\quad \bar{a}_1=\frac{x_2-x_1}{T}v_x$$

求最近一次测量时的坐标平滑值，则有

$$\bar{x}_n=\bar{a}_0+(n-1)T\bar{a}_1=$$

$$\sum_{i=1}^{n}\frac{6i-2n-2}{n(n+1)}x_i=\sum_{i=1}^{n}\eta_n(i)x_i\tag{3-11}$$

式中

$$\eta_n(i)=\frac{6i-2n-2}{n(n+1)}\tag{3-12}$$

为加权系数。

m 个扫描周期后的外推值表达式为

$$\bar{x}_{n+m} = x_n + \bar{a}_1 mT = \sum_{i=1}^{n} \eta_{n+m}(i) x_i \tag{3-13}$$

式中

$$\eta_{n+m}(i) = \frac{(6i-2n-2)(n-1)+6m(2i-n-1)}{n(n^2-1)} \tag{3-14}$$

一个扫描周期后的外推值($m = 1$)为

$$\bar{x}_{n+1} = \sum_{i=1}^{n} \frac{6i-2n-4}{n(n-1)} x_i = \sum_{i=1}^{n} \eta_{n+1}(i) x_i \tag{3-15}$$

式中

$$\eta_{n+1}(i) = \frac{6i-2n-4}{n(n-1)} \tag{3-16}$$

例如，当用两次测量($n = 2$)时，平滑和外推值为

$$\begin{cases} \bar{x}_n = x_2 \\ \bar{x}_{n+1} = 2x_2 - x_1 = x_2 + v_x T \end{cases}$$

上式还可用两点进行简单外推获得。同样可得到用三次测量($n = 3$)的表达式为

$$\begin{cases} \bar{x}_n = \dfrac{5}{6}x_3 + \dfrac{2}{6}x_2 - \dfrac{1}{6}x_1 \\ \bar{x}_{n+1} = \dfrac{4}{3}x_3 + \dfrac{1}{3}x_2 - \dfrac{2}{3}x_1 \end{cases}$$

2. 目标坐标与运动参数的测定精度

在二次处理过程中，用最佳方法获得的平滑和外推参数的精度与很多因素有关，主要有以下几方面：

1) 在时刻 t_i 测量的坐标精度，由式(3-1)的相关矩阵确定；

2) 统计充分性，即用于计算的测量次数(雷达扫描次数)；

3) 动态误差，由采用与目标实际运动轨迹不一致的假设所引起。

现在详细讨论采用匀速直线运动假设时，上述因素的影响。

(1) 测量误差和统计充分性的影响。通常测量误差包括系统分量和随机分量。但分析时假设系统误差不存在，它可以通过调整设备得到补偿。随机误差服从正态分布，对 n 次测量组成的集合，误差相关矩阵由式(3-1)确定。

对测量间隔周期达数秒的情况，可认为测量值之间是互不相关的。那么相关矩阵变成对角线矩阵，其元素等于相应测量的方差。

我们感兴趣的误差有 3 种：最近时刻的坐标平滑误差，下一个扫描周期的坐标外推误差和运动参数的误差(此时为速度)。这些参数的表达式为

$$\bar{v}_x = \bar{a}_1 = \sum_{i=1}^{n} \eta_{a_1}(i) x_i$$

$$\bar{x}_n = \sum_{i=1}^{n} \eta_n(i) x_i$$

$$\bar{x}_{n+1} = \sum_{i=1}^{n} \eta_{n+1}(i) x_i$$

根据非相关随机变量的方差求取规则，则有

$$\sigma_{\bar{v}}^2 = \sum_{i=1}^{n} \eta_v^2(i) \sigma_{x_i}^2$$

$$\sigma_{\bar{x}_n}^2 = \sum_{i=1}^{n} \eta_n^2(i)\sigma_{x_i}^2$$

$$\sigma_{\bar{x}_{n+1}}^2 = \sum_{i=1}^{n} {\eta_{n+1}}^2(i)\sigma_{x_i}^2$$

如果所有测量的精度相等，即 $\sigma_{x_1}^2 = \sigma_{x_2}^2 = \cdots = \sigma_{x_n}^2 = \sigma^2$，并考虑权系数 $\eta(i)$，则有

$$\sigma_{\bar{v}}^2 = \sigma_x^2 \sum_{i=1}^{n} \left[\frac{6(2i-n-1)}{Tn(n^2-1)}\right]^2 \tag{3-17}$$

$$\sigma_{\bar{x}_n}^2 = \sigma_x^2 \sum_{i=1}^{n} \left[\frac{6i-2n-2}{n(n+1)}\right]^2 \tag{3-18}$$

$$\sigma_{\bar{x}_{n+1}}^2 = \sigma_x^2 \sum_{i=1}^{n} \left[\frac{6i-2n-4}{n(n-1)}\right]^2 \tag{3-19}$$

对以上 3 式进行变换，并进行整理得

$$\sigma_{\bar{v}}^2 = \frac{12}{n(n^2-1)T^2}\sigma_x^2 \tag{3-20}$$

$$\sigma_{\bar{x}_n}^2 = \frac{2(2n-1)}{n(n+1)}\sigma_x^2 \tag{3-21}$$

$$\sigma_{\bar{x}_{n+1}}^2 = \frac{2(2n+1)}{n(n-1)}\sigma_x^2 \tag{3-22}$$

$\bar{x}_n, \bar{x}_{n+1}, \bar{v}_x$ 的值用同一坐标的测量值的线性组合表示，而且相互之间有联系。求出它们之间的相关系数，下面将要用到。

一个周期后的坐标外推值为

$$\bar{x}_{n+1} = \bar{x}_n + T\bar{v}_x$$

$\bar{x}_{n+1}$ 的方差为

$$\sigma_{\bar{x}_{n+1}}^2 = \sigma_{\bar{x}_n}^2 + T^2\sigma_{\bar{v}_x}^2 + 2TR_{\bar{x}_n,\bar{v}_x}$$

式中，$R_{\bar{x}_n,\bar{v}_x}$ 为 $\bar{x}_n$ 与 $\bar{v}_x$ 值的相关度。

从上面表达式求出 $R_{\bar{x}_n,\bar{v}_x}$，则有

$$R_{\bar{x}_n,\bar{v}_n} = \frac{\sigma_{\bar{x}_{n+1}}^2 - \sigma_{\bar{x}_n}^2 - T^2\sigma_{\bar{v}_x}^2}{2T}$$

把从式(3-20) ～ 式(3-22) 得到的 $\sigma_{\bar{x}_{n+1}}^2, \sigma_{\bar{x}_n}^2, \sigma_{\bar{v}_x}^2$ 值代入上式，并进行必要的变换得

$$R_{\bar{x}_n,\bar{v}_x} = \frac{6}{Tn(n+1)}\sigma_x^2 \tag{3-23}$$

相对于 $\bar{x}_n$，有

$$\bar{x}_n = \bar{x}_{n+1} - T\bar{v}_x$$

$$\sigma_{\bar{x}_n}^2 = \sigma_{\bar{x}_{n+1}}^2 + T^2\sigma_{\bar{v}_x}^2 - 2TR_{\bar{x}_{n+1},\bar{v}_x}$$

经过处理，并代入方差值，可以得 $\bar{x}_{n+1}$ 和 $\bar{v}_x$ 之间相关度的表达式为

$$R_{\bar{x}_{n+1},\bar{v}_x} = \frac{6}{Tn(n-1)}\sigma_x^2 \tag{3-24}$$

同样，可以得到 $\bar{x}_n$ 和 $\bar{x}_{n+1}$ 之间相关度的表达式为

$$R_{\bar{x}_n,\bar{x}_{n+1}} = \frac{6}{n(n-1)}\sigma_x^2 \tag{3-25}$$

在图3-4中给出了有关参数的误差和它们之间相关度随测量次数变化的曲线。由图可知，所有参数的计算精度与坐标测量精度 σ_x 成正比，且确与测量次数 n 有关。

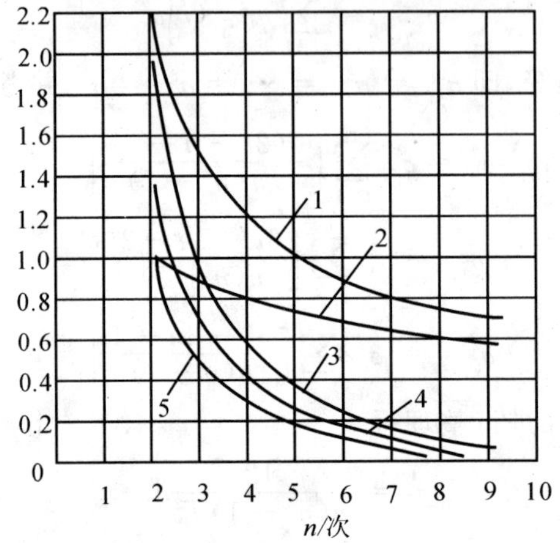

图 3-4 归一化值的关系曲线

1— 外推误差 $\sigma_{\bar{x}_{n+1}}/\sigma_x$； 2— 平滑误差 $\sigma_{\bar{x}_n}/\sigma_x$； 3— 相关误差 $TR_{\bar{x}_{n+1},\bar{v}_x}/\sigma_x^2$；

4— 速度平滑误差 $\sigma_{\bar{v}_x}/\sigma_x$； 5— 相关度误差 $R_{\bar{x}_n,\bar{x}_{n+1}}/\sigma_x^2$

为使计算的外推坐标的精度不低于测量的均方差，必须取 5 ～ 6 次测量。

参数之间的相关系数也一样随着 n 增加而减小。必须注意到，增加用于滤波与外推的次数 n，会大大增加计算机的存储容量。实际中常放弃上述的最优方法，而是采用更简单的办法，只要计算精度能被接受就可以。

(2) 动态误差的估计。动态误差是由采用的目标运动规律与实际不符合而引起。如果采用匀速直线运动模型，则任何机动都会导致外推误差。机动可能是速度上的，也可能是方向上的。特别危险的机动是水平面上的方向机动。

下面讨论机动对外推误差的影响。采用匀速直线运动假设，经过一个扫描周期后的坐标外推值为

$$\bar{x}_{n+1} = \bar{x}_n + T\bar{v}_x$$

设目标沿 x 轴作匀加速运动，则其实际位置用下式表示为

$$\bar{x}_{n+1} = \bar{x}_n + T\bar{v}_x + \frac{a_x T^2}{2}$$

计算外推坐标时的最大动态误差为

$$\Delta x_{\max} = \frac{a_{x\max} T^2}{2}$$

式中，$a_{x\max} = n_n g$，其中，n_n 为纵向过载，g 为重力加速度。

对现代飞机，有 $n_n \leqslant 1$，则

$$\Delta x_{\max} = \frac{n_n g T^2}{2}$$

如果取 $n_n = 1, T = 10$ s，则

$$\Delta x_{\max} = \frac{1 \times 9.8 \times 10^2}{2} = 490 \text{ m}$$

设过载服从正态分布，由机动引起的误差 σ_m 为

$$\sigma_m \approx \frac{\Delta x_{\max}}{3} = \frac{n_n g T^2}{6} = 163 \text{ m}$$

即误差在允许范围以内。

现在讨论在方向上的机动。设目标在水平方向上以最小半径作圆弧机动。当目标机动时，其运动方向垂直于所讨论的坐标轴时，动态误差最大。

那么，外推的动态误差为

$$\Delta x_{\max} = x(t_{n+1}) - x(t_n)$$

从图 3-5 可知，则有

$$\Delta x_{\max} = R(1 - \cos\theta)$$

$$\theta = \Omega T$$

式中，Ω 为目标运动角速度，它由公式 $\Omega = v/R$ 确定；R 为目标转弯半径，由下式确定，即

$$R = \frac{v^2}{g\sqrt{n_H^2 - 1}}$$

式中，n_H 为横向过载。对于轰炸机，$n_H = 2 \sim 3$；对于歼击机，$n_H = 4 \sim 6$；对于人，$n_H = 4$（有特殊服装时为 6）。

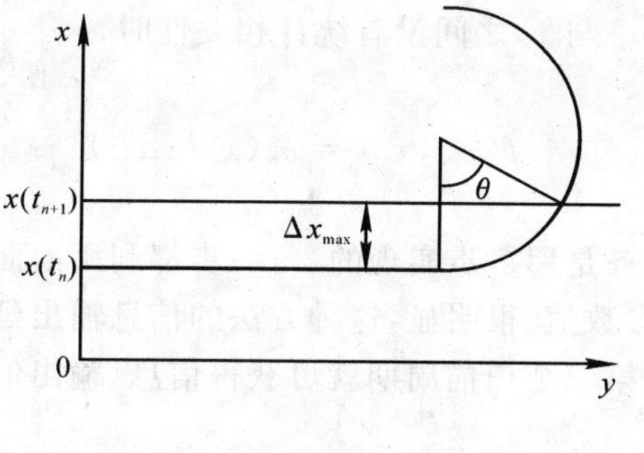

图 3-5　出现动态误差的说明

同样，如果取 $\sigma_m = \Delta x_{\max}/3$，则当 $n_H = 6$，$v = 300 \sim 500$ m/s 时，$\sigma_m \approx 700 \sim 800$ m。

由此可见，作方向机动引起的误差大大超过作加速机动所引起的误差。当目标作 $n_H < 2$ 的弱机动时，动态误差比测量误差还小，可以略去不考虑。当强机动时，动态外推误差占主体，这种情况下，为提高外推精度，必须采用机动目标假设。

对机动目标，宜选用二阶或二阶以上的多项式表示目标运动规律。但阶数的增加，将使系数计算复杂化，因此多项式常限选两阶。关于二阶多项式的航迹外推与滤波方法可参考有关文献。

3.3　航迹参数的递推式滤波（平滑）

上一节讨论的最小二乘法滤波作为航迹参数估计的最优化方法，是以选取固定数量的测量值为基础的。它有以下不足：

(1) 为了获得可以接受的估值精度，需要较多的历史测量值（正常 5 ～ 6 个）；如果同时处理大量的目标，则大大增加对存储器容量的需求；

(2) 估值精度受所用的历史数据个数限制；

(3) 在航迹起始阶段（n 次测量期间），输出数据有不希望的延时。

为克服这些不足，广泛采用递推滤波法。本节介绍 $\alpha-\beta$ 滤波和指数平滑法。

3.3.1 $\alpha-\beta$ 滤波

1. 坐标的递推式平滑

此方法的实质如下：

设在 t_{n-1} 时刻得到坐标和航迹参数的平滑值，如图 3-6 中的 $\bar{x}_{n-1}$ 所示。知道当前目标的运动规律，就可外推它在下一个测量时刻的值。

例如，当目标作匀速直线运动，对 x 轴有

$$\bar{x}_{ne}=\bar{x}_{n-1}+\bar{v}_{x_{n-1}}(t_n-t_{n-1})$$

在时刻 t_n 进行新的一次测量，并得到其值 x_n。现在的任务是，根据在 t_n 时刻的外推值和测量值，求出其平滑值。

很明显，平滑值最可能是位于 $\bar{x}_{ne}$ 与 x_n 之间的线段上。通常可用表达式写为

$$\bar{x}_n=\bar{x}_{ne}+f(\bar{x}_{ne},x_n)$$

特别简单的情况是当 $\bar{x}_{ne}$ 与 x_n 之间没有统计相关性时，有

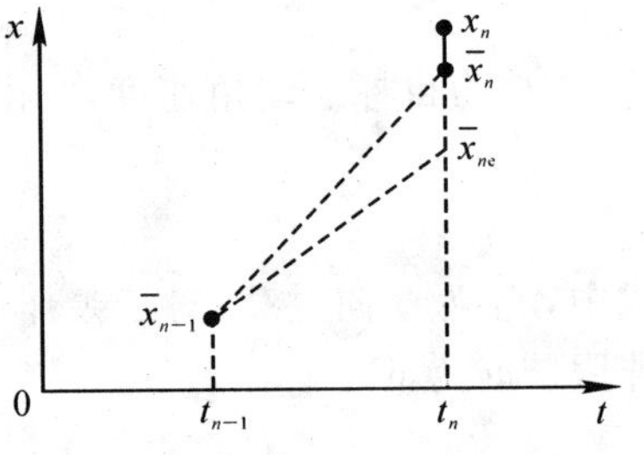

图 3-6　递推式坐标平滑的原理

$$f(\bar{x}_{ne},x_n)=\alpha_n(x_n-\bar{x}_{ne})$$

式中，α_n 为平滑因数。

因此，递推式平滑的任务是用多步实现的。每一步都利用前面周期的处理结果和本周期的测量结果来获得更精确的参数值。很明显，这种方法的信息输出延时是最小的。

例如用一阶多项式，在第二个扫描周期就可获得信息。输出信息的精度将一个周期一个周期地提高。

现在来求取匀速直线运动时的因数值 α_n。

在 t_n 时刻已有外推值 $\bar{x}_{ne}$ 和测量值 x_n。因为我们已假设所有的测量之间没有相关性，所以 $\bar{x}_{ne}$ 和 x_n 之间也不相关。

但外推误差和测量误差是不一样的。因此我们利用加权平均的方法进行滤波。根据式(3-4)得

$$\theta=\frac{1}{\sigma_{x_n}^2}[x_n-x(a,t_n)]^2+\frac{1}{\sigma_{\bar{x}_{ne}}^2}[\bar{x}_{ne}-x(a,t_n)]^2$$

式中，$x(a,t_n)$ 为 t_n 时刻的坐标真实值。

进行偏微分并令其等于 0，即

$$\frac{\partial\theta}{\partial x(a,t_n)}\bigg|_{x(a,t_n)=\bar{x}_n}=0$$

得到

$$-\frac{2}{\sigma_{x_n}^2}(x_n-\bar{x}_n)-\frac{2}{\sigma_{\bar{x}_{ne}}^2}(\bar{x}_{ne}-\bar{x}_n)=0$$

对该方程求 $\bar{x}_n$ 的解，得

$$\bar{x}_n=\bar{x}_{ne}+\frac{\sigma^2_{\bar{x}_{ne}}}{\sigma^2_{x_n}+\sigma^2_{\bar{x}_{ne}}}(x_n-\bar{x}_{ne})$$

当目标作匀速直线运动时，把式(3-22)中的 n 用 $n-1$ 代替，得

$$\sigma^2_{\bar{x}_{ne}}=\frac{2[2(n-1)+1]}{(n-1)(n-2)}\sigma^2_{x_n}$$

那么，因数 α_n 为

$$\alpha_n=\frac{2(2n-1)}{n(n+1)} \tag{3-26}$$

2. 目标速度的递推式平滑

当对第 n 个周期的速度进行递推式平滑时，已有第 $n-1$ 个周期的平滑值 $\bar{v}_{n-1}$，第 n 个周期的外推值 $\bar{v}_{ne}$ 和测量值 v_n。

现在讨论匀速直线运动时的情况。

由图3-7可知，速度的平滑值应该位于 v_n 与 $\bar{v}_{ne}$ 之间。假设是对应于 x 轴的速度，则 v_n 与 $\bar{v}_{ne}$ 可用目标坐标表示，即

$$v_n=\frac{x_n-\bar{x}_{n-1}}{T}$$

$$v_{ne}=\bar{v}_{n-1}=\frac{\bar{x}_{ne}-\bar{x}_{n-1}}{T}$$

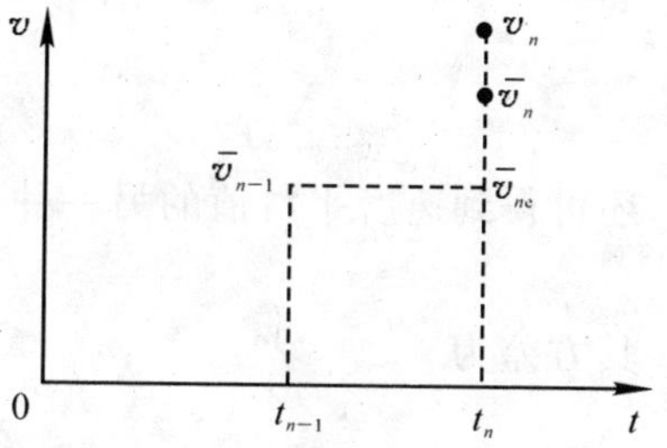

图3-7　速度递推平滑原理

由这两个表达式得知，即使坐标测量值之间互不相关，v_n 与 $\bar{v}_{n-1}$ 之间也是相关的。这样，在估计速度的平滑值时，必须使用最大似然法的式(3-2)，即

$$\theta=\sum_{i=1}^{n}\sum_{j=1}^{n}\frac{K_{ij}}{\det\boldsymbol{R}}[x_i-x(a,t_i)][x_j-x(a,t_j)]$$

这里代表 x_i 和 x_j 的总共只有两个值 v_n 和 $\bar{v}_{n-1}$。

误差相关矩阵行列式和代数余子式分别为

$$\det\boldsymbol{R}=\begin{vmatrix}\sigma^2_{v_n} & R_{v_n,\bar{v}_{n-1}}\\ R_{v_n,\bar{v}_{n-1}} & \sigma^2_{\bar{v}_{n-1}}\end{vmatrix}=\sigma^2_{v_n}\sigma^2_{\bar{v}_{n-1}}-R^2_{v_n,\bar{v}_{n-1}}$$

$$K_{11}=\sigma^2_{\bar{v}_{n-1}},\quad K_{12}=K_{21}=-R_{v_n,\bar{v}_{n-1}},\quad K_{22}=\sigma^2_{v_n}$$

用 v_u 表示速度在 t_n 时刻的真实值，则式(3-2)有如下形式：

$$\theta(v_u)=\frac{\sigma^2_{\bar{v}_{n-1}}}{\sigma^2_{\bar{v}_{n-1}}\sigma^2_{v_n}-R^2_{v_n,\bar{v}_{n-1}}}(v_n-v_u)^2+$$

$$\frac{\sigma^2_{v_n}}{\sigma^2_{\bar{v}_{n-1}}\sigma^2_{v_n}-R^2_{v_n,\bar{v}_{n-1}}}(v_{n-1}-v_u)^2-\frac{2R_{v_n,\bar{v}_{n-1}}}{\sigma^2_{\bar{v}_{n-1}}\sigma^2_{v_n}-R^2_{v_n,\bar{v}_{n-1}}}(v_n-v_u)(\bar{v}_{n-1}-v_u)$$

如果取出并约去公共因子 $\dfrac{1}{1-\dfrac{R_{v_n,\bar{v}_{n-1}}}{\sigma^2_{\bar{v}_{n-1}}\sigma^2_{v_n}}}$，将得到考虑 v_n 与 $\bar{v}_{n-1}$ 相关性的，与加权平均法相似的表达式，则有

$$\theta(v_u)=\frac{1}{\sigma^2_{v_n}}(v_n-v_u)^2+\frac{1}{\sigma^2_{\bar{v}_{n-1}}}(v_{n-1}-v_u)^2-\frac{2R_{v_n,\bar{v}_{n-1}}}{\sigma^2_{\bar{v}_{n-1}}\sigma^2_{v_n}}(v_n-v_u)(\bar{v}_{n-1}-v_u)$$

通过解下面方程得到估计值 $\bar{v}_n$，则有

$$\left.\frac{\partial\theta(v_u)}{\partial v_u}\right|_{v_u=\bar{v}_n}=0$$

对上式求解，并进行化简得

$$\bar{v}_n=\bar{v}_{n-1}+\frac{\sigma^2_{\bar{v}_{n-1}}-R_{v_n,\bar{v}_{n-1}}}{\sigma^2_{v_n}+\sigma^2_{\bar{v}_{n-1}}-2R_{v_n,\bar{v}_{n-1}}} \tag{3-27}$$

但在第 n 个周期，坐标测量值通常是知道的，比如 x_n，需要进行附加计算来算出速度值。这样就可求出我们想得到的速度平滑值表达式，它是 $\bar{v}_{n-1}$ 和 $x_n-\bar{x}_{ne}$ 差值的线性组合。

已知

$$v_n-\bar{v}_{n-1}=\frac{x_n-\bar{x}_{n-1}}{T}-\frac{\bar{x}_{ne}-\bar{x}_{n-1}}{T}=\frac{x_n-\bar{x}_{ne}}{T} \tag{3-28}$$

利用上式对式(3-27)进行变换得

$$\bar{v}_n=\bar{v}_{n-1}+\frac{\sigma^2_{\bar{x}_{ne}}-R_{\bar{x}_{ne},\bar{x}_{n-1}}}{T(\sigma^2_{x_n}+\sigma^2_{\bar{x}_{ne}})}(x_n-\bar{x}_{ne}) \tag{3-29}$$

还可得到速度平滑值的另一种表达式。t_{n-1} 时刻的坐标平滑值可记为

$$\bar{x}_{n-1}=\bar{x}_{ne}-\bar{v}_{n-1}T$$

其方差为

$$\sigma^2_{\bar{x}_{n-1}}=\sigma^2_{\bar{x}_{ne}}+\sigma^2_{\bar{v}_{n-1}}T^2-2TR_{\bar{v}_{n-1},\bar{x}_{ne}}$$

由此得

$$\sigma^2_{\bar{v}_{n-1}}=\frac{\sigma^2_{\bar{x}_{n-1}}-\sigma^2_{\bar{x}_{ne}}+2TR_{\bar{v}_{n-1},\bar{x}_{ne}}}{T^2} \tag{3-30}$$

上式经处理后得

$$\bar{v}_n=\bar{v}_{n-1}+\frac{R_{\bar{v}_{n-1},\bar{x}_{ne}}}{\sigma^2_{x_n}+\sigma^2_{\bar{x}_{ne}}}(x_n-\bar{x}_{ne}) \tag{3-31}$$

式中，$\sigma^2_{\bar{x}_{ne}}$ 和 $R_{\bar{v}_{n-1},\bar{x}_{ne}}$ 可从式(3-22)和式(3-24)得到，即用 $n-1$ 代替 n，可得

$$\sigma^2_{\bar{x}_{ne}}=\frac{2[2(n-1)+1]}{(n-1)(n-2)}\sigma^2_x$$

$$R_{\bar{v}_{n-1},\bar{x}_{ne}}=\frac{6}{T(n-1)(n-2)}\sigma^2_x$$

当等精度测量时，$\sigma^2_x=\sigma^2_{x_n}$。把上面的值代入式(3-31)得

$$\bar{v}_n=\bar{v}_{n-1}+\frac{\beta_n}{T}(x_n-\bar{x}_{ne})$$

式中
$$\beta_n=\frac{6}{n(n+1)}$$

图 3-8 显示了因数 α_n，β_n 和测量周期数 n 的关系。从图中的曲线可知，随着 n 的增加，因数减小，即最新测量的权重减小。这种方法不适合于在平滑机动目标航迹时采用。

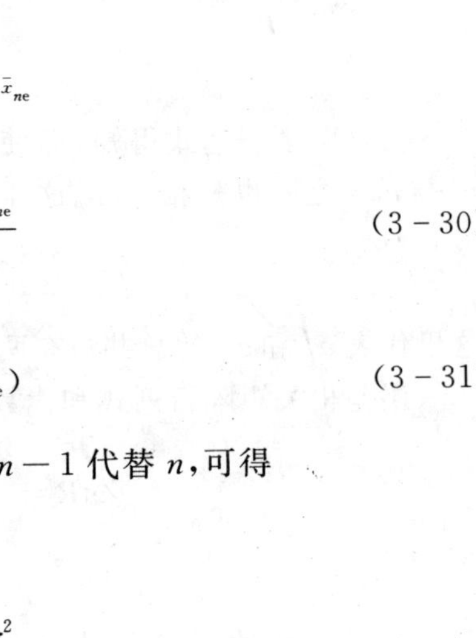

图 3-8 α_n，β_n 与 n 的关系曲线

根据上面所得的结果，给出实现 $\alpha-\beta$ 递推滤波法的方程

组为

$$\left.\begin{aligned}\bar{x}_n &= \bar{x}_{ne} + \alpha_n(x_n - \bar{x}_{ne}) \\ \bar{x}_{ne} &= \bar{x}_{n-1} + \bar{v}_{n-1}T \\ \bar{v}_n &= \bar{v}_{ne} + \frac{\beta_n}{T}(x_n - \bar{x}_{ne}) \\ \bar{v}_{ne} &= \bar{v}_{n-1}\end{aligned}\right\} \tag{3-32}$$

式中，$\alpha_n = \dfrac{2(2n-1)}{n(n+1)}$，$\beta_n = \dfrac{6}{n(n+1)}$。

3.3.2　指数平滑法

该方法用于计算参数随时间改变的情况。通过分析目标运动的实际航迹可知，参数之间的相关性随着时间的流失而大概以指数规律减小。因此，为了提高参数估计精度，应对过去的测量值进行适当的加权，并随着时间的增加而按指数规律减少加权因数，即越早的数据给的权因数值越小。待估参数的平滑值是第 n 次测量得到的测量值和以前测量的平均值进行加权求和的结果，则有

$$\bar{v}_n = (1-\rho)v_n + \rho\,\bar{v}_{n-1} \tag{3-33}$$

式中，ρ 为平滑因数，其值根据目标机动强度在 0 到 1 范围内选取。

现在介绍指数平滑的详细过程。设对速度进行平滑，这样，第一次测量只能从第二个扫描周期开始。

根据式(3-33)，第二个扫描周期的平滑值为

$$\bar{v}_2 = (1-\rho)v_2 + 0\times\rho = (1-\rho)v_2$$

在第 3 个周期，则有

$$\bar{v}_3 = (1-\rho)v_3 + \rho\,\bar{v}_2 = (1-\rho)v_3 + \rho(1-\rho)v_2$$

在第 4 个周期，则有

$$\bar{v}_4 = (1-\rho)v_4 + \rho\,\bar{v}_3 = (1-\rho)v_4 + \rho(1-\rho)v_3 + \rho^2(1-\rho)v_2$$

在第 n 个周期，则有

$$\bar{v}_n = (1-\rho)v_n + \rho\,\bar{v}_{n-1} = (1-\rho)v_n + \rho(1-\rho)v_{n-1} + \cdots + \rho^{n-2}(1-\rho)v_2$$

或

$$\bar{v}_n = \sum_{i=2}^{n}\rho^{n-i}(1-\rho)v_i = \sum_{i=2}^{n}\eta_i v_i$$

式中，$\eta_i = \rho^{n-i}(1-\rho)$，表示第 i 次测量结果的权因数，它根据信息老化程度而按指数规律减小。ρ 越小，对过去信息的考虑就越小。在图 3-9 中，显示了不同平滑因数所对应的加权因数 $\eta(i)$ 的曲线。图 3-10 给出了实现指数平滑的结构图。

指数平滑法的参数计算精度取决于目标运动特征和平滑因数 ρ。实际中，因数 ρ 值的选择是通过对实际目标自动跟踪过程进行模拟实验获得的，其值通常为 0.35 ~ 0.65 。

在某些自动跟踪系统中选两个固定的平滑因数，当目标机动时，$\rho = 0.1$；当目标不机动时，$\rho = 0.5$。这样，重要的是知道机动开始和结束的时机。

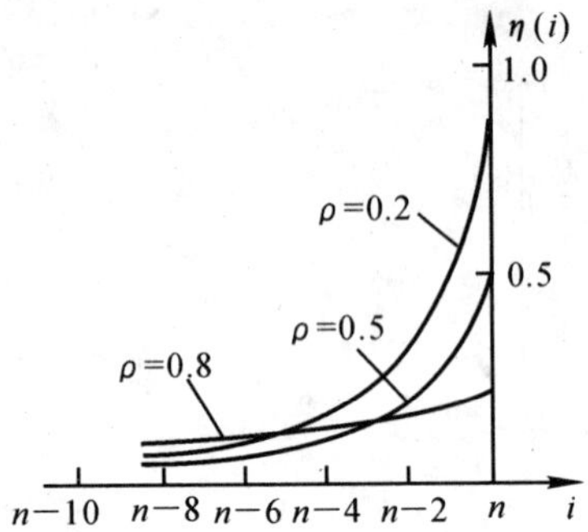

图 3-9 指数平滑时的权函数曲线

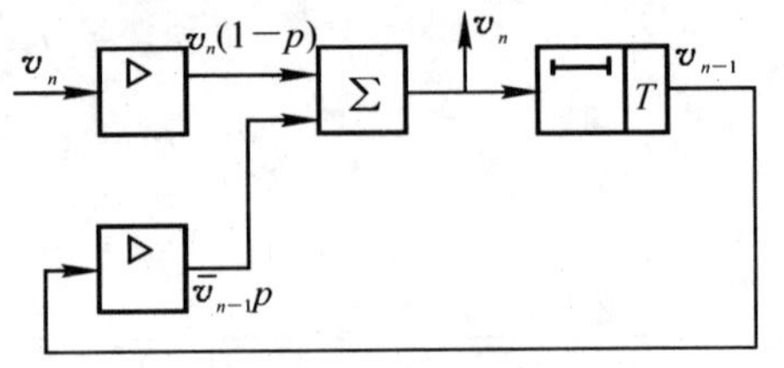

图 3-10 指数平滑的实现结构图

3.3.3 目标机动的识别

先讨论根据参数进行坐标外推的算法。

这种算法比较简单。先计算出速度 v 和航向角 θ，然后以它们为基础计算外推值 x_e 和 y_e，如图 3-11 所示。

设 T_{n-1} 时刻的测量值为 (x_{n-1}, y_{n-1})，而 t_n 时刻为 (x_n, y_n)。则有

$$\Delta x_n = x_n - x_{n-1}$$

$$\Delta y_n = y_n - y_{n-1}$$

$$v = \frac{1}{T}\sqrt{\Delta x_n^2 + \Delta y_n^2}$$

$$\theta = \arctan\frac{\Delta y_n}{\Delta x_n}$$

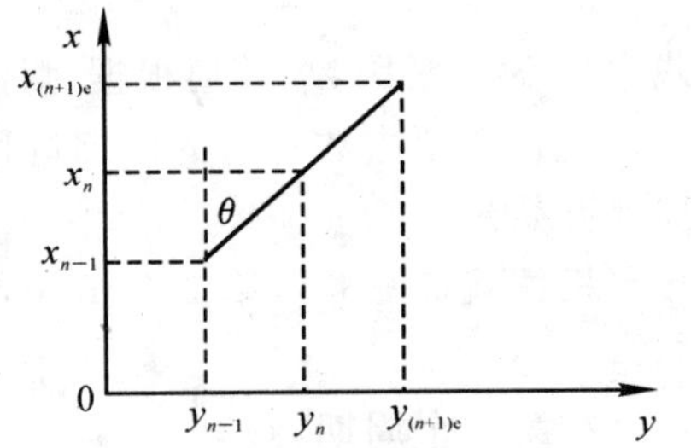

图 3-11 根据参数进行坐标外推的图解

式中，T 为扫描周期。

如果目标作匀速直线运动，则下一个扫描周期的外推值为

$$\begin{cases} \bar{x}_{(n+1)e} = x_n + vT\cos\theta \\ \bar{y}_{(n+1)e} = y_n + vT\sin\theta \end{cases}$$

如果目标机动，则外推公式为

$$\begin{cases} \bar{x}_{(n+1)e} = x_n + \left(vT + \dfrac{aT^2}{2}\right)\cos(\theta + \Delta\theta) \\ \bar{y}_{(n+1)e} = y_n + \left(vT + \dfrac{aT^2}{2}\right)\sin(\theta + \Delta\theta) \end{cases}$$

式中，a 为加速度；$\Delta\theta$ 为运动方向变化角。

下面介绍目标机动的识别方法。

为更好地进行平滑与外推，重要的是评估目标的运动特征。自动跟踪系统应该有检测目标运动特征改变的设备，并能在以后的跟踪算法中相应地换用新的目标运动假设。各种不同的机动判断准则，它和所用的二次处理方法有关。

当用最佳平滑与外推算法时，机动的判断方法是把测量坐标与外推坐标之间的差值与某一门限进行比较。即满足下式时，判定为机动存在，即

$$x_n - x_{ne} = \Delta x \geqslant \Delta x_0$$

对于按参数的平滑与外推算法，最简单的目标机动判断准则是用目标在相邻扫描周期的参数增量来判断(速度和方向)。即满足下面条件时，机动存在，即

$$\Delta v_n = v_n - v_{n-1} \geqslant \Delta v_0$$

或

$$\Delta \theta_n = \theta_n - \theta_{n-1} \geqslant \theta_0$$

这样，现在的任务变成门限值的选取，门限值取决于相应坐标和参数的测定误差，即写为

$$\left.\begin{aligned} \Delta x &\geqslant k\sigma_{\Delta x} \\ \Delta y &\geqslant k\sigma_{\Delta y} \\ \Delta v_n &\geqslant k\sigma_{\Delta v} \\ \Delta \theta &\geqslant k\sigma_{\Delta \theta} \end{aligned}\right\} \tag{3-34}$$

式中，$\sigma_{\Delta x}$，$\sigma_{\Delta y}$，$\sigma_{\Delta v}$，$\sigma_{\Delta \theta}$ 分别表示测量误差 Δx，Δy，Δv，$\Delta \theta$ 所对应的均方偏差；k 为系数，根据所要求的机动检测可靠性选取。

很明显，减少 k 值将增加机动检测概率 P_0，但同时也增加了机动检测的虚警概率。

增大 k 值，可能导致弱机动检测不到。如果误差分布服从正态规律，当 $k = 3$ 时，式(3-34)的满足只有 0.003 的概率是依靠随机因素实现的，而有 $P_0 = 0.997$ 的概率是由机动实现的。相应地，有

当 $k = 2$ 时，$P_0 = 0.96$；

当 $k = 1$ 时，$P_0 = 0.6$；

当 $k = 0.7$ 时，$P_0 = 0.5$，即当 $k = 0.7$ 时，式(3-34)成立，由随机因素和机动实现的概率是相同的。

为了提高判定机动的可靠性，可以用参数平均值的增量。那么目标机动的条件为

$$\left.\begin{aligned} |\Delta \bar{v}_n| &\geqslant k\sigma_{\bar{v}} \\ |\Delta \bar{\theta}_n| &\geqslant k\sigma_{\bar{\theta}_n} \end{aligned}\right\} \tag{3-35}$$

但用后面这个表达式会增加信息的延时，机动的判定也延时了。目标剧烈机动时，延时是有害的。因此，识别强机动时用非平滑值；而对慢机动，用平滑值，即用式(3-35)。

3.4　航迹的建立与航迹的相关

3.4.1　航迹的建立

在雷达扫描过程中，从一次处理设备中可以得到多个目标的点迹。此外，还会不时出现假点迹。因此，送到二次处理设备的点迹有来自真实目标的，也有假的。部分真实点迹可能没有送到二次处理设备。

在跟踪目标之前，必须建立其航迹。为此，要选择可以得出发现航迹结论的点迹，并确定航迹参数(航向、速度等)，该过程称为点迹截获(发现航迹)。截获可以是自动的(自动截获)和半自动的(有操作员参与)。

通常，自动航迹截获是检验统计假设：

H_0—— 获得的与取样值 $x_1, x_2, \cdots, x_n$ 相关的点迹是属于假航迹的假设；

H_1—— 取样值属于真实航迹的假设。

假设 H_0 与 H_1 的似然函数分别为 $W(x_1,x_2,\cdots,x_n \mid H_0)$ 和 $W(x_1,x_2,\cdots,x_n \mid H_1)$。那么，根据最小平均代价准则的最佳截获方法为

$$\frac{W(x_1,x_2,\cdots,x_n \mid H_1)}{W(x_1,x_2,\cdots,x_n \mid H_0)} \geqslant \frac{P(H_0)r_f}{P(H_1)r_L}$$

即形成似然比并与门限比较，门限与第一、二类错误引起的代价 r_f 和 r_L 有关，还和有无真实航迹先验概率 $P(H_1)$ 和 $P(H_0)$ 有关。上式中，$x_1,x_2,\cdots,x_n$ 表示在 n 个扫描周期获得的点迹坐标。

上述算法实现起来很复杂，因此，常适当地使用更简单的算法，如利用第 2 章介绍过的 m/n 或 n/n 准则进行设计。这样的话，如果在 n 个相邻扫描中获得 m 个相关点迹(属于一条航迹的)，则认为发现了航迹。

正如前面提到过的，新航迹的发现过程是从出现单个点迹没进入任何已有的波门，而在点迹周围产生第一截获波门开始的。

如果在下一个扫描周期，有一个或几个点迹进入第一截获区域，则它们中的每一个都用来延续可能的新航迹。下面根据两个相应点的坐标进行外推，产生新的相关区域(波门)；而接下来的第三个扫描周期出现的点迹若进入这个区域，则与相应航迹相关。对新点的相关配对工作继续进行，直到完成发现航迹的准则(转入跟踪)或满足撤消航迹的准则。截获过程所完成的操作包括外推坐标和点迹选通。

m 和 n 值的选择取决于真实航迹的发现概率和进入跟踪的假航迹数。随着 m 的减小，将增加发现真实航迹的概率。实际中选取 m 值为 $2 \sim 3$，而 n 为 $3 \sim 4$。完成航迹起始准则后将转入跟踪。

撤消已跟踪航迹的准则，常采用在连续 k 个扫描周期中未出现被跟踪目标的点迹。对假航迹的跟踪，必然会增加对存储器的容量和跟踪设备的运行速度的要求。

3.4.2 目标航迹的相关

通常，目标坐标的测量与外推都存在误差，所以外推点 P_e 与当前点并不重合。此外，在外推点附近可能存在多个当前点。

因此，二次处理中航迹相关的任务是分析外推点与最新扫描周期获得的当前点之间的位置关系，并选取一个最有可能属于目标航迹的当前点。目标航迹相关的过程也叫航迹选择。选择目标航迹的过程包括两个阶段：波门选通，核对(信息比较)—— 选择点迹与航迹配对。

下面详细讨论每个阶段。

1. 目标点的波门选通

波门选通理解为分出一目标可能出现的区域。波门选通采用不同的物理和数学方法。

物理波门选通法是指通过雷达接收机来分出目标可能出现的区域(在确定时机打开接收机)。

数学波门选通法则是对目标坐标与波门的边界坐标进行比较。波门的形状通常选得比较简单，以便在计算机中实现。因此，在直角坐标系中处理信息时，最适合用矩形波门(见图 3-12)，矩形波门可由两种数对确定，第一种是波门的边界点(x_L,y_L) 和(x_H,y_H)，第二种是坐标中心(x_e,y_e) 和波门半长$(\Delta x_0,\Delta y_0)$。

分析当前点是否处于波门内的条件可用不等式表示，即

$$\begin{cases} x_n - x_e = \Delta x \leqslant \Delta x_0 \\ y_n - y_e = \Delta y \leqslant \Delta y_0 \end{cases}$$

式中，x_n，y_n 表示在第 n 个扫描周期第 i 个目标点的坐标；x_e，y_e 表示到第 n 个扫描周期的外推坐标。

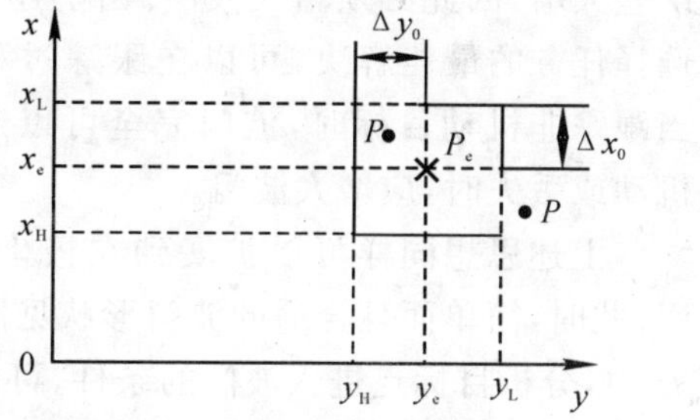

图 3－12　直角坐标系中的波门形状

波门尺寸的选择条件是，保证真实目标以给定的概率进入波门。波门尺寸越大，真实目标进入波门的概率越高，但这也增加了假点迹进入波门的概率。

当波门尺寸一定，点迹进入波门的概率取决于当前点与外推坐标的可能偏差值。偏差值通常是个随机量，它由测量误差和外推误差确定，有

$$\begin{cases} \Delta x = \Delta x_n + \Delta x_e \\ \Delta y = \Delta y_n + \Delta y_e \end{cases}$$

上面的值服从正态分布，方差为

$$\left.\begin{aligned} \sigma_{\Delta x}^2 &= \sigma_{x_n}^2 + \sigma_{x_e}^2 + 2k_x\sigma_{x_n}\sigma_{x_e} \\ \sigma_{\Delta y}^2 &= \sigma_{y_n}^2 + \sigma_{y_e}^2 + 2k_y\sigma_{y_n}\sigma_{y_e} \end{aligned}\right\} \tag{3-36}$$

式中，k_x，k_y 分别表示测量误差和外推误差的相关系数；σ_{x_n}，σ_{y_n}，σ_{x_e}，σ_{y_e} 分别表示测量和外推的均方误差。

相关系数 $k_x(k_y)$ 与所选外推方法有关。如果在匀速直线运动的假设下进行，而且该假设符合实际，则 k_x 和 k_y 近似等于 1，即外推误差完全取决于测量误差。如假设与实际不相符，即目标作机动，那么外推误差在更大程度上取决于机动所引起的误差，这时相应系数趋于 0。

随机值 Δx，Δy（真实点与波门中心的偏差）的联合概率密度写为

$$W(\Delta x, \Delta y) = \frac{1}{2\pi\sigma_{\Delta x}\sigma_{\Delta y}}\exp\left[-\frac{1}{2}\left(\frac{\Delta x^2}{\sigma_{\Delta x}^2} + \frac{\Delta y^2}{\sigma_{\Delta y}^2}\right)\right] \tag{3-37}$$

那么点迹进入边长为 $2\Delta x_0$ 和 $2\Delta y_0$ 的波门的概率为

$$P = \int_{-\Delta x_0}^{\Delta x_0}\int_{-\Delta y_0}^{\Delta y_0} f(\Delta x, \Delta y)\,\mathrm{d}\Delta x\,\mathrm{d}\Delta y$$

该表达式可变换为

$$P = 4\Phi\left(\frac{\Delta x_0}{\sigma_{\Delta x}}\right)\Phi\left(\frac{\Delta y_0}{\sigma_{\Delta y}}\right) \tag{3-38}$$

式中

$$\Phi(y) = \frac{1}{2\pi}\int_0^y \mathrm{e}^{-\frac{t^2}{2}}\,\mathrm{d}t$$

为拉普拉斯积分，可由专用表查得。

为保证概率 P 接近 1，选

$$\begin{cases} \Delta x_0 = 3\sigma_{\Delta x} \\ \Delta y_0 = 3\sigma_{\Delta y} \end{cases}$$

当目标机动时，外推误差急剧增大，为使目标点迹进入波门的概率高，必须增大波门尺寸。另外，在航迹自动跟踪的质量和稳定性方面，会受丢失目标点的影响。在某些扫描周期丢点时，

必须对目标坐标外推两个或两个以上的周期。这样也使外推误差大增，因此必须增大波门。由上述情况可知，为达到航迹选择任务的最佳解决，可以在跟踪过程中改变波门的尺寸。当跟踪非机动目标时，波门完全可以选小一点；当发现目标机动或丢失时，应增大波门。

上述思想同样可以扩展到在极坐标系内处理信息的过程。此时，简单而且合适的波门形状见图 3－13。在极坐标(D,β)中，分析目标点进入波门的条件，可以用不等式表示为

$$\begin{cases} |D_n - D_{ne}| \leqslant \Delta D_0 \\ \beta_n - \beta_{ne} \leqslant \Delta\beta_0 \end{cases}$$

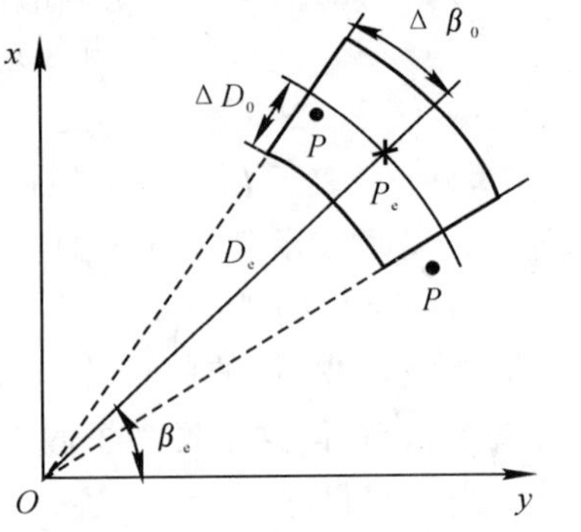

图 3－13　极坐标系内波门的形状

2. 点迹核对

在波门产生的过程可能有这样的情况存在，即在一个波门内出现多个点迹，这些点迹中有的是由噪声或其他目标产生的。这时，需要对进入波门内的点作进一步的选择（即核对）。核对 —— 对新来的点与外推点进行位置比较，比较的结果是判定哪一个点更接近给定的目标。点迹核对也叫点迹与航迹相关。

核对是个统计学的任务，即利用统计学方法区分跟踪目标点迹与假点迹。当前点相对于目标航迹（外推点）的散布服从两维正态分布（见图 3－14）。

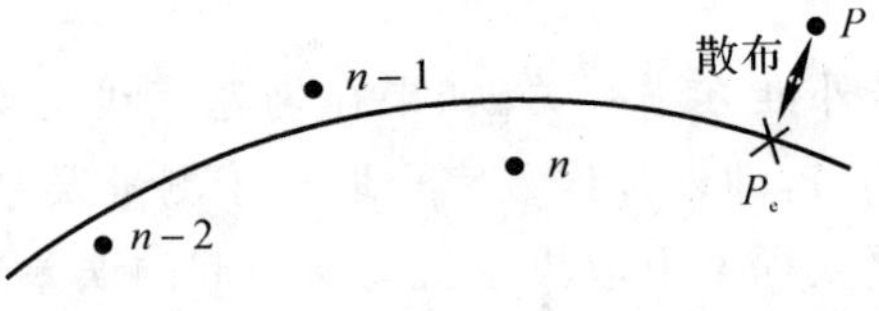

图 3－14　点迹相对于航迹的散布

假点的概率分布密度是均匀的，有

$$W(\Delta x,\Delta y) = \nu \tag{3-39}$$

值ν可以是通过实验确定，$\nu = N_f/nS$，式中N_f为n个扫描周期内，在扫描区（面积S）内的假点总数。假点的重要特点是它们互不相关。

下面讨论最常用的一些点迹选择方法：

（1）单个波门法。单个波门法的实质是在外推点周围划出一个区域（波门）。进行选择的判决逻辑规则如下：

1）如果点迹进入波门，则认为它属于该航迹；

2）没进入波门的点认为是假的；

3）如果波门内没有一个点，则把外推点当成目标点；

4）波门内进入多个点，产生的不确定性由专门的规则解决。这些规则可以是：

i）把进入波门的点都当成真实目标，并对每个点都连航迹。这样，假航迹将在接下来的几个扫描周期中消失。

ii）把第一个进入波门的点当成真实点。但这种方法不是最佳的。

选择波门尺寸会存在矛盾：目标点迹进入波门的概率增加的同时也使假点迹进入波门的

概率增加。该矛盾的解决办法是寻找最佳波门，该任务的完成是通过对假设进行检验。

假设 H_0—— 确定点迹为假；

假设 H_1—— 确定点迹来自被跟踪目标。

要进行判决，须对似然比和相应准则的门限值 l 进行比较。如果满足下面不等式，则接受点迹属于目标的判决，即

$$\frac{W(\Delta x,\Delta y/H_1)}{W(\Delta x,\Delta y/H_0)}\leqslant l$$

把式(3-43) 和式(3-45) 两式代入上式，可得

$$\frac{1}{\nu 2\pi\sigma_{\Delta x}\sigma_{\Delta y}}\exp\left\{-\frac{1}{2}\left(\frac{\Delta x^2}{\sigma_{\Delta x}^2}+\frac{\Delta y^2}{\sigma_{\Delta y}^2}\right)\right\}\geqslant l \tag{3-40}$$

取对数后得

$$\frac{\Delta x^2}{\sigma_{\Delta y}^2}+\frac{\Delta y^2}{\sigma_{\Delta y}^2}\leqslant 2\ln(2\pi\sigma_{\Delta x}\sigma_{\Delta y}\nu l)$$

或者

$$\frac{\Delta x^2}{\sigma_{\Delta x}^2}+\frac{\Delta y^2}{\sigma_{\Delta y}^2}\leqslant r^2 \tag{3-41}$$

由上式可见，最佳波门为椭圆形，其半轴长（见图3-15）为

$$\begin{cases}x_0=r\sigma_{\Delta x}\\ y_0=r\sigma_{\Delta y}\end{cases}$$

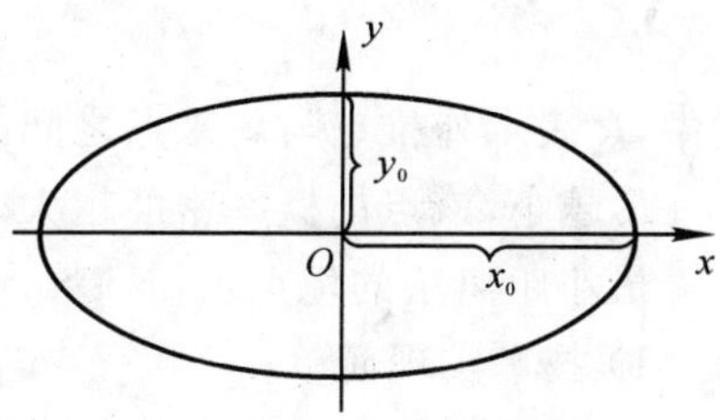

图 3-15　最佳波门椭圆

因此，单个波门法的过程（见图 3-16）如下：

1) 计算当前点与外推点之间的坐标偏差 $\Delta x,\Delta y$；

2) 计算$\dfrac{\Delta x^2}{\sigma_{\Delta x}^2}+\dfrac{\Delta y^2}{\sigma_{\Delta y}^2}\lambda^2$（椭圆偏差）；

3) 比较 λ^2 和 r^2，并做出判决。

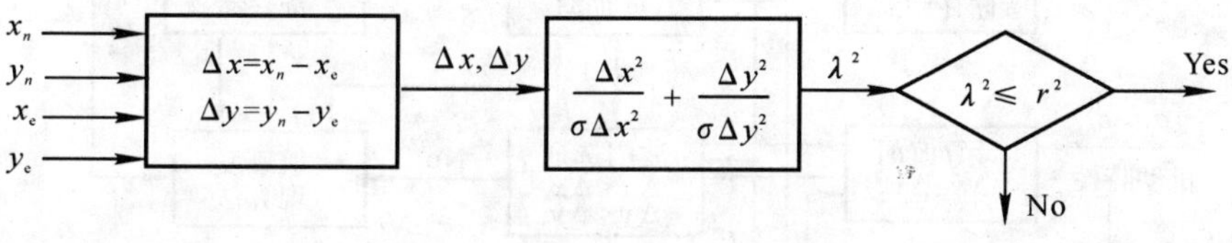

图 3-16　核对算法结构图

为简化计算，可选边长为 $2\Delta x_0$ 和 $2\Delta y_0$ 的矩形波门。点迹进入波门的条件为

$$\begin{cases}\Delta x\leqslant\Delta x_0\\ \Delta y\leqslant\Delta y_0\end{cases}$$

为保证接近最佳，选取的波门尺寸为

$$\begin{cases}\Delta x_0=0.9x_0\\ \Delta y_0=0.9y_0\end{cases}$$

该关系式符合椭圆波门和矩形波门面积相等的条件。这种波门法的优点如下：

1) 技术实现简单；

2）当只有一个点进入波门时，有足够好的效率。

这种方法的不足：当波门多于一个点时，不能得到最好的判决。

(2) 最小椭圆偏差法。如前所述，椭圆偏差值为

$$\lambda=\sqrt{\frac{\Delta x^2}{\sigma_{\Delta x}^2}+\frac{\Delta y^2}{\sigma_{\Delta y}^2}}$$

很明显，该值越小，点迹属于被跟踪航迹的概率越大。因此，现在的任务是确定每个进入波门的点的椭圆偏差 $\lambda_1,\lambda_2,\cdots,\lambda_n$，而后比较这些值并选择最小的。

该方法的优点是，当波门内的点迹超过 1 个时，可以找到更好的判决。其缺点是实现的复杂化，还必须知道点迹的散布特征。

(3) 最小距离法。该方法用于沿 x 轴和 y 轴有相同点迹散布规律的情况，即 $\sigma_{\Delta x}=\sigma_{\Delta y}=\sigma$。这样椭圆变成了圆，则有

$$\Delta x^2+\Delta y^2=R^2$$

式中，R 表示外推点与新来点之间的距离。

R 越小，该点的概率密度越大。点越接近外推点，它属于该目标的概率越大。

最小距离法的优点：

1）技术实现简单；

2）不需要知道点迹的散布特性。

其不足之处是只能用于各坐标测量方差相同的情况。

3.4.3 二次处理的典型算法流程

下面讨论二次信息处理算法结构图（见图 3-17）上的整个操作过程。信息处理过程按下列顺序完成。

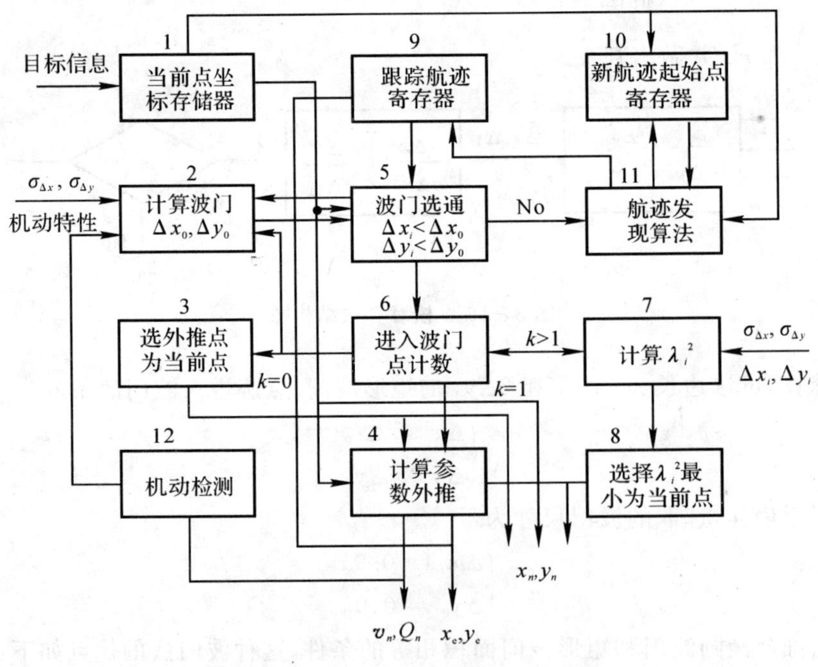

图 3-17 二次处理典型算法结构图

(1) 从一次处理设备来的目标信息送到当前点坐标存储器，在此进行积累。在 n 个扫描周期内获得这些信息，用于确定目标运动参数和进行坐标外推。

(2) 目标的当前坐标送波门选通组合，在该组合也输入波门尺寸 $\Delta x,\Delta y$。在组合 2 中产生的波门尺寸取决于当前点与外推点之间的偏差均方值 $\sigma_{\Delta x},\sigma_{\Delta y}$，以及有无目标机动特性及目标丢点特性。

(3) 通过波门选通的当前点送入当前点计数组合，从这里算法开始分支。

如果 $k=0$，则选外推点为当前点的组合 3 工作，外推点作为当前点输出。当前点丢点的特征送入跟踪波门计算组合。

如果 $k=1$，接受当前点为真实点并输出。

如果 $k>1$，则计算 λ_i^2 值，λ_i^2 送到当前点选择组合(组合 8)。

(4) v_n 和 θ_n 用于机动的判断，机动特征送入波门宽度形成组合。

(5) 若点迹未进入任何航迹跟踪波门，则与保存在存储器(组合 10) 的新航迹起始点进行比较(组合 11)。如果所说的点迹进入相应的第一截获波门，航迹被发现，它被转入自动跟踪(写入组合 9)。点迹既没有进入跟踪波门，也没有进入第一截获波门，则作为起始点写入组合 10。如果满足撤消准则，则抛弃相应的起始点。

上述操作在每个扫描周期后重复进行。

3.5　雷达信息三次处理的任务

在雷达信息一次和二次处理阶段，处理的信息只来自单个雷达站。指挥自动化系统在完成指挥控制任务时，必须有足够大空域内的目标信息，只靠单个雷达站是保证不了的，因此只有用多个雷达站组成一个雷达网来获取信息。处理多个雷达站所获信息的任务是形成总的空情态势图。

处理多个雷达站信息的过程称为三次处理，也称为情报综合，或称为“信息融合”。

为完成其任务，雷达站按一定的战斗队形进行部署。雷达的可探测区域构成雷达网。通过对雷达站的部署，可使它们的探测区全部或部分重叠(见图 3-18)。在另外一种情况下，这种重叠不存在，并且雷达网中间还可能出现空隙，如图 3-18 中 AB 段。探测区重叠的雷达网可改善探测目标的条件，但需要更多的雷达设备，这样关于同一目标的信息可能同时来自几个雷达站。在理想情况下，这些目标点迹应该相互重合。但实际上这种重合是见不到的，这是因为存在坐标测量时的系统误差和随机误差，探测时间的差异，以及进行坐标统一时由雷达位置点和三次处理站之间视差所引起的误差。进行坐标统一是三次处理的条件，因为所有的雷达是在自己的坐标系里确定目标坐标的，不能直接用于信息的综合(统一)。

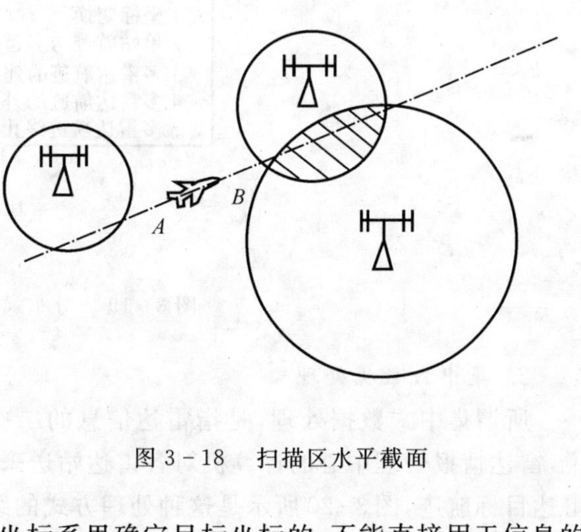

图 3-18　扫描区水平截面

通常点迹和航迹的不重合，或者是因坐标测量误差和探测时间的差异不同所引起，或者是因为有多个目标产生这些点迹和航迹。消除这种不确定性，即判断在具体区域内有多少个目标存在，是三次处理的主要任务。

在三次处理的整个阶段完成下列任务：

(1) 收集来自信息源(雷达站) 的情报；

(2) 把目标点迹的坐标变换到统一坐标系内；

(3) 把点迹统一到同一计时时间；

(4) 点迹核对(或称为相关)，即做出点迹属于确定目标的判决；

(5) 对同一目标的几个点迹进行坐标平均，以获得更精确的坐标。

雷达网中的信息处理，按数据处理的集中程度分为分布式和集中式。

1. 分布式数据处理

所谓分布式数据处理，是指雷达信息的二次和三次处理分别在不同处理机内进行。也就是说，每个雷达站用一部计算机根据单部雷达的点迹完成二次处理功能，然后把单雷达航迹送往雷达情报处理中心的处理计算机进行组合，确定各个目标的唯一的多雷达航迹。分布式数据处理的结构如图 3－19 所示。

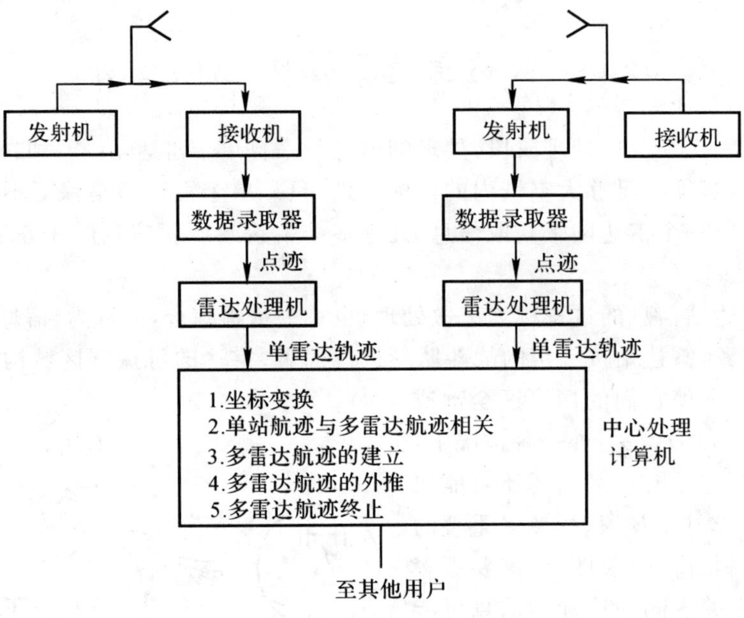

图 3－19 分布式数据处理方框图

2. 集中式数据处理

所谓集中式数据处理，是指雷达信息的二次和三次处理同在一个处理机内进行。也就是说，雷达情报处理中心的计算机对各雷达站送来的目标点迹进行综合处理，输出各个目标的多雷达目标航迹，图3-20所示是这种处理方式的结构图。从图中可以看出，雷达站数据录取器输出的雷达目标点迹直接经通信线路送往雷达情报处理中心的计算机进行综合处理。

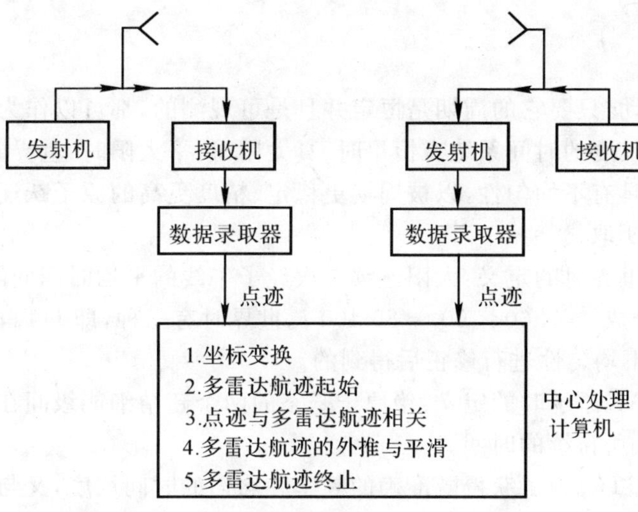

图 3-20　集中式数据处理方框图

集中式数据处理与分布式数据处理相比，具有以下特点：

(1) 跟踪精度高。在集中式数据处理方式中，多雷达站的数据录取器输出的目标点迹全部送入数据处理机，因而雷达情报处理可以获得较高的点迹数据精度。

(2) 数据传输容量较大。数据录取器输出的真假目标点迹全要经数据传输线路传送到雷达情报处理中心，所以数据传输容量较大。

(3) 雷达校准要求较高。同一目标可以被多部雷达发现，因而由于雷达定位误差就可能引起点迹与航迹相关发生混乱。为了解决雷达校准问题，通常要采用不同方式进行雷达校准处理，第一种方式是把所有的综合搜索雷达以一个参考源(通常是远程三坐标搜索雷达)来校准。跟参考雷达有关的其他雷达的偏移被计算出来，随后，从每个雷达来的点迹就根据计算出来的偏移进行修正。第二种校准方式是对综合搜索雷达以引导雷达或武器控制跟踪雷达为基准来校准。它通过比较一个选定目标的相同航迹，计算用做调整的数据偏移，提供给所有搜索雷达。对于共站式雷达网，还可以采用固定目标进行校准。

集中式数据处理方式，通常用于多部雷达位置相同的共站式雷达网。在非共站雷达组成的分布式雷达网中，若雷达网的重叠系数较大，也可以采用这种数据处理方式。

3.6　时空统一

要测量和描述一个运动物体的状态，必须精确地给出各观测量的时刻和某时刻物体所处的位置和速度等参数，这就需要相应的时间系统和坐标系统。

对于一个多传感器系统，首先是单个传感器在各自的时间和空间系统内进行测量，然后对各自的测量结果进行时空统一，只有在统一的时间和坐标系统内才能进行多传感器信息融合。

时间系统和坐标系统一样，应有其尺度(时间) 与原点(历元)。只有把尺度与原点结合起来，才能给出统一的时间系统和坐标系统。

3.6.1 时间统一

1.时间系统

任何一个周期运动，只要它的周期是恒定并且是可观测的，都可以作为时间尺度。例如，以地球自转周期为时间尺度的时间系统有恒星时、真太阳时、平太阳时、世界时等，这种以地球自转为基准的时间系统具有不均匀性，以被周期更稳定、精度更高的原子跃迁所产生的稳定频率信号为基准的原子时所取代。

(1) 世界时 UT。世界时的定义：太阳连续二次经子午线的平均时间间隔，也称为一个平太阳日，一个平太阳日分成 $24 \times 60 \times 60 = 86\ 400$ s。世界时有三种，即 UT_0，UT_1 和 UT_2。UT_1 和 UT_2 是对 UT_0 的不均匀性进行修正后得到的。

(2) 国际原子时 AI。原子时的定义：铯原子基态的两个超精细能级间在零电磁场下跃迁辐射(9 192 631 770Hz) 所持续的时间。

(3) 协调世界时 UTC。为了获得既准确的频率和均匀的时间尺度，又与地球自转相关的时刻，出现了协调世界时，它用于协调原子时与世界时的关系。协调世界时的秒长就是原子时的秒长。

(4) 我国现行标准时间的发播。由陕西天文台通过短波和长波以不同的频率向外发播世界时和北京时间。

由中国计量科学研究院控制的中央电视台广播插入的标准时间频率信号，其时间单位是原子秒，发布的标准时间为北京时间。

2. 时间统一的方法

指挥自动化系统内的时间统一根据不同阶段分为以下三种：

(1) 信息源(雷达站) 在平时，其工作时钟取我国标准时间 —— 北京时间；

(2) 作战状态，以指挥中心的时钟为基准，其他各站(信息源与武器系统) 通过通信系统与指挥中心对时，对时过程中应考虑通信的延时；

(3) 在进行情报综合时，把一个处理周期内，各站在不同时刻测量的雷达航迹点通过外推或内插统一到同一时刻。

和上级、友邻的时间统一，在无法对时的情况下，主要靠统一时间标准，并在传递情报时携带情报的发生时刻。

下面介绍外推法实现时间统一的原理。考虑到信息更新速度较快，所以外推时假设目标坐标是匀速直线变化的，其变化速度是已知的。

为了证明点迹属于同一目标，需要计算它们在同一时刻所处的位置。如果计算结果足够接近，则他们很可能是属于同一个目标。

点迹统一到同一计时时间的过程如下：

(1) 指定需要使用点迹的时间 t_k；

(2) 确定每个点的外推时间长度；

(3) 进行坐标外推。

设时刻 t_1(见图 3-21) 雷达 1 探测到目标，时刻 t_2 雷达 2 探测到目标。需要使用在 t_k 时刻获得的点迹。

(1) 确定每个点的外推时间 t_{ei}，则有

$$t_{ei} = t_k - t_i$$

对于本例，则有

$$\begin{cases} t_{e1} = t_k - t_1 \\ t_{e2} = t_k - t_2 \end{cases}$$

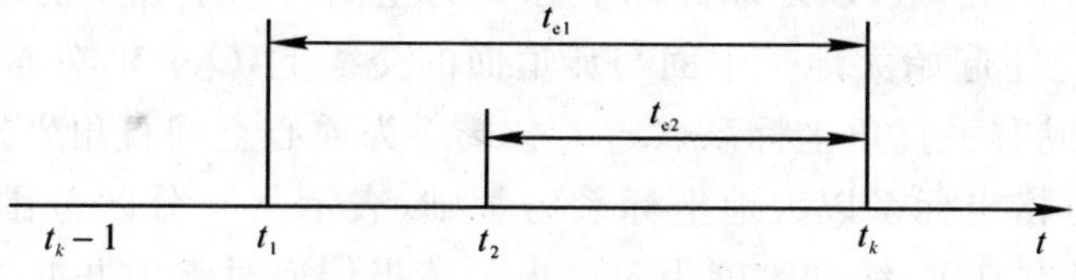

图 3-21　点迹统一到同一计时时间

(2) 根据公式进行坐标外推，即

$$\left.\begin{aligned} x_{ei} &= x_i + v_x t_{ei} \\ y_{ei} &= y_i + v_y t_{ei} \end{aligned}\right\} \tag{3-42}$$

式中 x_{ei}，y_{ei} 为 i 点迹在时刻 t_k（坐标比较时刻）的外推坐标；x_i，y_i 为 i 目标在探测时刻的坐标；v_x，v_y 为 i 目标的速度分量。

到同一计时时间的转换会带来附加的误差，在点迹核对过程中须加以注意。所说的误差可以用外推误差公式来估计。对式(3-48)，有

$$\sigma_{x_{ei}}^2 = \sigma_{x_i}^2 + \sigma_{v_x}^2 t_{ei}^2 + 2t_{ei} R_{x_i, v_x}$$

或者利用 n 个周期的平滑值 $\bar{x}_i$，$\bar{v}_x$，有

$$\sigma_{x_{ei}}^2 = \sigma_{\bar{x}_x}^2 t_{ei} + 2t_{ei} R_{\bar{x}_i, \bar{v}_x}$$

式中，$\sigma_{\bar{x}_i}^2$，$\sigma_{\bar{v}_x}^2$，$R_{\bar{x}_i, \bar{v}_x}$ 由式(3-20)，式(3-21)，式(3-23) 确定。

误差值 $\sigma_{x_{ei}}$ 取决于 t_{ei} 值，即选择的时间 t_k。因此在选择 t_k 时，应保证 t_{ei} 尽可能小。

对误差的粗略估计可用简化公式，即

$$\sigma_{x_{ei}} \approx \sqrt{\sigma_{x_i}^2 + \sigma_{v_x}^2 t_e^2}$$

3.6.2　坐标变换

1. 坐标系简介

根据坐标系与原点的不同，可把坐标系分成地心坐标系和站心坐标系等。地心坐标系以地球质心为原点，全球统一的坐标系，常用的有地心大地坐标系和地心空间直角坐标系。站心坐标系是以地面上基点（观测站）为原点的一种坐标系，常用的有站心地平极坐标系和站心地平直角坐标系。

一个多传感器信息融合系统要用到多种坐标系。单个传感器进行测量时使用测量坐标系，在进行情报综合时使用计算坐标系，对地球上的点进行表示时，用地心大地坐标系，对各种坐标进行变换时，还可能用到一些中间坐标系。一个防空指挥自动化系统中常用的坐标系如下：

(1) 站心地平极坐标系（测量坐标系）。雷达获取的目标直接观测值采用的是站心地平极坐标系。ρ，ε，β 分别为斜距、高低角、方位角。

(2) 站心地平直角坐标系（计算坐标系）。x，y，z 轴构成右手直角坐标系。y 轴沿经线方向

指向正北，x 轴指向正东，z 轴指向天顶。(x,y,z) 为站心地平直角坐标系中目标的坐标。

(3) 地心大地坐标系(简称为"大地坐标系")。L,B,H 分别为(大地) 经度、纬度、高程。经度分为东经(从格林威治子午线向东为正) 和西经(从格林威治子午线向西为正)；纬度是从赤道开始，向北为正($0 \sim 90°$)，向南为负($0 \sim -90°$)。

(4) 地心空间直角坐标系。以地球椭球中心 O 为空间直角坐标系的原点，Oz_D 轴与椭球的旋转轴一致，Ox_D 轴位于起始大地子午面与赤道面的交线上，Oy_D 轴在赤道面上与 x 轴正交的方向上，$Ox_Dy_Dz_D$ 构成右手直角坐标系。(x_D,y_D,z_D) 为地心空间直角坐标系中的坐标。

(5) 九九方格。方格坐标系以大地坐标系为基础，表示某一分区范围内点的坐标。九九方格网表示的经度跨度为100°，纬度跨度为50°。人工情报传递时常用九九方格来表示。方格分为大、中、小方格。

1) 大方格。每个大方格经度跨度为1°，纬度跨度为0.5°，大方格表示为(D_W,D_J)。D_W，D_J 各是两位十进制数，D_W 表示大方格纵向代码，D_J 表示大方格横向代码。

2) 中、小方格。1个大方格等分为9个中方格，1个中方格等分为9个小方格；1个中方格经度跨度为1°/3，纬度跨度为0.5°/3；1个小方格经度跨度为1°/9，纬度跨度为0.5°/9。

目标的位置用方格坐标表示为$[(D_W,D_J,z,x),H]$，其中(z,x) 为中小方格号，H 为高度。

2. 坐标转换

根据用途，可将坐标变换转为两类，即情报处理时的坐标变换和情报显示时的坐标变换。指挥自动化系统中用到的坐标变换主要有以下几种：

(1) 站心地平极坐标系与站心地平直角坐标系的相互转换。

(2) 站心地平直角坐标系与地心空间直角坐标系的相互转换。

(3) 地心空间直角坐标系与大地坐标系的相互转换。

(4) 九九方格与大地坐标系的相互转换。

以上4种变换方法是以地心空间直角坐标系作为统一中间坐标系进行的，适合于范围广的分布式系统。

(5) 大地坐标系与站心地平直角坐标的投影转换，此变换利用雷达数据处理中常用的球极平面投影技术，在一定范围(如400 km) 内有比较好的精度。

(6) 地图投影变换，常用的变换方法有正轴圆锥投影、高斯-克吕投影等，主要用于在屏幕上显示地图背景和远方情报航迹。

以上各种坐标变换的具体方法与公式可参考有关文献。

3.7 点迹核对与坐标平均

所有的雷达站独立地处理信息(在各自的探测区内)，并把获得的数据以情报的形式送到三次处理站。考虑到雷达探测区有重叠的情况，在情报的组成中会有重复的情报，它是来自几个雷达关于同一目标的信息。

在核对过程中做出判决，并确定：

如果关于目标的情报来自几个雷达站，到底有多少目标存在；

送来的情报怎样按目标进行分配，即哪些属于同一目标；

做出判定的基础是分析点迹不一致的程度。不一致程度是指两个点迹矢量之间的差异程

度，即

$$\Delta \boldsymbol{R}_{ijkr} = \boldsymbol{R}_{ij} - \boldsymbol{R}_{kr}$$

式中，i 和 k 表示得到情报的雷达站编号；j 和 r 表示情报(点迹）编号；$\boldsymbol{R}_{ij}$，$\boldsymbol{R}_{kr}$ 是由各分量组成的矢量。

$$\boldsymbol{R}_{ij} = (x_{ij}, y_{ij}, H_{ij}, v_{x_{ij}}, v_{y_{ij}}, S_{ij} \cdots)$$

式中，x_{ij}，y_{ij}，H_{ij} 表示目标坐标；$v_{x_{ij}}$，$v_{y_{ij}}$ 表示速度分量；S_{ij} 表示目标属性。此外，还包括其他附属特征，如目标在本周期内的丢失特征、航向等。

信息核对的任务更具体地表达如下：

设有 m 个独立的信息源，处理站从它们中各自获得关于 n_i 个目标的情报：

从 1 号雷达获得 $\boldsymbol{R}_{11}, \boldsymbol{R}_{12}, \cdots, \boldsymbol{R}_{1n_1}$；

从 2 号雷达获得 $\boldsymbol{R}_{21}, \boldsymbol{R}_{22}, \cdots, \boldsymbol{R}_{2n_2}$；

……

从 m 号雷达获得 $\boldsymbol{R}_{m1}, \boldsymbol{R}_{m2}, \cdots, \boldsymbol{R}_{mn_m}$。

核对的结果是必须确定哪些点迹是属于同一目标的。通常核对分两个阶段实现：粗核对阶段，精核对阶段。

有时也把这两个阶段称为粗相关和精相关。

3.7.1　粗核对(粗相关)

在核对的第一阶段是比较信息矢量 $\boldsymbol{R}_{ij}$ 和 $\boldsymbol{R}_{kr}$ 中的坐标和速度分量，有时为了简化，只使用这些分量的某种组合进行比较。注意，相应的分量先要变换到同一坐标系和同一计时时间。

如果情报 $\boldsymbol{R}_{ij}$ 和 $\boldsymbol{R}_{kr}$ 来自同一目标，那它们的坐标在允许偏差范围内是一致的。情报选择准则是利用同名坐标偏差值，该偏差值应小于允许范围，即

$$\left.\begin{array}{l} |x_{ij} - x_{kr}| \leqslant \Delta x \\ |y_{ij} - y_{kr}| \leqslant \Delta y \\ |H_{ij} - H_{kr}| \leqslant \Delta H \\ |v_{x_{ij}} - v_{x_{kr}}| \leqslant \Delta v_x \\ |v_{y_{ij}} - v_{y_{kr}}| \leqslant \Delta v_y \end{array}\right\} \tag{3-43}$$

用同样的方法比较其他情报。所有满足式(3-43)的情报组成一个组，这些组中的每一个都叫做粗核对信息组(简称组 A)。式(3-43)简记为

$$|\boldsymbol{R}_{ij} - \boldsymbol{R}_{kr}| \leqslant \Delta \boldsymbol{R} \tag{3-44}$$

意味着所有分量都满足不等式。

为形式化表示该过程，用下面公式表示情报属于组 A 的特征：

当式(3-44)成立时，$\prod_{c}(\boldsymbol{R}_{ij}, \boldsymbol{R}_{kr}) = 1$；

当式(3-44)不成立时，$\prod_{c}(\boldsymbol{R}_{ij}, \boldsymbol{R}_{kr}) = 0$。

通常在处理站选择一个雷达站作为基站，它的点迹也当成基点。被选为基站的雷达，在发现距离、测量精度、发现概率等方面的技术性能最好。考虑到综合(核对)的周期小于或等于雷达扫描周期，那么，在综合周期从基站雷达来的所有情报都应被归属到不同的目标。因此在

基站雷达的每一个点迹周围按尺寸 $\Delta \boldsymbol{R}_l$ 建立一个波门，用于产生自己的组 A。而后检查所有从其他雷达站来的点，并选择所有进入波门的点。然后在别的雷达站没有进入前面波门的点迹周围建立波门，并依此类推。

输入信息分组的两维几何模型如图 3-22 所示，基点情报选为 $\boldsymbol{R}_{11}$ 点。在本例中，所有点迹都在波门内，它们组成组 A。粗核对时，重要的一点是选择允许偏差值（波门尺寸）。如果增大坐标的允许偏差范围，则同一目标点迹相关正确的概率高，但同时也增加了来自其他目标点迹的错误相关概率。

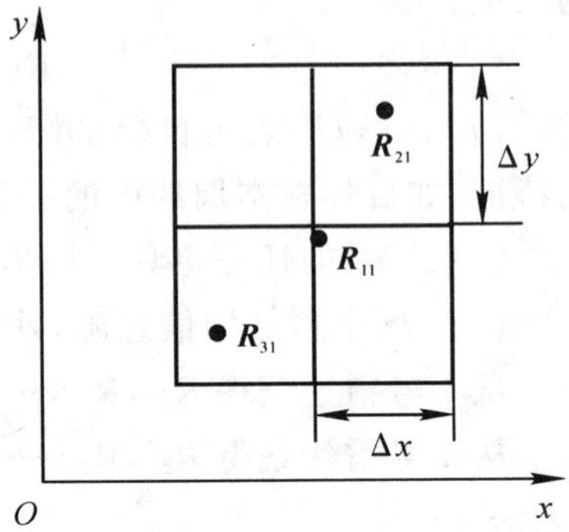

图 3-22 分组的两维几何模型

考虑到有精核对阶段，选择式（3-49）中允许偏差的条件为：属于同一目标的所有非错误情报进入组 A 的概率应接近 1。

可以认为，属于某一目标的不同情报的距离偏差，服从正态分布，其均方值 $\sigma_{\Delta x}$ 的计算公式为

$$\sigma_{\Delta x} = \sqrt{\sigma_{x_{ij}}^2 + \sigma_{x_{kr}}^2}$$

式中，$\sigma_{x_{ij}}$（$\sigma_{x_{kr}}$）表示同一情报的坐标均方偏差，它由以下的原因所造成：

（1）雷达站有测量误差 σ_1，并转换到了处理站所在的坐标系；

（2）当把点迹统一到同一空间与时间系统时，有变换误差 σ_2；

（3）由目标机动所造成的动态误差 σ_3，即可写为

$$\sigma_{x_{ij}} = \sqrt{\sigma_1^2 + \sigma_2^2 + \sigma_3^2}$$

允许偏差由式 $\Delta x = k\sigma_{\Delta x}$ 选取，此处 k 为系数，它根据所要求的正确核对概率选择。

考虑上述误差，得到足够大的允许误差。计算显示，当距离、方位和高度的测量精度较高（$\sigma_r = 200$ m，$\sigma_\beta = 10'$，$\sigma_H = 400$ m）且目标机动弱时，值 Δx，Δy 达到 4 ～ 6km。

实际上，考虑目标的机动，以及在几个周期内可能有丢点，选取 Δx，Δy 的范围为 10 ～ 15 km。

从上面引用的允许偏差值可知，它（即使在不考虑目标机动）应该高出雷达分辨率的好几倍。因此粗核对的情报组可能包括几个目标的情报，因而需要进一步的逻辑处理，以提高核对精度。

3.7.2 精核对（精相关）

为解决在情报组 A 中有什么样的和多少的目标存在的问题，首先应该遵守下面的逻辑规则。

规则 a：如果组 A 的所有情报来自同一个信息源，则认为这些情报属于不同目标，因为从一个信息源不可能得到同一目标的两个情报。当然，在这里假设对同一目标，组 A 中不存在来自一个雷达站相邻两扫描周期的情报（即综合周期不大于雷达扫描周期）。

规则 b：如果所有的情报来自不同的信息源，则认为这些情报属于同一目标。这个规则不是没有条件的，因为可能存在这样的情况，即同时有不好的能见度，一个目标由第一部雷达发现，而另一个由第二部雷达发现。这样规则 b 就不正确了。但实际中这种情况很少见。

规则 c：如果从每个信息源来的情报数都一样，则认为组内总的目标数等于一个信息源来的情报数。当按单个目标对这些情报分组时，遵守规则 a，即来自同一信息源的情报属于不同目标。

规则 d：如果从几个信息源来的情报数不一样，则认为得到情报数最多的信息源给出的空情最可靠，组 A 中的目标数就由该信息源确定。

在图 3－23～图 3－26 中，显示了两维情况下上述几种方案中组 A 的情报分布，并给出了应用情报分组规则的结果。

图 3－23 中组 A 内有 4 个情报，它们来自同一信息源（$i=1;j=1,2,3,4$），根据规则 a，所有这些情报属于不同目标，且不应该进行合并。

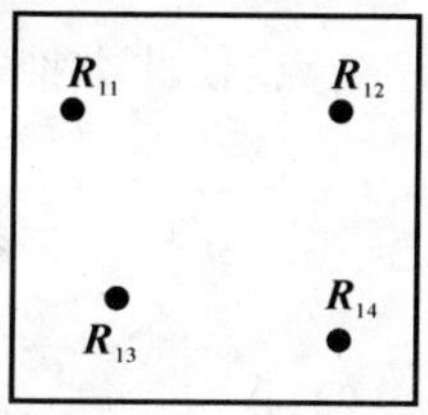

图 3－23　组 A 中有 4 个目标

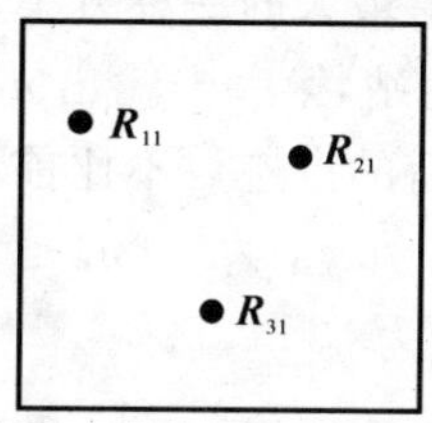

图 3－24　组 A 中有一个目标

在图 3－24 的组 A 中有属于三个不同信息源的情报（$i=1,2,3;j=1$），根据规则 b 所有这些情报都属于同一目标。

在图 3－25 中的组 A 中有 4 个情报，分别来自两个信息源（$i=1,2;j=1,2$）。根据规则 c，组 A 中的情报来自两个目标。为产生两个统一情报，对 $\boldsymbol{R}_{11},\boldsymbol{R}_{12},\boldsymbol{R}_{21},\boldsymbol{R}_{22}$ 分组的可能方案，在图中分别用实线和虚线表示。

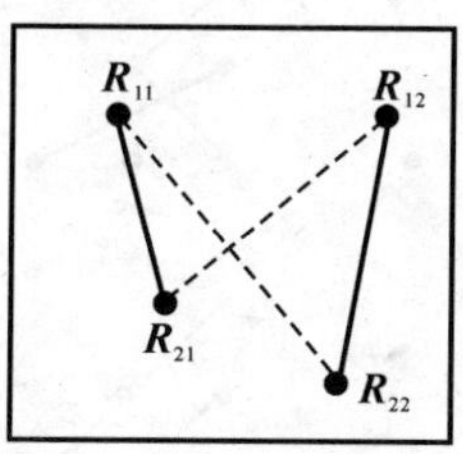

图 3－25　组 A 中 2 个目标

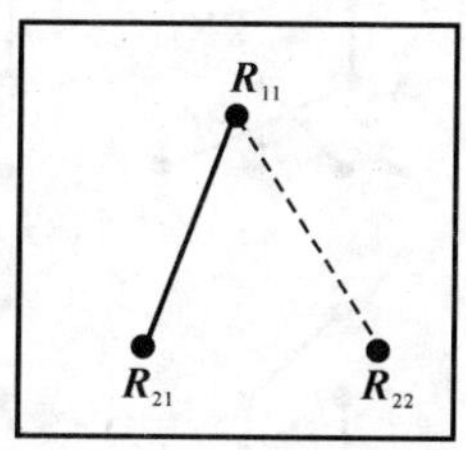

图 3－26　组 A 中 2 个目标

在图 3－26 中的组 A 中有三个被选的情报，根据规则 d，在该组中有两个目标。通过对组 A 形成过程的讨论和根据规则对这些组的分析，可得出以下结论：

（1）按式（3－49）和规则 $a\sim d$ 所解决的核对问题，可以形成对每个目标的初步分组方案。

（2）按规则 a,b 的分组方案是最终的方案。按另外两规则的分组方案还需要进行处理，以选择最佳的分组方案。

（3）按规则 c 和 d 得到的点迹分组方案具有非唯一性。组中的总目标数等于来自单个信息源的最大情报数。数量最多的这些情报适合用来作为基准。从其他信息源来的情报应当与基准情报一起分组，根据所选的准则使情报属于给定目标是最佳的。如果几个信息源来的情报数都一样，则应选测量最精确的信息源为基准。

在核对时，实际上还有前面周期内核对过的航迹。在粗核对的过程中，进入组 A 的也有核对过的航迹。这时的任务是，对新来的情报与已有的综合航迹进行相关。完成该任务有两种方法。

第一种方法是把新来的情报与综合航迹进行最佳分组，综合航迹在这里被当成基准。

第二种方法是先对新来的情报进行最佳分组，然后对核对后的情报与已存在的航迹进行相关。

这两种方法的分组质量虽不一样，但最佳核对的实质是一样的。

最合适的最佳核对法是最大似然法，为此给出点迹的所有可能分组方案，计算每种方案的似然函数，并选择值最大的一种方案。

设有 m 个雷达站，第一个输出 n_1 个点；第二个输出 n_2 个点，依此类推。雷达站的编号方法是这样的，编号在后的点迹数不比前面少，即

$$n_1 \leqslant n_2 \leqslant n_3 \leqslant n_4 \leqslant \cdots \leqslant n_m$$

则分组方案的总数为

$$N = n_2 n_3 \cdots n_m (n_2 - 1)(n_3 - 1) \cdots (n_m - 1)(n_2 - 2)(n_3 - 2) \cdots (n_m - 2) \cdots$$
$$1[n_3 - (n_2 - 1)][n_4 - (n_2 - 1)] \cdots [n_m - (n_2 - 1)] \quad (3-45)$$

图 3-27 所示的例子是 $n_1 = 1, n_2 = 2, n_3 = 3$ 的情况。根据式(3-45)有 $N = n_2 n_3 (n_2 - 1)(n_3 - 1) = 2 \times 3 \times 1 \times 2 = 12$ 种方案。

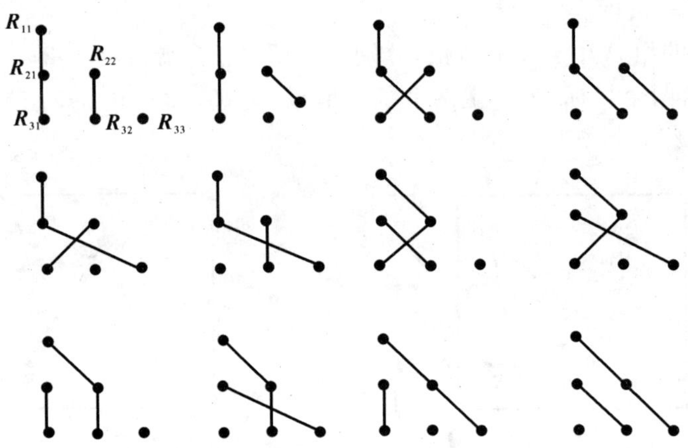

图 3-27　6 个情报来自 3 个信息源的分组方案

同样，当 $n_1 = 2, n_2 = 2, n_3 = 3$ 时，得到 12 种方案，说明如图 3-28 所示。如果每个雷达站输出的点数相同，即 $n_1 = n_2 = n_3 = \cdots = n_m = n$，则式(3-45) 变为

$$N = (n!)^{m-1}$$

当 $n = 3, m = 2$ 时，有 $N = (2 \times 3) = 6$。

当 $n = 3, m = 3$ 时，有 $N = (2 \times 3)^2 = 36$。

当 $n = 4, m = 3$ 时，有 $N = (2 \times 3 \times 4)^2 = 576$。

第一种方法用图 3-29 说明。

随着每个雷达站送来点迹数的增加或雷达站本身数量的增加，都使分组方案无限制地增

加。对第一种分组方法，已有的综合情报应该看成是一个单个的信息源的情报。这样分组方案将大大地增加。

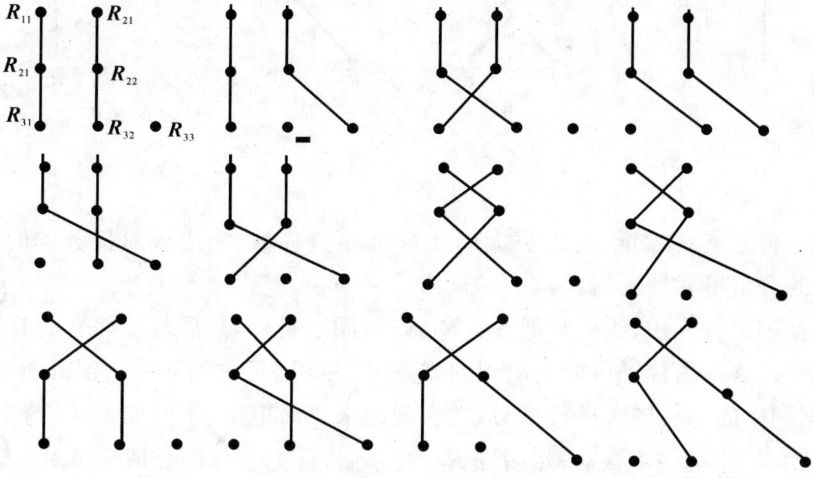

图 3－28　7 个情报来自 3 个信息源的分组方案

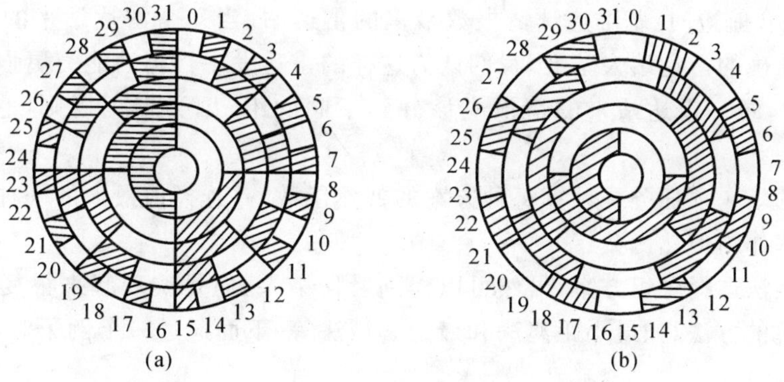

图 2－29　当 $n = 3, m = 2$ 时的分组方案

例如，组 A 中有情报 $\boldsymbol{R}_{11}$，$\boldsymbol{R}_{21}$（见图 3－30），根据规则 b，在组 A 中只有一个目标。总共只有一种分组方案。

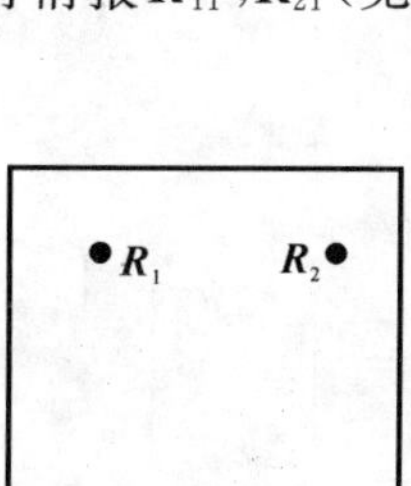

图 3－30　组 A 中有 1 个目标

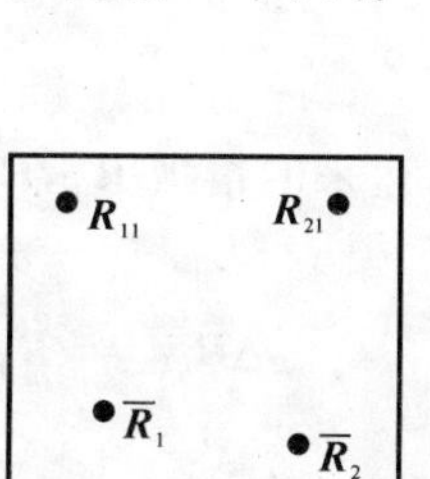

图 3－31　组 A 中有 2 个目标

现在假设，组 A 中还有两个综合情报 $\overline{\boldsymbol{R}}_1$ 和 $\overline{\boldsymbol{R}}_2$（见图 3－31）。根据规则 c 和 d，在组 A 中有两个目标（$n = 2$）。对于式（3－45），信息源的数量必须取 3。总的分组数等于 4，如图 3－32

所示。

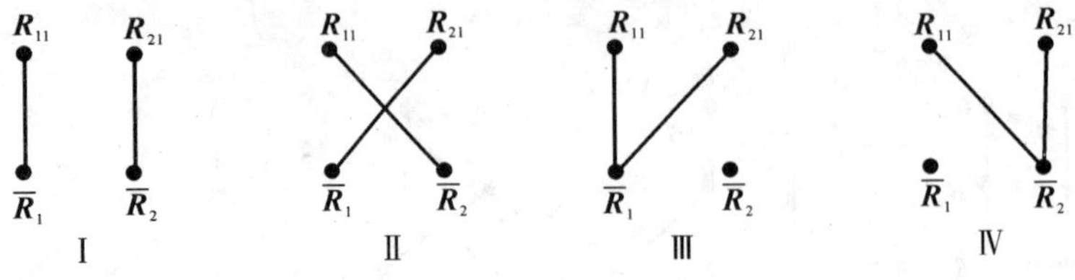

图 3 - 32　分组方案

所以，第一种方案更笨重，需要更大的计算机存储容量，完成核对任务的时间也更长。但是，这种方法的分组可靠性更高。

确实，根据第二种方法，我们只把 $\boldsymbol{R}_{11}$，$\boldsymbol{R}_{21}$ 归入同一目标，然后与已综合的 $\bar{\boldsymbol{R}}_1$ 和 $\bar{\boldsymbol{R}}_2$ 中的一个组成综合情报。这样去掉了可能会出现的方案 Ⅰ 和 Ⅱ，但这与实际情况并不总是相符的。

如果根据到来的先后依次进行核对，则实现起来要简单得多。例如，来了情报 $\boldsymbol{R}_{11}$ 后，它与综合情报 $\bar{\boldsymbol{R}}_1$ 和 $\bar{\boldsymbol{R}}_2$ 中的一个核对；然后在 $\boldsymbol{R}_{21}$ 过来后，再把它与综合情报核对。

对任何方法，公共的分组规则如下：

(1) 有的综合航迹情报在组内的，适宜于选为基准。

(2) 缺少综合航迹时，基准应选情报数最多的雷达站。当几个雷达站来的情报数相同时，选参数测量最精确的雷达站为基准，我们认为这样的雷达发现目标的能力更强。

(3) 核对时，同一雷达站来的情报应该分到不同的组，因为根据规则，它们属于不同的目标。

最佳分组的下一项任务是计算每种方案的似然函数，并选择值最大的一种方案。可以用该方案的出现概率作为似然函数。

用最大似然法选择分组方案，虽然可以得到最佳结果，但是实现起来很复杂。实际中常使用一些比较简单的方法，如最小距离法和最近邻域法等。下面通过一个例子对最小距离法进行介绍。

用最小距离法进行相关时，只考虑目标的坐标矢量，即

$$\boldsymbol{R} = \begin{bmatrix} x \\ y \\ z \end{bmatrix}$$

分别从两个雷达来的情报 $\boldsymbol{R}_{ij}$，$\boldsymbol{R}_{kr}$ 的矢量差记为

$$\Delta\boldsymbol{R}_{ijkr} = \boldsymbol{R}_{ij} - \boldsymbol{R}_{kr} = \begin{bmatrix} x_{ij} - x_{kr} \\ y_{ij} - y_{kr} \\ z_{ij} - y_{kr} \end{bmatrix} = \begin{bmatrix} \Delta x_{ijkr} \\ \Delta y_{ijkr} \\ \Delta z_{ijkr} \end{bmatrix}$$

用 l_{ijkr}^2 表示两情报之间的距离平方，即

$$l_{ijkr}^2 = \Delta x_{ijkr}^2 + \Delta y_{ijkr}^2 + \Delta z_{ijkr}^2$$

用 Q_l 表示第 l 种分组方案的距离平方和，则选择的分组假设为距离平方和最小，即

$$Q_l = Q_{l\min}$$

例 3 - 1　组 A 中有来自两个雷达站的 4 个情报：

$$\boldsymbol{R}_{11} = [x_{11} \quad y_{11} \quad z_{11}] = [100 \quad 70 \quad 10]$$
$$\boldsymbol{R}_{12} = [x_{12} \quad y_{12} \quad z_{12}] = [101 \quad 71 \quad 9]$$
$$\boldsymbol{R}_{21} = [x_{21} \quad y_{21} \quad z_{21}] = [105 \quad 70.4 \quad 9.5]$$
$$\boldsymbol{R}_{22} = [x_{22} \quad y_{22} \quad z_{22}] = [100 \quad 70.5 \quad 9.5]$$

根据规则 c，组 A 中有 2 个目标。总共有两种分组方案：

$$H_1 = \begin{cases} \boldsymbol{R}_{11}, \boldsymbol{R}_{21} \text{—— 关于目标 1 的情报} \\ \boldsymbol{R}_{12}, \boldsymbol{R}_{22} \text{—— 关于目标 2 的情报} \end{cases}$$
$$H_2 = \begin{cases} \boldsymbol{R}_{11}, \boldsymbol{R}_{22} \text{—— 关于目标 1 的情报} \\ \boldsymbol{R}_{12}, \boldsymbol{R}_{21} \text{—— 关于目标 2 的情报} \end{cases}$$

对每种假设求出距离平方和，即

$$Q_1 = l_{1121}^2 + l_{1222}^2 = \Delta x_{1121}^2 + \Delta y_{1121}^2 + \Delta z_{1121}^2 + \Delta x_{1121}^2 + \Delta y_{1222}^2 + \Delta_{1222}^2 = $$
$$0.5^2 + 0.4^2 + 0.5^2 + 0.8^2 + 0.5^2 + 0.5^2 = 1.8\ \text{km}^2$$
$$Q_2 = l_{1122}^2 + l_{1221}^2 = 1.4\ \text{km}^2$$

取假设 H_2 作为分组决定，因为

$$Q_2 = Q_{2\min}$$

即情报：

$\boldsymbol{R}_{11}, \boldsymbol{R}_{22}$—— 属于目标 1；

$\boldsymbol{R}_{12}, \boldsymbol{R}_{21}$—— 属于目标 2。

3.7.3　航迹的相关验证

多站目标数据处理中最复杂的问题，也许是多站目标航迹的跟踪问题。当目标航线交叉或目标编队飞行时，由于目标之间距离甚近，除了会发生模糊相关外，还会发生如图 3-33 所示的情况。图中 P_1 是甲站掌握的系统航迹，P 是乙站在 t_1 时刻发现的新航迹。从图中可以看出，若仅仅依据两条航迹在某一时刻的一个当前点（或某几个时刻的几个当前点）能满足各条相关准则的要求就确认为同一目标的航迹，就会发生航迹组合的错误，即把不是同一目标的两条航迹确认为同一目标航迹。因此，在航迹的相关过程中，除必须进行航迹的粗、精相关处理外，还必须进行航迹的相关验证。

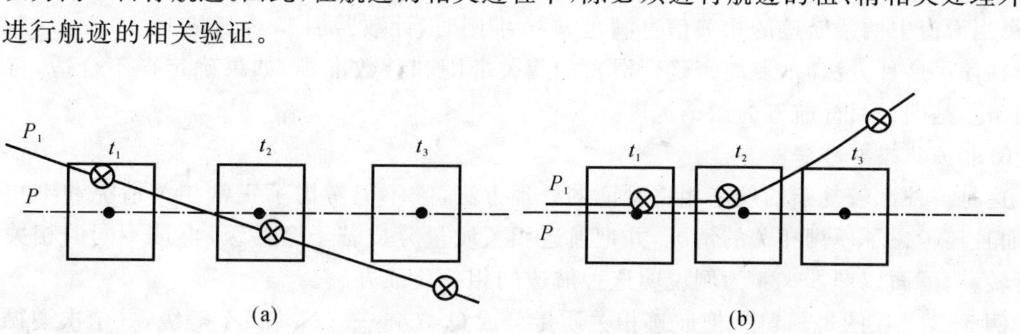

图 3-33　两条航迹不是同一目标的情况

(a) 两条航迹交叉；(b) 两条航迹编队

所谓航迹的相关验证，是指对满足粗、精相关准则要求的多雷达航迹继续进行相关处理，验证系统航迹是否由这条或这几条航迹创建。若在验证过程中出现后续点不能满足一定准则要求的情况，则取消相关（即不再认为两条航迹是同一目标的航迹）。航迹的相关验证，对于不同的系统可能有不同的处理准则和处理方法，下面仅介绍几种可用的处理方法。

1. 相关质量计数法

相关质量计数法是航迹相关验证最简单的一种方法。为了进行相关验证，应为每条多雷达航迹设置一个能指示连续各点相关情况的标志，称相关质量标志。这些标志随同目标航迹的其他数据一起构成目标数据块，在该数据块中指定若干位作为相关质量计数器。计数时可规定，当两条航迹经粗、精相关处理后确认为同一目标时，就给计数器加 2；以后每判定两条航迹的同一时刻当前点相关时，就给计数器加 1，分数累计到 4 时，为航迹相关质量的最高分数，以后两条航迹相关时计数器的分数保持 4 不变；如果两条航迹不相关，要在计数器的分数中减去 1，当计数器分数减至零时，则不再认为该两条航迹是同一目标。

按照上述积分规定，在两条航迹粗、精相关后的条件下，若以后接着两次航迹不相关则将撤销两条航迹相关；当以后接着一次航迹相关，相关质量积分增加到 3，若接着三次航迹不相关，则将撤销相关；当以后接着二次航迹相关，相关质量积分增加到 4，若接着四次航迹不相关，也将撤销相关。

从上述中可以看出，这种航迹相关验证方法是非常简单的，在计算机中很容易实现。可根据雷达情报质量的不同，定出不同的计数规则。

2. 滑窗加计数法

这种方法是在每一条多雷达航迹数据块中设置一个滑窗检测器和一个航迹延伸的相关计数器。这里所谓滑窗检测器，实际上是在计算机内存中设置的 n 个位置的位寄存器（也就是说滑窗宽度为 n）。这个窗口中的 n 次相关信息按照这样的规律更新：每当两条航迹相关一次，它就抛掉一位最老的相关信息，以便接纳本次新的相关信息，当本次航迹相关时，相应的新的相关信息位为“1”，否则为“0”；这样，窗中实际上保留着前 $n-1$ 个航迹点的相关信息，并且，当两条航迹 n 次不相关时，窗中基本是“0”，当 n 次连续相关时，窗中基本是“1”。可以想像，这个滑动窗随多雷达航迹点的移动而同步滑动着，每来一个新航迹点，滑窗就滑动一步。航迹延伸的相关计数器用来对滑窗相关情况进行计数，计数规则与相关质量计数法基本相同，其不同点是，每当滑窗中两条航迹的相关信息满足 m/n 准则时，计数器加 1，否则减 1。

在使用这种方法时，要周密确定滑窗的相关准则和计数准则，如果确定得不合适，将会影响两条不是同一目标航迹的撤销速度。

3. 相关状态转移法

这是一种比较复杂的航迹相关验证的处理方法，它不但考虑了正常相关情况和不相关情况，而且还考虑了模糊相关的情况，并把航迹相关质量分成若干个等级，再按不同的相关情况进行转移。下面以图 3-34 为例说明这种航迹的相关验证方法。

例 3-2 在图 3-34 中，把航迹相关质量分成 $Q_0, Q_1, \cdots, Q_5$，共 6 个等级，并依次遵循以下规则：① 正常相关；② 模糊相关；③ 第一次不相关；④ 第二次不相关；⑤ 第三次不相关；⑥ 第四次不相关，进行转移。

Q_0：新航迹首次相关。如果一条新航迹首次和一条系统航迹相关，则相关质量升为 Q_1；如果不相关，则予以撤销。

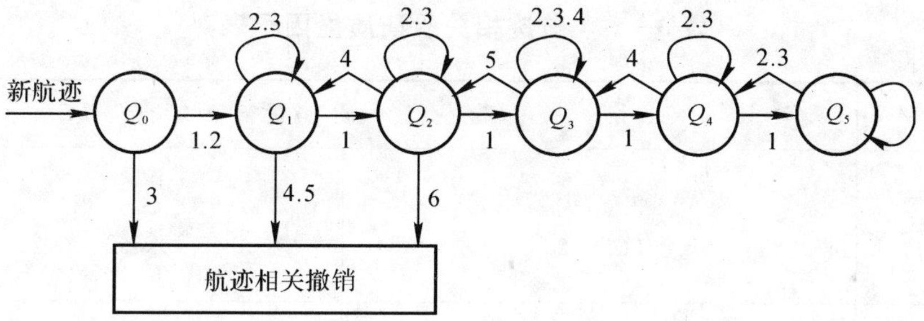

图 3-34　航迹的相关质量的转移

Q_1：如果新航迹下一周期目标航迹点与系统航迹正常相关，则相关质量升为 Q_2；如果发生模糊相关，相关质量仍为 Q_1。如果发生不相关，相关质量也保留不变。但如果第二次不相关，则两条航迹相关予以撤销。

Q_2：如果下一周期目标航迹点与系统航迹正常相关，则相关质量升为 Q_3。如果发生模糊相关，保留 Q_2；如果两次不相关，相关质量降为 Q_1；第三次还是不相关，则两条航迹相关予以撤销。

Q_3：如果下一周期目标航迹点与系统航迹正常相关，相关质量升为 Q_4；如果发生模糊相关，一次不相关或两次不相关，相关质量均保持不变；如果第三次不相关，相关质量降为 Q_2；如果第四次不相关，则两条航迹相关予以撤销。

Q_4：如果下一周期目标航迹点与系统航迹正常相关，则相关质量升为 Q_5；如果发生模糊相关或一次不相关，相关质量不变；如果两次不相关，相关质量降为 Q_3；如果三次不相关，则相关质量降为 Q_2；如果四次不相关，则两条航迹相关予以撤销。

Q_5：这是航迹相关质量的最高级。如果两条航迹发生正常相关，则相关质量保持不变；如果发生模糊相关或一次不相关，则相关质量降为 Q_4；如果两次不相关，则相关质量降为 Q_3；如果三次不相关，则相关质量降为 Q_2；如果四次不相关，则两条航迹相关予以撤销。

上例说明了航迹相关质量的转移过程。按照这个流程，可以编制出相应的航迹相关验证程序。但必须指出，对于不同的系统，所考虑的状态和等级的划分是不同的。随着系统对航迹相关质量的管理严格程度不同，等级的划分和所考虑的状态的复杂程度也将不同。

4. 动态多因子航迹相关验证法

在上述介绍的几种航迹相关验证方法中，是以两条航迹各个当前点相关情况是否满足粗相关的准则为条件进行的，并未考虑在每一次具体的相关过程中，两条航迹的各相关因素的相关情况。这样容易造成因一些偶然因素，使本是同一目标的两条航迹，在相关验证过程中被撤销相关。动态多因子航迹相关验证法可以克服上述几种方法中在这方面的不足，它既考虑到每次相关的情况，又考虑到各次相关过程中各相关分量的相关情况。下面简要介绍这种相关验证方法。

(1) 一次相关过程中相关质量因子 FC 的计算。这种方法对不同的相关质量相关分量给予不同的因子 FC，在各种情况下，计算 FC，如表 3-1 所示。

位置、速度相关：若位置、速度相关均被满足，则 FC 加 2；若有任一个条件不满足，则不相关，FC 减 2。

表 3－1　航迹相关验证质量因子表

<table>
<tr><td>相关类</td><td colspan="8">相 关 验 证 质 量 因 子 FC</td></tr>
<tr><td>位置、速度</td><td colspan="4">相 关
$FC=2$</td><td colspan="4">不 相 关
$FC=-2$</td></tr>
<tr><td>高度</td><td colspan="2">相 关
$FC=3$
(+1)</td><td colspan="2">不 相 关
$FC=-1$</td><td colspan="2">相 关
$FC=-2$</td><td colspan="2">不相关
$FC=-3$
(−1)</td></tr>
<tr><td>航向</td><td>相 关
$FC=4$
(+1)</td><td>不相关
$FC=-1$</td><td>相关
$FC=-1$</td><td>不相关
$FC=-2$
(−1)</td><td>相关
$FC=-2$</td><td>不相关
$FC=-3$
(−1)</td><td>相关
$FC=-3$</td><td>不相关
$FC=-4$
(−1)</td></tr>
</table>

高度相关：如果高度相关条件被满足，若 $FC>0$，则 FC 加 1；若 $FC<0$，则 FC 值保持不变。如果高度相关条件不被满足，若 $FC<0$，则 FC 减 1；若 $FC>0$，则 FC 取值为 -1。

航向相关：如果航向相关条件被满足，若 $FC>0$，则 FC 加 1；若 $FC<0$，则 FC 值保持不变。如果航向相关条件不被满足，若 $FC>0$，FC 取值为 -1；若 $FC<0$，则 FC 减 1。

(2) 多次相关 FC 因子计算及相关验证准则。在相关验证的过程中，考虑到一次不相关不能马上取消相关，因此根据上述的相关准则，多次相关 FC 因子计算方法及相关验证准则是：若本次相关的 $FC>0$，则相关验证是好的；若本次计算的 FC 大于上次 FC，则保存本次的 FC。若本次相关验证 $FC<0$，则将 FC 加上次保留的 FC，若其和大于 0，则仍为相关，且将其和作为 FC 保留；若其和小于或等于 0，则取消相关，FC 取 0 值。

3.7.4　坐标平均

点迹核对的结果可得到关于每个目标的一组情报。对 3.7.2 小节最后所讨论的例子，目标 1 由点迹 $\boldsymbol{R}_{11}$ 和 $\boldsymbol{R}_{22}$ 表示，则有

$$\boldsymbol{R}_{11}=\begin{bmatrix}x_{11}\\y_{11}\\z_{11}\end{bmatrix},\quad \boldsymbol{R}_{22}=\begin{bmatrix}x_{22}\\y_{22}\\z_{22}\end{bmatrix}$$

应当由它们形成一个用统计平均分量表示的综合点。有不少求平均的方法，现讨论其中几个。

1. 加权平均法

用该方法平均，考虑每个信息源的加权系数，公式为

$$\bar{x}=\frac{\sum_{i=1}^{m}\delta_{x_i}x_i}{\sum_{i=1}^{m}\delta_{x_i}},\quad \bar{y}=\frac{\sum_{i=1}^{m}\delta_{y_i}y_i}{\sum_{i=1}^{m}\delta_{y_i}},\quad \bar{z}=\frac{\sum_{i=1}^{m}\delta_{z_i}z_i}{\sum_{i=1}^{m}\delta_{z_i}} \tag{3-46}$$

式中，所选的权系数 δ_i 与第 i 个雷达站的坐标测量方差成反比，即

$$\delta_i = \frac{1}{\sigma_i^2}$$

式中，$\bar{x},\bar{y},\bar{z}$ 为坐标平均值；m 为点数。

加权平均法使算法复杂化，因此，只有当信息源的精度不相等时使用。如果各信息源的精度特性一样，则它们的权近似相等，式(3-46) 变成了算术平均形式，即

$$\bar{x} = \frac{\sum_{i=1}^{m} x_i}{m}$$

这时综合坐标的均方差是单个点的误差的 $1/\sqrt{m}$ 倍，即

$$\sigma = \frac{\sigma_{x_i}}{\sqrt{m}}$$

2. 根据权系数选最好点

有时为简化算法，放弃详细的计算，而使用选择最好点的方法，即从组中选择一个点，而放弃其他点。当然，这种方法给出的是粗略的结果，因为没有平均的过程，所以误差值也没减小。但当信息源中有一个的精度比其他的好时，这种方法是合适的。当一个信息源的权系数比其他的大得多时，对应式(3-46) 有

$$\bar{x} = \frac{\sum_{i=1}^{m} x_i \delta_i}{\sum_{i=1}^{m} \delta_i} \approx x_1, \quad \delta_1 \gg \delta_i$$

3. 根据信息到来时间选择最好点

这种方法假设的条件是，到得最晚的消息是最可靠的。因此，根据这一假设，当 $t_{ie} = t_{ie\,min}$ 时，平均坐标取为

$$\bar{x} = x_{ie}$$

根据到来时间选择最好点的方法适合于机动目标的信息处理，因为此时它与其他方法相比获得的平均精度最高。输出坐标的随机误差由单个雷达确定，而系统误差取决于信息到来的速度、雷达数量和跟踪的目标数。

3.8　三次处理的信息综合算法

雷达信息三次处理的信息综合任务通常用下述两种方法完成。

(1) 按周期处理法；

(2) 连续处理法。

3.8.1　按周期进行的信息综合算法

这种方法的实质是在某一时间间隔 T_0 内进行信息积累，然后外推到同一个时间点并进行综合。每一步的信息综合都不考虑以前的综合结果。

这种方法可获得较好的结果，但计算机存储器要存储一个综合周期内获得的一次雷达信

息，以及关于每一个目标的数个综合信息，这增加了对机器存储容量的要求。

下面分析如图 3-35 所示的按周期进行信息综合的算法结构图。

接收完当前信息后，进行坐标变换，并外推到当前的综合时间点（见图 3-35 的步骤 1,2,3），这些步骤完成情报核对前的预备工作，下一步开始当前的综合工作，根据允许偏差准则产生情报组（步骤 4）。接下来对形成的组按规则 $a \sim d$ 进行分析，以确定组内的目标数和按目标的一次信息分配方案（步骤 5）。

如果组 A 满足规则 a，则组内的每一个情报属于不同的目标。接下来这些情报应与相应的综合航迹 $\overline{\boldsymbol{R}}_{pe}$ 进行相关（步骤 8），然后送到用户。

如果组 A 的情报满足规则 b，则认为它们属于同一目标，下面的处理是根据组内一次信息的坐标，计算综合情报的平均坐标（步骤 7），并对综合情报与相应的航迹进行相关（步骤 8）。

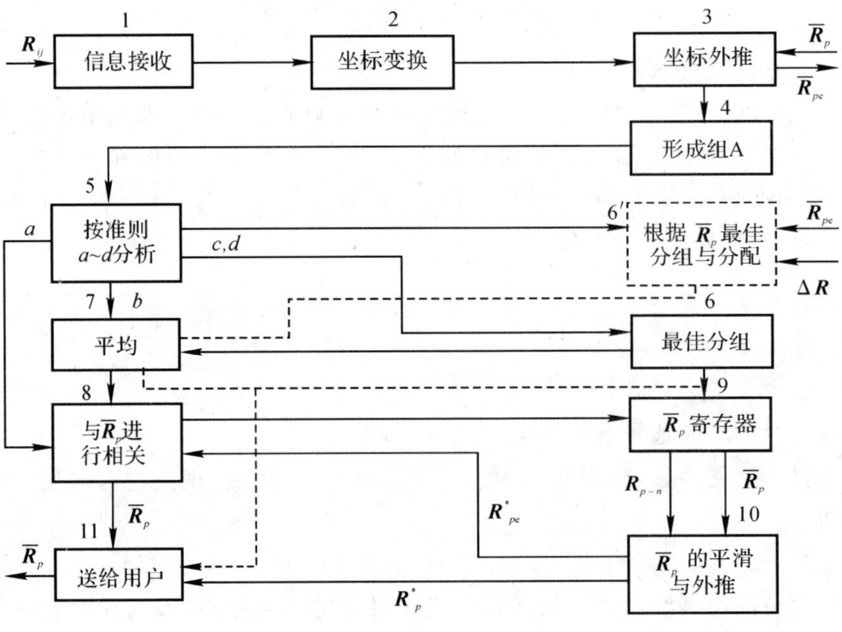

图 3-35 按周期的信息综合算法结构图

当组 A 满足条件 c 或 d 时，说明组内有两个或更多的目标，对该组信息的进一步处理有两条途径：

第一条途径：首先解决情报最佳分组的问题，此时要把已有的综合航迹分到各组（步骤 6），然后计算新的综合情报的平均坐标（步骤 7），并把综合信息送到用户（步骤 11）。沿该路径的处理质量最好，但很笨重且对计算机要求高。

第二条路径：依次完成下述操作：

选择最佳的一次信息分组方案（步骤 6），在该过程中根据所确定的组 A 内目标数，把组 A 分成更小的组，但暂不确定它们具体属于哪个目标；

计算每一个小组的平均坐标（步骤 7），这样得到了与组 A 内目标数相符的新的综合情报；

按已有航迹分配新的综合情报，并对新的综合情报进行编号（步骤 8）；

把综合信息送到用户。

完成步骤 6′时，对组 A 中一次信息的外推坐标与已有的综合信息的外推坐标进行比较。因此在这一步中根据下式选择外推综合信息，即

$$(\boldsymbol{R}_{ij\mathrm{e}}-\overline{\boldsymbol{R}}_{p\mathrm{e}})\leqslant\Delta\boldsymbol{R}$$

式中，$\Delta\boldsymbol{R}$ 为一次信息与综合信息之间坐标允许偏差。

同样，在完成步骤 8 时，新的综合情报坐标（表示为 $\overline{\boldsymbol{R}}_k$）与已有综合情报的外推坐标进行比较。比较的规则为

$$\overline{\boldsymbol{R}}_k-\overline{\boldsymbol{R}}_{p\mathrm{e}}\leqslant\Delta\boldsymbol{R}$$

因此，为完成步骤 6′和 8，要求输入综合信息的外推坐标 $\overline{\boldsymbol{R}}_{p\mathrm{e}}$ 和允许偏差 $\Delta\boldsymbol{R}$。

这样，在综合过程中要进行目标坐标和航迹参数的平滑，所以算法中应增加两个新的步骤 9 和 10。

在步骤 9 中保存 n 个相邻周期内的目标综合坐标，这里 n 为用来平滑的航迹点数。步骤 10 要完成的任务是寻找综合情报的平滑与外推坐标的最佳估值，平滑坐标 $\overline{\boldsymbol{R}}_p^*$ 送到信息用户，而外推坐标 $\overline{\boldsymbol{R}}_{p\mathrm{e}}^*$ 代替 $\boldsymbol{R}_{p\mathrm{e}}$ 用于完成步骤 8。

3.8.2　信息的连续综合算法

该方法的实质是不等下一个情报的到来，就在机器中对每一个输入情报进行处理。这种方法，保存信息的容量不大，但处理质量要差一些。

连续综合算法不需要在计算机操作存储器中存储一次信息，但假设有用于分析以前综合结果的备查表。下面假设在存储器中有两个综合备查表：表 3-2，它的输入为雷达站编号（i）和目标在该雷达站的编号（j），而输出（p）为对应的综合情报编号（$ij\rightarrow p$）；表 3-3，它的输入为综合信息编号，而输出为产生该综合信息的雷达站编号（$p\rightarrow i$）。

表 3-2　综合备查表(一)

j	i			
	1	2	3	4
1	6	3	2	1
2	1	5	3	4
3	3	4	1	2
4	5	1	4	3
5	2	2	—	—

表 3-3　综合备查表(二)

p	i			
	1	2	3	4
1	6	3	2	1
2	×	×	×	×
3	×	×	×	×
4	×	×	×	×
5	×	×	×	×

表 3-2 用于缩短已有综合结果的情报（编号为 ij）的处理时间，表 3-3 用于作为新情报 $\boldsymbol{R}_{ij}$ 与一个综合情报 $\overline{\boldsymbol{R}}_p$ 相关的判决。

算法基本步骤和完成顺序如图 3-36 所示。所完成步骤的实质如下：

(1) 对新收到信息 $\boldsymbol{R}_{ij}$ 的处理从分析其丢点特性 $\prod_{nij}$ 开始（步骤 2）。这个特性在二次处理

过程中形成，如果在当前扫描周期内雷达站没有收到来自目标的回波，而代之发送的是外推点数据，那么丢点特性此时等于1。如果丢点特征等于1($\prod_{nij}=1$)，则对 $\boldsymbol{R}_{ij}$ 的下一步处理是调整表3-2和表3-3，以去掉相应的情报编号。如果综合情报只是由一个编号为 ij 的一次信息产生的，则该综合情报被擦掉(步骤5和4)。当 $\prod_{nij}=0$ 时，对坐标进行变换(步骤3)，变换到情报接收站所在的点。

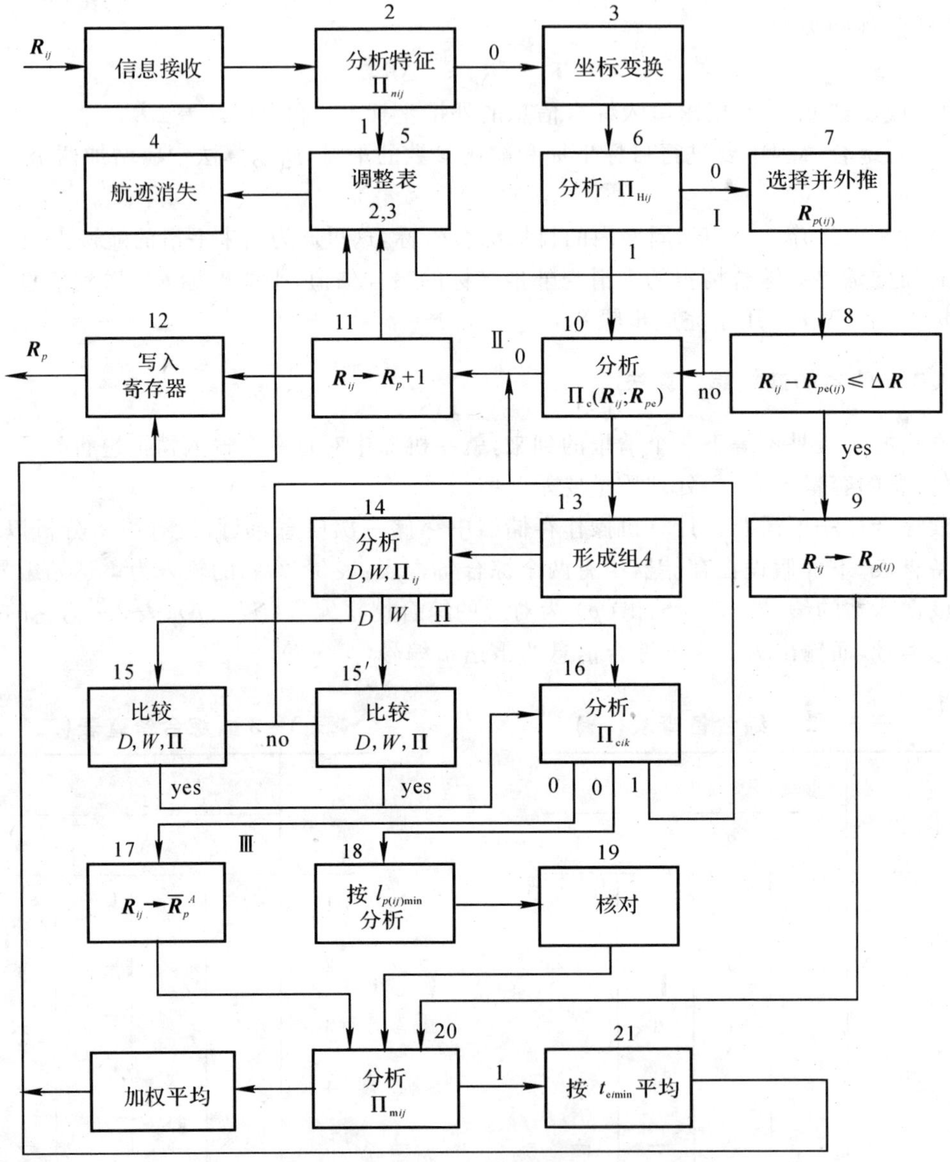

图 3-36 信息连续综合的结构图

(2) 接下来分析新目标特征 $\prod_{Hij}$(步骤6)。如果是雷达第一次获得的情报，并被给予新的编号，则 $\prod_{Hij}=1$。如果雷达已发送过该编号的情报(“老”目标)，则新目标特征为0($\prod_{Hij}=$

0)。根据$\prod_{Hij}$，接下来的处理过程有两条质量不同的途径。

当$\prod_{Hij}=0$时，说明编号为ij的情报以前发送过，在表3-2(见图3-36)中有关于它的数据。表3-2中有综合情报$\bar{\boldsymbol{R}}_p$的编号，它的组成中有以前的编号为ij的情报(步骤7)。然后，比较新情报$\boldsymbol{R}_{ij}$和所选的综合情报$\bar{\boldsymbol{R}}_{p(ij)}$的坐标。$\bar{\boldsymbol{R}}_{p(ij)}$的坐标预先被外推到了$\boldsymbol{R}_{ij}$到来的时刻。比较坐标时检查不等式(步骤8)，即

$$\boldsymbol{R}_{ij}-\bar{\boldsymbol{R}}_{pe(ij)}\leqslant\Delta\boldsymbol{R} \tag{3-47}$$

式中，$\bar{\boldsymbol{R}}_{pe(ij)}$为信息$\bar{\boldsymbol{R}}_{p(ij)}$的外推坐标；$\Delta\boldsymbol{R}$为坐标允许偏差。

当不等式(3-47)成立时，综合情报用$\boldsymbol{R}_{ij}$进行更新(步骤9)。当不等式不成立时，必须对表相应地进行调整，情报R_{ij}将沿更复杂的路径进行处理，即把其坐标与所有的综合情报的坐标进行比较(步骤10)。

相关路径(Ⅰ)，包括步骤1,2,3,6,7,8,9是最短的路径。沿该路径处理绝大多数进入稳定工作状态的输入信息(将近90％的信息)。可见，根据有没有新目标特征，对处理进行的分支，可以减少处理“老”目标时的步骤。

当$\prod_{Hij}=1$时，开始把新来的情报与所有的综合情报进行坐标比较，比较的过程是检验不等式，即

$$\boldsymbol{R}_{ij}-\bar{\boldsymbol{R}}_{pe}\leqslant\Delta\boldsymbol{R} \tag{3-48}$$

式中，$i,p=1,2,3\cdots$。

比较的结果是形成特征$\prod_{c}(\boldsymbol{R}_{ij},\bar{\boldsymbol{R}}_{pe})$(步骤10)，则有

当式(3-48)成立(哪怕只有一个情报)时，　$\prod_{c}(\boldsymbol{R}_{ij},\bar{\boldsymbol{R}}_{pe})=1$；

当式(3-48)不成立时，　$\prod_{c}(\boldsymbol{R}_{ij},\bar{\boldsymbol{R}}_{pe})=0$。

(3)如果$\prod_{c}(\boldsymbol{R}_{ij},\bar{\boldsymbol{R}}_{pe})=0$，则情报$\boldsymbol{R}_{ij}$对该雷达站来说是新的，对信息收集站来说也是新的。因此，该情报被授予下一个编号$p=p+1$，它作为新的综合情报输出，该处理过程结束(见步骤11和12)。沿路径Ⅱ(见图3-36)，包括步骤1～3,6,10～12，在稳定工作状态，该路径的情报最少。

(4)当$\prod_{c}(\boldsymbol{R}_{ij},\bar{\boldsymbol{R}}_{pe})=1$时，选择所有满足该特征的综合情报，然后进行进一步的分析，产生由$\boldsymbol{R}_{ij}$和选取的综合情报$\bar{\boldsymbol{R}}_{pe}^{A}$组成的组$A$(步骤13)。

接下来对组A的处理是，做出$\boldsymbol{R}_{ij}$与一个综合情报$\bar{\boldsymbol{R}}_{pe}^{A}$相关的判决。

(5)分析情报$\boldsymbol{R}_{ij}$的国家属性$D,W,\prod_{ij}$(步骤14)。对国家属性分析的结果是获得以下特征：我方目标、敌方目标、不明目标——缺少敌我特征。当情报$\boldsymbol{R}_{ij}$有“敌我”属性时，它与组A中有同样属性的综合情报进行比较(步骤15,15′)。

当组A中缺少与$\boldsymbol{R}_{ij}$有相同国家属性的综合情报时，则认为$\boldsymbol{R}_{ij}$是新的，下面将沿路径Ⅱ进行处理。

另外一种情况，即当$\boldsymbol{R}_{ij}$有“不明”的国家属性，或者组A中有综合信息与$\boldsymbol{R}_{ij}$的国家属性或“不明”属性相符，则对组A的信息进行进一步的分析。

(6)为分析组A，作一个原始的假设，即组A中不可能有一个雷达站来的关于同一目标的两次情报。作出这样的假设是因为$\prod_{Hij}=1$，以及采用了以前综合结果是正确的假设，这说明

前面不可能把一个雷达的两个情报综合到一起（规则 a）。

因此，下一步的处理规则如下：

把组 A 中获得综合情报数据的雷达站编号(k)，与获得最新情报 $\boldsymbol{R}_{ij}$ 的雷达站编号 i 进行比较；分析特殊特征（步骤 16），则有

$$\prod_{cik}=\begin{cases}0, & \text{只要有 } k \text{ 满足 } i\neq k\\ 1, & \text{对所有的 } k \text{ 都满足 } i=k\end{cases}$$

式中，k 为雷达站编号，根据其数据产生了综合情报 $\bar{\boldsymbol{R}}_p^A$。

对组 A 中的所有的情报，依次分析特征 $\prod_{cik}$ 可得出以下结果。

1）对所有的 $\bar{\boldsymbol{R}}_p^A$ 有 $\prod_{cik}=1$。这表明，在组 A 中每一个综合情报的组成中，都有来自 i 信息源的部分。这样，情报 $\boldsymbol{R}_{ij}$ 不可能与组A 中的任何一个综合情报相关。情报 $\boldsymbol{R}_{ij}$ 确定为新的，其处理将沿路径 Ⅱ 继续。

2）$\prod_{cik}=0$，组 A 中只有一个综合情报 $\bar{\boldsymbol{R}}_{pl}^A$ 满足该条件，这时 $\boldsymbol{R}_{ij}$ 与 $\bar{\boldsymbol{R}}_{pl}^A$ 相关（步骤 17）。

3）$\prod_{cik}=0$，组 A 中有几个综合情报满足该条件。这时在原则上 $\boldsymbol{R}_{ij}$ 可与任何一个满足 $\prod_{cik}=0$ 的综合情报相关。

（7）为解决情报相关问题，必须对它的坐标和按特征 $\prod_{cik}=0$ 选出的综合情报进行比较分析。情报 $\boldsymbol{R}_{ij}$ 与综合情报 $\bar{\boldsymbol{R}}_p^A$ 的相关准则为

$$l_{pij}=l_{pij\ \min}$$

即情报 $\boldsymbol{R}_{ij}$ 与按特征 $\prod_{cik}$ 选择的每个综合情报之间的距离是最小的（步骤 18 和 19）。

情报 $\boldsymbol{R}_{ij}$ 的处理路径 Ⅲ（见图 3－36），包括步骤 1 ～ 3，6，10，13 ～ 19 是最长的，也是最难的。但沿该路径处理的情报数不大。

（8）在信息综合算法中，在完成相关任务后，要分析目标机动特性（步骤 20），它和其他特性一样在二次处理过程中形成。如果目标机动（$\prod_{mij}=1$），则取 $\boldsymbol{R}_{ij}$ 的坐标作为新的平均坐标（步骤 21），此后调整关于综合情报的坐标记录（步骤 12），并转入对新的情报的处理（步骤 1）。如果目标不机动（$\prod_{mij}=0$），则新的综合情报坐标为 $\boldsymbol{R}_{ij}$ 和 $\bar{\boldsymbol{R}}_{pe}^A$ 的坐标加权平均（步骤 22）。

从计算机实现简单这一点来看，连续综合算法是在实际中最好的。但本算法在质量上要差一些。

这样，上面我们讨论了三次处理要解决的主要任务，并给出能获得目标综合信息的算法结构图，信息经三次处理后送到用户。

第4章 数字通信基础

雷达信息的录取是在雷达站完成的，雷达信息的加工处理 —— 情报综合加工处理，是在上一级情报站的计算机中进行的。因此，雷达站录取的目标信息必须通过通信系统传输到上一级情报站。自动化雷达情报系统是由数据传输技术和数据处理技术密切结合的产物。通信系统是数据传输的物质基础。由于传输的信号是数字信号，所以自动化雷达情报系统采用数字通信系统传输雷达信息。

数字通信是使用数字信号作为载体传输信息的通信方式，而模拟通信则是用模拟信号作为信息载体的通信方式。实际通信系统往往是两种通信方式的混合，在他们的衔接处进行数 / 模 转换，这样的通信方式称为混合通信方式。混合通信方式一般以数字信号为主，局部采用模拟信号。一般认为，如果信源产生的是模拟信号且以模拟信道传输则称为模拟通信；如果发出的是模拟信号而以数字信号的形式进行传输，称这种通信方式为数字通信；而数据通信则专指信源和信息中数据形式都是数字的，在信道传输时可以根据需要采用模拟传输方式或数字传输方式。实际工作中概念上往往不加严格区分。

4.1 数字通信系统的基本组成

通信的基本功能是传递信息，即由信源产生的信息，通过一定的媒介（即信道）传输，最后被信宿（收信者）接收。一个数字通信系统的基本任务就是把信源产生的信息变换成一定格式的数字信号，通过信道传输，到达接收端后，再变换为适宜于信宿接受的信息形式送至信宿。图4-1是实现这个过程的数字通信系统的基本框图。

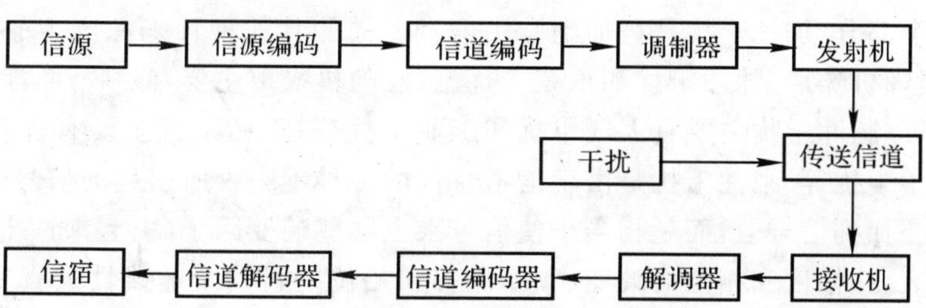

图4-1 数字通信系统的基本框图

4.1.1 基本组成

1. 信源 / 信宿

信源产生信息，信宿最后接受信息。他们可能是人直接使用的设备，如电话端机、电传打字机、键盘显示器等；或者其他机器，如检测器、存储器、电视摄像机、其他输入输出设备等。信源和信宿可以是分开的设备，也可能是装在一起的，便于像电话那样进行双向通信的复合装置。根据通信对象和任务的不同，信源产生的信息的形式也不同，总的说来可分为连续的和离散的两种，与此对应地分别有连续信源和离散信源。前者产生幅度随时间连续变化的信号（如话筒产生的话音信号）；后者产生各种离散的符号或数据。

2. 信源编码 / 解码器

各种信源产生的信息要在数字通信系统中传输，必须变换成统一格式的数字信号，这个过程称为信源编码。对连续信息要进行模 / 数（A/D）变换，用一定的数字脉冲组合来表示信号的一定幅度；对离散信息则用数字脉冲组合来表示符号、字母等。用一组数字脉冲信号来表示信息的过程称为编码，这组数字脉冲就称为代码、码组或码字，其中每个数字脉冲就称为码元。

信源编码往往还有一个重要的作用，就是提高数字信号的有效性，即在保证一定传输质量的情况下，用尽可能少的数字脉冲来表示信源产生的信息。这种编码称为频带压缩或数据压缩编码。

在接收端的信源解码是发端信源编码的逆过程，把数字信号还原为信宿可接受的信息形式。

3. 信道与干扰

信源与信宿总是隔开的，而且往往距离很远，其间必须有某种媒介进行电的连接以传输信号，这种媒介就是信道。用于模拟通信的各种有线和无线信道都可用做数字通信。目前在大容量干线通信中，有线用的主要是同轴电缆；无线用的主要是微波视距中继；数字卫星通信和光纤通信的进展也很快。各种信道由于物理上的原因，具有种种不完善的特性，会使在其中传输的数字信号产生衰减和畸变。另外，信号还受到各种不需要的和无法预知的其他信号的干扰。因此，在数字通信系统中就要设置各种设备，采取专门措施来克服这些不利因素。通信系统设计的主要目标之一就是尽可能地抑制干扰的破坏作用，保证数字信号可靠而有效的传输。

干扰可以是信号在传输过程中造成信号畸变的所有因素。总的来说，干扰可分为加性干扰和乘性干扰两个部分。加性干扰是叠加到有用信号上去的其他种种来源产生的不需要的电磁信号，主要包括随机噪声、脉冲干扰和正弦干扰三种。随机噪声主要有热噪声，宇宙噪声和电子器件内部噪声等；脉冲干扰主要有大气干扰和工业干扰等；正弦干扰主要有邻台干扰、邻信道串扰和人为电子干扰等。乘性干扰是由于信道特性的种种不完善所引起的信号畸变，这些畸变不能简单看做叠加到信号上，而是相当于使信号乘上某些畸变因子。引起乘性干扰的主要因素是信道引起的衰变、幅度和相位的畸变、频率漂移和相位的抖动及非线性失真等。所有这些干扰在信道中是散布在各个环节的。

4. 调制 / 解调器

各种信道都有一定的频带限制，二进制脉冲序列往往不能直接在信道上传输。调制器的作用就是把二进制脉冲变换成适宜于在通信信道上传输的波形。数字调制过程就是使一定频率的高频正弦振荡（称为载波）的振幅、频率、相位或它们的组合随着所要传输的数字脉冲而有规律地改变。

调制是信息传输过程中一个重要的措施，它还用来减小信道中干扰的作用，改变信道的频谱使与信道特性匹配以减小传输引起的畸变，提供很多用户合用一个信道（多路复用）的能力等。

解调是调制的逆过程。但对一种已调波形进行解调以恢复原数字信号的方法可以有好几种，具体选用哪一种取决于所要求的解调精度和所允许的设备复杂性。

在数字通信系统中，调制器和解调器常装在一起，称调制解调器(MODEM)。

5. 信道编码／解码器

选择好的调制解调方法可以有效地消除干扰的影响，但这也有一定的局限性。有时候经仔细设计了调制解调器后，系统尚不能充分抑制干扰的影响，达不到传输的可靠性指标。为此，在数字通信中可采用信道编码／解码的办法来进一步提高可靠性。

在数字通信中，信道干扰的有害影响表现为产生错码。信道编码／解码的作用，就是减少错码，以达到指标的要求。

信道编码是一种代码变换，其方法是在信源编码后的脉冲序列中有规律地插入一些附加的脉冲，成为监督码元，这些码元不代表所传输的信息，但它们插入的位置和值与信息脉冲（码元）之间有固定的关系，称为监督关系，用监督方程表示。这个监督关系接收端是知道的，如果传输中出了差错，就破坏了这个监督关系，接收端就可通过验证监督方程来检查到错误。有的编码还可纠正某些错误。接受端检测或者纠正错误的过程就是信道解码。

6. 发射／接收机

信号在媒介中传播会被衰减，所以在发、收两端进行适当的放大是必不可少的。其次，还要进行滤波，限制频带宽度；还需要有耦合装置。将能量发送到媒介中去或从其中接受下来等。这种设备（例如发射机和接收机）并不对信号进行改变特性的处理，仅起提供通路的作用，故常视做信道的一部分。

一个实际的数字通信系统除图4-1所示的基本功能单元外，还可能包含其他重要的单元：

定时同步系统：数字信号是一个个码元依次按拍节传输的，因此必须有定时电路来保证正确的时序关系，必须由同步电路来保证接收端的工作与发送端步调一致。定时同步系统控制着数字信号的可靠传输。定时同步系统失效，轻则错误增多，重则通信中断。

均衡器：均衡器是用来补偿不理想的信道特性，使信号能正确无误地接收。

再生中继器：我们知道在长途电话传输过程中，为弥补线路的损耗，沿途要设置若干增音器。在数字通信中与此相应的是再生中继器，用来修正脉冲波形，消除干扰和畸变。

加密／解密设备：在军事、国家机密以及其他机要通信中，保密是非常重要的。数字信号的特点是它比模拟信号易于加密并获得极好的性能。加密器放在信源编码后，解密器则放在信源解码器之前。

数字交换设备：如图4-1所示是点—点通信系统的基本框图。在要为很多分散的用户服务的数字通信网中，必须有数字交换设备进行通路的转接，它起接线员的作用。

数字复接设备：在通信网中，很多用户或不同速率级别的数字信号流需要合用一条信号通路，或几个低一级速率的数字信号流要合并成高一级速率的数字信号流，这时需要用数字复接设备。

4.1.2 模拟通信网上传输数据

从世界各国发展通信的历史来看，模拟通信系统发展在先，数据通信发展在后，模拟传输系统主要是为传输模拟信号，尤其是话音信号而设计的，其特征是具有线性的传输特性。在线路距离较长时，线路中间设置若干个必要的线性增音机。所谓“线性”，是指经过处理之后不产生新的频率，也不减少原来信号所含的频率成分而言。模拟传输系统传输多路信号时，一般采用频分复用(FDM)的原则。频分复用是若干话路的频带合成宽频带，以宽频带的信号在信道上传输。尽管传送信号路数增多，它的设备中所包含的器件和部件也增多，但在电性能上，它在较宽的频率范围内，仍应该能实现线性传输。所以，模拟传输系统的容量，除了以多少路数表示外，也可以用最高使用频率来表示。

数字传输系统主要是为了传输数字信号而设计的，其特征是信号传输一定距离后能够借助于再生作用，继续传输，而不要求其有严格的线性。因此，在较长距离的线路上，要在线路中间设置若干必需的再生中继机。数字传输系统传输多路信号时，一般采用时分复用的原则。数字传输系统的容量，通常由传输数码(或符号)信息的速率来表示。时分复用是把若干低速率数据序列合成高速率的数据序列，同时在信道中传输。随着传输速率和容量的提高与增大，数字传输系统中所包含的设备与器件应该相应地有较快的开关速率，能够更快地传输数字脉冲。未来数据通信的进展，在很大程度上要取决于其设备和元件的开关速率。

由于模拟通信系统发展较久，过去和现在实际使用的国内和国际通信系统，均以模拟通信系统居多。有些国家，目前使用的主要还是模拟通信系统，例如在我国，目前部分市内电话中继电缆上以及部分微波中继信道上，已经设置和正在改为时分多路的数字通信系统，在少数同轴电缆及光纤电缆上，也已经设置了数字通信系统。但所有明线和电缆载波通信系统，大量的微波接力通信系统、卫星通信系统、短波和散射通信系统等等，目前都属于模拟通信系统。改造后，是把数字信号当做模拟信号在模拟信道上传输。但信道仍然是模拟的，自然还不算数字通信系统。

4.2 数据通信系统

数据通信系统是把计算机技术与通信技术结合起来应用于各种管理业务的综合性系统。从通信技术的观点出发，考虑它是使人们能够利用计算机的数据处理能力的通信，信源信息是数据，因此称为数据通信系统，它是继电报、电话通信之后的一种新型通信系统。

4.2.1 数据通信系统的基本概念

1. 数据通信方式

数据通信有单工、半双工、全双工三种通信方式，分别如图4-2(a),(b),(c)所示。其中，单工通信方式只允许单方向发送数据，即数据从甲方发送到乙方，而乙方到甲方只传送联络信号，前者称为正向信道，后者称为反向信道，一般反向信道的传输率不超过75 b/s。这种方式适用于数据收集系统，如气象数据的收集，电话费集中计算等。半双工通信方式允许两个方向交替而不能同时传输数据，适用于问讯、检索、科学计算等系统。电话通信就是采用此方式，甲方讲话完毕后，乙方开始讲话，不能同时讲话。全双工通信方式允许两个方向同时传输数据，适用于计算机与计算机之间的高速数据传输，反向信道可按需要选用。公共电报通信采用此种方式，甲方在发报的同时可以加收乙方发出的报文。

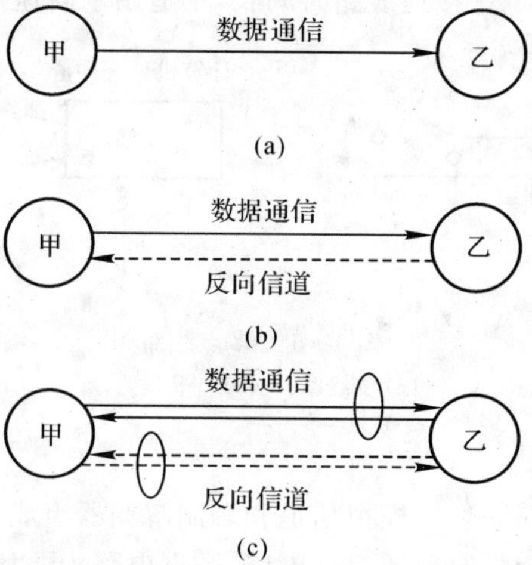

图 4－2　数据通信的三种方式

(a) 单工通信方式；(b) 半双工通信方式；(b) 全双工通信方式

2. 数据传输电路

数据传输有二线和四线两种电路，分别如图 4－3 和图 4－4 所示。

二线电路的典型例子就是日常所用的电话线路。两地用户可通过一对电话线进行通话或数据通信，它运用于单工和半双工通信方式。要进行全双工通信，两个方向的传输应当用不同的频带，构成等效的四线电路。四线电路的典型例子是电报通信线路，它相当于两对二线电路，用一对线发送信息，用另一对线接收信息。四线电路适用于上述三种通信方式。

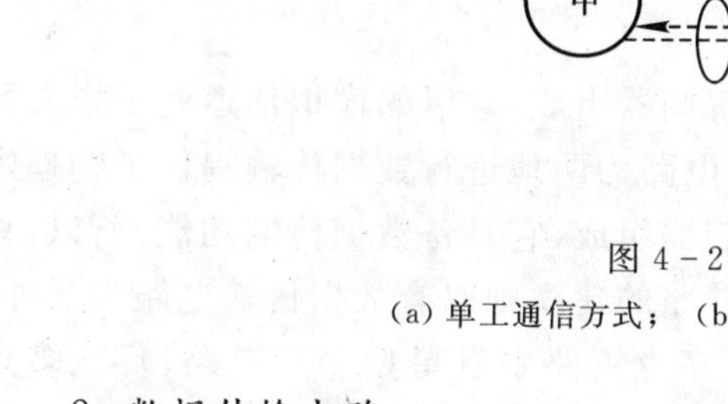

图 4－3　二线电路

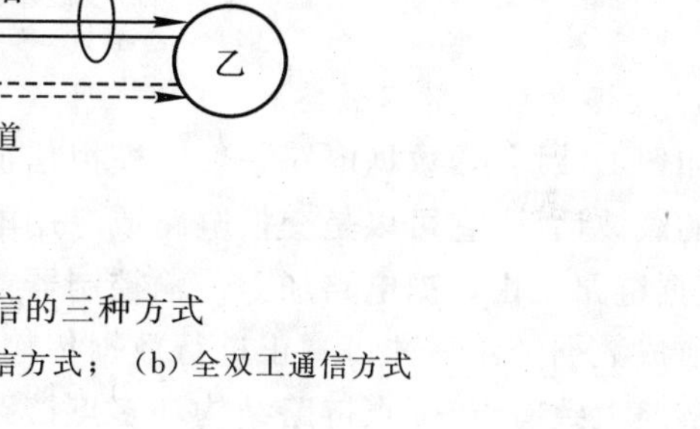

图 4－4　四线电路

3. 专用电路与交换电路

凡固定接通的电路称为专用电路，而通过交换机的选线作用接通的电路称为交换电路。在专用电路中，加上均衡措施后，可以减少误码率，提高数据传输速率，适用于实时性要求很高的场合。但专用电路只允许某一用户专用，电路利用率多数不高。为了提高线路利用率，可采用图 4－5 所示的分支线路和环状线路方式，他们都是在一对线路上连接多个数据用户。一般采用探询(polling)和选择(selecting)方式工作，即由计算机中心来控制每个用户的发送与接收，适用于若干用户相距较近，而每个用户的数据量不大的情况。

交换电路也称公用电路，这种电路除用户至电话局间的线路段以外，其他线路段均为公用，故电路利用率较高；其缺点是接通线路时间长，不适用于高速传输。

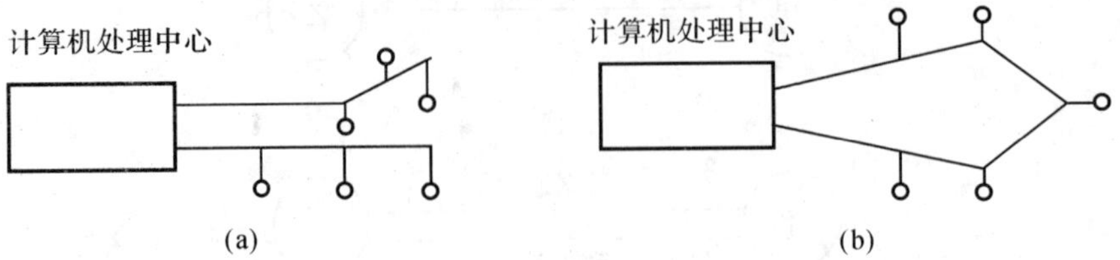

图 4－5 多点线路

(a) 支线路；(b) 环状链路；

4. 数据电路和数据链路

如图4－6所示，数据电路一般由模拟信道和调制解调器组成，这里的模拟信道就是指大量采用的载波话路，它可以是交换电路或专用电路。数据电路为两地进行数据传输提供了物理媒介。数据链路是由数据电路加上传输控制器或通信控制器组成，它具备数据传输功能。所以，只有在形成数据链路后才可真正进行数据传输，而数据链路的建立则以有数据传输电路为条件。数据链路大致有点 — 点链路结构和多点链路结构。在多点链路中有星型多点链路，环状多点链路数种，如图 4－7 所示，其中星形多点链路需要昂贵的通信线路费用，环状多点链路结构的通信线路费用最省，但系统可靠性差。

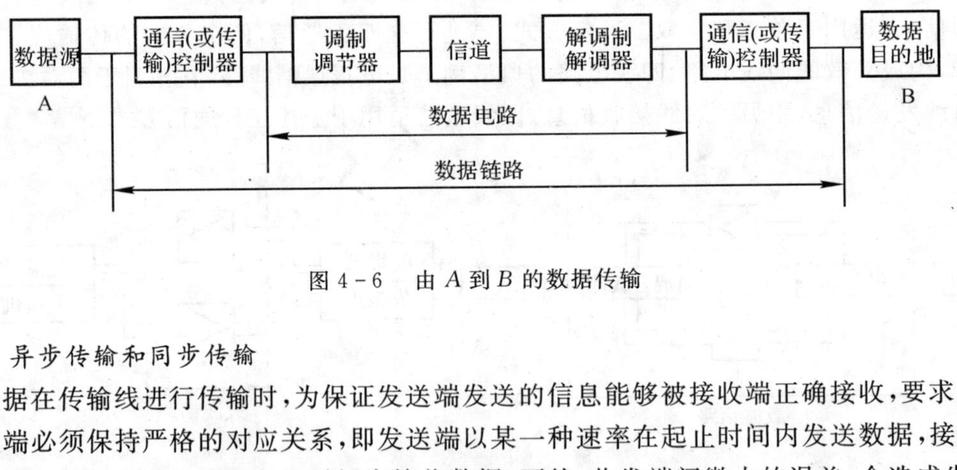

图 4－6 由 A 到 B 的数据传输

5. 异步传输和同步传输

数据在传输线进行传输时，为保证发送端发送的信息能够被接收端正确接收，要求发送端和接收端必须保持严格的对应关系，即发送端以某一种速率在起止时间内发送数据，接受端也必须以同一种速率在相同的起止时间内接收数据。不然，收发端间微小的误差，会造成失步，使传输数据出错。为避免收发端的失步，使系统有效、正确地工作，收发端必须采取收发统一的动作，这种措施称为同步技术。可见同步技术将直接影响通信质量，同步不好，严重时会使系统不能正常工作。

常见的同步方式有两种：异步传输和同步传输

(1) 异步传输。当采用异步传输方式时，发送端和接收端独立地产生时钟，但必须定时同步，以 RS—232 串行异步通信为例。该方式规定在传送字符的首末分别设置 1 位起始位和 1 位(或1.5 位、2 位) 停止位，它们分别表示字符的开始和结束。起始位是低电平(数字“0” 状态)，停止位为高电平(数字“1”状态)。字符可以是5位或8位。一般5位字符的停止位是1.5位,8位字符的停止位是2位。8位字符中包括1位校验位,奇校验或偶校验。图4-8(a)(b)分别给出5位字符和8位字符的串行异步传输方式。

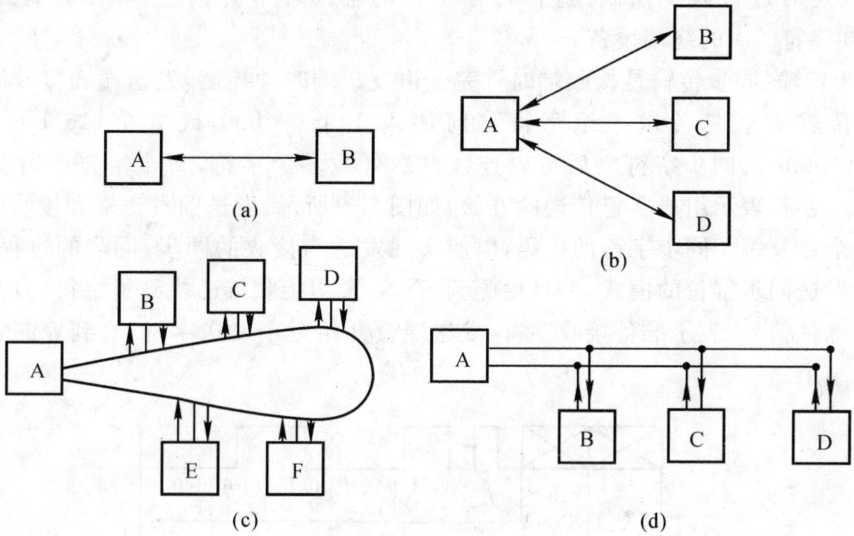

图 4-7　数据链路

(a) 点对点链路；(b) 星形多点链路；(c) 环状链路；(d) 多点链路；

平时,不传字符时,传输线一直处于停止位状态,即高电平;一旦接受端检测到传输线状态的变化从高电平变为低电平,这意味着发送端已开始发送字符,接收端立即利用这个电平的变化启动定时机构,按发送的速率顺序接收字符,待发送字符结束,发送端又使传输线处于高电平状态,直至发送下一个字符为止。

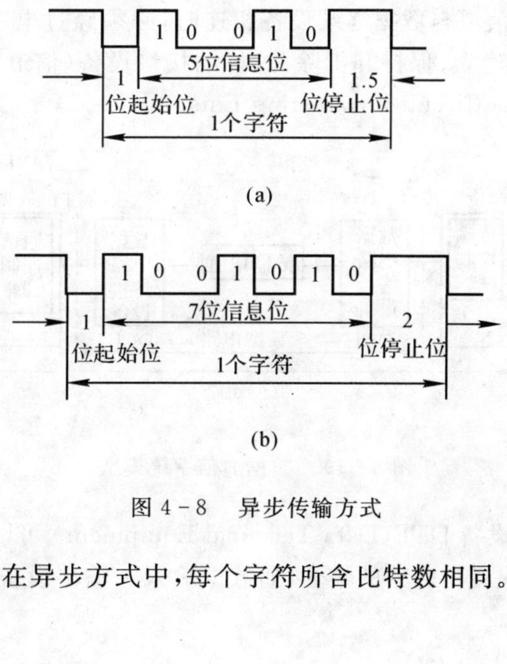

图 4-8　异步传输方式

从图4-8不难看出,在异步方式中,每个字符所含比特数相同。传送每个字符所用的时间由字符的起始位和终止位之间的时间间隔决定，为一固定值。起始位起了一个字符内的各比特同步的作用。由于各字符之间的间隔没有规定，可以任意长短，因此各字符之间不同步。

异步方式实现简单，但传输速率低，因为每个字符都需补加专用的同步信息，即加起始位和停止位，以定时进行同步控制。这样传输字符的辅助环节开销多，异步方式适用于低速(10 ～ 1 500 字符 /s) 的终端设备。

(2) 同步传输。同步传输是接收端时钟完全由发送端时钟控制，发送端和接收端时钟严格同步。同步传输方式是传送一组字符之前加入 1 个(8 bit) 或 2 个(16 bit) 同步字符 SYN(Synchronous)。同步字符之后可以连续发送任意多个字符，每个字符不需要任何附加位。因此，同步字符表示组成字符传送的开始，如图 4-9 所示。发送前发送端和接收端应先约定同步字符的个数及每个同步字符的代码，以便实现发送与接收的同步。同步的过程为：接收端检测发送端发送同步字符的模式，一旦检测到 SYN，说明接收端已找到了字符的边界，接收端向发送端发确认信号，表示准备接收字符，发送端就开始逐个发送字符，直到控制字符指出一组字符传送结束。

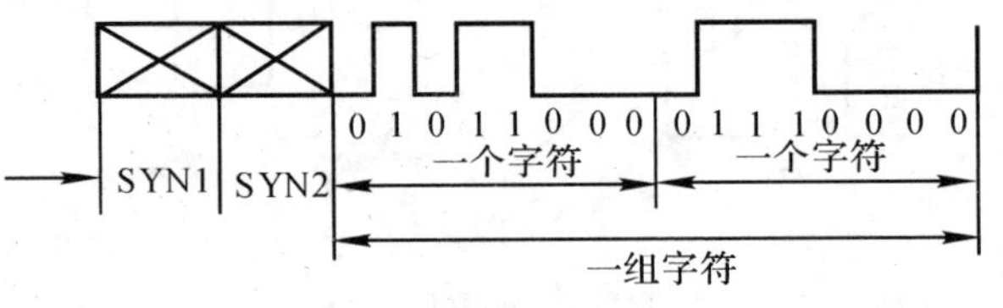

图 4-9　同步传输方式

4.2.2　数据通信系统的硬件构成

一个数据通信系统的基本构成如图 4-10 所示。

若信道是模拟信道，则传输数据信号必须经过调制和解调器，信道上传输的是连续模拟信号；若信道是数字信道，则信道与数据终端设备相连时，必须经过电平匹配，线路特性的均衡，时钟同步以及控制连接的建立、保持和拆除。这样的接口设备(信道与数据终端之间) 称为数据电路终接设备 DCE(Data Circuit-terminating Equipment)。

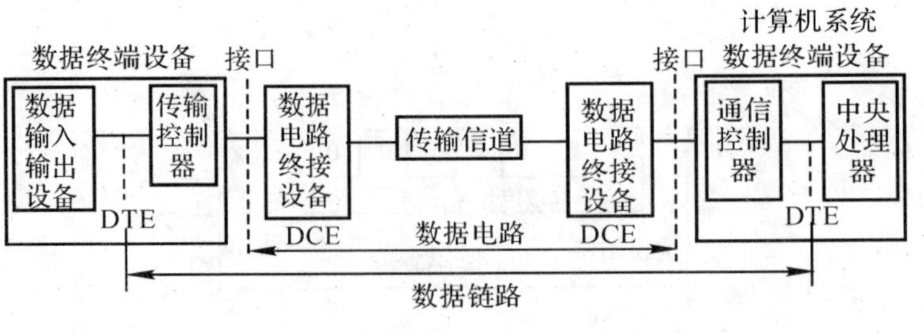

图 4-10　数据通信系统模型

图 4-10 中数据终端设备 DTE(Data Terminal Equipment) 可以是产生数据的数据源，可以是接收数据的数据宿，或者是两者的集合，如数据输入 / 输出设备、终端设备或计算机等终

端装置。数据电路终接设备 DCE 可以是调制解调器、自动呼叫应答设备、交换机或其他中间装置的集合。

可见，一个数据通信系统应由以下几部分组成。

1. 数据终端设备 DTE

数据终端设备是用户与数据通信系统进行对话所必须采用的接口设备，它把用户送来的信息变换为数据信号送入通信网络，或者接受计算中心所发送过来的数据信号，并变换为用户所能理解的形式 —— 显示或打印出文字等。它包含输入设备和输出设备，输入就是向计算中心输入数据；输出就是接受由计算中心来的数据，向用户显示或打印出字符。

2. 通信线路

在数据通信系统中，通信线路一般包含数据电路终接设备（简称 DCE）、通信信道设施和交换机。

数据电路终接设备是数据终端设备进入通信网络的媒介。因为电话通信最广泛，所以一般模拟信号传输网络多是为电话通信而设计的。当利用电话通信网进行数据通信时，一般需要附加一些设备，这些设备统称“数据电路终端设备”。当利用模拟电话网（它是利用载波调制技术作为多路传输的手段）向计算中心传送数据时，必须通过调制解调器，把数据终端设备输出的二进制数字信号变换为适合模拟电话网传输的模拟信号后，才能进入电话网；又须通过调制解调器，把由电话网传送来的模拟信号变换为二进制数字信号，才能送入计算中心。因此，这种调制解调器就是模拟电话网内的 DCE。如果利用数字电话网（它是利用脉冲编码调制技术实现多路传输的媒质）传输数据，由于每路数字电话的传输速率为 64 Kb/s，而数据终端的传输速率一般为 200 ～ 4 800 b/s，所以要用时分复用器把各路的低速数据汇集成传输速率为 64 Kb/s 的数据，送入数字电话网。反之，也要从由数字电话网收到的 64 Kb/s 分出各路低速数据，传送至相应的数据终端设备。因此，时分复用器也是一种 DCE。除此以外，为数据通信所需要而与通信网交界的设备也属 DCE。例如，自动呼叫应答机，它是数据终端设备与交换机之间的接口设备。我们知道在电话通信中，电话机上的拨号盘和振铃器，属人工呼叫应答器。在数据通信系统中，计算机同时要与多个数据终端设备通数据，人工呼叫应答器已不能适应，故采用自动呼叫应答器。它接收计算机以二进制数字形式输出对方终端的号码，把此号码变换为电话交换机能识别的信号形式，起拨号盘的作用。当它收到来自交换机的振铃声时，自动地把调制解调器接上线路，并发出载频信号应答，这种自动呼叫应答器，也称“网络控制器”。

通信信道的设施包括“线路”和多路通信设备。在有线路通信方式中，“线路”有架空明线、同轴电缆、对称电缆等。在无线通信方式中，“线路”的意义是沿着一定方向传输的电波如微波、短波等。为了提高传输线路的利用率，在一对线路中或一束电波中同时传输尽量多的电话话路所增设的设备，称多路通信设备，例如，多路载波机等。

3. 计算机及其外围设备

在数据通信系统中，计算中心实现大容量的数据存储和快速的数据处理功能。计算中心是由中央处理器（简称 CPU）、主存储器、输入 / 输出（简称 I/O）通道及外围设备组成的计算机系统。

4. 通信控制设备

通信控制设备是通信子网的节点，是介于通信线路与计算机之间的中间设备，也是控制数据终端设备与计算机的应用程序之间实现通信功能的一种设备。计算机通过通信控制设备控制信息的接收或发送，并通过它与通信线路相连接，然后又通过通信线路与远距离数据终端设备相连接，从而把计算机与分散在各处的数据终端设备或其他计算机连接起来，构成数据通信系统。所以，通信控制设备是为了减轻计算机通信处理负担而设置的一个外围设备。它的处理能力视系统要求而定，一般能够同时接收来自几个甚至几百个数据终端设备发出的数据，将收到的数据向主机传送，并从主机取回处理结果，转送到相应的数据终端设备或其他计算机。

通信控制设备所具有的主要功能如下：

(1) 接收线路信息。接收以同步传输方式或异步传输方式由通信线路来的信息，并向通信线路发送相应的信息。

(2) 通信接口线路的控制。数据终端设备与调制解调器之间，或者通信设备与调制解调器之间的通信接口电路，一般称为物理接口电路。根据不同的通信方式和通信速率，其接口电路将有不同的工作顺序，所以通信控制设备要按照已规定的通信方式，正确地控制通信接口电路的动作顺序。

(3) 传输差错控制。传输信道中的各种干扰和失真，使其所传输的信息出现差错，如“1”错为“0”，或“0”错为“1”。为了提高传输可靠性，在数据终端设备和通信控制设备中增设差错控制设备，它能使接收端确定所接受的信息组是否有错，如果有错，请对方重发该信息组；如果无错，则把此信息转送计算机或数据终端设备的存储部分。由于各种数据终端设备可能使用不同的传输信道、不同的传输速率等原因，它们的差错控制方式也不一样，所以通信控制设备要适应该数据通信系统所采用的各种差错控制方式，并由传输控制规程判别其方式。

(4) 传输控制规程的执行。国际标准化组织 ISO 规定了两种传输控制规程：基本型传输控制规程和高级链路控制规程。不同的数据终端设备或计算机厂家，为了维护本厂利益往往使用与 ISO 规定不同的规程，如国际商业机器公司(IBM 公司)，使用二进制同步通信规程(简称 BSC 规程)和同步数据链路控制规程(简称 SDLC 规程)。为了使计算中心能与不同厂家的数据终端设备或其他计算机设备通信，则通信控制设备要配备相应的通信控制规程，否则不能通信。

(5) 字符的组装与分配。通常为了提高计算机的处理效率，在计算机系统内部，以并联形式传送和处理电文。如果所处理的信息是以字符为单位，则以字符形式进行并行组合，即一字符中的 8 位比特将由 8 条线进行传送和处理。但是为了提高线路利用率，在线路上不会用 8 条线并行传输一字符，而是以串联的比特形式在一对通信线路上传输电文。因此，通信控制设备就要把从通信线路中收到的连续串行比特流组装成以字符为单位的并行比特组，以便在计算机内进行处理，即须进行串变并的变换。当计算机向终端设备发送信息时，通信控制设备需要把计算机输出的并行比特组变为串行的比特流，由通信线路进行传送，即须进行并变串的变换。

(6) 电码交换。计算机在进行信息处理时，考虑到信息处理的各种需要，它的电码一般用能够表示 256 种字符的八位电码，例如 EBCDIC 码等。在数据传输过程中，考虑到数据终端设备与计算机进行通信的需要，基本型传输控制规程规定采用 128 个字符的七位电码，其中有 10 个传输控制字符。在低速数据传输系统中，一般采用与电报通信相同的五位国际二号电码、六位电码在线路上进行传输。所以通信控制设备要把从通信线路中传输的五位、六位、七位等电码的信息转换为计算机内部采用的八位 EBCDIC 码信息。同理，它要把计算机输出的 EBCDIC 码信息转换为通信线路上传输所要求的五位、六位、七位等电码信息。

(7) 电文编辑。在数据传输中,电文一般是以信息组的形式传送,并由传输控制规程规定电文的信息格式。为了提高传输可靠性,在传输电文的同时,还要传输必要的传输控制信息。在基本型规程中,利用传输控制字符作为数据传输的控制信息。在高级数据链路控制规程(HDLC)中,利用标志段、地址段、控制段等信息作为数据传输的控制信息。而在数据处理过程中,只需要其中的电文。所以通信控制设备在向计算机转送电文以前,必须除去与数据无关的传输控制信息。当从计算机中取出处理结果时,又必须按传输控制规程要求的信息格式,在电文中插入必要的传输控制信息后,才能在通信线路中传输。

并不是所有的通信控制设备都需要具备上述功能,某些功能也可在主机实现,视系统规模的大小而定。

5. 集中器

集中器是处于计算机和距计算机较远的终端群之间的设备。在终端密集的地区,先用集中器把各终端集结,然后再经过高速通信线路将集中器与计算机一侧的通信控制处理机连接。可见,集中器的使用也有信息多路复用的作用,使高速线路成为多个终端共享的线路,提高线路的利用率。

集中器的帧结构中,为区分一帧中的各路信息,在每个信息的开始设有该信息的地址信息,以作为分接标识。

4.2.3　数据通信系统的软件构成

一个完整的数据通信系统应由硬件和软件构成,软件是以硬件为基础,为实现各种业务功能而编制的一整套程序。主机和数据终端设备根据程序的命令进行工作,从而使整个系统按程序指示实现某种业务功能。

数据通信系统的软件由计算中心的软件、通信网络的软件及数据终端设备的软件组合而成。

计算中心的软件主要承担数据处理的任务,是以实现某种业务所需的应用程序为中心而建立的一套软件。

通信网络的软件包括传输控制软件和网络控制软件。当数据终端设备与计算中心、智能终端设备与智能终端设备、计算中心之间进行通信时,各端点要共同遵守一个通信规程,根据此规程实现通信处理的程序称传输控制程序。如前所述,比较典型的通信规程有基本型传输控制规程和 HDLC 高级链路控制规程。

在基本型传输控制规程中,通过传输控制代码设定通信的开始、通信的结束,以及信息的交换处理,又通过设备控制代码控制数据终端设备的状态及书写格式。

HDLC 规程以帧为传输单位,在每帧的开始和结束均设定标志信息段,通过设定一些命令来控制通信的开始和结束。除标志段以外的数据信息,其电码形式不受限制。

网络控制软件所需要的网络控制功能包括网络状态管理,即管理线路状态以及实现路由迂回的路由管理功能;网络负载管理,即控制网络各端点及中继点(转送信息的节点)的信息流量,以均衡网络各点的信息量;网络的运行管理,即管理网络的统计信息、网络内软件的维护以及其他管理功能。

数据终端设备的软件一般是指智能终端上的软件,它的功能大致有:

(1) 计算中心分担数据处理的软件。它是智能终端设备分担一部分计算中心的数据处理的软件，以减轻计算中心的负担。具体来说，例如输出电文的标题印刷及框线等的格式控制处理；图像处理中的图形坐标变换处理等，可由智能终端分担。

(2) 独立于计算中心的运行软件。当计算中心暂停工作时，智能终端软件可以独立地进行数据收集处理，当计算中心开始运行时，终端设备可以用批量方式传送数据，即所谓的“采集处理”。当终端操作员不在时，智能终端也能自动接收从计算中心来的信息，实现所谓“配信处理”。

(3) 网络接口的软件。智能终端具有一定的处理能力，人们可以按照统一的网络接口标准编制出网络接口程序置于智能终端内，使之直接与数据通信网相连接，起到传输控制器的作用。

因此，具有“智能”的数据终端软件类似于计算中心软件，它备有数据处理软件和通信处理软件。前者是分担应用程序的功能，后者是控制接入终端设备的各种输入/输出装置、线路以及智能终端的CPU与内存等。由此可见，终端的软件也是由操作系统与应用程序所构成。它与计算中心的软件组合起来构成数据通信系统的软件。

4.2.4 数据通信系统主要性能指标

各种通信系统有各自的技术性能指标，互有差别。但有效性和可靠性是对任何通信过程的基本要求，所以反映这两项要求的指标是各种通信系统的主要性能指标。

1. 有效性指标

衡量数字通信系统有效性的主要性能指标是传输速率，通常有三种传输速率指标。

(1) 信号速率 R_B。指单位时间(s)内所传输的码元数目，单位是波特。每秒传输1码元为1波特。信号速率也称调制速率、码元速率或数码率。这里传输的码元可能是二进制的，也可能是多进制的。

(2) 信息速率 R_B。指单位时间所传输的信息量，单位名称是比特每秒，单位符号为bit/s或b/s。

信息量是对所传输信息多少的一种度量，信息论中对信息量的定义：设信源 X 是事件 a_i $(i=1\sim n)$ 的集合，即 $X=\{a_1,a_2,\cdots,a_n\}$，若事件 a_i 发生的概率为 $P(a_i)$，则事件 a_i 的信息量为 $I(a_i)=-\log_2 P(a_i)$，单位为比特(bit或b)。因为各种信息通过信源编码最终都可用二进制数字脉冲表示，所以实用中以二进制码作为数字信息度量的单位，一个二进制码就是一比特。因此信息速率就是单位时间内传输的二进制码元数，也称比特率。

信息速率与码元速率不同，但有一定关系，这决定于码元的进制。对 M 进制码元，每码元的信息量为 $\log_2 M$，即一个 M 进制码元可用 $\log_2 M$ 个二进制脉冲来表示。因此有下述关系：

$$R_b = R_B \log_2 M \quad (\text{b/s})$$

对二进制码元，$R_b=R_B$。可见，采用多进制码传输，可提高信息传输速率。

(3) 消息速率 R_M。指单位时间内传输的消息数目，如所传消息单位为字符，则 R_M 的单位就是字符/s。在各种通信系统中，构成一个消息单位(如字符)的码元数目不同。所以当两个系统的信号速率和信息速率相同时，消息速率不一定相同。

以上三种速率指标中，一般以信息速率作为衡量标准。

2. 可靠性指标

衡量数据通信系统可靠性的主要指标是错误率，通常也有三种可靠性指标。

(1) 误码率 P_e。即在所传码元总数中发生错误的码元所占的比例，即 P_e = 错误码元数 / 总码元数。这个指标常指其统计平均数，即多次传输的平均错码率。

(2) 误比特率 P_b。即在传输的总波特数中错误比特所占的比例，这也是一个统计平均数。对二进制码，$P_b = P_e$；对多进制码，则不等。

(3) 误字率 P_W。即在传输的总码字中错误码字所占的比例。若一个码字由 k 个码元组成，则错字率 $P_W = 1 - (1 - P_e)^k$。

4.3　通信信道

4.3.1　传输介质(物理信道)

通信系统或计算机网络中使用各种传输介质来组成物理信道。这些物理信道的特性不同，因而使用的通信技术不同，应用的场合也不同。下面简要介绍各种常用的传输介质的特点。

1. 双绞线

双绞线由粗约 1 mm 的互相绝缘的一对铜导线扭在一起组成，对称均匀的绞扭可以减少线对之间的电磁干扰。这种双绞线大量使用在传统的电话系统中，适用于短距离传输，超过几公里，就要加入中继器。在局域网中可以使用双绞线作为传输介质，如果选用高质量的芯线，要采用适当的驱动和接收技术，安装时要避开噪声源，在几百米之内数据传输速率可达几兆比特每秒。

双绞线既能用于传输模拟信号，也能用于传输数字信号。由于双绞线价格便宜，安装容易，所以得到了广泛的应用。通常在局域网中的无屏蔽双绞线的传输速率是 10 Mb/s，随着制造技术的发展，100 Mb/s 的双绞线已经出现。

2. 同轴电缆

同轴电缆的芯线为铜质导线，外包一层绝缘材料，再外面是由细铜丝组成的网状导体，最外面加一层塑料保护膜，如图 4－11 所示。芯线与网状导体同轴，故名同轴电缆。同轴电缆的这种结构，使它具有高带宽和极好的噪声抑制特性。

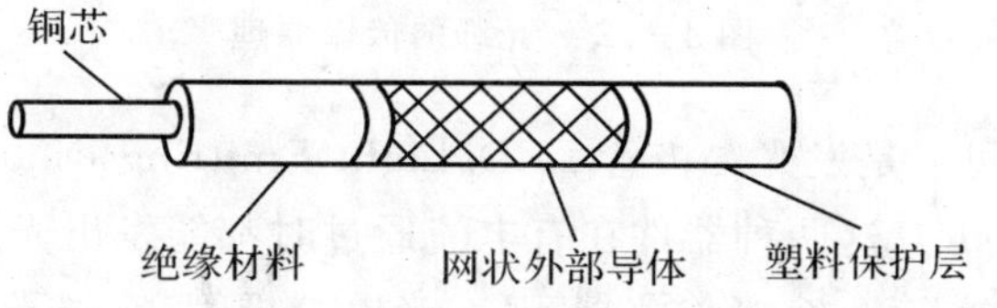

图 4－11　同轴电缆

在局域网中，常用的同轴电缆有两种，一种是特性阻抗为 50Ω 的同轴电缆，用于传输数字信号。通常把表述数字信号的方波所固有的频带称为基带，所以这种电缆也叫基带同轴电缆。直接传输方波信号称为基带传输。由于计算机产生的数字数据不一定适合于长距离传输，所以在信号进入信道前要经过编码器进行编码，变成适合于传输的电磁代码。经过编码的数字信号到达接收器端再经译码器译码恢复为原来的二进制数字数据。基带系统的优点是安装简单而且价格便宜。但由于在传输过程中基带信号容易发生畸变和衰减，所以传输距离不能很长，一般在 1 km 以内，典型的数据速率是 10 Mb/s。

常用的另一种同轴电缆是特性阻抗为 75Ω 的 CATV 电缆，用于传输模拟信号，这种电缆也叫宽带同轴电缆。所谓宽带在电话行业中是指比 4 kHz 更宽的频带，这里泛指模拟传输的电缆网络。要把计算机产生的比特流变成模拟信号在 CATV 电缆上传输，在发送端和接收端要分别加入调制器和解调器。这样，对于带宽为 400 MHz 的 CATV 电缆，典型的数据速率为 100 ～ 150 Mb/s。也可以采用频分多路技术(FDM)，把整个带宽划分为多个独立的信道，分别传输数字、音频和视频信号，实现多种电信业务，这种传输方式称为综合传输，特别适合于在办公自动化环境中应用。

带宽系统与基带系统的主要不同点是模拟信号经过放大器后只能单向传输。为了实现网络节点间的相互连接，有时要把整个 400 MHz 的带宽划分两个频段，分别在两个方向上传送信号，这叫分离配置。有时干脆用两根电缆，这叫双缆配置。虽然两根电缆比单根电缆价格要贵一些(大约 15%)，但信道容量却提高一倍多。无论是分离配置还是双缆配置都要使用一个叫端头(headend) 的设备，该设备安装在网络的一端，它从一个频率(或一根电缆) 接收所有站发出的信号，然后用另一个频率(或电缆) 发送出去。

宽带系统的优点是传输距离远，可达几十千米，而且可同时提供多个信道。然而，和基带系统相比，它的技术更复杂，要求专门的射频技术人员安装和维护，宽带系统的接口设备也更昂贵。

3. 光缆

光缆由能传送光波的超细玻璃纤维制成，外包一层比玻璃折射率低的材料。进入光纤的光波在两种材料的介面上形成全反射，从而不断地向前传播，如图 4 - 12 所示。

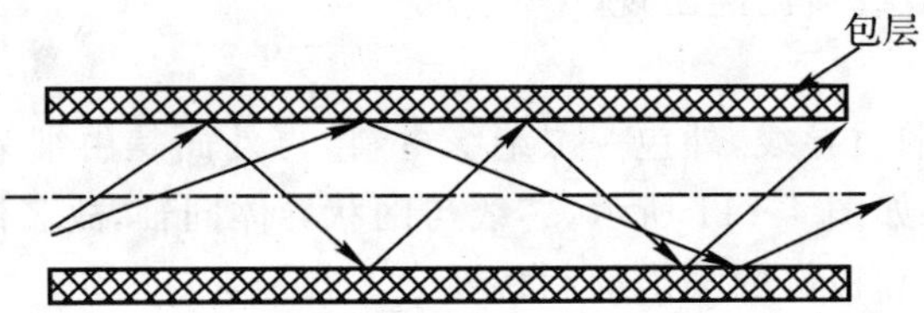

图 4 - 12　光纤的传输原理

光纤信道中的光源可以是发光二极管 LED(Light Emitting Diode)，或注入式激光二极管 ILD(Injection Laser Diode)。这两种器件在有电流通过时都能发出光脉冲，光脉冲通过光导纤维传播到达接收端。接收端有一个光检测器 —— 光电二极管，它遇光时产生相应的电信号，这样就形成了一个单向的光传输系统，类似于单向传输模拟信号的宽带系统。

光波在光导纤维中以多种模式传播，不同的传播模式有不同的电磁场分布和不同的传播路径，这样的光纤叫多模光纤。光波在光纤中以什么模式传播，这与芯线和包层的相对折射率、芯线的直径，以及工作波长 λ 有关。如果芯线的直径小到光波波长大小，则光纤就成为波导，光在其中无反射地沿直线传播，这种光纤叫单模光纤。单模光纤比多模光纤更难制造，因而价格更贵。光导纤维作为传输介质，其优点是很多的。首先是它具有很高的数据速率、极宽的频带、低误码率和低延迟。典型数据传输速率是 10 Mb/s，甚至可达 1 000Mb/s。而误码率比同轴电缆低两个数量级，只有 10^{-9}。其次是光传输不受电磁干扰，不可能被偷听，因而安全和保密性能好。最后，光纤重量轻、体积小、铺设容易。然而光纤通信毕竟是比较新的技术领域，而且网络接口和光缆价格还比较贵，安装和配置技术都比较复杂。随着技术的发展，光纤通信在计算机网络中将会获得更广泛的应用。

4. 无线信道

前面提到的由双绞线、同轴电缆和光纤等传输介质组成的信道可称为有线信道，这里要讲到的信道都是通过空间传播信号，我们称之为无线信道。无线信道包括微波、激光、红外和短波信道，下面简略地介绍这 4 种信道的特点。

微波通信系统可分为地面微波系统和卫星微波系统，两者的功能相似，但通信能力有很大差别。地面微波系统由视野范围内的两个互相对准方向的抛物面天线组成，长距离通信则需要多个中继站组成微波中继链路。在计算机网络中使用地面微波系统可以扩展有线信道的连通范围，例如在大楼的顶上安装微波天线，使得两个大楼中的局域网互相连通，这可能比挖地沟埋电缆花费更少。

通信卫星可看做是悬在天空中的微波中继站。卫星上的转发器把它的波束对准地球上的一定区域，在此区域中的卫星地面站之间就可相互通信。地面站以一定的频率段向卫星发送信息（这个称为上行频段）。卫星上的转发器将接收到的信号放大并变换到另一个频段上（下行频段），发回地面上的接收站。这样的卫星通信系统可以在一定的区域内组成广播式通信网络，特别适合于海上、空中、矿山、油田等经常移动的工作环境。

微波通信的频率段为吉兆段的低端，一般是 1 ～ 11 GHz，因而它具有带宽高，容量大的特点。由于使用了高频率，因此可使用小型天线，便于安装和移动。不过微波信号容易受到电磁干扰，地面微波通信也会造成相互之间的干扰；大气层中的雨雪会大量吸收微波信号，当长距离传输时会使得信号衰减至无法接受；另外通信卫星为了保持与地球自转的同步，一般停在 36 000 km 的高空。这样长的距离会造成大约 240 ～ 280 ms 的时延，在利用卫星信道组网时这样长的时延是必须考虑的重要因素。

在空间传播的激光束可以调制成光脉冲以传输数据。和地面微波一样，可以在视野范围内安装两个彼此相对的激光发射器和接收器进行通信（见图 4 - 13）。由于激光的频率比微波更高，因而可获得更高的带宽。激光束的方向性比微波束更好，也不受电磁干扰的影响，不怕偷听。但激光穿越大气时会衰减，特别当空气污染、下雨下雾、能见度很差的情况下，可能会使通信中断。一般来说，激光束的传播距离不会很远，因此只能在短距离通信中使用，距离太长时，只好用光缆代替了。

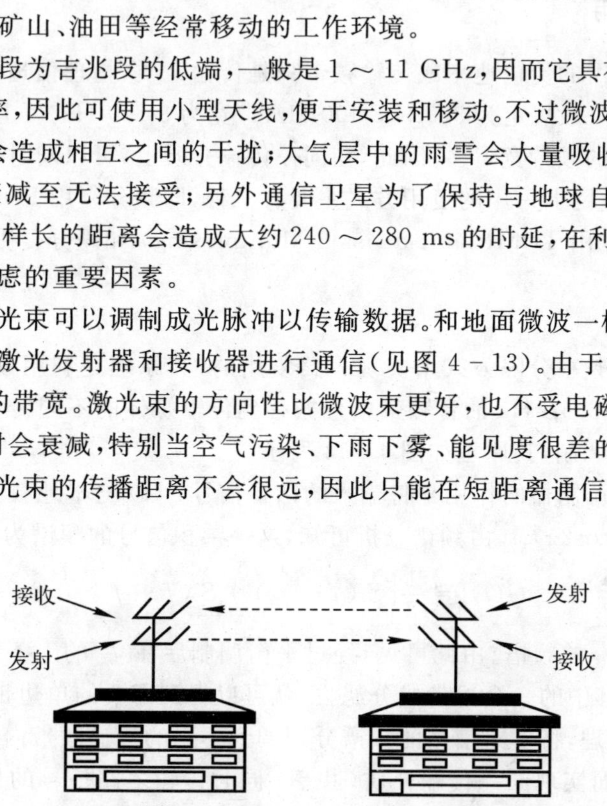

图 4 - 13　激光传输

最新采用的无线传输介质是红外线传输，红外传输系统利用墙壁或屋顶反射红外线从而形成整个房间内的广播通信系统。这种系统所用的红外光发射器和接收器与光纤通信中使用的类似，也常见于电视机的遥控装置中。红外通信的设备相对便宜，可获得高的带宽，这是这种通信方式的优点；其缺点是传输距离有限，而且易受室内空气状态（例如有烟雾等）的影响。

无线电短波通信早已用在计算机网络中，已经建成的无线通信局域网使用了甚高频VHF（30 ～ 300 MHz）和超高频（300 ～ 3 000 MHz）的电视广播频段，这个频段的电磁波是以直线方式在视距范围内传播的，所以用作局部地区的通信是很适宜的。早期的无线电局域网（例如ALOHA系统）是星型结构 —— 有一个类似于通信卫星那样的中心站，每一个节点机都把天线对准中心站，并以频率 f_1 向中心站发送信息，这就是所谓上行线路，中心站向各节点机发送信息时采用另外一个频率 f_2 进行广播，这叫下行线路。采用这种网络通信方式要解决好上行线路中由于两个以上的站同时发送信息而发生冲突的问题。后来的无线电局域网采用分布式结构 —— 没有中心站，节点机的天线是没有方向的，每个节点机都可以发送或接收信息。这种通信方式适合于由微机工作站组成的资源分布系统，在不便于建设有线通信线路的地方可以快速建成计算机网络。短波通信设备比较便宜，便于移动，没有像地面微波那样的方向性，加上中继站可以传送很远的距离，但是也容易受到电磁干扰和地形地貌的影响，而且通信带宽比更高频率的微波通信要小。

4.3.2 多路复用

由于单路信道所需的传输速率或传输频带只是传输介质（物理信道）的一部分。例如电话信号的有效传输频带一般规定为 300 ～ 3 400 Hz，带宽为 3 100 Hz。可上述各种传输介质的传输频带远比一个话路的频带宽得多。因此，在同一传输介质上，可以同时传输多个话路信号，即所谓多路复用。在通信网上采用的复用方式主要有三种，即频分复用 FDM（Frequency-division Multiplexing）、时分复用 TDM（Time-division Multiplexing）和码分复用 CDM（Code-division Multiplexing）。

1. 频分复用

频分复用是利用频率分隔方式来实现多路复用的，其原理是利用频率搬移（调制）方法。例如将原始的 0.3 ～ 3.4 kHz 话音频带信号搬移到传输媒体的不同传输频率范围内。搬移的方法通常采用单边带调制，其原理如图 4 - 14 所示。

图 4 - 14 中平衡调制器的作用是将输入的话音信号 $s_i(t)$ 与本地载波信号 $\cos 2\pi f_c t$ 相乘，输出为 $g_i(t) = s_i(t)\cos 2\pi f_c t$。由频谱分析可知，这一乘积信号的频谱为

$$G(t) = \frac{1}{2}[S_i(f - f_c) + S_i(f + f_c)]$$

式中，S_i 为话音信号 s_i 的频谱。由此可见，经过平衡调制后在 f_c 的上下形成两个边带信号，再经过带通滤波器，将其中的一个边带成分滤去，就可以得到需要的单边带信号。

利用频率搬移原理，将多路信号的频谱分别调到不同的传输频带内排列起来，形成一个多路频分复用信号，从而实现同一传输介质（共享）同时传输多路信号的目的。为了能够从多路复用信号的频谱中区分出每一路的频谱，要求在相邻路的频谱之间留有一定的频率间隔。例如话路信号在构成多路复用系统时，每一话路所分配宽度一般规定为 4kHz。接收过程是与发送过程相反的频率搬移过程（解调）。经分路带通滤波器分出的各路单边带信号，通过一个与发送

时所用的平衡调制器一样的解调器，实现与本地载波信号相乘，解调器的载波频率 f_c 与发送时的载波频率相同。相乘输出得到一个基带（0.3 ~ 3.4 kHz）的话音信号成分和一个围绕 $2f_c$ 的边带信号成分。后者由一个低通滤波器滤除，从而可以完全恢复出发送的话音信号。这一过程称为解调或反调制。

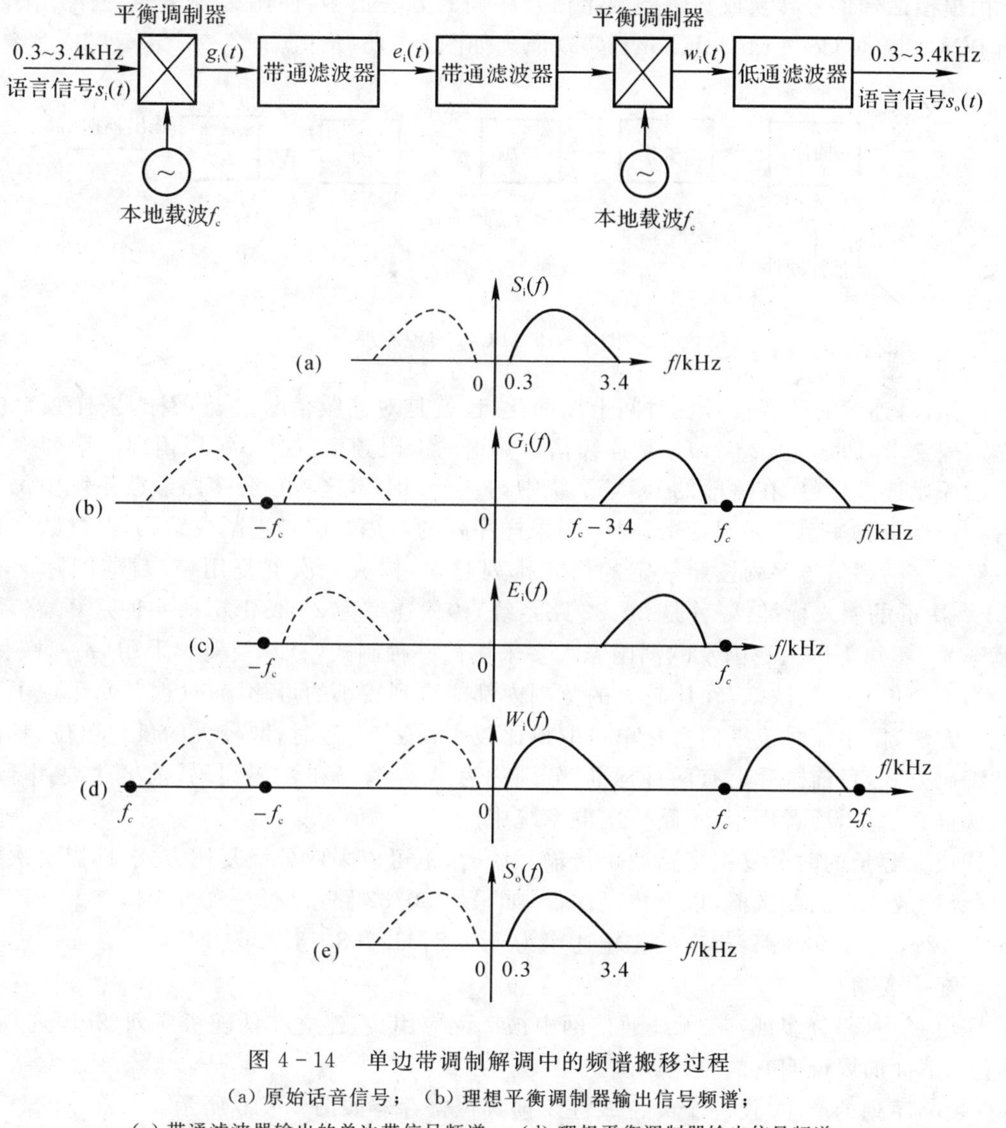

图 4-14　单边带调制解调中的频谱搬移过程

(a) 原始话音信号；(b) 理想平衡调制器输出信号频谱；
(c) 带通滤波器输出的单边带信号频谱；(d) 理想平衡调制器输出信号频谱；
(e) 解调低通滤波器输出信号频谱

多路频分复用系统又称多路载波系统，实际系统的构成必须遵从相应的标准。

2. 时分复用

时分复用是利用时间分割方式来实现多路复用，它的基本原理是将各路模拟信号（例如话音信号）采样转换成二进制数字信号，然后按照一定格式将各路数字信号按顺序集合在一起，构成复用帧，传输时以帧为单位顺序进行。由于每一帧都顺序包含了各路信号的二进制位，从而实现多路复用。

接收时首先从接到的二进制数字信号序列中区分出帧，然后从每一帧中依次分离出各路数字信号。时分多路复用主要包含两个步骤：一是将模拟信号转换成二进制数字信号；二是构成复用帧。

由模拟话音信号转换成二进制数字信号序列的方法很多，使用最普遍的一种方法是脉码调制 PCM(Pulse Code Modulation)。实现原理如图 4 - 15 所示。

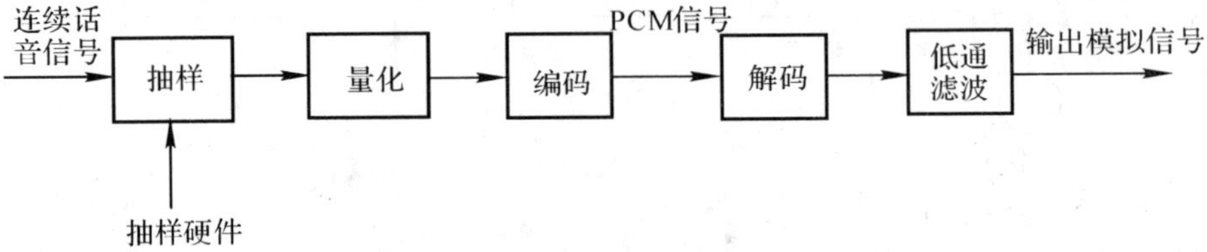

图 4 - 15 PCM 实现原理

首先，将连续的话音信号在时间上离散化，也就是对连续信号进行采样，采样频率应满足采样定理要求，即 $f_S \geqslant 2f_M$，f_M 是连续信号频谱的上限频率。这样，可以由离散序列不失真地恢复出原始连续信号。在一般的 PCM 系统中，$f_S = 8$ kHz，这与频分多路载波系统中每一话路占有 4 kHz 的频率范围是对应的。每一个采样序列的值用 8 位二进制数编码。经过数字化形成的各路数字话音信号序列按照一定的格式排列起来，构成一次群复用帧。目前国际上有两种 PCM 一次群的制式标准：一种是 30/32 路系统，传输速率为 2 048 Kb/s；一种是 24 路系统，传输速率为 1 544 Kb/s。我国及欧洲国家大多采用前一种制式，日本及美国采用后一种制式。

为了使信号幅度改变，在比较大的范围内都能得到较小的量化噪声(误差)，采取了不均匀量化的方法，即小信号范围内量化单位取得比较小；在大信号时，取较大的量化单位。具体的分级和编码方式，目前国际上有两种标准，分别称为 A 律编码和 μ 律编码。前者主要用于 30/32 路一次群系统中，后者用于 24 路一次群系统中。

构成大容量的时分复用多路数字传输系统时，也可以采取分级复用方式，即以一次群为基础，逐级构成二、三、四次群，以至更高次群。如采用 30/32 路系统作一次群时，二、三、四次群分别定为 120，480，1920 路，相应的传输速率为 8.448，34.368，139.264 Mb/s。

3. 码分复用

码分复用(码分多址)在无线通信网中被广泛应用。它建立在伪随机序列(m 序列)应用的基础上。下面简要说明它的工作原理。

(1)m 序列的产生。设一个 n 位线性反馈移位寄存器如图 4 - 16 所示。

图 4-16 中 $a_{n-1}, a_{n-2}, \cdots, a_1, a_0$ 为寄存器某一状态，c_i 为反馈线的连接状态：$c_i = 0$，表示该位反馈线断开；$c_i = 1$，表示该位反馈线接通，而 $c_n = c_0 \equiv 1$。

如图 4 - 16 可知，移位寄存器准备下一节拍移入的最高位状态为

$$a_n = c_1 a_{n-1} \oplus c_2 a_{n-2} \oplus \cdots \oplus c_{n-1} a_1 \oplus c_n a_0 = \sum_{j=1}^{n} c_j a_{n-j} \qquad (\text{mod } 2)$$

所以，对任一移位次数后，准备移入最高位的状态为

$$a_k = \sum_{j=1}^{n} c_j a_{k-j} \qquad (k \geqslant n,\ \text{mod } 2)$$

式中，a_j 是各位状态，c_j 是各位反馈连接权(状态)，上式称为递推方程(或递推多项式)。

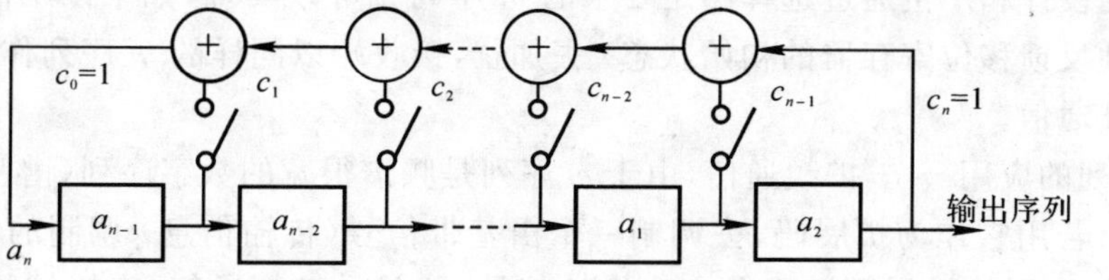

图 4-16　线性反馈移位寄存器组成

另外，c_j 的数值决定了反馈移位寄存器的连接状态和输出序列。c_j 可以用一个特征多项式(特征方程)表示，即

$$f(x) = c_0 \oplus c_1 x \oplus \cdots \oplus c_n x^n = \sum_{j=1}^{n} c_j x^j \qquad (c_0 = c_n \equiv 1)$$

式中，x^j 只是表示它的系数 c_j 在多项式(系数序列)中的位置，c_j 的值指出了对应位的反馈线如何连接(接通或断开)。

同样，线性移位反馈寄存器的状态和序列，也可用多项式表示，即

$$G(x) = a_0 \oplus a_1 x \oplus a_2 x^2 \oplus \cdots \oplus a_{n-1} x^{n-1} \oplus \cdots = \sum_{k=0}^{\infty} a_k x^k$$

式中，前 n 项($k = 0,1,2,3,\cdots,n-1$) 则为寄存器的某一状态，称为母函数。而 $G(x)$ 应是周期为一定长度(最长为 $m = 2^n - 1$) 的无穷周期序列。

可以证明，一个线性反馈移位寄存器能够产生周期最长的二进制数字序列(m 序列) 的充要条件是它的特征多项式 $f(x)$ 为本原多项式。也就是说 $f(x)$ 满足下列条件：

1) $f(x)$ 为既约的；

2) $f(x)$ 可整除 $x^m + 1, m = 2^n - 1$ (n 为寄存器位数)；

3) $f(x)$ 除不尽 $x^q + 1, q < m$。

若 $f(x)$ 为 n 次本原多项式，则由它构成的线性移位反馈寄存器的输出序列，就是周期为 $2^n - 1$ 的 m 序列。

由于 m 序列的均匀性、游程分布、自相关函数、功率谱密度等统计特性与白噪声随机序列很类似，所以称 m 序列为伪噪声序列或伪随机序列(PN 码)。m 序列仅是伪随机序列的一种，但是最常用的一种。

(2) m 序列的应用 —— 码分多址(复用)。码分多址通信是对不同通道数码信号，在发送端加进不同的 m 序列进行干扰，接收端对相应的加扰码进行解调，从而分离出各个信道发送的信息码。

该发送端的信息序列为 $\{a_k\}$，与一组特定的数据流(加扰码) $\{b_k\}$ 相加作为发送序列 $\{c_k\}$，即

$$c_k = a_k \oplus b_k$$

在接收端，将 $\{c_k\}$ 与机内产生的另一组序列 $\{d_k\}$ 相加，得到 $\{e_k\}$。若 $d_k = b_k$，则

$$e_k = c_k \oplus d_k = a_k \oplus b_k \oplus d_k = a_k$$

可见，只要接收端的加扰序列 $\{d_k\}$ 与发送端的加扰序列 $\{b_k\}$ 一致，就可以从发送的序列

中恢复原始的信息序列。

加扰码的设计和产生通过选择满足要求的 m 序列就可以实现，如果以不同的 m 序列（改变该 n 位线性反馈移位寄存器的初始状态）去加扰，接收端以同样的 m 序列作为地址，就可以实现码分多址通信。

(3)m 序列的应用——扩频通信。由于 m 序列是频谱很宽的数字序列（谱密度函数近乎噪声随机序列），若用它作为扩展码，去调制一个由基带信号（传输信息）调制的载波信号，接收端以同样的 m 序列从扩展频谱中分离出本站信号，这就是扩频通信。直接扩频系统原理如图 4-17 所示。

发送端：基带信号 $m_i(t)$ 对载波信号 $A\cos\omega_c t$ 进行相位调制，由扩展码 $p_1(t)$ 再次进行相位调制，形成扩展频谱相位调制信号，其等效电路如图 4-17(c) 所示。在码分多址方式中，以不同的扩展码去对多路已调制基带信号进行调制，然后送往信道，在信道上组合成多路信号。若有 M 个发射机，则组合信号为 $\sum_{i=1}^{M} S_i(t)p_i(t)$。

在接收端有 $$y(t)=\sum_{i=1}^{M} S_i(t)p_i(t)\oplus l(t)\oplus n(t)$$

式中，$l(t)$ 是干扰信号，$n(t)$ 是噪声。

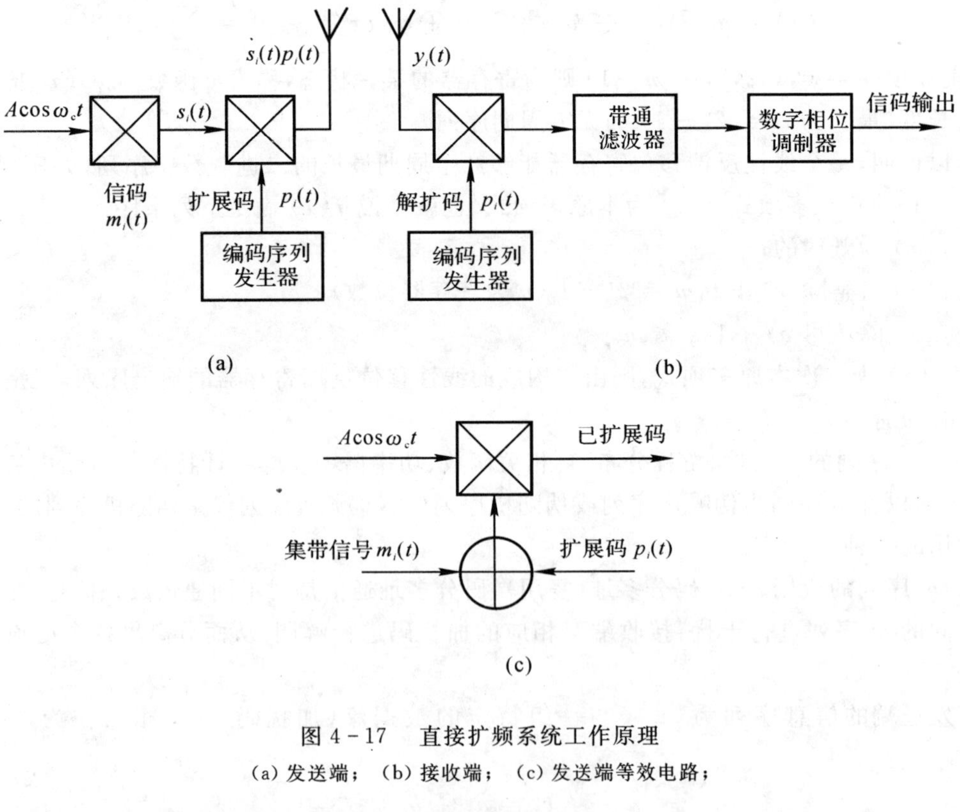

图 4-17 直接扩频系统工作原理

(a) 发送端； (b) 接收端； (c) 发送端等效电路；

接收机上，各路用户使用各自的与扩展函数相同的解扩函数 $p_i(t)$ 解扩，经过带通滤波器，滤除噪声和干扰，由传统的相位解调器得到信息输出。而对不是本站的信号（($p_i(t)$) 不同）则不被相关，表现为噪声，由于频谱的又一次扩展，使噪声幅度减小，从而抑制了噪声。不仅提高了信噪比，而且特别有利于保密通信。

4.4　数据传输方式

通常，把由消息直接转换成的、未经频率变换的二进制数据波形称为基带波形，它们的频谱一般是从零频开始的。相应地，与基带信号的频谱相适应的信道称为基带信道。不经任何处理，直接传输基带信号称为基带传输。基带传输主要应用在一些采用实线电路作为传输信道的本地网络中，传输距离一般不超过 2.5km。大多数的数据传输系统，在进行与信道匹配以前，也都有一个处理基带波形的过程。要实现远距离传输，必须将基带信号调制到载波频率上，占用信道的一段频带，这就是频带传输。本节简要介绍这两种传输方式。

4.4.1　数据信号的基本形式

由终端设备产生的原始数据信息通常是由“1”和“0”组成的随机序列。这样的序列可以用多种形式的电信号(数字信号)来表达，从而构成不同形式的数据信号。从波形特征出发，可以把数据信号分为如下几种基本形式。

1. 单极性和双极性信号

单极性信号是指用两个不同数值但极性相同的电位信号表示“1”和“0”；双极性信号使用不同极性的电位信号表示“1”和“0”。单极性信号包含比较大的直流成分，且判决的可靠性也不如双极性信号。但大多数电子器件是在单极性下工作，在具体的信号处理中主要还是使用单极性信号。

2. 归零信号和不归零信号

根据每一个数字信号是否占满整个符号间隔，可以把数据信号分为归零信号和不归零信号。不归零信号也称为电位脉冲。

3. 二电平信号和多电平信号

二电平信号是最简单的数字信号，它只有两种电平状态，所以称二元码或二进码。多电平信号的幅度可以取大于 2 的有限个离散值(取 2^n 个值，n 为正整数)。因此，一个多电平信号所含的信息量比二元信号要大。

按信息量的定义，设一个信号发生的概率为 p，则信号的信息量为

$$R_1 = \log_2 \frac{1}{p}$$

所以，二元信号的信息量为

$$R_b = \log_2\left(\frac{1}{1/2}\right) = 1 \qquad \text{(b)}$$

多元(2^n)信号的信息量为

$$R_B = \log_2\left(\frac{1}{1/2^n}\right) = n \qquad \text{(b)}$$

可见，多电平信号的信息量比二元信号的信息量大。多电平信号主要用于高速率数据传输系统。

一个二进制数据序列往信道上发送，首先要进行数据编码，也就是将二进制数据表示为信道上的基波信号。较常用的数据编码方法以见“1”翻不归零码(NRZ1)、曼彻斯特码和差分曼

彻斯特码为例,如图 4-18 所示。

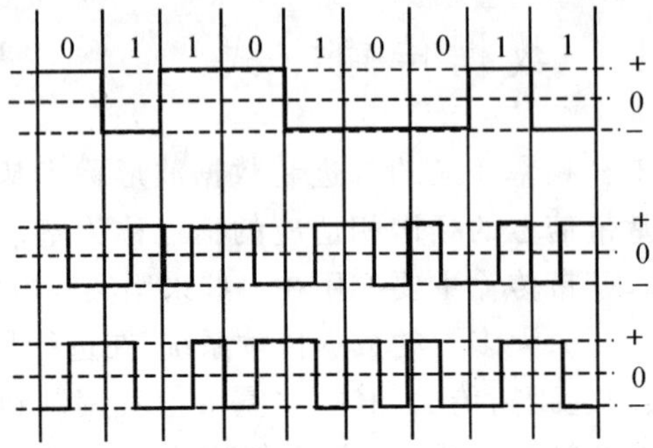

图 4-18 常用数据编码波形

(1) 见"1"翻不归零码(NRZ1)。图 4-18 中所示的不归零码 NRZ(Non-Return to Zero) 的规律是当 1 出现时电平翻转,当 0 出现时电平不翻转。因而数 1 和 0 的区别不是高低电平,而是电平是否转换。这种代码也叫差分码,用在终端到调制解调器(Modem) 的接口中。这种编码的特点是实现起来简单而且费用低,但不是自定时的无自同步能力。

(2) 曼彻斯特码。曼彻斯特(Manchester) 码是一种双相码。在图 4-18 中,在码元中间用高电平到低电平的转换边负跳变表示 0,而用低电平到高电平的转换边正跳变表示 1。位中间的电平转换边即表示了数据代码,也作为定时信号使用。曼彻斯特码用在以太网中。

(3) 差分曼彻斯特码。这种编码也是一种双相码,和曼彻斯特编码不同的是,这种编码的码元中间的电平转换边只作为定时信号,而不表示数据。数据的表示提前在每一位的开始处,有电平转换表示 0,无电平转换表示 1。差分曼彻斯特编码用在令牌环网中。

由曼彻斯特码和差分曼彻斯特码的图形中可以看出,这两种双相码的每一个码元都要调制为两个不同的电平,因而调制速率是码元速率的 2 倍。这无疑对信道的带宽提出了更高的要求,所以实现起来更困难,也更昂贵。但由于其良好的抗噪声特性和自定时能力,所以在局域网中仍被广泛地使用。

在数据通信中,选择什么样的信道编码要根据传输的速率、信道的带宽、线路的质量、实现的价格等因素综合考虑。

4.4.2 信道对基带信号传输的影响

基带信号是一个有一定宽度和一定高度的矩形脉冲序列,它有一定的频谱。信道可以看做传输系统,它对输入信号的各种频率成分的响应是不一样的。也就是说,信道带宽将限制信道上的数据传输速率。

1. 数字信号的频谱

设矩形脉冲的宽度为 τ,如图 4-19(a) 所示。矩形脉冲的频谱如图 4-19(b) 所示。

$$g(t)=\begin{cases}A, & |t|<\dfrac{\tau}{2}\\[2ex] 0, & |t|>\dfrac{\tau}{2}\end{cases}$$

它的傅里叶变换(频谱)为

$$G(f)=\int_{-\frac{\tau}{2}}^{\frac{\tau}{2}} A\mathrm{e}^{-j2\pi ft}\,\mathrm{d}t = A\tau\,\frac{\sin\pi\tau f}{\pi\tau f}$$

它是一个 Sa(x) 函数。它的零点为

$$\pi\tau f = n\pi,\quad f = n\frac{1}{\tau},\quad n = 1,2,3\cdots$$

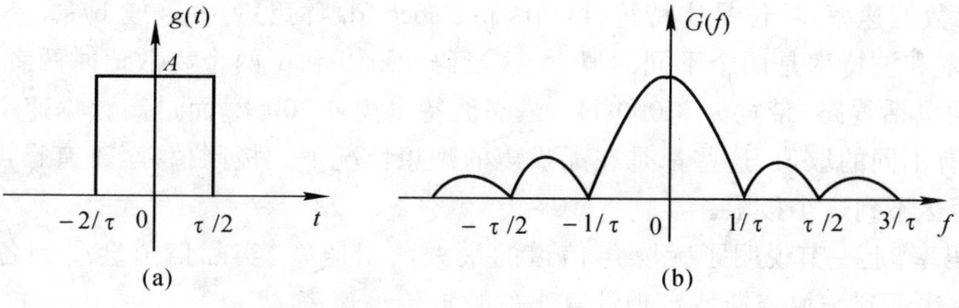

图 4-19　矩形脉冲及其频谱

由 $G(f)$ 波形可见：

矩形脉冲的频谱分布主要集中在第一个零点 $f=\frac{1}{\tau}$ 以内，且矩形脉冲宽度 τ 越小，则它的频谱宽度越大。若忽略高频成分，则规定第一个零点 $f=\frac{1}{\tau}=f_{\mathrm{M}}$，为矩形脉冲的频谱宽度。

若是周期性矩形脉冲，则它的频谱是离散的，但频谱的包络线仍是一个 Sa(x) 函数，它的频率分量仍然集中在 Sa(x) 函数的第一个零点之内。所以定义周期性矩形脉冲信号的带宽为

$$W = f_{\mathrm{M}} = \frac{1}{\tau}$$

可见，信号带宽与脉冲宽度成反比，相应地，传输的脉冲频率越高，脉冲宽度越窄，要求信道的带宽越大。为了使信号脉冲传输失真小，信道要有足够的带宽。

2. 数字信道的特性

数字信道是一种离散信道，它只能传送取离散值的数字信号。数字信道的通频带(即带宽)决定了信道中能不失真地传输脉冲序列的最高速率，即信道容量。一个数字脉冲称为一个码元，码元携带的信息量由码元取的离散值个数决定。若码元取 0 和 1 两个离散值，则一个码元携带 1 比特(bit) 信息。若码元可取 4 个离散值，则一个码元携带 2 比特信息。总之，一个码元携带的信息量 n(比特) 与码元取的离散值个数 N 有如下关系：

$$n = \log_2 N$$

下面用码元和信息量的概念解释信道的基本特性。

(1) 波特率和信道容量。我们用码元速率表示单位时间内信号波形的变换次数，即通过信道传输的码元个数。若信号码元宽度为 T (s)，则码元速率 $B = 1/T$。码元速率的单位叫波特(Baud 或 B)，所以码元速率也叫波特率。早在 1924 年，贝尔实验室的研究员亨利 · 尼奎斯特(Harry Nyquist) 就推导出了有限带宽无噪声信道的极限波特率，称为尼奎斯特定理。若信道带宽为 W，则尼奎斯特定理指出最大码元速率为

$$B = 2W \quad \text{(Baud 或 B)}$$

尼奎斯特定理指定的信道容量也叫做尼奎斯特极限，这是由信道的物理特性决定的，超过

尼奎斯特极限传送脉冲信号是不可能的，所以要进一步提高波特率必须改善信道带宽。单位时间内在信道上传递的信息量(比特数)称为数据速率 R。在一定的波特率下提高速率的途径是用一个码元表示更多的比特数。如果把 2 个比特编码为一个码元，则数据速率可成倍提高。公式

$$R = B\log_2 N = 2W\log_2 N \quad (\mathrm{b/s})$$

式中，R 表示数据速率，单位是比特每秒(bits per second)，简写为 bps 或 b/s。

数据速率和波特率是两个不同的概念。仅当码元取 0 和 1 两个离散值时两者才相等($R = B$)。对于普通电话线路，带宽为 3 000 Hz，最高波特率为 6 000 B。而最高数据速率可随编码方式的不同而有不同的取值。这些都是在无噪声的理想情况下的极限值。至于有噪声影响的实际信道，则远远达不到这个极限。

(2) 误码率。上一节说明了无噪声信道的最大数据速率。实际信道会受到各种噪声的干扰，因而远远达不到按尼奎斯特定理计算出的数据传输速率。

香农(Shannon)的研究表明，有噪声信道极限数据速率可由下面的公式计算，即

$$C = W\log_2\left(1 + \frac{S}{N}\right)$$

式中，W 为信道带宽，S 为信号的平均功率，N 为噪声平均功率，$S/N = 1\ 000$ 时，信噪比为 30 dB。这个公式与信号取的离散值个数无关，也就是说无论用什么方式调制，只要给定了信号和噪声的平均功率，则单位时间内最大的信息传输量就确定了。例如，信道带宽为 3 000 Hz，信噪比为 30 dB，则最大数据速率为

$$c = 3\ 000\log_2(1 + 1\ 000) \approx 3\ 000 \times 9.7 \approx 30\ 000\ \mathrm{b/s}$$

这是极限值，只有理论上的意义。实际上在 3 000Hz 带宽的电话线上数据速率能达到 9 600b/s 就很不错了。

在有噪声的信道中(实际信道都是有噪声的)，数据速率的增加意味着传输中出现差错的概率增加。我们用误码率来表示传输二进制位时出现差错的概率，误码率可用下式表示，即

$$P_c = \frac{N_e(\text{出错的位数})}{N(\text{传送的总位数})}$$

在计算机通信网络中，误码率一般要求低于 10^{-6}，即平均每传送 1 兆位才允许错 1 位。在误码率低于一定的数值时，可以用差错控制的方法进行检查和纠正。

(3) 信道延迟。信号在信道中传播，从源端到达宿端需要一定的时间，这个时间与源端和宿端的距离有关，也与具体信道中的信号传播速度有关。我们以后考虑的信号主要是电信号(虽然在某些情况下可能会用到红外或激光)，这种信号一般以接近光速的速度(300 m/μs) 传播，但随传输介质的不同而略有差别，例如在电缆中的传播速度一般为光速的 77%，即 200 m/μs 左右。

对于一个具体的通信系统或网络，我们经常关心的是相距最远的两个站之间的传播时延，这除了要计算信号传播速度外，还要知道通信线路的最大长度。例如 500 m 同轴电缆的时延大约是 2.5 μs，而卫星信道的时延大约是 270 ms。时延的大小对采用什么样的通信网络技术有很大关系。

4.4.3 数字调制技术

数字数据在传输中不仅可以用方波脉冲表示，也可以用模拟信号表示。用数字数据调制模

拟信号叫做数字调制。本节讲述数字调制技术和调制解调器。

1. 数字调制

我们可以调制模拟载波信号的三个参数——幅度、频率和相位——来传送数字数据。由电话系统组成的数据通信网络就是传输这种经过调制的模拟载波信号的。三种基本模拟调制方式如图 4-20 所示。

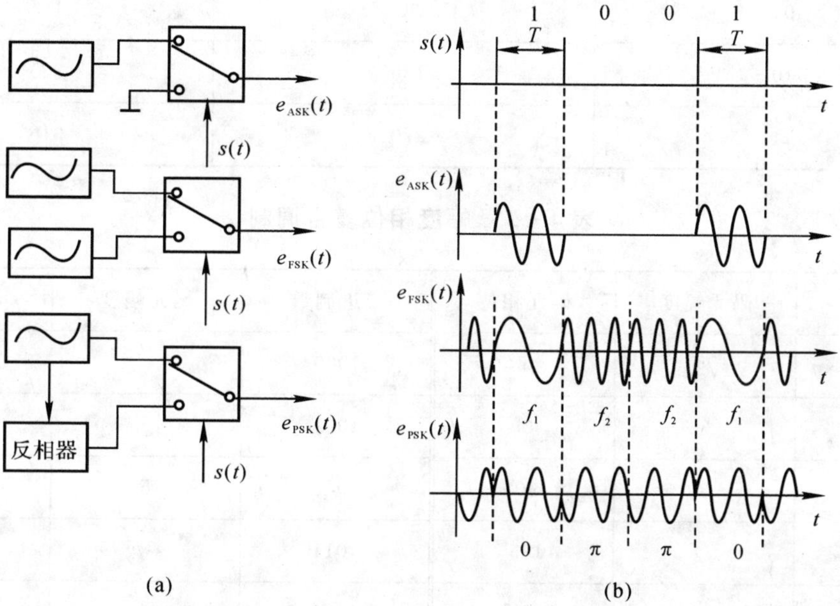

图 4-20　三种模拟调制方式

(1) 幅度键控(ASK)。按照这种调制方式，载波的幅度受到数字数据的调制而取不同的值。例如对应二进制 0，载波幅度为 0；对应二进制 1，载波振幅取 1。调幅技术实现起来简单，但抗干扰性能差。

(2) 频移键控(FSK)。即按照数字数据的值(0 或 1) 调制载波的频率，例如对应二进制 0 的载波频率为 f_1，而对应二进制 1 的载波频率为 f_2。这种调制技术抗干扰性能好，但占用带宽较大。在有些低速的调制解调器中，用这种调制技术把数字数据变成模拟音频信号传送。

(3) 相移键控(PSK)。用数字数据的值调制载波的相位，这就是相移键控。例如用 180° 相移表示 1；用 0° 相移表示 0。这种调制方式抗干扰性能最好，而且相位的变化也可以作为定时信息来同步发送机和接收机的时钟。码元只取 2 个相位值叫 2 相调制，码元可取 4 个相位叫 4 相调制。4 相调制时，一个码元代表两位二进制数(见表 4-1)。采用 4 相或更多相的调制能提供较高的数据速率，但实现技术更复杂。

可见数字调制的结果是模拟信号的某个参量(幅度、频率和相位) 取离散值，而这些值与传输的数字数据是对应的，这正是数字调制与传统的模拟调制不同的地方。

以上调制技术可以组合起来得到性能更好、更复杂的调制信号。例如 ASK 和 PSK 可结合起来，形成幅度相位复合调制，每一个码元表示 4 位二进制数，如表 4-2 所示。

表 4－1 4 相调制方案

位 AB	方案 1	方案 2
00	0°	45°
01	90°	135°
10	180°	225°
11	270°	315°

表 4－2 幅度相位复合调制

二进制数	码元幅度	码元相位	二进制数	码元幅度	码元相位
0000	$\sqrt{2}$	45°	1000	$3\sqrt{2}$	45°
0001	3	0°	1001	5	0°
0010	3	90°	1010	5	90°
0011	$\sqrt{2}$	135°	1011	$3\sqrt{2}$	135°
0100	3	270°	1100	5	270°
0101	$\sqrt{2}$	315°	1101	$3\sqrt{2}$	315°
0110	$\sqrt{2}$	225°	1110	$3\sqrt{2}$	225°
0111	3	180°	1111	5	180°

2. 调制解调器(Modem)

数据终端和计算机产生的数字脉冲要在模拟电话线上传输，必须采用调制和解调技术。能把数字信号变换为模拟信号，并把模拟信号变换为数字信号的设备称调制解调器(Modulation and Demodulation)。Modem 通常由电源、发送电路和接收电路组成。发送电路包括调制器、放大器以及滤波、整形和信号控制电路，它的功能是把终端或计算机产生的数字脉冲转换为已调制的模拟信号，并发送到通信线路上去；接收电路包括解调器以及有关电路，它的作用是进行相反的转换，把模拟信号变成计算机或终端能接收的数字脉冲。

4.5 交换方式

一个通信网络由许多交换节点互连而成。经过一系列交换节点转发，从一条线路转换到另一条线路，最后才能到达目的地。交换节点转发信息的方式就是所谓交换方式。线路交换、报文交换和分组交换是三种最基本的交换方式，如图 4－21 所示。

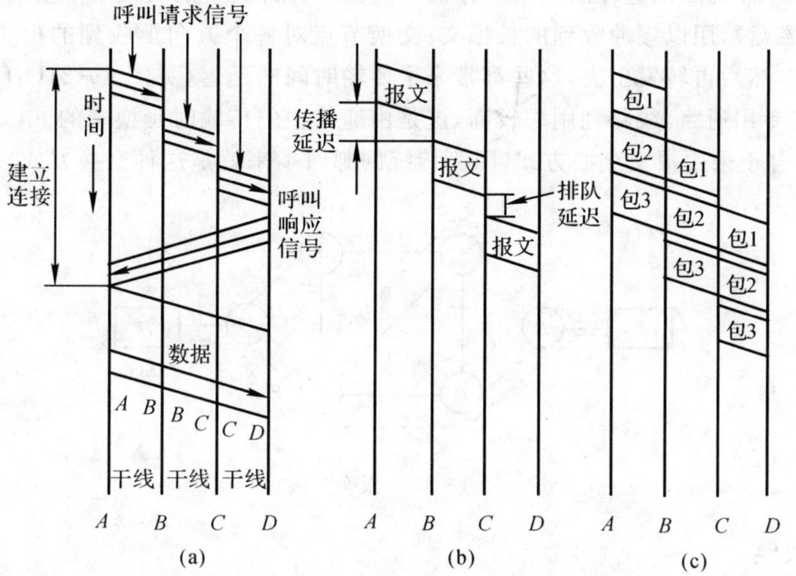

图 4－21　交换方式

(a) 线路交换；(b) 报文交换；(c) 分组交换

1. 线路交换

线路交换方式把发送方和接收方用一系列通路直接连通，如图 4－22 所示。

采用这种交换方式，当接收机收到一个呼叫后就在网络中寻找一条临时通路供两端的用户通话，这条临时通路可能要经过若干个交换局的转接，并且一旦建立就成为这一对用户之间的临时专用通路，别的用户不能打断，直到通话结束才拆除连接。

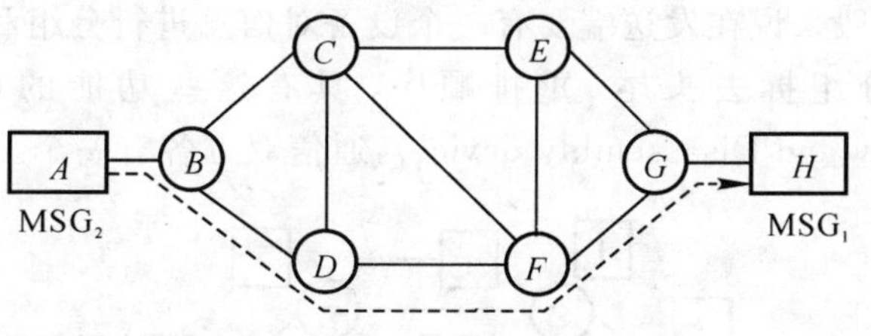

图 4－22　线路交换

电话交换的特点是建立连接需要等待较长的时间。由于连接建立后通路是专用的，因而不会有别的用户的干扰，不再有传输延迟(见图 4－21(a))。这种交换方式适合于传输大量的数据。在传输少量信息时，效率不高。

2. 报文交换

这种方式不要求在两个通信节点之间建立专用通路。当一个节点发送信息时，它把要发送的信息组织成一个数据包——报文，该数据包中某个约定的位置含有目标节点的地址。完整的报文在网络中一站一站地传送。每一个节点接收整个报文，检查目标节点地址，然后根据网络中的路由情况在适当的时候转发到下一个节点。经过多次的存储 — 转发，最后到达目标节点，如图 4 - 23 所示。因而这样的网络叫存储 — 转发网络。其中的交换节点要有足够大的存储空间(一般是磁盘)，用以缓冲收到的长报文。交换节点对各个方向上收到的报文排队，寻找下一个转发节点，然后再转发出去，这些都带来了传输时间的延迟(见图 4 - 21(b))。报文交换的优点是不建立专用通路，线路利用率较高，这是由通信中的传输时延换来的。电子邮件系统(例如 E-mail) 适合于采用报文交换方式(因为传统的邮政本来就是这种交换方式)。

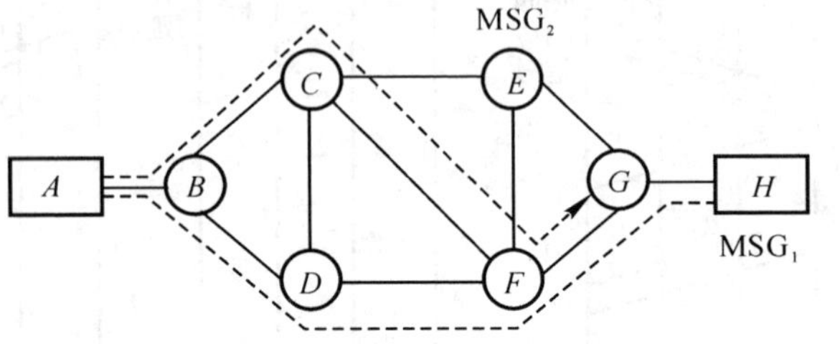

图 4 - 23　报文交换

3. 分组交换

按照这种交换方式，将报文划分为较小的数据分组，分组有固定的长度。因而交换节点只要在内存中开辟一个小的缓冲区就可以了。进行分组交换时，发送节点先要对传送的信息分组，对各个分组编号，加上源和宿地址以及约定的头和尾信息，这个过程也叫信息的打包。一次通信中的所有分组在网络中传递又有两种方式，一种叫数据报(Datagram)，另一种叫虚电路(Virtual Circuit)。

(1) 数据报。类似于报文交换，每个分组在网络中的传播路径完全是由网络当时的状况随机决定的，因为每个分组都有完整的地址信息，所以都可以到达目的地(如果不出意外的话)。但是到达目的地的顺序可能和发送的顺序不一致。有些早发的分组可能在中间某段交通拥挤的线路上耽搁了，比后发的分组到得迟(见图 4 - 24)，目标主机必须对收到的分组重新排序才能恢复原来的信息。一般来说在发送端要有一个设备对信息进行分组和编号，在接收端也要由一个设备对收到的分组拆去头尾，重排顺序，具有这些功能的设备叫分组拆装设备 PAD(Packet Assembly and Disassembly device)，通信双方各有一个。

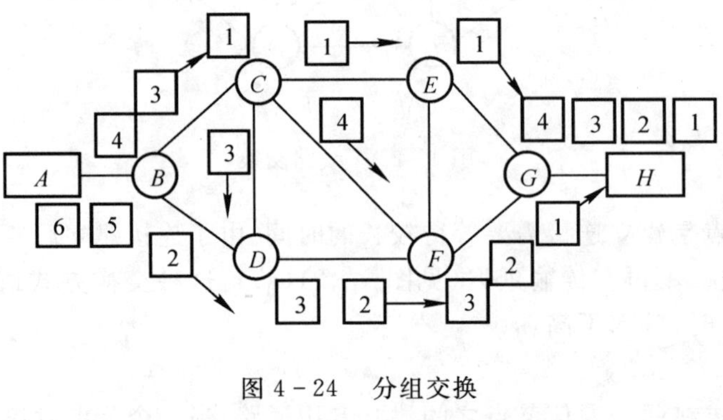

图 4 - 24　分组交换

(2) 虚电路。类似于电路交换，这种方式要求在发送端和接收端之间建立一条所谓的逻辑连接。在会话开始时，发送端先发送一个要求建立连接的请求信息，这个请求消息在网络中传播，途中的各个交换节点根据当时路由状况决定取哪条线路来响应这一请求，最后到达目的端。如果目的端给于肯定的回答，则逻辑连接就建立了。以后由发送端发出的一系列分组都走着同一条通路，直到会话结束，拆除连接。和线路交换不同的是，逻辑连接的建立并不意味着别的通信不能使用这条线路，它仍然具有线路共享的优点。

按虚电路方式通信，接收方要对正确收到的分组给予回答确认，通信双方要进行流量控制和差错控制，以保证按顺序正确接收，所以虚电路意味着可靠的通信。当然它涉及更多的技术，需要更大的开销。这就是说它没有数据报方式灵活，效率不如数据报方式高。

虚电路可以是暂时的，即会话开始建立，会话结束拆除，这叫做虚呼叫；也可以是永久的，即通信双方一开机就自动建立的，直到一方（或同时）关机才拆除，这叫作永久虚电路。虚电路适合于交互式通信，这是它从线路交换那里继承来的。数据报方式更适合于单向地传送短消息。

采用固定的、短的分组相对于报文交换是一个重要的优点。除了交换节点的存储缓冲区可以小些外，也带来了传播时延的减小，如图4-21(c)所示。分组交换也意味着按分组纠错，发现错误只需重发出错的分组，使通信效率提高。广域网络一般都采用分组交换方式，按交换的分组数收费（而不是像电话网那样按通话时间收费，这当然更合理），而且同时提供数据报和虚电路两种服务，用户可根据需要选用。

4.6　差错控制技术

在任何一个工程系统中差错总是难免的，要把差错减小到非常小的程度，就要付出昂贵的代价。一般地说，克服差错所付出的代价必须小于允许差错存在所造成的损失。例如，人的视觉一般是在千分之一到万分之一之间，即1千到1万个图像扫描点（或传送1千到1万个点）中错一个点，人的视觉是辨别不出的，在人看来，恢复的图像将仍是基本正确的。所以，把图像处理系统的差错率控制在$10^{-8}\sim10^{-7}$之间，一般已能满足要求，系统的差错率控制在$10^{-3}\sim10^{-4}$之间所付出的代价实际上是一种浪费。所以，应把差错率控制在多少，与系统的使用要求有关。

为了有效地进行差错控制，需要明确差错分布的情况。一般差错的出现分为两种不同的情况：一种是个各码元随机地出现差错，相互间互不发生影响，这称为随机性差错；另一种是成群的码元突发性地出现差错，这称为突发性差错。突发性差错的持续时间称突发长度，但在突发区间内不一定每个码元均发生差错。引起这两类不同差错的原因是不同的，例如突发差错多数是由电路中的脉冲干扰、信号衰落、瞬时中断等因素所引起的；而随机差错则一般是信道中存在随机噪声干扰所造成。实际信道的差错分布情况，需要通过大量的测试统计来了解。

本节简要地介绍差错控制的原理和方法。

4.6.1　差错控制的基本方式

差错控制通常有两种基本方式：一种是在接收端发现差错，但不知道差错的确切位置，因而只能请求发送端重发这一信息码组，直到接收端认为无错为止，这称为检错反馈重发，或自动请求重发（ARQ）。另一种方式是在接收端能够准确地判断错码发生的位置，从而可自动地纠正错码，这称为自动纠错或前向纠错（FFC）方式。一般来说，后者需要很复杂的设备，而且在一定的信息组长度内只能纠正有限个差错，但它与前者相比，实时性强，不需要反向通知信道。而前者设备简单，但需要由反向信道通知发方是否重发原信息，同时由于有错时须进行重发，因而造成接收延迟。在现有数据通信系统中，一般采用检错反馈重发方式来控制差错。实现这种差错控制方式的基本思想是：在信息码组中按一定规则附加一定数目的监督位使原来差别不大的任意两个信息码组间的差别加大，而两码组间的差别越大，越不容易出现被误认的情况。在接收时，根据收到的信息码位按照统一规则再来产生相应的监督位。如果这些新产生的监督位与对方送来的监督位不一致，则认为传输有错，便要求对方重发原信息码组及监督位，直至二者一致为止。自动纠错方式的概念不同，它是按照一定的监督算法来判断差错位置，然后将该位置上的接收二进码反向，即把“1”变为“0”，“0”变为“1”，从而纠正了差错。

无论差错或纠错，都要求在加入监督位后尽可能扩大各传送码组间的差别。作为衡量码组间差别程度的重要尺度，通常采用汉明距离，简称码距，它是指该码组集合中的任意两个码组间的最小不相同位数。例如，长度 $n=3$ 的信息集合中共有 8 个码组，即 000，001，010，011，100，101，110，111，其码距为 1。如果我们预先约定只发送其中偶数个“1”的码组，即 000，011，101，110，它的码距为 2。如果发送端发送码组 110，由于传输线路的干扰，使第一位码发生差错，接收端输出码组成为 111，它包含奇数个“1”，与原来的约定不同，因而接收端可判定这码组为错误码组。但是如果传输线路的干扰使三位码中有两位出错，例如把码组 110 错为 000，则接收端无法判定它是否有错。如果我们选取码距为 3 的重复码组 111 和 000 作为发送信息码组，则它具有判断两位错码的能力。例如发送码组 111，经干扰后错为 001，这与原先的约定不同，可判断为错误码组。而且，它还具有自动纠正单个差错的能力。如果发送信息码组 111，经干扰错为 011，101 或 110 三种情况中的一种，假定传输信道只存在一位差错，则可判断发送的信息码组为 111，而不是 000，因而自动地予以纠正。但须指出，在这一例子中，纠正一位差错与检出两位差错的能力不能同时存在。

由上述例子可以看出，码距为 2 的码组可以检出单个码元的差错，码距为 3 的码组可以检出两个码元的差错，或者可自动纠正单个码元的差错。也就是说，码距越大，发现差错与改正差错的能力也越大，它们的数学关系式可表示如下：

(1) 如果一种码的汉明距离为 d，它能发现（检测）的错码个数 l 满足以下关系式，即

$$d=l+1$$

(2) 如果这种码用于纠正差错，则它能纠正的错码个数 t 满足以下关系式，即

$$d=2t+1$$

(3) 如果这种码用于纠正 t 个或 t 个以上错码的同时，还用于发现 $l>t$ 个错码，则应满足以下关系式，即

$$d=l+t+1$$

4.6.2 几种常用的差错控制编码方式

1. 水平一致校验

水平一致较验也称为字符检验，在每一字符的末位附加一位校验位，使表示该字符的码组中“1”的个数成为偶数或奇数。

在发送字符过程中，字符代码在前，校验位在最后。在接收过程中，当收到监督位后，检查该字符中“1”的总数是否符合原来的规定，如不符合，则认为有错。ISO 规定：对于异步传输系

统，都采用偶校验方式，即加上校验位后，每一字符中“1”的总数为偶数；对于同步传输系统，都采用奇校验方式，即加上校验位后，每一字符中“1”的总数为奇数。

上述检错方式只能检查奇数个差错。如果在一个字符码组中发生偶数个差错，那么此种方式检查不出来，会将它也当做无错的字符予以接收，这称为不可检差错。可是，在一般情况下，在低速通信系统中，当一个字符码组中出现差错时，大部分的差错属于单个比特的差错。统计表明，在速率不高于 200 b/s 的系统中，一个字符码组中出现单个比特差错的概率约达 95% 或更大。因此，此种检错方式十分有效。一般在终端设备发出的字符电码中就带有 1 位校验位。

2. 垂直一致校验

垂直一致校验也称为信息组检验，它在一组字符的末尾附加一个校验字符。

这种奇偶校验方式只能发现奇数个错码，若水平方向或垂直方向有偶数个错码，则不能校验出来。

3. 循环码

循环码是一种分组码。在一个长度为 n 的码组中有 k 个信息位和 r 个校验位，校验位的产生只与该组内的信息位有关，通常称这种结构的码为 (n,k) 码，$r=n-k$，比值 k/n 称为这种码的编码效率。

(1) 循环码原理。循环码具有这样的特性，即一个合法码字的每次循环移位一定也是另一个合法码字。也就是说，若 C_i 表示码字第 i 位上的码元，其值为 1 或 0，一个码字可以表示为 $\{C_{n-1},C_{n-2},\cdots,C_1,C_0\}$，那么 $\{C_{n-2},C_{n-3},\cdots,C_0,C_{n-1}\}$，$\{C_{n-3},C_{n-4},\cdots,C_{n-2}\}\cdots$ 也一定是循环码中的码字。

循环码的这种特性可把码字表示成 $(n-1)$ 次幂的多项式，即 $C(x)=C_{n-1}x^{n-1}+C_{n-2}x^{n-2}+\cdots+C_1x^1+C_0$，其中系数 $C_{n-1},C_{n-2},\cdots,C_1,C_0$ 就是码组中相应码元的数值(0 或 1)，x^i 只是表示系数(码元值)的对应位置。

(2) 循环码的生成。设信息位为 k 位，相应的信息多项式为 $m(x)$，而校验位为 $r=n-k$ 位，并列在信息位的后面，即码字的前 k 位是信息位，后 r 位是校验位，这种码称为系统码。

由编码理论，选定生成多项式 $g(x)$，即

$$g(x)=x^{n-k}+g_{n-k-1}x^{n-k-1}+\cdots+g_2x^2+g_1x+1$$

当 $g_i=0$ 或 1 时， $g(x)$ 应是本原多项式。

则
$$\frac{x^{n-k}m(x)}{g(x)}=q(x)+\frac{r(x)}{g(x)}$$

式中，$x^{n-k}m(x)$ 为相当于信息位左移 r 位，后面留出 r 位校验位的位置；$q(x)$ 为幂次小于 k 的商式；$r(x)$ 为幂次小于 $n-k$ 的余式。

那么
$$x^{n-k}m(x)+r(x)=g(x)q(x)$$

上式中 $x^{n-k}m(x)$ 是把 $m(x)$ 左移 r 位，且将余式 $r(x)$ 放在 $m(x)$ 后面，所得到新的码字多项式一定能被 $g(x)$ 整除。

编码理论证明，上述方法得到的码是循环码。

余式 $r(x)$ 就是校验位对应的余多项式，可以由除法电路得到。除法电路就是一个反馈移位寄存器，生成多项式 $g(x)$ 的系数决定了对应位反馈线的接通与断开。$g_i=0$，断开；$g_i=1$，接通。

(3) 错误校验。发送端：由上述方法形成的校验位和信息位构成的码字，是可以被 $g(x)$ 所

整除的。

接收端：接收码字用同样的生成多项式 $g(x)$ 去除，若也能整除，说明传输无错；不能整除，说明有错，进而还可以确定哪一位错并自动地进行纠正。

4. 简单的汉明纠错码

为方便读者了解纠错过程，这里介绍一种比较简单的自动纠错码——汉明码(Hamming)。汉明码的码型结构与循环码相同，也是块结构形式的码型，即一组信息位后面紧跟一组监督位。在发送端，它是通过求解联立方程组(即编码方程组)产生监督位，完成编码任务。在接收端利用译码方程组求出差错的位置，然后自动地纠正。

(1) 监督位长度 r 的确定。若信息位为 k 位，增加 r 位冗余位，构成 $n=k+r$ 位码字。若用 r 个监督关系式(编码方程)产生的 r 个监督位来区分无错和在码字中 n 个不同位号上的 1 位错，则必须满足

$$2^r \geqslant n+1 \quad 或 \quad 2^r \geqslant k+r+1$$

以(7,4)码为例，$n=7, k=4$，则 $r \geqslant 3$，取 $r=3$(位)。若用 $s_1s_2s_3$ 的 3 位($r=3$)组合标志 1 位出错的位置和无错，可列出 S 序列的取值和错码位置的对应关系。如表 4-3 所示。

(2) 编码方程。设发送序列为 $\{m_1, m_2, m_3, m_4, c_1, c_2, c_3\}$，取值，其中 $\{m_1, m_2, m_3, m_4\}$ 为信息序列，$\{c_1, c_2, c_3\}$ 为监督位($r=3$)；接收序列为 $\{m'_1, m'_2, m'_3, m'_4, c'_1, c'_2, c'_3\}$。由表 4.3 可得

$$\begin{cases} s_1 = m_4 + c_1 + c_2 + c_3 \\ s_2 = m_2 + c_3 + c_2 + c_3 \\ s_3 = m_1 + c_3 + c_1 + c_3 \end{cases}$$

表 4.3 S 序列的取值与错码位置对应表

S 序列的取值			错码位置
s_1	s_2	s_3	
0	0	0	无错
0	0	1	m_1
0	1	0	m_2
0	1	1	m_3
1	0	0	m_4
1	0	1	c_1
1	1	0	c_2
1	1	1	c_3

在发送端，信息未经传输不会发生错误，所以将 $s_1=s_2=s_3=0$ 代入得

$$m_4 + c_1 + c_2 + c_3 = 0$$

$$m_2 + m_3 + c_2 + c_3 = 0$$
$$m_1 + m_3 + c_1 + c_3 = 0$$

可解得 c_1, c_2, c_3 位监督位，即

$$c_1 = m_2 + m_3 + m_4$$
$$c_2 = m_1 + m_3 + m_4$$
$$c_3 = m_1 + m_2 + m_4$$

这就是发送端监督位的编码方程(以上均为半加和)。

(3) 纠错过程。由接收序列 $\{m'_1, m'_2, m'_3, m'_4, c'_1, c'_2, c'_3\}$，可求得标志出错位置得序列 $\{s_1, s_2, s_3\}$ 为 $\{0,1,0\}$，则说明信息为 m_2 错误，将其改正(1 改为 0，或 0 改为 1) 即可。

第5章 防空 C^3I 系统的实现

如果说指挥自动化系统是“军事力量倍增器”的话，那么，通信则是“指挥自动化系统的倍增器”。随着现代高新科技在军事上的运用，战争的突发性、快速性不断增强，军队指挥机关需要掌握运用大量的各式各样的情报信息，要求通信传输必须迅速、准确、保密和不间断。因此，防空 C^3I 通信系统是指挥自动化系统的中枢神经，其作用是不言而喻的。本章主要介绍了防空 C^3I 通信系统在指挥自动化系统中的地位和作用，以及通信系统的组成结构和各种通信分系统的原理及其现实方法。

5.1 通信在指挥自动化系统中的地位和作用

5.1.1 通信在指挥自动化系统中的地位和作用

外军认为：“战斗和战役中失去通信联络，就等于失去指挥，就等于失败”，“在现代条件下，通信已成为异常复杂的军事机体中的中枢神经系统”。在现代战争中，如果没有有效的通信手段，作战部队、作战指挥中心、武器系统等都将成为毫无组织的、孤立的、无所作为的一群武装的乌合之众，根本无法发挥其整体作战效能。因此，在指挥自动化系统中，良好的通信保障是实施自动化指挥的基础和军队作战的命脉。

一个完整的 C^3I 系统是由若干个分系统组成的，若从基本功能的角度考虑，它至少由探测预警分系统、指挥控制分系统和通信分系统三部分组成。

其中，探测预警分系统用来监视有关情况，收集敌方各种情报，并发出警报等。指挥控制分系统负责汇总、处理和显示敌我双方的各种情报，包括目标数据、威胁分析、战场态势、战备情况和作战计划与方案等，并支援指挥人员作出判断，定下决心，实施指挥。通信分系统用来传输情报，下达命令，并回报命令的执行情况。由此可以看出，在 C^3I 系统中，指挥和控制是基本功能，而通信则是它们的基础和神经中枢，它是军队组织通信联络、保障军队作战指挥和控制的重要工具，是整个 C^3I 系统极为重要的组成部分。

通信在军队指挥自动化中的作用就是把各类情报信息从基层单位传送到作战指挥中心，并把作战指挥中心的命令下达给执行任务的部队，从而使作战部队之间构成一个有机的整体，完成人与人之间、人与机器之间及机器与机器之间的通信，可以说通信系统是整个指挥自动化系统的基础和神经中枢。

海湾战争是现代化的海、空、陆、天、电(磁)五维一体的战争。在这场战争中,通信充分显示了其重要的地位和作用,对战争的准备、战争的进程和结局,通信都起了重要的作用。以美国为首的多国部队在海湾地区集结了 70 多万军队、3 000 多架飞机、4 000 多辆坦克,面对如此庞大而又分散部署的军事力量,要实现多国部队诸军兵种、大纵深、快速机动的空地一体化作战,通信的确是关键。以美国为首的多国部队利用高技术,掌握了通信的主动权,保证了从美国本土对海湾、欧洲等大范围的部队调动和指挥,保障了军事力量快速突击和诸军兵种协调一致的作战行动,使这场战争进行的很顺利。例如,在战争初期首先派遣机动通信部队开设应急通信设施,同时紧急规划设计,建设了能满足海湾战区需要的通信系统,发射和调用了 70 多颗卫星(其中包括 12 颗军事通信卫星),构成了海湾战区通信网的骨干系统,承担了通信、情报侦察、导弹预警、导航定位、气象预报等任务。此外,还利用国防通信系统、联合战术信息分发系统、单信道地面和机载无线电通信系统、预警机以及联合监视与目标攻击雷达系统等,构成了多路由、高可靠、强抗毁的通信网络体系,保证了通信稳定畅通和情报的及时传递。相反,伊拉克的指挥通信虽然也做了长期的准备,也有较好的设备,但战争一开始就遭到多国部队的电子干扰和火力摧毁,基本上已全部中断。伊拉克军队事实上已被彼此隔绝成为孤立的小部队,上下、左右失去联系,溃不成军。

5.1.2　军队指挥自动化对通信的要求

随着现代战争的突发性、快速性的不断增强,军队指挥机关需要掌握和运用大量的各式各样的情报信息,要求通信传输必须迅速、准确、保密和不间断。因此,在指挥自动化系统中,良好的通信保障是实施指挥自动化的基础和军队作战的生命线。

指挥自动化系统对通信的主要要求:

1. 实时性强

防止敌人"外科手术"式的突然袭击,必须争分夺秒。这就要求信息传输的速度要快,尽量减少中转环节,最好是采用专用信道。若采用公共数据交换网,也要保证优先等级,以保证情报和指挥信息的时效性。

2. 通信容量大

未来作战将是全方位、多层次、多批次、大批量的立体战,所以战场情报、指挥和其他信息量都大,要求通信网络具有足够大的情报容量。

3. 协同通信

要求通信装备系列化,通用化、网络接口、通信规程标准化,使陆、海、空各军兵种能够一体化,以保证互连、互通。

4. 频带要宽,适合综合业务

要求语音、符号、数据与图像等各种军事信息是数字化与综合化的,以适应合成集团军各级各分系统信息剧增的需要。为此,要有足够的通信频带,以保证各种信息的传输。

5. 机动性好

为了满足部队在开进、退却、穿插、迂回等行军中的通信,要求通信装备做到重量轻、体积小、牢固、方便，这对机动式的指挥自动化系统尤为重要。因此，要发展移动式的通信系统。

6. 可靠性高

这是保证通信系统连续、不间断通信的根本保障。这就要求通信系统的设备可靠，有冗余措施，另外还要有迂回路由和备份通信手段。

7. 抗毁性好

即要求改进网络组织、装备性能、维修及设施、伪装等，要有结构重组能力，以保证通信系统的生存性和通信的可靠性。

8. 抗干扰能力强

整个通信系统对战场复杂的电磁环境要有较强的适应性，具有较强的抗干扰能力。即要求通信系统从频域、时域、空域等方面采取一系列的反对抗措施，以确保通信系统在复杂的电磁环境中的可靠运行。

9. 安全性好

一是对传输的信息进行加密，以防敌方截获破译，二是防止敌方介入我方通信，以及要保证信息存储管理中的安全。

5.2 防空C^3I系统中通信设备的分类和发展

5.2.1 通信的分类

一般地讲，通信是指为达到联络目的，使用声、光或电子设施，来传送语言、文字、图像等信息的过程，按照传输的信号形式分为模拟通信和数字通信两大类。或者按照通信业务分为电话通信、电报通信、图像通信、数据通信、传真等。普通的电话、传真和电视电话等属于模拟通信；电报、数据通信等属于数字通信。

按照传输媒介的不同，通信可分为有线通信和无线通信两大类。有线通信主要分为架空通信线路、电缆通信线路和光纤通信线路等；电缆通信又可分为地下电缆通信线路，水下电缆通信线路和野战电缆通信线路。无线通信按照传输方式可分为短波通信、超短波通信、微波中继通信、对流层散射通信和卫星通信。

在军队指挥自动化中，按照任务和保障范围，通信可分为指挥通信、协同通信、后方通信、警报通信和报知通信等；对于指挥通信有两种信息类型，一是指挥控制信息，用于指挥命令、兵力调配和组织指挥等，以话音通信为主。二是情报信息，包括图形、图像、文字、数据等，以数据通信为主。另外按照作战用途，通信还可分为战略通信、战役通信和战术通信。

5.2.2 通信的频谱及用途

在现代高技术局部战争中，常采用多手段、全频段、多层次的综合通信系统。从频段来讲，采用甚低频、低频、高频、甚高频、特高频等全频段系统。在指挥自动化系统中，常用的频段主要有短波、超短波和微波频段。频段划分见表5-1。

表 5-1　频段划分表

频段 \ 内容		波长 λ	频率 f	应用范围
超长波		1 ~ 10 Mm	30 ~ 300 Hz	仅适于岸对潜艇单向通信
甚长波		10 ~ 100 km	3 ~ 30 kHz	常用于对潜艇指挥、远程导航、远洋通信等
长波		1 ~ 10 km	30 ~ 300 kHz	导航系统，电报系统
中波		1 ~ 10 hm	300 ~ 3000 kHz	用于对飞机和舰艇导航
短波		10 ~ 100 m	3 ~ 30 MHz	用地波和天波作远距离通信
超短波		1 ~ 10 m	30 ~ 300 MHz	主要用直射波传播，作地面视距通信 用于大气层内、外的空间飞行通信、电离层散射通信 用于流星余迹的通信
微波	分米波	0.1 ~ 1 m	300 ~ 3 000 MHz	用做直射波传播 用做中、小容量微波中继通信 用做对流层散射通信
	厘米波	1 ~ 10 cm	3 ~ 30 GHz	用直射波传播 用做大容量微波中继通信 用做数字通信和卫星通信
	毫米波	1 ~ 10 mm	30 ~ 300 GHz	用做直射波传播 用做再入大气层时的通信 用做波导通信

5.2.3　军队指挥自动化中的主要通信手段

根据平时和战时的实际需要，军队指挥自动化的通信分系统一般由指挥中心内部通信设备、外部通信设备、数据通信网和通信网络管理等部分组成。

1. 指挥中心内部通信设备

指挥中心内部通信要求灵活方便、实时和保密。按指挥中心的工作室和战勤席位的数量，配置相应的内部通信设备。应具备下列主要功能：会议电话、热线电话、对讲、通播、选播、录音、录时等。为了实现对下指挥，要求指挥中心电话能进入军用电话交换网、公用市话交换网与长途电话网。高级指挥电话具有用户加密与线路加密的双重加密功能。对实时性要求高的指挥电话用户，应设置专线电话。现在主要采用程控数字交换机实现指挥中心内部通信功能，并组成区域电话交换网。其服务功能齐全、组网能力强。

2. 外部通信设备

所谓外部通信设备和系统是基于指挥中心而言的，它是指挥中心与信息源（雷达站、观察站、侦察站）、作战部队（航空兵、水面舰艇部队、地空导弹部队和高炮部队、陆军地面部队等）、友邻部队和上下级指挥中心进行通信联络的主要通信工具。它是由有线通信和无线通信系统组成。

外部通信系统的应用方式：战时以无线通信为主，有线和无线通信相结合。在指挥自动化系统中，无论在平时或战时，有线通信和无线通信均属于并用或互为备用。

(1) 有线通信设备。有线通信的基本原理是将信息源的各种信号，通过发送设备直接经有线传输线路传送给接收设备并交受信用户。有线通信具有保密性强、传输质量好、不易受外界干扰等优点。但由于受线路传输的衰减和失真等影响，其通信距离和传输频带宽度受到限制，机动性和灵活性较差，且建设费用大。

一般通信线缆有被复线、架空明线、通信电缆和光缆。

被复线抗拉磨，便于收放和反复使用。

架空明线比被复线通信容量大、通信距离远。但目标明显，易遭破坏，且受外界自然环境影响，通信质量不高，有时容易造成通信中断。

通信电缆保密性好。按使用要求不同，可分为音频电缆、数字电缆和载波电缆。

(2) 无线通信设备。无线通信是指利用无线电波在空间的传播，来传递话音、文字、数据、图像和其他信息的各自通信设备。和有线通信相比，其优点是不需要架设线路，通信灵活性大，机动性强。在指挥自动化系统中，无线通信占有极为重要的地位。其缺点是保密性不如有线通信，且易受外界干扰。因此，一般要对传输的信息采用加密、检错和纠错等编码技术，以增强保密性和抗干扰能力。

由于电波传播的方式不同，因而无线电通信设备就有超长波、长波、中波、短波、超短波、微波、散射、对流层散射通信，以及卫星通信和激光通信等多种形式。

3. 数据通信网

为了实现综合通信功能，必须以通信网络的形式把它们与用户有机地连接起来，以建立一个综合性的区域通信系统，以满足 C^3I 系统内部和相互之间通信的要求。

将地理位置不同、具备独立功能的多台计算机、终端以及附属设备，用数字通信设备和线路连接起来，配以相应的网络软件，实现通信及资源共享，称之为数据通信网。

(1) 数据通信网的拓朴结构。数据通信主要有星形、环形和网状形等几种拓朴结构。

星形网结构比较简单、建网容易、便于组织管理且信号延迟时间性短，所以是当前最常用的类型。其缺点是各终端间信息交换都要通过计算机连接，主机负担较重；可靠性不高，一旦主机发生故障，全网瘫痪。所以，这种网适于终端用户数量较少的场合，或作为末级指挥网络的连接形式。

环形网对数据、报文只能沿一个方向在网络节点之间传送。这种网的优点是建网容易、不需设交换中心、投资费少。缺点是任何一条链路发生故障，则全网的信息传输中断，可靠性不高。

网状网是一种分布式网络，其灵活可靠，具有较强的抗毁性和生存能力。但其建网费用高。英国“松鸡”网、美国 TRI—TAC 网均属于这种类型。

(2) 数据通信网的数据交换方式。通信网的数据交换方式主要有报文交换和分组交换两种。

报文交换是一种“存储 — 转发”工作方式。自动化程度高，软件灵活，适应性强，具备路由选择、报文优先等级与排队、代码与速度的变换、加密和解密处理、报文的校正与监视、存档和查询等功能。

报文交换方式的优点是：无接续延迟，因其方式主要是接收、存储和传送；设备速率匹配，网络以准备报文的速率接受，以目的地用户能接受报文的速率发送；有差错时重发；具有迂回路由；可设不同的业务等级；可利用计算机的处理能力，实现全网控制功能。其缺点是：交换报文时，应答时间迟缓，收发用户原则上不能直接通信，不适于作会话交换；存储的信息有时可能造成积压。

分组交换是一种特殊的报文交换方式，是另一种“存储 — 转发”的交换方式。它与报文交换的主要区别是将要交换的数据分割成若干个固定标准长度的“分组”，同时在相同或不同的路径上传送。分组交换方式信息传输的时延短、线路利用率高、具有路由选择措施，因而可靠性高。

4. 通信的组织与管理

通信网络的管理是实现通信系统是良好运行的关键，它使通信的组织和管理工作实现科学化和自动化。指挥自动化系统中的通信系统是由有线、超长波、短波、微波、卫星通信和激光通信等多种通信手段构成的综合通信系统，要使其稳定可靠地运行，必须有一个网络管理系统。

网络管理系统由连接各种传输系统的接口设备、管理计算机、显示器和通信网络管理软件等组成。其主要任务是实现通信网络综合管理、频率管理、资料调度、系统监控和安全管理。

5.2.4　军队指挥自动化中通信的发展趋势

近期的几场局部战争，特别是海湾战争，充分地显示了军队指挥自动化中通信系统的重要作用。尽管国际上出现了东欧剧变、苏联解体、冷战结束和美国和苏联从对抗走向缓和的新格局，许多国家正在逐步裁减军队，削减国防预算，然而，通信电子装备在未来高技术局部战争中的价值将大幅度地增加，对通信设施的需求量也将越发增多。因而，各国对这方面的投资与过去相比不是削减，而是保持着稳中有升的势头，这是由当代注重质量建军的总趋势所决定的。只有这样，才能在建设新的应急力量结构和提高快速反应能力新的战略方针指引下，在未来的高技术局部战争中，使得通信建设满足下述要求：

通信的组织和实施应具有高度的应变能力；

各军兵种的协同通信和不同系统的兼容能力；

抗干扰和抗截收能力；

抗毁通信能力(包括抗直接攻击、抗病毒和抗效应)；

机动通信能力；

具有大的通信容量；

通信装备系列化、标准化、模块化和智能化；

抗侦破的保密能力；

综合业务通信能力。

1. 通信系统的发展趋势

现代化的通信系统将向着一体化、综合化、全员化的方向发展。

(1) 一体化。在海湾战争中,以美国为首的多国部队所用的通信系统形成了典型的战场一体化通信体系。美军依托全球战略通信系统,采取战区野战通信系统与其他参战国固定通信系统相结合的方式,建立陆、海、空三位一体的全球通信网络,较好地保障了远程指挥的需要。

目前,不少国家的军队已实现了陆、海、空、天的通信系统一体化。例如,美军战场上的陆、海、空、天一体化的通信系统,主要是通过由战术通信卫星、地域通信系统、战斗网无线电系统和陆军数据分发系统组成的地面通信系统;由舰载通信设备建立的舰对空、舰对地、舰对舰的海上通信系统;由预警控制飞机、通信中继控制机组成的空中通信系统;以及由通信卫星和空间站通信设备等组成的空间通信系统综合构成的。随着 20 世纪 90 年代空间信息技术的发展,其信息传输平台将覆盖地球表面全部陆地、水面以下 30 ~ 60 m深的海洋,以及16 万 km高的空间。此外,还有盟军通信系统的一体化(如美军与北约盟国军队通信系统的一体化)和军民通信系统的一体化(如苏联的战略话音网,该网的第三级转接中心可军民共用)。美国国防通信系统本土部队 95% 是租用民用线路,其次是战略与战术通信系统一体化。美军在海湾战区已实现了战略、战术通信系统的一体化,日军的综合数字通信网也可以把战略与战术通信系统结合在一起。

(2) 综合化。综合化的内容包括不同功能的综合,如美国和日本的综合业务数字网、印度的陆军无线电工程网都是能够进行数据通信、图像通信和加密话音通信等综合业务的通信网。综合化还包括高、低技术的综合,如海湾战争中美军野战通信系统就是一个以三代不同体制的设备组成的通信系统,美军以互通技术实现了通信综合。此外还有通信系统与武器系统的综合,如美国的“爱国者”导弹系统,就是用无线电系统和光缆系统作为通信链路,其导弹的控制中心、通信系统和发射系统完全实现了综合化。

(3) 全员化。全员化是指全员互通而言,其发展趋势是从总统可以通到基层连队、甚至单兵。海湾战争中,美国白宫与前线司令部、与战场的每一艘艇、每一架飞机均可沟通联络。

为实现全员化,通信网络的结构应向分布式系统发展,其功能则趋于高度综合。分布式通信网络具有很强的抗毁性,这是应付现代高技术战争所必备的,多个指挥与控制节点必须分散,使敌人难以探测和确定目标;同时指挥控制节点必须互连,以分担指挥控制职责。网络结构分布式,是提高通信系统可靠性、增强抗毁性,实现全员互通的必由之路,其结构形式包括物理上的分散和功能上的分布。其特点包括资源分布的自治性、用户使用的透明性、故障免疫的坚定性等。

为实现全员化,通信系统要与计算机以及电子战系统结合,同时使通信系统向单兵单车等战斗末端扩展。为改善通信系统的自动化处理能力,通信系统必须与计算机结合。电子战系统既是破坏敌方指挥与通信等系统正常运转的必要手段和物质基础,又是保障已方指挥与通信等系统发挥作用的必要手段和物质基础。因此,必须把通信与电子战系统作为一个整体来考虑,使之紧密结合。

为实现通信全员化,就要加强近程内部协同通信系统的建设,为适应在世界范围称雄,美国和苏联历来都很重视远程通信系统的建设。

为实现通信全员化,必须采用高新通信技术、信息技术等来装备指挥自动化系统中的通信设施。为了解决通信系统的可靠性,实现通信全员化,美军十分重视提高电子元器件的质量。

此外，为实现通信的全员化，还必须重视调整通信管理体制，以高度集中统一的管理体制满足指挥自动化系统对通信的要求。在这方面早在 20 世纪 60 年代，美军就将雷达、导航等业务划归通信部门管理。1991 年美又将国防通信局更名为国防信息系统局。

2. 通信技术的发展趋势

随着军事技术和科学技术的发展，特别是大规模集成电路、数字通信和计算机技术的发展，为研制新一代的、能适应现代战争需要的通信系统提供了极为有利的技术基础。

现代通信技术的发展方向是综合化、数字化、智能化，重点发展移动通信、光纤通信和卫星通信等，建立国家和国防信息基础设施。

鉴于通信在军事上的重要性，通信设施必然是敌人破坏的主要目标，因而通信的安全问题将是今后通信技术发展的关键技术之一。通信系统的顽存性、信息的保密技术，在时域、频域和空域的抗干扰措施等都将是通信技术研究的重点。

(1) 发展移动通信系统。现代局部战争的突发性、大纵深、全方位、多层次、多梯次，对通信传输提出了特殊的要求，需要提供传输多种信息、多个路由、迅速、可靠、保密和互通的移动式通信系统，以随时应付可能出现的突发事件，这一点对陆军尤为重要。

(2) 发展多功能综合通信系统。美国三军的联合战术信息分发系统(JTIDS)，是一个具有通信、导航、识别的多功能综合通信系统，其工作频率为 960 ～ 1 215 MHz，通过采用快速跳频、直接序列扩频、同步密钥、级连纠错编码、相关检测等技术，实现突发频率和传输信息离散化、随机化，使所发射的空间电磁波密度大为下降，信号具有近随机噪声的特性，提高了系统的保密性和抗干扰能力。

(3) 发展综合业务数字网。随着现代战争发展的需要，对军事通信业务的要求渐趋多样化，对高质量话音、电传、传真、数据、电报、图像等业务的需求越来越大。如果每出现一种通信业务，就相应地建设一个新的通信网，势必造成诸网分割的局面，使网络资源得不到共享，同时也给运行、维护管理带来极大的困难，造成人力、物力的极大浪费。因此，走数字化、智能化和业务综合化的道路，建设综合业务数字网(ISDN) 是必然趋势。

要把话音、图像、文字和数据全部送到一条线路里传输，并全部送到一个交换机中进行处理，可不是一件简单的事。要实现 ISDN，必须依靠数字技术、光纤通信技术、卫星通信技术、多媒体技术和计算机技术，研制与 ISDN 配套使用的许多终端设备，诸如数字交换机、高清晰度传真机、电视电话机、多媒体终端机及电话会议系统等。

(4) 发展短波自适应通信技术。短波通信由于通信距离远，所以长期被作为军事通信的一种重要手段。但因其电码波的传播受季节和昼夜环境的影响极大，有时易造成通信中断，工作不可靠，传输误码率高。为克服以上不足，人们采用了扩频、跳频和一系列自适应技术，其抗干扰性和传输的可靠性已大为提高，数码传输的速率可望达到 9 600 b/s，传输误码率已达 10^{-5}。

所谓跳频，就是按照一个码序列的变化自动地改变其工作频率。跳频速率一般分为快、中、慢三种，慢跳频小于 100 跳 /s，快跳频大于 1 000 跳 /s，中跳频介于两者之间。跳频主要用来对付敌方的电子侦察和干扰。

所谓自适应技术，就短波通信而言主要指速率、频率和功率的自适应。

1) 速率自适应。数据传输速率能适应信道的实际情况，当信道质量恶化时，数据的速率能自适应地降低，以满足误码率的要求。

2) 频率自适应。短波信道实施频率预测，当正在使用的工作频率带来的误码率不符合要求时，能自适应地调谐到最佳的工作频段去进行通信。

3）功率自适应。发射具备辐射功率的自适应调节能力，以适应电磁波传播的环境，从而提高了抗干扰能力和传输质量。

(5) 发展卫星通信。卫星通信具有极好的传播性能而受到各国军、民的重视。它具有远程、优质和机动的突出优点，可以在通信卫星发射波束所覆盖的地区内建立通信网。此外在边远地区发展通信，可不受地面自然状况和气候的影响。其缺点是星体暴露、设备昂贵、寿命短。卫星通信系统是少量空间卫星和大量的轻小、机动和廉价的地球站最重要的奋斗目标，星上信号处理交换和控制技术将进一步发展，抗干扰、抗摧毁、防窃听仍是主要努力方向。此外，出于经济和抗毁性考虑，一颗卫星供多个卫星通信系统使用会大大改善卫星通信系统的经济性，一个卫星通信系统同时使用多颗卫星会改善卫星系统的抗毁性。现在，美国全球核战略指挥所采用的空军通信系统，就同时使用国防星、舰队卫星、租用卫星、数据卫星以及其他秘密卫星。

(6) 进行国防信息基础设施的研究和建设。

1）一般概念。所谓“国防信息基础设施”——Defense Information Infrastructure(简称DII)，实际上就是国防信息高速公路的构成和得以运转的物质基础。DII具有广泛的含意，它的内容超出了用于传送、存储、处理和显示声音、数据及图像的物理设备，它包括各种通信设备、计算机、广播电视设备、光纤线路、卫星通信网、微波网等；各种信息源，如电视节目，科学、商业和军事数据库，图像、录音磁带、图书档案和其他媒体形式存在的信息，应用系统与软件，网络标准和传输编程，以及各单位产生的信息、开发的应用和服务系统等。

所以，信息高速公路可以形象地理解为以光纤电缆为“公路”，以集电脑、电话、电视、传真等为一体的多媒体终端机为“汽车”，高速“运送”各种信息(数据、视听信号、资料等)，连成遍布全军甚至全国的高速信息网络。建成的国防信息基础设施将是一个能给部队用户随时提供大量信息的、由通信网络、计算机、数据库及电子产品组成的完备的系统，是一个通信设施、信息产业、分配设施、人员及一套工作程序组成的综合性大型系统，是由多个网络构成的、多功能一体化的网间网络，其主干线最终将能以每秒数亿位的速度传送数据。随着社会信息化和国防信息基础设施的建设，信息的充分利用将大大地提高各种物质资源和军事情报信息的利用率，将对全军乃至全国产生重大影响，将使可视电话、可视会议、电视购物、电视训练和教学、家庭影视室、家庭图书馆、家庭数据库、在家中办公等成为现实，从而完全改变人们的工作和生活方式。所以，今后C^3I系统的建设，首当其冲的是DII的建设。它又将情报源、通信、数据处理、显示和指挥控制等作战过程能融为一体。

2）国防信息基础设施的关键技术。信息高速公路使现有的电话网、有线电视网、计算机网等，以高速、双向、大容量的光纤线路形成一体化的数字式网络。网络中的用户终端是电话、电视、计算机等功能一体化的多媒体终端设备。所以信息高速公路的技术主要是计算机技术、通信技术、多媒体技术等的综合集成技术。

ⅰ）通信与ATM高速网技术。要建设高速公路，必须改变点对点的通信方式，而应当是点对面和点对三维空间的立体通信方式，因而必须实现无线、卫星，便携的全军、全国及至全球的个人通信，无论是人走到何处，都能方便地与地球上任一点进行通信。通信网络应做到“四无”：无处不到、无时不通、无人不能用和无物不可转。

ⅱ）多媒体一体化终端技术。多媒体技术可分多媒体通信技术和多媒体计算机技术，二者在信息高速公路中都发挥着十分重要的作用。多媒体计算机有两种类型：一是作为媒体服务器用于交互式视像网络；二是作为信息终端设备用于高速计算机网。但这些多媒体计算机最根本的问题是要开发多媒体的处理器芯片、多媒体计算机结构、多媒体操作系统、多媒体数据及多媒体应用开发工具。

ⅲ）可缩放并行处理机技术。信息高速公路要能存储和传输比目前 ORACLE 出售的数据库大几十万倍、几百万倍的视频服务器，这种服务器没有高速性能的计算机是根本不可能的。

ⅳ）数字压缩技术。只有进行数字压缩，才能在信息高速公路上进行电视现场直播，因为电视画面转化成数字信号后信息量太大。目前，先进的数字压缩技术还刚刚在有线网络中进行试验，需要作大量的开发研究和试验工作。

ⅴ）先进的软件服务系统。信息高速公路连接着种类繁多的计算机等信息设备和成千上万个网络系统，管理这样巨大的系统和信息，决不是今天的系统管理软件所能胜任的。如何保证个人和企业的秘密信息能在信息高速公路中传送，这类问题远未解决。

总之，建设国防信息基础设施决非易事，它是一个跨世纪的工程，需要有一个长远的计划。从现实经济上和技术上情况看，应根据实际分几步：第一步首先建设区域信息系统，即具有 ATM 技术支撑的区域性宽带综合业务通信网（B—ISDN）；第二步再建成实质性的国防信息基础设施。

5.3　指挥所的主要通信设施

5.3.1　指挥所的通信联络

通信联络是军队的神经系统，是构筑指挥活动的媒介，是保障作战指挥的基本手段。通信联络能使上级的命令、指示及时下达；下级的情况及时上报，友邻之间、军兵种之间密切联系。

1. 通信联络区分

通信联络按其性质通常区分为指挥通信、协同通信、报知通信和后方通信。

为了有效地保障指挥，各级部队的通信联络组织，既要能单独地保障本级属部队执行各种任务，又要成为上级部队整个通信网的一个组成部分，以适应平时和战时的需要。

(1) 指挥通信。指挥通信用以保障各级指挥员对部队实施不间断的指挥。指挥通信的组织，要与指挥关系和指挥方式相适应，要能保障各战区或要地实施统一指挥和各部队分别实施指挥。

通常各军区空军与防空兵师、旅(团）之间和防空兵师、旅(团）与所属部队之间，分别建立保障战斗指挥的有无线电通信。有线电通信，通常建立直通的或者经过总机接转的线路，为保障战斗指挥，应尽可能建立专用线路。各军区空军与防空兵师、旅(团）之间，通常建立机要无线电通信；如情况允许，保障战斗指挥的无线电通信亦可兼负机要通信的任务。

(2) 协同通信。为了保障本部队与友邻部队、其他兵种部队的协同动作，必须建立协同通信。协同通信要根据合成军队司令部的指示组织，通常由统一指挥的司令部或者担负主要任务的司令部负责组织。

(3) 报知通信。报知通信用以传递对空侦察情报、技术侦察情报、气象情报，以及发放敌原子弹、化学武器、细菌武器袭击的警报等。

对空侦察情报通信，应根据对空侦察情报报知关系和雷达网布局，统一计划，按级(分区）

建立。发放敌原子弹、化学武器、细菌武器袭击的警报，优先使用各种通信工具。警报通信，由总参谋部和战区最高指挥机关组织。

(4) 后方通信。后方通信用以保障各级指挥员对后方机关的指挥和后方机关组织实施后方勤务。通常由军以上司令部组织建立，应与后方指挥组织和供应关系相适应。后方通信可由指挥通信兼负，必要时单独建立，并广泛使用运动通信。

2. 通信手段运用

为保障不间断地指挥而采用的通信方式，叫做通信手段。根据信息传输方式的不同，通信手段分为无线电通信、有线电通信、运动通信和信号通信等。必须根据上级指示、通信工具性能、气候、地形特点等灵活运用，以保障顺畅的通信联络。

各种通信手段，互有长短，任何单独一种都难以适应多方面的需要，必须结合使用，取长补短，才能使通信联络达到迅速、准确、保密和不间断的要求。使用各种通信工具进行通信联络，都要言简意明，力求简短，提高时效，严格保密。

(1) 无线电通信。无线电具有建立迅速，便于机动，并可通播发信；能够适应部队配置分散、广泛机动、指挥方式转换快和情报传递范围广的特点。但是，无线电通信易被敌方侦察(窃听、定位)、干扰和冒充，必须经常研究改进使用方法，因时因地采取保密措施和反干扰措施。

无线电通信，分为无线电台通信、无线电接力通信、散射通信、卫星通信等。军以下部队主要使用无线电台通信和无线电接力通信。

1) 无线电台通信。组织无线电台通信，通常采用网路通信、专向通信和综合通信等方法。

网路通信，是由三个以上电台使用共同的联络规定进行通信联络的方法。它占用频率少，节省人员、器材，便于通播和相互转信。但通信时效低，而且易暴露指挥关系。

专向通信，是两个电台之间使用共同的联络规定进行通信联络的方法。它联络及时、时效高，但占用人员、器材和频率多。通常用于主要作战方向或与执行主要任务的部(分)队建立通信联络。

综合通信，是以网络发信(上级用一部发信机同时向数个下级发信)和专向收信(上级同时用数部收信机分别接收数个下级的发信)结合进行联络的方法。根据部队作战行动的需要，要求迅速发布统一的命令和同时接收数个下级的报告时，通常采用这种联络方法。

2) 无线电接力通信。无线电接力通信，分为微波通信和超短波通信。它能实现多路通信，稳定性好，受核爆炸影响较小。可以传送电话、电报、传真、数据和电视；既能够单独使用，也能与有线电、无线电通信结合使用，还可用于延长或者接替遭到破坏的有线电线路和用做无线电集中台的遥控线。无线电接力通信，使用方向性天线，电波在一定的方向范围内传播，因而，它比无线电台通信保密性好。但在其发射方向范围内仍易被窃听，并且受地形影响较大，所以在组织使用时，要注意线路路由和站址的选择；接近前沿的无线电接力站的发信方向应避免朝向敌方，以防止敌方窃听和干扰。

建立无线电接力通信时，电路的分配，频率的使用，呼号、识别暗令和勤务密语等，均由负责组织无线电接力通信的司令部统一规定。使用合成军队拨给的无线电接力电路，必须执行合成军队的有关规定。

(2) 有线电通信。有线电通信使用简便，利于保密，用载波设备可以进行多路通信，还可与无线电接力通信结合使用。但有线电通信建立费时，易遭破坏，也有被敌窃听的可能。

(3) 运动通信。运动通信，是通信人员徒步、乘马或使用自行车、摩托车、汽车、飞机、汽艇等运载工具，进行文件或口头传递而达成的通信联络。它具有确实可靠，保密性好，一次能传递大量文件的特点，在现代化战争中仍然是重要的通信手段。特别是在军队变更部署、行军、宿营时以及在指挥机关内部和营以下分队中，更有重要作用。但易受气候、地形、交通条件及敌情的影响，通信速度和通信范围受到一定限制。

(4) 信号通信。信号通信，是一种简易通信方法。通常分为视觉信号通信和听觉信号通信两类。

视觉信号通信，包括信号弹、灯光、旗子、烟火、运动姿态等。

听觉信号通信，包括军号、哨子、警报器、喇叭等。

战斗中使用的信号要有限制，不要滥用。各种信号应当简明易记，示意准确，区分明显，适用多种工具发放。选用信号工具，应当考虑到气象、地形以及烟雾、杂音等影响，必要时结合使用多种信号通信工具，保证信号及时、准确地发出。使用信号通信工具的人员，应当熟记有关的信号，注意观察和听辨，并且提防敌人干扰和冒充。

5.3.2　指挥所的主要通信设备

1. 指挥所的组成

现代战争指挥中的一个重要变化是强调协同及联合作战指挥，由于参战兵种多，相互协同的要求高，所以指挥所不仅仅是指挥员及其所属作战参谋工作的场地，它还是协同作战部队或保障部队指挥员的工作场地。另外，由于新的技术装备的出现和发展，大量指挥自动化器材进入指挥场所，指挥所内增设了各种技术要素，例如计算机房、投影显示室、缩影室、录像制作室、程控机房、系统监控室等。并要编配相应的值勤保障机构，例如技术保障室，或指挥自动化工作站等。这样，指挥所的人员组成有了很大变化，有指挥决策人员、战备值勤人员和技术保障人员三套工作班子，以保障实时、连续、高效的指挥机制的运转。这也是现代指挥所与一般指挥所的显著区别之一。

(1) 指挥所的人员组成。

1) 指挥决策人员。由各级指挥员组成，在指挥自动化系统中，真正体现“指挥”二字的就是这部分人员，他们是这个信息加工厂中最重要的组成部分。

2) 值勤操作人员。由参谋和信息分析人员组成，他们担负大量的设备操作和信息分析工作，他们真正体现了与机器“结合”在一起的人—机系统，是信息流通不可缺少的环节。

3) 技术保障人员。由指挥所技术值勤和设备维护人员组成，其任务是保障设施正常、有效地运转。这类人员虽不直接参与信息流通过程，但他们的工作好坏关系到指挥所的功能和效率。

(2) 指挥所的设备组成。指挥所内的指挥自动化硬设备主要包括电子计算机及其外部设备、计算机通信网络设备、指挥工作台、安全保密设备、显示设备、内部通信设备、辅助设备（电源、方舱等）。这类设备还可进一步分为通用的和加固的两种。

现代指挥所的软设备是指计算机和指挥所内各种指挥自动化设备所需的规程、程序或软件，没有这部分设备，指挥所内的硬设备就失去了灵魂，而无法运行。

此外，辅助设施是指现代指挥所的各种电子设备与战勤人员维持正常值班运行必不可少的水电、营房建筑以及各种技术性、生活服务性和防护性支援保障设施。从功能上看辅助设施大体可分为：环境工程性辅助设施、技术支援性辅助设施、保障防护性辅助设施和生活服务性辅助设施。

2. 指挥所的主要通信设备

(1) 电话机。电话是一种利用电信号传送消息达到互通语言的通信方式。在发话端，由送话器把语音转变成电信号，再经过有线电设备或无线电设备发送到对方；在收话端，由受话器把电信号还原成语音。

电话机是声能与电能互相变换的器件，具有听(听到对方的话音)、讲(传出自己的话音)、收(收到送进来的振铃信号)、发(发出振铃信号)四种功能。它的主要组成部分为通话设备与呼叫设备以及一些其他附属设备。通话设备包括送话器、受话器和感应线圈；呼叫设备包括电铃、拨号盘和磁石式手摇发电机(只用于磁石式电话机内)；附属设备包括叉簧、接线板、电容器和机壳等。电话机可分为磁石式、共电式和自动式三种，按它们的形式和使用情况来分，有墙式、桌式、墙桌两用式和携带式。

(2) 电话交换机。电话交换机是用以集中电话用户线路并为用户接线通话的设备。运用交换机中的机键设备，可将任何两部电话机连接起来，并在通话完毕后，将其拆开。城市的用户电话机都接到电话局，交换机就装在电话局里。装在机关、工矿企业、学校或其他较大建筑内部的交换机，称为用户小交换机(俗称“总机”)，接到小交换机的电话机称“分机”。分机向外通话，先经小交换机和电话局交换机接通，而分机与分机打电话时，只须由小交换机接通。

电话交换机通常可分为人工和自动两种。

1) 人工电话交换机。人工电话交换机是指用人工来进行用户之间的接线工作的交换机。主叫用户打电话时，须先报出对方用户号码，话务员根据所报号码，接到被叫用户，然后双方进行通话。用户讲话完毕后，话务员拆断通话用户之间的连接。接线和拆线工作，由话务员根据交换机上的不同信号进行。这种交换机有磁石式和共电式两种。

2) 自动电话交换机。自动电话交换机是利用自动化设备进行接续用户电话的一种电话交换机。当发话人需要交换机接线时，只要拿起送受话器，等听到交换机发出的拨号音，就可用自动式电话机的拨号盘拨出受话人的电话号码，交换机自动地把发话人的电话线路连接到受话人的电话线路中去，并且自动向受话用户送出低频交流电振铃，当用户通话时，通话电源由电话局的蓄电池供给。讲话完毕时，发话人挂上送受话器，自动交换机就拆断线路。自动交换机接续准确、迅速。它分为机电式交换机和电子式交换机两种。

(3) 载波电话机。载波电话是利用频率分割制的原理，在一对线(二线制)或两对线(四线制)上同时传输多路电话。

普通电话的传输方法是把音频直接传输到对方，整个传输过程中频率是不变的。这样，频率范围相同的信号同时在线路上传送，就要互相干扰。载波电话是将发送端的各路音频经过一次或多次调制，分别调到不同的线路传输频带，经线路和增音设备传输到接收端，再由各自对应的带通滤波器选出所需信号，经一次或多次反调制还原成各路音频。由于采用滤波器将各路音频分隔开，因而各话路互不干扰。

载波电话设备不仅供多路电话通信用，还可二次复用开放载波电报、传播广播节目、电视、传真和数据等。

载波电话系统中装于线路两端的设备叫做终端机，其主要部件有振荡器(包括载波发生器、振铃振荡器和导频振荡器)、调幅器和反调幅器、放大器、滤波器、均衡器和均衡网络、混合线圈、电源设备、各种测试仪器。在某些类型的载波电话终端机里还有限幅器，电平自动调节装置等。

终端机在收、发两方向的作用是相反的。在发送端是将每一路的音频电流或振铃电流对载波进行调制，使之搬移到一定的较高的频带上，经过滤波、放大，然后再通过线路滤波器将信号送到线路上去。在接收端是把线路滤波器接收的各路载波信号电流经放大后，在分隔滤波器上各自分开，经滤波、反调幅变成为音频电流或振铃电流。

载波电话所用频率较高，经传输一定距离后，信号就会衰减降低，为保持一定信噪比及保持一定的传输电平，必须要有一种设备将载波电流放大，这种设备叫做载波增音机。增音机的功用为接收、放大和再发送载波电流，载波电话采用了增音机，就能进行远距离通话。

(4) 电传机。电报通信是利用电的方法在远距离传输书面信息的一种通信方式。传送的基本方法有两种：一种是先把字符编成电码，发报方面按照一定的电码发送出信号脉冲中，在收报端又把收到的信号脉冲译成字符；这种叫做编码电报；另一种是把文字的手迹或图像用电的方法传到对方，这叫做传真电报。

(5) 传真机。传真机就是利用扫描技术把图像（包括相片、图表、文字）原样从发方传给收方的通信方式。发送时，将原样放在传真发送机上，依照一定次序分成许多黑白深浅不同的小点，通过光电设备的作用，把深浅不同的小点变为强弱不同的电流，然后利用有线或无线电路传送到对方。对方在传真接收机内将收到的信号电流用各种不同的方法，复制出原来的相片、图表或文字。

传真的优点是不需要译电手续，可以直接传送相片、图表、文件、手迹等，从而提高了通报效率和减少了差错率。它的缺点是占用频带比较宽，而且设备也比较复杂。

传真机种类比较多，分类方法各有不同。按传送黑白或多种色调来分，可以分为真迹传真机、相片传真机和彩色传真机；按传输的电话电路数来分，可以分为单路传真机、多路传真机（如十二路传真机、六十路传真机）；如按传真机的某些特殊用途来分，又可以分为报纸传真机、气象传真机、信函传真机等。

(6) 无线电通信设备。由于无线电通信具有灵活性大、机动性强等特点，特别适用于部队作战的需要，所以在指挥所内还配备有大量的无线电通信设备，如小型无线电台、短波发信机、短波收信机、单边带发信机和单边带收信机等。

5.4　短波通信

短波通信使用 3 ～ 30 MHz 的短波波段，是一种传统的近、中、远程通信方式。由于短波可以利用电离层的反射作用，在不大的发射功率和适中的设备费用下就可以获得令人满意的通信效果。但是，由于短波通信存在某些天然的不足，如信道常会出现各种衰落、容易受到干扰等，使得传统的短波数据传输通信系统的误码率通常在 $10^{-2} \sim 10^{-3}$ 的数量级，这样到达接收机的信号就极不稳定，不能像卫星通信那样提供高质量的通信手段。因此，在 20 世纪 60 年代到 70 年代，短波通信曾一度受到冷落。70 年代末以来，由于空间技术飞速发展，对卫星的拦截技术日趋成熟，人们对通信卫星在未来战争中的生存性感到担忧。因而，各国军方对短波通信在未来战争中的地位进行了重新评估，认识到：① 短波通信具有不易被摧毁的“中继系统”—— 电离层，使得战时短波通信比卫星通信更可靠；② 设备简单，造价低，容易部署，机动灵活；③ 可迅速组织远距离通信；④ 实现了自适应通信、自适应跳频、新型调制解调和线路压扩技术的突破，短波通信的可靠性得到大大提高，使信道误码率达到 10^{-5}。现在，国内外十分重视短波通信，在军事上把它列为 C^3I 系统的一种不可缺少的通信手段。

5.4.1 短波的传播特性

短波波段的电波有天波和地波两种传播形式。地波传播损耗随频率的升高而增大，且与传播路径状况密切相关，只能在几十千米以内通信，不宜作长距离通信。在距离超过 200 km 时，电波传播主要取决于天波。天波依靠电离层对电波的反射，可建立几千千米的远距离通信线路。在天波和地波作用距离之间的（几十至一百多千米）区域内，短波信号很弱，称为寂静区。

1. 电离层的结构和特性

电离层是地面上空的一个区域，在该区域中，稀薄的空气在太阳紫外线作用下被充分的电离，它可反射或吸收无线电波，而这种作用的大小与电子密度密切相关。由于太阳辐射是不规则的，所以电离层的电子密度和高度将随季节、一天中的不同时刻、以及太阳黑子活跃性有较大的变化。此外，太阳黑子常出现耀斑暴发，将引起电离层的强烈的短时间骚动。

2. 最高可用频率

对于电离层各分层的电子密度，都存在一个相应的最高频率 f_c，称为临界频率。在此频率时，该层对垂直入射波的电波将起反射作用；而当频率高于 f_c 时，垂直入射的电波将穿出该层。如果电波是以入射角 φ 斜射（$\varphi > 0°$，射角 φ 是电波入射方向与电离层的垂线的夹角）电离层，频率为 f_c 的电波不会穿出该层，而是更高的某一频率 f_{mu} 才穿出该层。f_{mu} 被称为在入射角为 φ 时的最大可用频率，它可以表示为

$$f_{mu} = f_c \sec\varphi$$

当 $\varphi = 0°$ 时，$\sec\varphi = 1$；当 $\varphi = 90°$ 时，$\sec\varphi = \infty$。可见 $f_{mu} \geqslant f_c$。

在实际应用中，由于电离层特性的不规则变化，为避免电波可能穿透电离层而不被反射回地面，通常将工作频率取在 $(0.8 \sim 0.9)f_{mu}$。

3. 最佳工作频率

当选择的通信工作频率等于最高可用频率 f_{mu} 时，传播损耗较小。但是，由于种种原因使得最高可用频率本身不是很准确。因此，工作频率要选得比最高可用频率低 10% ～ 20%。这样选择的短波通信频率叫做最佳工频率，常以 f_{ow} 表示。减小的 10% ～ 20% 算是留有余地。

因为最高可用频率是随时变化的，由此确定的最佳工作频率是随时变化的。从发和收设备来说不可能做到工作频率随时变化。这就和电波传播方向要求最佳工作频率随时变化相矛盾。实际工作中怎样解决这个矛盾呢?一般可以分三种不同情况，区别对待。

第一，对于较不重要的、传播条件比较稳定的通信线路，每天更改频率的次数可以较少。一般是白天和夜间分别选用不同的工作频率。

第二，对于较重要的、传播条件较复杂的通信线路，每天要多次更改工作频率。使工作频率尽可能接近最佳工作频率。

第三，极重要的国防、外交和科研等方面的短波通信，可以比较自由地选择工作频率，使其处于最佳状态。特别重要的通信，如远程洲际导弹实验等，必须采取有效的措施（如配备斜向探测设备等），即时确定最好的通信频率。

短波通信建立通信电路比较方便，设备比较简单，但通信的可靠性和稳定性较差。这是因为电离层受季节和昼夜变化的影响，尤其在黄昏和拂晓所受影响更大，易导致通信中断。因此通常采用更换频率的办法，来适应反射层的变化，保持不间断地通信。此外，还存在多径效应而

使信号发生变化。在发生爆炸、核爆和极光时，将使电离层发生骚动，从而导致通信的不稳定，有时甚至导致完全中断。另外，对短波波段的干扰还有大气噪声，工业干扰和电台干扰。雷电是大气干扰的主要来源，它对长波的干扰最强，中、短波次之，工业干扰由各种电气设备和电力网产生。在工业区，工业干扰强度远大于大气噪声的干扰，是线路干扰的主要来源，当接收机位于工业城市内时，应将允许的最低接收信号功率提高 10 dB，方能正常工作。

5.4.2　单边带通信

随着无线电通信的发展，在短波波段内存在两个突出的问题，一是在本波段范围内尽量增加无线电信道数目，即力求压缩每个信道的频带；二是减少不必要的辐射，增加通信距离。单边带通信正是为解决上述问题而得到迅速发展和应用的。

1. 单边带通信的原理

单边带通信是在调幅制通信的基础上发展起来的。其通信原理是，在一般通信系统中，载波经音频信号调制后，包含有一个载波频率和上、下两个边频带，两个边频带包含有相同的调制信号，发射机将它同时发射出去，这样在发射载波和另一边带中消耗了发射功率中的大部分功率，且还占用较宽的通信频带。为了提高通信效率和节约通信频带，在通信时仅发射一个边带，而不发射载波和另一个边带，这就是单边带通信，如图 5-1 所示。

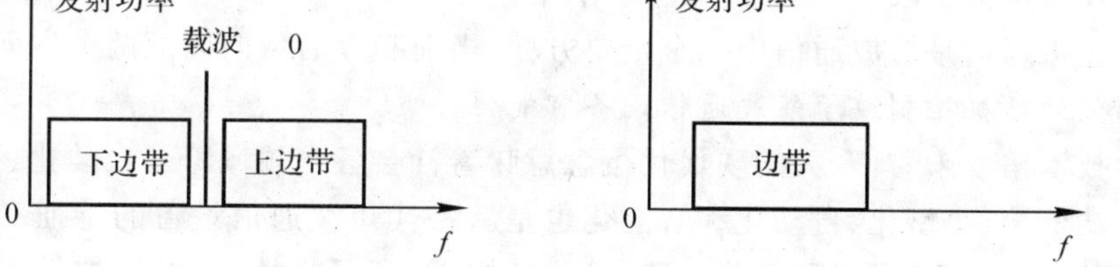

图 5-1　单边带通信示意图

单边带通信常用于地对地和地对空远距离传输电话、电报和传真等。

2. 单边带信号的特点

单边带信号的特点比较明显。从频谱的观点看单边带调制，实质上就是频率的搬移，即把调制信号的频谱搬移到高频的位置上，以便通过无线电波把消息传递到对方。从调制信号的单边带的频谱中可看出，要无失真地传递信号，在调制信号频谱的搬移过程中，只允许调制信号在频率轴上左右移动，而不允许产生任何新的频率成分，否则就会产生失真。在实际通信系统中，无失真地传输调制信号是不存在的，只有尽可能地设法减小在调制信号频谱变换过程中寄生频率分量产生的数目及减小其振幅。

从时域的观点来观察单边带信号和调制信号的关系时，可以发现，单边带信号和调制信号的波形包络形状完全相同，包络内填充频率的变化规律也完全相同，所不同的就是填充频率升高了。若要无失真地传输调制信号，单边带信号在传输过程中，不允许产生包络失真和相位失真。

从频域的观点看，由于在频谱内出现了原调制信号中没有的新的频率成分，从而使单边带信号所占的频谱加宽。

3. 单边带通信的优缺点和发展前景

单边带通信与调幅通信相比较，具有节约频带、节约功率、受传播条件影响小、便于实施多路复用等优点。

(1) 节约频带。由于单边带通信是利用一个边带进行信息传递的,其频谱宽度远小于调幅信号的频谱宽度,因此能节约频带。在理想情况下,单边带通信可节约一半频带,从而提高了信道的利用率,即在一定频率范围内,采用单边带通信制电台的容量可比调幅制增大一倍,或者保持原有频带宽度,而用上、下边带同时可通两路信息。

(2) 节约功率。在调幅制通信中,发射机发射的功率分散在载波和两个边带上。而大部分功率又集中在不含有任何信息的载波上,两个边带功率最多占发射功率的三分之一。在单边带通信中只发射一个边带,克服了分散现象。

(3) 受传播条件的影响小。在短波通信中,电波的传播是靠电离层的反射实现的。对于不同频率的电波,由于电离层折射和吸收不同,使信号在传播过程中受到的影响也不同。

(4) 便于多路复用。增加通信容量是发展无线电通信中的一个重要课题。普通的调幅制通信,由于占用的频带宽,载波占用功率大,只能传送一路话或报。而单边带通信在相同的频带宽度中却可以同时传递两路单边带话。

5.4.3 短波单边带通信的发展方向

短波通信是一种成熟而又古老的通信方式,以其通信距离远、灵活、机动、经济而成为某些领域不可替代的通信手段。

短波单边带通信是短波通信中一个重要方面,当前和今后将向以下两个方面发展。

1. 采用微处理机控制赋予短波通信设备智能化

从科学技术角度来看,今天的现代化概念意味着社会各个领域跨入自动化、智能化的科学时代。所以,功能全、小型化、自动化和智能化也是新一代短波通信设备的特征和标志。短波通信采用微处理机控制后,不仅可简化电路、简化结构、提高可靠性,还可增加功能,赋予设备以智能化,使之能自动地实现诸如地址选择、频率预置、工作方式的选择和预置、静噪及射频增益调整、自动呼叫、自动扫描及自动选择天线参数和自动匹配、机内自动故障检测和定位,以及具有扩频和跳频功能的抗干扰措施等。

2. 实现短波自适应通信

自适应通信是新发展起来的一种新技术,其目的在于使整个通信系统具有“学习”和“适应”的能力,以保证在任何情况下,都能有效地、可靠地进行通信。由于短波通信的信道是一个变参信道,为了确保通信不中断和有效地发挥短波通信的潜力,应使短波通信具备自适应的能力。实际上,自适应的主要过程是:对环境的检测(决策系统)和自身的自动调整。短波通信的自适应,就是通过对信道的质量分析,旨在自动选择最佳工作频率,防止因线路受到干扰而降低性能,增强电子抗干扰能力和核攻击下的生存能力,自动接通和恢复中断的线路。短波通信的自适应还可根据信道质量的优劣,自动选择不同的传输频率,以确保可靠通信;自动改变调制方式和纠错方式,以降低误码率;自动调整输出功率,以提高发射效率等。

5.5 微波通信

微波中继通信又称为微波接力通信,是我军重要的通信手段之一。微波通常是指 300 MHz ~ 30 GHz 的电磁波。由于微波只能沿直线传播,而地球表面又是呈椭圆形,这样就使微波直线传播的距离受到限制。在平原地区，当天线架高为 50 ～ 70 m 时，微波"视距"传播距离约为 30 ～ 70 km。通常微波中继通信的站间距离约取 50 km。为使信号能在几百千米至几千千米距离间传输，就必须在线路两端站间建立许多中继站，使信号以接力方式逐站向下传递，故取名为微波中继通信。微波中继通信的频率，一半选在 1 ～ 10 GHz，通信距离可达 1 000 km 以上。

由于微波频域宽阔，可容纳大容量信息；微波天线增益高、体积小、方向性强，有利于通信保密，也有利于克服天线间的电波干扰。在微波频段，人为干扰和自然干扰小，且电波只在视距范围传播，所以容易得到较高的信噪比。与卫星通信和电缆通信相比，微波中继通信建站容易、投资少，在抗自然灾害方面有较高的可靠性。

根据微波通信所传输的基带信号形式，微波通信系统被分为两大类：模拟微波通信系统和数字微波通信系统，前者以多路模拟信号作为传输对象；后者则以多路数字信号作为传输对象。

5.5.1　模拟微波通信

模拟微波通信传递的是模拟信号，通常采用频率调制，其通信设备的基本组成包括频分复用终端设备（即载波机）、微波机和微波天线三大部分，如图 5－2 所示。

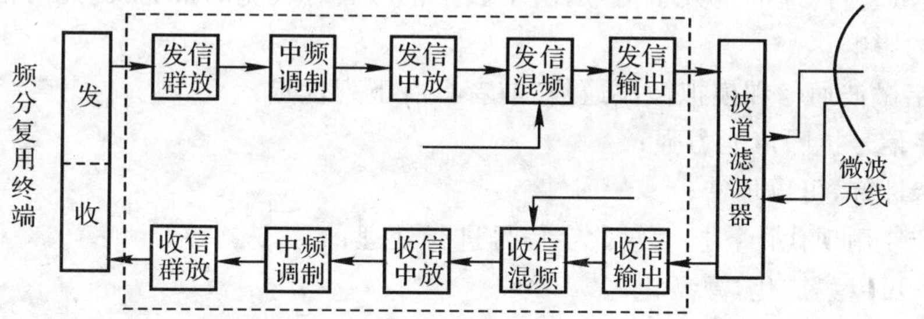

图 5－2　模拟微波通信组成框图

频分复用设备在发信时产生频分复用(FDM) 的群频信号，送至微波机；在收信时把微波机送来的群频信号，进行频带下搬移，通过解调恢复成话音信号，分别送到各个用户。微波机在发信通道中将频分复用设备送来的群频信号，经放大等处理后，利用调制器进行调频，使之成为调频信号，再经中频放大，并与微波发信本振混频，以获得中心频率为微波频率的调频信号，最后经发信输出级和频道滤波器送到天线，向通信另一方发射出去。由上可见，发信通道在频率变换过程中是将信号频率往高处变，即为上变频；在收信通道中，微波机将天线接收到的中心频率为微波频率的调频信号，经频道滤波器和收信输入单元，与微波收信的本振混频，还原成为中心频率是中频的调频信号，再经中频放大和鉴频，恢复成群频信号。最后，经收信群频放大器送到频分复用终端去。可见，收信通道微波机中，频率变换过程是将信号频率往低处变，故又称为下变频。微波天线是一种将电磁波能量集中向某一特定方向发射出去或接收进来的装置。发信时，天线将微波调频电信号转换成为电磁波定向地向通信另一方发射；接收时，天线又将有用的电磁波信号变换成微波调频信号送到微波机上去。通常，收、发可公用一幅天线。

由于工作在微波波段的电磁波只能在大气对流层中作直线视距传播，因此，在实现远距离微波通信时,必须采用接力的方法,故称为微波中继通信。

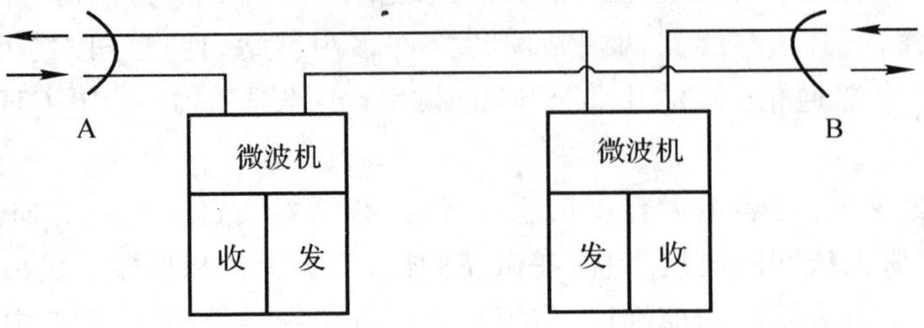

图 5-3 微波中继站的组成框图

微波中继站是线路中的中间转接站,它的组成结构如图 5-3 所示。它既接收 A 向站发射来的微波信号,经放大、变换后,向 B 向站转发,又接收 B 向站发射来的微波信号,经放大、变换后,向 A 向站转发。简而言之,中继站对两个方向来的微波信号只管转发,而不插入或抽出话路,仅起接力作用。通常,中继站的中继方式有三种,即微波转接、中频转接、基带转接。

5.5.2 数字微波通信

数字微波通信传递的是数字信号。由于数字信号具有较宽的带宽,由此对信道的传输容量等将有一定的影响。

比较数字微波通信和模拟微波通信,前者具有下列优点:

(1) 数字信号抗噪声能力强;

(2) 保密性好,可以加密;

(3) 便于使用现代计算技术对数字信号进行处理;

(4) 设备可以集成化,微型化;

(5) 数字信号可以传递各种信息,通信系统通用、灵活。

数字信号的传输方式可分为基带传输和频带传输两种。不搬移基带信号的频谱,以终端设备输出的基带信号序列为基础,经过简单的波形变换后进行传输的方式称为基带传输;通过射频载波的数字调制,利用无线信道来传输数字信号的方式称为频带传输。图 5-4 是基带系统组成框图。

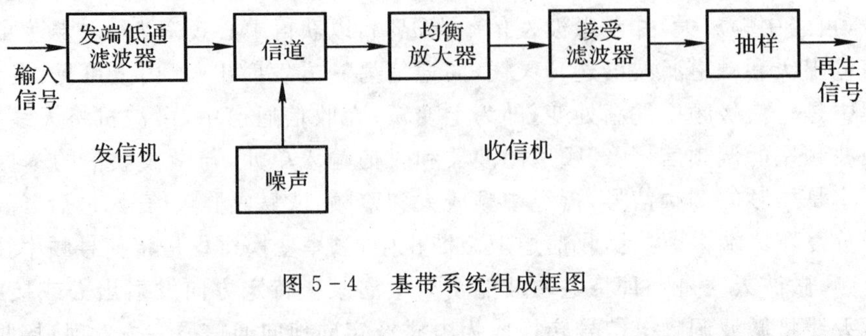

图 5-4 基带系统组成框图

在基带传输中,在发送端基带信号送到信道之前,常用一个发端低通滤波器把其中的高频分量滤掉,使它不与其他通路产生串扰。在收端除了把接收到的信号加以放大、变换,有时还需加上一个接收滤波器，以滤除传输过程中混入的噪声与干扰。频带传输和基带传输有许多相似之处，很多基本问题，如信道带宽对传输的影响，信号的检测、再生等，对两者都是相同的，在许多场合常把频带传输等效成基带传输来分析。

数字微波通信的调制方式可以分为三大类，即幅移键控（ASK）、频移键控（FSK）、相移键控（PSK）。也可以用上述方式中的任意两种混合使用的混合调制方式。幅移键控又可分为双边带（DSB）、单边带（SSB）、残留边带（VSB）及正交调幅（QAM）。

5.5.3 微波收发信机

对于点对多点数字微波通信系统，由于各外围站到中心站的距离不同，电波传播条件也不同，因而各外围站到达中心站的电波场强可能有很大差异。中心站接收机要以时分多址（TDMA）方式高速轮流接收各外围站传来的信号，所以中心站一般多采用限幅接收机。同时要求上行发射机要在中心站的指令控制下，以突发的形式工作。

收发信机的组成框图如图 5-5 所示。

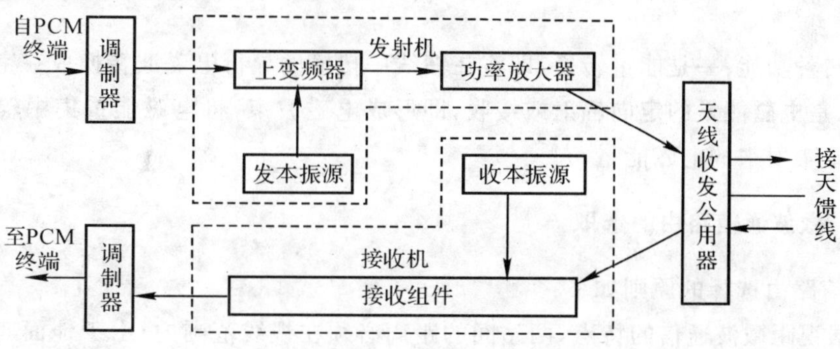

图 5-5 收发信机组成框图

下面分别叙述各组成部分的工作原理。

1. 本振源（微波信号源）

本振源是信道机的射频发生器，它由射频振荡器、基准振荡器、分频锁相环、放大器和滤波器等部分组成。

基准振荡器多采用晶体振荡器，它输出频率较低、稳定度极高的电压信号，射频振荡器是压控振荡器。将两者的信号分频、比较，生成误差电压。再经线性放大，环路滤波，去控制压控振荡器，使其振荡频率稳定在标称频率上，再经放大、滤波，将射频信号送往上变频器或下变频器。

2. 变频器

变频器分为上变频器和下变频器。将调制器的中频载波信号变换成射频载波信号的变频器称为上变频器；将接收来的射频信号变换成中频载波信号的变频器称为下变频器；它的基本原理是利用微波半导体器件的非线性特性，将来自本振源和调制器或本振和接收高频的两路信号相混频，而产生新的频率成分，再经滤波器滤出所需要的和频或差频信号。

3. 功率放大器

上变频器输出的发射功率很微弱。要在空间辐射足够的电磁能量，必须有相应的射频功率，这项任务由功率放大器来完成。

4. 接收机

接收机由低噪声射频放大器、本振源、下变频器、中频放大器和滤波器等组成。由于电波传播存在的衰落现象，接收来的射频载波信号既不稳定又很微弱，所以要求接收机的放大能力很强。

5. 突发开关

为了使上行发射在中心站的指令控制下突发式工作，采用电调衰减器来实现这个功能。

6. 天线收发共用器

天线收发共用器由环行器、发射滤波器和接收滤波器组成。其功用是发射、接收公用一条馈线、一部天线，使接收机、发射机的工作互相不受影响。

7. 馈线

在微波频段的低端，馈线多采用同轴线，高端采用波导，担负双向传输发射、接收射频能量的任务。

8. 天线

天线有两种功能：一是能量转换，即将在馈线中传输的导行电磁波转换成在空间自由传输的电磁波；二是电磁能量的定向辐射或接收，即形成电磁波束，将电磁能量集中辐射给对站或集中接收对站辐射来的电磁能量。

5.5.4 微波通信路由的选取

微波通信路由选择的原则如下：

(1) 根据视距微波通信的特点，两站间的距离必须在视线范围内；由于地面对电波传播的影响，线路还应尽量避免跨越水面和平坦的开阔地面，以防地面造成强反射使信号造成深衰落，所以路由尽量选择起伏不平的断面，并注意充分利用地形条件。

(2) 为保证可靠通信，站距不应太长，由于深度衰落与站距有关；站距又与工作波长有关。当工作波长为 15 ～ 18 cm 时，最大站距可在 60 km 左右；当工作波长为 5 ～ 10 cm 时，平均站距应在 50 km 左右，丘陵线路站距可以加长。

(3) 所有中继站的站距尽量相等，每一中继站间要有合理的间隙。

(4) 应避免越站干扰。微波通信线路中，一般采用二频制，即某一中继站所用的工作频率隔一站又重复使用，所以相邻的四个站不能选在一条直线上，第四个站也不能选在第一、第二站连线的延长线上，否则由于气象的变化，可能造成同频干扰。因此，人们往往选用“之”字形路由，使电波射线的交角至少大于天线的主瓣宽度。

(5) 随着通信事业的发展，微波电路在不断地建设和增加，其他系统或其他路由微波电路对本电路的干扰，对模拟微波而言，将造成话路的干扰噪声；对数字微波而言，将使载噪比恶化，引起误码率增加；此外，还应避免卫星线路和雷达通信对本微波电路的干扰。

5.6 卫星通信

随着微波通信技术和空间技术的发展，卫星经历了无源卫星、低轨道延迟转发式有源卫星、低轨道实时转发式有源卫星、同步卫星等几个发展阶段。

卫星通信具有覆盖面积大、传输距离远、可多址通信，以及通信频带宽、质量好、容量大、成网快、信道特性稳定、费用低等特点。鉴于卫星通信的种种优点，它在通信中得到了越来越多的应用，已成为军事通信的主要手段。

5.6.1　卫星通信的基本概念和特点

1. 基本概念

卫星通信就是利用人造地球卫星作为中继站转发无线电信号，在两个或多个地球站之间进行的通信，它是宇宙通信形式之一。

通常，以宇宙飞行体或通信转发体为对象的无线电通信称为宇宙通信。它包括三种形式：① 地球站与宇宙站之间的通信；② 宇宙站之间的通信；③ 通过宇宙站的转发或反射进行地球站之间的通信，通常人们把第三种形式称为卫星通信。这里所说的地球站是指设在地球表面（包括地面、海洋或大气层）的通信站，而把用于实现通信目的的人造卫星称为通信卫星。

通信卫星的作用相当于离地面很高的中继站。

只有两个地球站都能同时“看”到卫星时，才能经卫星转发无线电信号，进行通信。

地球卫星的轨道有圆形或椭圆形两种形状，地心处在圆形轨道的圆心位置或椭圆轨道的一个焦点上。

如果卫星的轨道是圆形的，而且轨道平面与地球赤道平面重合，卫星离地球表面的高度为 35 786.6 km；卫星的飞行方向又与地球的自转方向相同。这时，卫星绕地球 1 周的时间恰好为 24 h，如果从地球表面任何一点看卫星，卫星都是“静止”不动的。这种对地面静止的卫星叫做静止卫星或同步卫星，利用静止卫星做中继站组成的通信系统称为静止卫星通信系统，或同步卫星通信系统。目前的卫星通信几乎都是静止卫星通信系统。

若以 120°的等间隔在静止轨道上配置三颗卫星，则在地球表面除了两极地区未受到卫星波束的覆盖外，其他区域均在覆盖范围内，而且其中一部分区域还是两个静止卫星天线波束覆盖的重叠地区。因此，借助于重叠地区内地球站的中继，便可以实现在不同卫星覆盖区的地球站间的通信。这样，只要用三颗等间隔配置的静止卫星就可以实现全球通信。

2. 卫星通信的特点

卫星通信与其他通信手段相比，它具有以下一些优点。

(1) 通信距离远，且费用与通信距离无关。利用静止卫星进行通信，其最大通信距离可达 18 000 km 左右。而建站费用与维护费用并不因地球站之间的距离远近及地理条件恶劣程度而有所变化。

(2) 覆盖面积大，可进行多址通信。通信卫星覆盖面积大，只要在卫星天线波束的覆盖区域内，都可设置地球站，可共用同一颗卫星在这些地球站之间进行双边或多边通信，或者说多址通信。

(3) 通信频带宽、传输容量大。目前，卫星带宽已达到 3 000 MHz 以上，一颗卫星的通信容量已可达到 30 000 路电话，并可同时传输 3 路彩色电视以及数据等其他信息。

(4) 机动灵活。卫星通信不仅能作为大型固定地球站之间的远距离干线通信，而且可以在车载、船载、机载等移动地球站之间进行通信。

(5) 通信线路稳定可靠，传输质量高。由于卫星通信的无线电波主要是在大气层以外的宇宙空间中传播，传播特性比较稳定。同时，它不易受自然条件和干扰的影响，因而传输质量高。

但是，静止卫星通信也存在一些缺点。

(1) 静止卫星的发射与控制技术比较复杂。

(2) 地球高纬度地区通信效果不好，并且两极地区为通信盲区。

(3) 存在日凌中断和星蚀现象。

(4) 电波的传播时延较大和存在回波干扰。

(5) 易受到航天武器的袭击，且卫星的寿命较短，目前一般为 5 ～ 7 年。

3. 卫星通信系统的组成

利用卫星进行通信，除应有通信卫星和地球站以外，为了保证通信的正常进行，还需要对卫星进行跟踪测量并对卫星在轨道上的位置及状态进行监视和控制。完成这一功能的就是跟踪遥测和指令系统。而且为了对卫星的通信性能及参数进行通信业务开通前和开通后的监测和管理，还需要监控管理系统。所以，卫星通信系统，通常是由通信卫星、地球站、跟踪遥测及指令系统和监控管理系统四大部分组成。

作为一条通信线路，卫星通信线路由发端地球站、上行传播路径、通信卫星转发器、下行传播路径和收端地球站组成，如图 5-6 所示。

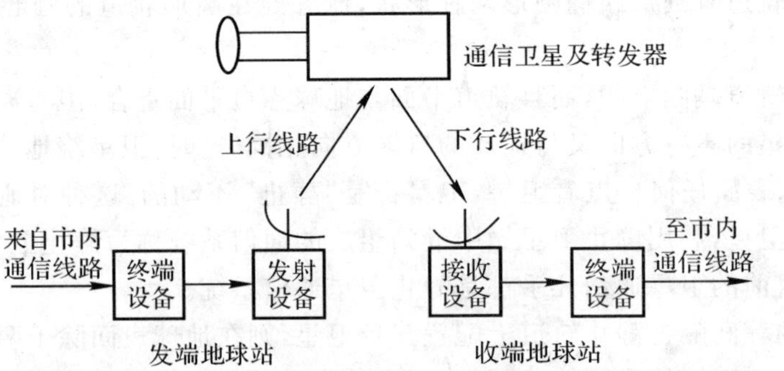

图 5-6 通信卫星线路示意图

5.6.2 通信卫星及转发器

1. 通信卫星的组成

通信卫星实际上是一个中继器，它的基本作用是为各地球站转发无线电信号，以实现它们之间的多址通信。为了保证可靠地完成通信功能，在卫星上还装备了一些辅助设备。通常，通信卫星主要由天线分系统、通信分系统(转发器)、遥测指令分系统、控制分系统和电源分系统五部分组成。

(1) 天线分系统。通信卫星所用的天线有两种：一种是通信用的微波天线。通常它是定向天线。按其波束覆盖区域的大小，可分为全球波束天线、区域波束天线和点波束天线。在静止卫星上，全球波束天线常用喇叭形，恰好覆盖卫星对地球的整个视区。

对卫星天线的要求，最主要的要使其波束始终对准指定的地球上的通信区域。但是，由于卫星本身通常是旋转的，为此需要在卫星上采用消旋天线。

另一种是遥测、遥控和信标用的高频或甚高频天线。这些天线一般是全向天线，以便可靠地接收地面控制站的指令和向地面发射遥测数据。

(2) 通信分系统。卫星上的通信系统也叫转发器或中继器，它实质是一部宽频带收、发信机。通常一颗通信卫星上有 4 到 6 个转发器，每个转发器覆盖一定频段，带宽为 36 MHz。

(3) 遥测与指令分系统。遥测信号包括表示卫星内部工作状态的信号（如电流、电压、温度、控制用的气体压力等），来自传感器的信号以及指令证实信号等。这些信号经过多路复用、放大和编码后调制到副载波或传送信到标信号的载波上，并与通信信号一起发向地球站。指令信号来自地面控制站，并在转发器中被分离出来，经检测、译码后送到控制分系统的执行机构。

(4) 控制分系统。这一部分包括姿态控制和位置控制设备。姿态控制用来保证卫星对地球或其他基准物保持正确的姿态。位置控制是用来消除摄动的影响，以便使卫星与地球的相对位置保持固定。

(5) 电源分系统。在通信卫星上常用的有太阳能电池和化学电池两种。平时主要使用太阳能电池，当卫星进入地球的阴影区时，则使用化学电池。

2. 卫星转发器

转发器是通信卫星的核心部分。转发器的主要功能是接收地面发来的微弱信号并加以放大和变频，再发送回地面；转发任何形式的调制信号；把射频信号调频为基带信号，经过信息处理（如消除干扰、噪声等）后，再用同一种调制方式调制后发送回地面；改变调制形式（如上行线路是单边带调制，下行线路则用调相制），以节约功率；对上行信号进行特殊加工，以增强抗干扰能力，以及进行交换转接等。

转发器通常分为透明转发器和处理转发器两种基本类型。

(1) 透明转发器。所谓透明转发器是指它接收地面发来的信号后，在卫星上不作任何处理，只是进行放大、变频和再放大，并发向各地球站，即单纯完成转发任务。按其在卫星上变频的次数，它分为一次变频转发器和二次变频转发器。

一次变频转发器是一种微波转发器，射频带宽可达 500 MHz 以上。由于这种转发器的输入、输出特性是线性的，允许多载波工作，适用于多址连接，因而它适用于载波数量多、通信容量大的通信系统。

如果通信容量不大，所需带宽又比较窄，则转发器宜采用二次变频方案。二次变频方案的优点是中频增益高，转发器增益可达 80 ～ 100 dB，电路工作稳定。它的缺点是中频带宽较窄，不适于多载波工作。

(2) 处理转发器。在数字卫星通信系统中，常常采用处理转发器。在这种转发器中，首先将接收到的信号进行前置放大，经下变频为中频信号，并进行解调、译码，对得到的基带数字信号进行处理。然后再经编码、调制，以及经中频放大、上变频和微波放大后，发向地球站。

采用处理转发器可以消除噪声的积累，在保证同样通信质量的情况下，可以减少转发器的发射功率，其次，上行线路和下行线路可分别选用不同的调制方式，从而得到最佳传输。另外，根据不同的需要，在处理转发器中，对基带信号还可以进行其他各种处理。

5.6.3　卫星通信地球站

地球站是卫星通信系统的主要组成部分，所有的用户终端将通过它们接入卫星通信线路。它的功能：一方面向卫星发射信号，另一方面接收由卫星转发来的其他站的信号。地球站通常可分为固定站、移动站和可拆卸站三类。在固定站中，根据系统规模的大小又可分为大型标准站和小型非标准站两种。大型标准站一般具有中央控制功能,多用于国际通信和国内大城市间的通信,而小型站多用于国内中、小城市或军事通信。移动站有机载和舰载等,尤其适合军事通信。

标准地球站的组成包括天线系统、发射系统、接收系统、通信控制系统、终端系统和电源系统。

天线系统由天线及馈线组成,其作用是将发射系统输出的功率向卫星方向辐射,同时接收来自卫星的信号。通常由于收、发信机共用一副天线,为了使收、发信号隔离开,其中还需要接入一只双工器。常用的天线有抛物线面天线和卡塞格伦天线。

发射系统由调制器、中频放大器、上变频器、发射波合成电路、激励器和大功率放大器组成。其主要功能使将已调制好的中频信号,经上变频变换为射频信号,并放大到一定的电平,经馈线送至天线向卫星发射。

接收系统是由低噪声放大器、接收机分离器、下变频器、中频放大器和解调器组成。其主要任务是接收来自卫星的有用信号,经下变频器变换为中频信号,送至解调器。常用的低噪声放大器有参量放大器和低噪声效应管放大器。低噪声放大器一般配置在天线上。

终端设备包括电话终端设备、数据终端设备和传真设备等。其主要的作用是将用户终端送来的信息加以处理,成为基带信号,对中频进行调制,同时对接收的中频已调信号进行解调,以及进行与发端相反的处理,输出基带信号送往用户终端。

通信控制系统由监视设备、控制设备和测试设备组成。主要在地球站内进行集中监视、控制和测试,保证各部分设备能正常工作。

电源系统主要用来给上述各系统设备提供所需电源电压。

5.6.4 卫星通信的多址方式和信道分配

1. *多址方式*

卫星转发器对其天线波束覆盖区内的所有地球站以广播方式传送信号,因此如何保证各地球站从这种广播信号中正确接收传送给自己站的信号,同时保证各地球站发出的信号通过卫星转发后到达目的站,是整个系统必须解决的多址连接问题。

卫星通信系统中采用的多址连接方式有频分多址(FDMA)、时分多址(TDMA)、码分多址(CDMA)和空分多址(SDMA)。

(1) 频分多址。频分多址就是以不同的工作频率来区分地球站的站址。即把整个卫星转发器的可用射频带宽分割成若干个互不重叠的部分,分配给各个地球站作为发送载波使用,各个载波的中心频率之间留有足够的间隔。在数字卫星通信系统中广泛采用的是单载波/频分多址(SCPC/FDMA)方式、单路单载波/脉码调制/按需分配/频分多址(SPADE)方式和多路单载波/频分多址(MCPC/FDMA)方式三种。

SCPC/FDDMA 方式,是在一个载波上传输 1 路话音或相当于 1 路话音的数据(或其他非话音业务)。这种方式可利用"话音激活"技术,即有话音时发射载波,而没有话音时则关闭所用的载波。SCPC/FDDMA 方式设备相对简单、经济灵活、信道变动比较容易,特别适合由大量小型地球站构成多个站址的、稀疏路由的军用卫星通信系统。

SPADE 方式就是采用按需分配的单路单载波/频分多址方式。在这种方式,各话路的音频信号分别经脉码调制后,再对不同的载波进行相移键控调制,并采用"话音激活"技术。这种方式不设监控站,不采用集中控制的方法,而各个地球站都具有控制功能。在 SPADE 方式中,由于卫星线路是根据各站业务量的大小，自主控制按需分配使用，不是固定分给某地球站的。因此，能克服因业务量小时，线路空闲即不能充分利用线路的预分配方式的缺点。从而有效地利用卫星线路和功率。

MCPC/FDMA 方式是先把模拟话音进行基带调制，再进行时分复用，把多路信号进行合路，然后用合路后的数字信号对载波进行相移键控调制，并根据载波频率的不同来区分站址。这种方式使用于通信业务较大的干线通信。

(2) 时分多址。时分多址就是以不同的时间间隔(简称时隙) 来区分地球站的站址。系统中各个地球站在定时同步系统的控制下，只能在规定的时隙内以突发的形式向卫星转发器发送信号，而在时间上互不重叠。为保证各站信号按指定的时隙进入转发器，必须规定一个站作为基准站，基准站周期性地发射脉冲射频信号，作为系统内其他各站的共同时间基准。

在时分多址方式中，所有地球站的信号在卫星转发器中所占时隙之和称为"帧"，而各地球站所用的时隙称为"分帧"。通常，卫星通信系统中的帧长取为 125 μs(相当于抽样频率为 8 kHz) 或 125 μs 的整倍数。各地球站分帧的长度可一样也可不一样，根据业务量而定。分帧之间留有保护时隙，以避免分帧之间的干扰。

时分多址方式也有几种，典型的是脉码调制 / 时分复用 / 相移键控 / 时分多址 (PCM/TDM/PSK/TDMA) 方式。

(3) 空分多址。空分多址是在卫星上装有多副窄波束天线，把这些指向不同区域的天线波束分配给各个对应区域内的地球站，通信卫星上的路径选择功能向各自的目的地发射信号。由各波束覆盖区域内的地球站所发出的信号在空间上互不重叠，即使各地球站在同一时间使用相同的频率工作，也不会相互干扰，因而起到了频率再用的目的。事实上，要给每一个地球站分配一个卫星天线波束是很困难的，因而，只能按地区为单位来划分空间。可见这种空分多址方式不宜单独使用，最好是与上述任何一种方式组合使用。

(4) 码分多址。码分多址是根据各地球站的码型结构的不同来区分站址的一种多址方式。它的特点是各地球站所发的信号占用转发器的全部频带，而发射时间是任意的，且各站所发信号在时间上、频带上都可能是重叠的。在码分多址中，分配给各站的这些地址码是精心设计确定的，任意两个站的地址码都是相互正交的，即两个地址码相应位码元模加 2 后的代数和为 0("1" 码为 $+1$，"0" 码为 -1)。

码分多址有多种形式，最常用的有扩频多址(SSMA) 方式。扩频多址的地址码可由 PN 码(伪随机码) 发生器产生，它与数字信息码模加 2 后，再进行调相。地址码的速率远高于信码速率(通常为 $10^2 \sim 10^3$ 倍)，于是信码经过与地址码模加 2 后，频谱被大大扩展了。

接收机对来自系统不同站的、在频谱上彼此重叠的多个扩频信号，用本地(地址) 码进行相关解调(模加 2 后通过低通滤波器，此处的低通起积分的作用)，从中将地址码与本地码完全一样的扩频宽带信号还原为信码(窄带信号，可通过低通滤波器)。而其他与本地码不相关的信号，相关解调后为 0(即与本地码模加 2 后仍然为宽带信号，低通滤波器输出近于 0。若低通滤波器为理想积分器，而不同地址码正交，则输出为 0)。

由于码分多址的频谱扩展，限制了信码速率不能太高，因此它只适合于小容量系统。但频谱扩展后信号隐蔽(功率谱密度低)，并易于保密，因此特别适用于军事系统。

2. 信道分配技术

在信道分配技术中，"信道" 一词的含义，在 FDMA 方式中指的是各地球站所占用的转发器的频段；在 TDMA 方式中指的是各地球站所占用的时隙；在 CDMA 方式中指的是各站使用的码型。目前信道分配方式，大致有以下两种，即预分配方式和按需分配方式。

(1) 预分配方式。在预分配的卫星通信系统中，卫星信道是预先分配给各地球站的。其中，特别把在使用过程中不再变动的预分配方式称为固定预分配方式，相反，对应于每日通信业务量的变化而在使用过程中不断改变的预分配称为动态预分配方式。对于业务量大的地球站，分配的信道数目多；反之则分配的数目少。预分配方式的优点是接续控制简便，适用于信道数目多、业务量大的干线通信；缺点是不能随业务量的变化对信道进行调整以保持动态平衡，故信道利用率低。

(2) 按需分配方式。按需分配方式是把所有信道归各站所公有，信道的分配是根据各地球站提出申请而临时决定的。例如，地球站 A 要与地球站 B 通信，A 站首先向中心站提出申请要求与B站通信，中心站根据“信道忙 — 闲表”，临时分配一对信道给 A，B 两站使用。一旦通信结束，这对信道又归公有。

按需分配的优点是信道利用率高，特别是在地球站数目多，而每站业务量小的场合更是如此。

5.7 光纤通信

光纤通信是以光波为载频，以光导纤维(简称光纤)为传输介质实现信息传输的一种通信方式。光纤通信技术是基于介质波导理论，利用光的全反射原理，在满足一定条件下，使载有信息的光束沿着光导纤维传导的通信技术。

5.7.1 光纤通信的特点

通信技术的发展历史，实际上就是逐步提高传输信息量和使用更高载波频率的过程。对光纤通信而言，其载波为光频。所以，光纤通信对高速、宽带的干线而言，有着巨大的潜力。光纤通信与传统的通信相比，有着更大的优点和特点。

(1) 光纤通信传输频带宽，通信容量大，尤其适合高速、宽带信息的传输，能在将来的高速通信干线以及宽带业务通信网中发挥作用。

(2) 光纤通信的损耗低，中继距离长。由于技术和制作工艺的进步，目前已使光纤损耗降至很低，每千米仅 0.2 dB 左右。因此，光纤通信系统的中继距离可以非常长，一般几十千米乃至上百千米才需要中继放大一次。这样对长途干线通信十分有利。

(3) 光纤通信的保密性好，不易被窃听。由于在传输过程中光纤是将光信号束缚在光纤芯内传播的，光信号向外辐射、泄漏极小，光纤之间串音很小，在传输途中很难被窃听，所以光纤通信保密性很好。这在国防、军事、经济上都有着重要意义。

(4) 光纤通信的抗电磁干扰能力强，故可用于强电磁干扰环境下的通信。

(5) 光纤通信系统的绝缘性能很好，使得光纤通信特别适用于在强电系统中。

(6) 在光纤通信系统中，不存在接地和共地的问题，这在两端电位差较大而又无法共地的系统中，诸如在一些高压电力测试、监测系统中进行通信或传感，是很有用的。

(7) 采用光纤通信系统，由于制作光纤的原料是石英，故具有巨大的经济意义，而且来源十分丰富。

(8) 光纤通信系统的化学稳定性好、寿命长。

(9) 光纤的尺寸小、重量轻，便于铺设。

5.7.2　光纤通信系统的组成和原理

光纤通信系统主要由光发信机、传输光缆和光收信机组成。其中电端机(收、发部分)为常规的电子通信设备。

光纤传输的基本传输原理：首先把信号进行光转换，即由光发信机把数字信息电信号转换为光信号，经过光调制(改变光的振幅、频率、相位、强度和偏振状态等参数)，变成受调光源，然后再进入光缆传输。接收端通过光检测器，又变换回电信号和译码，恢复出原来的信号。光纤通信系统的原理如图 5－7 所示。

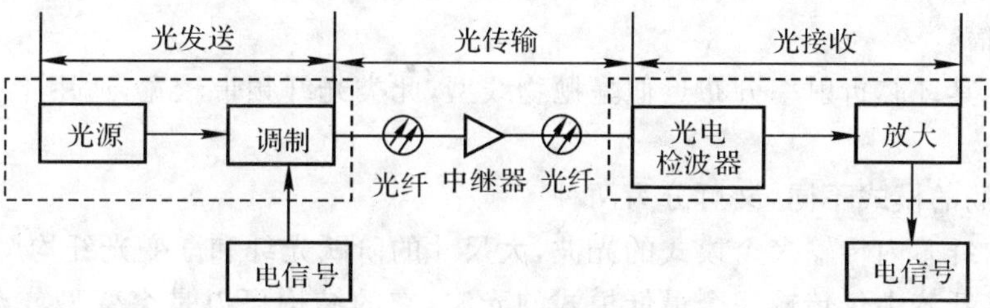

图 5－7　光纤通信系统原理图

要实现光通信就必须对作为载体的光进行调制，这里光发信机实质上是一个电光调制器，它用发送端机送来的电信号对光源进行调制。采用的光源是半导体激光器(LD)或半导体发光二极管(LED)。调制方式有两种，光源的直接强度调制和间接调制。直接强度调制是使用电信号对半导体激光器或发光二极管的注入电流进行调制，使其输出光波的强度随调制信号而变化。这种调制方式不要求单独的调制器，光源和调制器成为一体，即光波的产生和调制在同一半导体激光器或发光二极管内完成。这种调制方式设备简单、成本低、容易实现，但调制速度较低。间接调制又称外调制，其主要特点使光源和调制器分开，它包括电光调制、声光调制和磁光调制。它的调制对光源的工作没有影响，但设备较为复杂。

光传输部分主要由光缆和中继器组成。光缆的种类很多，从光缆传输的种类来分有多模光缆、单模光缆和双模光缆等。从光缆折射率来分有突变型光缆、渐变型光缆、偏振保持光缆、三角型光缆和 *W* 型光缆等。为了增加光缆通信系统的通信距离和通信容量，要求光缆有尽可能低的损耗和尽可能小的色散。中继器类似有线通信里的增音机，对光信号放大，延伸传输距离。

图 5－7 所示框图对模拟或数字信号都适用。对模拟信号而言，要使信号不失真，就要求光源有良好的线性幅度特性；但是常用的光源，尤其是半导体激光器的非线性比较严重，所以模拟光通信常用在对线性失真要求不太严格的地方。对数字光纤通信系统而言，由于信号为脉冲形状，因此光源的非线性对系统性能影响不大。数字式光纤通信系统也具有电数字系统的一切优点。

5.7.3　光纤传输线和光纤无源器件

1. 光纤的种类和结构

光纤的种类很多，按其构成的材料可以分为石英光纤、多组分玻璃光纤、塑料光纤等。石英光纤衰耗约为0.2～6 dB/km；多组分玻璃光纤的衰耗约为4～20 dB/km；塑料光纤的衰耗约为100～500 dB/km。通信用的光纤大多数是石英光纤，这是因为石英光纤衰耗小、机械强度高、物理性能稳定、原材料丰富，便于与适当的光源相匹配。塑料光纤价格便宜，可用于某些特殊短距离场合。

光纤一般由纤芯和包层组成，纤芯的折射率大于包层的折射率，以形成全反射。按光纤的结构，可分为以下两种：

阶跃光纤，其光纤纤芯和包层的折射率呈突变分布的形式，这种光纤带宽较窄，适用于小容量短距离通信。

渐变光纤，其纤芯折射率分布近似呈抛物线型，此类光纤频带较宽，适用于中容量、中距离通信使用。

按传输光场的模式不同，又可分为两种：

多模光纤，纤芯内传输多个模式的光波，大尺寸的阶跃光纤和渐变光纤均属于这类光纤。

单模光纤，纤芯中仅传输一个最低模式的光波，它的结构可以是突变型或渐变形式，但尺寸很小。此类纤带宽极宽，适用于大容量长距离通信系统。

2. 光缆

为了满足工程的需要，通常把若干光纤加工组成光缆。光缆的制造工艺过程和电缆的相似，要经过成缆和挤护套两个过程。成缆过程就是把许多光纤绞成一束。挤护套工艺就是在光纤束上包上塑料护套。按光缆的内部结构可分为内骨架式、层绞式、叠层式、束管式光缆。骨架式和束管式光缆在抗侧压力方面具有较好的性能，但制造工艺复杂，成本较高。层绞式光缆和传统的电缆结构十分相似，只是比电缆多一根加强芯，以增强光缆的抗拉强度。叠层式光缆容量大，成缆费用较低，能较好地实现光纤定位，但接续较为困难。

由于运输、施工、敷设等条件限制，光缆的出厂长度一般为2 km，最长不大于5 km(海底光缆除外)。因此，实际工作中总要进行光纤接续。接续分固定接续和活动接续两种。固定接续一般用在光纤线路上，活动接续一般用于“机—线”或“机—机”之间的连接。光纤的接续有别于电缆的接续，会带来附加损耗。固定接续主要有两种方法，即电弧熔接法和粘接法。前者主要借助于光纤熔接机。后者采用一种紫外固化胶，把对准的光纤粘接起来，这种方法可以避免表面张力的影响，但接续损耗较大。

3. 光纤无源器件

光纤通信系统除了电端机，光端机和光纤传输线外，还需要一些无源器件如光纤活动连接器、光开关和光衰减器等。

(1) 光纤活动连接器。它的主要用途是用于光纤与光端机的连接。光纤活动连接器由三部分组成：两个插头和一个插座。插座一般是安装在机壳上，而插头上各包含一根被对接的光纤，通过它与要被对接的光纤或器件相连接。光纤活动连接器的主要技术指标是插入损耗。被连接的两根光纤，其芯径、数字孔径等的失配，都要引起一定的损耗，其值约0.5 dB。另外，被对接的二光纤要产生的外损耗。通常其允许值为0.5 dB，故光纤活动连接器的总插入损耗应约为

1 dB。另外，活动连接器要经常拆卸，故要求具有良好的重复性和互换性。

(2) 光开关。在光纤通信系统中，光开关的主要用途是切换光路。实际系统中，为了系统安全可靠的工作，除了主传输系统外，还有备用传输系统。当主系统发生故障时，光开关应自动进行光路切换，使光路由主传输系统切换到备用传输系统上去。

(3) 光衰减器。光衰减器是一种衰减光路光能的无源光学器件，它主要用于测试光接收机的接收灵敏度和动态范围。按其对光能的衰减方式，可分为固定式、步近式和连续变式三种。

5.7.4 光发信机

光发信机的作用是将电信号变成光信号，然后送入光纤中传输出去。

光发信机的典型组成如图 5-8 所示。

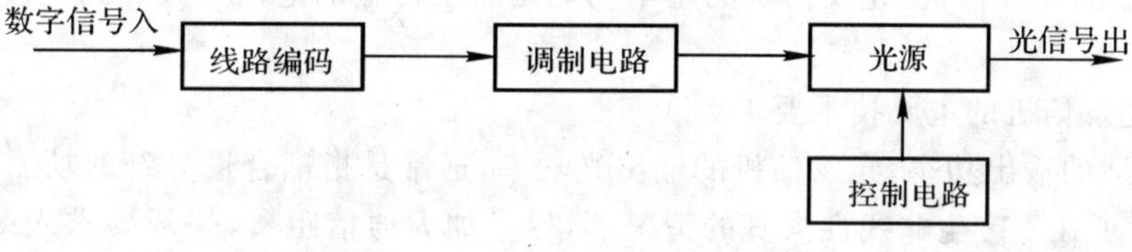

图 5-8　光发信机原理图

从图中可知，光发信机与电通信系统发信机的组成十分相似，只是光发信机中用光源代替了电的振荡器。可受控光源在调制器的作用下，产生出带有电信号信息的光信号，然后注入到光纤线路中传输。

1. 光纤通信中的光源

光发信机的核心是能够产生激光或荧光的光源，它是组成光纤通信系统的重要器件。目前，用于光纤通信的光源，包括半导体激光器 LD 和半导体发光二极管 LED，都属于半导体器件，前者发出的是激光，后者发出的是荧光。它们的共同点是体积小、重量轻、耗电量小。

半导体光源的主要作用是将传输的电信号转换为光信号，它是完成电 / 光转换任务的器件。

(1) 光纤通信对半导体光源的基本要求。

主要有以下几个方面。

1) 光源的发光波长应符合目前光纤的三个低损耗波长：即短波长波段的 0.85 μm 和长波长波段的 1.31 μm 与 1.55 μm。

2) 能长时间连续工作，并能提供足够的光输出功率：目前半导体激光器尾纤的输出功率可达 500 μW ~ 2 mW；半导体发光二极管的尾纤输出功率可达 10 μW 左右。

3) 耦合效率高：目前半导体激光器的尾纤的耦合效率为 10% ~ 20 %，最好可达 50 %。

4) 光源的光谱宽度要窄，能与光纤的带宽相适应，以便满足光纤通信系统容量的要求。目前较好的半导体激光器谱线宽度可达到 0.1 nm(1 nm = 10^{-9} m)。

5) 光源要体积小、寿命长、性能稳定(特别是温度特性)、价格低廉、维护方便。

(2) 半导体激光器(LD)。半导体激光器(LD) 发射的光和 LED 不同，是一种相干光，即单色性非常好的光。它的谱线窄、光束细、功率强、调制速率高，是一种比较理想的光源。LD 一般用于中长距离、大容量的光纤通信系统中，但它的寿命和稳定性尚需改进。

(3) 半导体发光二极管(LED)。光纤通信中使用的光源除了半导体激光器以外，还有半导体发光二极管。它除了没有光学振腔以外，其他方面与激光器相同，它是无阀值器件，发出的是荧光。

发光二极管分为两大类：面发光二极管及边发光二极管。目前，在单模光纤数字通信系统中，大多采用边发光二极管。半导体发光二极管具有光谱较宽、P-I曲线的线性较好、与光纤的耦合效率低、温度特性好、寿命长等特点。尽管其输出功率较低、光谱较宽，但由于使用简单、寿命长等优点，所以在中、低速率短距离光纤数字通信和光纤模拟信号传输系统中还是得到广泛应用。

2. 光发信机

光端机是光纤通信系统的终端设备，位于PCM电端机和光缆线路之间。它包括发端的光发信机和收端的光收信机。光发信机的基本功能是将要传输的电信号调制到光波上，并耦合进光纤线路中。

(1) 对光发信机的主要技术要求。

1) 有合适的输出功率。光发信机的输出光功率，通常是指耦合进光纤的功率，也称入纤平均光功率。为了在不产生非线性失真的情况下，尽量加大通信距离，一般要求入纤光功率的范围可从0. 01～10 mW。与此同时，要求输出光功率要保持恒定，在环境变化或器件老化的过程中，稳定度要求在5%～10%。

2) 有较好的消光比 E_n。对于数字脉冲光发送机，消光比是一个重要指标，它的定义式为

$$E_n = \frac{全“0”码时平均光功率}{全“1”码时平均光功率} = \frac{P_0}{P_1}$$

作为一个被调制好的光源，希望在“0”码时没有输出功率，否则它将使光纤产生噪声，从而使接收机灵敏度降低。因此，一般要求 $E_n \leqslant 10\%$。

3) 调制特性好。所谓调制特性好，即要求调制效率和调制频率要高，以满足大容量、高速率光纤通信系统的需要。除此之外，还要求电路尽量简单、成本低、光源寿命长等。

(2) 调制方式。在目前广泛使用的强度调制—直接检波光纤通信系统中，如何将要发送的电信号调制到光波上，这就要对光源进行调制。

实现调制的方法有两类。一类是直接调制，即直接在光源上进行调制，这是目前广泛采用的调制方式，直接调制半导体激光器的注入电流。另一类是间接调制，即不直接调制光源，而是在光源输出的通路上外加调制器来对光波进行调制。此类调制器可通过电—光效应或声—光效应等，利用晶体传输特性随电压变化来实现对光波的调制。

光源的直接调制又称为内调制。目前常用的直接调制方式有以下三种。

1) 模拟强度调制(AIM)。这种方式与基带传输相似；

2) 脉位调制(PPM)。输出脉冲的位置随调制信号改变，实际上仍属于模拟调制；

3) 数字调制。主要采用脉冲编码调制(PCM)。这是光纤通信最常用的调制方式。

(3) 光发信机的组成。光发信机的组成如图5-9所示。

光发信机主要划分为两大部分。

第一部分是PCM多路复用设备接口的输入电路部分，称为输入盘；

第二部分是电光转换电路部分，它输出的信号是注入光纤所要传输的信号，称为发送盘。下面分别介绍两个盘中各部件的主要功能。

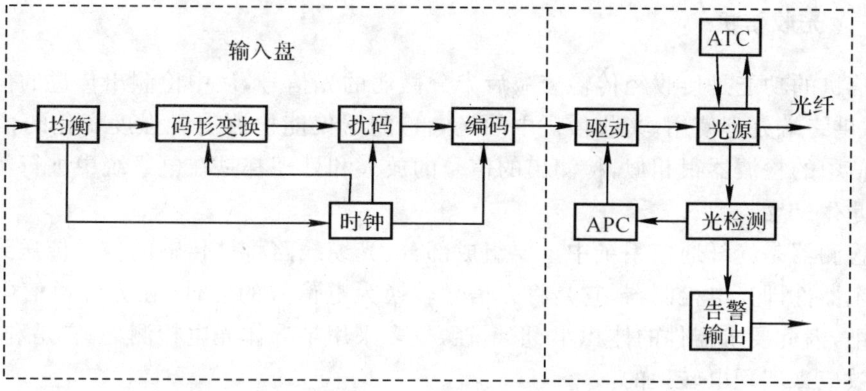

图 5-9　光发信机原理方框图

1）输入盘。

ⅰ）均衡放大器。由 PCM 端机送来的码流，首先要进行均衡放大，用以补偿由电缆所产生的衰减和畸变，以便正确译码。

ⅱ）码型变换。由均衡器输出的码流，在数字电路中为了处理方便，首先通过码型变换电路，将其变换为二进制单极性码。

ⅲ）扰码。若信码流中出现长连“0”或长连“1”的情况，将会给时钟信号的提取带来困难，为了避免出现这种情况，需加一扰码电路，它可有规律地破坏长连“0”或长连“1”的码流，从而使得“0”“1”尽量等概率出现。

ⅳ）时钟提取。由于码型变换或扰码过程都需要以时钟信号作为依据，因此，在均衡电路之后，由时钟提取电路提取出时钟信号，供给码型变换等电路使用。

ⅴ）编码。为了便于不间断业务的误码监测、区间通信联络、监控及克服直流分量的波动，在实际的光纤通信系统中，都要对经过扰码以后的信码进行编码，以满足上述要求。

2）发送盘。发送盘主要完成将电信号转换成光信号，并将光信号进入光纤的任务。

ⅰ）驱动。光源驱动电路是光发送盘的核心。它用经过编码以后的数字信号来调制发光器件的发光强度，完成电 — 光转换任务。

ⅱ）自动功率控制（APC）和自动温度控制（ATC）电路。如果光源采用 LD 管，由于阀值电流随 LD 的老化或温度的升高而加大，会使得输出光功率发生变化。为了稳定输出光功率，发送盘一般设有 APC 和 ATC 电路来稳定 LD 管的阀值电流。

ⅲ）其他保护、监测电路。发送盘除了由上述各部分电路组成之外，还有如下一些辅助电路：

光源过流保护电路：为了使光源不致因通过大电流而损坏，一般需采用光源过流保护电路的措施，可在光源二极管上反向并联一只肖特基二极管，以防止反向冲击电流过大。

无光告警电路：当光发送机电路出现故障，或输入信号中断，或激光器失效时，都将使激光器较长时间不发光，这时延迟告警电路将发出告警指示。

LD 偏流（寿命）告警：光发送盘中的 LD 管，随着使用时间的增长，其阀值电流也将逐渐加大，因此，LD 管的工作偏流也将通过 APC 电路的调整而增加，一般认为当偏流大于原始值的 3 ～ 4 倍时，激光器的寿命完结，由于这是一个缓慢的过程，所以发出的是延迟告警信号。

5.7.5 光收信机

光收信机的功能是接收经传输衰减后十分微弱的光信号，从中检测出传送的信息，放大到足够大后，供终端处理使用。光收信机中的光电检测器仅能检测出光强度变化的信息，这个特性和电通信中的检波器很相似，检测出的信号的放大和处理都是在电系统中进行的。

1. 半导体光电检测器

光电检测器是光纤通信系统中重要组成部分。光缆线路将被传输的信号传送到接收端，遇到的第一个器件即光电检测器。它是将光信号转换为电信号的器件。在光纤通信中，由于光纤的芯径很细，因此要求器件的体积小、重量轻，故多采用半导体光电检测器。它是利用半导体材料的光电效应来实现电转换的。

(1) 半导体的光电效应。简单地说，半导体材料的光电效应是指如下这种情况：光照射到半导体的 PN 结上，若光子能量足够大，则在结区适当的范围内产生电子 — 孔穴对，这时如果外加一反向偏压，电子 — 孔穴对就会在电场的作用下运动而形成电流。电流的大小跟随输入光信号的大小而变化，这种转换作用称为半导体的光电效应。通常把能够产生电子 — 孔穴对的区域称为耗尽层。

(2) 光纤通信中的半导体光电检测器。作为光纤通信用的光电检测器有区别于其他用途的光电检测器。

1) 对所检测的光信号有较高的响应度，即灵敏要高；

2) 要有足够的带宽和响应速度，以适应光纤通信高速率工作的要求；

3) 引入的噪声要足够小，以保证输出信噪比要高；

4) 要有良好的环境适应性(特别是温度特性) 和工作稳定性；

5) 光电检测器要体积小、重量轻、寿命长、维护方便。

目前，用于光纤通信的光电检测器主要是 PIN 光电二极管和雪崩光电二极管(APD)。PIN 光电二极管本身无放大作用，一般与其后面的场效应管放大器集成为一个组件，其特点是制造工艺成熟、工作电压较低，但灵敏度不高，主要用于中继距离较短的光纤通信系统；APD 光电检测器工作电压较高，通过本身的倍增效应，可以得到比电子放大器优良的信噪比，具有较高的灵敏度，主要用于中继距离较长的光纤通信系统。

2. 光收信机

目前，实用的光纤通信系统，在大多数情况下都是传输数字信号，因此下面主要介绍光纤数字收信机。

当前广泛使用的强度调制 — 直接检测系统中的光纤数字收信机的方框示意图如图 5 - 10 所示。

从图 5 - 10 中可以看出，光纤数字收信机类似于光发送机同样可以分为两大部分：

第一部分是与光缆线路连接的接收电路，主要完成信号的放大与再生，称为接收盘；

第二部分是输出和 PCM 多路复用设备的连接，称为输出盘。

(1) 接收盘。

ⅰ) 光电检测器。光电检测器的主要任务是将光信号转换成为电信号。目前在光纤通信中广泛使用的是 PIN 发光二极管和 APD 雪崩光电二极管。

ⅱ) 前置放大器。在一般的光纤通信系统中，经光电检测器输出的光电流是十分微弱的，如采用 PIN 光电二极管时，输出电流仅为几个纳安($1\ A = 10^9\ nA$)。为了使光接收机判决电路正常工作，必须将这种微弱的电信号通过多级放大器进行放大。

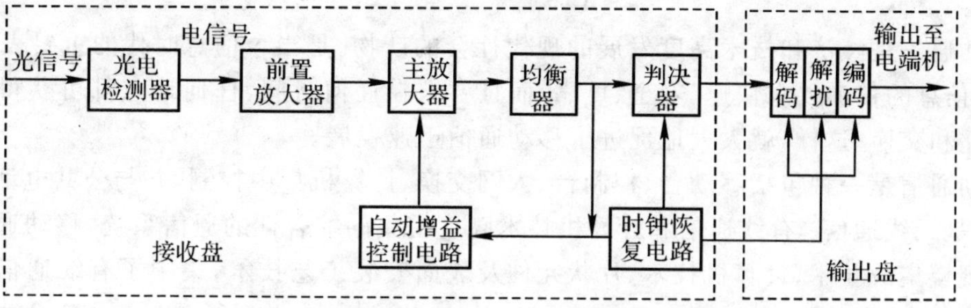

图 5-10　光纤数字收信接收机方框示意图

前置放大器可以由双极型晶体管或场效应管来构成。近年来，为了减少光电二极管与前置放大器间杂散电容的影响，进一步提高信噪比，将 PIN 管和场效应管放大电路集成在一块基片上，制成 PIN-FET 组件。

ⅲ) 主放大器。主放大器的作用有两个：

一是将前置放大器输出的信号放大到判决电路所需要的信号电平。

二是作为一个增益可调节放大器。当光电检测器输出的信号出现起伏时，通过光接收机的自动增益控制电路对主放大器的增益进行调整，以使主放大器的输出信号幅度在一定范围内不受输入信号的影响。

ⅳ) 均衡器。在光纤数字通信系统中，送到发送光端机进行调制的数字信号是一系列矩形脉冲。均衡器的主要作用是使经过均衡器以后的波形成为有利于判决的波形，例如成为升余弦频谱脉冲，即对已产生畸变的波形进行补偿。

ⅴ) 判决器和时钟恢复电路。判决器是由判决电路和码形成电路构成。判决器和时钟恢复电路合起来构成脉冲再生电路。

脉冲再生电路的作用，是将均衡器输出的信号，例如，升余弦频谱脉冲，恢复为“0”或“1”的数字信号。

实际机器中采用的时钟恢复电路有多种，一般包括钳位整形、非线性处理、调谐放大以及整形、移相等电路。

ⅵ) 自动增益控制。光收信机的自动增益控制，就是用反馈环路来控制主放大器的增益。在采用雪崩管的接收机中，还通过控制雪崩管的高压来控制雪崩管的雪崩增益。当信号强时，则通过反馈环路来使上述增益降低；当信号变弱，则通过反馈环路使上述增益提高，从而达到使送到判决器的信号稳定，以达到判决的目的。

(2) 输出盘。输出盘的作用对应于光发信机中的输入盘，是输入盘的逆过程。它是将经过扰码、编码处理过的信号进行一系列的“复原”工作，这些将由输出盘中的解码、解扰以及码型反变换电路来完成。首先要通过解码电路，将在光纤中传输的光线路码恢复为发端编码之间的码型；然后再经解扰电路将发送端“扰乱”的码恢复为被扰之前的状况。最后再进行码型反变换，将解扰后的码变换为原来适于在 PCM 系统中传输的信息码。

5.8 移动通信系统

移动通信是经济和技术高度发展的现代社会的产物。是当今信息时代的重要表征。在C^3I系统中,信息的传递要求快速、安全、可靠,而且要求在任何时间、任何地点都可获得全时空的信息传递和交换。这样,就大大地促进了移动通信迅速发展。

移动通信是一种包括移动台、控制台、入网交换、计算机集中控制,并与公共电话连网的通信系统。是无线通信、有线通信和计算机技术高度密集的综合性的通信系统。移动通信设备运用了大规模集成技术、计算机技术、片状元件及表面安装工艺技术,集中了有线通信和无线通信的最新技术成果。

5.8.1 移动通信概论

所谓移动通信,顾名思义就是通信的一方或双方在移动中实现通信。也就是说,至少有通信的一方处于运动之中,或暂时停留在某一非预定的位置上。其中包括移动台(汽车、火车、飞机、轮船等移动体上)与另一移动台之间的通信,移动台与固定台之间通信,以及移动台通过转接台与另一移动台或固定台之间的通信。

1. 移动通信的特点

移动通信与固定点间通信相比,具有下列主要特点。

(1) 移动通信的传输信道必须使用无线电波。在固定通信中,传输信道可以是无线,也可以是有线。但是移动通信中,至少有一方处于运动状态,显然必须使用无线电传播。

(2) 信道传输特性较复杂,不稳定。由于移动台经常不断地运动,因而导致接收信号的幅度及相位随时间、地点而不断变化。尤其是陆地移动通信,受地形、地物的影响极大,以及多径传播造成的衰落,建筑物阻挡造成的阴影效应和运动产生的多普勒频移等,致使信号极不稳定。此外,移动台工作环境是不能随意选择的,因此外部噪声和干扰问题很严重。总之,移动通信的电波传播条件是十分恶劣的。只有充分研究移动信道的特征,才能合理地组成各种移动通信系统。

(3) 所用的无线电频率有限。频率作为一种资源必须合理安排和分配,而现在用于陆地移动通信的频率很有限,而用户数却不断地猛增,故有效地利用频率资源是研究移动通信系统的一个重要课题。

(4) 移动通信综合了各种通信技术。移动通信是建立在各种通信技术基础上发展起来的,从无线系统(收、发信机,天线及电波传播)到交换技术、终端设备、组网方式等无所不包。因此,移动通信是集中了多种通信技术而构成的。在系统设计中,需综合考虑各种技术,以求得最佳的性能价格比。

(5) 对设备要求苛刻。一般移动通信设备都装载于汽车、飞机等移动体上,甚至是由人随身携带,不仅要体积小、重量轻、操作简便、维修方便,而且要保证在振动、冲击、高温、低温等恶劣环境下能正常工作,同时还要求省电。

2. 移动通信分类

随着移动通信的应用范围不断扩大,移动通信系统的类型越来越多,其分类方法也多种多样。按活动范围可分为陆地、航空、海上三类;按用户性质划分,有军用、民用两类。民用又分公用、专用两类；按通信方式及频率使用方法可分为单工、双工、半双工三种。

(1) 通信方式。无线电通信的工作方式，分为双方都有可发信和只能单方发信两种，单方发信主要用于广播以及电视，在移动通信中用于无线电寻呼系统。双方发信又可分为单工、双工或半双工三种方式。

1) 单工通信。所谓单工通信，即是指同时只能单方向工作的方式，故双方电台只能轮流进行收信和发信。根据使用频率异同又可分为同频单工和异频单工。

同频单工是指通信双方(如基地台和移动台)使用相同频率的单向通信。平常双方接收机均处于守候状态，如果基地台需要发话，通过按下送受话器开关，就能关掉本台接收机，接通发射机(频率为 f_1)，并将收发共用天线接至发射机输出端。这时移动台接收到频率为 f_2 的基地台信号，即可进行通信。移动台向基地台发信时，也用频率 f_1，所以称为同频单工。异频单工工作方式，通信双方的发信使用两个频率 f_1 和 f_2，也就是本台的发、收使用不同频率，这两个频率通常称为一对波道(或频道、信道)。基地台发射频率和移动台接收频率为 f_2；移动台发射频率和基地台接收频率为 f_1。若基地台需要设置多部发射机和接收机的话，则往往将接收机频率设置在某一频段(例如较低频段)，而将发射机频率设置在另一频段(如较高频段)，只要这两个频段有足够的频差，借助于滤波器等选频电路就能大大减小发射机对接收机的干扰。在这种情况下，一个基地台便可以使用多个相互邻近的频道同时工作，完成多用户通信。

2) 双工通信。所谓双工通信，即是指通信双方可同时进行双向通信的工作方式，有时称为全双工通信。这时各台的收、发分别使用一个频率，相互不干扰，故可收、发同时进行。

基地台的发射机、接收机分别使用一副天线，而移动台通过双工器使用一副天线。这种工作方式同普通电话相似，操作简便。但是，在电台使用中，不管是否发话，发射机总是工作的，故电源消耗较大，这一点对以电池为电源的移动台而言极为不利，为此，常采用半双工的通信方式。

3) 半双工通信。其频率使用与设备组成基本上与双工通信相似，所不同的是移动台发射机仍采用单工的"按 — 讲"方式，即按下发话开关，发射机才工作，而接收机总是工作的，这样的系统称为半双工系统，它可以和全双工系统兼用，因而获得了广泛应用。

(2) 民用陆地移动通信系统。按使用情况，民用陆地移动通信系统可分为无线电寻呼系统、公用移动电话系统、集群系统、无绳电话系统等。

1) 无线电寻呼系统。无线电寻呼系统是一种单向通信系统。寻呼控制中心与市话网相连，市话用户要寻找外出用户时，通过寻呼控制中心，发出被呼用户的号码，被呼用户的袖珍接收机发出呼声。

2) 公用移动电话系统。公用移动电话系统是最典型的移动通信方式。蜂房式移动通信是一种极有吸引力的公用移动通信系统。蜂房式移动通信在空间上实现频率复用，即相隔一定距离后，频率可重复使用。蜂房式移动通信系统主要供移动用户与市话用户之间通信，也可以进行移动用户之间通信。移动电话局在通信网中起控制和协调作用。

3) 集群系统。所谓"集群" 它包含两个方面：一是将各单位或各部门所需的基站控制设备，集中建站、统一管理、统一使用，各单位只需建立各自的调度台、调度终端(包括车台、固定台或手持机)；二是多信道共用，采取动态分配空闲信道，充分利用频率资源和信道设备。

4) 无绳电话系统。无绳电话系统包括接续器和手持机。在普通的有线电话机上设置一个接续器(小型的无线电收发信机)即构成一个座机，它与随身携带的手持机建立双工无线电通信。

3. 移动通信的发展方向

移动通信发展极其迅速，其发展趋势可概括如下：频段 —— 由短波、超短波到微波；频道间隔 —— 由 100 kHz，50 kHz 到 25 kHz，12.5 kHz 甚至到 5 kHz；调制方式 —— 由调幅到调频、振幅压扩单边带；通信方式 —— 由同频单工到异频双工及多频道共用；传输方式 —— 由模拟经数模兼用到全数字化；器件 —— 由电子管经晶体管到大规模集成电路与微处理器；业务 —— 由通信为主将增加低速传真、静止图像、低速数据直到综合业务；网络形式 —— 由专用网到公众网，由大区制到蜂房式小区制；复盖面积 —— 由局部地区、大中小城市到大部分地区、全国甚至跨国；通信领域 —— 陆地、水面，再空中至陆海空一体化；通信容量 —— 由小于 200 用户的小容量到大容量。

目前，从世界各地发展的趋势来看，移动通信正朝着综合化、集群化、数字化、微型化和标准化方向发展。

综合化：从公众移动通信来说，一方面是将汽车电话、火车电话、船舶电话及航空电话，即将陆海空联网成一个全国甚至跨国的综合移动通信系统；另一方面是除电话业务外还扩展数据、传真、图像等各种非电话业务，最终成为综合业务数字网（ISDN）的组成部分。

集群化：对专用移动通信而言，当前各部门自建基地台的小容量专用系统无论是频谱或者是资金都是较浪费的。发展趋势是共建大容量覆盖整个地区的中继调度系统，做到频率共用、交换控制统一，各部门只需建立简单的指令台。

数字化：随着微电子技术迅速发展，为移动通信数字化提供了有利条件，只有数字化才可能实现电话与非电话业务的综合化。

微型化：随集成电路的迅速发展，移动通信必将向微型化发展。

标准化：由于通信的实质就是人类社会按照公认的协定传递信息，所以通信必定向标准化发展。

5.8.2　移动通信设备

移动通信系统既要保障移动用户之间的通信，也要提供移动用户与城市有线电话网之间的通信，所以移动通信系统的设备除必不可少的无线通信设备之外，还必须包括与有线通信相应的控制、交换和各种接口设备。移动通信设备由移动台和基地台两大部分组成。

移动台设备可分为无线收发信机、控制单元和操作单元三部分，此外还包括不可缺少的电源和天线。收发信机中还包括信道控制用的频率合成器，双工工作所需的收发天线共用器（也称双工器）。控制单元的作用是产生信道数据、控制收发信机工作、控制并处理音频信号、产生并检测各种信令。操作单元分手机和手机座两部分。

基地台设备有收发设备、天线与馈线系统和控制终端几部分。收发设备部分每一个无线信道有一台发射机、一台接收机、一个控制单元和一个功率放大器。为使多个信道设备共用天线还需有多路耦合器。设一个高稳定的参考振荡器作为各信道收发信机的频率基准，所有的频率合成器均以此为参考，确保全系统的频率稳定。控制终端的功能是把用户线从市内交换机扩展到移动用户；转接与处理音频信号；把用户线集中并分配到有限的无线信道；控制、管理和检测基地台无线设备和移动台的状态。

1. 发信机

发信机的功能是将所要传送的基带信号经调制、倍频或混频将频谱搬移到发信频率，再通过放大达到额定功率，然后馈送到天线。最简单的基带信号就是话音信号。移动通信规定话音传输频率范围为 300 ～ 3 000 Hz，在与有线电话相连接时，也有将上限频率扩展到 3 400 Hz 的，以符合有线传输标准。

发信机是将话音、数据、图像信号用调频方式调制在载波上，然后由天线发射，传播到远方。移动通信采用调频方式。

由图 5－11 可以看到由晶体振荡器（TCXO）产生的高频信号，麦克风（MIC）产生话音信号，并经预加重及瞬时频偏控制（IDC）等处理，这两种信号在调制器（MOD）进行频率调制即调频 FM，得到调频的已调波信号。接着对其倍频、放大、驱动、功率放大等。这样，使高频已调波信号的频率及其功率都达到设计要求。同时，为了使输出功率实现控制，还要自动功率控制（APC）。

晶体振荡器提供了满足要求的精确度和稳定度的射频信源。

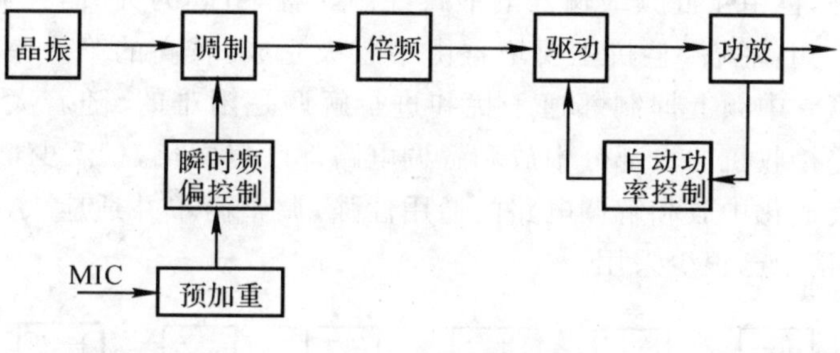

图 5－11　发信机框图之一

瞬时频偏控制是用来限制、调整调制信号的幅度，保证所要求的调制频偏变化的范围。自动功率控制是根据接收信号电平的大小，自动调整本机输出的功率，使输出功率稳定。另外，为了克服移动通信系统基地台与移动台之间的远近效应，减少互调干扰，对移动台输出功率等级加以控制。

图 5－12 是利用锁相环代替倍频器。其作用是通过锁相环可以改变载波的频率；降低发信机各种杂波、噪声和寄生辐射。

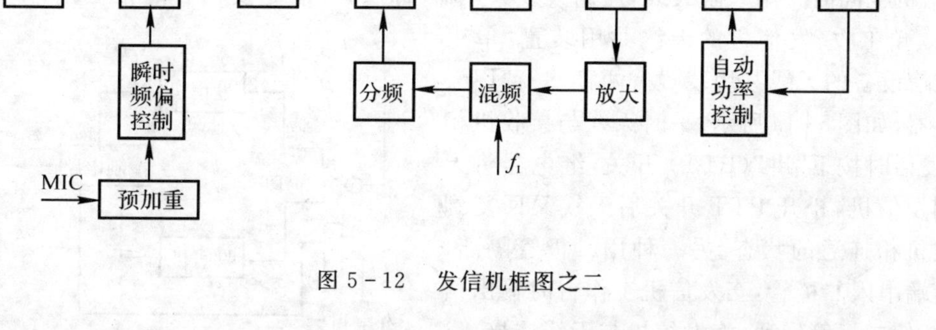

图 5－12　发信机框图之二

在图 5－12 中，晶体振荡器产生的高频信号送到调频器输入端，调频器另个输入的是 MIC 产生的音频信号经预加重，瞬时频偏控制（IDC）处理后的信号。由调频器输出的已调波经分频后作为鉴相器（DP）的一个输入信号，鉴相器另一个输入信号是压控振荡器（VCO）产生的，经放大、混频、分频后得到的信号。二个信号在锁相环(PCC)内进行频率牵引，相位锁定。鉴相器(DP)输出信号经低通滤波器后去控制VCO，其输出的信号频率随PLL中的分频比改变而变化。VCO输出信号经驱动放大，功率放大后，使其频率和输出功率达到设计标准。输出功率在自动功率控制下使其稳定。

2. 收信机

收信机能从各种无线电波信号(包括干扰信号)中，选择出所要接收的有用信号，并将其恢复成原来发射信息的信号。为了得到良好的选择性能，目前移动通信接收机差不多均采用二次混频超外差接收方案。第一中频采用10.7 MHz或21.4 MHz，第二中频一般都取455 kHz或456 kHz。

图5-13是一典型的接收机框图。高频放大器增益视要求的灵敏度和抗干扰性能而定。高放增益大时，混频级的输入信号电平就高，相对来说，混频级噪声的影响就小，对提高信噪比、灵敏度有好处。但是，也由于混频级输入电平高，由非线性引起的失真，互调干扰也变得严重。一般高放增益为10 dB左右，整机主要增益由中放级完成。较高的第一中频可保证镜像选择性。但在这较高的第一中频上抑制邻道干扰和进行解调是困难的。随着大规模集成电路的发展，两次混频超外差接收机的大部分中放和解调电路都已集成化，只需少量外接元件就能达到足够良好的性能。集成化中放和解调电路的通用性强，调整简单并适应大量生产，因此一次混频的方案在移动通信中已很少采用。

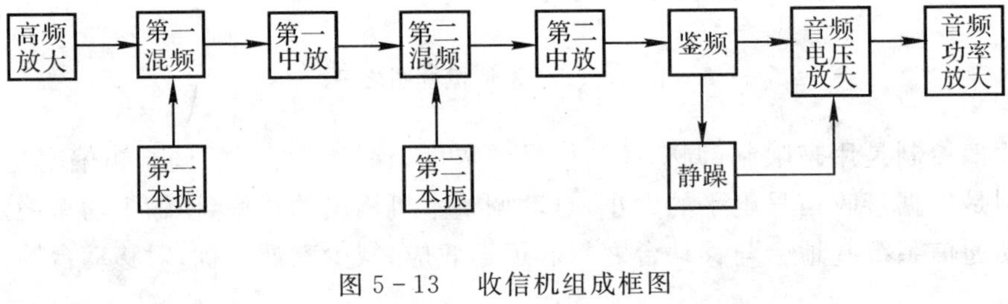

图5-13　收信机组成框图

3. 收、发天线共用器

移动通信设备的收、发信机都共用一副天线。单工通信方式时，收、发信机交替工作。通常用手键控制，在发话时将天线与发信机接通，收信时使天线与收发信机接通。双工通信方式时，收、发信机也同时共用一副天线，需用天线共用器(称双工器)避免两者的相互影响。

(1) 单工收、发信机的天线共用装置。单工移动通信设备的天线共用装置有两种，一种用天线继电器，如图5-14所示。平时天线与接收机相连，在发话时按下"讲"(PTT)开关，继电器将天线接到发信机，松开PTT开关后天线又回复到与接收机相连通的状态。另一种用二极管隔离。在发信端串入二极管，当发信机工作台时输出信号很大，使二极管导通，将发信机与天线连接。发信机不工作时，所有二极管均截止，天线接收到的信号顺利进入接收机。

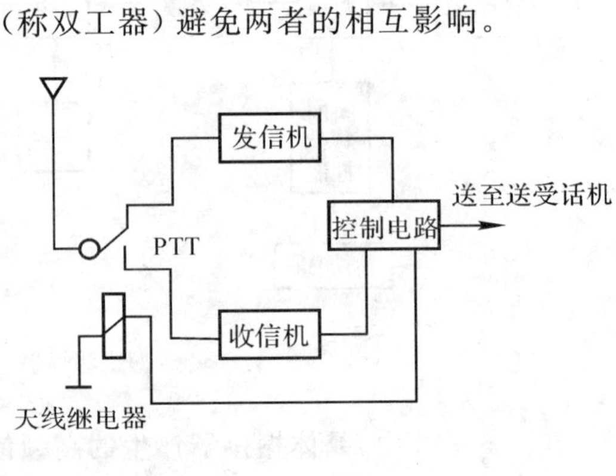

图5-14　天线切换电器

(2) 双工收、发天线共用装置。双工移动通信设备收、发同时工作时，必须用双工器使收、发互不影响。在双工通信中，收信频率和发信频率之间有规定的间隔，我国规定 150 MHz 频段的双工频率间隔为 5.7 MHz，450 MHz 频段为 10 MHz，900 MHz 频段为 45 MHz。

发信机产生的射频功率对接收机的影响有两个方面。一是发信频率上的强信号使接收机前级产生阻塞。要消除这种影响，必须使进入收信机前级的本机发射信号抑制到阻塞电平以下。二是发射信号的带外噪声落入收信机通带内，直接进入收信机，从而影响输出信噪比。为此，必须在发信机输出端抑制这部分噪声，使它低于接收机本身在天线输入端的等效噪声功率。

4. 锁相频率合成器

包括移动电台在内的所有无线电通信设备，都需要有一个稳定的频率源，在发射机中作为主振，在接收机中作本地振荡器。正是这个频率源决定了无线电通信的工作频率，因此对它的频率稳定度等有很高的要求。以往为获得较高的频率稳定度，都用晶体振荡器作频率源，有几个信道就分别用几对晶体。这种方法对工作信道不多的通信机是可行的，若通信机的工作信道很多，那就十分不方便，甚至不可能了。有一种技术可由一个高稳定的基准振荡器(通常就是晶体振荡器)，通过对频率的加、减、乘、除的变换，得到一系列离散的、频率稳定度与基准振荡器相同的频率输出，这就是所谓频率合成技术。

频率合成的方法有多种，但在移动通信的电台上，几乎无例外地都用一种所谓锁相频率合成器。它是应用锁相环路对输入信号频率跟踪的特性构成的。随着集成电路技术的发展，这种锁相频率合成器的大部分电路都可以集成在一个芯片上，组成单片集成频率合成器。它特别适用于移动通信设备。

(1) 锁相原理。

1) 锁相环路的组成及原理。所谓锁相就是对信号的相位进行控制，使两信号的相位达到同步。锁相环路由相位检波器即鉴相器(PD)、环路滤波器(LF)和电压控制振荡器(VCO)三个基本部件组成。框图如图 5-15 所示。

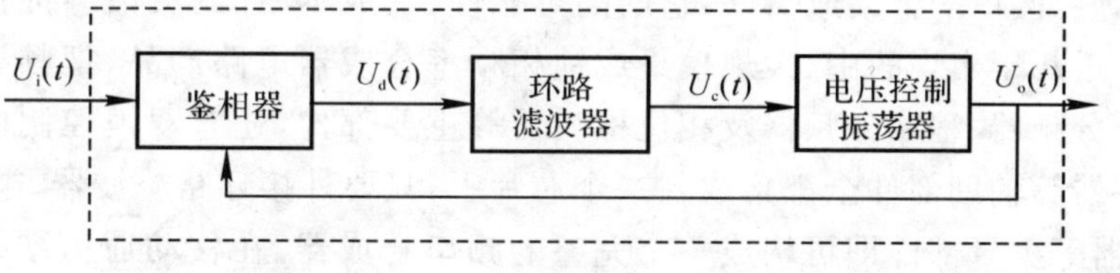

图 5-15　锁相环路的基本组成

2) 锁相环的工作过程。锁相环路的工作可分为捕获和跟踪两种状态。如图 5-15 所示锁相环路，当没有输入信号时，电压控制振荡器以其自由振荡频率 ω_0 振荡。如果环路有一个输入信号 $u_i(t)$，一般情况下输入信号频率不会等于 ω_0，即 $\omega_i \neq \omega_0$。如果 ω_i 与 ω_0 相差不大，相位检波器输出一个误差电压 $u_d(t)$，经环路滤波器的过滤之后形成控制电压 $u_c(t)$。$u_c(t)$ 控制电压控振荡器的瞬时频率 $\omega_v(t)$，使它渐渐偏离自由振荡频率 ω_0，向输入频率 ω_i 接近，这个作用叫做“牵引”，经过一段时间的牵引，最后电压控制振荡器的输出频率 $\omega_v(t)$ 与输入频率 ω_i 完全相等，两者之间只存在很小的相位差，这种状态称为环路“锁定”。从信号加入到环路锁定的这个过程叫锁相环路的捕获过程。

在锁相环路锁定之后，如果输入信号的相位和频率有变化，相位检波器检出这个变化，产生一个相应的误差电压。这个误差电压经环路滤波器过滤之后去控制电压控制振荡器的频率和相位，使环路输出跟随输入信号的相位和频率的变化，最终维持环路锁定，这一个过程称为锁相环路的跟踪过程。

(2) 锁相频率合成。

1) 基本单环锁相频率合成器。框图如图 5－16 所示。当锁相环路锁定时，相位检波器两输入的频率相等，即

$$f_r = f_d$$

式中，f_d 是由 VCO 输出频率经 N 分频后得到的，即 $f_d = f_0/N$，因为输出频率 f_0 正好为基准频率 f_r 的 N 倍，$f_0 = Nf_r$。

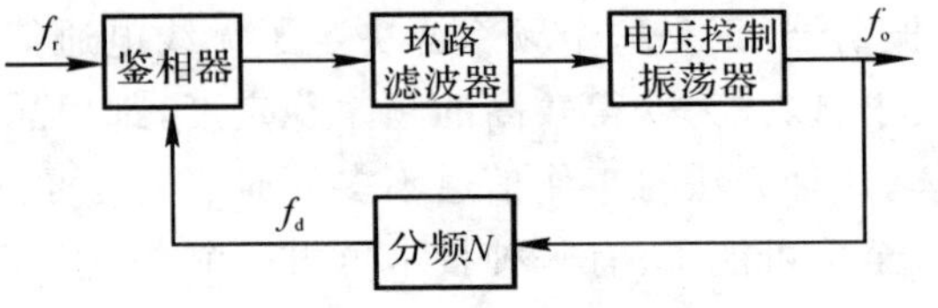

图 5－16　基本单环频率合成器

这样，环中带有分频器的锁相环路就提供了一种从一个基准频率获得大量离散频率的方法。只要用一可编程分频器来实现分频比 N，随着 N 值的变化，输出频率 f_0 就会按增量 f_r 变化，获得大量离散的输出频率。由此获得的输出频率 f_0 都是基准频率 f_r 的整数倍，频率稳定度达到与 f_r 相同的水平。

2) 变模分频锁相率合成器。可在不改变频率分辨力的同时提高合成器工作频率的一种有效方法是采用变模分频器。变模分频器的频率上限虽不如固定分频器那样高，但比可编程分频器要高得多。

3) 集成锁相频率合成器。随着集成电路技术和微型计算机技术的发展，频率合成器已发展成为能与计算机接口的全集成器件，它的高可靠性、低成本、控制灵活等优良性能大大地促进了它的普及。近几年出现的中、大规模集成锁相频率合成器电路产品，把频率合成器中的基准振荡器、基准分频器、程序分频器及相位检波器等主要部件，还有双模控制电路、锁存器、解码器、移位寄存器等辅助部件全都集成在一个芯片上，只要外接环路滤波器、电压控制振荡器、双模前置分频器等少量部件即可构成一个完整的频率合成器。在移动通信系统的组网和装备小型化方面，集成频率合成器起到了越来越明显的作用。

第 6 章　防空 C^3I 系统中的计算机网络

防空 C^3I 系统中，无论是情报传输与信息处理，或是作战指挥信息的下达与上传，以及自动化武器系统的控制，都是建立在计算机网络的平台上的。因此，可以说，计算机网络是防空 C^3I 系统中的神经中枢，了解并熟悉防空 C^3I 系统中的计算机网络及其技术，是十分重要的。本章主要介绍防空 C^3I 系统中的计算机网络的基本概念、功能和主要理论技术。

6.1　计算机网络概述

6.1.1　计算机网络的形成与发展

计算机网络是计算机技术和通信技术不断发展和结合的结果，它们互相渗透，互相融合，促进了计算机网络的发展。

1. 以单计算机为中心的连机网络

20 世纪 60 年代中期以前，计算机主机造价昂贵，而通信线路和通信设备价格相对便宜，为了共享主机资源和实现信息的采集及综合处理，连机终端网络是一种重要的系统结构，如图 6-1 所示。

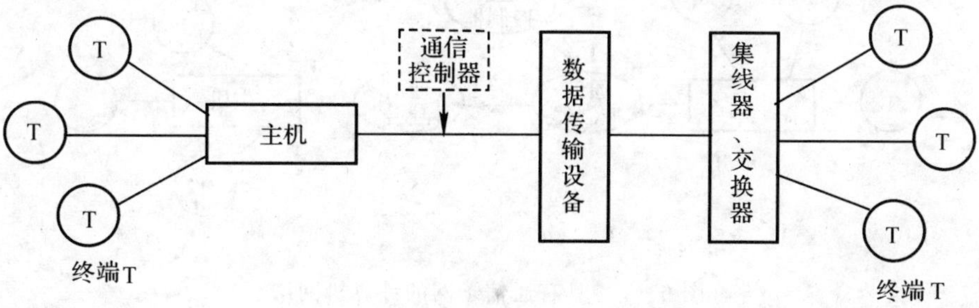

图 6-1　单处理机连机系统结构图

单处理机连机网络是一个分时多用户系统。这种结构，主机负荷较重，既要承担通信工作，又要承担数据处理，主机效率低。另外，通信线路的利用率低，尤其在远距离传输时，如果让多个终端用户(T) 都单独占用一条通信线路，造价就很高。所以，在终端集中的地方，采用了远程线路集中器，以尽量减少通信费用。这种结构采用集中控制方式，可靠性较低。

为了减轻主机的负荷，提高主机效率，可以在主机与通信线路之间设置通信控制器(CCP)专门处理与终端的通信。如图 6-1 中虚线所示。

2. 计算机——计算机网络

利用通信线路将多个计算机连接起来，为用户提供服务，形成多处理器为中心的网络。最直接的形式是将多个主计算机通过通信线路连接起来，如图 6-2 所示。这种形式，主机既承担数据处理又承担通信控制。

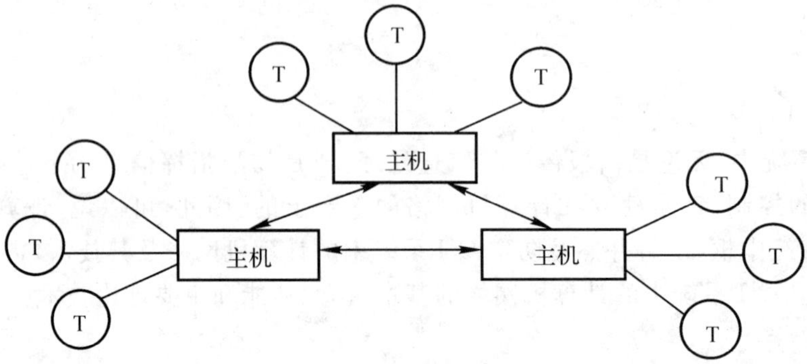

图 6-2 主机直接互连的网络

为了减轻主机的工作，第二种形式是将通信功能从主机分离出来，设置通信控制器(CCP，Communication Control Processor)，主机间的通信通过 CCP 间接进行。如图 6-3 所示。

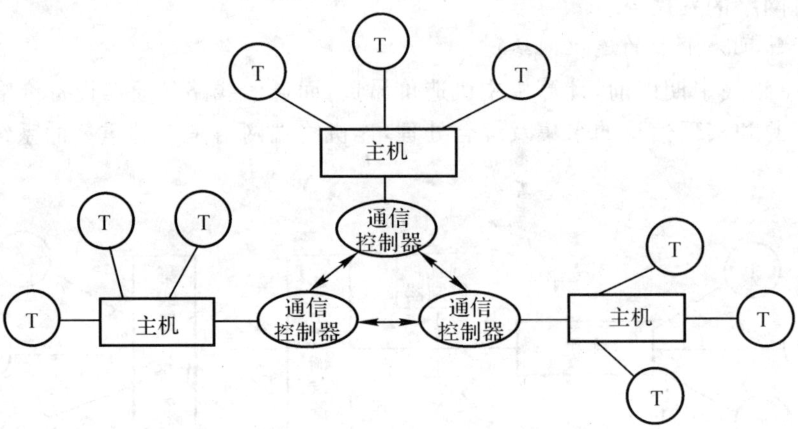

图 6-3 具有通信子网的计算机网络

这种形式的计算机网络，在逻辑上可划分为两部分。通信控制器负责网上各主机间的通信控制和通信处理，它们组成的传输网络称通信子网，是网络的内层；网上主机负责数据处理，是计算机网络软、硬件资源的拥有者，它们组成了网络的资源子网，是网络的外层。资源子网上用户间的通信建立在通信子网的基础上。通信子网和资源子网的结合，组成了实现数据通信和资源共享的计算机网络。

若将网络通信子网建成公共数据通信网，或利用已有的公共数据网，就成为社会公有的计算机通信网，如图6-4所示。广域网，特别是国家级各部门建立的计算机网络大多是这种形式。这种网络允许异种机入网，兼容性好，通信线路效率高，是广域网的基本形式。

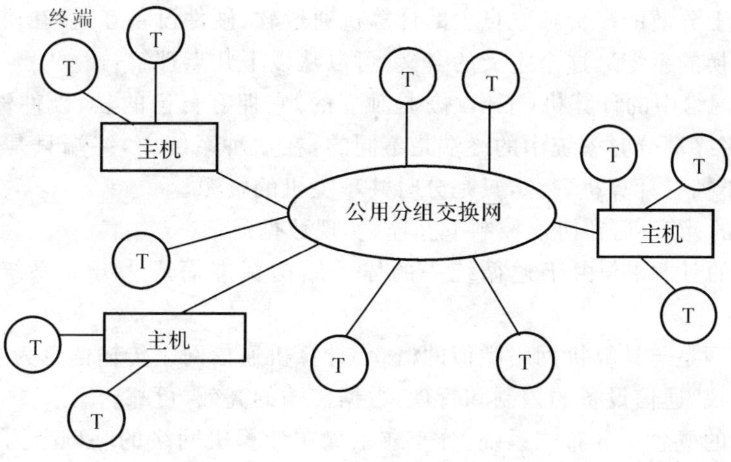

图 6-4　具有公用数据通信网的计算机网络

为了实现用户之间的互连，如果在所有用户之间直接进行连接，这对通信线路资源是极大的浪费。用户之间的互连是通过交换机实现的。在通信子网中，每个通信节点(CCP) 都有数据存储和处理的功能，通过对数据的存储 / 转发实现数据的传输(交换)。一个通信网络由许多交换节点互连而成。交换节点转发信息的方式就是交换方式。交换方式可以分为线路交换、报文交换和分组交换。其中线路交换是电话通信网电话交换机的传统工作方式。这种工作方式在通话的全部时间内，通话双方始终占用端到端的固定传输带宽(交换机之间的一个话路)。由于计算机之间通信的突发性，不需要在两个通信节点之间建立专用通路，而是将数据组织成报文或分组，通过计算机通信节点进行存储 / 转发，极大地提高了通信子网的效率。分组相对报文而言，数据长度较短而且固定。分组交换技术又可分为数据报交换和虚电路交换。

3. 体系结构标准化网络

为了方便计算机连网以及网络互连，实现计算机数据通信和资源共享，必须建立标准。随着网络技术的发展，提出了网络体系结构标准化的概念。国际标准化组织 ISO(International Standard Organization) 在研究、吸收各计算机厂家网络体系结构标准化经验的基础上，制定了计算机"开放系统互连参考模型"(Open Systems Interconnection/Reference Moden, OSI/RM)。作为国际标准，OSI 规定了可以互连的计算机系统之间的通信协议，遵循 OSI 协议的网络通信产品都是所谓的开放系统。这种统一的、标准化的产品互相竞争的市场给网络技术的发展带来了更大繁荣。

4. 国际互联网(Internet)

从 20 世纪 80 年代末期以来，起源于美国的国际互联网(或称因特网) 飞速发展，已成为世界上最大的国际性计算机互联网络。Internet 对世界的冲击，已渗入到人们生活的各个方面。

Internet 仍然遵循分层的体系结构思想，称为 TCP/IP 体系结构(Transmission Control Protocol，TCP 传输控制协议，Internet Protocol，IP 网际协议)。现在，计算机网络得到最广泛应用的不是国际标准 OSI，而是 Internet 的 TCP/IP 结构。这样，TCP/IP 常常成为事实上的国际标准。但是，应当承认，OSI 网络体系结构的思想在计算机网络发展过程中的重要贡献。

6.1.2　计算机网络的定义

计算机网络在不同的发展阶段或从不同的观点有着不甚相同的定义。综合起来，比较统一的定义是:“地理上分散的多台独立自主的计算机通过软、硬件设备互连,在协议控制下实现资源共享和信息交换的系统”。这个定义的含义,可以从以下几点理解:

(1) 计算机网络中的计算机(工作站)是独立的。它拥有自己的软、硬件资源,完成一定的处理任务。这与多终端分时系统中的终端是不同的,在这种系统中,终端只是主机与用户之间的接口,它本身不拥有计算机资源,只是分时共享主机的资源。

(2) 网络上的计算机,在协议控制下互连,实现数据通信。

(3) 网络上的计算机,由于遵循统一的体系结构标准而成为开放系统,从而实现资源共享。

计算机通信网是与计算机网络类似的概念。计算机通信网以传输信息为主要目的,所研究的是通信传输协议,通信设备的控制和管理,数据传输的高效、可靠。

另一个类似的概念是分布式系统。分布式系统在计算机网络的基础上为用户提供了透明的集成应用环境,是计算机网络在功能上的延伸。分布式系统中的多台计算机除了可以相互通信和共享资源外,还能协同工作,以实现一个既定的功能。

多机系统也是与计算机网络类似的另一种系统。多机系统是指同一机柜中或集中在同一地点的紧密耦合的多处理机系统或并行处理系统。并行处理系统通过互连网络实现多台计算机之间的连接,以适应高速并行计算的需要。而计算机网络中计算机之间的互连是相当有限的,它们是通过各种交换技术实现计算机之间的连接。

可见,计算机网络与并行处理系统、分布式系统及计算机通信网,既是互相联系又是不尽相同的概念。

6.1.3　计算机网络体系结构标准化及其组织

网络上连接的各个计算机系统,要实现资源共享和数据通信,必须使用相同的语言并遵守双方都能接受的规定或约定,以控制数据交换。这些规则或约定的集合称为协议(protocol)。在计算机网络中,各个主机系统为了实现一定的功能,都划分为不同的功能层次。这些功能层次,在网络体系结构中称为(某一层) 实体。也就是说,一个主机系统由不同层次的实体组成,主机向对应层次的通信是虚拟的,它通过调用下层的功能和为上层提供的服务实现。那么,系统如何分层,各层次完成的功能或服务,以及采用的通信协议都应当明确定义,而且应当统一,即标准化,以保证不同厂商设备或系统之间实现互相通信。计算机网络中,这种层次的划分和功能的定义,就是网络的体系结构。世界上一些主要的标准化组织在这方面已做了许多卓有成效的工作,研究和创造了一系列有关数据通信和计算机网络的标准,有的已作为国际标准,极大地推动了计算机网络技术的发展。

计算机网络标准化及其组织主要有国际标准化组织(ISO) 制定的开放系统互连(OSI) 参考模型,国际电信联合会(ITU)(原为国际电报电话咨询委员会 CCITT) 的 X 系列、V 系列以及 I 系列建议书,美国电气电子工程师学会(IEEE) 的 IEEE 802 LAN 局域网标准,以及美国电子工业协会(EIA) 的 RS 系列标准等。

1. 国际标准化组织 ISO 的 OSI 参考模型

国际标准化组织 ISO(International Standard Organization) 成立于1947年,是世界上最大的国际性标准化专门机构,我国是该组织的成员国。

ISO 提出的开放系统互连(OSI Open System Interconnection) 参考模型,定义了异构计算机标准的框架结构。OSI为面向分布式应用的“开放”系统提供了基础。“开放”就是指任何两个系统只要遵守参考模型和有关标准，都能实现互连。ISO/OSI标准将任一个系统都划分为七层，即物理层、数据链路层、网络层、传输层、会话层、表示层和应用层，作为异构系统互连的体系结构，提供了互连系统通信规则的标准框架。

2. IEEE 802LAN局域网标准

美国电气与电子工程师协会1980年2月成立了局域网标准委员会，现已形成了IEEE 802.1～802.13各项标准，对规范局域网产品的开发，推动局域网技术的应用起到了极大的促进作用。在IEEE 802局域网标准中，只定义了物理层和数据链路层两层，并由于共享信道将数据链路层划分为逻辑链路控制(LLC Logical Link Control)和介质访问控制MAC(Medium Access Control)两个子层，加强了数据链路层的功能，把网络层的寻址、排序、流控和差错控制等功能放在LLC子层来实现。

3. ITU建议

国际电信联合会(ITU)是专门制定有关数据通信和公用数据网(广域网)的国际标准化组织。其中ITU—T是ITU下属的标准化分部。

原国际电报电话咨询委员会CCITT(Consultative Committee International Telegraph and Telephone)现在已统一为国际电信联合会，它是国际条约组织，主要由各成员国的邮政、电话、电报部门组成。该组织为国际通信用的各种通信设备及规程的标准化分别制定了一系列的建议。在数据通信方面，ITU有两种系列建议，既V系列与X系列建议书。V系列建议书是在数据通信发展初期，在电话网和用户电报网上进行数据传输而制定的，每个建议书针对一个专题。为了适应用于数据通信的公用数据通信网的发展，20世纪70年代初又逐步形成了公用数据交换网的X系列建议书。其中X.21，X.25和X.75建议书和计算机密切相关。在X.25建议书中，将一个公共分组交换数据网分成物理层、链路层和分组层3层，与ISO/OSI低3层对应。

为了适应综合业务数字网(Integrated Services Digital Network，ISDN)的发展，ITU又制定了ISDN网的标准，即I系列建议书。I.100系列描述ISDN的一般概念和基本原则；I.200系列提供了ISDN所支持的电信业务分类和描述方法；I.300系列说明网络状况；I.400系列为用户/网络接口；I.500系列为网络间的接口。

CCITT与ISO密切合作，目前已采纳OSI体系结构，并将其制定的已趋成熟的数据通信标准融进OSI七层模型中。我国也是ITU成员国之一。

4. TCP/IP协议

有了上述的局域网和广域网协议，并不是说就能构造出一个完整的网络系统，还必须要有高层协议提供更加完善的网络服务。一般来说，网络的低层协议决定了一个网络系统的传输特性，与网络系统的硬件关联。高层协议则提供了与网络硬件结构无关的，更加完善的网络服务和应用环境，通常是由网络操作系统实现的。最通用的高层协议是TCP/IP协议，它是一个协议集，定义了网络接口层、网际层、传送层和应用层4个层次。其中网络接口层定义了TCP/IP与各种物理网络如Ethernet，Token-Ring，FDDI及其他网络的网络接口；网际层相当于OSI参考模型的网络层；传送层对应传输层；应用层则包含了OSI参考模型的会话层、表示层和应用层的功能。类似的高层协议还有SPX/IPX等。

5. 中国国家标准局

中国国家标准局是我国有关工程和技术标准的法律制定机构，它颁布有关的标准。我国已决定在计算机与通信领域采用相应的国际标准，因此，国家标准局的主要工作是将有关国际标准采纳为国家标准。

6.2 计算机网络的结构

计算机网络的结构，从不同的角度划分为网络的体系结构、拓扑结构、逻辑结构和物理结构。网络的体系结构是从网络通信和信息处理功能层次的描述，是概念上的抽象。拓扑结构是从几何的角度对网络结构的抽象，即抽象为节点和连线的集合。网络的逻辑结构是从网络工作原理考虑的逻辑组成，即内层是通信子网，外层是资源子网。网络的物理结构则是网络的物理实现。

6.2.1 计算机网络体系结构

所谓网络体系结构，就是为了完成计算机间的数据通信和信息处理，把每个计算机的功能划分成为定义明确的层次，规定了同层次进程通信的协议以及相邻层之间的接口和服务。将划分的层、同层进程通信的协议以及相邻层接口统称为网络体系结构。体系结构是系统功能层次的划分，是系统功能的抽象。

1. ISO 开放系统互连参考模型的概念

国际标准化组织ISO制定了计算机网络标准模型，及开放系统互连参考模 OSI/RM，它为开放互连系统提供了一种功能结构的框架，作为开发各种网络协议标准的基础。该模型将每个连入网络的开放型计算机按通信和信息处理功能划分为 7 层，如图 6－5 所示。

图 6－5 ISO/OSI 七层参考模型、协议和接口

该模型中，连入网络计算机中每一个层次都称之为实体，两个计算机同一层次实体之间的通信，称为对等层协议通信，执行对等层协议规范。同一层次实体之间的通信则通过上下层之间的接口，上一层依次调用下一层的功能和下层依次为上一层提供服务而实现。对等层之间的通信是虚拟的，真正的通信实际是在计算机之间通过物理信道实现的。

2. 七层功能概述

(1) 应用层。这是 OSI 体系结构的最高层。这一层的协议直接为端用户服务，是开放系统与应用进程的接口，提供分布式信息处理环境。应用层管理开放系统互连，包括系统的启动、维持和终止，并保持应用进程间建立连接所需的数据记录，其他层都是为支持这一层的功能而存在的。

应用层协议已经定义的协议主要有：

电子邮件协议，提供电子邮件服务功能；

文件传输协议，提供各种文件类型（包括远程数据库文件）访问功能；

目录服务协议，提供分布式数据库功能；

虚拟终端协议，提供不同类型终端兼容功能；

公共管理信息协议和公共管理信息服务，提供对网络中的资源、交通和安全管理功能

还有许多其他应用服务协议正处于制定和标准化的过程中。

（2）表示层。表示层的功能是解决用户信息的语法表示，它将要交换的数据从适合于某一用户的抽象语法转换为适合 OSI 内部使用的传送语法，即完成信息的格式转换。这就使得应用实体不必要关心信息在“公共”方面表示的问题，为应用层提供语法的独立性。应用层实体可以使用任何语法，表示层提供这些语法与在应用实体通信所需要的公共语法之间的转换。

各种计算机内部数据表示可能不同，例如整数、浮点数的格式可能不同，字节的顺序（高位字节与低位字节的位置）可能不同，这些方面的差别在网络传输时需要统一。这可以类似于用基本数据类型构造复杂数据结构的方法。用一种抽象语法表示用户的数据，应用层的协议数据单元向下传送到表示层时，表示层用抽象语法表示它的结构，传送到对方的表示层时，都用同样的抽象语法解释它。

表示层提供的服务有统一的数据编码（整数、浮点数的格式，以及字符编码等）、数据压缩格式、加密技术等，后两种是数据传输过程所需要的。

（3）会话层。会话层提供两个表示层实体之间交互时组织和同步它们的会话过程，以及为管理它们的数据交换提供必要的手段。它提供的会话服务可分为两类：

1）会话管理服务，把两个表示实体结合在一起，或者把它们分开。

2）控制两个表示实体间的数据交换过程，即对话服务。例如，分界、同步等。

（4）传输层。传输层的功能是在两个端系统之间可靠、透明地传送报文。当会话实体要求建立一条传输连接时，传输层就为其建立一个对应的网络连接。如果要求较高的吞吐率，传输层可能为其建立多个网络连接（分流）。如果要求的传输速率不很高，单独创建和维持一个网络连接不合算，则传输层就可以把几个传输连接成多路复用到一个网络连接上。这样的多路复用和分流对传输层以上是透明的。

传输层的服务可能是提供一条无差错按顺序的端到端的连接，也可能是提供不保证顺序的独立报文传输，或多目标报文广播，即所谓面向连接的服务和面向无连接的服务。这些服务可由会话实体根据具体情况选用。传输连接在其两端进行流量控制，以免高速主机发送的信息流淹没低速主机。传输层协议是真正的源端到目的端的协议，它由传输连接两端的实体处理。

传输层和下面网络层的界面是用户和通信子网的界面。传输层以下的功能层协议都是通信子网中的协议。

（5）网络层。网络层的功能在通信子网内完成，在源、目的节点之间选择一条最佳路径，将分组正确地传送到目的地，并提供流量控制功能。交换过程中要解决的关键问题是选择路径，路径可以是固定不变的，也可以由网络负载情况动态变化。另一个要解决的是流量控制，防止

网络中出现局部的拥挤甚至全面的阻塞。此外，网络层还拥有记账功能，以便根据通信过程中交换的分组数（或字符数、比特数等）计费。

（6）数据链路层。数据链路层的功能是建立、维持和释放网络实体之间的数据链路，保证网络中相邻节点之间数据的有效传输，应表现为一条无差错的信道、传送数据链路服务数据单元（称为帧）。一个数据链路连接建立在一个或多个物理连接上。相邻节点之间的数据链路控制的主要功能：

1）组织数据帧，以帧为单位进行传输，校验和应答。

2）流量控制，对发送数据的速率进行控制，以免发送过快，接收端来不及处理而丢失数据。

3）差错控制，接收端对收到的数据帧进行校验，发现差错，必须重传。

4）数据链路管理，发送端与接收端之间必须通过某种形式的对话，建立、维护和终止一批数据的传输过程。

数据链路控制功能由数据链路层协议实现，要求数据链路层协议能适应各种数据链路配置，如点对点链路和多点链路、半双工链路和全双工链路等。数据和控制信息在同一线路上传输，因而数据链路协议应能区分数据帧和控制信息帧。

最常用的数据链路协议是 HDLC（高级数据链路控制协议 —— High Level Data Link Control）。

（7）物理层。在 OSI 参考模型中，物理层的功能规定为“在数据链路实体之间提供激活、维持和释放用于传输比特的物理连接的方法，这些方法有机械的、电气的、功能的和过程的特性”。这种物理连接可以是单工的或双工的，它可以是串行的或并行的按位传输。

机械特性描述连接器的形状、几何尺寸、引线数、引线排列方式、锁定装置等。电气特性规定信号线的连接方式，驱动器和接收器的电气参数，并给出有关互连电缆等方面的技术指导。功能特性对接口连线的功能给出确切的定义，如数据线、控制线、定时线和地线，有的接口可能需要两个信道，因而接口线又可分为主信道线和辅信道线。过程特性则规定了使用接口线实现数据传输的操作过程。

6.2.2 网络的拓扑结构

拓扑结构是计算机网络的重要特性。所谓拓扑，是一种研究与大小、形状无关的点、线、面特性（构成图形）的方法，由数学上的图论演变而来，图是由线所连接的点的集合。从网络拓扑学的观点看，网络是由一组节点（节点）和连接节点的链路组成的。节点可分为两类，一类是转换节点，支持网络线路连续，通过所连接的链路转发信息，如电话交换机、集中器和通信控制器（CCP）等。另一类是访问节点，它除可以连接链路外，还可以存储、处理并作为发送点和接收点，一般处在通信子网的末端，所以访问节点也称为端点。

计算机间或通信子网中通信控制器（CCP）之间的通信信道连接形式有两种：

（1）点 — 点信道，通信双方处于信道的两端，以点 — 点连接形式互连计算机构成的网络称为链路型网络。

（2）多点信道，也称为广播信道，即多个计算机连接到一条通信线路的不同分支点上。实际上，广播信道的网络仅有一个通信信道，为网上所有计算机所共享。当广播信道用有线介质实现时，则变为总线结构或多点线路。

1. 点—点信道构成的网络拓扑结构

点—点信道构成的网络拓扑结构如图 6-6 所示。

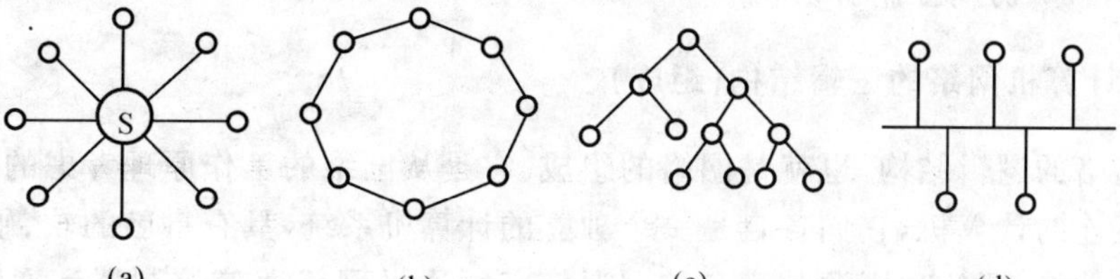

(a)　(b)　(c)　(d)

图 6-6　链路型网络拓扑结构

(a) 星型；(b) 环型；(c) 树型；(d) 总线型

(1) 星型结构。星型结构由一个功能较强的转接中心 S 及一些各自连到中心的节点(从节点)组成。这种网络各从节点间不能直接通信,从节点间的通信必须通过中心节点转接。星型结构有两类:一类是转接中心只起使从节点连通的作用。另一类转接中心是一个很强的计算机,从节点一般是计算机或终端,这时转接中心有转接和数据处理的双重功能。强的转接中心也称为各从节点共享的资源,转接中心也可按存储转发方式工作。

星型网络的优点是建网容易,控制相对简单,缺点是集中控制,可靠性低。

(2) 层次型结构(树型结构)。层次型结构是连网的各计算机按树型连接,树的每个节点都为计算机。一般说来,越靠近树根,节点的处理能力就越强。底层计算机的功能和应用有关,一般都有明确定义的和专门化很强的任务,越靠近树根的计算机则有更通用的功能,以便控制、协调系统的工作。

层次型结构信息的传输在不同级上垂直进行,这些信息可以是程序、数据、命令或以上三者的组合。

层次型结构适用于相邻层通信较多的情况。典型的应用是底层节点解决不了的问题,请求中层解决,中层计算机解决不了的问题请求顶部的计算机解决。底层的计算机一般处理烦琐的重复性工作,如数据采集和变换,而数据处理、命令执行(控制)、综合处理则由上层处理。如共享的数据库放在顶层而不分散在各个底层节点。

层次型结构如果只有两级,就成为星型结构。

(3) 环型结构。环型结构是局域网常用的拓扑结构。它由通信线路将各节点连接成一个闭合的环,数据在环上单向流动,每个节点按位转发所经过的信息,可用令牌(Token) 协调、控制各节点的信息发送和接受,环上任意两节点都可通信。

(4) 总线型结构。总线结构网络是把连网的计算机分别连接到通信线路的不同分支处,通信线路成为共享总线。总线网也是局域网最常用的拓扑结构。在 IEEE 802 局域网中,总线网有 IEEE 802.3,即争用总线网和 IEEE 802.4 令牌总线网两种。

2. 广播信道构成的网络拓扑结构

广播信道网络可以是总线拓扑结构、环型拓扑结构,也可以是无线(如卫星) 广播拓扑结构。广播式信道局域网中所有节点都共享同一信道,信道的分配方法可以有多种,如时分多路复用(TDM)、频分多路复用(FDM) 适合均匀传输的传统分配方法;也可以由控制中心节点用轮询方式分配信道或动态分配时间片等集中控制方式;也可采用信道上节点争用信道的方法。局域网中,由于共享信道,信道的分配或接入控制,也就成了局域网要解决的关键技术。这就是所谓的媒体(介质)访问控制协议。

6.2.3 计算机网络的逻辑结构(组成)

计算机网络的逻辑结构,也就是网络的组成。它是从网络的工作原理考虑的网络结构。

网络上互连的计算机,它们各自是一个独立的计算机系统,具有自己的软、硬件资源,可以完成信息处理功能。要实现资源共享和数据通信必须通过网络通信控制器和通信信道。因此,计算机网络在逻辑上可分为资源子网和通信子网。如图 6-7 所示。

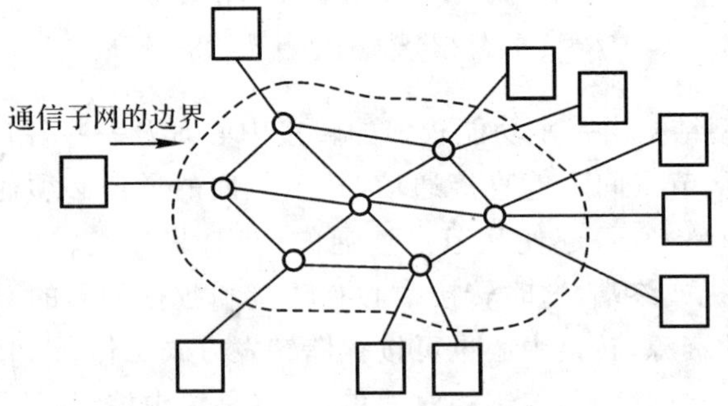

图 6-7 通信子网和资源子网

图 6-7 中,外层是资源子网,内层是通信子网。资源子网中主要包括拥有资源的用户主机和请求资源的用户终端,它们都是端节点,与通信的源节点和宿节点相连接。拥有资源的用户主机具有信息处理的功能。

通信子网的任务是在端节点之间传送由信息组成的报文,它主要由转接节点和通信线路组成。转接节点指网络通信过程中起控制和转发信息作用的节点,例如程控交换机、集中器、接口信息处理机等。通信线路是指传输信息的信道,可以是电话线、同轴电缆、无线电线路、卫星线路、微波中继线路及光纤缆线等。

广域网中,一个报文从源节点到宿节点,在通信子网中需经过多个转接节点的转发,即先将报文接收存储,然后按通信协议的规定,以一定的方式选择路径转发出去,这就是存储转发。局域网中,转接节点简化为一个微处理芯片,每台主机(或工作站)都设定一个微处理芯片(在网卡中),以广播方式进行报文信息传送,唯一的信道为网络中所有主机共享。任何主机发出的信息所有主机都能收到。信息包中的地址信息则可指明通信双方的源地址和目标地址,也可使用特定的地址说明该信息包是发送给所有站的。

6.2.4 计算机网络的物理结构

计算机网络的物理结构是指网络的物理实现,包括硬件和软件的物理集成。具体的实现与网络的功能、性能有关。一般说来,可由以下几部分组成。

1. 通信子网

(1) 分组交换器,为报文分组选择路由,形成传输的“连接”。

(2) 多路转换器,多路到一路或一路到多路的转换,实现信道的共享(信道多路复用)。

(3) 分组组装与拆卸设备：

分组组装，接受终端字符流，组装成网络传输协议规定的报文格式“帧”或“分组”；

拆卸设备，将网络来的报文分组拆卸为字符流，送至目标地址规定的响应终端。

(4) 网络控制中心，管理和检测网络的运行，对网络用户进行注册、登录和记账，对网络故障进行检测。

2. 资源子网

网络上全部计算机硬、软件资源。

硬件：主机(HOST)与外设(终端)。

软件：

(1) 网络操作系统，它是建立在各主机操作系统之上的一种操作系统，实现不同主机系统之间的用户通信、资源共享以及提供统一的网络用户接口。

(2) 网络数据库系统，它是在网络操作系统支持下的一种数据库系统，可以是集中式网络数据库，也可以是分布式网络数据库，向网络用户提供数据服务，实现网络数据共享。

(3) 网络应用软件，它是实现网络应用的各种软件的集合，如电子邮件服务软件、文件传输服务软件等。

(4) 网络互连设备，实现网络与网络的互连，实现不同协议层次上的连接，如中继器、网桥、路由器、网关等。

6.3　局域网技术

局域网(Local area network，LAN)泛指将小区域范围内的各种数据通信设备互连在一起，以高的数据传输速率互相通信的一种数据通信系统。所谓小区域可以是一个建筑物、一个校园或者大至几十公里的一个区域。而数据通信设备则是广义的，包括计算机、终端、各种外围设备等。数据通信设备有时也称为站或站点。局域网是一个通信网，若要组成计算机局域网，还要将连接到局域网的数据通信设备加上高层协议和网络软件。然而在实际使用中一般认为局域网就是计算机局域网，并不加以区分。

6.3.1　局域网概述

计算机网络是自主互连的计算机系统的集合，而计算机局域网是局部某一范围的计算机网络。它是为在一个相对独立的局部范围内大量微机相互通信，共享外部设备、数据信息和应用程序而建立的。

1. 局域网特点

很难给出局域网的严格定义，一般的叙述是在较小的地域范围内，利用通信线路将众多微机等设备连接起来，实现相互数据传输和资源共享的系统称为计算机局域网络。局域网有以下主要特点：

(1) 传输速率高且误码率低。局域网传输速率一般为 1～1 000 Mb/s；因为传输距离短，误码率很低，一般在 10^{-8} ～ 10^{-11} 范围内。

(2) 地域覆盖范围小，一般在 10 km 以内，至多不超过 100 km，属于某一单位内部管理。

(3) 以微机为主要建网对象。大部分局域网没有中央主机系统，只有多种微机和外设。可以说，局域网是专为微机而设计的网络系统。

2. 局域网基本技术

局域网是计算机通信网络，其基本技术涉及拓扑结构、传输形式和信道的访问控制方法(介质访问控制或媒体接入控制方法)。

(1) 局域网的拓扑结构。已如前述，网络的拓扑结构是指网络节点及其连线的几何布局，它描述了各节点的逻辑位置。就局域网而言，它的拓扑结构就是连至网络的数据通信设备之间的互连方式。

局域网具有三种典型的拓扑结构：星型(Star)、环型(Ring)、总线型或树型(Bus/Tree)。

星型拓扑结构中集中控制方式较少采用，而分布式星形结构在现代局域网中采用较多；环行结构是一种有效的结构形式，也是一种分布式控制，它控制简便，结构对称性好，传输速率高，应用较为广泛；总线型拓扑结构可以实行集中控制，但较多的是采用分布式控制。总线型拓扑的的重要特征是可采用广播式多路访问方法，它的典型代表就是著名的 Ether 网(以太网)。总线型结构是局域网采用最多的结构形式，可靠性高，扩充方便。树型结构在分布式局域网中较流行的是完全二叉树，这种结构的扩充性能好，寻址方便，较适用于多点检测的实时控制和管理系统。也可以将星、环、总线等型基本拓扑形式组合而构成混合型拓扑结构。

(2) 传输形式。局域网的传输形式有两种：基带传输和宽带传输。基带局域网在传输媒体上传输的是单一传输率的数字信号，而宽带局域网在传输媒体上传输的是经过高频调制的模拟信号，同一个媒体上可传输多个不同的频道。

局域网上常用的传输媒体有双绞线、同轴电缆和光缆。双绞线又区分为无屏蔽双绞线(UTP) 和屏蔽双绞线(STP)。对于双绞线，由于局域网的传输率已达到 10 Mb/s 以上，甚至 100 Mb/s，因此，必须选用数据级双绞线。以 UTP 为例，选择 UTP3. 4. 5，这三种类型可分别适应以太网的 10 Mb/s，16 Mb/s 环网，光纤分布式数据接口网或快速以太网的 100 Mb/s 三种使用环境。同轴电缆常用于以太网，它的频宽与抗外界电磁场干扰能力均比 UTP 强。在基带或宽带以太网上分别选择 50Ω 或 75Ω 的同轴电缆作为传输媒体。光缆作为局域网传输媒体可获得很高的传输率，很强的抗外界干扰能力，极小的电磁辐射及较长的网络段跨距等。由于光缆内的光信号有单向性和不宜分流的特点，因此，以光缆作为传输媒体的局域网其拓扑结构常选择星型、环型或簇型。簇型拓扑是环型和总线型的复合结构。

(3) 媒体访问控制方法。在局域网中，由于多个站点往往共享一条传输媒体，因此必须要确定哪个站点能访问这一共享媒体，即允许它往信道上交换报文信息。也就是说，必须要有一种方法或规定对媒体的访问进行控制，以免在媒体上由于并发传输而造成碰撞，这就是媒体访问控制协议。

在基带局域网上，采用时分复用技术的媒体访问控制方法。以太网为 CSMA/CD 方法(参见以太网)，令牌环网与光纤分布式接口网络为令牌传递方法(参见令牌环网)。在宽带局域网上，媒体访问控制方法采用频分复用技术，即将媒体的频带划分为若干频道。经过调制的数字信号，如果在不同频道上传输，不会发生碰撞；但它们在同一频道上传输，仍有可能发生碰撞。因此，在同一频道上往往还要采用基带局域网上常用的媒体访问控制方法。

媒体访问控制方法对网络吞吐率、实时性及优先访问机制等性能有很大影响。

3. 局域网协议标准(Protocol Standard of Local Area Network)

为了使多个主机系统互连成局域网，它的层次结构也应该参考和采用 ISO 组织关于开放系统互连 OSI 参考模型。遵循 OSI 参考模型的层次结构，任何一个层次的设计，只需涉及与其上、下两层之间的接口和该层所要完成的协议即可，不再需要考虑与其他层之间的关系。采用层次结构的设计方法，可以提供很大的灵活性。由于局域网的迅速发展，产品的种类和数量急剧增加，为了适应这种发展，必须在传输形式、媒体访问控制方法和数据链路控制等方面制定标准。

IEEE 802 委员会制定的 IEEE 802 标准进展快，而且比较完全，许多已被国际化组织 ISO 采纳作为 ISO 的国际标准。

(1) 局域网的协议层次。局域网由于共享信道，它的体系结构只包含 OSI 参考模型的最低两层，即物理层和数据链路层。由于局域网中的媒体访问控制(Medium Access Control, MAC) 比较复杂，且在节点间传输数据之前首先要解决由哪些设备可以占用传输媒体，为此，数据链路层要有媒体访问控制功能，并提供多种媒体访问控制方法。为了使数据帧传输独立于所采用的物理媒体和媒体访问控制方法，IEEE 802 标准把数据链路层划分为两个子层次，即逻辑链路控制子层(Logical Link Control，LLC) 和媒体访问控制子层(MAC)。LLC 子层为高层提供一个或多个服务功能和逻辑接口，与高层(网络) 联系，而与物理媒体及媒体访问控制无关，它具有帧的接收、发送功能。发送时要把发送的数据加上地址和循环冗余校验 CRC 字段等构成 LLC 帧；接收时把帧拆封，执行地址识别和校验功能，并且有帧顺序、差错控制和流量控制等功能。该子层还包括某种网络层的功能，如数据报、虚电路和多路复用等功能。MAC 则根据网络的不同拓扑结构和媒体特性而有不同的媒体访问控制标准。这样，物理媒体和媒体访问控制方法对高层的影响在 MAC 与 LLC 的界面是一致的，或者说，LLC 子层与所用的物理信道、媒体访问控制方法无关，而 MAC 子层却和媒体密切相关，从而形成(制定) 各种不同协议标准的局域网。

由于 IEEE 802 局域网拓扑结构简单，网络层的很多功能，如路由选择等是没有必要的，而如流量控制、寻址、排序、差错控制等功能可在链路层完成，因此 IEEE 802 标准不单独设立网络层。但考虑到多个 IEEE 802 局域网需要互连，IEEE 802 标准在实现模型中在 LLC 之上设立了网际层，网际层也是网络层的一个子层，有时 LLC 的上层也叫网际层。局域网协议层次与 OSI 参考模型的关系如图 6-8 所示。

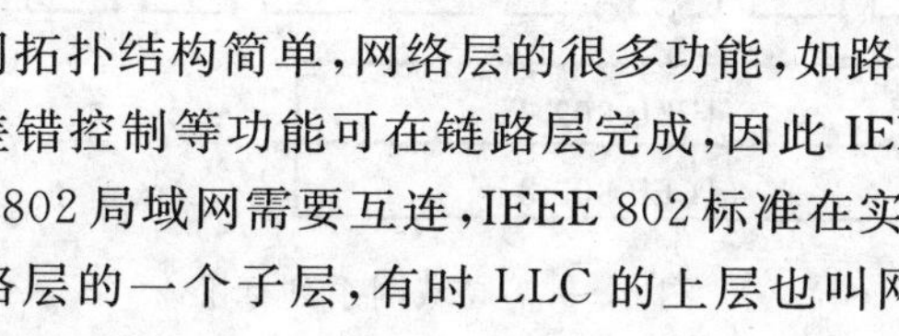

图 6-8　局域网协议层次与 OSI 参考模型的关系

(2)IEEE 802 系列。IEEE 802 委员会及 ISO 制定的局域网系列标准如图 6-9 所示。

各标准的含义解释如下：

IEEE 802.1 高层接口(包括 MAC 网桥与局域网管理)；

IEEE 802.2 逻辑链路控制(LLC)；

IEEE 802.3 带碰撞检测的载波侦听多址访问(CSMA/CD) 方法和物理层规范；

IEEE 802.4 令牌总线访问方法和物理层规范(包括宽带和载波两种方式)；

IEEE 802.5 令牌环访问方法和物理层规范；

IEEE 802.6 城域网(MAN) 标准；

IEEE 802.7 宽带局域网技术；

IEEE 802.8 光纤局域网技术；

IEEE 802.9 综合语音和数据(IVD) 局域网；

IEEE 802.10 互操作局域网的安全标准；

IEEE 802.11 无线局域网的 MAC 协议；

ISO 9314 光纤分布式数据接口(FDDI)；

ISO 8802.7 分槽环访问方法和物理层规范；

IEEE 802.12 100VG－AnyLAN 访问控制方法和物理层规范。

随局域网发展，还会出现新的标准。

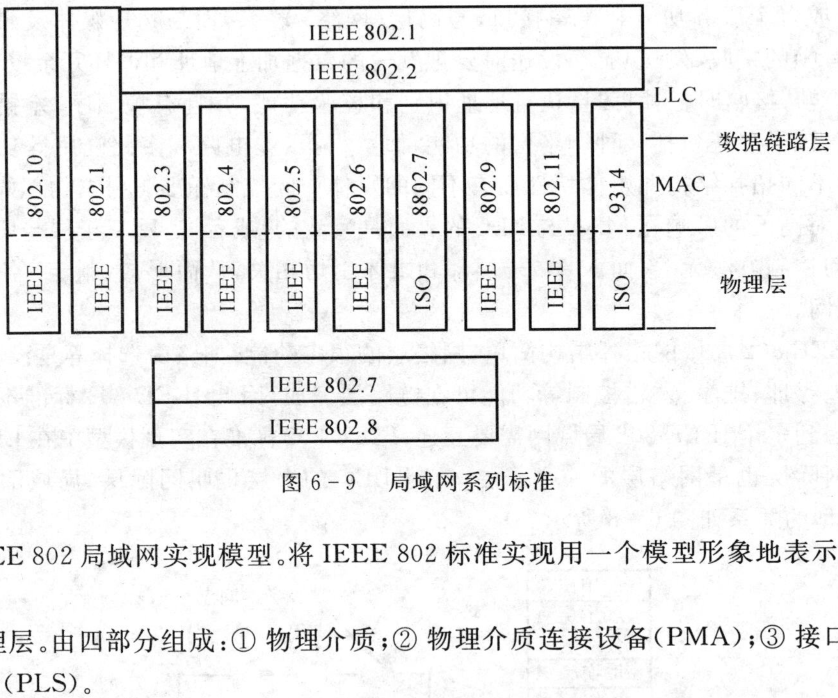

图 6－9 局域网系列标准

(3)IEEE 802 局域网实现模型。将 IEEE 802 标准实现用一个模型形象地表示，如图 6－10 所示。

1) 物理层。由四部分组成：① 物理介质；② 物理介质连接设备(PMA)；③ 接口电缆；④ 物理收发信号(PLS)。

物理层提供了编码、解码、时钟提取、发送、接收及载波检测等功能，并为数据链路层提供服务。协议中规定了物理链路操作的电气和机械特性参数。

2) 数据链路层。数据链路层包含了两个子层：逻辑链路控制(LLC) 子层和介质访问控制(MAC) 子层。

介质访问控制子层，它的主要功能是控制对传输介质的访问。不同类型的局域网所使用的介质访问控制方法是不同的，如 CSMA/CD，Token-Bus，Token-Ring，FDDI 等。

逻辑链路控制子层，它提供了面向连接的服务和无连接的服务。其中，面向连接的服务能够提供可靠的通信。它提供的主要功能是数据帧的封装和拆卸，为高层提供网络服务的逻辑接口。

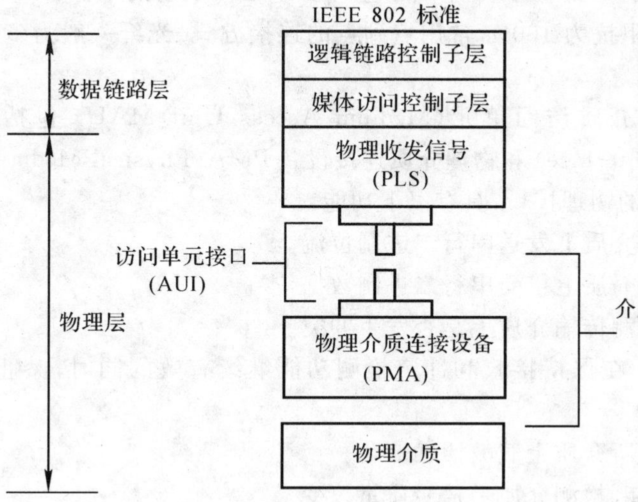

图 6-10　IEEE 802 LAN 实现模型

6.3.2　IEEE 802.3 标准 总线局域网(以太网 Ethernet)

IEEE 802.3 国际标准是在 Ethernet 标准的基础上制定的，根据不同的物理介质又发展了多种子标准，形成了一个 IEEE 802.3 标准系列，如图 6-11 所示。

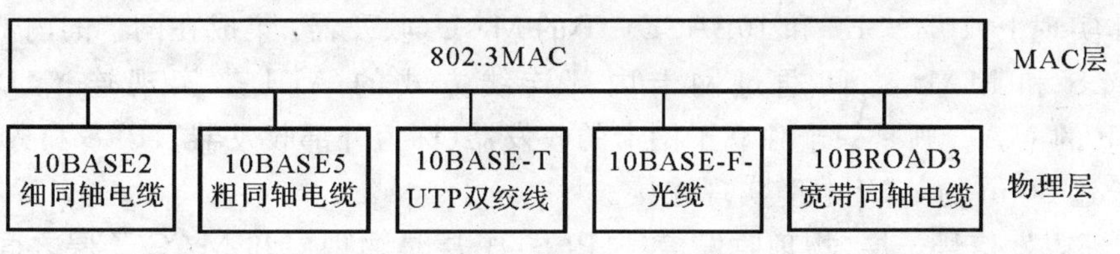

图 6-11　IEEE 802.3 标准系列

Ethernet 采用的是争用型介质访问控制协议，即 CSMA/CD。它在轻载情况下具有高的网络传输速率。Ethernet 组网非常灵活和简便，既可使用细、粗同轴电缆组成总线型网络，也可使用 3 类无屏蔽双绞线(UTP) 电缆组成星型网络(即 10BASE—T 技术)，还可以将同轴电缆的总线型网络和 UTP 电缆的星型网络混合起来连接。Ethernet 是目前国内外应用最为广泛的 10 Mb/s 网络。

IEEE 802.3 标准定义了 Ethernet 的技术规范，它由物理层和介质访问控制(MAC) 层技术规范组成。其实现模型如图 6-10 所示。

1. 物理层

(1) 物理介质。IEEE 802.3 定义的传输介质可以是粗同轴电缆(10BASE5)、细同轴电缆(10BASE2)、UTP 双绞线 (10BASE—T)、光纤 (10BASE—F) 以及宽带同轴电缆(10BROAD3)，形成了一个物理层标准系列，如图 6-11 所示。

粗、细同轴电缆是基带同轴电缆，它们的电气特性是相同的，特性阻抗均为 50Ω。宽带同轴电缆的特性阻抗为 75Ω。使用同轴电缆可以构成总线型网络，在总线的两端，要分别使用与相应特性阻抗的终端器相接，以吸收总线上的能量，减少电磁波反射的干扰。

UTP双绞线的特性阻抗为100Ω，常用点到点的连接方式。光纤一般为多模光纤，也采用点到点的链路连接方式。

(2) 介质访问单元。介质访问单元(Medium Access Unit，MAU)包括介质相关接口MDI(Media Dependent Interface)和物理介质连接设备PMA(Physical Media Attachment)两部分。它是连接传输介质的物理接口，具有以下功能：

1) 发送功能。向传输介质上发送串行二进制位流。

2) 接收功能。从传输介质上接受串行二进制数据位流。

3) 冲突检测功能。检测传输介质上是否发生冲突。

4) 监控功能(可选)。在保持接收和冲突检测功能继续有效的同时，禁止向介质上发送信号。

5) 载波监听功能。监听介质上载波活动变化。

6) 信号质量检测功能。检测介质上信号质量改变。

MAU与传输介质相关，不同传输介质的MAU规定了不同电气和机械特性。尽管它们的信号收、发速率均为10 Mb/s，但对介质的驱动能力各不相同。习惯上将MAU称为收发器。

(3) 访问单元接口。访问单元接口AUI(Access Unit Interface)是物理收发信号PLS(Physical Signaling)子层和MAU之间的接口。PLS子层可以通过AUI选择MAU，去驱动相应的传输介质。也就是说，AUI将使得PLS，MAC，LLC等各层均与传输介质无关，可以自由地选择所需要的传输介质。

在具体实现上，10BASE2和10BASE—T的MAU(收发器)集成在网卡的内部(称为内部收发器)，PLS和MAU之间通过网卡内部连线方式的AUI来实现连接。10BASE5和10BASE—F的MAU则是一个独立于网卡的收发器(称为外部收发器)，PLS和MAU之间则通过一条长达50 m的AUI电缆实现连接。

(4) 物理收发信号子层。物理收发信号(PLS)子层是物理层和MAC子层之间的接口，主要完成复位、识别，以及输出、输入、操作方式选择、冲突检测和载波监听等功能。各个功能如下：

1) 复位和识别。在接通电源或接收复位请求时执行，它将复位并启动所有的PLS功能，并决定MAU连接到AUI的能力。

2) 输出。将MAC的数据传送给MAU发送出去。

3) 输入。将MAU接收到的数据传送给MAC。

4) 操作方式选择。提供两种操作方式：正常和监控。监控方式可选，用于隔离故障和操作验证。这时，MAU发送器在逻辑上与介质隔离，MAU只是作为一个介质监视器而工作。

5) 冲突检测。将MAU检测到的信号质量改变情况的载波状态(Carrier Status)报告给MAC子层。

6) 载波检测。将MAU监听到的载波活动变化情况的载波状态报告给MAC子层。

7) 数据的编码和解码。采用曼彻斯特编码技术，对输出的数据进行编码；对输入的信号进行解码。

2. CSMA/CD介质访问控制方法

IEEE 802.3的媒体访问控制子层主要定义了数据帧的封装与拆卸，以及数据帧发送与接收的 CSMA/CD 介质访问控制方法。

CSMA/CD(Carrier Sense Multiple Access/Collision Detect)，即载波监听多路访问 / 冲突检测方法是一种争用型的介质访问控制协议，它是分布式介质访问控制方法，网中各个站(节点)都能独立地决定数据帧的发送与接收。每个站在发送数据帧之前，首先要进行载波监听，只有介质空闲时，才允许发送帧。这时，如果两个以上的站点同时监听到介质空闲并发送帧，则会产生冲突现象，这使得发送的帧都成为无效帧，发送帧即宣告失败。每个站都必须有能力随时检测冲突是否发生，一旦发生冲突，则应停止发送，以免介质带宽因传送无效帧而被白白浪费。然后随机延迟一段时间后，再重新争用介质，重发该帧。

CSMA/CD 协议简单，可靠，相应的网络系统以太网(Ethernet)被广泛使用。

IEEE 802.3 的 CSMA/CD 协议中定义了帧的格式，如图 6-12 所示。MAC 子层协议在上一层 LLC 子层的协议数据单元 PDU 的外面，加上帧头和帧尾，组装成完整的帧，然后经物理层传送。

1) 上层的数据信息 I 经过 LLC 子层封装时加入 DSAP(目的服务访问点)、SSAP(源服务访问点)两个服务访问点地址。服务访问点 SAP 是负责各层间联系的逻辑接口，以便在源节点和目的节点，对等协议层之间建立通信关系，目的节点将根据 DSAP 把收到的信息 I 提交给上层协议。

2) LLC 层经过 MAC 子层又被封装成 MAC 帧，由 DA(目的地址)、SA(源地址)在两个节点间建立通信关系。信息帧就是这样经过层层封装，实现它的传输任务的。

数据到达目的站后对信息帧的拆封过程，与上述过程相反，一层一层地取掉附加的地址信息和辅助信息，最后只有数据信息 I 送入高层软件。

CSMA/CD 协议帧格式如图 6-12 所示。

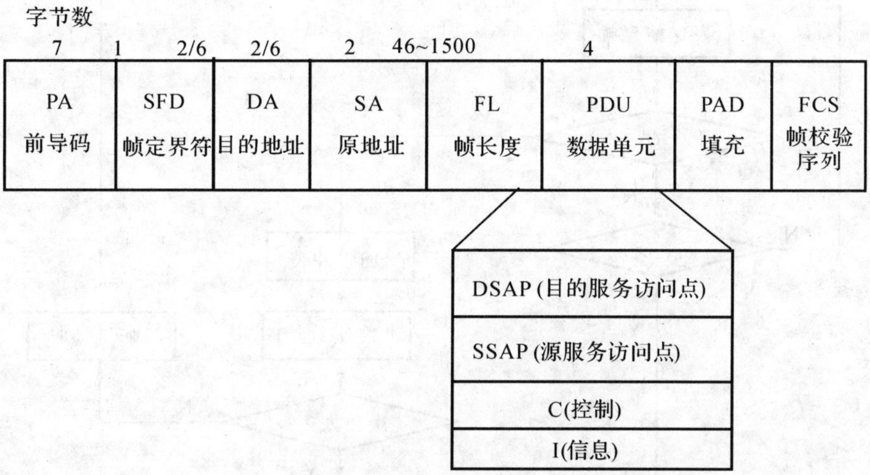

图 6-12　CSMA/CD 协议帧格式

(1) CSMA/CD 帧的发送过程。

1) 一个站要发送信息帧，首先要监听总线，以确定介质上是否有其他站点正在发送信息。

2) 如果介质是空闲的，可以发送；如果是忙碌的，则要继续监听，一直等到介质空闲时才可发送。

3）在发送信息帧的同时，还要继续监听总线。一旦监听到冲突发生，便立即停止发送，并向总线上发出一串阻塞信号来加强冲突，以便通知总线上各个站点已发生冲突。这样，通道的容量不致因传送已损坏的帧而浪费。

4）冲突发生后，应随机延时一个时间量，再去争用总线。通常采用的延时算法是二进制指数退避算法。

其算法的过程如下：

ⅰ）对于每个帧，当第一次发生冲突时，设立参数 $L = 2$。

ⅱ）退避时间间隔取 1 到 L 个时间片中的一个随机数。一个时间片等于 $2a$，a 为从始端传输到末端所需时间。

ⅲ）每当帧重复发生一次冲突，则将参数 L 加倍。

ⅳ）设置一个最大重传次数，如果超过这个次数，则不再重传，并报告出错信息。

ⅴ）这个算法是按照后进先出的次序控制的，即未发生冲突或很少发生冲突的帧具有优先发送的概率。而发生过多次冲突的帧，发送成功的概率反而小。

CSMA/CD 协议帧的发送工作流程如图 6－13 所示。

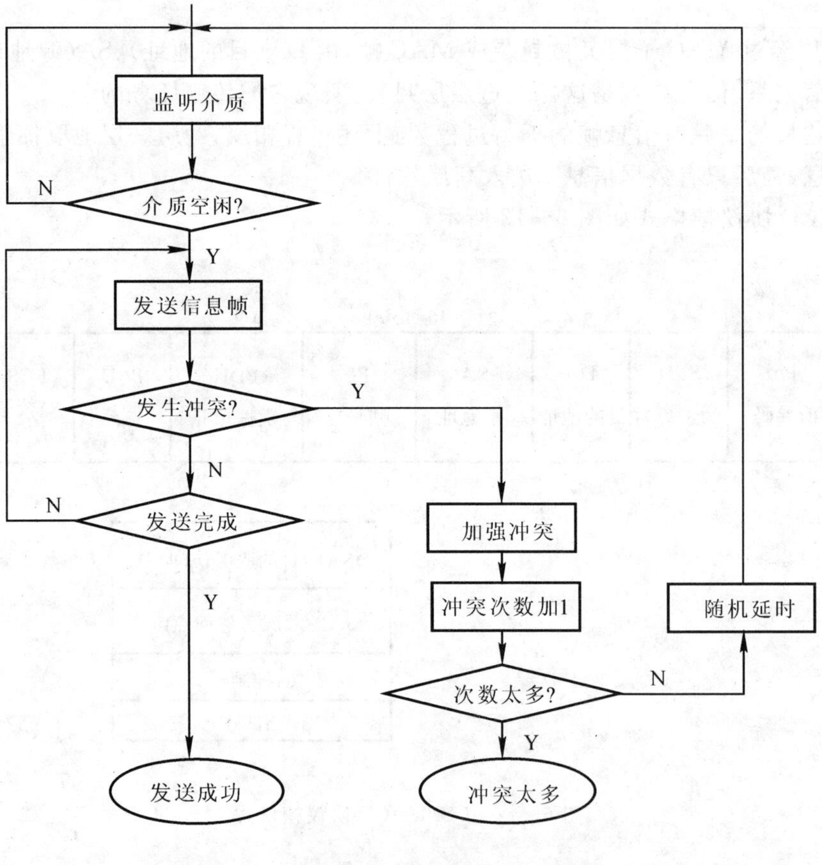

图 6－13　CSMA/CD 协议帧的发送流程

（$\tau = 2^N RA$　式中 N 为冲突次数；R 为伪随机数；A 为时间片（$2a$）。）

(2)CSMA/CD 的帧接收过程。总线上的非发送站点总是处于监听总线状态。当总线上有信号活跃时，则启动帧接收过程。对于接收到的帧，要进行如下的帧有效性检查：

1）滤除因冲突而产生的“帧碎片”，即当接收的帧的长度小于最小帧长限制时，则认为是不完整的帧而将它丢弃掉。

2）检查帧的目的地址段（DA）是否与本站地址相匹配，如果不匹配，则说明不是发送给本站的帧而丢弃。

3）进行帧的 CRC 校验。如果校验有错，则丢弃掉该帧。

4）进行帧长度检验。接受的帧长必须是 8 的整数倍，否则丢弃掉。

5）最后将有效的帧提交给 LLC 子层。

CSMA/CD 的协议的帧接收过程如图 6-14 所示。

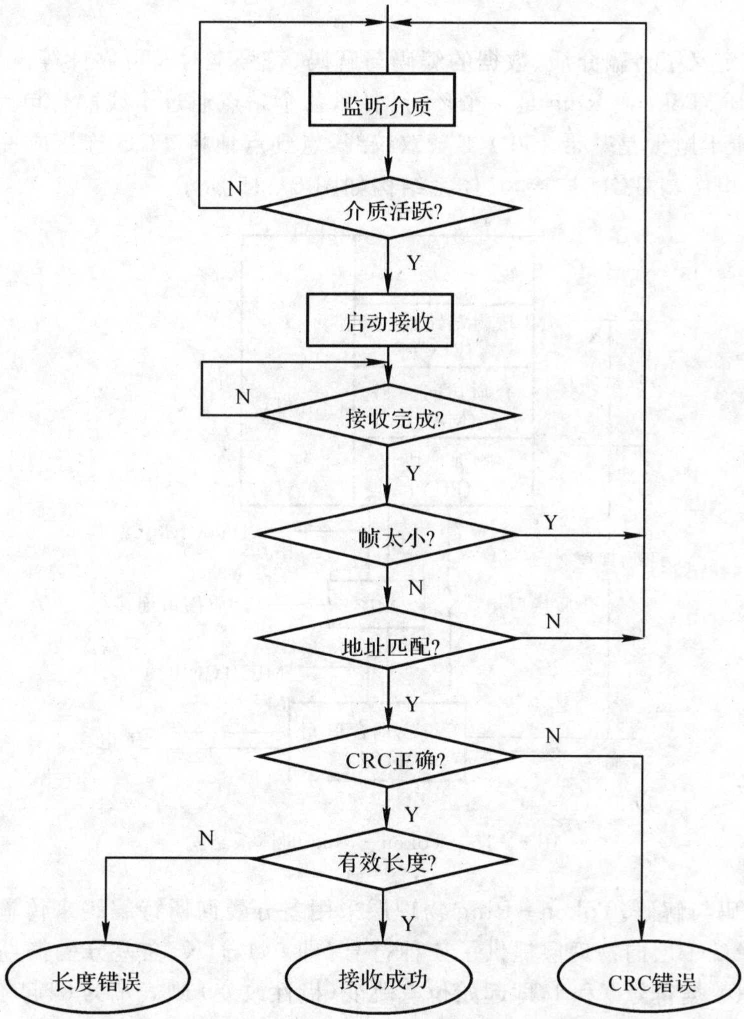

图 6-14　CSMA/CD 的协议的帧接收过程

6.3.3　IEEE 802.5 标准令牌环网络

令牌环网络（Token-Ring）网是采用环型网络分布式的介质访问控制方法。这种介质访问控制方法是通过一种称为令牌(Token)的特殊帧来控制网络各个站点有序地对介质进行访问,不会产生任何冲突。Token-Ring 的主要优点是介质访问方式的确定性和可调整性,即各个站点具有同等的介质访问权,但也可以有优先级。它采用分布式优先级调度算法来支持站点的优先级,以保证优先级较高的站点有足够的传输带宽。Token-Ring 另一个重要特点是采用点到点的信号传输方式,传输距离要比采用广播式信号传输方式的总线型网络远得多。Token-Ring 的缺点是令牌维护算法比较复杂,可靠性要求高,这就使得 Token-Ring 的组网费用和硬件价格都高于 Ethernet。

Token-Ring 的国际标准是 IEEE 802.5 协议。

IEEE 802.5 标准定义了 Token-Ring 的技术规范,它由物理层和介质访问控制子层(MAC)子层规范组成。

1. *物理层*

物理层规范定义了传输介质、数据的编码与解码、符号定时及可靠性等。

(1) 传输介质。Token-Ring 是一个环行网络,各个站点通过干线耦合单元(TCU)与主干电缆介质连接。主干电缆是基带 150Ω 屏蔽双绞线,点到点地将 TCU 连接成一个环路。每个站点使用介质接口电缆与 TCU 连接,其体系结构如图 6-15 所示。

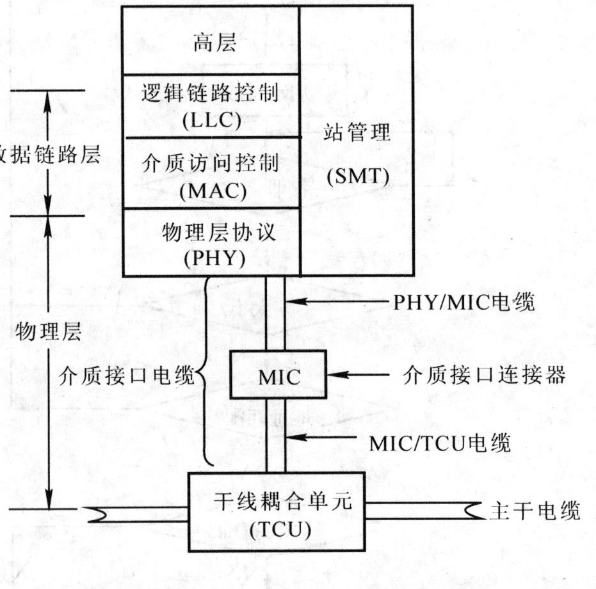

图 6-15 Token-Ring 的体系结构

(2) 符号编码与解码。Token-Ring 物理层采用差分曼彻斯特编码来传输基带信号。为了便于帧定界,MAC 子层向物理层提供了 4 种符号,即 0,1,J,K。在差分曼彻斯特编码中,用信号的极性来标识数据符号 0 和 1,即起始位有跳变(极性改变)则表示为 0;起始位无跳变(极性不变)则表示为 1,但在每一位的中间要跳变一次。对于非数据符号 J 和 K,也是用信号的极性来表示。J 符号表示与前一符号极性相同;而 K 符号表示与前一符号极性相反,但它们每一位的中间无跳变,即极性不变。

非数据符号 J 和 K 主要用在帧起始位定界符(SD)和帧结束定界符(ED)之中,用它们组合成特殊的位,以标志一个帧的开始和结束。

符号编码是将 MAC 提供的符号用差分曼彻斯特编码成基带信号发送出去；而符号解码则将接收到的信号解码还原成符号提交给 MAC 子层。

(3) 符号定时。符号定时信息包含在所接收信号电平中间的跳变中。物理层需要提取符号定时信息，并进行恢复，使定时信号中的相位抖动减至最小。发送符号的速度需要连续地进行调整，以求与接收信号保持同相(同步)。

在正常操作中，环上有一个担任工作监视器的站，环上所有其他站的符号定时信息都将和监控器同频、同相。它们利用锁相环从接收到的数据中提取定时信息。

2. Token - Ring 介质访问控制方法

IEEE 802.5 的 MAC 子层主要定义了数据帧的封装与拆卸，以及数据帧发送与接受的 Token - Ring 介质访问控制方法。

(1) Token - Ring 基本原理。Token - Ring 适用于环型网络结构的分布式介质访问控制方法。采取令牌控制技术，令牌作为一种特殊的控制帧沿着环网循环。当一个站点发送信息帧时，必须等待空令牌通过本站，然后将空令牌改为忙令牌，紧跟忙令牌之后，把数据帧发送到环网上。由于令牌是忙状态，其他站只能等待而不能发送帧。因此，在环路上不可能发生任何冲突。

信息帧在环上循环一周后，再回到发送站，由发送站将该帧从环上移去，同时将忙令牌改为空令牌，传给下一站，使之获得发送帧的机会。

当信息帧绕环通过各站点时，各站都将帧的目的地址与本站地址相比较。如果地址符合，说明是发送给本站的帧，则将帧拷贝到本站的接收缓冲器中，同时将帧送到环上，使帧继续沿环传送；如果地址不符合，则简单地将信息帧重新送到环上即可。

在轻载时，由于一个工作站在发送前必须等待空令牌到来，故效率很低；在重载时，各站访问机会均等，因此效率较高。由于空令牌是一种特殊的控制标记，不能出现在用户数据中，一般采用插入的方法来实现透明传输。此外，采用发送站从环上收回帧的策略，具有广播特性，即多个站可以接收同一个数据帧，同时还具有对发送站自动应答的功能。

令牌环可采用一种分布式优先调度算法来支持工作站的优先级访问，以保证为优先级较高的站点提供足够的传输带宽。令牌环的主要缺点是有较复杂的令牌维护要求。空令牌的丢失将降低环网的利用率；而令牌的重复也会破坏网络的正常运行，故必须选择一个工作站作为监控站，以保证环网中只有一个令牌绕行，如果丢弃，则再插入一个空令牌。

(2) 令牌环协议的主要内容。IEEE 802.5 令牌环协议的主要内容如下：

1) 单令牌协议。已经发送完成的工作站，在忙令牌返回之前，不能发出新的令牌。对短帧来说，这不如多令牌策略在一帧结束时就发出一空令牌那样效率高。然而，单令牌系统简化了优先级的设置及纠错处理。

2) 优先级位。这些位指示令牌的优先级，进而指明那些被允许使用该令牌的工作站。在多种优先级方式中，各种优先级可由工作站或报文来设置。

3) 监控位。如果采用了中央环监控器，就可能用到监控位，但监控的工作情况不包含在标准中。

4) 预约指示器。用以允许那些拥有高优先级报文的工作站，在一信息帧中指明下一个令牌应根据所要求的优先级来发送。

5) 令牌计时器。在数据开始传送时，开始计时。控制工作站在发送令牌之前可以占有介质的时间长度。

6）应答位。一般设置有三个应答位，即错误检测（E）、地址识别（a）和帧拷贝（c）。

任何工作站都可以置E位，被寻址的工作站可以置A位和C位。这些位最后由发送站重新置0。

（3）令牌环的一般工作过程。不使用优先级时，要发送的工作站必须等待空令牌（令牌帧的AC字段中T位为0，表示为空）经过本站，然后将令牌位T由0置成1，表示获取该令牌，并将数据近接在忙令牌后发送出去。数据帧绕环一周返回后，若发送站还有数据要发送且令牌持有计时器未超时，则可以继续发送数据；否则，该站便发出一个空令牌。

处于接收状态的各个工作站对环路进行侦听，每个站都可以校验帧的传输错误。如果检测到错误，则将E位置1；如果工作站检测到自己的地址，则将A位置1，如果它还拷贝了该帧，则将E位置1。这样就使得发送站都能区别下面三种情况：

1）目的工作站不存在，或未工作；

2）目的工作站存在，但未拷贝帧；

3）目的工作站存在且拷贝帧。

（4）令牌环的优先级调度算法。IEEE 802.5令牌环提供了优先级操作，并允许优先级嵌套操作。在访问控制字段中，PPP表示优先级，RRR表示预约优先级。现行环上数据帧的优先级在帧的访问控制字段的PPP中，以 P_m 表示，其预约的优先级在RRR中用 P_r 表示。

当站收到令牌帧的优先级为 P_m，且待发数据帧的优先级为 P_t 时，该站将比较 P_m 和 P_t。若 $P_t \geqslant P_m$，该站就可以发送数据帧；否则该站不能发送，应将令牌帧转到下一站。

如果该站的待发数据帧的优先级 P_t 大于经过该站的数据帧的优先级 P_m，则该站将 P_t 的值置入环上数据帧的RRR中进行预约，以期下一次获得发送权。当该帧返回源发送站时，由于预约的优先级RRR（即 $P_r = P_t$）大于现行环上数据帧的优先级，源发送站就必须暂停数据帧的发送，而发送一个令牌优先级等于PR的新令牌帧，并在RRR中保存 P_m 的值。当新令牌发出后，低优先级的站不能得到该令牌，原来预约站很快获得了令牌，就可以发送数据了。如果在数据帧传送中还有更高优先级的站预约，令牌将很快被更高优先级的站所获得而发送数据帧。如果没有比现行环上数据帧的优先级更高的站预约，且数据帧已发送完毕，则发出一个当前优先级（即保存的 P_m 值）令牌帧。这样，该令牌就可由源发送站（以优先级 P_m 发送数据帧的站）获得。该源发送站在发送数据帧完毕后，还要负责将令牌的优先级降下来，以便低优先级的站有获得令牌的机会。

3. 令牌环的管理

前面讨论的是令牌环网的正常运行情况。下面讨论令牌环一开始是怎样建立起来的？在令牌丢失或环路出现故障后，又是如何重新恢复正常？等等，这些都属于令牌环的管理问题。令牌环的管理过程是非常复杂的，在此仅讨论几个主要问题。

（1）初始化。当令牌环网刚开始启动，或一个站接通电源或经复位后成为令牌环中的一个成员时，都必须进行初始化。所谓初始化就是要保证本站的地点与环路上其他各站的地址都不相同，并通知其下游站，本站已加入了环路中。初始化过程的具体实现方法如下：

1）发“重复地址测试帧”DAT。要初始化的站先将自己的地址填入DAT帧的目的地址字段中，然后发送DAT帧，每个收到DAT帧的站都要将本站地址与DAT帧中的目的地址进行比较。若两者相符，则先将其帧状态字段的A置为1，再转发DAT帧给下一站。若两者不相同，则直接将DAT帧发送给下一站。

2）分析帧状态字段的A。当DAT帧返回源站时，要初始化的站分析帧状态字段的A。若$A=1$，则表明本站地址与环上某站地址重复，便立即报告网络管理子层，并将本站专程旁路，由网络管理子层决定是否进行重新测试。若$A=0$，则表示环路上不存在重复地址站。这时，要初始化的站发一个"备用监控站存在帧"SMP，目的是使环路上的各站能识别其上游邻站，并及时更新上游邻站地址的记录。

3）识别与更新上游邻站。

当环路上某一站收到SMP帧时，它要检查该帧状态字段的A,C值。若$A=C=0$时，则说明该帧是从上游邻站发送来的，于是记下SMP帧中的上游邻站的地址，并将其A,C都置为1后再转发，然后发送自己的SMP帧。这样，就可以使环路上所有站都能识别自己的上游邻站，并及时更新上游邻站地址。

（2）监控站。为了保证令牌环能正常工作，环路上还要设置工作监控站，它负责对令牌进行管理和维护。事实上，令牌环中的每个站都具有监视功能，但任一时刻只能有一个工作监控站，其他各站都是备用监控站。那么工作监控站（简称为监控站）是如何产生的?它的主要功能是什么?这正是下面要讨论的问题。

1）监控站的产生。在一个正常工作的令牌环网中，监控站要定期发送"工作监控站存在帧"AMP，其他各站要不断地监视环路上是否有令牌和AMP帧。如果有AMP帧，则说明环路上已有一个监控站，其他各站不再申请充当监控站。若某个备用监控站没有检测到令牌和AMP帧，则表明正在工作的监控站出现故障，于是就连续地发送"申请令牌帧"CT来争当新的监控站。此时可能有几个站同时发CT帧，这就需要通过竞争产生一个新的监控站。竞争的结果是具有最高地址的站成为新的监控站。

竞争的过程是：凡发CT帧的站都要检查所收到的源地址和上游邻站地址。若CT帧中的源地址等于本站地址，且CT帧中的上游邻站地址也等于本站记录的上游邻站地址，则说明本站所发的CT帧已成功地绕环一周，本站就是新的监控站。若CT帧中的源地址小于本站地址，则不转发这个CT帧，继续发自己的CT帧。若CT帧中的源地址大于本站地址，则转发这个CT帧，让该发CT帧的站成为新的监控站，而本站作为备用监控站。实际上，环路刚接通时，就是通过这种竞争来产生监控站的。

2）监控站的作用。监控站负责网络的管理和维护，其主要功能如下：

ⅰ）防止令牌丢失。当环路正常工作时，绝不会出现长时间的空闲状态，即使各站都没有信息发送，但总会有令牌在不断地从一个站传送到另一个站，因此环路的空闲时间不会超过某一规定值。监控站正是利用这一特性设置了一个有效帧定时器来检测令牌是否丢失。定时器的值稍大于该规定值，而该规定值是根据令牌绕环路一周所需的最长时间来设置的（即每个站都截获令牌并发送最大长度的数据帧）。当有效的令牌和数据帧到来时，定时器复位一次。若定时器值超过规定值则认为令牌丢失，这时监控站重新向环路发出一个新令牌。

ⅱ）防止无效帧在环中死循环。如果一个站发送数据后便出现故障，则它就没有能力回收发的数据帧，而这些数据帧又不会自动消失。为了防止这种帧在环路上无休止地循环，监控站通过分析有效帧中访问控制字段的监督M来判断。具体实现方法是：发送站刚发送数据时，将其控制字段中的监督M置为0。当该帧第一次经过监控站时，监控站将该有效帧中访问控制字段的监督M置为1。当$M=1$的帧再次经过监控站时，监控站就将该帧清除掉，从而避免了无效帧在环路上死循环。

ⅲ）保证环路有最小时延。假定环路上每个站产生的时延只有 1 bit，那么当环路上的站数不到 24 bit，由于总的时延小于 24 bit，就会出现令牌在环上无法运转的现象。对此，令牌环上的每个站都设置了一个固定的 24 bit 缓冲器。当一个站成为监控站时，它负责把自己的 24 bit 缓冲器介入环路中，这样就可以保证在任何情况下令牌都能在环路上正常运转。

ⅳ）及时发现环路故障。监控站的另一个主要任务时随时了解环路上的各站是否处于正常工作状态，环路是否出现故障（例如，环路是否断开）等。当监控站发现环路出现故障时，要向环上所有站发出警告，通知每个站暂时停止执行令牌环协议，直到恢复正常为止。

6.3.4 IEEE 802.4 标准令牌总线网

总线型网接入方便，可靠性较高，但当网络负载增加时，冲突急剧增加，网络吞吐量急剧下降，且因每个工作站的发送和响应时间不确定，所以实时性差，令牌环型网不存在冲突问题，实时性好，负载能力强，但管理复杂，可靠性差。如果将总线型网和令牌环型网结合起来，综合两者的优点便产生了令牌总线型网。令牌总线型网是一种物理上为总线型网、逻辑上为环型网的局域网。IEEE 802.4 标准制定了令牌总线型网的媒体访问控制方法和协议标准，它规定了令牌总线型网的 MAC 子层和物理层的服务规范、帧结构格式、媒体访问控制方式等。

从物理结构上看，令牌总线型网是一种总线型局域网，各站共享总线传输信道，但从逻辑结构上看，它又是一种环型局域网，接在总线上的各站组成一个逻辑环。这种逻辑环通常按工作站地址的递减顺序排列，与站的物理位置无关。因此，令牌总线型网上的每个站都设置了标志寄存器来存储上一站（前趋站）、本站及下一站（后继站）的逻辑地址或序号，上站地址和下站地址可以动态地设置和保存。如图 6－16 所示，该令牌总线网共有 8 个工作站，站 C 出故障，站 G、站 H 未工作。剩余的 5 个站按逻辑顺序组成一个令牌环，它们的逻辑顺序是 A → D → B → E → F → A →…（如虚线所示），即按站地址从大到小 8 → 6 → 4 → 3 → 2 → 8 →… 的顺序连接，而它们的物理连接却是 A，B，C，D，E，F，G 和 H 都接到总线上，两者是截然不同的。

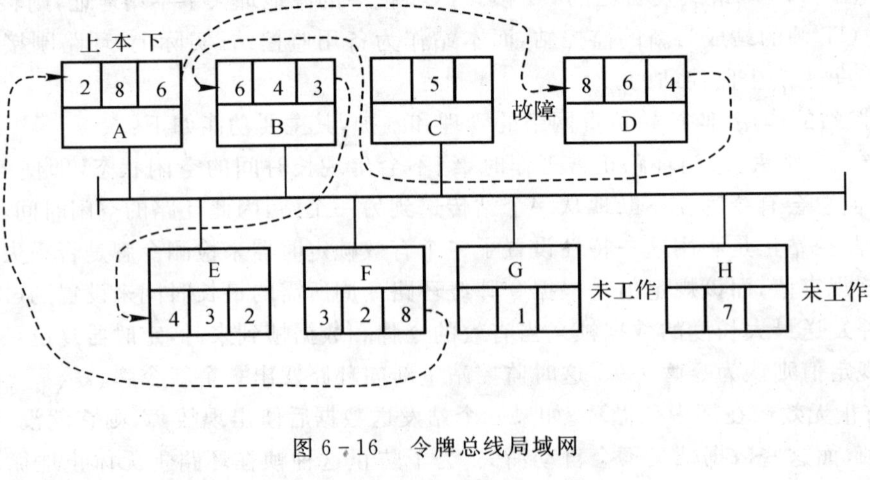

图 6－16　令牌总线局域网

令牌总线型网将总线型网与令牌环结合起来，其工作原理如下所述：

(1) 通过在网络中设置令牌来控制各站对总线的访问。只有得到令牌的工作站才有权向总线上发送数据，而其余没得到令牌的站只能监听总线或从总线上接收信息。由于在总线上只设置了一个令牌，在任一时刻只可能有一个工作站访问信道，因此不会出现冲突。

(2) 令牌按逻辑顺序传递。在逻辑环路建立后，令牌便在逻辑环上不断地轮转，即令牌从高地址站传递给较低地址的站，在令牌到达最低地址的站后，又返回去传递给最高地址的站。

(3) 各站有公平的访问权。在一个站得到令牌后，若有一个数据要发送，则立即向网上发送数据，数据发送结束，将令牌传递给下一个站，由于站点接受到令牌的过程是按逻辑顺序进行的，因此网上各站都有平等的发送数据的机会，即都有平等的访问权。

除总线型网外，树型网、星型网等其他拓扑结构的网也可以组成逻辑环路。事实上，网络中令牌的传送是按逻辑环路进行的，而数据的传送却是在两站之间直接进行的，所以这样的网络有时成为逻辑环型网。与之相对的，称令牌环型网为物理环型网。

6.3.5　高速以太网技术

世界上使用最普遍的网络是以太网和令牌环型网。但是，传输速率 10 Mb/s 限制了其应用，多媒体的引入对现有的网络造成了更大的压力，如何使现行网络适应新的要求，这是网络面临的一个难题。为了开发快速的以太网(fast Ethernet) 技术，一种方法是沿用常规以太网普遍使用的 CSMA/CD 技术，创导 100Base — T 规范；另一种办法则抛弃传统的 CSMA/CD 技术，采用被称为需求优先级轮询(demand priority polling) 的媒体访问方法，名为 100Base — VG(原 100VG — Any LAN)。

IEEE 同时采纳这两种技术，其中 100Base — T 作为以太网 IEEE 802.3 的补充，称为 IEEE 802.3u，而 100Base — VG 被称为 IEEE 802.12 新标准。

这两类以太网的共同点：基于共享传输媒体的原理，属于 10Base — T 星型总线的扩展，信号速率加快 10 倍，即速率为 100Mb/s，可使用无屏蔽铜质双绞线 UTP，也可使用多模光纤，采用相同的帧格式。这两种技术可以在 100Mb/s 网络中仍能保持本地的以太网帧格式。这样，当从 10Mb/s 以太网到 100Mb/s 以太网的桥接和路由选择执行帧转换时，不致花费高昂的代价。为了适应多媒体信息的传输，需要带宽更高的局域网，这就是吉位以太网。

1. 100Base — T

100Base — T 沿用了 10Base — T 的媒体访问方法 CSMA/CD 和帧格式，但把速度提高到了 100Mb/s。为了适应高速传送，采用的措施如下：

(1) 减小传输距离，因为发送的数据量越大，数据传送的有效距离也就越短。反之，发送的数据量越小，所覆盖的地理范围越广。即对于给定的数据可以维持一定的距离范围。

(2) 增加节点间的连接线，即将 10Base — T 用半双工 1 对 3 类非屏蔽双绞线(UTP) 改半双工 4 对 3 类 UTP 线并联使用，每对线速度仅为 25MHz，用 4 对线缆便解决了用 3 类线也能运行 100Mb/s 的速率问题，这种标准称为 100Base — T4。若用两对 5 类 UTP，则称为 100Base — TX，如果用多模光纤作为传输媒体，只能满足 HUB 对距离的基本要求，最大网络直径为 250m。目前很少见到用 3 类 UTP 构成的 100Base — T4 产品，使用最多的是100Base — TX。

(3) 为适应高速传送，采用 FDDI 的编码方法，即 4B/5B 编码技术，在技术上与 FDDI 兼容。由于 100Base — T 与传统的以太网尽可能保持一致，并遵循传统的 CSMA/CD 协议，所以 10Base — T 很容易升级到 100Base — T。

2. 100Base — VG

100Base — VG为解决冲突型以太网中因竞争总线而产生的"瓶颈"问题，采用"按需优先轮询"方法取代CSMA/CD媒体访问方法。这种方法要求使用一个100Mb/s的多端口中继器（或集线器），端站点分别接至中继端口。集线器与智能设备相结合，对每个端口进行决策，决定所连接的站点是否有数据要发送。集线器循环地对每个端口进行轮询，如果这个站点没有激活，则轮询下一个站点。如果某个站点有数据需要发送，则发送数据。若该站点刚好错过了一个发送机会，那么这个站点可以将其需求传送给登记仲裁设施，以便能得到下一次服务而不必等待下一轮询周期信号的到来。另外，还可以为某些特殊的端口分配较高的登记优先级，以保证这些端口得到更频繁的服务，对100Mb/s的带宽享有更大的比例。为了在冲突期间仍保证公平访问，对登记间隔按"需求优先权"进行调整。为实现"需求优先权"，当一个站点向集线器发出请求传送信息的信号时，如果网络空闲，集线器立即认可该请求，站点随即向集线器传送信息包，当信息包到达集线器时，集线器对包中的目的地址解码，并将收到的信息包转换到输出的目的地端口，如果集线器同时收到几个请求，它将按"需求优先权"的原则采用一次轮流仲裁的方法认可每个请求，直到每个请求都得到处理为止。

3. 吉（千兆）位以太网

快速以太网（fast Ethernet）具有高可靠性、易扩展性、成本低等特点，并已成为高速局域网的首选技术。但是，在数据仓库、桌面电视会议与高清晰度图像等应用中，还需要带宽更高的局域网。在这一背景下，产生了吉位以太网。

吉位以太网（gugabit Ethernet）仍保留着10Base — T的帧格式，具有相同的媒体访问控制方法CSMA/CD和组网方法，只是把每个比特的发送时间由100ns降低到1ns。为了适应高速传输，传输媒体采用光纤或短距离双绞线，并定义了一种吉位媒体专用接口GAII（gigbit media independent interface），用以将MAC子层和物理层分割开，使物理层在实现1000Mb/s速率时所使用的传输媒体和信号编码方式的变化不影响MAC子层。吉位物理层标准支持多种传输媒体，目前IEEE 802.3委员会制定了4种传输媒体的标准：

(1)1000Base — SX：使用波长为850 nm的多模光纤，光纤长度可以达到300 ～ 500 m；

(2)1000Base — LX ：使用波长为1 300 nm的单模光纤，长度可达3 000 m；

(3)1000Base — CX：使用屏蔽双绞线，长度可达25 m；

(4)1000Base — T：使用5类非屏蔽双绞线，其长度可以达到100 m。

于是，可以这样使用以太网组建企业网：桌面系统采用10 Mb/s以太网，部门系统采用速率为100 Mb/s的100 Base — T，企业级采用速率为1 000 Mb/s的吉位以太网。由于这3种以太网有很多相似之处，并且很多企业已经大量使用了10 Base — T，因而这样升级不会遇到困难。

6.3.6 交换式网络

从节点使用介质传送数据方式来划分，局域网可分为共享式网络和交换式网络两种。

在共享式网络中，所有节点共享传输介质，节点要使用相应的介质访问控制方法来争用介质传送数据。在任一时刻只能有一个节点发送数据，而其他节点只能处于接收状态，并根据地址匹配规则确定是否接收数据。数据以广播方式沿着传输介质传输，必须遍历每个节点。对于随机型介质访问控制方法（如CSMA/CD），还可能发生冲突，产生很大的网络延迟。前面所介绍的网络，均属于共享式网络。共享式网络主要存在的问题是网络吞吐量低，可用带宽小、网络延迟大等，越来越难以满足不断增长多媒体通信业务对网络性能的需求。

在交换式网络中，节点分成两类：端点和中间节点。端点是用户站点，中间节点是交换机，所有端点都要通过交换机连接起来，交换机为端点提供存储转发和路由选择功能，使端点间能沿着指定的路径传输数据，而不是像共享式网络那样把数据广播到每个节点。这相当于实现一个并行网络系统，多对不同源端点和不同目的端点之间可同时进行通信，不会发生冲突，从而大大提高了网络的可用带宽，减少了网络延迟。

目前，Ethernet，Token Ring，100Base — T，100VG 和 FDDI 等都推出了交换式网络产品。实现交换式网络的关键设备是网络交换机，并向智能化和易管理的方向发展，以满足应用系统，尤其是多媒体通信系统对网络的高带宽、低延迟和可管理等方面的要求。

1. 交换机的技术特性

在网络连接的拓扑结构上，交换机似乎与集线器相类似，但在内部结构和网络性能方面，两者有很大的差别。

集线器是共享式网络的连接设备，虽然网络拓扑为星型结构，但集线器内部将所有端口都连接到单一网段或多个网段上，共享传输介质，以广播方式传输数据，如图 6 - 17 所示。其中多网段集线器将端口均匀分布在多个网段上，每个共享网段组成一个广播域，不同广播域之间必须通过网桥实现互通。多网段集线器可以均衡网络流量负载，减少冲突现象，但它并未根本改变集线器的性质。

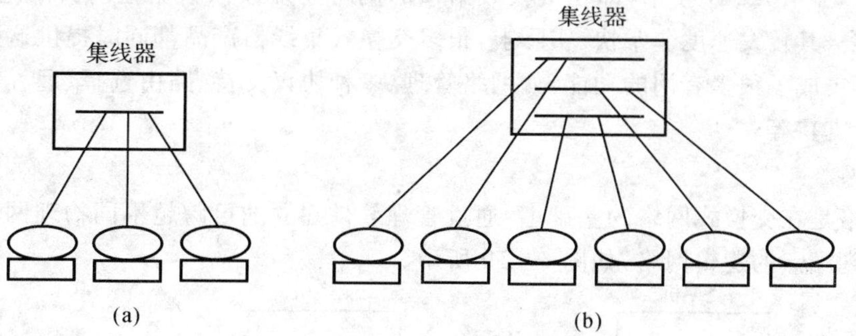

图 6 - 17 集线器结构

(a) 单网段集线器；(b) 多网段集线器

交换机是交换式网络的连接设备，网络拓扑为星型结构，如图 6 - 18 所示。在交换机内部，端口不是直接连接到网段上，而是通过端口交换阵列与背板上多个网段相连接，允许管理员通过网络管理软件对端口进行管理，如端口的配置、迁移和检测等。不同网段之间通过内部网桥实现信息互通。交换机分成模块交换和端口交换两种。模块交换是在交换机内部模块间进行动态交换，但模块内仍有共享网段；端口交换是面向端口提供交换功能的，其核心技术是微网段和密集网桥端口。所谓微网段是将网段极端私用化，一个网段对应一个端口且只连接一台站点；密集网桥端口是指交换机的每个端口都具有网桥功能特性。这样就彻底消除了内部共享网段，能够动态地提供多条端点到端点的并行通信链路，使多个站点能够同时在各自专用的链路上进行点到点的通信而互不干扰，消除了共享网段所带来的冲突、拥挤、阻塞现象，大大地增加网络的吞吐量，减少网络的延迟，提高了网络的可用带宽。显然，端口交换的性能要优于模块交换。在实际的交换机产品中,可以将多种交换模块集成一体。

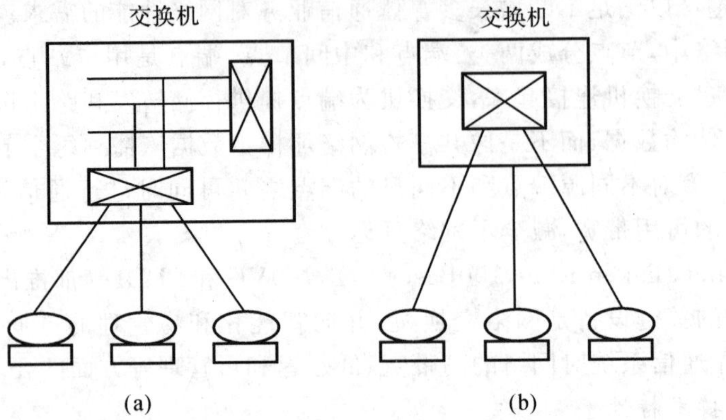

图 6-18 交换机结构

(a) 模块交换; (b) 端口交换

交换机是通过网桥实现信息交换的。交换机中的网桥是一种简化的网桥,只提供有限的MAC 地址寻址能力,主要提供选择路由(端口)和转发信息的功能,其交换速度比一般的网桥要快得多。交换机的实现技术主要有两种:一种是传统的存储转发(Store and Forward) 技术,即将整个数据帧先存储在缓冲器中,等待完成差错检查、路由选择等处理后再转发出去;另一种是直通(Cut Through) 技术,即在接收数据帧的同时立即按该数据帧的目的地址确定其端口并转发出去,其转发速度非常快。实际上,很多交换式集线器产品都同时提供这两种技术。此外,交换机还集成了很多有用的功能,如网络管理、多种协议支持、路由选择、远程访问、包括过滤,以及虚网支持等。

2. 虚拟网络

虚拟网络是在交换式网络的基础上,通过管理软件建立的可跨越不同物理网段、不同网络类型的端点到端点的逻辑网络,如图 6-19 所示。

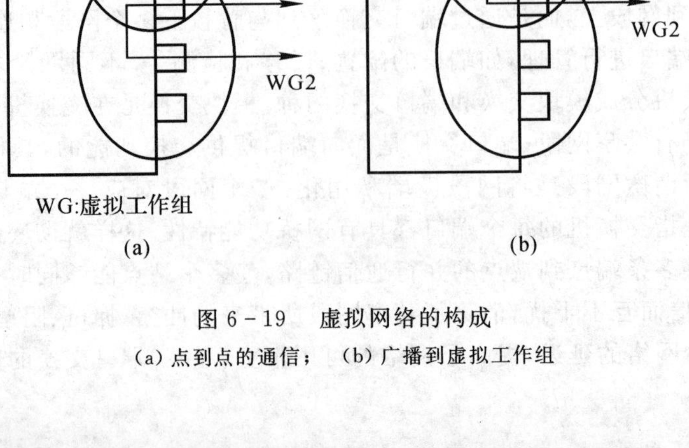

图 6-19 虚拟网络的构成

(a) 点到点的通信; (b) 广播到虚拟工作组

构造虚拟网络的基本条件，一是所有站点都必须直接连接到支持虚拟网络的交换机端口上；二是使用适当的虚网定义模式来定义虚拟网络。目前，虚拟网络的定义模式有如下几种：

(1) 按交换机端口定义。将一组交换机端口设置成一个相同的广播域。只允许在特定的端口之间相互通信，并提供一定的安全性。由此实现的虚拟网络也称为物理层虚拟网络。

(2) 按 MAC 地址定义。按站点的 MAC 地址定义其广播域，交换机内部必须维护一个 MAC 地址 / 交换机端口对照表，才能实现在同一个广播域内站点的自由移动。用这种定义模式实现的虚拟网络也称为链路层虚拟网络。

(3) 按 IP 地址定义。对基于 TCP/IP 的网络，可按站点的 IP 地址定义其广播域，形成虚拟 IP 子网。虚拟子网之间通过内部路由器实现互通。用这种定义模式实现的虚拟网络也称为网络层虚拟网络。

(4) 按应用定义。它是根据应用所需的网络带宽和 QOS 等来定义其虚拟网。它属于应用层虚拟网络，实现起来更为复杂。

虚拟网络的构造能力与交换机的性能有关。目前，大多数高性能交换机都能提供第二层(链路层)和第三层(网络层)交换功能，这样就为构造链路层虚拟网络和网络层虚拟网络奠定了必要的基础。同时，交换机还必须配备相应的网络管理软件，才能最终实现虚拟网络的定义和管理。

构造虚拟网络可以带来如下的好处：

(1) 一个虚拟网络可以跨越不同的交换机。从逻辑上看，虚拟网络完全独立于网络物理结构。交换机将根据某一端口发送来的数据帧中给出的源地址来确定该端口对应的站点属于哪一个虚拟网络。只有同一虚拟网络的成员才能接收到这个数据帧，而不会增加其他虚拟网段的流量。

(2) 虚拟网络支持任意多个站点间的组合。一个站点可以属于多个虚拟网络。一般交换机可以建立十几个虚拟网络。

(3) 虚拟网络可简化网络的管理。虚拟网络的建立、修改和删除都十分简单，虚拟网络也可方便地重新配置，而无需对物理网络实体进行再配置。

(4) 虚拟网络为网络设备的变更和扩充提供了一种有效的手段。

总之，高速的交换式网络可以提供独享带宽、低延迟和易管理的网络性能，能够给多媒体通信比较充分的支持。

6.4　广域网技术

广域网是指覆盖范围广、传输速率相对较低、以数据通信为主要目的的数据通信网。随着社会信息化的迅猛发展，很多通信发达国家的数据通信业务的增长率已超过电话业务的增长率，特别是 Internet 逐步实用化和商业化，大大地促进和刺激了数据通信网技术和数据传送业务的发展。

通常，公用数据通信网是由政府通信部门来建立和管理的，这也是它区别于局域网的重要标志之一。随着光纤通信、帧中继、宽带综合业务数字网(B－ISDN)等新一代通信技术的成熟和应用，数据通信网将以更快的传输速率、更大的网络带宽、更好的技术性能和更高的可靠性为多媒体信息传输提供高质量的服务。

局域网和广域网之间，既有区别又有联系。在技术上，局域网要领先于广域网，但随着ATM技术的发展和应用，通过提供统一的网络平台，会使这种技术上的差异越来越小。在应用上，局域网强调的是资源共享，广域网着重的是数据通信。对于局域网，人们更多关注的是如何根据应用需求来规划网络，并进行系统集成。对于广域网，侧重的是网络能提供什么样的数据传输业务，以及用户如何接入网络等。

本节主要介绍几种广域网技术：分组交换网、帧中继网、综合业务数据网(ISDN)和ATM网络的基本概念。

6.4.1 分组交换网

分组交换网是一种能够采用分组交换方式的数据通信网。它所提供的网络功能相当于ISO/OSI参考模型的低三层(物理层、数据链路层和网络层)的功能。ITU的X.25建议就是针对分组交换网而制定的国际标准，因此，分组交换网有时也称X.25网。

1. *X.25* 建议

X.25建议的全称：在公用数据网上，以分组方式进行操作的DTE和DCE之间的接口。DTE(Data Terminal Equipment)为数据终端设备，是指数据输入/输出设备、终端设备或计算机等终端装置；DCE(Data Circuit Terminal Equipment)为数据电路端设备，是指自动呼叫应答设备、分组交换机及其他一些中间设备的集合。

X.25由三层通信协议组成：物理层、链路层和分组层，如图6-20所示。

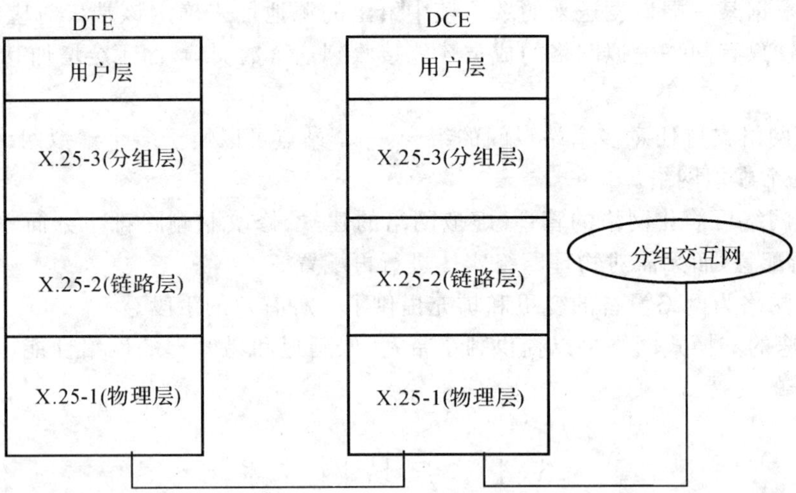

图6-20 分组交换网络中的层次结构

(1) 物理层。物理层接口协议定义了DTE和DCE之间的物理接口，为物理接口规定机械特性、电气特性和功能特性以及交换电路的规程特性。这样就保证了各个厂商按统一的物理层接口标准生产的通信设备能够完全兼容。

(2) 链路层。本层对应于ISO/OSI参考模型的数据链路层。最常用的数据链路层通信规程是ISO的高级数据链路控制HDLC(High Level Data Link Control)规程，其功能是将不可靠的物理链路提升为可靠的、无差错的逻辑链路。X.25建议中的链路级采用的是一种HDLC规程的变种，称为链路访问规程 LAP(Link Access Procedure) 或平衡链路访问规程 LAPB(Link Access Pocedure Balanced)，并以 LAPB 为主要模式。这些通信规程尽管在一些细节上存在着一定的差异，但总的来说是大同小异的。

(3) 分组层。本层对应于 ISO/OSI 参考模型的网络层，它规定了 DTE 和 DCE 之间进行信息交换的分组格式，并规定了采用分组交换的方法，在一条逻辑信道上对分组流量、分组传送差错执行独立的控制。

X. 25 将分组层以上的实体统称为用户层，未作具体规定。

X. 25 建议的着重点是描述了分组层协议，该协议的主要内容有分组级 DTE/DCE 接口的描述、虚电路规程、数据报规程、分组的格式、用户自选业务的规程与格式，以及分组级 DTE/DCE 接口状态变化等。

分组交换方式有虚电路和数据报两种，由分组类型标识符规定具体的数据分组。

1) 虚电路交换方式。虚电路是两个用户终端(DTE) 在通信之前预先通过网络建立的逻辑连接，它是由主叫用户与网络联系并与被叫端协商而建立的。虚电路提供的是一条双向的、无差错的和有序的逻辑连接。所谓双向是指通信双方都可以利用已建立的虚电路进行数据传送；无差错是指虚电路提供一条可靠的逻辑信道；有序是指虚电路保证接收端所接收到的分组次序与发送的次序相一致。

在虚电路方式中，一次数据交换要经历建立虚电路、数据传输和拆除虚电路三个阶段。一旦建立虚电路后，该虚电路不管有无数据传输都要保持到虚电路被拆除或因故障而中断为止。有故障时，需要重新建立虚电路，以继续进行未完成的数据传输。但虚电路无法处理网络发生的拥塞情况。

2) 数据报交换方式。在数据报方式中，每个数据分组都作为独立的报文进行传输。每次传输，交换机都要为数据报选择路由，目的端根据分组中序列号进行数据分组的排序，组装成一个完整的报文。

在 X. 25 分组交换网中主要以提供虚电路传输服务为主。

(4) 路由选择。不论虚电路方式还是数据报方式，都存在着路由选择问题。在分组交换网中，两个 DTE 进行通信时必须选择端到端的传输路径，路由选择是由中间节点(交换机) 根据分组所包含的目的地址，并采用适当的路由选择算法来实现的。

路由选择是交换机一个重要的功能，每个交换机都要维护一个路由表，路由表是采用人工方法或路由协议建立起来的。在虚电路方式中，通过建立虚电路，每个交换机都要根据被叫 DTE 地址，查找路由表，计算最佳路由，生成一转发路径表；以后在转发数据分组时，通过查找该转发路径表就可以确定其转发路径；拆除虚电路时，要清除该路径表中的有关信息。

(5) 流量控制。由于分组交换方式允许不同速率的数据终端之间互通，并且网络存储器的容量以及线路资源等都是动态分配的。因此，如果对数据流不采取任何控制措施就可能出现网上数据流的严重不均衡，甚至超过交换机与通信线路的承受能力，造成网络拥挤。而网络拥挤会导致分组丢失，丢失的分组需要重传，若如此恶性循环而不加控制的话，最终将会导致网络拥塞，以致网络吞吐能力的急剧下降和网络时延迅速增加，从而严重影响网络的性能。

X. 25 主要采用滑动窗口算法进行流量控制，并规定窗口尺寸的标准值为 2，最大值为 7。在数据传输过程中，基于滑动窗口算法，使用相应的控制分组进行流量控制和差错处理，控制分组有 RR 分组(接受准备好)、RNR 分组(接受未准备好) 和 REJ 分组(拒绝接收) 等。

2.分组交换网的组成及用户接入

分组交换网主要有分组交换机、用户接入设备和传输线路组成。

(1) 分组交换机。分组交换机是分组交换网的枢纽。根据它在网络中所处的地位，可分为中转交换机和本地交换机。交换机均具有以下主要的功能：

1) 提供网络的基本业务和可选业务；

2) 提供路由选择和流量控制；

3) 实现 X.25,X.75 等多种协议的互连；

4) 完成局部的维护、运行管理、故障报告与诊断、网络记费和统计等功能。

现代的分组交换机大都采用功能分担或负载分担的多处理器模式结构来实现，具有可靠性高、可扩充性强、服务性能好等特点。

(2) 用户接入设备。分组交换网的用户接入设备主要是用户终端和路由器。用户终端是一种面向个体的用户接入设备，终端分为分组型终端(PDTE) 和非分组型终端(NPDTE) 两种。非分组型终端要使用分组装拆(PAD) 设备接入分组交换网，有些分组交换网还支持非标准的同步终端，如 SDLC 终端等。路由器是一种面向团体的用户接入设备，用于将 LAN 接入分组交换网。分组交换网根据不同的用户接入设备来划分用户业务类别，提供不同速率的数据通信业务。

(3) 传输线路。传输线路可以说是整个分组交换网的神经系统。目前分组交换网的中继传输线路主要有模拟和数字两种形式。模拟信道利用调制解调器可转换成数字信道，速率为 9 600 b/s,48 Kb/s 和 64 Kb/s；而 PCM 数字信道的速率为 64 Kb/s,128 Kb/s 和 2 Mb/s。用户线路也有模拟和数字两种形式，模拟信道利用电话线路和调制解调器接入分组交换网，速率为 1 200 b/s ~ 64 Kb/s。

分组交换技术自从 20 世纪 70 年代开始应用，到了 20 世纪 80 年代，世界上几乎所有的数据通信网都采用了这一技术，这是因为分组交换技术在降低通信成本、提高通信可靠性和灵活性等方面取得了巨大成功。

现在，分组交换网的分组处理能力、中继线速率及传输时延等性能都有了很大的提高，分组交换网的能力几乎达到了极限，这促使人们研究和开发新的分组交换技术，于是，帧中继、TAM 等快速分组交换技术便应运而生。

6.4.2 帧中继网络

近年来，随着光纤传输技术的迅速发展，公共电信基础设施逐步以高质量光纤数字传输系统取代了传统的铜线模拟传输系统，光纤数字传输系统为用户提供的可用的带宽和传输误码率是模拟系统无法比拟的。由于现代光纤数字传输系统的误码率已低于 10^{-9}，因此现代通信网的纠错能力已不再是评价网络性能的主要指标。过去，X.25 分组交换技术的某些优点在光纤数字通信系统中已不明显，相反地有些功能甚至是多余的。

传统的 WAN，如 X.25 分组交换网存在着传输速率低、网络延时大、吞吐量小以及通信费用高等缺陷，已难以满足不断发展的通信业务质量的要求。

为了给用户提供高质量、低费用的数据传输业务，在 20 世纪 90 年代初推出了一种新型的 WAN 技术 —— 帧中继(Frame Relay)。帧中继是一种支持 HDLC 规程的宽带数据业务标准，并已获得 ITU 的批准。

帧中继的优点在于它能够为用户提供简单的标准化接口。例如，LAN 桥接器 / 路由器、前端处理机、分组交换机以及专用 / 公用网之间的接口。帧中继的用户接入速率可在 56 ～ 64 Kb/s 到 1.544 ～ 2.048 Mb/s 的范围内变化，而上限速率实际可达 50 Mb/s。

帧中继技术实质上是由 X.25 分组交换技术演变而来的，它继承 X.25 的优点，如提供统计复用功能、永久虚电路(PVC)、交换虚电路(SVC) 等，但简化了大量的网络功能，将用于保证数据可靠传输的功能(如流量控制、差错处理等) 转移给用户终端或本地节点来完成。这样，就可以减少网络时延，降低通信费用。

帧中继网络是由用户设备与网络设备组成的。前者负责把数据帧送到帧中继网络，后者负责把这些帧正确地传送到目的用户设备。

1. 帧中继的基本原理

X.25 网络为了在不太可靠的物理链路上实现可靠的数据传输，在每一个节点都要做大量的处理。例如，数据链路层协议 LAPB 要求每个节点都要做差错检查，收到的帧通过了正确性检查，才能将它交付第三层协议。当帧经过多个网络节点时，这种处理帧的方法必然导致较长的时延。此外，分组层协议也要确保分组在每条逻辑信道上正确地按序传送，同样带差错处理或其他处理步骤。这样做确实使 X.25 网络成为低速分组服务的十分有效的工具，但不能提供高速服务，不适合高速分组交换。

当今，数字光纤网比电话网的误码率低得多，可以认为基本上不出现传输差错。显然可以简化 X.25 的某些差错控制过程。只要减小节点对每个分组的处理时间，不仅降低分组通过网络的时延，而且还增大了节点对分组的处理能力。

帧中继 FR(Frame Relay) 是一种减少节点处理时间的技术。设帧的传送基本不出错，在这一条件下，一个节点只要一知道帧的目的地址，就立即开始转发该帧。也就是说，一个节点在接收到到帧的首部后，就立即开始转发。这样，一个节点收到一帧时，执行的检错步骤不足原来的 1/3，使一个帧的处理时间减少一个数量级，而帧中继网络的吞吐量却要比 X.25 网络的吞吐量提高一个数量级以上。这种传输数据的帧中继方式又称为 X.25 的流水线方式。

由于只有在整个帧被收下后，节点才能够检测到差错，在边接收边转发的情况下，当一个节点检测出差错时，很可能该帧的大部分已经转发到了下一个节点。因此，这种方法的一个明显问题是，一旦出现差错应该如何处理?解决的方法是检测到有误的节点立即中止这次传输并向下一个节点发中止传输的指示，下个节点收到指示后，立即中止该帧的传输，使该帧从网络中消除。即使错误帧到达了目的节点，用这种中止传输的方法也不会造成不可弥补的损失。因为不管属于哪种情况，源站将用高层协议请求重发该帧。显然，帧中继纠正一个差错所用的时间要比传统的分组交换网多一些。因此，帧中继技术仅适用于网络误比特率非常低的场合。另外，帧中继没有数据链路层的流量控制能力，流量控制也和差错控制相似，由在终端之间进行端到端的操作的高层协议去执行。

一个节点当还在接收一帧时就转发此帧，通称为快速分组交换。除帧中继外，DQDB(分布式队列双总线(Distributed Queue Dual Bus) 是 IEEE 802.6 城域网标准)，B-ISDN，ATM 和 SMDS(Wwithced Multimegabit Data Services) 交换式多兆比特数据服务，是帧中继后又一项高速网络技术，均属快速分组交换。快速分组交换是一个总的概念。根据网络中传送的帧长是可变还是固定来划分，快速分组交换可分两大类：当帧长为可变时就是帧中继；当帧长为固定时就是信元中继(Cell Relay)。帧中继和 X.25 类似，主要考虑如何接入到一个网络，即考虑网络边界的问题，但信元中继所考虑的问题是如何用一个综合的交换设备对各种不同类型的信息进行交换。即信元中继被使用在网络中间的核心部分。帧中继服务指的是目前提供的永久虚电路 PVC，ISDN 帧中继服务指的是交换虚电路 SVC，信元中继有 ATM 和 802.6 DQDB 两个标准，分别提供 B-ISDN 服务，如图 6-21 所示。

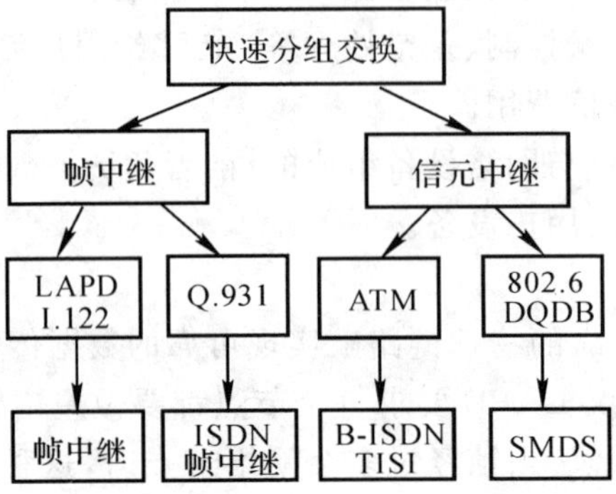

图 6-21 快速分组交换的概念、技术、标准和服务

2. 帧中继网和 X.25 分组交换网的比较

帧中继是在 X.25 基础上，简化了差错控制（包括检测、重传和确认）、流量控制和路由选择功能，而形成的一种快速分组交换技术，帧中继网和 X.25 网都是面向连接的分组交换网，而且帧的长度也都是可变的。但是，两者有以下主要区别。

(1) 从层次上看，X.25 网和帧中继网的端到端传输情况不相同，如图 6-22 所示。

X.25 网的各节点有网络层，端到端确认由第四层（运输层）进行，而帧中继不仅各节点没有网络层，并且数据链路层也只有 X.25 网的一部分功能，端到端确认由第 2 层（数据链路层）进行。

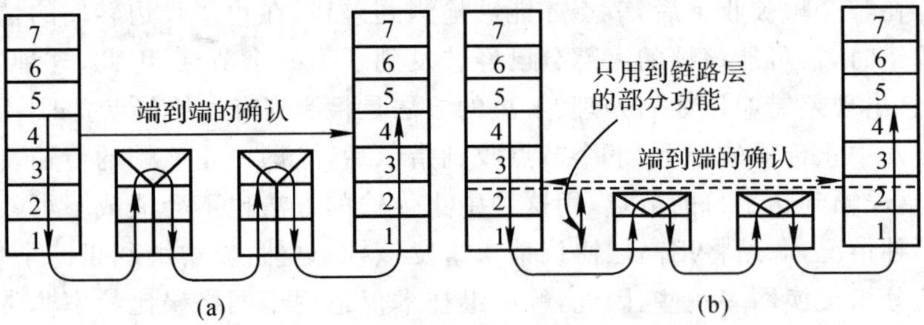

图 6-22 从层次上比较 X.25 网和帧中继网

(a) X.25 网；(b) 帧中继网

(2) 从源站到目的站传送一帧信息，在 X.25 网和帧中继网的各链路上所要传送的信息不一样。对 X.25 网，每个节点在收到一帧后都要发回确认，而且目的站在收到一帧后发回端到端的确认时，也要逐站进行确认，如图 6-23(a) 所示。而帧中继由于它的中间节点只转发帧，不发确认帧，即中间节点没有逐段的链路控制能力。所以，只有在目的端收到一帧后，才向源站发回

端到端的确认，如图 6－23(b) 所示。因此，在帧中继方式下，网络层是不需要的。

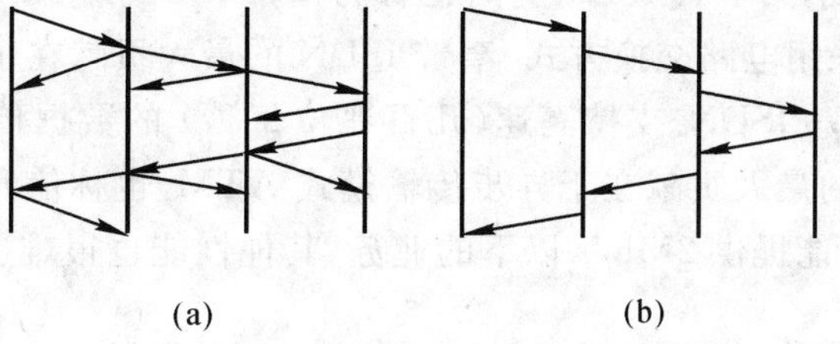

图 6－23　X.25 网和帧中继网所传送的信息对比
(a) X.25 网的存储转发方式；(b) 帧中继方式

(3)X.25 网由网络层提供面向连接的服务，包括永久虚电路和交换（或呼叫）虚电路，而帧中继网由数据链路层提供面向连接的服务，而且只支持永久虚电路。在数据链路层保持网络入口处和出口处所传输的帧的顺序，保证不交付重复帧，且帧的丢失率很小。

(4) 在 X.25 网中，各节点都要对用户数据进行检错和纠错（重传），在数据链路层和网络层设置流量控制，而帧中继网差错控制和流量控制主要由高层协议完成。X.25 网在网络层设置路由选择功能，而帧中继则是在数据链路层进行永久虚电路的映射。

(5) 分组交换网是在网络层中实现多路复用，而帧中继则是在数据链路层实现多路复用。

(6) 分组交换的传输速率为 64 Kb/s，而帧中继的传输速率则可达 2.048 Mb/s，其最高速率没有做理论上的限制。目前，这种速率相对于局域网并不算高，但在实际应用的广域网上已经很不容易。

6.4.3　综合业务数字网 ISDN 和 ATM 网络简介

随着电子技术的飞速发展，尤其是多媒体技术的发展不仅对网络传输业务类型增多，对网络数据速率也不断提出新的要求。为了适应这些要求，发展了综合业务数字网和 ATM（异步传输模式）网络。

1. 综合业务数字网 ISDN 的基本概念

众所周知，通信网的两个重要组成部分是传输系统和交换系统。当一种网络的传输系统和交换系统都采用数字系统时，就称为综合数字网 IDN(Integrated Digital Network)。这里的“综合”是指将“数字链路”和“数字节点”结合在一个网络中。如果进一步将各种不同的业务信息经数字化后，都在同一个网络中传送，这就是综合业务数字网 ISDN(Integrated Services Digital Network)。这里的“综合”既指“综合业务”也指“综合数字网”。

由于综合业务数字网 ISDN 是在电话综合数字网 IDN 基础上发展起来的，所以 CCITT 对综合业务数字网 ISDN 定义为“ISDN 是由电话 IDN 发展起来的一个网络，它提供端到端的数字连接以支持广泛的服务，包括声音的和非声音的，用户的接入是通过有限的多用途用户网络接口标准实现的”。ISDN 定义强调的要点：

(1) 以电话 IDN 为基础发展起来的通信网。

(2) 支持各种电话和非电话业务，包括话音业务、数据传输业务、可视图文、智能用户电报遥测和告警业务。

(3) 提供开放的标准接口。

(4) 用户通过端到端的共路信令，实现灵活的智能控制。

ISDN 可以分为两代，第一代 ISDN 有时也称为窄带 ISDN 即 N－ISDN，它基于 64Kb/s 通道作为基本交换部件，采用电路交换方式。窄带 ISDN 的最大贡献在于帧中继。而第二代 ISDN 则称为宽带 ISDN ，即 B－ISDN。支持高速（几百兆位每秒）的数据传输，采用快速分组（固定长）交换，而 B－ISDN 的最大贡献在于异步传输模式 ATM，也称信元中继。

N－ISDN 对用户只能提供 2Mb/s 以下的业务，其他性能也很难适应未来的要求。因此，提出了 B－ISDN 的概念。

宽带综合业务数字网 B－ISDN 也是将各种业务（如话音、数据、图像、活动图像等）综合在一个网络中传送，它包括 N－ISDN 的所有业务功能。B－ISDN 的业务可分成两类：

(1) 交互业务(Interactive Service)。

1) 会话型业务(Conversational Service)。包括宽带可视电话、电视监视、高速不受限数字信息、高速传真、高分辨率图像业务等。这类业务的主要特点是实时性（无存储转发）。信息的流向既可以是双向的，也可以是单向的。利用 B－ISDN 提供的会话型业务可以实现远程教学、远程医疗和远程控制。

2) 消息型业务(Messaging Services)。通过存储单元在用户间提供存储转发、电子信箱、报文处理的通信服务。这类业务是非实时性的。X. 25 网和局域网都已能提供电子邮件（E－mail）业务。但 B－ISDN 中的 E－mail 服务将是多媒体的，不仅包括有数据信息，还可提供音频、视频信息的传输。

3) 检索型业务(Retrieval Service)。用户通过 B－ISDN 向网上的其他节点或信息中心检索信息，如产品目录、广告、技术资料，这类信息也可以是多媒体的。可以实现视频点播 VOD(Video-On-Demand)。检索型业务有些是实时性的，有些是非实时性的。

(2) 分配型业务(Distribution Services)。实现点到多点的通信，按用户能否个别控制信息分配可分为两类：

1) 用户可单独演示控制。分配型业务的中心节点将信息周期性地广播，用户利用浏览、选择，并能控制信息的起始。如远程教学、远程广告等。

2) 用户不能单独演示控制。利用这类服务可以实现电子出版、广播电视服务。

上述众多的业务，其性能相差很大，如传输速率、突发性以及服务要求等。

要支持如此众多且特性各异的业务，无疑对 B－ISDN 提出了非常高的要求。因此，B－ISDN 除以光缆作为其传输干线外，在交换方式上必须改变。目前的数字通信网，即便是 N－ISDN 也多是针对不同的业务采用不同的交换方式。而 B－ISDN 要做到用统一的交换方式支持不同的业务必须采用一种崭新的技术，这便是异步转移模式 ATM(Asynchronous Transfer Mode)。

2. 异步传输模式 ATM(Asynchronous Transfer Mode) 的基本概念

现有的交换方式主要就是传统的电路交换和分组交换。电路交换采用时分复用，周期性地占用重复出现的时隙，信道以它在一帧中的时间位置（时隙）来区分，如图 6－24(a) 所示。一个时隙对应一条信道，不同信源的通路是通过周期性的帧内时隙的位置来区分的，每条通路的各个时隙是定期出现的，不需外加信息头来标志信息属于哪条通路，当某个信源无信息传送时，分给它的时隙（信道）就空闲，别的信源无法使用，造成宽带浪费。这种在通信过程中不论是否发送信息，其信道（指分配的时隙）为相应两端独占的传送模式称为同步传送模式 STM，而

N－ISDN 采用 STM。

分组交换是指不给发送端分配固定时隙，采用存储转发，只要发送端有数据就可以发送分组，属于统计复用，适应任意的传输速率。X.25 网就属于分组交换网。为了提高网络的可靠性，第 2，3 层协议很复杂，分组交换虽然适应突发性业务，但实时性差。

电路交换的实时性好，分组交换的灵活性好，而且信道利用率高，如果能将这两种交换方式结合起来，就可以传送综合业务，这种建立在电路交换和分组交换基础上的传送模式（或交换方式）称为异步转移模式 ATM。B－ISDN 采用了 ATM 交换技术。

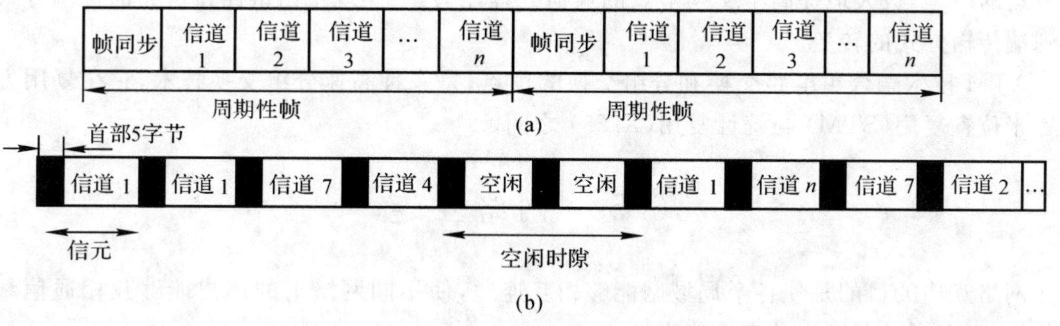

图 6－24　STM 和 ATM 传送比特流的区别
(a)STM；(b)ATM

ATM 采用的是异步时分复用方式，信道不是通过时隙在帧中的位置来确定，而是通过信息的首部或标头来区分不同的信道，如图 6－24(b) 所示。在 ATM 中传送信息的基本单元称为“信元“(Cell)，信元相当于一个分组，但信元的长度是固定的 53 个字节，其中 5 个字节为标头(Cell Header)，可标志不同的信道和优先级等控制信息。因此，一个信元对应一个时隙，每个时隙的长度是固定的，但各个时隙并不一定紧紧相随，它取决于数据是否准备好，只要数据准备好了，不必等待空闲时隙的开始就可以从空闲时隙的中间插入，但仍占用一个时隙的长度。

ATM 不同于同步传送模式 STM，时隙不再固定地分配给某一信源，而是按需分配，只要时隙空闲，任何允许传送的信元都能占用。为此，在交换设备的输入端需要配置缓冲器，将来自各端的数据流形成完整的信元后，按先到先服务的原则存入缓冲器中，以统一的传输速率将信元插入空闲时隙内，这就是统计复用。在这种情况下，信息进网速率不同也没有关系，可以由链路控制器的缓冲区调节，不同类型的数据都可以复用在一起，速率高的信息源占用较多的时隙。因此当系统的带宽一定时，ATM 交换设备允许接入的用户数多于按最大速率分配的用户数，但在建立连接分配带宽时，可达按平均速率分配的用户数。在交换设备的输出端不是靠时隙同步，而是靠信头标志来识别信元的。

ATM 的主要特点如下：

(1) 采用固定长度的短信元作为信息传送的单位，使信元像 STM 的时隙一样定时出现，但时隙又不被发送端信源独占，这又与 STM 不同。长度固定的信元首部，可以只用硬件电路对信元进行处理，减少了节点对信元的处理时间。

(2)ATM 不采用固定时隙，而是按需分配，因而从本质上讲属于分组交换，这一点与 X.25 相似，但与 X.25 不同之处是，它传送的是固定长度的短分组（信元），而 X.25 的分组长度可变，因而信息插入信道的位置是任意的，而ATM由于采用长度固定的信元，使信元像STM的时隙一样定时出现。所以，所有信息在最低层是按面向连接的方式传送的，具有电路交换实时性强的优点。但对用户来讲，ATM既可工作于确定方式（即承载某种业务的信元基本上周期性地出现），以支持实时性业务，也可以工作于统计方式（信元不规则地出现），以支持突发性业务，从而能支持不同速率的各种业务。

(3) 由于光纤信道的误码率非常低，容量很大，在ATM网内不在数据链路层进行差错控制和流量控制，而放到高层处理，从而简化了数据链路层协议，可用硬件实现，大大地缩短了交换节点的时延，极大地提高了交换节点的通信处理能力，它实现了由链路接链路的传输方式向端到端传输方式的转变。

ATM技术融合了电路交换和分组交换的优点，是一种高速分组交换技术，它在复用方式中处于位置复用(STM)与统计复用(X.25)之间。

6.5 网络互连

网络互连的目的是使各个局域网能够相互连通，使不同网络上的用户能够互相通信和交换信息，在更大的范围内共享网络资源。

由于网络分为局域网(LAN)和广域网(WAN)两大类，因此网络互连形式有LAN-LAN，LAN-WAN和WAN-WAN三种，不同的互连形式所采用的互连协议和互连设备是不相同的。

局域网之间互连，主要采用中继器(Repeater)、网桥(Bridge)、路由器(Router)以及交换机(Switch)等技术，它们在互连协议和实现技术上是各不相同的。本节主要介绍中继器和网桥技术，以及基于路由器的网络互连。

6.5.1 中继器

中继器是在物理层上实现局域网网段互连的，用于延长局域网网段的长度。由于中继器只在两个局域网网段间实现电气信号的恢复与整形，因此它仅用于连接同类型的局域网网段。它的优点是安装简便，价格便宜，但每个局域网中接入的中继器的数量将受延时和衰耗的影响，因而必须加以限制。

根据不同的用户需求和用途，市场上的中继器产品有多种类型：双口中继器、多口中继器、集线器(HUB)、多路复用器、模块中继器和缓冲中继器等。其规格有插卡式、独立式和机架式等多种。

双口中继器是最常用的中继器，可用于扩展两个10BASE5网段的同轴电缆（细的或粗的）长度。

多口中继器功能可用于扩展三个或三个以上的10BASE2或者10BASE5网段的同轴电缆长度。

集线器也是一种多口中继器，主要用于10BASE—T或100BASE—T网络中的双绞线连接。

多路复用器主要用来增加物理介质的利用率。多路复用器有时分多路复用、频分多路复用和统计时分多路复用等工作方式。

6.5.2　网桥

网桥是在数据链路层上实现局域网互连的，它是一种基于数据帧的存储转发设备。从互连网络的结构看，网桥是属于DCE级的端到端的连接；从协议的层次看，网桥是在LLC层对数据帧进行存储转发。网桥应当有足够的缓冲空间，以满足高峰负载的要求。在IEEE 802.1B中，规定了各个局域网互连的基本方法。

通常，网桥必须具备帧格式转换和路由选择的功能。

1. 帧格式转换

在不同局域网之间进行互连时，由于各种局域网的MAC子层执行不同的网络协议，它们之间存在着以下的差异。

(1) 帧格式不同。从前面所介绍的各种局域网中可以看出，不同的局域网有不同的帧格式。当网桥互连两个不同的局域网时，必须对帧进行转换处理，将输入的帧格式转换成另一种帧格式输出。

(2) 帧的最大长度不同。不同的局域网有不同的帧最大长度限制，如Ethernet的最大帧长为1 518字节、Token Ring的最大帧长为5 000字节等。在网络互连时，网桥必须能够协调不同局域网的最大帧长。

(3) 数据传输速率不同。不同的局域网的传输速率不同，如Ethernet有10Mb/s和100Mb/s，Token Ring有16Mb/s等。这就需要网桥有足够的缓冲空间，以便进行速率匹配，避免拥挤现象。

图6-25所示为基于网桥的互连模型。对于各种局域网在帧格式、帧长及速率等方面的差异，通常采用封装和翻译的方法进行处理。从这个角度来看，可将网桥分为封装桥和翻译桥。

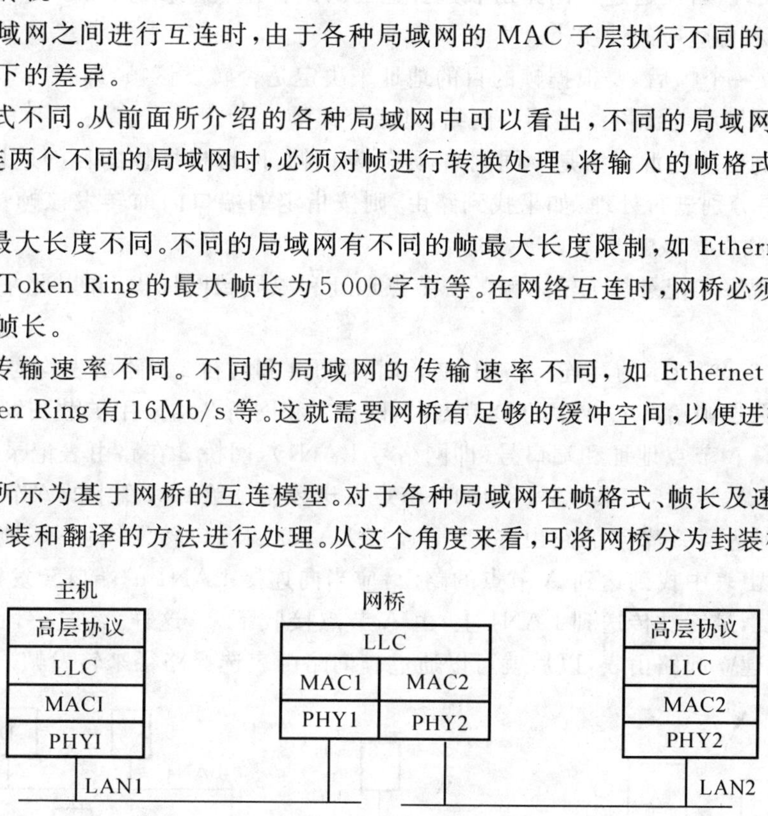

图6-25　基于网桥的网络互连模型

封装桥主要用于同类的局域网通过一个中间网络进行互连的场合，由封装桥将数据帧封装成一种通用格式通过中间网络，就像经过隧道一样，到达目的网络后再解封成原来的数据帧格式。

翻译桥用于多个相同或不同局域网互连的场合，它具有MAC帧格式转换能力，可以将一种MAC帧格式转换成另一种MAC帧格式。在帧格式转换时，必须实现下列功能：位组的重新排列，以消除不同MAC协议编号机制上的差异；帧长限制，使帧长能够被不同MAC协议所接受；帧格式转换，重新封装数据帧并生成检验序列；数据帧缓冲，以补偿不同局域网速率上的差异。在局域网互连时，使用最多的是翻译桥。

2. 路由选择

网桥必须具有路由选择功能，在网桥收到一个数据帧后，通过路由选择功能选择相应的路径，将数据帧转发给下一个网络，直至到达目的网络。根据路由选择方法的不同，网桥可分为透明桥和源路由桥。

(1) 透明桥。透明桥的特点是由网桥根据每个节点在互连网中的特定地址来确定网络传输路径的，并且采用一种称为基于反向学习(Backward Leading)的扩散式路由选择算法建立和维护其路由表。所谓反向学习算法就是网桥要记录每个输入帧的源节点地址和源局域网标识，并以此来建立或更新路由表。在网桥刚启动时，路由表是空的。这时，网桥就按扩散法来转发帧，即向所有非输入端口转发帧。经过一段时间后，利用向后学习算法便可建立起路由表。一旦建立起路由表，以后便通过查询路由表选择适当的路径来转发帧。向后学习只依赖于本地的信息，具有隔离和自适应的性质。

在网桥接收一个帧后，要根据帧的目的地址来决定是否转发该帧，即：

1) 如果目的网络与源网络是同一网络，则丢弃该帧。

2) 如果目的网络与源网络是不同网络，则转发该帧。网桥根据帧的目的地址查找路由表，并根据查找结果分别进行处理：如果找到路由，则按指定的端口向前转发该帧；如果找不到路由，则采用扩散法发送该帧。

3) 网桥要观察和记录每个输入帧的源节点地址和源局域网标识，并以此来建立或更新路由表。

例如，在图6-26所示的互连网络中，初始时，网桥1和网桥2的路由表均为空。当LAN1中的A节点发送数据帧给LAN4中的D节点时，网桥1和网桥2均采用扩散法发送该帧，网桥1在路由表记录了A节点地址和端口号(即网络号LAN1)，网桥2在路由表记录了A节点地址和端口号(LAN2)。以后，如果LAN3中的C节点发送数据帧给LAN1中的A节点，网桥2可以在路由表中找到达到A节点的路由，应当向连接LAN2的端口转发该帧；该帧被网桥1接收后，也可以在路由表中找到达到A节点的路由，应当向连接LAN1的端口转发该帧；该帧通过两个网桥的转发，最终被传送到LAN1上，由A节点接收下来。这样，经过一段时间的反向学习，网桥便可以建立起路由表，以后就可以通过查询路由表选择路径来转发帧。

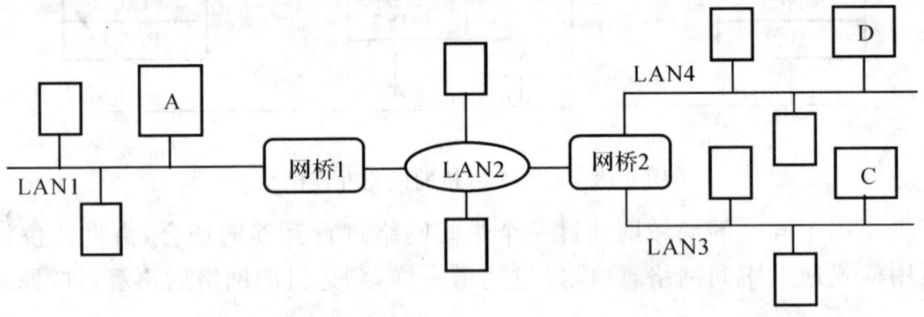

图6-26 LAN互连例子

当网桥和站点配置改变或系统重新加电启动时，则需要重新建立路由表。因此，路由表可以动态地建立和周期地更新，并且利用生成树算法来避免路径死循环问题。

透明桥的优点是简单易行，便于安装，既不需要改变现有局域网的软件与硬件，也不需要加载和设置路由表及参数，能够透明地转发帧。缺点是不能最优地利用系统的带宽，只能用于分支结构的互连网络。802委员会中的802.3和802.4小组选用的是透明桥。

(2) 源路由桥。源路由桥的特点是每个节点都要建立和维护各自的路由表,并在发送帧时指出该帧的传送路径,网桥采用源路由选择算法为转发该帧选择适当的路径。

源路由选择算法的原理:每个发送站都知道所发送的帧是发送给本地网络的还是其他网络的。当发送给其他网络时,则将目的地址的高位设置为 1,并将该帧传送的确切路径包含在该帧的帧头中。

每个局域网和网桥都有唯一的标识号。其中,网络号用 12 位编码,网桥用 4 位编码。确切的路径是网桥号和网络号组成的序列:{网桥号,网络号,网桥号,网络号,…}。

网桥只处理地址高位设置为 1 的帧。对这些帧,网桥根据帧头中所指定的路径来转发帧。具体地说,网桥首先从输入帧所指定的路径中找到与本网桥相匹配的网桥号,然后按网桥号后随的网络号转发该帧。如果找不到相匹配的网桥号,则不转发该帧。

在这种路由选择算法中,由各个节点来建立和维护路由表。当一个节点不知道目的网络时,可以发送一个广播帧,询问目的网络号。该广播帧通过网桥再广播到每个网络。当目的网络上的目的节点接收到该广播帧后,会发送一个响应帧给源节点,源节点根据响应帧带回的信息来更新路由表,以此来获得确切的路径信息。

这种网桥的优点是可以选择最佳路径,缺点是在互连网络规模较大时,容易因广播帧的激增而产生拥塞现象。802.5 小组选用的是源路由桥。

6.5.3　路由器

路由器工作在 ISO/OSI 参考模型的网络层,在不同的网络之间存储转发数据分组,可用于 LAN 之间和 LAN 与 WAN 之间的互连。在 ISO 的路由器标准中,提出一种路由器框架结构和互连模式,以解决网间互连和路由协议达到标准化的问题。ISO 提出了两种网络层互连模式。

1. 面向连接的互连模式

面向连接的互连模式对应于分组交换网的虚电路方式。在这种模式下,子网应具有提供面向连接服务的能力。在同一子网内的两个端系统之间要建立逻辑连接,路由器则用于实现不同子网之间的连接,通过路由器可将各个子网的逻辑连接串接起来。这样,端系统可以跨越多个子网来交换数据。

这种互连模式基于 X.25 的面向连接服务,并将 X.25 分组层协议作为统一的网络层协议。不同子网的网络层协议通过路由器进行交换,使网间服务功能逐段协调到这个统一的服务层次上。这种方法也称为协议变换法或逐跳法(Hop by Hop)。面向连接的互连模型如图6-26 所示。

2. 无连接的互连模式

无连接的互连模式对应于分组交换网的数据报方式。在这种互连模式中,每个数据分组将通过一系列的路由器从源端系统被传送到目的端系统,并且路由器对每个数据分组单独地选择路由。因此,不同的数据分组可能经历不同的传输路径。

在这种互连模式中,互连子网中的各个端系统与路由器都必须使用相同的网络层协议,即 IP 协议,用以提供统一的、无连接的网络层服务,以支持端到端的数据报传送。由于 IP 协议对子网要求不高,被广泛应用于目前的网络互连系统中,TCP/IP 协议体系就是最典型的例子。基于 IP 协议的互连模型如图 6-27 所示。

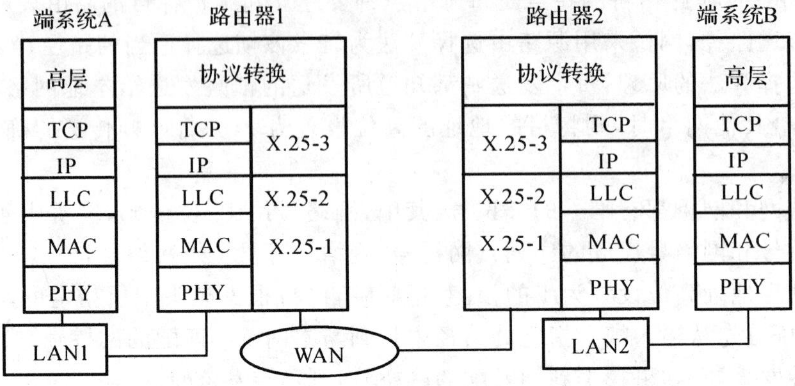

图 6－26　面向连接的网络互连模型

这两种互连模式各有利弊，面向连接的互连模式的优点是可以充分利用各个子网的服务功能和质量保证机制，简化了传送控制，传输质量高；缺点是寻址开销大，路由不灵活。无连接的互连模式的优点是全局寻址，独立路由，网络鲁棒性高，实现技术简单；缺点是只能提供无连接方式的传输服务，传输质量必须由端系统传输层来保证，增加了端系统的负担。

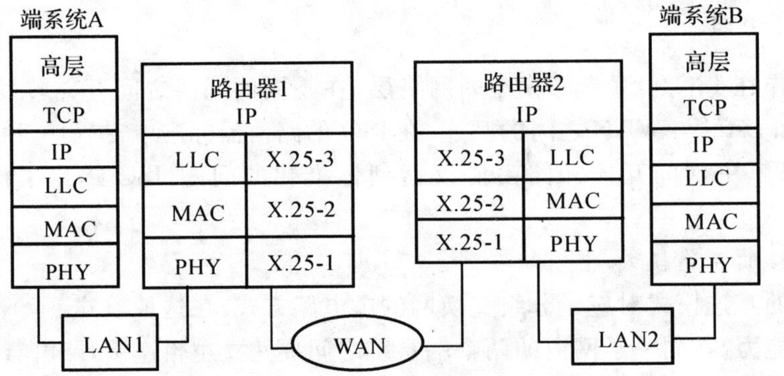

图 6－27　基于 IP 协议的网络互连模型

6.5.4　网关

在传输层及以上的层次上实现网络互连的设备称为网关(Gateway)。网关的基本功能是互连不同的协议框架，即实现不同网络协议之间的转换，如图 6－28 所示。显然，网关是互连设备中最为复杂的设备。网间互连的复杂性来自于互连网络间传输的帧、分组、报文格式及控制协议的差异，以及差错控制算法、各种计数器参数及服务类别的不同等。

网关的管理设施应包括活动的会话数量及每个会话支持的交通量，失败的会话数量及建立连接期间总的会话数、每条链路的容量及每条链路的失败记录、网关状态、可获得的链路的描述、缺省及活动的内部配置参数等。

网关的主要技术参数是 LAN 和 WAN 接口的类型与数量、并发会话数、管理接口及特定应用程序的数量。

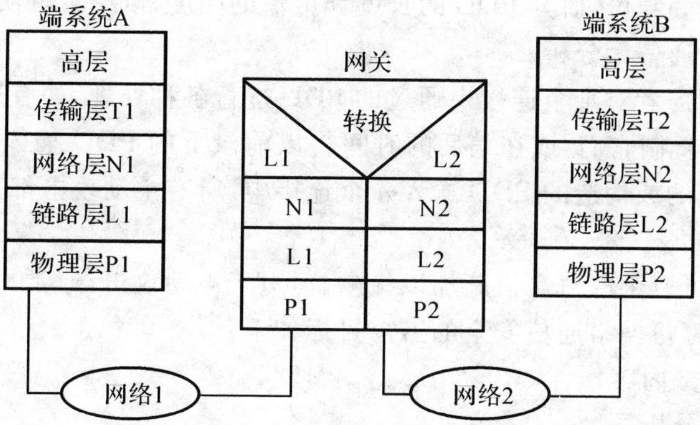

图 6-28　基于网关的网络互连模型

网关是典型的通信服务器，其作用是使两个或多个不同的网络之间相互通信，"不同"意味着传输协议和物理网络都不一样。由于网关大都涉及专有系统，故目前还没有出台关于网关的标准。

网关的特性主要是执行互连网络间协议的转换实现异构型网络互连；执行报文存储转发功能及流量控制；提供虚电路接口及响应的服务；支持应用层互通及互连网络间的网络管理功能。

随着用户对网络高带宽需求的不断增长，网络技术朝着高速、宽带的方向发展，同时也对网络互连产品提出更高的要求。传统的路由技术正受交换技术的挑战，交换技术不仅改善了互连网络的性能，而且通过虚拟网络技术来大大加强网络管理。

6.6　计算机网络的安全与管理

随着计算机网络广泛应用于政治、军事、经济和科学技术的各个领域，网络中的安全问题也日趋严重。当网络的用户来自社会各个阶层与部门时，大量在网络中存储和传输的数据就需要保护。本节对计算机网络安全问题的基本内容进行初步的讨论。

6.6.1　网络安全概述

1. 计算机网络面临的安全性威胁

计算机网络上的通信面临以下四种威胁：

(1) 截获(Interception)。攻击者从网络上窃听他人的通信内容。

(2) 中断(Interruption)。攻击者有意中断他人在网络上的通信。

(3) 篡改(Modification)。攻击者故意篡改网络上传送的报文。

(4) 伪造(Fabrication)。攻击者伪造信息在网络上传送。

上述四种威胁可划分为两大类，即被动攻击和主动攻击。在上述情况中，截获信息的攻击称为被动攻击，而更改信息和拒绝用户使用资源的攻击称为主动攻击。

在被动攻击中，攻击者只是观察通过某一个协议数据单元 PDU 而不干扰信息流。即使这些数据对攻击者来说是不易理解的，他也可通过观察 PDU 的协议控制信息部分，了解正在通信的协议实体的地址和身份，研究PDU的长度和传输的频度，以便了解所交换的数据的性质。这种被动攻击又称为通信量分析。

主动攻击是指攻击者对某个连接中通过的PDU进行各种处理。如有选择地更改、删除、延迟这些PDU、记录和复制它们。或在稍后的时间将以前录下的PDU插入这个连接(即重放攻击)。甚至还可将合成的或伪造的PDU送入一个连接中。所有主动攻击都是上述各种方法的某种组合。

对于主动攻击，可以采取适当措施加以检测。但对于被动攻击，通常是检测不出来的。根据这些特点，可得出计算机网络通信安全的五个目标如下：

(1) 防止析出报文内容；

(2) 防止信息量分析；

(3) 检测更改报文流；

(4) 检测拒绝报文服务；

(5) 检测伪造初始化连接。

对付被动攻击可采取各种数据加密技术，而对付主动攻击，则需将加密技术与适当的鉴别技术相结合。

还有一种特殊的主动攻击就是恶意程序(Rogue Program) 的攻击。恶意程序种类繁多，对网络安全威胁较大的主要有以下几种：

(1) 计算机病毒(Computer Virus)，一种会“传染”其他程序的程序，“传染”是通过修改其他程序来把自身或其变种复制进去完成的。

(2) 计算机蠕虫(Computer Worm)，一种通过网络的通信功能将自身从一个节点发送到另一个节点并启动运行的程序。

(3) 特洛伊木马(Trojan Horse)，一种程序，它执行的功能超出所有声称正常的功能。如一个编译程序除了执行编译任务以外，还把用户的源程序偷偷地拷贝下来，则这种编译程序就是一种特洛伊木马。计算机病毒有时也以特洛伊木马的形式出现。

(4) 逻辑炸弹(Logic Bomb)，一种当运行环境满足某种特定条件时执行其他特殊功能的程序。如一个编辑程序，平时运行得很好，但当系统时间为13日又为星期五时，它会删去系统中所有的文件，这种程序就是一种逻辑炸弹。

2. 计算机网络安全的内容

由上可知，计算机网络安全主要有以下一些内容：

(1) 保密性。为用户提供安全可靠的保密通信是计算机网络安全最为重要的内容。尽管计算机网络安全不仅仅局限于保密性，但不能提供保密性的网络肯定是不安全的。网络的保密性机制除为用户提供保密通信外，也是其他安全机制的基础。例如，存取控制中登录口令的设计、安全通信协议的设计及数字签名的设计等，都离不开密码机制。

(2) 安全协议的设计。人们一直希望能设计出安全的计算机网络。目前在安全协议的设计方面，主要是对具体的攻击(如假冒) 设计安全的通信协议，但必须保证所设计的协议是安全的。但一般意义上的协议安全性也是不可判定的，只能针对某种特定类型的攻击来讨论其安全性。

(3) 存取控制。存取控制 (Access Control) 也叫访问控制。必须对接入网络的权限加以控制，并规定每个用户的接入权限。由于网络是个非常复杂的系统，其存取控制机制比操作系统的存取控制机制更复杂。

所有上述计算机网络安全的内容都与密码技术紧密相关。如在保密通信中，要用加密算法来对信息进行加密，以对抗可能的窃听。安全协议中的一个重要内容就是要论证协议的安全性取决于加密算法的强度。在存取控制系统的设计中，也要用到加密技术。

3. 一般的数据加密模型

一般的数据加密模型如图 6－29 所示。明文 X 用加密算法 E 和加密密钥 K 得到密文 $Y = E_K(X)$。在传送过程中可能出现密文截取者。到了收端，利用解密算法 D 和解密密钥 K，解出明文为 $D_K(Y) = D_K(E_K(X)) = X$。截取者又称为攻击者，或入侵者。在这里假定加密密钥和解密密钥都是一样的。但实际上它们可以是不一样的（必然有某种相关性）。密钥通常由一个密钥源提供。当密钥需要向远地传送时，一定要通过另一个安全信道。

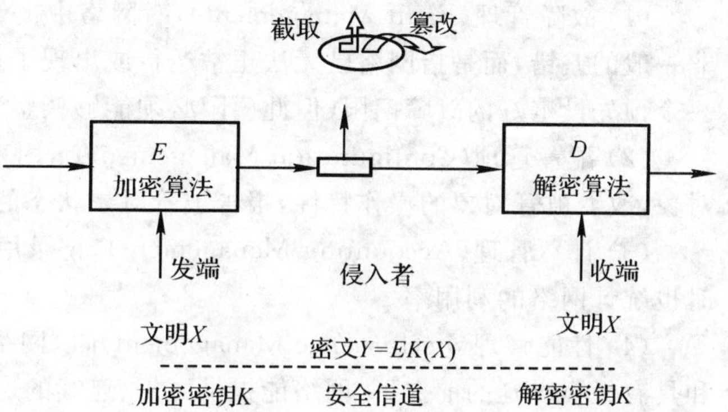

图 6－29　一般的数据加密模型

密码学是由密码编码学和密码分析学两部分组成的。密码编码学研究密码体制的设计，而密码分析学则是在未知密码的情况下从密文推出明文或密钥的技术。

如果不论截取者获得了多少密文，但在密文中都没有足够的信息来唯一地确定出对应的明文，则这一密码体制称为无条件安全的，或称为理论上是不可破的。在无任何限制的条件下，目前几乎所有实用的密码体制都是可破的。因此，人们关心的是要研制出在计算机上而不是在理论上是不可破的密码体制。如果一个密码体制中的密码不能被可以使用的计算资源破译，则这一密码体制称为在计算机上是安全的。

6.6.2　网络管理概述

1. 网络管理的功能

由于计算机和通信技术的飞速发展，刺激和促进了网络管理技术的发展。现在，一个有效的和实用的网络一刻也离不开网络管理。网络管理技术已成为重要的前沿技术。

目前还没有对网络管理的精确定义。例如，对公用数据交换网，网络管理往往指实时网络监控，以便在不利的条件下（如过载、故障）使网络的性能仍能达到最佳。又如，狭义的网络管理仅仅是指网络的通信量（Traffic）的管理，而广义的网络管理则是指网络的系统管理。

网络管理（Network Management）的功能可概括为OAM&P，即网络的运行（Operation）、处理（Administration）、维护（Maintenance）、服务提供（Provisioning）等所需要的各种活动。有时也只考虑前三种，即把网络管理的功能归结为 OAM。

“运行”包括网络的计费和通信量管理。

“处理”则包括从收集和分析设备利用率、通信量以及设备利用率等数据，直到做出相应的控制，以优化网络资源的使用效率等各个方面。

“维护”包括报警和性能监控、测试和故障修复等。

“服务提供”包括向用户提供新业务和通过增加网络设备和设施来提高网络性能。

实际上，网络管理的范围还可以扩大到网络中通信活动与资源的规划(planning)和组织。因为如果某个网络不能很好地规划和组织，那就根本谈不上对它的监测、计费和控制。

2. 网络管理的五个功能域

ITU－T在网络管理方面紧密地和ISO合作，制定了X.700系列建议书。在OSI网络管理标准中，将网络管理分为系统管理(管理整个OSI系统)、层管理(只管理某一个层次)和层操作(只对一个层次中管理通信的一个实例进行管理)。在系统管理中，提出了管理的五个功能域(其中前两个功能是最基本的)：

(1) 故障管理(Fault Management)，对网络中被管对象故障的检测、定位和排除。故障并非一般的差错，而是指网络已无法正常运行或出现了过多的差错。网络中的每个设备都必须有一个预先设定好的故障门限(但此门限必须能够调整)，以便确定是否出了故障。

(2) 配置管理(Configuration Management)，用来定义、识别、初始化、监控网络中的被管对象，改变被管对象的操作特性，报告被管对象状态的变化。

(3) 计费管理(Accounting Management)，记录用户使用网络资源的情况并核收费用，同时也统计网络的利用率。

(4) 性能管理(Perfornance Management)，以网络性能为准则，保证在使用最少网络资源和具有最小时延的前提下，网络能提供可靠、连续的通信能力。

(5) 安全管理(Security Management)，保证网络不被非法使用。

这五个管理功能域简称为FCAPS，基本上覆盖了整个网络管理的范围。但传统电信网的管理功能一般常用OAM&P或OAM来描述。实际上，这种表述方法和OSI的五个管理功能域差不多，只不过考虑的角度不一样而已。

3. 简单网络管理协议SNMP概述

若要管理某个对象，就必然会给该对象添加一些软件或硬件，但这种“添加”必须对原有对象的影响尽量小些。

简单网络管理协议(Simple Network Management Protocol)正是按照这样的基本原理来设计的。

OSI虽然已经制定出许多网络管理标准，但当时却并没有符合OSI网络管理标准的产品，到现在也很少。在这种情况下，因特网在1990年制定出网络管理标准SNMP，使SNMP很快变成了事实上的计算机网络管理标准。

SNMP最重要的指导思想就是要尽可能简单，以便缩短研制周期。SNMP的基本功能包括监视网络性能、检测分析网络差错和配置网络设备等。在网络正常工作时，SNMP可实现统计、配制、测试等功能。当网络出故障时，可实现各种差错检测和恢复功能。虽然SNMP是在TCP/IP基础上的网络管理协议，但也可扩展到其他类型的网络设备上。

使用SNMP时，整个系统必须有一个管理站(Management Station)，即网控中心。在管理站上运行管理进程。在每一个被管对象中一定要有代理进程。管理进程和代理进程利用SNMP报文进行通信，而SNMP报文又使用UDP来传送。

第7章 防空作战指挥

对部队和武器装备进行指挥与控制是指挥自动化系统的主要任务。指挥自动化系统所进行的信息获取、处理和传递等工作，最终目的都是为了实现对部队的指挥与控制。作战指挥是军队指挥的重要组成部分，指挥决策是作战指挥的核心内容。本章在介绍作战指挥与指挥决策等概念的基础上，着重介绍了防空作战指挥决策中的威胁估计与目标分配问题，最后对实现决策科学化的辅助工具——决策支持系统——进行了介绍。关于武器控制的问题，将在第8章介绍。

7.1 作战指挥

7.1.1 作战指挥的基本概念

1. 作战指挥的定义

作战指挥是军队指挥的重要组成部分。军队指挥是指军队指挥员及其指挥机关对所属部队的作战和其他行动的组织领导活动。

对军队作战行动的指挥简称为战指挥，即作战指挥，是指军队指挥员及其指挥机关对所属部队的作战行动的组织领导活动。作战指挥可以从多个角度进行分类，按作战任务和规模分为战略指挥、战役指挥、战斗指挥；按作战空间和类型分为地面作战指挥、海上作战指挥、空中作战指挥和空降作战指挥、登陆作战指挥、抗登陆作战指挥等；按军种、兵种分为陆军作战指挥、海军作战指挥、空军作战指挥、战略导弹部队作战指挥、炮兵作战指挥、坦克兵作战指挥、防空兵作战指挥，以及执行合同作战任务时的合成军队作战指挥等。

对军队其他行动的指挥，主要是组织指挥所属部队的战备行动、训练演习、抢险救灾及执行临时受领的任务等。

军队指挥的根本目的在于统一意志，统一行动，最大限度地提高和发挥部队战斗力，夺取作战胜利。军队指挥的正确与否，直接关系到作战的成败和任务的完成。

2. 作战指挥的特点

作战指挥是指挥者为达成一定作战目的，对部队作战行动进行的运筹决策、计划组织、协调控制活动，可从三个方面对其进行理解。

其一，作战指挥的主体是指挥员及其指挥机关；作战指挥的客体是下级指挥员及其所属部队。

其二，作战指挥是一种主动的有目的的统御行为，其直接目的是提高部队整体效能，其间接目的是夺取作战胜利。指挥者通过巧妙地调动部队，周密地组织协同，灵活地运用战法，不间断地实施调控，使部队统一思想，统一行动，最大限度地发挥战斗力，将指挥者的意图变为现实。

其三，作战指挥是一个过程，由一系列活动组成。指挥者的活动贯穿在作战活动各个阶段、各个环节之中。决策的制定、实现和作战行动的有序进行，有赖于指挥者不间断地协调与控制。

作战指挥是在情况紧急、充满危险、敌对双方激烈对抗的条件下进行的。它具有区别于一般组织领导活动的特点，概括起来主要是：

(1) 对抗性。对抗性是由于作战目的坚决性和指挥活动的针对性决定的。其表现在两个方面：一是在作战指挥中，敌对双方的指挥者都力求最大限度地消灭对方、最有效地保存自己，指挥活动始终在激烈的对抗中进行。二是在作战指挥过程中，双方的指挥都以对方作为自己行动的根据，此方的行动必然引起彼方的反行动，而彼方的反行动又必然引起此方的再行动，每一次较量都具有鲜明的针对性和强烈的对抗性，并使双方的力量发生此消彼长的互逆变化。

(2) 强制性。强制性特征表现在两个方面：其一，指挥者对下属的指挥多以强制手段——命令、指示——的形式来完成，指挥者与被指挥者表现为命令与服从的关系。指挥者利用自己的职权和威信，通过指令来约束指挥对象的行动。其二，作战命令、指示的内容具有极大的权威性和强制性，受命者必须坚决贯彻，绝对服从，不得讨价还价，更不得违抗命令、擅自行动。强制性是军队职能与执行作战任务的特殊需要所决定的，是确保部队在险恶严酷的环境中完成任务的需要，是统一作战目的、意志、行动的需要。

(3) 风险性。作战行动的突然性和不确定性决定着作战指挥存在特有的风险性。作战中一切行动追求的都是可能的结果而不是肯定的结局。指挥员做出的每一个决定，都要冒一定的风险。指挥失利甚至失败的风险和责任比其他活动都大。

(4) 诡诈性。"兵以诈立"，古今如此。以计制敌、以谋取胜是作战指挥的明显特征。作战不仅是双方人力、物力的较量，同时也是双方智谋的较量。高超的指挥艺术，本身就包含着诡诈。成功的指挥活动，与诡诈密不可分。战场上虚虚实实，真真假假，历来是作战双方的惯用手法。

(5) 时效性。"时间就是军队"。时效性是作战指挥区别于其他组织领导活动的重要特征。高技术条件下，作战力量的流动性进一步增大，作战节奏明显加快，战场信息量急剧膨胀，作战准备时间缩短，对作战指挥时效性要求更高。强化时效观念，科学计算和合理分配作战时间，改进作战指挥手段、方法，以准确的判断、果断的决策，提高作战指挥的时效性，是争取指挥主动权的有效途径。

3. 作战指挥的要素

构成作战指挥必不可少的条件称为作战指挥要素。作战指挥要素的含义是：必须与作战指挥活动直接关联，而不是通过其他因素的传递同指挥活动发生联系；每一要素都必须是不可缺少的，缺少则指挥活动不能进行；全部要素必须能保持指挥活动的最低运行水平。通常分为：

(1) 指挥者。在现代条件下，指挥者是包括指挥员及其指挥机关成员在内的指挥群体。指挥者是作战指挥的主体。指挥者的主要活动包括运筹、决策、计划、组织、协调、控制等。按职权对被指挥者下达命令、指示，实施作战指挥活动。

指挥员是指挥群体的核心。指挥机关是指挥员的智囊和助手，指挥机关的一切活动，都是为了实现指挥员的意图。由于现代条件下的作战指挥日益复杂，指挥员对指挥机关的依赖性越来越大。没有精干高效的指挥机关，指挥活动就不能有效进行。

除最高统帅外，指挥者同时又是被指挥者，具有指挥者与被指挥者的双重性质。指挥者在作战指挥系统中起决定作用，其组织结构和素质制约着作战指挥效能的发挥。

(2) 被指挥者。被指挥者又称为指挥对象，是相对于指挥者而言的。被指挥者是命令、指示、计划的执行者和传递者。作战指挥的层次性，决定了除士兵以外的被指挥者也有指挥对象。士兵是最基础的指挥对象，任何级别的指挥最终都要落实到士兵的行动上，一切行动计划，最终要靠士兵去完成。指挥者通过下级指挥员及指挥机关完成对士兵的指挥。

被指挥者直接对指挥者负责，接受并具体执行指挥者的指示、命令，同时对自己的指挥对象实施指挥。

指挥者与被指挥者是作战指挥的两个基本要素，二者互为作用，缺一不可。

(3) 指挥工具。指挥工具是指沟通指挥者与被指挥者之间联系的手段，包括通信工具及侦察、计算、办公等方面的设备和技术器材等。指挥工具的性能对指挥效能具有重大影响。指挥工具的质量是指挥手段发展的重要标志。以电子计算机为核心的指挥自动化系统以及现代化运输工具的出现和使用，为提高作战指挥效能奠定了物质基础。

(4) 指挥信息。作战指挥信息是指与作战指挥有关的各种情况和资料，包括敌军情报、上级命令和指示、本级决心、友邻情况、地形天候资料、战场态势、作战进程报告等。作战指挥是通过信息的转换和传递来实现的，信息是维持指挥活动进行的必备条件。离开指挥信息，指挥活动便不能启动与运行。随着武器技术装备的发展，指挥信息的内容及发送、传递、接收方式等不断变化。高技术条件下作战，指挥信息在作战指挥活动中的地位、作用日趋突出。提高指挥信息数量、质量及传递速度，保持信息优势，成为提高作战指挥效能、赢得作战胜利的重要条件。

以上诸要素构成了作战指挥的基础。其中指挥者与被指挥者构成指挥关系的主体与客体，指挥工具是沟通指挥者与被指挥者的中介，指挥信息是指挥活动的基础。

4. 作战指挥的原则

作战指挥原则，是指挥者从事作战指挥活动的基本行为准则，是保障指挥活动的正确性和有效性对指挥者提出的要求。作战指挥原则是依据作战指挥规律，结合军队作战指挥的实际需要而制定的。指挥员及其指挥机关对所属部队作战行动的指挥，必须遵循从指挥实践中总结出来的指挥规律及体现指挥规律的指挥原则。军队指挥规律是指挥诸要素之间的、内在的、本质的、必然的联系。不同国家、不同时代的军队体现指挥规律的指挥原则不尽相同，但许多原则有其通用性。军队指挥的一般原则：

(1) 知彼知己，使主观指导符合客观实际。采取各种手段，查明敌人兵力部署、行动企图、作战特点，特别是敌人可能使用核、化学、生物武器的情况，查明战场的地形和气象、水文等情况，全面了解己方部队的情况，及时掌握情况的发展变化，做到全局在胸，使作战指挥始终建立在客观实际的基础上。

(2) 正确定下决心，周密组织计划。对侦察得来的材料进行去粗取精、去伪存真、由此及彼、由表及里的科学分析，将己方情况加进去，研究双方的对比及相互关系，从而构成判断，定下决心，做出计划。现代条件下作战，情况变化快，伤亡消耗大，要立足于最困难最复杂的情况，预想作战行动可能的发展变化，拟定多种方案。当情况发生重大变化时，适时定下新的决心，修改或重新拟定计划，使作战行动适合新的情况。

(3) 统筹全局，抓住关键。指挥员在任何情况下，都要把全局利益放在首位，把注意力放在对全局有决定意义的关键部分上，抓住战略枢纽去部署战役，抓住战役枢纽去部署战斗。

(4) 集中统一指挥，积极果断行事。指挥员对作战行动要负全责。对作战任务、主要方向、兵力编成、基本部署、作战协同、完成准备的时限、开始行动的时间等重大问题，要根据上级的意图、命令、指示和要求做出统一计划，并对参战各军种、兵种部队实行集中统一指挥。下级要坚决执行上级命令，严格遵守纪律，准确遵守时间，按统一计划行动，坚决完成上级赋予的任务。当情况发生急剧变化、指挥中断时，下级指挥员应根据总的作战意图和当时情况，积极果断行事，充分发挥主动性、积极性、创造性，临机果断处置，事后向上级报告。

(5) 坚定、迅速、不间断指挥。决心定下后，应采取各种方法，准确、迅速、简明地传达给部队，保证部队有充分的准备时间。指挥中，不为表面现象所迷惑，不为局部情况变化所影响，不为困难所动摇，不为有碍于全局的建议所干扰，坚决贯彻既定决心，特别是在斗争残酷、任务艰巨、伤亡损失大的情况下，更应坚定沉着，克服困难，指挥部队完成作战任务。

(6) 力争主动，力避被动。为了争取主动，必须及时掌握战场情况的发展变化，判明敌人的计谋和行动企图，采取相应的应变措施，敌变我变，以己之长击敌之短，限制敌人的行动自由。利用敌人的错觉和失误，采取各种有效手段出其不意地打击敌人，置敌于被动地位，取得驾驭战争的主动权。

(7) 灵活使用兵力，巧妙运用战法。指挥员要善于掌握时机、地点、部队三个环节，审时度势，及时地实施分散、集中和转移兵力。采取各种措施，迷惑敌人，有计划地造成敌人的错觉，出其不意地打击敌人。依据战场情况的发展变化及地形特点，按总的意图，机智灵活地运用各种战法。

(8) 周密组织协同，全面实施保障。依据统一的计划，周密组织各军种、兵种部队之间的协同，按照任务、时间、地点、方向协调一致地行动。及时采取措施，调整和恢复遭到破坏的协同关系。

(9) 充分准备，不打无把握之仗。每战都要做好充分的精神准备和物质准备。现代条件下，特别要有预见地做好高技术条件下的作战准备，力求在敌我力量对比有胜利把握的情况下打败敌人。指挥员和指挥机关，根据不同情况和部队任务，科学地计算时间，抓住重点，加强对部队的具体指导。

(10) 充分发挥指挥机关特别是司令部的作用，提高指挥效能。司令部的中心任务是保障指挥员适时定下正确决心和实现其决心。现代条件下作战，大量组织指挥工作要通过司令部去完成。指挥员要加强对司令部的领导，关心其建设，使之成为具有头脑作用、组织健全、分工科学、精通业务、忠于职守，能够组织指挥诸军种、兵种协同作战的指挥机关，并及时将作战意图告知司令部，充分发挥其作用。

7.1.2 防空作战指挥

1. 防空兵作战指挥的定义

防空兵作战指挥是指防空兵指挥员及其指挥机关对所属部队作战行动的组织领导活动。其目的是最大限度地发挥防空兵部队的战斗力，夺取对空作战的胜利。防空兵作战指挥按任务和规模分为战役行动中的防空兵指挥和战斗行动中的防空兵指挥。

战役行动中的防空兵指挥，由防空兵部队指挥员和指挥机关根据战役军团指挥员的决心、战役部署、敌方航空兵活动情况，对所属防空兵部队进行任务区分、战斗编组，赋予掩护任务，拟制对空掩护计划，组织对空侦察、空情报知，组织防空兵与其他兵种的协同和作战保障，适时调整兵力部署。战斗行动中的防空兵指挥，由防空兵部队、分队指挥员和指挥机关根据上级意图、敌情和地形等情况，确定战斗队形，组织部队、分队间的协同动作和各种保障，督促检查并按时完成战斗准备，实施射击指挥，组织战斗队形转移，每次战斗后做好再战的准备工作。

2. 防空兵作战指挥的方式

防空兵作战指挥分为集中指挥和分散指挥。在兵力使用方面，通常由战役军团指挥员和防空兵部队指挥员实施集中指挥，统一部署防空兵力，形成指挥控制、侦察报知、对空火力以及其他防御手段相结合的防空体系，以便有效地抗击敌航空兵器的袭击。在射击指挥方面，则由防空兵分队指挥员实施分散指挥，以适应突然出现、复杂多变的空中情况，不失时机地打击来袭航空兵器，保障被掩护目标的空中安全。

3. 防空兵作战指挥的基本要求

(1) 从协同战役、战斗的整体利益出发，各级指挥员须把注意力放在对全局有决定意义的关键部位上。如掩护重点的选定，兵力部署，射击目标的选择，火力运用，对核、化学、生物武器的防护等。

(2) 了解和掌握敌航空兵的编制、装备、机场位置、活动规律和攻击手段等，正确部署兵力。

(3) 巧妙运用直接掩护、区域掩护和机动作战以及要点掩护、跟进掩护、伴随掩护和建立对空掩护走廊等方法，争取对空作战的主动权。

(4) 利用各种渠道和现代化装备器材，及时获取和筛选空中情报，迅速、准确判断情况，果断定下决心，适时下达任务。

(5) 建立适应作战需要的指挥机构，采取恰当的指挥方式，对防空兵部队、分队实施有效的指挥。

防空兵作战指挥源于高射炮兵作战指挥。第一次世界大战期间，高射炮兵以连或队编制在炮兵营内，独立执行作战任务，其作战指挥从属于炮兵指挥体系，由高射炮兵连指挥员具体实施。第二次世界大战期间，高射炮兵的作战指挥主要由临时编成的高射炮兵群或独立执行作战任务的高射炮兵营指挥员组织实施。20世纪50年代以后，各国相继组建了地空导弹部队，防空兵作战指挥逐步形成了由合成军队指挥机构统一组织防空兵部队、分队指挥员和指挥机关实施的战斗指挥，并逐步使用半自动化和自动化指挥设备，形成了比较完善的指挥体系。20世纪70年代以后，在防空作战指挥中广泛使用指挥自动化系统，提高了指挥效能。

7.2　指挥决策

指挥决策是对指挥活动作出科学的决定。具体地说，是对指挥活动的方向、目标、原则和方法等做出决定。就作战指挥而言，决策就是指挥者对作战目标、力量、方法及保障进行筹划与决断的思维过程。它是作战指挥活动的核心内容，决策正确与否，对作战进程和结局具有重大影响。

7.2.1　指挥决策的内容

指挥决策的内容，即指挥员在决策中所要回答的问题。决策所要回答的问题很多，不同的作战类型、样式，执行不同的作战任务，决策的具体内容是各不相同的。但是，通过对若干次作战指挥中的决策内容加以抽象，就不难发现，无论何种作战，其决策的内容都不外乎四个方面，即作战目标、使用的力量、作战方法及各种保障。

1. 作战目标

作战目标有广义与狭义之分，此处所说的是广义的作战目标，即作战要实现的企图，或者说作战期望达到的结果。作战目标是决策者首先要解决的问题，因为它决定着兵力的使用、战法的运用等其他各个方面的内容。作战目标不确定，兵力的使用、战法的运用就无法确定。作战目标是个具有层次结构的体系，包括总目标与分目标、当前目标与尔后目标等。

2. 使用的力量

这里所说的力量，主要指作战部队和各种保障部(分)队，并包括武器装备和作战物资。指挥者在决策时，必须回答三个方面的问题：一是使用力量的规模，即使用多大的力量；二是使用哪些力量；三是力量如何组合。为了留有后劲，还要考虑控制多大的预备力量。使用力量的规模取决于作战目标。作战目标有高低、大小之分，目标不同，使用力量的规模也不一样。使用力量的种类主要根据任务的性质和部队的编制、装备、训练水平和作战特点来决定，它要回答使用哪些军种、兵种部队。

力量组合主要考虑四个方面的问题：一是针对特定的作战任务。比如，要完成空降作战任务，就要运用运输航空兵和空降兵；要完成火力封锁作战任务，就要使用航空兵、炮兵和导弹部队。二是着眼于优势互补，发挥不同专业部队和不同兵器的特长，使作战系统发挥出最大的整体力量。三是要突出高技术兵器的作用，形成质量优势。四是要符合控制规律，保持适当的指挥跨度。

3. 作战方法

作战方法是决策必须回答的重要内容。作战方法的选择是否得当，对作战的效果影响很大。要想充分发挥作战力量的效能，以小的代价完成作战任务，必须讲究作战方法的选择与运用。

作战方法主要是指战法，但它又不限于战法范畴，内容十分丰富。指挥者在确定作战方法时，要着眼以下几点：利于实现作战目标；利于以劣胜优；利于充分发挥自己的作战潜能；利于改变敌对双方之间的“力量差”、“时间差”、“空间差”。

4. 保障措施

作战行动的保障，对于作战的顺利进行十分重要。保障可分为作战保障、后勤保障、技术保障，其中作战保障又包括侦察保障、通信保障、火力保障、工程保障、防化保障、警戒保障、运动保障等。

7.2.2 指挥决策的程序

指挥决策是一个过程，具有内在的程序性。决策者只有按照科学的决策程序进行，才能使决策活动有条不紊地进行，从而提高决策的时效和质量。决策程序由以下四个步骤组成。

1. 确定决策目标

决策目标不同于作战目标。它是指挥者在作出决策时的基本着眼点，是评价决策优劣的宏观标准。对一个决策做出评价，可以有多个标准。以进攻作战为例，从歼灭敌人数量的角度，可以做出这样的评价，从恢复失地的角度，又可以做出那样的评价。以歼灭敌人数量为决策着眼点，还是以恢复失地为决策着眼点，直接影响到决策方案的提出和最后的决断。如果不首先把决策目标确定下来，决策就没有正确的方向。所以，决策目标是决策时必须首先加以确定的。

由于作战指挥所要考虑的因素很多，既要考虑到对敌人的打击，又要考虑到自己的伤亡，还要考虑到尔后的战场态势，甚至考虑到对政治、外交的影响。因此，决策目标可以是一个，也可以是多个。前者为单目标决策，后者为多目标决策。

2. 拟定各种被选方案

拟定方案主要是寻找达到目标的有效途径。拟定方案的原则有两条：

(1) 整体详尽性。整体详尽性是指所拟定的全部备选方案应当把所有可能方案无疑漏，即不要漏掉某些可能的方案。

(2) 相互排斥性。相互排斥性是指不同的备择方案之间相互排斥，执行了甲方案就不能同时执行乙方案。

拟定方案是在确定决策目标之后，根据预想的敌情和应采取的对策草拟而成的，它是对作战进程与打法的设想，是形成决心的蓝本。方案的内容主要是指作战目标、行动方法和保障等。其中作战目标的确定是重中之重，一定要慎之又慎，不可草率。为了正确地提出作战目标，决策者应注意以下几点：

(1) 由于作战目标具有从属性，所确定的目标一定要符合上级意图。众所周知，除了战略目标是由国家最高决策者确定外，战役作战目标，大都受上级总意图的制约，从而使战役作战目标带有从属性。因此，决策者在确定作战目标时，一定要弄清上级的作战意图，根据上级的作战意图，来确定本级的作战目标，做到局部服从全局。

(2) 由于作战目标具有明确的目的性，确定目标时一定要量力而行。特别是对付装备精良之敌，确定的目标不可过高。一般说来，所确定的作战目标应留有余地，以便有实现的把握。这对激励士气，树立信心，连战连捷，都大有益处。

(3) 由于作战目标具有显著的客观性，宜由环境确定目标。因为从政治环境中可以看出人心之向背；从经济环境中可以看出实力之强弱；从自然环境中可以看出天时地利之归属；所以，由环境确定目标，才便于从客观实际出发，少犯主观片面性的错误。

作战目标确定以后，力量的使用和行动的方法要综合考虑，最后再考虑保障措施。由于作战规模大小不一，决策方案的详简程度也不一样。归纳起来，主要有以下三种：

第一种是简要提出数个方案，每案只说明概略打法及主要理由，供决策者决断。

第二种比第一种详细得多，不仅提出几个方案，而且每案都说明战役的目的、兵力使用的重点方向或地区，主要战法与利弊条件，有时还说明在作战中遇到不同情况时的处置措施。

第三种形式的内容接近完整的作战方案，包括敌人的企图和可能的行动、已方作战目标和基本打法、各部队的任务与行动方式、主要保障措施、指挥组织等。

以上三种形式中，只要时间允许，应尽量使用第三种形式，即使决策方案的内容应尽量详细一些，以便对其进行分析评估。

3. 评估优选方案

备选方案形成以后，决策者要通过评估优选，从各种方案中选出一个较为理想的方案作为行动方案。

为了选出理想的决策方案，决策者要注意以下两点。

首先，要有衡量优劣的统一标准。好的方案，需具备五条标准：

(1) 成功率高。制约成功率的主要因素有四，即已方综合作战能力、敌方综合作战能力、地利条件、天时条件。一般说来，成功率与已方综合能力成正比，与敌方综合作战能力成反比。在敌我综合作战能力未变的情况下，我所占天时、地利的系数愈大，成功率愈高，反之愈低。在天时、地利系数不变的情况下，愈便于发挥我综合作战能力，愈便于抑制敌综合作战能力，成功率愈高，反之愈低。

(2) 作战效益好。作战效益通常与作战效能(已方作战潜能的发挥程度与效率)、作战中人财物的获取量成正比，而与人财物耗损量成反比。一般说来，在作战效能无法改变的情况下，战中耗费愈少、获取愈多的方案愈好；在获取量有限有情况下，作战效能愈高、耗费愈低的方案愈好；在耗费可以控制在一定数额内的情况下，作战效能与获取量愈大的方案愈好。

(3) 风险度小。作战方案风险度的大小，不仅与这个方案成功的把握性之大小有关，而且与作战中已方投入与所取之比值有关。一般说来，在投入相同的情况下，成功率愈高、获取量愈大的方案风险度愈小；在获取量与投入量比值不变的情况下，成功率愈高的方案风险度愈小；在成功率或获取量为零的情况下，表明此作战方案无意义，不应列入备选方案之列。

(4) 应变性强。关于应变性强弱的衡量方法，现在还没有找到一个科学的公式。不过从实践检验的结果看，哪个作战方案预想的敌情准确度愈高，对策愈缜密，对作战环境愈适应，它的应变性就愈强；反之，作战目标强度愈大，兵力使用的局限性愈大，弹性愈小，方案应变性就愈差。

(5) 实施难度低。作战方案实施难度的大小，是受多个因素制约的。实践证明，一个作战方案的目标期望值愈高，实现作战目标的能力愈弱，实施该案的难度就愈大，相比而言该方案也就愈差；一个作战方案的作战环境限制因素愈多、愈大，而改造这些作战环境的能力愈低，实现该作战方案的难度就愈大；同样，在某个作战方案中，敌方的作战潜能发挥得愈好，已方作战潜能发挥愈差，此方案实施难度也就愈大。

通过上述分析不难看出，评估方案优劣的诸项因素中，有的现在可以量化，有的将来可以量化，有的恐怕永远不能量化。可以量化与不可以量化的东西，是不可比的，因此，不能奢望立即找到一些公式，来求出成功率、作战效益、风险度、应变性、实施难度的大小来。但随着科学的发展，人们总会找到一些切实可行的方法来解决这些问题的。

其次，要采取多种优选方法。在明确了衡量诸方案好与坏的标准之后，应采取不同的衡量方法，综合分析比较，尔后决定对各种方案的取舍。常用的优选方法有以下几种：

(1) 经验识别法。该方法主要是采取直觉判断方式。决策者常以存储在自己记忆中的经验与教训，作为尺度，然后用它去衡量诸方案的优劣，决定取舍。这种方法来得快，不易贻误战机，但科学性差，有时难以冲破思维定势的束缚，易带主观随意性。

(2) 标准评估法。标准评估法是指将前面提及的五条优选标准尽量量化，使决策者有一定可比的参照值，然后将诸方案中的对应项，一一进行分析比较，并将比较的结果综合起来，根据综合标准利弊值的大小，将方诸案依次排队，分出优劣。此法虽然耗时，但能把定时、定性分析方法有机地结合起来，使优选的结果更准确、可信。

(3) 计算机模拟法。该方法是指通过计算机模拟来判别诸方案的优劣，常用方法有三种：其一是对抗比较法。即将诸方案中敌对双方可能采取的行动和对策，按作战的程序输入到计算机中，尔后进行机上对抗，根据对抗的结果，比较各个作战方案的好坏。这是计算机模拟的最理想方法。但由于敌对双方有许多难以量化的因素，加上软件程序编制与建模也有许多技术难题尚未解决，使得此法的研究、开发和实际应用，都需要一定的时间。其二是对应项比较法。即将诸作战方案的对应项尽量量化，并将量化的诸项一一对应，尔后通过计算、分析、比较、择优汰劣，评出最佳方案。其三是人 — 机结合评估法。即将诸作战方案中可以量化的项，先逐一对应，由计算机分析比较。不能量化且计算机也不能分析比较的诸项，则由决策者定性分析。尔后，将计算机模拟结果和人工分析结果合并，逐案进行综合分析比较，权衡优劣，选出最佳方案。

4. 方案执行

在各种被选方案按优劣排好顺序后，决策者应进行最后决断，决定哪一方案为首选方案，哪一方案为备用方案。在通常情况下，最佳方案都应为首选方案。但在战场透明度愈来愈高的情况下，往往已方所选的最佳方案，正是对方已有准备的方案。此时就不应抱着最佳方案不放，而应坚决舍弃最佳方案，把良好方案或可行方案作为首选方案。

选定要执行的方案后，就要实施该方案，这是决策程序的最终阶段。在实施的过程中可能会发生偏离目标的情况。因此，加强反馈工作，要有一套追踪检查的办法，即：① 制定规章制度；② 用规章制度来衡量执行情况；③ 随时纠正偏差。

7.2.3　防空作战指挥决策

1. 防空作战指挥中的决策活动

防空的任务是防备、抵御敌方的空中入侵，保障国家要地、军队和重要物体的对空安全。防空作战使用的武器系统主要包括歼击机、地空导弹、高射炮等，这些防空武器系统主要用来拦截各种航空器、导弹等空袭兵器。

随着科学技术的发展，特别是高技术的应用，各种空袭兵器的速度是越来越快、空袭密度越来越大、低空突防的高度越来越低；各种防空武器越来越复杂，控制难度越来越大。这些对防空作战指挥提出了更高的要求，要求指挥员实时地做出决策，并保证决策的科学性。为满足这一要求，必须借助计算机、人工智能等新技术，辅助指挥员进行决策。

要进行决策，首先应大量收集敌、我双方和环境等各种情报，对于防空作战指挥而言，最重要的是收集、处理各种雷达情报。雷达情报经过三次处理后，获得关于目标的综合航迹信息，这些信息通过通信系统被送到指挥中心。在指挥中心，指挥员根据综合的航迹信息和其他敌、我双方的情报，并借助计算机的辅助决策功能，完成目标识别、威胁估计、诸元计算、目标分配等任务。

目标识别的任务是对发现的空中目标进行敌我属性和机型的判别。目标识别的第一步常在雷达情报系统内进行，即在进行雷达信息处理的同时判明目标的属性，也可根据综合后的航迹信息对目标进行二次识别，主要是对一次识别中判为不明的目标进行识别。

威胁估计也称为威胁判断，其主要任务是查明或预测敌机可能攻击的目标，到达的时间，以及各批敌机威胁程度的高低，为合理的分配兵力、兵器提供基本的依据。

目标分配是对多批空中目标分别选择有效的防空兵器和数量进行拦截，形成最佳兵力、兵器的使用方案。在进行目标分配之前，还必须计算目标的飞行诸元和火力单元的射击诸元。计算机可根据目标的数量、威胁等级、飞行诸元，已方防空兵器的数量、配置、火力范围，对各种敌机的作战效能，以及指挥人员的预先决心，运用最优数学规划模或人工智能的专家系统模型，对作战信息进行处理，提供若干种兵力、兵器的分配方案，同时给出各种方案的拦截预案、拦截点和拦截时间，供指挥人员选定，或由计算机按规则自动选择最优方案。通过与武器系统的交链完成对武器的控制和由引导系统实现对截击机的引导。

2. 空袭兵器及空袭特点

空袭兵器可分为空宇突袭兵器和空气动力空袭兵器。空宇突袭兵器包括弹道导弹、宇航器、飞艇、气球等，用于摧毁军事、经济潜力目标，破坏指挥系统，夺取制空权；空气动力兵器包括轰炸机、攻击机、歼击机、反潜机、无人机和巡航导弹等。

(1) 轰炸机。轰炸机是专门用来对地面、水面（水下）目标实施轰炸的飞机。轰炸机分为重型战略轰炸机、中型战略轰炸机和轻型（战术）轰炸机。

重型战略轰炸机，航程远（达 18 000 km），能在高、中、低空活动，可载弹 30 余吨，配有可摧毁目标和防空系统的各种武器、侦察设备和电子战用的各种电子对抗设备，这种飞机主要用于核战争和局部战争。

中型战略轰炸机，依其活动半径大小，可摧毁 2 000 ～ 4 000 km 的目标。为增大航程，这种轰炸机可在空中进行补充加油。该型飞机有多种载弹方案，如：可载核弹、普通炸弹、空地导弹、施放积极干扰和消极干扰的装置。导航设备可保证轰炸机低空飞行。这种飞机用来执行核战争和局部战争的各项任务。

轻型（战术）轰炸机，装备的武器有普通炸弹、核弹、导弹、火箭弹，电子对抗设备和侦察仪器，用来攻击战役战术纵深内的目标。

(2) 攻击机。攻击机又称为强击机，主要是用于从低空、超低空突击的战术和接近战役纵深内的小型目标，直接支援地面部队（水面舰艇部队）作战的飞机。攻击机低空性能好，并配备较多的对地攻击武器。

现代随着航空科学技术的发展，歼击机也被赋予对地攻击的能力，有的歼击机则改装成为对空地两用的战斗机。此外，武装直升机在近距对地攻击中发挥越来越大的作用。

(3) 反潜机。反潜机主要用来搜索和攻击敌方的潜艇。这种飞机具有视野很好的观察窗，以便观察海面上潜艇的踪迹。岸基反潜机的最大起飞重量在 40 ～ 80 t 之间，它们一般以 600 ～ 900 km/h 的速度迅速到达作战海域，然后沿海面以低空、300 km/h 左右的低速进行巡航搜索，活动半径达数千米，留空时间一般都在 10 h 以上。

(4) 无人机。无人机是指由遥控设备或自备程序控制装置操纵的不载人的飞机，它用地面发射架和飞机均能发射。这种飞机可用来对防空体系的雷达施放无线电干扰，进行空中侦察以及对目标实施突击和制造复杂的空中情况。

(5) 巡航导弹。巡航导弹是指依靠喷气发动机的推力和弹翼的升力，主要以巡航速度在大气层内飞行的飞航式导弹。它可从车辆、飞机或潜艇上发射。巡航导弹飞行高度低，低空突防能力强；命中精度高，威力大；射程远，战略巡航导弹达到数千千米，战术巡航导弹也可达几十至数百千米。

20 世纪 70 年代以前，空袭对保卫目标的威胁还仅限于装载了机炮、炸弹、火箭弹的飞机，它们从中高空逼近，通过目视捕捉目标，因此不具备全天侯攻击的特点。作战时，飞机用机炮、炸弹、火箭弹俯冲瞄准目标。由于受武器射程的限制，作战时飞机不得不靠近被攻击的目标。

随着技术的进步，飞机速度越来越高，机载武器越来越先进，巡航导弹和战术弹道大量使用，当今及未来空袭威胁的主要特点如下：

(1) 远程奔袭、低空和超低空突袭。为了增加战争的突然性，进攻方往往使用远程轰炸机和空中加油的方法，进行远程奔袭；为了尽可能长时间避开防御方的探测，进攻者实施低空或超低空逼近，使防御方措手不及。

(2) 多批多方向空袭。随着空袭兵器性能的提高，采用全方位、全空域、大密度、高强度空袭作为空袭作战的一种典型形式。这种饱和型空袭，使防御方火力分散，增大指挥抗击难度，减少进攻方自身的损失。

(3) 使用精确制导武器进行远距离打击。空地导弹、巡航导弹和激光制导炸弹等精确制导武器在现代空袭中大量使用，成为空袭作战的主攻火力，实现了所谓“外科手术式”的精确打击，这些武器往往可以在防区外发射，进行远距离打击。

(4) 空袭与电子战相结合。空袭的同时伴随着电子战手段，如电子侦察与反侦察、电子干扰、电子隐身与电子摧毁等，另外，各种以削弱或摧毁防空武器及其指挥系统为作战目标的高技术兵器也被广泛采用。

3. 防空武器及其协同

防空使用的武器包括具有不同结构和火力的各种类型的歼击机、地对空导弹和高炮。

(1) 歼击机。歼击机主要用来歼灭空中敌机和飞航式空袭兵器，又称为战斗机。机上装备有空对空导弹和火炮，搜索空中目标、瞄准和控制武器的机载雷达系统，指挥和引导设备。在防空系统中，它主要用于击毁距保卫目标远的空袭目标。在这种情况下，歼击机可能以单机和编队进行活动。

歼击机射击空袭目标，需要地面指挥引导系统进行保障，即引导歼击机进入与空袭目标相遇。引导歼击机进入与空中目标相遇的必要条件是不间断地或间断地指挥歼击机的飞行，方法是给飞行员发出相应的指令，这些指令是根据有关歼击机和目标的实时位置及其相对运动的运动特性曲线的信息产生的。

歼击机为了有效地执行歼灭空中目标的战斗任务，它必须具有一系列性能，因而在设计和构造时对它提出某些战术、技术要求。战术要求包括战斗准备程度、飞行的速度和高度、机动性、航程和续航时间、起飞着陆性能，以及武器系统、设备、行动的自主性等；技术要求包括结构、发动机、部件和设备的强度、硬度、可靠性和寿命等。不同类型的歼击机其战术技术性能是不同的。

(2) 地空导弹武器系统。地空导弹武器系统是指地空导弹和保证射击诸元准备、发射，将导弹导向目标并杀伤目标的设备和装置的综合体。据此，地空导弹武器系统应包括目标探测和跟踪装置、指令形成和传输装置、发射装置(发射架)和将战斗装药送至目标的导弹。

地空导弹武器系统的技术基础是地空导弹的制导系统。所谓制导系统，是指导弹飞向目标时用以控制导弹运动的全套装置。制导系统有多种多样的，它的差异不是看它使用什么技术，而是看它观测设备放在哪里，观测设备放在地面上(也就是观测点在地上)，叫遥控制导系统；观测设备在导弹上，叫寻的制导系统。遥控制导又分为指令制导和波束制导；寻的制导又分为主动寻的制导、被动寻的制导和半主动寻的制导。

地空导弹武器系统作战时，一般由目标指示雷达或指挥自动化系统提供粗略的目标信息，制导雷达据此对目标进行精确的跟踪与测量，同时计算目标的射击参数。当满足射击条件时，控制发射系统发射导弹。导弹升空后由制导雷达截获并跟踪，同时制导雷达根据目标、导弹坐标计算对导弹的控制指令，并以无线电指令的形式发往导弹，控制导弹飞向目标并与目标遭遇。当导弹与目标遭遇时，战斗部起爆。在主动雷达寻的制导或被动红外寻的制导时，导弹根据目标反射的雷达信号或红外辐射完成对目标的瞄准，不需要地面雷达的控制。

(3) 高炮武器系统。高炮武器系统主要由火力系统、火力控制系统和保障系统等三大部分组成。

高炮的用途是用弹头杀伤给定高度和速度范围内的空中目标，如飞机、巡航导弹、直升机和伞降目标，在现代防空系统中，高炮作为杀伤低空目标的一种武器和防御低空目标对已方航空兵基地、机场、弹药库、油库、桥梁、指挥所和其他地面目标的攻击。

高炮武器的作战工作过程是由火控系统收集、分析、处理来自上级、友邻和下级的各类情报，搜索、识别、跟踪目标，进行目标识别和火力分配，连续测量多批目标的坐标，计算射击诸元，并将其中一批目标的射击诸元不断地传递给火炮的随动装置，随动装置驱动并控制火炮跟踪瞄准，适时射击。

为了充分发挥以上各种防空武器的整体效能，它们必须进行协同。防空武器的协同是指协调一致地使用各种兵器，以获取共同作战空域的最好效果；为每种兵器提供最大限度的自由，保证已方飞机在高射兵器火力范围内的安全。防空武器之间的协同方法，常以区分空域和方向协同为主，区分目标协同和区分高度协同为辅。

(1) 按区分空域协同。按区分空域协同是指将共同作战空域划分成一定的小空域，各种防空兵器分别负责歼灭在自己的作战空域内的目标(见图 7-1)。划分空域时，应根据兵器装备的战术技术性能和战斗部署的情况，以保卫目标为中心，按高射炮、地空导弹、歼击机的顺序由内向外地划分。

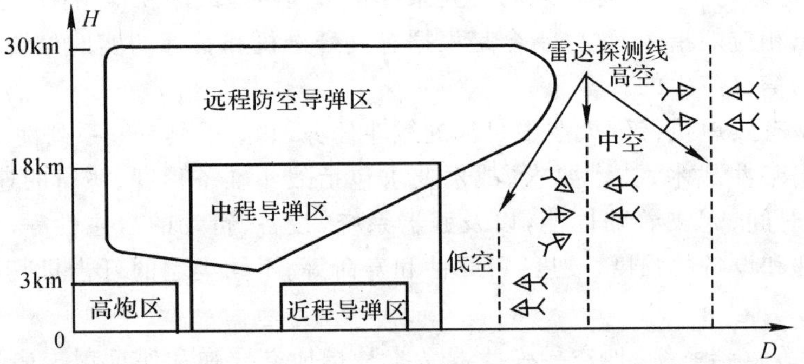

图 7-1　按区分空域协同示意图

当按空域协同时，歼击机不进入地空导弹的发射区，一般在地空导弹发射阵地外 D (km) 完全退出战斗，以免地空导弹误伤我机。但是，当歼击机处于优势地位确有把握歼灭敌机时，当某一方向上的地空导弹兵器由于特殊原因(如导弹用完、兵器故障、遭受严重干扰等) 无法射击时，经指挥系统协调后，歼击机可以进入地空导弹的作战空域。

(2) 按区分方向协同。按区分方向协同是指当地空导弹兵器对保卫目标因兵器数量少或受地形条件限制而不能构成环形部署时，给地空导弹和歼击机分别规定作战方向。

(3) 按区分目标协同。按区分目标协同是指歼击机和地空导弹在同一个空域内共同作战，分别负责歼灭不同批次或不同性质的空中目标。这种协同方法，通常在敌人以多批多方向连续入侵，地空导弹不能全歼进入自己作战空域内的空中目标时采用。

按区分目标协同，组织配合比较复杂，为了既不贻误战机，又不误伤我机，充分发挥整体威力，必须具有极为精确的指挥保障，保证无差错地识别我机与敌机。

(4) 按区分高度协同。按区分高度协同是指歼击机与地空导弹在同一空域内分别负责歼灭不同高度的目标。高度的划分，应根据装备的歼击机和地空导弹的作战性能来确定。

7.3 威胁估计

威胁估计也称威胁判断，是分析判断敌情工作的重要组成部分，其主要任务是查明或预测敌机可能攻击的目标，到达的时间，以及各批敌机威胁程度的高低，为合理地区分兵力、兵器提供基本依据。指挥自动化系统中的计算机可根据一定的判决准则、雷达情报信息、技术侦察情报信息和数据库中的有关敌情资料，运用相应的数学方法，在敌情分析军官的控制和参与下，对多批、多方向进袭的敌机和“属性不明飞机”进行威胁判断。威胁判断包括敌机活动企图判断和威胁等级判断。

7.3.1 威胁目标定义及企图判断

1. 威胁目标定义

威胁防空区域或保卫目标的空中目标定义为这样一类敌目标：该目标企图进入或已进入防空区域，如果在某个时间内本防区防御武器没有拦截住它，而它将命中防空区域内的保卫目标。

2. 企图判断

企图判断是指判定敌性活动目标对我防区的保卫目标进行侵袭的可能性。企图判定是一项十分复杂的工作，需考虑很多的因素，如当前国际关系，敌方近期活动情况、敌机起飞基地、技侦情况、目标态势、保卫目标位置等。在防空指挥自动化系统中，计算机仅能根据目标活动的态势，依据事先确定的判断准则进行初步判断，而更复杂的判断还需人来完成。

敌机活动企图判断准则的确定，要根据本防空区域所处地理位置、作战任务、所保卫重点目标的重要程度、敌性目标的活动特点、可能来袭方向和空袭的主要目标等来判断。但是在和平时期与战争时期的企图判定准则应是有所不同的。下面简要给出几种用于和平时期的企图判断方法。

(1) 敌意线法。该方法是指根据敌性目标平时活动规律，在我防空区域外围一定的距离上确定一条线，这条线就叫做敌意线，当敌机越过该条线时，判有侵袭企图；否则判无侵袭企图。在确定敌意线时，将敌机目标正常活动确定在敌意线之外条件下，使该线距防空区域外围越远越好，这种方法适合于沿海防空区域。

(2) 航向距离判定法。根据敌机目标平时活动规律，确定判定准则 $D_{\max}$，$D_{\min}$，α，如果敌机目标与防空区域内保卫目标间的距离大于 $D_{\max}$ 时，或者离保卫目标的距离小于 $D_{\max}$ 而大于 $D_{\min}$，并且敌机航向与保卫目标连线的夹角大于 α 时，则判该批目标无敌意；否则有敌意。

7.3.2 威胁程度判断

威胁程度一般是指敌机目标对防区内保卫目标进行侵袭成功的可能性及侵袭成功时可能造成的破坏程度。给出一个敌机目标对我某保卫目标威胁程度的估计，是一项十分复杂而又困难的工作，这是因为估计威胁程度时要考虑：敌机目标的机载武器的性能与威力，例如侦察机与带核武器的轰炸机显然威胁程度相差极大；敌机目标现所处位置距离保卫目标的远近，一般是远者威胁小，近者威胁大；但是也不尽然，例如一架距离保卫目标较远但高速飞行的飞机，与一架距保卫目标较近但飞行速度较慢的飞机相比，可能高速飞机会更早到达保卫目标上空；我防空武器的性能与部署,等等。

综上所述,威胁估计要考虑的因素很多,而且相互间的关系复杂,要全面合理地考虑各种因素,定出一个威胁程度等级与各种因素的函数关系,困难很大。即使能定出这一标准,在实战中有不少因素也往往不能确切知道,例如敌机是否带有核武器攻击目标,作战任务不可能完全明确,即带有一定的模糊度(灰度)。有时在严重干扰情况下空中情况不可能完全查清,要解决这些问题还要用到其他数学方法(如模糊数学、灰色系统)建立更为复杂、严谨的数学模型。所以,利用计算机进行威胁程度估计时,为提高判断的实时性,往往不得不忽略一些因素和采用一些简便的估计方法。通常使用的简便方法有到达时间判断法、相对距离判断法、相对方位判定法、预定截击线判定法、线性加权求和法等。

1. 到达时间判定法

根据警戒雷达探测目标信息,计算得到的目标到达时间,是一种比较好的威胁程度告警参数。所谓目标到达时间,是指从该目标被发现起到它到达保卫目标需要的飞行时间;敌机到达时间越短,威胁程度越高。

雷达发现目标的径向距离 R 是一个时间的函数,它的变化率 R' 可用径向距离微分求得,空中目标的到达时间可以表示为

$$t_D = \frac{R}{R'} = \frac{R}{v} \tag{7-1}$$

式(7-1)能比较准确地描述以等速直线运动接近保卫目标的到达时间。但对于变速度和变高度飞行的目标就不适用了,为此可采用以下适用于各种运动形式的到达时间计算公式,即

$$t_D = \frac{2t_D}{1+t'_D} \tag{7-2}$$

式中,$t_D = \frac{R}{R'}$;$t'_D = \frac{\mathrm{d}}{\mathrm{d}t_D}\left(\frac{R}{R'}\right)$;$R$ 和 R' 为目标的径向距离和速度。

式(7-1)和式(7-2)所计算的到达时间 t_D 和 T_D 都可以作为威胁程度告警参数,但 t_D 适宜作近距离的目标到达时间的计算,T_D 适宜作远距离的目标到达时间的计算,在应用中可根据目标初始探测距离,选择不同的计算方法。

防空作战指挥有效性与时间是紧密相连的,如果时间太短,就可能达不到所要求的效果,防空指挥所用的时间 t_z 为

$$t_z = t_c + t_p + t_l \tag{7-3}$$

式中,t_c表示收集和处理情报的时间;t_p 表示了解情况和提供决心的时间;t_l表示拟制并向执行者传达指挥信息的时间。

如果实行指挥措施容许时间,能满足以下条件,即

$$t_z < t_D - t_x \tag{7-4}$$

那么,指挥即可认为是相当有效的,式(7-4)中 T_x 为执行者活动所消耗的时间。

如果实行指挥措施容许时间,能满足以下条件,即

$$t_z = t_D - t_x \tag{7-5}$$

则称为指挥临界时间,在这种情况下,指挥可达到所要求的效果。

如果实行指挥措施容许时间,符合以下条件,即

$$t_z > t_D - t_x \tag{7-6}$$

则防空指挥系统和防空部队(即执行者)实现定下决心(系指符合情况的决心)的整个行动,就

得不到所要求的效果。

威胁程度通常划分为三级，即一级、二级、三级。级数越小，威胁越大。根据以上讨论的结果，利用到达时间确定威胁等级如下：

$$\left.\begin{aligned} t_D - t_x < t_z, &\quad 一级 \\ t_D - t_x = t_z, &\quad 二级 \\ t_D - t_x > t_z, &\quad 三级 \end{aligned}\right\} \tag{7-7}$$

2. *相对距离判定法*

当出现敌性目标时，根据目标与保卫目标或防空区域的相对距离，计算机自动计算出对我保卫目标或防空区域的威胁等级。

采用相对距离判定准则，第一要把重点保卫目标或重点保卫区域的位置坐标存入计算机。第二要把确定威胁等级的相对距离准则存入计算机，确定威胁等级的相对距离，可随该系统所担负的防空区域的任务、防空区域所处的地理位置和环境等方面的不同而不同。现假设根据某防空区域的情况，确定威胁等级的相对距离如下：

一级：相对距离 $\leqslant$ 100 km；

二级：100 km $<$ 相对距离 $\leqslant$ 200 km；

三级：200 km $<$ 相对距离 $\leqslant$ 285 km。

根据上述假定，就可以计算目标威胁等级。

3. *相对方位判定法*

相对方位判定法是指根据敌机当前的航向与假设它直飞保卫目标的航向之间的夹角大小确定威胁等级。

敌机相对于我保卫目标的方位计算公式为

$$\alpha = \arctan\frac{x_m - x_w}{y_m - y_w} - K_m$$

式中，(x_w, y_w) 为保卫目标位置坐标；(x_m, y_m) 和 K_m 分别为敌性目标当前的位置坐标和航向。

相对方位的判定准则，事先可根据需要确定一个最大相对方位 α_{max} 和一个最小相对方位 α_{min}。于是，根据计算得到的敌机相对于我保卫目标的方位，可按下面判断式进行威胁等级的判定：

$$\left.\begin{aligned} \alpha < \alpha_{min}, &\quad 一级 \\ \alpha_{min} \leqslant \alpha \leqslant \alpha_{max}, &\quad 二级 \\ \alpha > \alpha_{max}, &\quad 三级 \end{aligned}\right\} \tag{7-8}$$

4. *预定截击线判定法*

预定截击线判定法是首先依据敌目标现在位置以及飞行速度、高度，计算出我方歼击机首次对其进行截击时的截击线。再依据首次截击线距预定截击线的距离，定出以下威胁等级：若敌机能被首次截击在预定截击线之外，威胁等级为三级；若首次截击线在预定截击线之内不足 R_m(km) 时，威胁等级为二级；若首次截击线深入预定截击线超过 R_m(km) 时，威胁等级为一级。

预定截击线是指为保障保卫目标的安全，要求我机在保卫目标外围预定的一条线上开始攻击敌机，这条预定开始攻击敌机的界线叫预定截击线。截击线距保卫目标越远，歼灭敌机的可能性越大，保卫目标的安全就越有保障。但是，由于雷达的探测范围、空地通信的联络距离、歼击机的航程以及其他条件的限制，使截击线只限于机场周围的一定范围之内。

首次截击线是指我机在机场待战的情况下，经过起飞、引导出航，可能同敌机遭遇并开始攻击的最远界线，也叫可能截击线。这条线至起飞机场的距离叫可能截击距离。计算可能截击线，实质上是计算从指挥系统命令我机转入一等战斗准备，尔后从机场出动，经过上升、平飞、转弯接敌，直到同敌机遭遇并实施攻击的全过程中，我机可能前进的距离。首次截击线的计算原理，如图 7-2 所示。当雷达发现目标（B 点）后，令我机转入一等战斗准备。敌机到达 B_1 点，下令我机起飞；起飞完毕后，敌机到达 B_2 点。我机上升到 A_3 点，到达预定的高度改为平飞，此时敌机到达 B_3 点。我机平飞到 A_4 点，敌机相应飞到 B_4 点。我机自 A_4 点，经转弯接敌到达C点；敌机在同一时间内，由 B_4 点到达 C 点。此时，我机同敌机遭遇开始攻击，C 点为截击点。

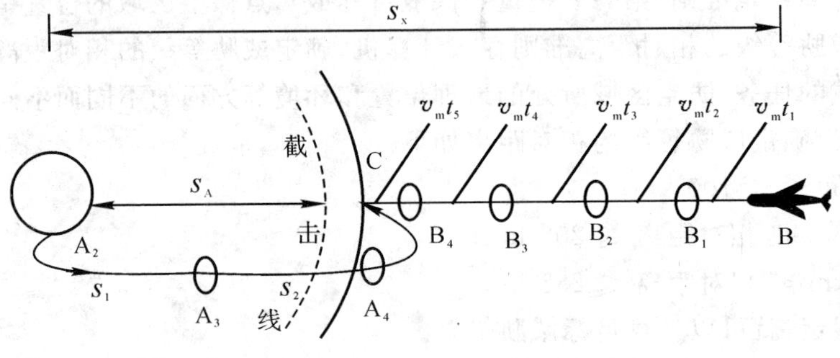

图 7-2 计算首次截击线示意图

从图 7-2 中可以看出，可能截击距离（S_y）是我机上升过程中前进的距离（S_1）同我机平飞的距离（S_2）之和。我机上升过程中前进的距离，可从有关的资料手册中查出；平飞距离则按我机速度和平飞时间求得。从图 7-2 中可知，我机平飞时间（t_4）等于敌我机迎向飞过 $S_{A_3A_4}$ + $S_{B_3B_4}$ 的距离所需的时间。由于

$$S_{A_3A_4} + S_{B_3B_4} = S_x - S_1 - v_m(t_1 + t_2 + t_3 + t_5)$$

所以

$$t_4 = \frac{S_x - S_1 - v_m(t_1 + t_2 + t_3 + t_5)}{v_m + v_w} \tag{7-9}$$

式中，S_x 表示警戒雷达发现敌机时，敌机距我机场的距离；t_1 表示我机转入一等战斗准备所需的时间；t_2 表示我机起飞所需时间；t_3 表示我机上升到预定高度所需时间；t_5 表示我机作接敌机动所需时间；v_m 表示敌机速度；v_w 表示我机速度。

有了平飞时间，便可以求出可能截击距离，即

$$S_y = S_1 + S_2 = S_1 + v_w t_4 \tag{7-10}$$

知道了可能截击距离，在显示器上，以机场为圆心，以可能截击距离为半径，向敌机来袭方向产生一个弧线，这条线便是首次截击线。

在进行威胁估计时，可利用预定截机距离和可能截击距离进行判断。若设预定截击距离为 S_A，则预定截击线判别敌机威胁等级的判别式如下：

$$\left.\begin{aligned} &S_y \leqslant S_A - R_m, &\text{一级}\\ &S_y > S_A - R_m, &\text{二级}\\ &S_y > S_A, &\text{三级}\end{aligned}\right\} \tag{7-11}$$

5. 线性加权求和法

在以上介绍的几种威胁程度的判定方法中，均是以某一种因素进行威胁等级的判定。对于较严格的判定，必须要考虑多种因素。这些因素通常包括到达时间、敌性目标作战性能和攻击火力、相对距离、相对方位、首次截击位置和保卫目标的重要性等。显然，对于这种多因素的情况，需要统筹考虑综合评价。常用综合评价方法是线性加权求和法。即

$$W = K_1\tau + K_2\rho + K_3\delta + K_4\gamma \tag{7-12}$$

式中，要求 $\sum_{i=1}^{4} K_i = 1$；τ 表示用到达时间计算出的威胁等级；ρ 表示用相对距离计算得出的威胁等级；δ 表示用相对方位计算得出的威胁等级；γ 表示用预定截击线计算得出的威胁等级。

各种因素计算得出的威胁等级的加权系数 K_i，是根据各种因素的重要程度来确定，若该因素是重点考虑因素，K_i 就大；否则应小些。通常情况下，K_i 由用户确定。

用式(7-12)计算得出敌性目标威胁等级，虽然考虑了较多的因素，但有些因素还未考虑进去。如敌性目标作战性能和攻击火力，保卫目标的重要性。为此，对计算得出的威胁等级，必须按一定的准则进行修正。对敌性目标作战能力和攻击火力，常根据敌机的性质、架数来修正 W：若敌机是小型机，则威胁程度降低半级($W+0.5$)；若一批敌机的架数超过三架，则威胁程度提高半级($W-0.5$)。对保卫目标的重要性，根据保卫目标的等级来修正 W：若是三级保卫目标，则威胁程度降低半级；若是一级保卫目标，则威胁程度提高半级。

7.4　目标分配及算法

7.4.1　目标分配的基本概念

目标分配又称为火力分配，是指对多批空中目标分别选择最有效的防空兵器和数量进行拦截，形成最佳兵力兵器使用方案。在防空指挥自动化系统中，计算机可根据空中目标的数量、威胁等级、飞行诸元、己方防空兵器的数量、配置、作战范围(火力范围)、对各种敌机的作战效能，以及指挥人员的预先决心，运用最优数学规划模型或人工智能的专家系统模型，对作战信息进行处理，提供若干种兵力、兵器分配方案，同时给出各种方案的拦截预案、拦截点和拦截时间以及可能的作战效果，供指挥人员选定。

防空武器拦截空中目标的目的是使防空区域或防空区域内的保卫目标不遭受损失。所以，火力分配应考虑：各目标的威胁程度、各防御武器系统的可利用性、各防御武器系统的有效性。防御武器系统的可利用性指的是它在目标分配时的状态，在武器系统是完好的和没有指派任务时，该武器系统是可以利用的。另外，对于导弹来说，发射装置应该已装填导弹，或导弹库中有导弹可供装填，对于高炮来说应该有足够的炮弹可供使用。因此，在火力分配时，若有武器系统可供利用，则进行分配；若没有武器系统可供利用，则至少要等一个武器系统从执行任务中解脱出来后，才能分配给另外的目标。防御武器的有效性是指武器的有效作用距离、精度、发射率、弹丸飞行速度等特性。

对于不同层次的防空指挥自动化系统，根据不同的要求和空袭目标态势，采用不同的分配目标的方法。但是，若按进袭目标的批次多少来划分，可能有两种分配的方法：单批目标的火力分配；多批目标的火力分配。单批目标是指在某一时间范围内仅有一批目标进袭防空区域，对

入侵的目标，可以利用歼击机截击，也可以用地空导弹和高炮进行截击，但究竟选用何种武器、使用多少兵力以及使用哪个基地（机场或阵地）的兵力，才能使作战效果最好呢？这就是火力分配的主要任务。

选择拦截武器，可以采用简单适用的优选法，根据武器的性能和拦截目标的时间，选择拦截武器的最优方案。在条件允许的情况下，拦截目标的时间越早，防空作战的效果越好，为此，分配火力的基本方法是：根据当前可使用的防空武器最大作战距离，选择有效的拦截武器；计算有效拦截武器的拦截时间，选择拦截时间短的三种拦截武器；根据预定的消灭空中目标的概率指标，计算所需的火力数量。

7.4.2 歼击机的目标分配

在此介绍，若对单批目标分配拦截武器，选歼击机进行拦截时，如何选取较优机场和机型数量。

1. 机场的选择

对于已知的空袭目标进行机场的选择，包括找出拦截目标的有效机场和根据最优机场选择判据从有效机场中选择出最优机场。

(1) 有效机场的确定。驻守在每个机场的歼击机的有效作用范围是已知的，确定拦截的有效性就是把目标与各机场的歼击机的有效作用范围联系起来，这种效果可在一定的距离、一定的时间、在具体的条件下取得。如果某一机场的歼击机对指定目标进行拦截，在距离指标和时间指标都满足要求时，称该机场为有效机场。

所谓距离指标，它表述指定机场的歼击机能够执行战斗任务的最大作战距离范围。如果目标的航路捷径（指到达机场的最近航路）在该机场歼击机的最大作用距离范围内，则认为距离指标满足要求（见图 7-3）；否则不满足要求。

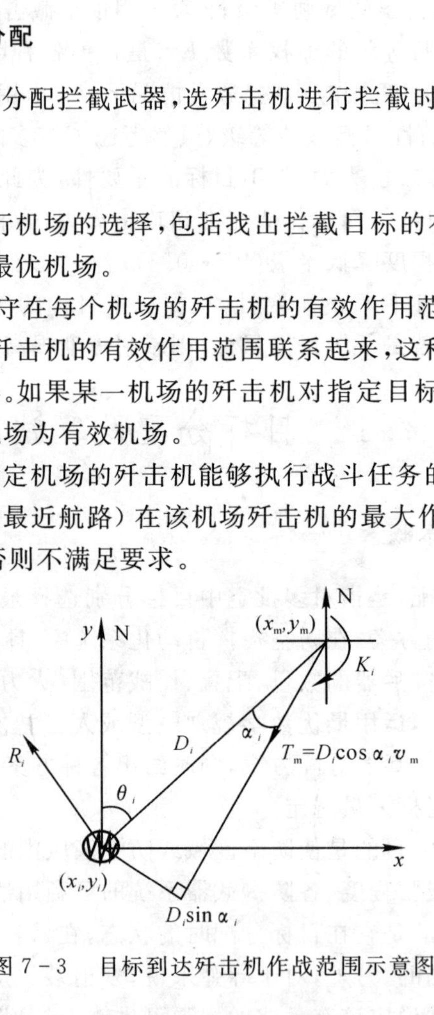

图 7-3 目标到达歼击机作战范围示意图

图 7-3 中，R_i 为第 i 个机场中歼击机的作战半径（指歼击机在完成任务后在出动机场着陆）。R_i 通常按歼击机燃料储备来确定，按燃料储备计算歼灭空中目标最远线，采用歼击机飞行的工程领航计算法进行，进行工程领航计算时的起始诸元是飞行剖面和状态，执行飞行任务的条件和计算的飞机燃料储备。计算规定的飞行剖面的燃料消耗量公式为

$$G = G_1 + G_2 + G_3 + G_4 + G_5 + G_6 + G_7 \tag{7-13}$$

式中，G_1 表示地面燃料消耗量；G_2 表示起飞和上升到巡航飞行高度时的燃料消耗量；G_3 表示

巡航飞行段的燃料消耗量；G_4 表示加速到一定飞行速度时的燃料消耗量；G_5 表示接近和攻击目标时的燃料消耗量；G_6 表示返回出动机场时的燃料消耗量；G_7 表示进入着陆和着陆时的燃料消耗量。

如果歼击机储备的燃料与规定剖面所消耗的燃料数量之间相等，那么按燃料储备计算歼灭目标线的最大距离为

$$R_i = L_1 + L_2 + L_3 + L_4 \tag{7-14}$$

式中，L_1 表示上升到巡航飞行高度时的距离；L_2 表示平衡飞行段考虑在内，向目标巡航飞行时的距离；L_3 表示加速到一定飞行速度时的距离；L_4 表示包括导弹(炮弹)击毁目标前航迹在内的接近和攻击目标时的距离。

在确定各机场歼击机的作战范围时，按接敌最快的原则，都以常用剖面来计算。为了减少计算机的计算时间，常根据每个机场驻守歼击机类型、结构、火力和飞行剖面，选择该机场歼击机的最大作用距离。如果下式成立，说明距离指标满足要求。即

$$R_i > D_i \sin\alpha_i \tag{7-15}$$

式中，$D_i\sin\alpha_i$ 为目标飞行线至第 i 个机场的最近航路，其中 D_i 为目标的当前位置至第 i 个机场的距离；α_i 为目标运动方向和径向速度方向之间的夹角。计算公式为

$$\left.\begin{aligned} D_i &= \sqrt{(x_i - x_m)^2 + (y_i - y_m)^2} \\ \alpha_i &= \theta_i + \pi - K_i \end{aligned}\right\} \tag{7-16}$$

式中，$\theta_i = \arctan(x_i - x_m)/(y_i - y_m)$

所谓时间指标，是指歼击机完成战斗任务的时间，歼击机歼灭空中目标时执行战斗任务的时间，包括被动时间和飞行时间，即

$$t_i = t_{Ri} + \Delta t_i \tag{7-17}$$

式中，t_{Ri} 为飞行时间，该时间等于击毁目标前在采用的飞行剖面各段上飞行时间的总和，并同歼灭目标线一样，用工程领航计算法计算；Δt_i 为截击时的被动时间，主要消耗在歼击机出动前的准备上；t_i 简称为歼击机拦截时间。

设 $\tau_1 = D_i\cos\alpha_i / v_m$($v_m$ 为目标飞行速度)，$\tau_2 = \tau_1 - t_{Ri}$，则歼击机能否满足时间指标要求要用下式进行判断，即

$$\left.\begin{aligned} \tau_1 &> t_i \\ \tau_2 &> \Delta t_i + t_A \end{aligned}\right\} \tag{7-18}$$

式(7-18)的 τ_1 是目标的到达时间；τ_2 是目标到达时间与歼击机飞行时间之差，表示歼击机出动前还剩下的时间；t_A 为指挥系统分配武器的时间，如果式(7-18)满足时间条件，则说明该机场的歼击机在时间指标上满足要求。

(2) 机场选优。从上述可以看出，完成对一个指定目标的拦截，可能会有多个机场的歼击机都能满足式(7-15)和式(7-18)的距离和时间指标要求，这时需要按照某种判据，根据计算的可能结果，从中选定最佳的作战机场。最佳机场的选择所用的判据就是拦截时间。这样就可以尽可能早进行拦截，最大限度地避免目标侵入保卫目标。因此，所有可能有效的机场选定以后，就计算每个选定机场的歼击机拦截时间，有些最初选择的歼击机由于在目标距离内使用时缺乏足够的时间，就不能参加拦截。

拦截时间是指由现时刻到歼击机拦截开始的瞬间的时间。它是通过验算引导方程式得到的，同时还可以得到预测的拦截点。

关于机场的选择,从可用上述的由计算机程序进行自动选择外,也可采用人 — 机结合的方法进行 —— 半自动武器选择。采用半自动武器选择时,由人根据目标入侵方向和当时位置,选择一种指定型号的歼击机,而仅用这种歼击机进行计算拦截时间和拦截点。在这种情况下,有效机场选择逻辑就免除了。

2. 机型的选择

在每个机场内,可能驻守着不同类型、结构和火力的歼击机,因此,要根据空袭目标的情况选取合适的机型。常用选取机型的方法是根据目标的高度、速度和威胁等级选机型。

歼击机为了有效地执行歼击空中一定高度和速度目标的战斗任务,歼击机在飞行速度和高度上应胜过敌目标的飞行速度和高度。胜过目标的最大速度的优点是:能使歼击机追上目标并强迫它战斗,以及摆脱敌机的攻击。对于不同威胁等级的目标,可采用选择不同火力的歼击机去完成。

3. 截击兵力计算

在机场、机型选定以后,还要根据效率指标,计算需要出动的兵力(架数)。出动的兵力(飞机数量、性能、武器装备、飞行员水平等)不同,作战效果也就不一样。评价作战效果的高低,需要采用某种数量指标,这个指标被称为效率指标。效率指标通常根据作战的目的来确定。对于作战目的是要求歼击敌方一架飞机、一个编队时,通常选择击毁规定数量目标的概率作为效率指标。击毁概率可以事先确定存入计算机,也可以人工临时指定。

对于敌方来袭的单个空中目标,可以出动单机、双机、四机进行截击。下面以出动单机为例,说明按要求的击毁概率求所需歼击机的数量,为了以规定的概率 P 消灭单个空中目标,所需出动歼击机的数量可按下式计算,即

$$N = \frac{\lg(1-P)}{\lg(1-P_{\mathrm{D}})} \tag{7-19}$$

式中,P_{D} 为单架飞机歼灭空中目标的概率。歼击机截击敌目标要取得成功(击毁目标),只有在地面指挥引导下拦截敌机、占位、瞄准射击都成功的条件下才有可能,其中任一环节失败了,都会导致截击的失败。所以,根据概率的乘法定理,P_{D} 的计算公式为

$$P_{\mathrm{D}} = P_{\mathrm{e}} P_{\mathrm{g}} P_{\mathrm{w}} \tag{7-20}$$

式中,P_{e} 表示引导概率,即歼击机将被引导到相对于目标的一定空间,从那里顺利攻击的概率;P_{g} 表示攻击概率(或称占位概率),即歼击机进入相对于目标的一定空间,从那里能进行导弹瞄准发射(航炮射击)的概率;P_{w} 表示击毁概率,即导弹发射(航炮射击)后,保证战斗装药落入毁伤目标范围的概率。

例 敌一架轰炸机来袭,指挥员规定将其击毁的概率应达到0.9,已知一架歼击机进行截击的击毁概率为0.38,求我方应出动的架数。

解 按所给条件

$$P = 0.9, \quad P_{\mathrm{D}} = 0.38$$

代入式(7-19)得

$$N = \frac{\lg(1-0.9)}{\lg(1-0.38)} = 4.5 \approx 5\text{架}$$

按式(7-19)算出的结果可能不是整数,这时,应舍弃小数部分,进一位取整数。

如果出动双机或四机截击敌单机,求需要出动兵力的方法与上述的完全相同,只需要将

P_D 换成相应的值即可，对于一批多架（即一个编队）目标所需截击兵力的计算方法与上述的基本相同。

7.4.3　地空导弹武器系统的性能

1. 杀伤区与发射区

杀伤区是地空导弹武器系统消灭空中目标能力的集中表现，是地空导弹武器系统的重要战斗性能之一。

地空导弹武器系统的杀伤区是指杀伤目标（一发导弹）概率不低于给定数值（通常 $\geqslant 0.8$）的一个空间区域。该空域的边界由高度、距离和航路角来表示。杀伤区的大小与形状与武器系统性能、引导方法、目标特性和杀伤概率的给定值有关。

发射区是一个空间区域，如果目标处于此空域内时发射导弹，则导弹与目标在杀伤区内遭遇。射击机动目标的发射区与射击直线运动目标的发射区并不重叠。此时应该根据目标的运动参数和运动特性，以及机动的类型与强度来计算。

杀伤区和发射区的计算与表示都在地面参数坐标系 $Osph$ 内进行，$Osph$ 坐标系的原点为导弹营所在位置，航路距离轴 Os 位于水平面，且与目标速度向量在水平面上的投影平行，高度轴 Oh 垂直向上，航路捷径轴 Op 垂直于 Osh 平面，如图 7－4 所示。

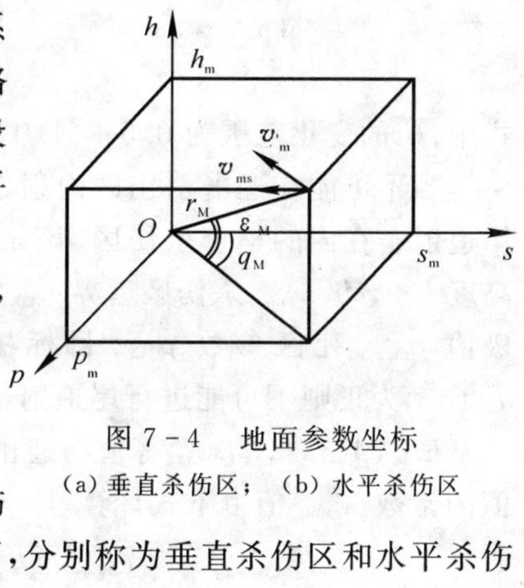

图 7－4　地面参数坐标

(a) 垂直杀伤区；(b) 水平杀伤区

当目标匀速直线运动时，用地面参数坐标系特别合适，因为此时只改变航路距离 s，则有

$$h = \text{const},\quad p = \text{const},\quad s = s_0 - v_m t$$

若用别的坐标系则所有坐标都会变化。

杀伤区有较复杂的空间形状，实践中常讨论平面杀伤区：$p = p_0$ 特别是 $p = 0$ 的垂直截面和 $h = h_0$ 的水平截面，分别称为垂直杀伤区和水平杀伤区。图 7－5 (a)，(b) 分别为简化后的垂直杀伤区与水平杀伤区。

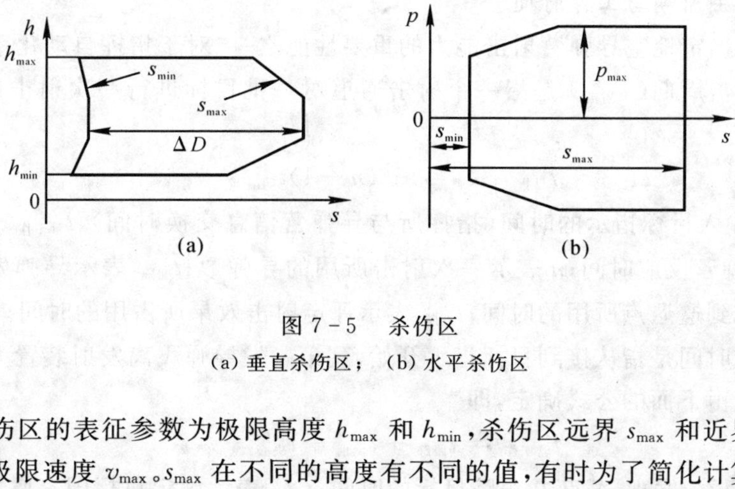

图 7－5　杀伤区

(a) 垂直杀伤区；(b) 水平杀伤区

迎击时，杀伤区的表征参数为极限高度 h_{max} 和 h_{min}，杀伤区远界 s_{max} 和近界 s_{min}，航路捷径极值 p_{max}，目标极限速度 v_{max}。s_{max} 在不同的高度有不同的值，有时为了简化计算，p_{max} 和 s_{min} 由 s_{max} 推出，计算公式为

$$p_{\max} = a_p s_{\max}$$
$$s_{\min} = a_s s_{\max}$$

式中，系数 a_p，a_s 为常数，根据地空导弹的类型、目标速度和导弹制导方法选取。沿目标航向的杀伤区近、远界之间的距离(航向距离差)叫做杀伤区纵深 ΔD，即

$$\Delta D = s_{\max} - s_{\min} \tag{7-21}$$

那么目标在杀伤区内的持续时间为

$$t = (s_{\max} - s_{\min})/v_M$$

当存在对导弹营的干扰时，采用"三点法"进行引导，此时的杀伤区叫做干扰杀伤区；而采用其他引导方法的杀伤区叫做基本杀伤区。除 $p_{\max}$ 外，干扰杀伤区和基本杀伤区的常数一样；干扰杀伤区航路捷径极值 $p_{\max}$ 为基本杀伤区的 0.8 倍。

在目标分配算法中还使用机动杀伤区(保险杀伤区)。使用机动杀伤区时，先算出基本杀伤区的参数，然后再换算出机动杀伤区的 $s'_{\max}$，$H'_{\min}$，$p'_{\max}$，即

$$s'_{\max} = 0.8 s_{\max}$$
$$h_{\min} = 1\ \text{km}$$
$$p'_{\max} = l_1 p_{\max}$$

式中，l_1 的变化范围为 0.6～1.0，取决于地空导弹武器系统类型和目标速度。

当不可能在迎击杀伤区内射击目标时，则考虑包括尾追射击在内的整个杀伤区。该杀伤的表征参数为极限高度 $h'_{\max}$ 和 $h_{\min}$、杀伤区远界 $s_{\max}$ 和近界 $s''_{\min}$、航路捷径极值 $p_{\max}$、死区参数 p_{M3}、目标极限速度($v_{\max}$)、系数 a''_s(a''_s 为正则不可能进行尾追射击)。

$h_{\min}$，$p_{\max}$，$v_{\max}$，$s_{\max}$ 等值与迎击时一致。a''_s，$h''_{\max}$，p_{m3} 值为常数。$s''_{\min}$ 值由下式计算，即

$$s''_{\min} = \sqrt{(s_{\max} a''_s)^2 - p_{ij}^2}$$

水平面上的完整杀伤区形状，如图 7-6 所示。

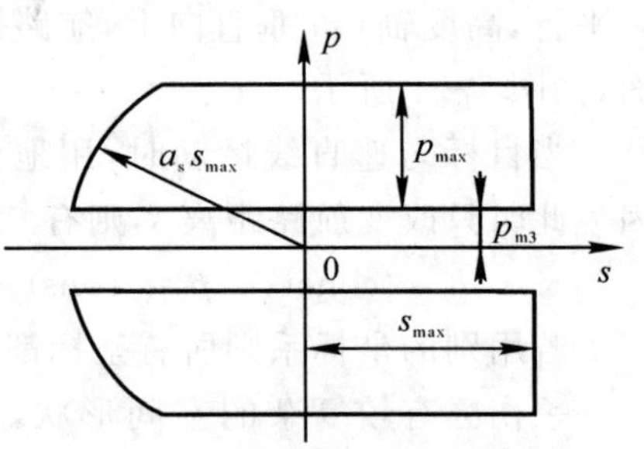

图 7-6 尾追射击时的杀伤区

2. 导弹营射击周期与工作时间

射击周期是确定地空导弹营射击能力的重要性能之一。对于指挥自动化系统来说，地空导弹武器系统的射击周期($T_{射击}$)是指一个射击通道对一批目标进行一次射击所必须占用的时间。计算公式为

$$T_{射击} = t_{目指} + t_{营工作} + (n-1)t_{间隔} + t_{弹飞} + t_{判断} \tag{7-22}$$

式中，$t_{目指}$ 表示输入目标指示的时间(指挥所与导弹营信息交换时间)；$t_{营工作}$ 表示导弹营工作时间，或称为导弹营反应时间；n 表示一次射击所用的导弹数；$t_{间隔}$ 表示导弹发射间隔；$t_{弹飞}$ 表示第 n 发导弹飞到遭遇点所用的时间；$t_{判断}$ 表示评定射击效果所占用的时间。

导弹营工作时间是指从接到目标指示开始，到第一发导弹飞离发射装置为止的这段时间。导弹营工作时间由下面的公式确定，即

$$t_{营工作} = t_{跟踪} + t_{识别} + t_{决心} + t_{飞离} \tag{7-23}$$

式中，$t_{跟踪}$ 表示搜索、发现、截获并跟踪目标的时间；$t_{识别}$ 表示确定目标国家属性的时间；$t_{决心}$ 表示判断射击起始诸元和定下射击决心的时间；$t_{飞离}$ 表示导弹飞离发射装置的时间。

7.4.4　地空导弹的目标分配算法

1. 目标分配的原则与任务

在对导弹营进行目标分配时应遵循以下原则：

(1) 在选择导弹营用于消灭不施放干扰的目标时，采用“最少飞临时间”原则。即根据对目标运动参数 V_M，H_M，P_M 和时间的分析结果，若导弹营可以射击目标，则计算目标到导弹营杀伤区边界的飞临时间，并选择飞临时间最短的导弹营射击目标。

(2) 在目标飞过自动目标指示界线后，自动地为目标指定导弹营，并把目标指示数据送往导弹营。

(3) 计算机对目标分配的建议显示在分配显示器上。根据飞临时间显示的最大范围为两个最大射击周期（$2T_{射击\max}$）。

(4) 保证战勤人员的决策比计算机优先级高。

计算机根据目标分配的逻辑算法，提供关于目标分配的建议，目标分配算法完成下列任务：

(1) 产生分配建议；

(2) 完成自动分配任务；

(3) 转入目标指示算法，向导弹营送目标指示。

2. 目标分配的过程

目标分配算法依次讨论所有的导弹营，分析它们能否对所讨论的目标采取行动。首先分析目标有无机动特征或干扰特征，并进行确认，这些在后面的计算中将用到。然后转入循环周期讨论一个导弹营，从第一个开始。这里的工作过程要看所讨论的导弹营是否已对所讨论的目标采取行动。如果导弹营尚未对目标采取行动，则分析该导弹营是否可以射击该目标。如果导弹营已对目标采取行动，则计算时间特征参数（飞临时间 t_{ij}，射击目标的占用时间 t_z 和目标进入发射区的时间 t_{BX}）。然后形成送往导弹营的目标指示数据，并立刻把目标指示数据送往导弹营。

讨论完全部导弹营后，从循环内退出。这一步的结果是为目标选择了最多达 4 个的导弹营，它们能射击该目标，并且目标过了分配线，虚拟飞行时间最短。这几个导弹营的飞临时间存入专门的存储单元，并按虚拟飞临时间排队。然后算法依次分析飞临时间存储区单元里的导弹营，如果导弹营能被自动指定给目标，并且目标飞越了该导弹营的目标指示线，则自动地把该目标指定给导弹营；最后算法转入形成目标指示数据，并向导弹营发送目标指示。为目标自动指定的导弹营数等于目标架数，但不超过 3 个；可为单机动目标自动指定 2 个导弹营。

尚未对所讨论目标采取行动的导弹营的分析过程如下：

(1) 目标进入杀伤区的检查。只考虑处于战斗准备状态的导弹营对目标的作用。开始根据目标的机动或干扰特征，确定每个导弹营的杀伤区类型：机动杀伤区、干扰杀伤区或普通杀伤区。

确定杀伤区之后，相应地选择表示杀伤区的常数。把目标在导弹阵地坐标系内的坐标变换到参数坐标系（p，s）（见图 7－7）。变换公式为

$$y_{ij} = y_j + K_{4i}$$
$$x_{ij} = x_j + K_{8i}$$
$$p_{ij} = (y_{ij}v_{xj} - x_{ij}v_{yj})/v_j$$
$$s_{ij} = (y_{ij}v_{yj} + x_{ij}v_{xj})/v_j$$
$$H_{ij} = h_j - \Delta h_{ij}$$

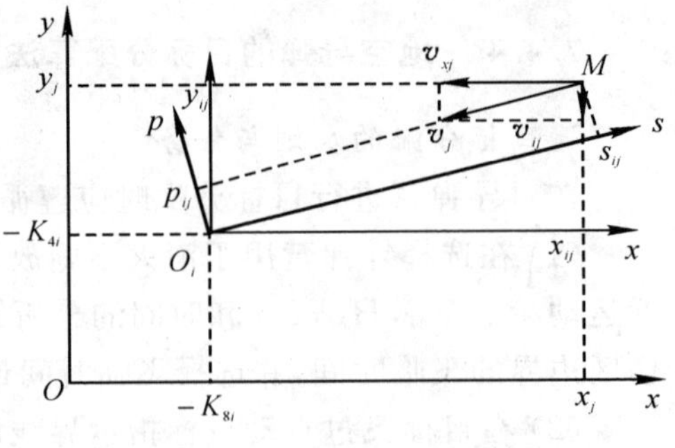

图 7-7 到参数坐标系的变换

式中，系数 K_{4i}，K_{8i} 和导弹营阵地与指挥所阵地的高度差 Δh_{ij} 都是常数。

接下来检查目标航迹是否与杀伤区相交。为此检查以下不等式是否成立，即

$$h_{\min} \leqslant h_{ij} \leqslant h_{\max}$$
$$p_{ij} < p_{\max}$$

此外，根据速度检查导弹营是否可以射击目标，即 $v_j < v_{\max}$ 是否满足。

如果上面的条件有一个不满足，就得转去分析所讨论的杀伤区类型。如果讨论的是普通杀伤区，则该导弹营不能对目标进行射击，并转入讨论下一个导弹营。如果讨论的是干扰杀伤区或机动杀伤区，则换用普通杀伤区重新检查上面的条件。

(2) 计算虚拟飞临时间 t_{ij}^{M}。先计算到杀伤区近界的飞临时间，即

$$t_{ij} = \frac{s_{ij} - s_{\min}}{v_j}$$

然后计算虚拟飞临时间 t_{ij}^{M}。为此先计算

$$t_{ij}(D) = (D_{ij} - s_{\min})/v_j$$

式中，D_{ij} 表示到目标的水平距离。

$t_{ij}(D)$ 比 t_{ij} 增加的值与目标航路捷径成正比(见图 7-8)，则有

$$\Delta = D_{ij} - s_{ij} = D_{ij}(1 - \cos\alpha) = \frac{p_{ij}}{\sin\alpha}(1 - \cos\alpha) = p_{ij}\tan\frac{\alpha}{2}$$

然后计算

$$t'_{ij} = t_{ij}(D) + t_z$$

式中，t_z 表示导弹营射击上一个目标的占用时间。因此，t'_{ij} 比 $t_{ij}(D)$ 增加的值越多，导弹营就需要经过更长的时间才能空闲。

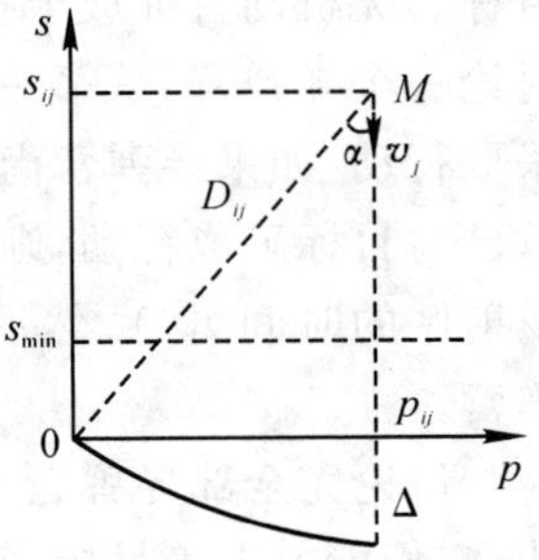

图 7-8 计算 $t_{ij}(D)$ 的说明

最后，计算虚拟飞临时间，即

$$t_{ij}^{M} = \begin{cases} t'_{ij} - 60, & \text{使用干扰杀伤区或机动杀伤区} \\ t'_{ij}, & \text{使用普通杀伤区} \end{cases}$$

可见，若导弹营有能力在干扰杀伤区或机动杀伤区射击目标，则 t'_{ij} 减少 60s。虚拟飞行时间用于导弹营的排队，该时间越短的导弹营的优先级越高。

计算完虚拟飞临时间后，应该计算最大与最小射击周期 $T_{\max}$ 和 $T_{\min}$。为此先计算导弹到杀伤区远界与近界的飞行时间 $t_{\max}$ 与 $t_{\min}$，则有

$$t_{\max} = \frac{\sqrt{s_{\max}^2 + h_{ij}^2}}{v_p}$$

$$t_{\min} = \frac{s_{\min}^2 + h_{ij}^2}{v_p}$$

式中，v_p 为导弹的平均速度，为常数。

然后计算

$$T_{\max} = t_{\max} + t'$$
$$T_{\min} = t_{\min} t'$$

式中，t' 为除最后一发导弹飞行时间以外的导弹营工作时间，为常数。

(3) 根据时间特性检查导弹营射击目标的可能性。按时间特性检查导弹营射击目标的可能性，就是分析不等式

$$t_{ij} > T_{\min} + t_z$$

是否成立，当满足上式时，在时间上射击目标是可能的。如果上式不满足，则不能进行射击。

此时，应分析杀伤区类型和是否尾追射击。一般首先分析的是迎击，所以不管在什么杀伤区，这时再分析尾追射击的可能性。为此检查下列不等式。

$$a''_s < 0$$
$$h_{ij} < h''_{\max}$$
$$p_{ij} > p_{M3}$$

若所有不等式满足，则可以对目标进行尾追射击。然后再重新计算 $s_{\min}$，t_{ij}，t_{ij}^{M}，$T_{\max}$，$T_{\min}$，并重新检查不等式 $t_{ij} > T_{\min} + t_z$ 是否成立。

如果通过以上分析，不能对目标进行尾追射击，则分析杀伤区类型。如果原来用的是机动杀伤区或干扰杀伤区，则换用普通杀伤区。重复在普通杀伤区进行迎击射击的计算。如果原来用的是普通杀伤区，说明该导弹营不能迎击，也不可能尾追射击目标。此后转入讨论下一个导弹营。

(4) 分析目标是否通过分配线、目标指示线。如果根据时间特征，可以射击目标，则进一步检查目标是否通过该营的目标分配界线，则有

$$s_{ij} < s_p$$

目标分配界线是指开始解决自动分配问题的界限，并在显示器上出现计算机对该目标的分配建议。目标分配界线(见图 7-9) 的计算公式为

$$s_p = \Delta_1 T_{\max} v_j + s_{\max}$$

式中，Δ_1 为 1～2 的常数，计算初始化时取 $\Delta_1 = 2$，该值可以通过控制台改变。分配线到杀伤区远界的距离为 $\Delta_1 T_{\max} v_j$。如果 $\Delta_1 = 1$，则分配问题解决的起始线保证在杀伤区远界射击目标。如果 $\Delta_1 = 2$，则在保证杀伤区远界射击目标的前提下，并考虑到火力转移的时间。因此，袭击密度越大，系数 Δ_1 也应越大。

如果目标没有过分配线，则分析是否可以对该目标选下一个导弹营。

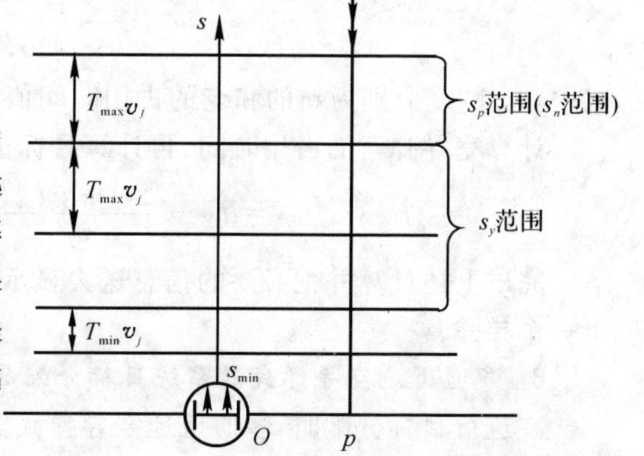

图 7-9　目标分配时的几种界线范围

如果目标已过分配线，则再检查目标是否通过自动指定线(目标指示线)，为此检查不等式 $s_{ij} < s_y$。目标指示线的计算公式为

$$s_y = \Delta_3 (s_{\min} + T_{\min} v_j) + (1 - \Delta_3)(s_{\max} + T_{\max} v_j)$$

式中，Δ_3 的变化范围为 $0 \sim 1$，计算机初始化时取 $\Delta_3 = 0$，在战斗过程中可以通过控制台改变 Δ_3。

当目标通过导弹营的目标指示线时，该导弹营就被自动指定给所讨论的目标，并开始往该导弹营送目标指示。如果 $\Delta = 0$，则目标指示线的表达式为

$$s_y = s_{\max} + T_{\max} v_j$$

即与 $\Delta_1 = 1$ 时的 s_p 相同。这样保证在杀伤区远界射击目标。

如果 $\Delta_1 = 1$，则

$$s_y = s_{\min} + T_{\min} v_j$$

这样就能保证在杀伤区近界射击目标。

可见，Δ_3 值越大，就在越靠近导弹营的位置射击目标，实际射击周期也越短。

如果导弹营已对目标采取行动，则读取杀伤区特征，选择相应的常数。把目标坐标从阵地坐标变换到参数坐标，计算 $s_{\max}$，$s_{\min}$，$p_{\max}$，t_{ij} 检查不等式 $t_{ij} \geqslant 20$ s 是否满足。如果不等式不满足，则检查是否尾追射击。若原为迎击，则检查能否改为尾追射击，即重新计算 $s_{\max}$ 和飞临时间 t_{ij}，再检查是否满足不等式 $t_{ij} \geqslant 20$ s。有时为了显示方便，当 $t_{ij} \leqslant 20$ s 时，取常数 $t_{ij} = 20$ s。

计算最小与最大射击周期 $T_{\max}$ 和 $T_{\min}$。

此后，计算导弹营射击目标的占用时间 t_z，计算公式为

$$t_z = \begin{cases} t_{ij}, & t_{ij} < T_{\min} \\ T_{\min} + \dfrac{(t_{ij} - T_{\min})(T_{\max} - T_{\min})}{K - T_{\min}}, & T_{\min} < t_{ij} < K \\ t_{ij} - \dfrac{\Delta D}{v_j}, & t_{ij} > K \end{cases}$$

式中，$K = T_{\max} + \dfrac{\Delta D}{v_j}$；$\Delta D = s_{\max} - s_{\min}$。

上面的占用时间公式只需在开始时计算一次。第一次计算完后，在后面的处理中，进行调整即可。

$$t'_z = \begin{cases} t_z - 10, & t_z \geqslant 20 \text{ s} \\ 20, & t_z < 30 \text{ s} \end{cases} \qquad \text{(10s 为处理周期)}$$

式中，t'_z 和 t_z 分别为新的和老的占用时间值。

计算完导弹营的占用时间，再计算目标进入发射区所需要的时间，公式为

$$t_{BX} = t_{ij} - \frac{\Delta D + v_j t_{\max}}{v_j} = \frac{s_{ij} - s_{\min}}{v_j} - \left(\frac{\Delta D}{v_j} + t_{\max}\right)$$

完成上述计算并把必要的信息送去显示后，形成目标指示并向导弹营发送。此后转入讨论下一个导弹营。

3. 多通道地空导弹武器系统目标分配的特点

在进行目标分配时，多通道地空导弹武器系统的每一个目标通道可以当成一个单通道地空导弹武器系统处理，且两者的分配原理没有什么本质区别。但多通道地空导弹武器系统的所有目标通道使用的是同一个照射制导雷达天线，照射制导雷达为相控阵雷达，其扫描扇区有一定的范围，所以各通道所跟踪的目标必须同时位于该扇区范围内。正因为如此，多通道地空导弹武器系统在目标分配时有其特别之处。

分配的第一阶段选择射击扇区的空间位置，第二阶段才对射击通道进行目标分配。下面叙

述其分配算法的工作过程。

首先，根据所讨论的目标通道使用的杀伤区，选择有关常数。把目标坐标转换到导弹营的坐标系内，接下来计算参数坐标 p_{ij} 和 s_{ij}，并确定杀伤区远界 $s_{\max}$，杀伤区近界 $s_{\min}$ 和航路捷径极值 $p_{\max}$。

此后，根据高度、速度和航路捷径检查是否能对目标进行射击。若得出能进行射击的结论，则计算时间特征。先计算到杀伤区近界的飞临时间 t_{ij}，再计算导弹到杀伤区远界的飞行时间 $t_{\max}$ 和到杀伤区近界的飞行时间 $t_{\min}$，由此算出最大射击周期 $T_{\max}$ 和最小射击周期 $T_{\min}$。

按时间特征检查能否射击目标，即 $t_{ij} \geqslant T_{\min}$ 成立与否。如果 t_{ij} 小于最小射击周期 $T_{\min}$，则检查所使用的杀伤区类型，若原为迎击，则检查能否对目标进行尾追射击。若能进行尾追射击，则选用尾追射击时的杀伤区常数重新计算有关数据，最后检查 $t_{ij} \geqslant T_{\min}$ 成立与否。

如果上述射击条件都能满足，则计算目标分配界线 s_p。

到此为止，整个处理过程和单通道武器系统一样，所用公式也相同。

在目标过了分配线后，则计算目标指示线 s_y，在到达目标指示线之前，计算第 j 个目标相对于第 i 个导弹营的方位角为

$$\beta_{ij} = \arctan \frac{x_{ij} + v_{xj}\Delta t}{y_{ij} + v_{yj}\Delta t}$$

在该公式中，目标位置的前置点是 30 s 以后的($\Delta t = 30$ s。检查该前置点是否位于导弹营的扫描扇区内。如果不位于扫描扇区，则该导弹营不被建议用来对付该目标。如果前置点位于当前扇区，则可选择该导弹营对付该目标。然后进行后续分析。

照射制导雷达的天线方向在战斗过程中是可以转动的，但在转动时必须考虑已跟踪的目标，不能使已跟踪目标超出扫描扇区范围。

7.5　决策支持系统

决策是指挥的核心，决策科学化是指挥自动化的一个重要内容。决策理论、决策方法和决策工具的科学化又是决策科学化的重要保障。而决策支持系统简称 DSS(Decision Support System)，是目前使用广泛的一种辅助决策的工具。

7.5.1　决策支持系统基本原理

1. 辅助决策方式

决策支持系统是在管理信息系统和运筹学的基础上发展起来的。从辅助决策的角度看，决策支持系统的辅助决策能力是管理信息系统辅助决策能力和运筹学辅助决策能力的综合和提高。

辅助决策有以下几种方式。

(1) 以数据形式辅助决策。这是最基本的辅助决策方式。数据能反映事物的数量化特征。例如，人数能反映一个单位的大小，产量能反映工厂的生产能力，利润能反映企业的效益好坏。管理信息系统主要是各企业单位中对各种数据信息进行有效管理和处理的系统，它在数量上为各级管理者和决策者提供数据和辅助决策信息。

管理信息系统是进行大量数据处理，以数据形式辅助决策的。

(2) 以模型和方法的形式辅助决策。比较有效的辅助决策是利用模型和方法。为寻找事物发展的规律，建立了模型和方法。在建立模型和方法之后，再按模型和方法的思想去指导我们的行动。也就是说，我们的行动是按事物发展规律去做的。自然，行动的结果总能取得良好的效果。由于客观事物千变万化，异常复杂，我们建立的模型总是略去了一些因素后的简化模型。这种模型的效果，由于当时条件、环境变化，有可能失败。可见，模型是否真正反映了客观事物的规律性，是评价它是否真正有效的关键。

运筹学的研究在于建立模型和方法实现辅助决策，已经取得了很大的成果和效益。

(3) 以多模型组合形式辅助决策。用单模型辅助决策已取得了某些方面的成效。但单模型难以反映客观事物的全貌，故单模型辅助决策的效果是有限的。随着计算机技术的发展，已经能支持多模型组合的辅助决策方式。模型总是和数据相连的，单模型所用到的数据用少数的数据文件就可以了。计算机语言基本上都是为单模型和数据文件而设计的。如 FORTRAN，PASCAL，C 等，它们不涉及大量的数据，故一般不支持数据库。而多模型的组合将涉及大量的数据文件，这些数据文件的共享和消除冗余性以及统一管理，采用数据库更合适。而多模型的组合也需要建立模型库来统一管理以及组合和集成，从而发展成为以多模型组合，连接数据库进行综合决策的形式辅助决策。

决策支持系统正是按这种形式的辅助决策方式的需要建立起来的。

2. *决策支持系统的定义*

决策支持系统是利用数据库、人 — 机交互进行多模型的有机组合，辅助决策者实现科学决策的综合集成系统。

决策支持系统要在“数据”和“模型”的基础上，通过人 — 机“对话”去解决半结构化和非结构化问题。对“数据”的要求是数据处理功能，即对数据的存取、数据的检索、产生报表和图形；对“模型”的要求是利用模型，特别是优化模型得出辅助决策信息；对“对话”的要求是能修改模型，从而改变方案达到更大范围内的辅助决策。

结构化问题是常规的和完全可重复的，每一个问题仅有一个求解方法，结构化决策问题可以用程序来实现。非结构化问题不具备已知求解方法或存在若干求解方法而所得到的答案不一致，所以难于编制程序来完成。半结构化问题介于结构化问题和非结构化问题之间。非结构化问题实质上包含着创造性或直观性，计算机难以处理，而人则是处理非结构化问题的能手。当把计算机和人有机结合起来，就能有效地处理半结构化决策问题。DSS 的发展能有效地解决半结构化决策问题，它逐步使非结构化决策问题向结构化问题转化。

在指挥自动化系统中，决策支持系统通常从以下几个方面辅助决策者：一是从计算机的数据库中及时抽取精确的信息，为制定决策提供情报保障；二是辅助设计各种可能的决策方案，并对不同方案进行分析、判断；三是在动态变化中形成决策和规划任务；四是通过计算，确定最优解（或满意解），形成战略与战役计划和行动程序等。

7.5.2 决策支持系统的结构

决策支持系统是一个由多功能协调配合的子系统构成的集成系统。它由三个子系统组成，即人 — 机交互系统（人 — 机对话部件）、模型库管理系统（模型部件）、数据库管理系统（数据部件）。决策支持系统的结构如图 7 - 10 所示，下面介绍各组成部分的功能：

1. 人 — 机对话部件

人 — 机对话部件是决策支持系统与用户之间的交互界面。通过"人 — 机交互系统"控制实际决策支持系统的运行，决策支持系统既需要用户输入必要的信息（用于控制）和数据（用于计算），同时要向用户显示运行的情况及最后的结果。人 — 机对话部件包括如下几方面的功能。

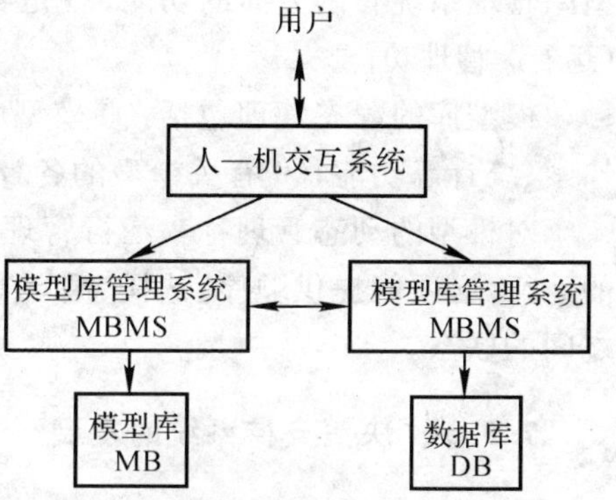

图 7 - 10　决策支持系统结构

（1）提供丰富多彩的显示和对话形式。目前，计算机中几种常见的人 — 机界面技术：① 菜单、窗口；② 命令语言和自然语言；③ 多媒体及可视化技术。

（2）输入、输出转换。系统对输入的数据和信息，要转换成系统能够理解和执行的内部表示形式。在系统运行结束后，应该把系统的输出结果按一定的格式显示或打印给用户。

（3）控制决策支持系统的有效运行。决策支持系统是三部件的有机结合体。人 — 机交互部件需要将模型部件、数据部件进行有机综合集成（包括部件接口）形成系统，并使系统有效运行。要达到控制 DSS 的有效运行，一般要通过组合"模型部件"和"数据部件"的集成语言所编制的 DSS 控制程序来完成。

2. 数据部件

数据部件包括数据库和数据库管理系统。经过几十年的发展，技术趋于成熟，已经有比较成熟的数据库组织方式和数据库管理系统。

（1）数据库存储的组织形式。数据库用来存储大量的数据，一般可组织成易于进行大量数据操作的形式，典型的数据组织模型有网络模型、层次模型、关系模型等形式。数据库由数据库管理系统来管理和维护。

（2）数据库管理系统功能。数据库管理系统必须具有数据库建立、删除、修改、维护，以及数据存储、检索、排序、索引、统计等功能。

（3）数据库管理语言体系。一般来说，数据库管理系统应提供一套语言体系供用户使用数据库或提供与某种高级程序设计语言的接口，这套语言体系一般由数据库定义语言和数据库操作语言两部分构成。

3. 模型部件

模型部件由模型库和模型库管理系统组成。决策支持系统将众多的模型按一定的结构形式组织起来便于多模型的管理，也便于模型的运行和模型的组合运行。

（1）模型库的特征。模型用来存放模型，它有自己的特征。模型不同于数据，它的形式如下：

1）模型的表示形式。它总是以某种计算机程序形式表示的，如数据、语句、子程序，甚至于对象等。这种物理形式在模型库中具体为模型名称及相关的计算机程序、模型功能的分类、模型的输入输出数据，控制参数等属性。它可以类似于数据的形式表示出来。

2）模型的动态形式。它可以以某种方法运行，进行输入、输出、计算等处理。这种形式的属性是无法或难以类似于数据组织的形式来描述的。

（2）模型库管理系统。模型库管理系统管理模型库。为了适应模型的静态与动态特征，模型库管理系统有两方面的功能，一是类似数据库管理系统的静态管理功能，二是模型的动态（运行）管理功能。

模型库的静态管理包括：① 模型库的建立、删除，模型字典的维护；② 模型的添加、删除、检索、统计等功能；③ 有关模型的各计算机程序的维护。

对模型的动态管理称为运行管理，它把模型看做一个活动的实体，它的功能：① 控制模型的运行，必须能提供顺序、选择、循环等三种基本的运行控制机制；② 负责模型与数据库部件之间的联系。

7.5.3　决策支持系统的发展

1. 智能决策支持系统

智能决策支持系统（Intelligent Decision Support System，IDSS）是在决策支持系统的基础上集成人工智能的专家系统（Expert System，ES）而形成的。

专家系统是20世纪60年代末兴起的一个新研究领域，它是20世纪50年代人工智能的进一步发展。专家系统是利用专家的知识在计算机上进行推理，达到专家解决问题的能力。专家系统主要由知识库、推理机和知识库管理系统三者组成。

专家的知识表示为产生式规则和语义网络等形式。知识的推理采用符号逻辑中的假言推理。在搜索知识的时候，采用了深度优先搜索方法或启发搜索方法。专家系统也是一种很有效的辅助决策系统。它利用专家的知识，特别是经验知识，经过推理得出辅助决策信息。对于专家知识，它不限定是数值的，更多的是不精确的定性知识。这样，专家系统辅助决策的方式属于定性分析。

专家系统和决策支持系统几乎是同时兴起，各自沿着自己的道路发展起来的，它们都起到辅助决策的作用，但辅助决策的方式完全不同。专家系统辅助决策方式属于定性分析；决策支持系统辅助决策的方式属于定量分析。把这两者结合起来，辅助决策的效果将会大大地改善，即达到定性辅助决策和定量辅助决策相结合。这种专家系统和决策支持系统的结合形成的系统称为智能决策支持系统，它是决策支持系统的发展方向。

但决策支持系统和专家系统的结合，并不是那样容易实现的。因为它们各自自成体系，要结合它们将有一些技术难题需要解决。专家系统结构中核心的部分由“推理机、知识库和动态数据库”三部件组成。知识库存放大量的专家知识；推理机完成对知识的搜索和推理；动态数据库存放已知的事实和推出的结果。专家系统中动态数据库不同于决策支持系统中的数据库。相对来说，决策支持系统中的数据库是静态数据库。要解决两系统中各部件之间的接口，然后再进一步解决两系统的集成，才能形成智能决策支持系统。

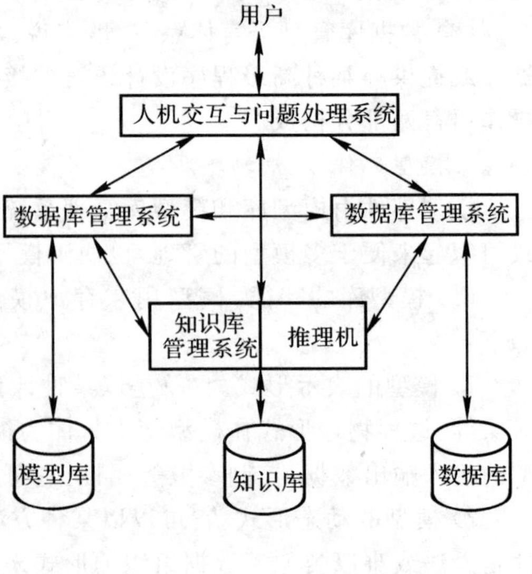

图 7-11　IDSS 结构图

IDSS 的结构如图 7-11 所示。

智能决策支持系统充分发挥了专家系统以知

识推理形式解决定性分析问题的特点，又发挥了决策支持系统以模型计算为核心的解决定量分析问题的特点，充分做到定性分析和定量分析的有机结合，使解决问题的能力和范围得到了提高。

2. 群决策支持系统

群决策支持系统(Group Decision Support System，GDSS)是在决策支持系统DSS基础上发展起来的。DSS对支持个人(如领导者)决策是很有成效的。随着社会和科学的进步，个人决策逐步向群体决策发展。如对长远发展的重大决策，个人决策局限很大，需要群体决策来解决，支持群体决策的GDSS随之得到发展。一般群的成员大多分布在较远的地方，这需要利用计算机分布式网络来连接他们，故分布式网络对GDSS是不可缺少的。

决策支持系统(DSS)是模型库系统、数据库系统、知识推理系统、人—机交互系统四者的有机结合体。群决策支持系统(GDSS)是在多个DSS和多个决策者的基础上进行集成的结果。可以说，群决策支持系统(GDSS)是集成多个决策者的智慧、经验以及相应的决策支持系统组成的集成系统，它以计算机及其网络为基础，用于支持群体决策者共同解决半结构化的决策问题。

目前，GDSS有多种应用类型，典型的应用就是远程会议。

远程会议由两个或者多个决策室通过可视通信设备连接在一起，使用电子传真技术组织会议进行决策。决策室中的每个决策者有一台计算机或终端，在同一个决策室内，各自可以在自己的计算机或终端上利用各自的DSS系统进行决策制定，GDSS的组织者协调和综合各决策者的决策意见，使GDSS得出群决策结论。会议室中有大屏幕显示器，显示各决策方案和结果，以及统计分析数据和有关图形、图像。这种形式把相距遥远的决策室联系起来，通过计算机网络、电话网络、电子黑板等设备，实现录像电视传真，大屏幕显示，形成现代化远程会议，达到群体共同决策。

GDSS可以缩短会议时间，提高会议效率，增加群体满意度。其优点具体表现在以下几个方面：

(1) 匿名性。GDSS以一种匿名的方式完成会议意见和发言权的交换，扩大了群体参与范围，与会者不再担心因发言偏差而当面遭到奚落，也不会感受到集团一致性的现场压力，从而避免了强烈的从众心理。

(2) 并行交流。在传统会议上，与会者只能依次轮流发言，往往会有个别人垄断会议的现象，从而体现不出群体决策的效果，GDSS则可通过计算机系统同时交换书面意见，允许与会者的发言并行不悖，从而增加了群体参与面。

(3) 会议记录自动化。GDSS自动地将与会者的言论、表决和其他共享信息记录存储到一个磁盘文件中，这种自动记录讨论意见的方法可以免去人工记录的繁琐与差错，为会议的总结分析提供详尽的第一手材料，也使今后的查阅更加方便。

GDSS的以上优点使得会议的参与面比传统会议广大得多，从而可采集到更多建设性的信息和观点，供决策时选择。GDSS技术及配套软件大大地提高了群体决策的公开性和效率。GDSS充分利用各部门所配置的计算机系统，形成一个网络管理模块，任何一项重要的决策都可以凭借计算机网络，最大限度地实现全员参与，以获得第一手材料，进行自动化的整理与评价，最后得出最佳方案。

3. 数据仓库与数据开采

(1) 数据仓库(Data Warehouse，DW)兴起。20世纪90年代流行的商业用语是“利用新技术来取得竞争优势”。即取得竞争优势不仅意味着有能力承受和驾驭变化，而且有能力在变化中兴旺发达，能够在明天更加瞬息万变的市场中取得胜利。这需要利用新的运作方式为客户提供前所未有的服务。这意味着把信息作为资产，既容易存取又容易共享，使最终用户和客户都得到好处。

例如银行业，由于银行客户越来越强烈地要求得到“随时随地”的服务，因此，信息的可用性、可存取性和实时性是必须解决的重点。银行本身也需要有更好的信息来支持其十分紧要的营销、服务和决策任务。

银行怎样才能满足这种战略信息的根本需要呢?答案是要靠数据仓库。数据仓库在银行的应用最早。数据仓库的数据使银行业能够发挥许多新作用，变得更有竞争力和更接近客户。

数据仓库实质上是把各单位的运作数据转换成商业信息，帮助银行解决许多复杂商业难题。从技术上讲，数据仓库是企业内部运作数据的中央仓库，这些数据经过了清理、转换、综合以后，为用户存取外部的市场数据以及内部的事务信息提供了方便。数据库相当于分散的、独立的子系统，没有能力从统一的角度提供用户的有关信息，也无法指出哪些服务和产品与所有客户的关系更密切。

数据仓库能对整个企业各部门送来的各种信息进行汇总和综合，这实际上是决策支持的一次革新。银行可以用它来取得各个重要方面的数据和分析结果(如利润、市场分析和风险管理等)，进而改善银行的自身管理。举例来说，数据仓库用户可以立即得到某单位当前所处地位的准确报告，了解某公司面临的风险(包括各项事务以及对整个银行所有业务面临的风险)，并对市场和法规条例的需要迅速做出反应。

由于银行能够看到所有账户和每个人的信息，因而银行有能力真正了解客户并更好地向他们提供服务。另外，之所以要把涉及每件事情的大量信息都集中到数据仓库，总的想法是要在客户的各个生活阶段中知道客户需要什么，并提供所谓的“预期服务”。

换句话说，银行将能够在客户还未认识到他的某种需要之前就预测到他的需要。比方说，银行将知道客户的汽车已用了 4 年，所以将建议向他提供一笔汽车贷款，帮助他更快地买到新车。

了解到的客户信息越多，银行就越能够更好地预测下一个潜在的业务。只有客户机 / 服务器数据仓库环境(它包含其他的外界信息，如市场统计信息等) 才能提供这种信息。

各家银行都在思考如何才能更有竞争力，例如，如何更好、更快地把产品推入市场?如何更好地为客户服务?如何更好地揽到客户?越来越多的银行选择数据仓库作为解决问题的工具。数据仓库是预测利润、分析风险、进行市场分析，以及加强客户服务与营销活动等的决策支持技术;它在适应商业变化及保持竞争优势方面日益扮演着举足轻重的角色。

从目前的形势看，数据仓库技术已紧跟 Internet 而上，成为信息社会中获得企业竞争优势的又一关键。

(2) 数据开采(Data Mining，DM) 的兴起。由于数据库技术的广泛应用，数据的基本处理功能，如数据的删改、数据查询和统计等处理功能已经成为任何一个管理系统必备的功能。

随着数据库技术和数据库管理系统的广泛应用，全球范围内数据库存储的数据量急剧增大。有些公司经过长年累月积聚下来的商业数据目前已经超过几百万条记录。

超级市场每天都要存储上万笔顾客购买数据。先进的现代科学观测仪器的使用造成每天都要产生大量的数据，如各种同步卫星每小时传回地球的遥感图像数据就达 50 KM(千兆)

字节。

数据的有效性是有时间性的。目前的商用数据库无法维护和管理在某个时间内有效的数据，也不能适应数据动态变化的要求，数据库维护不能与数据的变化同步，势必有成为数据垃圾的危险，造成严重的信息腐烂。

数据的迅速增加与数据分析方法的滞后之间的矛盾越来越突出，人们希望能够在对已有的大量数据分析的基础上进行科学研究、商业决策或者企业管理。但是，目前所拥有的数据分析工具很难对数据进行深层次的处理，人们只能望“数“兴叹。数据开采正是为了解决传统分析方法的不足，并针对大规模数据的分析处理而出现的。数据开采从大量数据中提取出隐藏在数据之后的有用信息，它被越来越多的领域所采用。并取得了较好的效果，为人们的正确决策提供了很大的帮助。

数据开采是在大型数据库中知识发现(Knowledge Discovery in Database，KDD) 中的一个步骤，它主要是利用某些特定的知识发现算法，在一定的运算效率的限制内，从数据库中发现有关的知识。

KDD是一个多步骤的对大量数据进行分析的过程，包括数据预处理、模式提取、知识评估及过程优化。知识获取往往需要经过多次的反复，通过对相关数据的再处理及知识学习算法的优化，不断提高学习效率。如在分析影响信用风险的因素时，可能先假设几种可能的因素，然后通过不断反复的实验，不断增加或删除因素，最终得到对信用风险最具影响的因素。

数据开采技术可以更好地处理产品的担保，预测零售商品的采购需求，揭露欺诈行为，确定信贷风险，规定新的产品和服务规程。通过运用数据开采技术深入到数据库的内部，寻找数据中的模式，再根据这些模式找出相应的规律和知识。

数据开采技术可以产生五种基本类型的数据。第一种是关联信息，它可以显示与单个事件相关联的信息，比如在购买啤酒的同时，有70%的可能也购买花生；第二种是序列信息，它可以显示所有时间内互相链接的一些事情，比如新购买了地毯的同时附带购买了新窗帘；第三种是分类信息，它是最常用的一种信息，主要在于找出描述一组有关人特性的模式，比如找出一组信用卡已作废的客户的特征；第四种是聚类信息，它把那些没有类别的数据聚集成多个类别，给用户提供“物以类聚”的宏观观念；第五种是预测信息，这是最容易理解的信息，它可以通过使用隐藏在数据中的模型来估计一些连续变量(如库存周转量) 的未来值。

(3) 数据仓库(DW) 与数据开采(DM) 的区别与关系。

1)DW与DM的区别。数据仓库是在数据库的基础上发展起来的。它将大量的数据库的数据按决策需求进行重新组织，以数据仓库的形式进行存储，为用户提供辅助决策的随机查询、综合数据及随时间变化的趋势分析信息等。

数据仓库是一种存储技术，它的数据存储量是一般数据库的100倍，它包含大量的历史数据、当前的详细数据及综合数据。它能适应不同用户对不同决策需要提供所需的数据和信息。

数据开采是从人工智能机器学习中发展起来的。它研究各种方法和技术，从大量的数据中挖掘出有用的信息和知识。最常用的数据开采方法是统计分析方法、神经网络方法和机器学习的方法。数据开采中采用机器学习的方法有归纳学习方法、遗传算法、发现学习算法等。

利用数据开采的方法和技术从数据库中挖掘的信息和知识，反映了数据库中数据的规律性。用户可利用这些信息和知识来指导和帮助决策。

2)DW与DM的关系。数据仓库与数据开采都是决策支持新技术。但它们有着完全不同的辅助决策方式。数据仓库中存储着大量辅助决策的数据，它为不同的用户随时提供各种辅助决策的随机查询、综合数据或趋势分析信息。数据开采是挖掘数据中隐含的信息和知识，让用户在进行决策中使用。

数据仓库和数据开采可以结合起来。在数据仓库系统的前端的分析工具中，数据开采是重要工具之一。它可以帮助用户挖掘数据仓库中隐含的规律性。数据开采可以用于数据仓库，也可以直接用于数据库，即它可以用于数据仓库的海量数据，也可以用于事务处理的操作数据。

数据仓库和数据开采的结合对支持决策会起更大的作用。

第 8 章　自动化武器控制系统

武器控制是指挥自动化系统的一项重要功能，其目的是充分发挥己方武器的威力，削弱敌方武器的威胁。要实现武器控制的自动化，必须有一个自动化武器控制系统与之配合。本章介绍了自动控制的基本原理，自动化武器控制的基本概念和实现方法。

8.1　自动控制的基本原理

8.1.1　经典控制理论

1. 自动控制的概念

自动控制是指在没有人直接参与的情况下，利用外加的设备或装置(称控制装置或控制器)，使机器、设备或生产过程(统称被控对象)的某个工作状态或参数(即被控量)自动地按照预定的规律运行。例如，数控车床按预定程序自动地切削工件；雷达和计算机组成的导弹发射和制导系统自动地将导弹引导到敌方目标；人造地球卫星准确地进入预定轨道运行并回收；等，都是应用自动控制技术的结果。

自动控制理论是研究自动控制共同规律的技术科学。它的发展初期，是以反馈理论为基础的自动调节原理，并主要用于工业控制。第二次世界大战期间，为了设计和制造飞机及船用自动驾驶仪、火炮定位系统、雷达跟踪系统以及其他基于反馈原理的军用装备，自动控制理论的发展得到了进一步促进和完善。到第二次世界大战后已形成完整的自动控制理论体系，这就是以传递函数为基础的经典控制理论，它主要研究单输入输出线性定常系统的分析和设计问题。

20 世纪 60 年代初期，随着现代应用数学新成果的推出和电子计算机的应用，为适应宇航技术发展，自动控制理论跨入了一个新阶段 —— 现代控制理论。现代控制理论研究具有高性能、高精度的多变量变参数的最优控制问题，采用的方法是以状态变量和状态方程为基础的时域法。目前，自动控制理论还在继续发展，并且已跨越学科界限，正向以控制论、信息论、仿生学为基础的智能控制理论方向发展。

2. 反馈控制原理

为了实现各种复杂的控制任务，首先要将被控对象和控制装置按照一定的方式连接起来，组成一个有机的整体，这就是自动控制系统。在自动控制系统中，被控对象的输出量，即被控量是要求严格加以控制的物理量，它可以要求保持为某一恒定值，例如温度、压力、液位等，也可以要求按照某个给定的规律运行，例如飞行航迹、记录曲线等；而控制装置则是对被控对象施加控制作用的机构的总体，它可以采用不同的原理和方式对被控制对象进行控制，其中最基本的一种是基于反馈控制原理组成的反馈控制系统。

在反馈控制系统中，控制装置对被控对象施加的控制作用取自被控量的反馈信息，根据反馈信息不断修正被控量的偏差，从而实现对被控对象进行控制的任务，这就是反馈控制的原理。反馈控制是自然界中一切生物控制自身运动的基本规律，也是工程自动控制的基本原理。它可以实现复杂而准确的控制。

通常，我们把输出量送回到输入端并与输入信号比较的过程称为反馈。若反馈的信号是与输入信号相减而使偏差值越来越小，则称为负反馈；反之，则称为正反馈。反馈控制就是采用负反馈并利用偏差进行控制的过程。而且，由于引入了被控量的反馈信息，整个控制过程成为闭合的，因此反馈控制也称为闭环控制。

在工程实践中，为了实现对被控对象的反馈控制，系统中必须配置相应的设备，以便用来对被控量进行连续的测量、反馈和比较，并按偏差进行控制。这些设备依其功能分别称为测量元件、比较元件和执行元件，并统称为控制装置。一个反馈控制系统的典型框图表示在图 8-1 中。图中，用“○”表示比较元件，它将测量元件检测到的被控量与输入量进行比较，“—”号则表示两者符号相反，即负反馈。

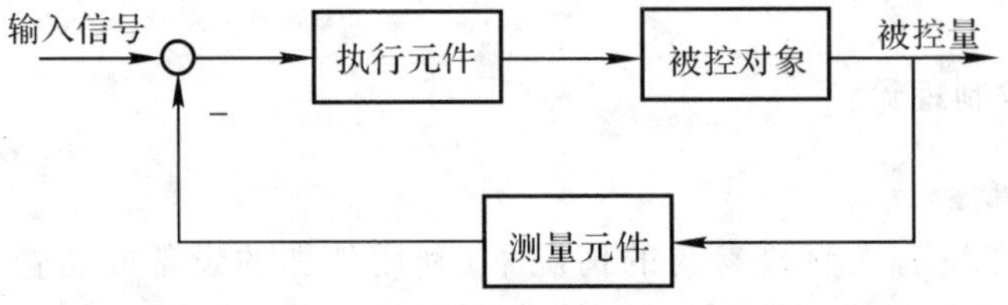

图 8-1 反馈控制系统的典型框图

一般来说，加到反馈控制系统上的外作用有两种：一种是有用输入；一种是扰动。有用输入决定系统被控量的变化规律；而扰动是系统不希望有的外作用，它破坏有用输入对系统的控制。在实际系统中，扰动总是不可避免的，而且它可以作用于系统中的任何元部件上，也可能一个系统同时受到几种扰动作用。

3. 自动控制系统的基本控制方式

反馈控制是自动控制的系统最基本的控制方式，也是应用最广泛的一种控制系统。除此之外，还有开环控制方式和复合控制方式，它们都有其各自的特点和不同的适用场合。

(1) 反馈控制方式。如前所述，反馈控制方式是按偏差进行控制的，其特点是不论什么原因使被控量偏离期望值时，必定会产生一个相应的控制作用去减小或消除这个偏差，使被控量与期望值趋于一致。可以说，按反馈控制方式组成的反馈控制系统，具有抑制任何内、外扰动对被控量产生影响的能力，有较高的控制精度。

(2) 开环控制。开环控制是指控制装置与被控对象之间只有顺向作用而没有反向联系的控制过程，按这种方式组成的系统称为开环控制系统，其特点是系统的输出量不对系统的控制作用发生影响。开环控制系统可以按给定量控制方式组成，也可以按扰动控制方式组成。

按给定量控制的开环控制系统，其控制作用直接由系统的输入量产生，给定一个输入量，就有一个输出量与之对应，控制精度完全取决于所用的元件及校准精度。因此，这种开环控制方式没有自动修正偏差的能力，抗扰动性较差。目前，用于国民经济各部门的一些自动化装置，如自动售货机、自动洗衣机、数控车床以及交通指挥的红绿灯转换等，一般都是开环控制系统。

按扰动控制的开环系统，是利用可测量的扰动量，产生一种补偿作用，以减小或抵消扰动对输入量的影响，这种控制方式也称为顺馈控制。这种按扰动控制的开环控制方式是直接从扰动取得信息，并据以改变被控量，因此，其抗扰动性好，控制精度也较高，但它只是适用于扰动是可测量的场合。

(3) 复合控制。按扰动控制方式在技术上较按偏差控制方式简单，但它只适用于扰动是可测量的场合，而且一个补偿装置只能补偿一个扰动因素，对其余扰动均不起补偿作用。因此，比较合理的一种控制方式是把按偏差控制与按扰动控制结合起来，对于主要扰动采用适当的补偿装置实现按扰动控制，同时，再组成反馈控制系统实现按偏差控制，以消除其余扰动产生的偏差。这样，系统的主要扰动已被补偿，反馈控制系统就比较容易设计，控制效果也会更好。这种按偏差控制和按扰动控制相结合的控制方式称为复合控制方式。

8.1.2　计算机控制系统

随着科学技术的发展，自动控制系统日益复杂，出现了多输入输出、非线性、时变参数和最优控制等系统，而且系统中除连续信号外，还包括离散信号和数字信号等多种形式。这样，经典的反馈控制理论难以分析和设计上述系统，因而就出现了数字系统理论和现代控制理论。这些理论的形成与发展为数字计算机应用于自动控制领域奠定了基础。

工农业生产的发展，军事斗争的需要和科学技术的进步对自动控制提出了精度更高、速度更快、方式更灵活、范围更广、综合性更强和规模更大等要求。常规的模拟控制难以满足上述要求，而数字计算机具有强大的计算能力、记忆和逻辑判断能力，丰富多彩的外围设备和人—机对话能力，所以不仅能实现高级复杂的控制算法，获得快速精密的控制效果，还能把生产控制与生产管理有机地结合起来，从而实现对整个企业、工厂或车间的自动化控制和管理。因此，计算机控制是社会发展的需要。

1. 计算机控制系统的概念

简单地讲，含有计算机并且由计算机完成部分或全部控制功能的控制系统，就称为计算机控制系统。严格地讲，计算机控制系统是建立在计算机控制理论基础上的一种以计算机为手段的控制系统。

由模拟控制系统构成计算机控制系统最直接的方法是将其模拟控制装置换成计算机，再配以 A/D 和 D/A 转换等部件，即可构成图 8-2 所示的计算机控制系统。

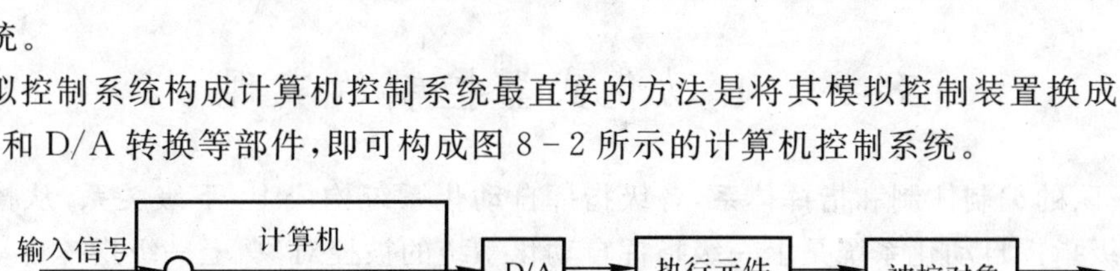

图 8-2　计算机控制系统

2. 计算机控制系统的基本特点

计算机控制系统的基本特点：

(1) 计算机的输出、输入信号均为二进制数字信号，因此需要 D/A 和 A/D 转换。A/D 和

D/A 转换两个转换过程将对系统的静态性能和动态性能产生影响。这是计算机控制系统碰到的一个特殊问题。

(2) 控制信号通过软件加工处理，充分利用了计算机的运算、逻辑判断和记忆功能，因而若要改变控制算法，只需改编程序，而不必改动硬件电路。

上述两个特点，给计算机控制系统带来了一些崭新的设计方法。

3. 计算机控制系统的控制过程

从信息转化与使用的角度看，计算机控制系统的控制过程可归纳为以下三方面：

(1) 实时数据采集。实时数据采集是指对被控量的瞬时值进行检测和输入。

(2) 实时决策。实时决策是指对实时的给定值和被控量的数值进行已定的控制规律运算，决定下一步的控制过程。

(3) 实时控制。实时控制是指根据决策，适时地对执行机构发出控制信号。

上述的“实时”概念是指信号的输入、计算和输出都要在一定的时间(采样间隔)内完成。越出了这个时间就失去了控制的时机，控制也就失去意义。实时的概念也不能脱离具体过程，例如对炉温和液位的控制，在几秒内完成一个上述循环，仍认为是实时的，而对一个火炮控制系统，当目标状态变化时，必须在几毫秒之内及时控制，否则就不能击中目标。

4. 计算机控制系统的优越性

与由模拟元部件或常规仪表组成的控制系统相比，计算机控制系统有以下优点：

(1) 能实现复杂的控制规律，从而提高控制质量。这主要是因为复杂控制规律往往难以用模拟元件实现的，而数字计算机是通过算法编程实现的，又具有强大的记忆和判断功能。

(2) 控制规律灵活、多样，改变方便。计算机控制系统中，控制规律由软件实现，所以可任意设计或改动，而不必像模拟控制那样，要重新设计加工电路或更换仪表及连接。

(3) 一台计算机可以代替多台模拟调节器或装置。这是因为计算机有分时功能。显示器的引用可节省大量显示仪表，使庞大的仪表屏大大缩小。

(4) 控制与管理相结合，自动化程度大大地提高。这主要是因为计算机有计算、记忆、判断功能和多种的人 — 机对话功能。

8.2 自动化武器控制的实现

根据军队的编制体制和指挥体系，各级指挥自动化系统构成上、下级关系。从控制论的观点看，下一级指挥自动化系统是上一级指挥自动化系统的被控对象，上一级指挥自动化系统是下一级指挥自动化系统的控制装置。指挥自动化系统的最终目的是完成作战指挥与兵力控制任务，这是一个“信息施效”的过程，由指令传输、指令解释与信息变换、武器控制和信息反馈等基本环节构成。随着各种先进武器的不断出现和作战打击力不断提高，往往借助于武器控制系统来实现武器控制的自动化，例如导弹制导系统、飞机作战指挥引导系统、火炮自动控制系统等。这些武器控制系统自身也往往是一类指挥自动化系统，也包括信息获取、信息处理、信息传输、作战方案选择和指挥决策、引导控制等环节，构成一个相对独立的指挥自动化系统，嵌套在上一级指挥自动化系统之中。

8.2.1　自动化武器控制

1. 自动化武器控制的含义

武器控制是指挥自动化系统的一项重要功能，其目的是充分发挥己方武器的威力，削弱敌方武器的威胁。现代武器不仅威力强，而且速度快，往往要求在几秒钟内确定或修改指挥方案，因此，必须提高指挥控制的速度和质量。武器控制是军队指挥自动化系统发展较早、较成熟的功能之一，它分为自动化控制系统和自动控制系统。两者的区别在于，前者需要人参与决策，而后者完全是按照预定程序工作的。因为战场环境纷繁复杂，实战中完全不要人参与的自动武器控制是不现实的，而应当是由人决策或由机器辅助人决策的自动化武器控制。

所以，自动化武器控制是指由人、技术设备、武器所形成的自动化控制。自动化武器控制的主要特点是：人的主导作用体现在决策上，一切技术性的处理工作均由技术设备自动（或在人的部分干预下）完成，武器则在指令控制下发射并摧毁目标。自动化武器控制系统由施控和被控两个主要部分组成。施控部分指指挥控制（人和指挥控制设备），被控部分指武器本身。

2. 自动化武器控制系统

要实现武器控制的自动化，必须有一个自动化武器控制系统与之配合。自动化武器控制系统是指挥自动化系统的一个重要组成部分，是实现指挥自动化系统与武器系统一体化的重要环节。自动化武器控制系统不仅能控制单个的武器，而且能控制包括警戒设备、目标分配设备、引导设备和杀伤破坏性武器在内的整套武器系统，使指挥控制的各个阶段 —— 从了解情况到判明打击效果 —— 都实现自动化，并且整个过程可在极短的时间内完成。

通常按作战使用将武器控制系统分为战略武器和战术武器控制系统两大类。

(1) 战略武器控制系统。战略武器控制系统是用于完成战略任务的武器控制系统，如战略导弹控制系统、反导武器控制系统及空间武器控制系统等，通常由国家最高当局指挥控制。战略武器控制系统设备庞大、复杂，精度要求高，一旦出现差错，后果不堪设想。为此，要求战略武器控制系统绝对可靠，通常都有多级保险和可靠的信息传输系统。

(2) 战术武器控制系统。战术武器控制系统是用于完成战术任务的武器控制系统。如地空导弹控制系统、反坦克导弹控制系统、战术射击控制系统等。这些武器控制系统的突出特点是自动化程度高、反应时间短、需要人的干预有限。整个系统综合性强，它可以把情报、作战、火力及作战勤务的数据处理综合于一体，大大地提高了系统的整体效能。

3. 武器控制的过程

为了达到摧毁目标的目的，武器控制系统要逐步完成的工作，称为武器控制过程。由于不同的武器系统担负的任务及目标性质等差别，控制过程不尽相同，防空武器的控制过程主要包括下面几步：

(1) 目标探测与识别。警戒雷达搜索整个空域，发现空中目标并提取目标坐标的坐标数据送计算机进行处理，形成航迹，计算目标的航向、航速，并识别目标的敌我属性。

(2) 威胁估计。根据目标到达的时间以及目标的性质（即该目标是什么类型的武器或拥有什么类型武器）来判断目标的威胁程度，并查明或预测敌机可能攻击的我保卫目标。若同时有多个目标来袭，则按威胁等级顺序进行排队，分配武器时，应优先对付威胁大的目标。

(3) 目标分配与目标指示。根据目标的性质，威胁程度及我方武器的性能、状态，拟定作战方案，分配武器，并给指定的武器送出目标指示参数。

(4) 目标跟踪。武器系统接到目标参数后，由所属的跟踪装置迅速跟踪所指定的目标，并将跟踪所得到的数据连续送给武器系统计算机进行解算。

(5) 射击诸元解算与实施攻击。根据输入的目标数据、武器性能、气象条件等，计算射击诸元，将所得到的数据不断提供给武器，使武器一直处于准备攻击状态，一旦得到指挥员的射击指令，即可对目标进行攻击。

(6) 效果观察。武器发射后，通过各种手段获得射击效果，以判断目标被摧毁的程度。根据射击效果的判断，决定继续射击或停止射击或转移火力。

现代很多武器系统都是武器控制系统与武器的综合体，如地空导弹武器系统是地空导弹与制导系统的综合体，制导系统不但能控制导弹，它配备的制导雷达也能发现和跟踪目标，只是其搜索目标的能力和探测距离有限，需要指挥自动化系统为其提供目标指示，以增大预警时间。

上述武器控制过程的几个步骤中，后三个步骤主要由武器系统本身完成，而前三个步骤一般由上一级指挥自动化系统完成。所以，指挥自动化系统在武器控制过程中，主要是进行目标探测、目标识别和威胁估计，并对多套武器系统进行指挥协调和目标分配，最终把目标指示数据和有关指令送到武器系统。为实现对武器系统的有效控制，武器系统必须把所跟踪的目标数据和战斗过程中的有关情况及时反馈给指挥自动化系统。

对地空导弹武器系统来说，指挥自动化系统产生的目标指示数据和有关命令信息经过通信系统送来，其中的目标指示数据用来引导制导雷达指向目标并及时发现目标，而有关命令信息由显示设备显示出来，便于指挥员正确理解上级的作战意图，及时定下射击决心，消灭目标。制导雷达所跟踪目标的数据和武器系统的工作状态信息，也通过通信系统返回到指挥自动化系统。

地空导弹武器系统经历了三个发展时期，即形成了所谓的三代地空导弹。早期的第一代地空导弹武器系统采用的是模拟电路，其本身也没有考虑和指挥自动化系统的连接，需要重新解决交联问题；而新的第三代地空导弹武器系统采用的是数字电路，由数字计算机进行控制，本身就有和指挥自动化系统的接口，与指挥自动化系统是一体化设计的。所以对这两类地空导弹武器系统的控制方法是不一样的，下面分别做简要介绍。

8.2.2 模拟式地空导弹武器系统的控制

因为装备指挥自动化系统的上级指挥所使用的是数字信息，而地空导弹营的制导雷达信号是模拟的，所以必须有转换设备，进行信号的数模和模数转换。另外，指挥所与导弹营使用的坐标系不一样，指挥所使用以自身为原点的直角坐标系，而导弹营使用以导弹营阵地为原点的球坐标系统，所以需要在两者之间进行坐标变换。其次，指挥所与导弹营的信息处理周期各异。

为完成以上工作必须有专门的接口设备。

因为这类地空导弹武器系统原先没有考虑与指挥自动化系统的交联，所以还得有控制设备，用变换后的目标指示数据去引导制导雷达指向目标，使制导雷达作补充搜索后，很快发现目标。另外，还得有显示上级指挥命令的显示设备和输入上报信息的控制台。这些设备和接口设备统称为自动化处理设备。此外，自动化处理设备中还包括检查与训练装置。自动化处理设备加上通信设备可以放在一个舱内，而显示设备和控制台一般位于制导雷达的引导车上。图 8-3 为通信连接设备的结构图。

上级指挥所送来的数据与语音信息由通信设备接收。语音信息送电话和扬声器等通信终端。数据信息送数据收发设备进行分解，其中指挥信息经过处理后，送到显示设备显示；而坐标信息经坐标变换后，进行 D/A 转换，最终形成对制导雷达天线角度和距离波门的控制信号。制导雷达所跟踪目标的角度和距离信号被转换成数字形式后，送去进行坐标反变换，变换后的坐标信息和控制台形成的上报信息被统一编码打包后，经通信设备送上级指挥所。

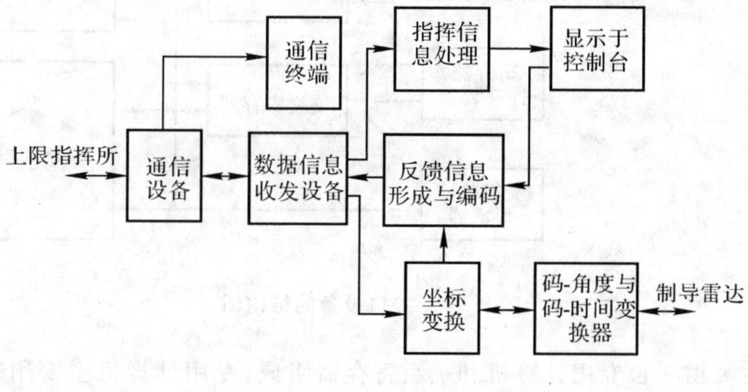

图 8-3　通信连接设备结构图

自动化处理设备完成以下任务：

(1) 接收来自指挥自动化系统的数据信息。

(2) 把收到的目标指示坐标进行外推，并由直角坐标变换到导弹营所在位置的球坐标。

(3) 把导弹营所跟踪的目标坐标，变换成数字形式，作为返回坐标通过通信系统送到上级指挥所。

(4) 自动处理目标指示信息，把它处理成天线角度控制信号，通过随动系统控制制导雷达指向目标。

(5) 在显示设备上显示上级指挥所送来的命令和有关目标的附加信息。

(6) 形成关于导弹营状态和作战行动的反馈信息。

(7) 组织指挥所与营战勤人员的联合训练。

8.2.3　数字式地空导弹武器系统的控制

新一代的数字式地空导弹武器系统都是和指挥自动化系统一体化设计的，都有专门的交换通道连接上级指挥自动化系统与制导雷达的数字计算机。只要按一定格式和速度把目标指示数据和命令信息等由通信系统传输，并通过交换通道送到计算机，制导雷达就会自动根据目标指示数据对目标进行补充搜索，尽快发现目标，并自动控制天线方位的变化，有关命令信息也会显示在导弹营指控舱相应显示面板上。导弹营跟踪的目标坐标和营状态、营战斗行动等反馈信息自动形成，并以一定的信息格式和传输速度通过交换通道送出，最后通过通信系统送到上级指挥所。

但是有些指挥自动化系统并不是单独为某种地空导弹武器系统设计的，所以它接收和发送的信息，在格式、传输速度、交换周期等方面，往往和制导雷达交换通道的不一样。所以也需要接口设备进行相应的变换，才能实现指挥自动化系统与导弹营之间的信息交换。图 8-4 为接口设备的结构图。

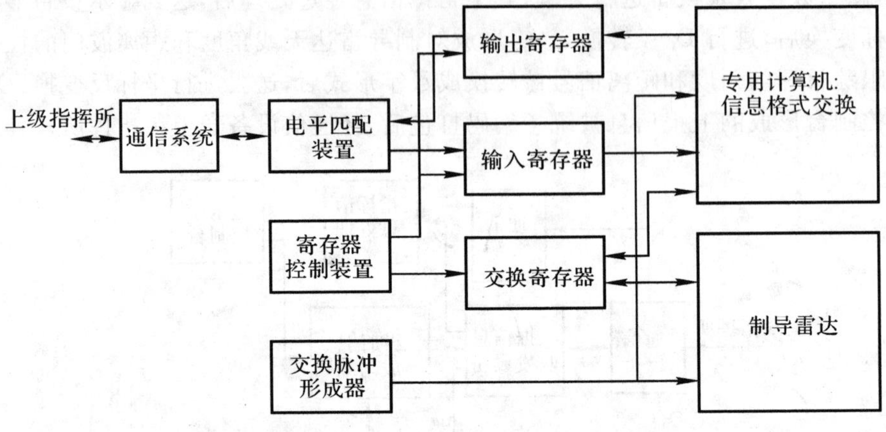

图 8-4　接口设备的结构图

接口设备主要由一台专用计算机和一组寄存器组成。专用计算机主要用来进行信息格式的变换，即把从上级指挥所接收来的信息包处理成制导雷达所要求的信息包，以及相反的处理，并在指挥自动化系统与制导雷达交换周期不一致时，对目标坐标进行外推。寄存器用于专用计算机与通信系统、制导雷达进行信息交换时的信息暂存和串并转换，寄存器控制装置控制寄存器的同步。交换脉冲形成器产生专用计算机与制导雷达信息交换的控制脉冲。

指挥自动化系统与导弹营的接口设备完成下列任务。

(1) 接收从上级指挥所送来的目标指示和命令信息，并对它们进行变换后送往导弹营指控舱。

(2) 接收来自导弹营指控舱的跟踪目标信息和关于导弹营准备状况及战斗行动的报告信息，对它们进行变换后，送往指挥所。

第9章 防空C^3I系统工程

防空C^3I系统工程是一个集理论、方法、技术、设备、管理于一体的高科技工程。防空C^3I系统建设主要包括系统军事需求分析、系统设计、系统建设、系统调试运行等环节,本章主要介绍防空C^3I系统工程中的军事需求分析、系统设计、系统建设等的概念、内容、方法,并对系统建设过程中的建模仿真及其VV&A进行了阐述。

9.1 防空C^3I系统军事需求分析

在指挥自动化系统建设实践中,军事需求分析是个非常重要的概念,它是指挥自动化系统建设的前提和基础,它既是系统建设的起点,又决定着系统建设的方向。军事需求恰当与否直接关系到系统建设能否成功,充分、明确、合理的军事需求分析对于系统建设起着至关重要的作用。

9.1.1 军事需求分析概述

1. 军事需求分析的概念

军事需求分析,是指挥人员在系统分析人员、技术人员的配合下,以作战理论、信息技术的发展为依据,综合考虑作战任务、作战对象、作战规模、作战样式、作战环境,以及物质经济基础、人员素质等因素,对指挥自动化系统提出一系列的建设目标、功能、作战性能和战术技术要求的过程。

可以从以下三个方面来理解军事需求这个概念。

(1) 军事需求分析的主体是指挥人员、系统分析人员和技术人员,他们的分工和职责各有不同;军事需求分析的客体是各级指挥自动化系统。

(2) 军事需求分析是一种主动的、有目的的综合性分析行为,其目的是提出战争对军事系统需求,间接目的是实现军队指挥自动化。

(3) 军事需求分析是一个过程,由一系列具体的分析活动组成,并以规范和明确的形式进行描述。

2. 研究军事需求分析的目的和作用

深入研究军事需求分析的目的是为了科学地认识军事需求分析规律,力求以军事需求分析理论牵引系统建设实践,在充分了解军事斗争需求和技术可行性的基础上,综合分析出军事斗争对指挥自动化系统的需求;为指挥人员提供适应高技术条件下的作战指挥手段;为军事需求分析乃至指挥自动化系统的发展、建设、运用提供可靠依据和理论支撑。

军事需求分析是系统研制和开发的重要依据,它既是系统建设的起点,又决定着系统建设的方向。因此，军事需求分析恰当与否直接关系到系统研制工作及其最终结果。忽视军事需求分析或不恰当的军事需求分析往往会给系统建设带来一些问题：或是对未来作战需求估计过低，建成的系统不能满足作战需要，或在不久的将来就不能再满足作战的需要；或是对未来作战需求估计过高，造成不必要的浪费；或是对系统互连互通互操作的需求考虑不足，以至于各军种的指挥自动化系统、各级指挥自动化系统、新老系统之间不能互相协调，出现重复浪费等。因此，充分、明确、合理的军事需求分析对指挥自动化系统的建设起着至关重要的作用。

(1) 导向作用。正确的军事需求分析理论不仅可以使系统设计人员、指战员科学地认识军事需求分析活动，并能帮助他们明确系统的建设方向和目标。

(2) 牵引作用。军事需求分析既是系统存在的条件，又是系统建设发展的动力。需求牵引和技术推动相互促进，推动着系统的发展。科学的理论指导可以提高系统设计人员、指战员的军事需求分析的素质，使军事需求分析减少经验性，增强科学性；在此基础上，正确合理地提出对系统的军事需求分析，为系统建设发展提供强大的牵引力。

(3) 检验作用。系统建设的成效如何，最终要通过系统满足军事需求的程度来衡量。

(4) 增益作用。根据切合实际的军事需求分析，有针对性地研制系统，这在经费紧张的情况下，对提高部队作战能力、加快指挥自动化建设具有重要的作用。

3. 军事需求分析的分类

可以从不同的角度对军事需求分析进行分类。

按层次和规模，军事需求分析可分为战略系统军事需求分析、战役系统军事需求分析、战术系统军事需求分析。

按类型，军事需求分析可分为联合系统军事需求、陆军系统军事需求、空军系统军事需求、海军系统军事需求、二炮系统军事需求、武警系统军事需求分析。

按业务领域，军事需求分析可分为指挥控制系统、情报侦察系统、预警探测系统、军事通信系统、电子对抗系统、作战信息保障系统的军事需求分析。

按时序，军事需求分析可分为总体军事需求分析和分项军事需求分析。比如，防空 C^3I 系统军事需求分析包括总体军事需求分析和各分系统军事需求分析。

9.1.2 防空 C^3I 系统军事需求分析规律和原则

军事需求的规律和原则是对军事需求分析矛盾运动的抽象概括和理性认识，是人们从事军事需求分析活动的最基本依据。

(1) 作战牵引规律。作战牵引规律是军事需求分析的基本规律，贯穿于军事需求分析的全过程，制约和影响着其他军事需求分析规律。需求牵引源于对作战实际情况的准确把握。掌握客观情况是军事需求分析活动的起点，并贯穿在军事需求分析的全过程。脱离实际情况、不切实际的军事需求分析，不能对指挥自动化系统建设起牵引作用，反而会起损害系统发展建设的大局。能否提出具有前瞻性、建设性的军事需求分析，快速、高效地牵引指挥自动化系统的建设，是衡量军事需求分析成功与否的关键。

(2) 循序渐进规律。防空 C^3I 系统是高技术与作战指挥需求相结合的产物。军事需求分析主体通常是具有丰富军事知识和作战指挥经验的指挥人员和掌握需求分析理论的系统分析人员，他们要根据目前的和将来可能出现的情况提出具有前瞻性、建设性的军事需求分析。显然一次性地提出完整、合理、有效的军事需求分析是很困难的。循序渐进规律就揭示了军事需求分析活动的发展变化过程。

可以从三个方面来理解循序渐进的规律。首先，军事需求分析的内涵在动态扩展。随着现代科学技术的发展，指挥自动化系统的内涵在动态扩展，人们的认识也在不断地深入和发展，这就决定了军事需求分析的内涵处于不断发展变化之中。其次，军事需求分析有个渐进的发展和完善的过程。由于军事需求分析人员认识的局限性，系统建设初期的军事需求分析一般较为模糊，其功能目标的要求可能是模糊的，只能作为系统设计、研制的基本依据。随着系统建设工作的展开，军事需求分析人员认识不断深入，再加上各种条件和作战环境改变的反馈与推动作用，这必然要求对军事需求分析作进一步的修改、细化、完善。再次以循序渐进的思想推动军事需求分析发展，使不断变化的需求和不断变化的技术同步，是指挥自动化系统建设成功的保证。

(3) 互动发展规律。互动发展规律包含了两层含义：一是军事需求分析与作战理论、军事技术和体制编制之间是相互促进、共同发展的。军事需求分析以一定的作战理论、军事技术和体制编制为基础，提出解决问题的方式，刺激着军事技术的发展；而军事技术的发展又给军事需求分析提供了最新的技术手段和工具。二是军事需求分析与作战理论、军事技术和体制编制之间的互动发展有个过程。

军事需求分析原则是由不同层次的内容构成的原则体系，具有丰富的内容，可以从不同的角度进行概括。

(1) 知彼知己。知彼知己是军事需求分析的基本原则。正确科学的军事需求分析来源于对客观事实的掌握。军事需求分析是一种对抗性的活动，只有深入了解敌方的防空 C^3I 系统的作战能力，借鉴和吸收其防空 C^3I 对抗的研究方法和研究成果，才能使我军的指挥自动化系统博采众长，更加完善，在未来防空 C^3I 系统对抗中取得胜利。同时还要根据我军指挥自动化系统的实际情况，结合未来高技术战争对防空 C^3I 系统的新要求，才有可能正确地、系统地描述防空 C^3I 系统的军事需求分析，为系统研制提供合理可信的依据。

(2) 注重实用。军事需求分析要注重实效、适应实战、兼顾平时，突出和加强指挥自动化系统的实用性，必须根据部队的作战任务、体制编制、指挥关系、作战特点和作战环境等实际情况来综合考虑，以满足作战指挥要求为原则，并与我军的武器系统和人员素质相适应。同时还要考虑新老设备的兼容、指挥自动化手段与传统手段的互补，以提高作战指挥的效能。

(3) 整体优化。防空 C^3I 系统是集指挥、控制、通信和情报等功能于一体的大型系统工程，它涉及了众多学科和技术，因此防空 C^3I 系统军事需求分析也是复杂的系统工程。整体优化是指挥自动化系统建设的客观需要，不仅决定了我们能够适应未来信息战和联合作战的需要，而且决定了我们能否充分利用我军现有的武器装备和作战人员。因此，我们要从系统综合集成的角度进行军事需求分析，根据作战指挥的主要职能、业务关系、信息流程建立一体化的指挥体系，力求人与系统、系统与系统的有机结合；同时还要充分利用好现有资源。

(4) 合理预测。合理预测是实施正确军事分析的重要保证，目的是提供定性和定量的科学决策依据，减少决策风险，提高军事需求分析的效率。把握未来高技术战争的特点、发展趋势，预测未来可用的高新技术和作战对象的威胁程度及其指挥自动化系统发展水平，有针对性地分析设计我军指挥自动化系统。

(5) 科学规范。随着防空 C^3I 系统建设的迅速发展，对军事需求分析科学性和规范性的要求越来越高了。因为，一旦方向错了，不仅浪费了巨大的人力、物力和财力，而且延误了部队指挥自动化水平的发展和提高。首先，要科学地进行军事需求分析，从客观条件、未来战场威胁和技术发展的可能性方面出发提出军事需求。其次，要规范军事需求分析活动。一是要规范军事需求分析的程序，区分任务，明确分工；二是规范军事需求分析的内容及用来描述军事需求内容的军事术语。三是规范系统指标体系及指标的内涵、优先级等。

(6) 综合评估。在军队指挥自动化建设过程中，需要建设许多个指挥自动化系统。在经费有限的情况下，如何决定系统建设的先后次序呢?最主要的依据是军事需求。因此，必须对军事需求进行评估，以决定众多系统的取舍。要搞好军事需求分析，首先要明确军事需求评估的标准；其次是要充分地运用先进的评估手段和方法。合理科学的评估标准、先进的评估手段和方法的合理运用是提高评估质量的重要保证。

9.1.3 防空 C^3I 系统军事需求分析的内容

作为指挥自动化系统研制立项和总体设计的基础，军事需求分析应包括总体需求分析、分项功能、作战使用性能要求、战术技术指标分析、必要性和可行性分析、研制要求和构想等。

1. 总体需求分析

(1) 明确防空作战任务和背景。首先要以打赢高科技局部战争为基点，根据当前所面临的军事威胁和未来可能面临的威胁，研究我军军事战略重点、作战对象、作战方式的转变，分析判断我军新时期的防空作战任务。其次，要明确我军防空作战的背景。防空作战背景包括两个方面：一是战场地理环境，二是战场空防对抗环境。战场地理环境对防空 C^3I 系统的要求是指在满足通用性的前提下，要重点考虑应对一些特殊的、突发的防空作战所面临的地理环境。要了解战场空防对抗环境，就必须分析以下三个方面的内容：

1) 分析防空作战的特点和样式。随着高技术空袭兵器的应用以及空袭方式、战术的变化，使得我方防空作战面临许多新的问题和挑战，防空作战呈现出新的特点和形式。在军事需求分析时，必须深入分析现代防空作战的特点和形式，采取有针对性的措施。

2) 了解敌我双方状况。分析和掌握敌我双方的作战实力，根据威胁的变化提出需求，是搞好军事需求分析的基础。首先，要了解假想之敌的作战企图、主战装备的数量及其战术技术性能、技术进展、防空 C^3I 现有和潜在的作战能力及敌方的体制编制、人员素质、作战原则、方法、特点等；其次也要了解我方类似上面的情况。这也是军事需求分析原则中的第一条“知彼知己”。

3) 虚拟作战想定。根据我方的作战任务和敌我双方的实际情况，构建合理的作战想定，为防空 C^3I 军事需求分析提供必要的作战环境依据。作战想定的内容包括双方参加的兵力、武器装备的战术技术性能、作战目的、作战样式、作战区域范围、作战持续时间、阶段划分等。

(2) 提出系统作战功能的需求。根据未来防空作战背景和作战任务，在构建作战想定的基础上，分析我方现有的作战能力与实现预期作战目标所需作战能力的差距，进而提出计划发展的作战能力尤其是对防空指挥自动化系统建设的总体目标要求。下面以战术级防空 C^3I 系统为例说明其在新时期的主要功能需求。针对新时期防空作战的特点，我方战术级防空 C^3I 系统应具有以下功能：

1) 情报保障能力强。系统应该能够接收处理上级、友邻指挥所、本级指挥所的雷达源，本级指挥对象的雷达源和雷达部队的情报信息，形成作战空域内的雷达情报网，保障作战所需的情报信息。具体说应具备以下几点能力：① 探测超低空和高空目标的能力；② 探测隐身目标的能力；③ 对抗电子干扰威胁环境的能力；④ 对目标进行高分辨率成像的目标识别能力。

2）作战指挥决策支持功能。具体包括作战态势分析、兵力部署优化、兵力机动优化、作战方案辅助生成、空情态势分析、作战决心辅助生成、作战效果评估、战斗详报生成、再战准备方案优化等。

3）战斗操作自动化程度高。战斗操作自动化程度高包含两方面的含义：一是信息的收集、处理、显示、传送都是自动进行的，也就是在没有人工干预的情况下，指挥控制系统可以向各作战单元进行目标指示。二是指挥控制系统可以直接控制本级指挥所的雷达源和武器控制系统的工作，而不仅是提供建议，比如遥控本级情报雷达的工作。

4）通信保障能力强。在未来融合陆、海、空、空间、电五维战场为一体的信息化战场中，通信作为信息传递的主要方法和手段，是获取战场制信息权的基础设施。为适应未来信息化战争的需要，战场通信必须一体化、宽带化、智能化、标准化，成为互连、互通、安全、抗毁、宽带、智能的综合业务数字网。除此之外，还应提高通信系统的信息安全、保密能力和抗毁能力。作为指挥控制系统神经网的通信网络系统一旦被毁，势必会影响战争全局。因此，通信网络系统应该具备分布式结构和先进的网络管理技术，在某个节点被毁的情况下，自动根据现存网络节点组织起一个新的网络，以恢复通信能力。

5）记录重演和效能评估功能。在重演模式下，系统可以对作战或演习的实况进行记录或重演。记录重演的目的是为了总结作战经验、评定作战效果及进行战法研究。效能评估通常用来评估作战方案或作战结果。

6）模拟训练功能。通过模拟训练可以对系统技术管理和维修人员、操作人员、作战参谋和指挥员进行综合的或分科的培训，以提高他们维护系统正常运行的能力和运行系统实现既定目标的战术技术素质。

7）系统整体抗干扰能力强。未来空袭作战必将凭借其电磁优势，实施强烈的电子战，以“软压制”为前奏曲，并伴随作战全过程，企图瘫痪对方的防空体系。因此我方必须提高系统整体抗干扰能力。

8）系统具有良好的机动能力。系统必须能够快速展开、撤收，通过公路、铁路输送或空运输送进行机动转移。

9）系统可靠性、可维修性高。系统可靠性是衡量指挥自动化系统性能的重要指标，因为瞬时的故障都可能造成灾难性的后果，尤其在作战的情况下。因此系统可靠性要高，即使在发生故障时，也要能够快速地进行维修，恢复正常工作。

10）系统具有较强的生存能力。系统应该具备反电磁侦察、抗反辐射导弹、防“核、化、生”能力；同时在系统局部遭到破坏时，应具备系统重组、再生的能力，使系统仍然能够完成其主要功能。

11）系统具有一定的反隐身作战能力。在未来防空作战中，敌方大量使用隐身空袭武器，对我方造成严重威胁。目前，在雷达性能一定的情况下，必须通过雷达组网，对目标进行交叉定位，来获取隐身目标的信息。

12）系统具有一定的反导作战能力。在未来防空作战中，战略、战术弹道导弹也是我方防空体系所面临的严重威胁。因此，我方防空 C³I 系统应具备一定的反导能力。

13）系统具有对武器控制系统的良好控制能力。防空 C³I 系统与武器系统的控制系统一体化旨在提高对武器控制系统的控制能力，缩短反应时间，提高应对突然空袭的快速反应能力。

14）系统具有一定指挥控制对抗的能力。"综合运用作战安全、军事欺骗、心里战、电子战、实体摧毁手段，依靠利用己方情报和阻止敌方获取信息带来的双重效果，影响、降低、摧毁敌方的指挥控制能力；同时在敌方类似作战行动中保护己方部队的指挥与控制能力"。近几场局部战争就足以说明指挥控制战在未来战争中的重要地位。

2. 系统战术技术指标分析

防空 C^3I 系统的战术技术指标是其战术技术性能的重要标志。在系统作战能力需求分析的基础上，提出系统的战术技术指标，是军事需求分析的基本任务之一。下面以战术级防空 C^3I 系统为例，提出了战术级防空 C^3I 系统层的主要战术技术指标。

（1）系统任务类型。系统任务是根据兵种（陆军、海军、空军、导弹部队、技侦）作战指挥和系统层次而提出的，例如，空军防空指挥自动化系统、防天作战指挥自动化系统（或防空防天指挥自动化系统）、攻防作战一体化的作战指挥自动化系统、战区级作战指挥自动化系统、海防指挥自动化系统、反潜作战指挥自动化系统、后勤指挥管理自动化系统等。系统任务类型就是系统要处理的事件类型。

（2）空情处理区域。它表征系统能连续性作用的空间范围，即能感知和识别多大空间范围的事件状态，能控制和调整多大空间范围的事件状态，是连续作用还是周期的、间断的作用。其责任空间范围往往用高度范围和水平覆盖范围来描述，空情处理区域可用三个指标来衡量，即监视警戒区域、指挥协调区域和指挥控制区域。

（3）获取信息的类型。该指标是指传感器网和相关的情报系统获得的受控对象状态、属性的信息类别和信息形式。常见信息类型有目标位置数据、目标属性代码、目标外形图像、行为意图等。按信息的物理特征主要有电学、光学、声学类信息。

（4）指挥控制对象的类型。对于作战指挥自动化系统，要明确我们自己用什么样的兵力与武器来对抗敌方什么样的兵力与武器的威胁。要给出敌我双方所用兵器类型、型号、性能，掌握敌我双方参战部队的作战能力和特征等。例如，在防空作战指挥自动化系统中，敌方运用侦察机、轰炸机、强击机、战术导弹对我防区进行侦察和攻击，我方将采用歼击机、高炮、战术导弹来防卫敌方武器的威胁和攻击。在防天作战指挥自动化系统中，敌方运用卫星侦察，运用远程战略轰炸机、中远程导弹、潜射导弹、洲际导弹等武器对我方进行威胁和攻击，我方也必须运用作战半径足够大的战斗机、中远程导弹等武器来对抗敌方。

（5）指挥控制的内容。防空 C^3I 系统的核心功能是指挥与控制，因此必须明确系统应承担的指挥控制的内容。在战斗准备阶段，主要任务是下达战斗决心，调整部署兵力，修订作战方案，监督所属部队完成战斗准备。在战斗实施阶段，主要任务是接收上级指令，指挥控制所属部队战斗活动，组织战斗协同、等级递进、对空侦察、分析空情，进行威胁判断，确定重点目标，计算目标诸元，进行目标校对；接收上报信息，上报部队实时情况；及时调整对部队的指挥控制。在再战准备阶段，主要任务是调整兵力，讲评总结，做好再战准备及完成战斗详报等。

（6）指挥控制的能力。该指标表征系统能指挥控制的规模和质量。指挥控制规模通常用指挥控制对象的最大数目、同时监视和跟踪的空中目标数、系统能同时拦截打击的最大来袭目标数来表示。指挥控制的质量通常由辅助决策能力决定的。而辅助决策能力又由辅助决策的内容、辅助决策的程度、响应时间、支持辅助决策的信息质量、决策的科学化水平等决定的。

（7）系统的响应时间。该指标指系统从感知对象状态到对其实施相应的控制和调整行为之间的时间延迟。要根据系统的具体战术要求和作战指挥要求来确定系统的响应时间。

(8) 系统的机动能力。系统机动能力常用机动区域、机动方式、机动速度、系统展开和撤收的时间等指标来衡量。

(9) 环境适应能力。环境适应能力通常用温度适应范围、湿度适应范围、电压适应范围、防震能力、抗冲击能力等指标来衡量。

(10) 系统的可靠性及维修能力。系统可靠性用系统平均故障间隔时间、可用度、使用寿命等指标来衡量。系统可维修能力用系统平均修复时间等指标来衡量。

(11) 系统的生存能力。该指标是指系统在电子对抗、信息对抗和硬杀伤等环境下，系统保持既定功能和性能的能力；特别是系统局部遭到破坏后的重新组织能力。

(12) 系统连续优化能力。系统连续优化能力包含两个含义：一是系统硬件和软件的升级；二是系统对于武器、科学技术和战略战术发展变化的适应能力；三是能够集成新的系统或设备。

3. 可行性分析

军事需求分析是系统研制的基础，为了使研制人员能够更好地理解系统的军事需求，提高系统建设效益，应对军事需求方案的可行性进行简要的分析，即从经济可行性、技术可行性和军事可行性三个方面对军事需求方案进行分析论证。

(1) 经济可行性。估算系统建设成本和部队作战使用维护费用，分析总投资是否与军费水平相适应。系统建设成本是指从军事需求分析到系统装备部队使用期间所需的一切的费用，包括各种软件、硬件的研制、购置、安装、调试费用，基础设施的费用，其他费用等。使用维护费用包括软硬件维护、人员费用、耗材等。

(2) 技术可行性。指挥自动化系统是高技术的产物，离开高技术的物质基础，系统是实现不了的。对国内外与指挥自动化相关的技术、装备进行评估，说明利用现有的技术装备进行系统建设的可能性，并对系统建设中有关技术的发展及其可能对系统建设产生的影响做出分析预测，要确保系统的先进性。

(3) 军事可行性。首先，要分析指战员的意识是否跟得上，特别是领导机关的态度对系统建设能否立项、能否成功起着至关重要的作用。其次，分析系统在建成使用后对军队现有的组织机构、运行方式可能产生的影响，即对现行的指挥体系、指挥方式、指战人员及保障人员的素质及作战环境的影响，分析系统与部队相适应的可能性。最后应分析系统的安全保密性等方面。

4. 对系统研制的要求和构想

作为军事需求分析的必要补充，军事需求分析人员还应从实际出发，根据对军事需求分析的研究体会，特别是结合作战指挥经验和以往指挥自动化系统建设、使用实践，阐述对系统研制的一些要求和构想，向有关决策部门提出可行的建议，包括系统发展建设的总体思路、阶段划分、对系统发展的途径分析、对系统建设与管理的有关指导建议等。

9.1.4　防空 C^3I 系统军事需求分析的流程

军事需求分析过程就是拟制和报批《军事需求分析报告》的过程。《军事需求分析报告》是阐述防空作战对防空 C^3I 系统全面要求的文件，是防空 C^3I 系统建设的基础和依据。它是由指挥员、系统分析人员、技术人员在充分理解系统的作战任务、现有技术水平及部队应用环境等基础上，着眼于未来战争的需要而提出的防空 C^3I 系统的军事需求方案。拟制《军事需求分析报告》的过程如下：

(1) 提出问题，明确任务。军事需求分析就是分析指挥自动化系统与实际需要相一致的问题，即根据新的作战环境、作战任务，针对现有的系统的缺陷，提出一个新系统的军事需求或对现有系统进行功能扩展的需求。在进行军事需求分析时，首先要提出问题，深入理解研制新系统或改进现有指挥自动化系统的原因和目的，即为什么研制或改进系统，用户所期望的系统是什么样子，研制的新系统或改进后的系统主要解决了哪些问题，增添了哪些功能。只有提出问题，明确军事需求分析的任务，才能做到有的放矢。

(2) 制定计划，搜集资料。制定计划的目的是为了确保军事需求分析的各阶段能够顺利完成。计划的内容是确定参与军事需求分析的人员及组织分工，制定任务完成进度表。搜集资料是为了搞清楚系统建设的背景、依据和目标。搜集的资料包括：一是防空作战的新特点、新形式及其对防空作战指挥的影响，对防空指挥自动化系统新需求方面的资料；二是国内外关于系统建设，特别是军事需求分析方面的文献资料。

(3) 选择方法，科学分析。不同的军事需求分析，对各项任务或具体指标所要求的详尽程度或精度也不相同，因此选择、运用的分析方法也不尽相同。在选择分析方法时，要从实际需要出发，针对军事需求分析的任务、目的和约束条件，分析、比较各种方法的优缺点、适用范围等，选择简单、易行、合理的分析方法，科学、合理地进行军事分析。

(4) 反馈改进，拟定方案。在拟制《军事需求分析报告》时，要做到规范、实用和反馈。首先，军事需求分析人员要力求要求明确、论据充分、层次清楚、文字图标描述真确、符合标准化的要求；其次，军事需求分析在能够顺利完成作战任务的前提下，在今后的一段时间内应该具有相对的稳定性，也就是说根据《军事需求分析报告》设计、建设成的指挥自动化系统在今后一段时间内能够满足作战功能等的需求，同时军事需求的目标不能太大，否则容易造成不必要的浪费。最后，《军事需求分析报告》在最终形成前，要广泛征求意见，从多角度、全方位对军事需求分析方案进行预先评估，反复改进，直到最后确定，然后将拟制的《军事需求分析报告》提交上级主管部门审批。

9.2 防空 C^3I 系统总体设计

系统设计的定义为："根据用户提出的战术技术要求，围绕指挥员、参谋人员的工作特性及战术原则，研制一套硬件和一套软件，根据组织系统的原则或准则，将他们有机地集成起来，以完成系统特定的任务。"系统设计的依据是《军事需求分析报告》。防空 C^3I 系统设计包括总体设计（概要设计）和技术设计（详细设计），总体设计是系统设计的核心，是技术设计的基础，是从系统逻辑模型到系统物理模型转换的关键。总体设计的正确与否，直接影响到系统建设的成败。

9.2.1 防空 C^3I 系统总体设计目标、原则、策略

1. 总体设计目标

总体设计阶段的任务是围绕指挥员、参谋的工作特性和战术原则，并根据组织系统的原则或准则，制定将有关技术、设备、硬件和软件有机地集成起来，以完成系统特定任务的系统设计方案。总体设计方案的内容一般包括系统的目的、任务范围、设计指标、系统组成、体系结构、工

作方式等。

总体设计的目的就是在深入分析《军事需求分析报告》基础上，搞清系统的功能、信息流程等，对系统进行层层划分，确定分系统间的关系，进而设计出系统的逻辑模型和系统的体系结构，从而提出系统研制的总体实施计划。在系统总体设计阶段，一般只考虑系统的逻辑功能，不考虑实现这些功能的技术手段和处理方式。因此系统总体设计的目标是从逻辑上分析现行系统，并根据《军事需求分析报告》设计出新系统。

2. 总体设计原则

(1) 先进性原则。为了满足未来作战的需求，指挥自动化系统在经济可行、技术可行、军事可行的情况下，系统的战术技术指标要能达到或接近世界先进水平，以保持系统的先进性。因此在系统开发、研制过程中，一方面要尽量吸收国内外指挥自动化系统的优点，充分利用现有的先进、成熟的技术，但也要考虑到系统建设中有关技术的发展及其可能对系统建设产生的影响，要确保系统在建成之后一段时间内能够保持系统的先进性。

(2) 系统集成原则。防空指挥自动化系统是一个由若干个子系统构成的大型复杂的信息系统，要使各分系统互相协调匹配，发挥出系统整体效能，必须采用系统集成的思想，利用系统工程和运筹分析方法，把小系统整合为大系统，发挥大系统的整体优势和综合效能。

(3) 互连、互通、互操作原则。信息共享是防空指挥自动化系统的重要特征，而系统的互连、互通、互操作都是实现信息共享的可靠保证。因此在防空指挥自动化系统建设过程中，必须服从全军指挥自动化系统的体制、标准，坚持统一规划、统一技术体制、统一规范标准，最大限度地采用通用设备和技术平台等。

(4) 系统连续优化原则。随着时间的变化、作战需求和防空指挥自动化相关技术的发展变化，这就要求对防空指挥自动化系统可以进行改造，包括硬件、软件升级和功能的扩充、完善。

(5) 可靠、安全、保密原则。防空指挥自动化系统是部队战斗力的倍增器，是防空作战的神经中枢，同时也是敌方攻击破坏的首选目标。因此，要采取各种措施来提高防空指挥自动化系统的可靠性、保密能力和生存能力。

(6) 高效 / 费比原则。任何军事工程的研制、装备部队，都有明确的约束条件和边界。因此在满足战术技术指标的前提下，应尽量缩短开发周期，节约开支，提高效 / 费比。

3. 总体设计策略

防空 C^3I 总体设计的策略是从外到内，从上到下，从人到物。从外到内，即先研究系统环境，搞清楚系统与环境的关系，然后在研究系统内部的问题。从上到下，即顶层设计，先考虑系统，再考虑分系统，最后考虑构成分系统的各个单元。从人到物，即人 — 机接口设计。指挥员和参谋人员是军队指挥自动化系统的组成部分，并且处于主导和核心地位，整个系统都是为他们服务的。只有充分考虑人 — 机互补、合理分工、紧密配合，才能建成高水平的指挥自动化系统。

在进行防空 C^3I 总体设计时要把握好系统总体设计的关键和难点。防空 C^3I 总体设计的关键：一是互连、互通、互操作；二是通用化、系列化；三是可替代、可重组。防空 C^3I 总体设计的难点：一是难以准确地分析、预测军事需求；二是人 — 机接口设计、软件和硬件的接口设计很难一次成功。

9.2.2　防空 C^3I 系统总体设计内容

对于不同层次、不同规模的指挥自动化系统，总体设计的内容和重点有所不同。对于国家级和战区级的大型指挥自动化系统，总体设计的主要目的是得到系统的概念模式。对于较底层的指挥自动化系统则应把技术设计作为主要内容。下面就以战术级防空指挥自动化系统为例，阐述总体设计的内容。战术级防空指挥自动化系统的总体设计的内容：

(1) 系统战术技术指标论证；

(2) 确定系统的工作模式；

(3) 系统体系结构设计；

(4) 分系统设计；

(5) 电磁兼容设计；

(6) 系统安全与保密设计；

(7) 可靠性设计；

(8) 生存能力设计；

(9) 系统研制计划；

(10) 系统效能分析；

(11) 编写总体设计报告。

1. 系统战术技术指标论证

战术技术指标集中反映了用户对新系统的使用要求，是指挥自动化系统性能的重要标志，是系统设计的依据和出发点。对军事需求分析报告中的战术技术指标体系进行深入的分析和论证包括两方面的内容：战术调研和技术调研。

防空指挥自动化系统实质上是个信息系统，它对各种原始信息进行处理，以获得所期望的信息。如果把防空指挥自动化系统看做一个黑箱，则战术调研的目的是弄清黑箱输入、输出和黑箱内部的情况，使设计人员得到感性的认识。

在设计黑箱时，必须先确定黑箱所需的输出，具体内容如下：

(1) 输出何种信息？

(2) 何处需要这些信息？

(3) 所需信息的形式如何？

(4) 信息处理的先后顺序怎样？

(5) 所需信息的精度如何？

(6) 所需信息的频度如何？

在黑箱的输出确定后，再确定黑箱的输入，即黑箱的原始输入信息，具体内容如下：

(1) 何处可以提供黑箱所需的输入数据？

(2) 目前信息以何种形式提供？

(3) 目前提供数据的精度如何？

(4) 目前提供数据的频度如何？

(5) 目前数据输入的先后顺序如何？时间延误如何？

在搞清楚系统信息关系后，即可进行黑箱的内部设计。在研究黑箱内部时，首先必须搞清以下三个问题：

(1) 了解现有系统的运行情况，广泛听取指挥员、参谋人员的意见；同时了解新系统涉及人员的职责与任务。

(2) 了解目标系统暴露出的问题，以及指挥人员对解决问题的意见。

(3) 在新系统中，人员怎样与设备结合，将对人员提出何种要求?这些要求能否与他们的能力相适应等。

技术调研的目的是了解国内外技术发展动态，确定用什么方法、什么技术、什么装备实现系统战术技术指标的要求，以及实现这些指标需要付出什么样的代价，同时还要分析那些冗余、互斥的技术指标，并根据战术指标对其进行折中。

2. 确定系统的工作模式

不同的系统工作方式对系统的设备配置、系统结构和软件模块等方面的要求是不一样的。因此在进行系统结构设计和软件设计之前，必须要确定系统应具有的工作模式。为了满足作战和模拟训练的需求，指挥自动化系统应该有三种工作模式:作战值班模式、记录重演模式、模拟训练模式。

(1) 作战值班模式。作战值班模式是指挥自动化系统的最基本工作模式。在此工作模式下，各设备(其中备份设备处于热备份状态)和战勤人员处于工作状态，并能够迅速进入作战指挥状态。从作战指挥功能的角度，可将作战值班模式分为作战指挥、日常战备值班、降级三种工作状态。

1) 作战指挥状态。作战指挥状态是指系统实施完整的作战指挥工作流程，达到预定作战目标，是一个闭环控制过程。对于防空指挥自动化系统来说，一次大规模的空战爆发后，持续的时间比较短，但是各种情报信息蜂拥而至，这就要求防空指挥自动化系统能够迅速做出反映，指挥我方作战飞机、防空导弹、高炮等及时投入作战行动。因此防空指挥自动化系统的信息处理容量和指挥容量必须符合一定的战术技术指标。防空指挥自动化系统在作战指挥状态下所能达到的功能状态是衡量系统优劣的重要指标。

2) 降级工作状态。降级工作状态是指在防空指挥自动化系统遭到局部破坏，或系统发生严重故障的情况下，仍能完成关键性的指挥任务，而不致完全瘫痪。防空指挥自动化系统是否具有良好的降级工作状态，是衡量系统生存能力和可靠性的主要标志。

3) 日常值班状态。日常值班状态是指挥自动化系统最经常的工作状态。是指在非战争状态，即对敌方没有显著的对抗、打击和破坏行为期间，系统对责任区态势和敌方政治、军事、社会以及地理、气象等状态保持连续不断地信息获取、信息传输、信息处理和态势分析与预测的工作状态和工作过程。与作战指挥模式相比，此工作过程不包含指挥决策、武器(兵力)控制和环境态势调整等环节，是一个非闭合的系统流程。

(2) 记录重演模式。系统在记录重演模式下，可以对作战或演习的实况进行记录或重演。记录、重演的目的:一是为了总结作战经验、评定作战效果及进行战法研究;二是为模拟训练存储数据。重演的速度可以调整，重演的内容也可调整，可以全过程重演，也可局部重演。

注意，重演并不是只能在战后重演，在作战过程中也可重演，通常用于判断决策是否正确。

(3) 模拟训练模式。模拟训练模式是一般的复杂系统，特别是复杂的人一机系统必须具有的辅助工作模式。在这种工作模式下，系统可以完成以下不同领域的工作任务。

1) 战术模拟。战术模拟是利用指挥自动化系统进行作战研究、构造作战模型、探讨战术对抗措施、实施指挥控制模拟、评估战斗效果的一种常用方法。运用系统建模与仿真理论以及计算机模拟技术，由系统模拟生成态势想定、作战方案想定，模拟部队作战行动，并得出结果，系统自动记录、评价模拟训练的结果。

2) 系统仿真研究。运用系统建模与仿真理论和技术，模拟生成各种极限态势和典型态势，运行系统的各分系统和整个工作流程，研究指挥自动化系统硬件、软件和关键支撑技术对系统功能的影响，为现有系统改进和新系统建设提供可靠的理论与实验论证。

3）人员培训。设置专门的培训工作模式和程序，对系统技术管理和维修人员、操作人员、作战参谋和指挥员进行综合的或分科的培训，提高他们维护系统正常运行的能力和运行系统实现既定目标的战术技术素质。

3. 系统体系结构设计

系统体系结构设计是对系统的顶层设计。它和系统概要设计不同，它更侧重于整体框架，侧重于系统之间以及系统内部各部分的接口和通信关系，侧重于对系统以及系统内部各部分之间的信息交换关系的描述。系统体系结构设计任务由系统的总体设计组来完成。防空 C^3I 系统体系结构设计主要包括下列几方面的内容。

(1) 系统结构设计。系统结构设计主要明确系统中系统节点之间的相互关系。首先根据军事需求分析中所描述的作战活动和功能需求，确定系统完成作战任务所必需的系统功能。其次根据系统功能划分出分系统（子系统）、基本功能模块，明确系统功能对各分系统（子系统）的分配关系，即哪些分系统（子系统）完成哪些系统功能。最后分析节点之间的连接关系和指挥关系，即指挥控制流和信息流；描述完成定义的系统功能所需要的信息交换性能，即交换的信息内容、媒体形式、安全等级、频率等。

根据防空 C^3I 系统的分布式特点，可用栅格的结构形式来表示防空 C^3I 的系统逻辑结构，如图 9-1 所示。

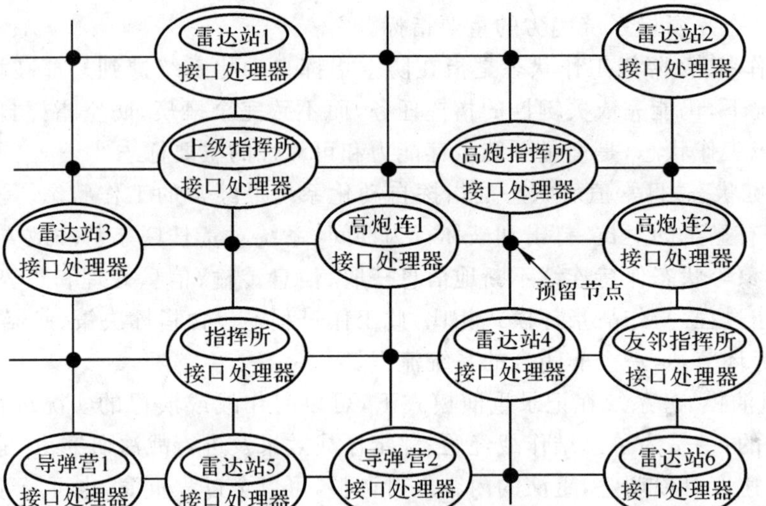

图 9-1 防空 C^3I 系统逻辑结构

各防空单元作为系统节点连接在一个公共的网络上，每个节点是个局部网络，互连若干计算机或工作站，节点的局部网络又通过分组交换广域网互连起来。对整个分布式防空系统而言，各防空节点是分布的、对等的；在防空节点内部又是集中的。下面从下列两个方面对系统逻辑结构进行描述。

1）节点间的隶属关系，即节点间的指挥关系、协同关系。节点间的隶属关系反映了部队作战指挥体制，通常用树状的逻辑结构来描述节点间的隶属度关系。由于系统具有系统重构功能，因而防空 C^3I 系统节点间的隶属关系具有动态性，可以根据具体情况能进行隶属关系的调整。

2）节点间信息交互关系。首先分析哪些节点间需要交换信息。其次分析节点间交换信息的信息内容。根据信息交换内容可将交换的信息分为完全平等信息、部分平等信息和非平等信息。完全平等信息是指信息在整个防空系统内实现共享；部分平等信息是指信息只在局部系统内实现共享；非平等信息是指信息只能实行点对点的信息交互。完全平等信息采用广播方式通信，部分平等信息采用局部广播方式通信，非平等信息采用点对点或点对多点的通信方式。最后分析各节点间信息交互的需求，即信息的形式（话音、数据、图形、图像等）、安全等级、信息量等。

（2）接口设计。接口是指两个不同系统（子系统）之间的交接部分，包括内部接口、外部接口和人 — 机接口。对于一个大型系统来说，如果接口设计不好，系统集成将是一句空话。

1）内部接口。内部接口是指防空 C^3I 系统内各技术分系统之间的信息传递和调用关系，如文电处理系统与数据库系统之间，数据库系统与应用软件之间等。分系统之间需要传输大量的数据和信息，应当遵守开放系统标准，才可能实现系统互连。目前指挥自动化系统大多数都采用客户机 / 服务器模式，因而，内部接口可以通过开放式数据库连接 ODBC 来完成，或通过调用函数来实现，或为高层应用模块提供 C 语言联编的动态库等。

2）外部接口。外部接口主要是指指挥自动化系统与上级及下级指挥自动化系统的连接，本级系统内不同功能系统之间的连接。外部接口可以保持各个防空单元的自治性，减少防空单元的处理负荷和网络的通信负荷，提高系统的可扩展性；并完成网络平均传输延迟的测定、时钟同步的实现、时戳机制的实现与网络传输延迟的补偿、坐标变换与数据格式变换等功能。

3）人 — 机接口。人 — 机接口是指人与计算机交换信息的界面与方式，即计算机将计算、处理和控制的情况及时、准确地输出显示出来，同时人又可方便地向计算机输入数据和指令，以便进行操纵和控制。人 — 机接口具体包括信息交互界面、选择对话方式、信息输入、信息输出等方面的内容。人 — 机接口设计的原则：一是图文并茂，操作简单；二是交互命令的简单和多样化；三是多种感观并用，提高信息传输的可靠性；四是具有安全保护功能。

4. 分系统设计

分系统设计所包含的内容：系统需求分析、体系结构、功能模型、信息模型等。指挥控制系统是防空 C^3I 系统的指挥控制中心，下面以指挥控制系统为例说明分系统的设计。指挥控制分系统的设计应包含下列几方面的内容：

（1）确定分系统设计的依据、原则。分系统设计的依据通常是系统设计总体方案和有关的国标、军标。在设计分系统时，确定分系统设计原则的依据是总体设计原则，同时还应该根据各分系统的特点，确定其特有的设计原则。比如在设计指挥控制分系统时，不仅要遵循总体设计的原则，还要强调平时和战时相结合的原则，即平时能进行长期战备值班和模拟训练，战时能执行要地防空、野战防空和机动作战等任务；强调指挥控制分系统实用性原则，即系统应与防空部队的作战使用原则相协调，与防空武器装备现状和发展相协调，与指挥方式的现状和发展及使用人员的操作水平相协调，并重视现代军事理论和战法研究成果的运用。

（2）分析、确定分系统主要功能。防空 C^3I 系统的指挥控制分系统应包含功能情报的收集处理功能、指挥控制功能、辅助决策功能、模拟训练功能、记录重演功能、战备值班管理功能，除此之外，还包括效能评估、系统时间同步、作战文电处理、作战资料管理、数据库及其管理、系统监控、网络管理等功能。

(3) 分析、确定分系统主要战术技术指标。根据系统战术技术指标和分系统的功能确定各分系统的战术技术指标。指挥控制分系统的战术技术指标主要包括指挥方式、指挥武器类型、指挥容量和辅助决策质量。其中指挥方式是反映了指挥者与指挥对象之间职权分配关系的方法和形式，可以是集中式指挥、分权式指挥、指导式指挥、协调式指挥等。指挥武器类型是指本级防空指挥自动化系统可以指挥的防空武器的型号，可以是各种型号的防空导弹武器系统和防空高炮系统等。指挥容量是指本级防空指挥自动化系统可指挥的防空作战单元的最大数量，其主要受通信和指挥决策实时性的制约。辅助决策质量包含两个方面的含义，一是指辅助决策时效性；二是指辅助决策的科学合理性。

(4) 确定分系统的硬件构成以及内部通信方案。根据指挥控制分系统的功能要求和战术技术指标，其主要硬件设备通常包括显示控制台、网络设备(网络交换机、路由器等)、通信处理机、数据处理服务器、多串口数据通信服务器、数据通信终端设备程控交换机、对讲系统(指挥话通信设备)等，除此之外，还有一些辅助设备：时统设备、录音录时设备、电源及配电系统等。当然不同的指挥自动化系统的指控系统的硬件配置是不同的，上述这些设备只是战术级防空 C^3I 系统的指控系统所需要的一些基本设备，这些设备通常采用分布式处理结构。

指挥控制系统内部通信是指指挥控制系统内各设备单元之间及其与本级指挥所的目标指示雷达的通信；确定指挥控制系统的内部通信方案就是要确定其所属单元之间通信的方式及所需设备，而指挥控制系统与上级指挥系统、本级指挥对象、外部雷达信息源的通信的实现则是通信分系统设计时所要考虑的内容。

(5) 分系统软件设计。指挥自动化系统的战术功能主要是通过软件来实现的，因此防空 C^3I 系统软件设计的目标是从战术技术需要出发，设计出满足战术技术指标、操作方便和易于维护、修改、优化的软件系统。指挥自动化系统软件一般分为系统软件、支持软件及战术应用软件。

系统软件一般指微机操作系统、工作站操作系统和高级编程语言。

支持软件一般指开发环境支持和应用环境支持。开发环境支持包括软件工程辅助软件、软件测试支持软件和软件维护支持软件。应用环境支持包括通用文字表格处理软件、网络系统软件、底层图形支持软件、数据库系统软件和多媒体软件。

应用软件主要用来实现作战指挥控制的功能，以及为完成作战的指挥控制提供各种保障。一般分四类：

一是专用软件，包括指挥控制应用软件、情报处理应用软件、通信处理软件和业务处理应用软件。指挥控制软件的功能是战备值班、作战指挥、辅助决策和军事训练等。情报处理软件的功能是接收、处理情报信息，再生信息，为辅助决策提供依据。通信处理软件的功能是实现本级指挥自动化系统与友邻、上级指挥自动化系统的数据通信，实现本级指挥自动化系统与指挥对象的数据通信，实现指挥控制分系统与本级指挥自动化系统目标指示雷达的数据通信，实现指挥控制分系统内部各设备之间的数据通信；同时数据通信要满足实时性的要求，在通信容量有限的条件下，能够消除堵塞现象，保持信道畅通，能够接收多种格式的情报，做到多种协议兼容。业务处理软件主要包括各兵种协同作战业务处理、机关作战保障业务处理、管理业务处理等。

二是共性应用软件，包括文电处理应用软件、数据库处理应用软件、图形图像处理应用软件、安全保密应用软件、系统监控应用软件和可靠性应用软件。

三是测试维护软件。

四是操作培训软件。

5. 电磁兼容设计

防空C^3I系统是大型的电子系统工程，包括大量的无线电电子设备或系统，电磁环境十分复杂。电磁干扰不但影响系统的功能，而且有可能威胁系统和人员的安全。因此，在进行总体设计时，必须要进行电磁兼容设计，以提高系统的电磁兼容性。

所谓电磁兼容性是指电子设备或系统在预期的电子环境中，按设计要求正常工作的能力。防空C^3I系统电磁兼容性可分为系统内部的兼容性和系统之间的兼容性。前者是指防空C^3I系统内部电子设备的电磁发射和电磁干扰的抑制度，其预知条件多，可采取措施加以控制。防空C^3I系统间的电磁兼容性是两个或两个以上防空C^3I系统间的电磁发射和电磁干扰的抑制度，这种电磁干扰除了受自身电磁设备影响外，还受外界电磁辐射的影响，干扰的机制比较复杂，随机性也比较大。为了避免这类干扰，系统和设备除了具备良好的电磁兼容性外，还要进行统一的频谱管理。在这里我们主要讨论防空C^3I系统内部的电磁兼容性的问题。

防空C^3I系统电磁兼容设计需要考虑的问题很多，如电磁频率的划分、电磁波辐射特性、接收机干扰敏感度、电源系统的设计、互连导线的设计与安装、布线、滤波、屏蔽和接地等方面。具体设计可分下列两步：

(1) 对系统所需设备及分系统提出电磁兼容性的要求，并进行测试。

(2) 运用电磁兼容预测技术和手段，对系统电磁兼容性进行分析预测。根据分析和预测的结果，采取适当措施，控制系统内的干扰和敏感度，消除或抑制系统内或与系统有关的所有电子设备产生的不期望的发射与响应。同时还要进行接地、滤波和屏蔽的设计。

6. 系统安全保密设计

指挥自动化系统实际上是个信息系统，所处理的信息大都是涉及军事秘密的重要数据，这些数据在各种存储设备上保存，以及在有线、无线等各种信道上传输，如果不采取有效的保密措施，这些数据的安全，乃至整个系统的安全将受到威胁。因此指挥自动化系统的信息安全特别重要。系统安全保密设计的主要内容：

(1) 根据系统的总体要求，确定系统对安全保密方面的要求。

(2) 系统安全保密设计包括对传输数据加密、数据库加密、数据冗余与数据恢复、数据存取控制、数据完整性及其鉴别、系统密钥管理等方面的设计考虑。

(3) 系统物理安全设计，包括对系统设备场地和环境的要求、安全保卫、防电磁辐射、数据记录媒体保护、人身和设备安全、防灾难性事件应急措施，以及安全保密责任和监督等方面的考虑。

7. 可靠性设计

系统的可靠性是指系统在规定的条件下和规定的时间内，完成既定功能和任务的能力。系统可靠性是衡量指挥自动化系统性能的重要指标，因为瞬时的故障都可能造成灾难性的后果，尤其在作战的情况下。系统可靠性设计包括可靠性论证和可靠性设计。可靠性论证包括可靠性指标的确定和分配；可靠性设计主要研究提高系统可靠性的技术和途径。

(1) 可靠性指标的确定。对于防空 C^3I 这样复杂的大型军事信息系统，采用有效度来描述系统的可靠性更为合适。系统有效度是指“系统在某时刻 t 维持所规定功能的概率，记为 A。”则

$$A = \frac{\text{MTBF}}{\text{MTBF} + \text{MTTR}}$$

式中，系统平均故障间隔时间(Mean Time Between Failures，MTBF)是系统相继两次故障之间的时间间隔的统计平均值；MTBF 越大，系统的可靠性越好。系统平均修复时间(Mean Time To Restore，MTTR)是系统发生故障后使系统返回到正常工作状态而进行规范维修所需时间的统计平均值；MTTR 越小，系统可维修性就越好。

可靠性指标要求过高，将增加研制成本、难度和周期，甚至会造成研制工作的失败。可靠性指标要求过低，则影响系统的作战效能，增加系统维护的困难。因此，必须综合考虑各种因素，来确定系统可靠性指标。确定系统可靠性的方法有很多，但无论采用什么样的方法，都必须遵循高效 / 费比的原则。

(2) 可靠性指标的分配。系统可靠性指标的分配是指将确定的系统可靠性指标分配给构成系统的各分系统，分系统再向其组成部分分配可靠性指标，它是按级分配的。可靠性分配的是否合理取决于对各分系统可靠性水平及其提高潜力的了解。对重要程度高的分系统分配较高的可靠性指标，反之可适当降低其可靠性指标。

常用的可靠性指标分配方法有均匀分配法、按比例分配法、加权分配法等。

(3) 可靠性设计。

1) 故障隔离设计。在系统可靠性设计时，要保证某一单元(或子系统)发生故障时，不会影响其他单元(或子系统)的工作。对于无法隔离的单元，可采取故障设备切换的办法解决。

2) 冗余设计。在指挥自动化系统可靠性设计中，常常用冗余技术来解决系统可靠性指标要求较高、而实际分系统可靠性指标可能较低的矛盾。冗余技术一般有三种，即设备冗余、功能冗余和时间冗余。设备冗余是指采用两套或两套以上性能完全相同的设备，以主 / 备份形式工作。功能冗余是指采用两种以上功能相同的手段，例如有线和无线通信线路互为备份。对付硬故障，常采用设备冗余和功能冗余的方法；对付软故障，常采用时间冗余的方法。时间冗余是指花费一倍以上的时间去完成一项给定的任务。

3) 系统降级及再组合设计。所谓降级，就是当系统出现局部破坏或严重故障时，采用降低次要功能、保持主要功能以维持系统的继续运行、满足用户的最低功能需求。再组合就是把尚未出现故障的设备和备份的设备重新组织起来，继续发挥作用，使系统保持主要功能。再组合应根据具体情况，因地制宜，力求用最少的附加设备达到最好的效果。

4) 软件可靠性设计。软件可靠性设计包括软件模块化设计和故障容错设计。模块化程序设计将程序分解为独立的、较小的模块，这样便于编写、测试和维护，从而提高软件的可靠性和可维护性。故障容错设计是指程序的设计应保证错误不会造成严重后果或不会使程序完全失效。

5) 系统监控设计。系统监控设计主要解决系统单元运行状态的监视和控制，即能够实时进行故障检测、定位，并根据检测结果进行故障隔离、设备切换、系统重构等，以提高系统的可靠性和可维护性。

8. 生存能力设计

防空 C^3I 系统生存能力是指在战场环境下，系统不被摧毁仍能在规定时间内完成系统规定的各项功能的能力。高技术下的防空作战是体系与体系的对抗，防空 C^3I 系统将是敌我双方打击的重要目标。因此为取得防空作战的胜利，提高防空 C^3I 系统的生存能力是至关重要的。系统生存能力涉及到系统体系结构、系统环境适应能力、系统防护能力、系统重组能力等方面。在系统设计时，要从下列几个方面加以考虑，以提高系统的生存能力。

(1) 采用分布式结构。在高技术防空作战中，防空 C^3I 系统如果采用集中式结构，则任一节点的被毁，都会导致整个系统的瘫痪。因此为提高系统的生存能力，应该采取分布式结构。

(2) 加强防空 C^3I 系统物理防护能力。通常可以从地下化、机动化和伪装欺骗三个方面来加强防空 C^3I 系统的物理防护能力。地下化是指将一些大型的或不便机动的系统都尽量配置在地下掩蔽工事中，以提高系统抗电磁脉冲效应的能力和抗火力打击的能力，作为敌方攻击的重点 —— 指挥所 —— 更应该地下化。由于地面固定指挥所在被敌方侦获的情况下易被摧毁，因此在设计防空 C^3I 系统时，各分系统或设备应尽量采用车载式，以提高系统的机动能力。欺骗、伪装是指采取各种手段和技术，使己方的设备不被敌方侦获，从而使己方的系统免遭敌方攻击而幸存下来。

(3) 提高防空武器系统复杂空袭环境下的作战能力。提高防空武器系统复杂环境下的作战能力是提高我方防空 C^3I 系统生存能力的最重要的途径。因为削弱或瘫痪敌方的攻击力才能从根本上保障我方安全。

9. 系统研制计划

防空 C^3I 系统工程是项复杂的系统工程，涉及到众多因素，它们相互制约、相互影响，因此必须精心安排、合理调度。

首先把工程中应完成的工作进行划分。防空 C^3I 系统工程的一般过程是系统需求分析、系统总体设计、技术总体设计、分系统研制、系统集成和联试、系统试用、系统装备等阶段。其次，确定工作量和实施进度。工作量的估计目前尚无充分的理论根据，一般由经验丰富的设计师确定各阶段的工作量及其完成期限。最后确定各阶段的研制费用。经费预算必须准确，经费过少，会给研制工作带来困难；经费过高，则降低了系统的效 / 费比。

10. 编写总体设计报告

编写总体设计报告是系统设计阶段的最后一项工作。系统设计报告既是系统设计阶段的工作成果，也是下一阶段系统建设的依据。系统设计报告的内容主要有系统总体技术方案和系统研制实施方案两部分。系统总体技术方案的内容主要包括系统战术技术指标论证、确定系统的工作模式、系统体系结构设计、分系统设计、电磁兼容设计、系统安全与保密设计、可靠性设计、生存能力设计等。系统研制实施方案的内容则包含系统研制工作的划分、实施进度安排、经费预算等。

9.2.3 防空 C^3I 系统总体设计方案的形成

1. 组织人员进行总体设计

总体设计的依据是军事需求分析报告。因此，首先应组织系统设计人员分析、消化、吸收军事需求分析报告，搞清楚用户的需求是什么及其对系统的大概构想。有必要的话，系统设计人员还可以与用户进行充分的交流。实际上系统设计人员应该参与到系统的军事需求分析中去，充分地理解用户的需求，这样有助于进行系统设计。其次，组织系统设计人员根据军事需求分析报告进行系统总体设计。系统设计的过程是复杂的。各设计人员要分工协作、密切配合，才能完成系统设计。总体设计方案的优劣与总体设计组的整体能力、水平是分不开的，必须对系统的总体方向、系统设计的关键环节给予把握。

2. 综合评估总体设计方案

评估总体设计方案是总体设计的一个必要步骤。评价的目的是评估各种总体设计方案的优劣，从中选择较优的总体设计方案。评估总体设计方案就是评价根据总体设计方案设计出的系统的性能、效能。其评估过程如下：

(1) 建立评估指标体系。评估是以一定的目标和目的为准绳的价值判断过程。建立正确、合理的评估指标体系是评估结果合理、可信的前提。因为只有建立正确、合理的指标体系，才能全面、客观地认识指挥自动化系统，从而才能保证评估的科学性和可信度。评估指标体系应由系统分析、设计人员根据国内外同类型系统的资料建立初步的指标体系，然后对总体设计方案进行评估，在评估的过程中反复修改、完善指标体系。建立总体设计方案评估的指标体系的过程如下：

1) 划分指标体系的层次。为了保证评估的科学性、合理性，通常用多个指标来对总体设计方案进行评估。当评估指标规模较大时，用层次分解法来建立评估指标体系的层次结构。首先根据评估的总目标，确定一级评估指标；其次分析影响每一项一级指标的所有因素，确定其二级指标；以此类推，逐层细化。

2) 明确各项指标的量化等级。指标有定性指标和定量指标之分。不论是定性指标，还是定量指标，都要将其量化。量化指标必须确定量化的等级和标准。通常的做法是根据确定量化的等级和标准，把指标量化为 0 ～ 10 之间的数。

3) 确定各项指标的权重。每个指标在指标体系中的重要程度是不一样的，建立完善的指标体系，不仅要划分指标体系的层析结构，确定指标的量化等级，还要确定各项指标的权重。在给各层指标赋权重时要注意两点：一是每个指标的权重是不大于 1 的正数；二是隶属某一指标的下一层指标的权重之和等于 1。

4) 指标筛选和动态平衡。用初步建立的指标体系对总体设计方案进行评估，在评估的过程中，对指标体系进行筛选和动态平衡，即删除影响力小的指标，对某些不合理的指标进行分解或合并。

(2) 选择评估方法。评估总体设计方案的实质是评估根据总体设计方案设计出的系统的性能、效能。因此系统效能的评估方法也可用来评估总体设计方案。常用的系统效能评估的方法有层次分析法、SEA 方法、作战模拟、影响图方法、灰色理论评估法等。不同的评估方法有着不同的评估侧重点。比如作战模拟和影响图方法适合用来度量防空指挥自动化系统与作战结果的关系；评估系统在作战环境下的效能，选择 SEA 方法更合适些；等等。为了全面评估系统效能，必须综合运用多种合适的评估方法，确保评估结果的科学性和可信度。

(3) 综合评估。根据确定的评估指标体系、选择的评估方法和有关数据，对各总体设计方案进行评估，从中选出较优的总体设计方案。

9.3　防空 C³I 系统建设与综合集成

9.3.1　防空 C³I 系统建设方法

防空 C³I 系统实质上是个复杂的军事信息系统。目前，信息系统的开发方法有生命周期法、结构化生命周期法、快速原型法、递增原型法、快速接近法、同步渐进法等。其中结构化生命周期法、快速原型法是比较成熟的方法，也是防空 C³I 系统工程中常用的方法，下面进行详细的介绍。

1. 结构化生命周期法

生命周期法的基本思想是把整个系统建设的生命周期划分为若干阶段，并详细地定义各个阶段的任务和工作方法。生命周期法强调"自顶向下逐步求精"和文档管理的设计路线，按顺序任务流的思想把整个系统开发周期划分为若干阶段，并严格规定每个阶段的工作必须达到规定的要求后，才可转入下一阶段的工作。生命周期法工作流程如图 9－2 所示。

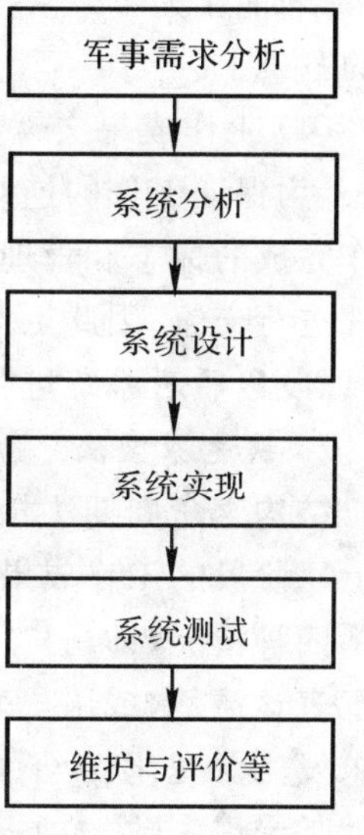

图 9－2　生命周期法工作流程

用生命周期法进行防空 C³I 系统建设，常会遇到一些难以解决的问题，主要有以下几点：

(1) 生命周期法要求在系统开发完成之前一次性地确定需求，但是防空 C³I 系统需求的模糊性和不确定性，用户很难事先提出全面、明确、详尽、定量的需求，同时防空 C³I 系统的需求又是发展变化的。

(2) 防空 C³I 系统应该随着用户认识水平和使用水平、技术的发展、军事战略的变化而发展。但是生命周期法一次性开发机制，把系统开发期和见效期截然分开，违背防空 C³I 系统渐进发展的规律。

(3) 由于系统需求定义的模糊性、系统效能指标难以量化和制定评价标准的困难，所以对系统建设的质量监控很难实施，系统的实用性也就无法保证。

(4) 防空 C³I 系统是以计算机技术为核心，但由于计算机技术发展迅速，产品、技术更新换代快。而用生命周期法进行防空 C³I 系统建设的周期长，这就容易造成高投资、低效益、高风险，建成的防空 C³I 系统很可能已经落伍了。

(5) 文档资料的局限性，文档是系统建设的管理方、研制方和用户交流的主要工具。但由于文档中包含大量的模糊的、多义的信息，加上研制人员与用户、管理方知识背景的差异，使得双方交流时易发生误解，在开发初期就留下了隐患。

由于生命周期法存在种种问题和不足，常常影响系统建设的质量和进度，造成所建系统不能完全实现预定的目标和功能，使用效果差、可靠性低、研制周期长、成本高、遗留问题多等，因此在防空 C³I 系统实践中，提出了一种改进的生命周期法 —— 结构化生命周期法。

所谓"结构化"是指在系统建设中，用一组规范的步骤、准则和工具来进行某项工作。结构化生命周期的基本思想是用系统工程的思想和工程化的方法，按用户至上的原则，结构化、模块化、自顶向下地建设系统。结构化生命周期法强调以下五个准则：

(1) 用户至上原则。防空 C^3I 系统是为用户服务的，用户的要求是系统开发的出发点和归宿。系统的成败取决于它是否符合用户的要求，用户对它是否满意。在整个研制过程中，系统研制人员应该始终与用户保持联系，从调查研究入手，充分理解用户的需求和业务活动，不断让用户了解工作的进展情况，校准工作方向。

(2) 自顶向下与自底向上相结合的原则。在系统分析设计阶段，首先把握系统的总体目标和功能，然后逐级分解，逐级细化。在系统实现阶段，先实现子系统，再逐步集成，实现系统的总目标与功能。在实现某一子系统时，仍需要先采用自顶向下的原则，再采用自底向上的原则。

(3) 严格划分工作阶段原则。结构化生命周期法按时间顺序、工作内容，把整个系统建设过程分为若干个阶段，每个阶段都有其明确的任务、目标及所用的方法、工具、准则。结构化方法强调阶段成果的审定和检验，只有通过用户、专家和管理人员的审定和检验，并认可的阶段成果，才能作为下一阶段工作的依据，这就保证了系统建设的每一步都是建立在比较稳妥、可靠的基础上。

(4) 工作成果文献化、标准化原则。系统开发是一项复杂的系统工程，参加人员多，经历时间长。为保证工作的连续性，每一阶段的成果应该以某种形式完整、准确地描述，作为一个阶段工作完成的标志和管理决策的依据，也作为下一阶段工作的主要依据，并作为系统建设必须的文件进行交流。因此工作成果的描述必须文献化、标准化，以便有效地进行工作交流和阶段交接，以及以后对系统进行维护、修改和扩充。

2. 快速原型法

结构生命周期法相对于生命周期法有不少优点，但它的开发过程仍然是个开环控制，不能对上一阶段的工作成果进行修改，这样就不能有效地解决需求不确定的问题。需求不确定具体包括四种情况，即用户不知道他们所需要的防空 C^3I 系统的需求是什么，或用户知道需求，但难于表达清楚，或用户表达的需求与系统分析设计人员所理解的需求不一致，或在系统建设中需求发生了变化。为了解决需求不确定的问题，我们引入了快速原型法。原型法的主要哲学论点就是允许失败。人类不论在开发的实践活动中如何小心谨慎，无论所使用的技术和工具如何的先进，仍不可能经过一次努力就开发出正确、满意的系统，都可能出现错误。如何更早地发现错误以及如何以最小的代价改正错误，这就是原型法的目标。对于原型的含义，我们可以从以下几个方面来理解：

(1) 原型是指系统主要功能的系统模型，并且模型是可执行（演示）的，不仅仅是个思路或流程图。

(2) 原型包括硬件原型、软件原型和硬件、软件相结合的原型。

(3) 原型可能服务于许多不同的目的，从需求分析起，一直到可能成为最终产品。其结局可能是用后立即被抛弃，也可能成为最终产品。

(4) 原型是一个包含修改和评价在内的完整的迭代过程。

(5) 原型的建立必须是快速的、低费用的。

快速原型的基本思想：在系统开发者获得初步的需求后，通过原型制作工具快速地、低费用地建立反映系统大部分功能的系统模型，不需要考虑系统运行的效率，仅仅满足系统的基本功能即可，以此作为用户、开发者、决策者之间信息交流的基础。通过直观的演示，用户可以找出问题，并与开发者一起重新定义需求，修改原型，最后达到满足用户要求的系统。这个迭代过程一直持续到用户认为该原型正确地体现了目标系统的功能为止。

原型系统的建立一般要经过确定用户基本需求、建立初试原型、原型验证、原型修改等过程，如图 9-3 所示。

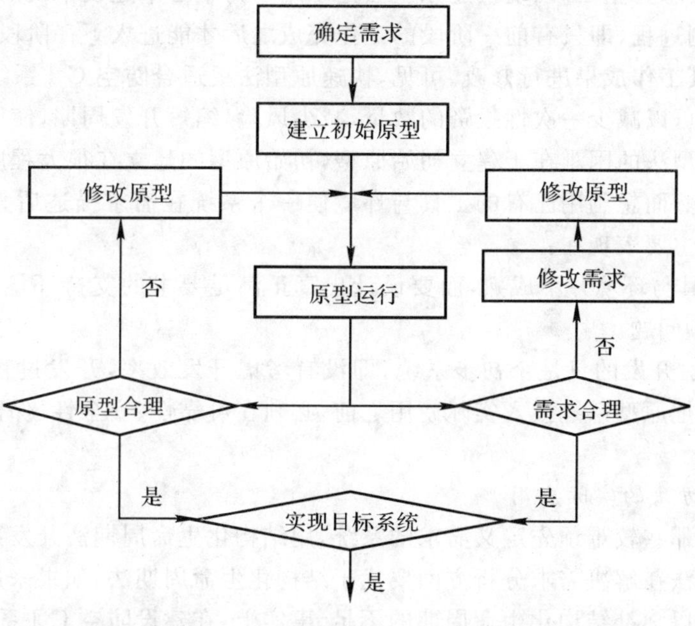

图 9-3　快速原型法工作流程

(1) 确定需求。确定用户需求是为了建立系统原型。虽然快速原型法对需求的要求不必是完整的，也不必是精确的，但这决不意味着确定系统需求的工作无关紧要，先随便建个原型，再修改、完善。事实上，用户需求的初始确定对原型系统的成功是至关重要的，后续的迭代求精步骤只是改进、修改原型。一般说来，如果初始原型的准确性低于 60%，那么工作是不成功的，也会令用户对此方法失去信心。

(2) 建立初始原型。初始原型是个物理模型，不是逻辑模型，它反应用户的基本需求。如果在建立初始原型时，把原型做的太大，当对其中不满意的地方修改时工作量就大，这就降低了原型系统的反应速度。因此在建立初始原型时，不必追求原型的完善，而要强调原型的建立速度。

(3) 原型运行。原型运行的目的是验证初始原型的正确度，进而提出新的或修改原有的需求。原型化的策略是不断的改进和创造，认为用户需求的反复和变化是系统建设过程一种不可避免的现象。为了验证与改进原型，开发人员要向用户及有关人员解释原型的工作原理及合理性，同时用户要充分地使用原型，检查、评价原型，从中获得经验并加深对系统的理解，从而进一步确定系统的新需求或修改需求，提出对原型的修改与提高的具体意见。

(4) 原型修改与提高。根据用户的意见修改原型中不合适的部分，使修改后的原型与用户的需求相一致。而当原型与用户需求严重偏差时，应该放弃原型，而不能凑合修改原型。对原型的修改和提高要尽可能得快，修改后的原型交给用户，运行原型，检查、评价原型，然后再修改、运行，直至原型与用户需求相一致。

尽管快速原型法与结构化生命周期法有不少差距，但本质上是相同的，都是系统工程的观点在信息系统开发中的应用，它同样包含生命周期法中的论证、设计、实施及运行与维护等阶段。但是快速原型法的开发过程是个闭环控制过程，初始原型经过反复迭代、优化，直到系统原型完全满足用户要求为止。可以说快速原型法是以用户为中心来建设系统的。而结构化生命周期法是个开环控制过程，即只有前一阶段的工作完成之后才能进入下一阶段的工作，且不能返回到前一阶段对其工作成果进行修改。可见，快速原型法更适合防空 C^3I 系统这样复杂的军事信息系统的开发，可以减少一次性投资的数量，减少风险，缩短开发周期，使用户容易见到系统的效益。但快速原型法的困难在于建立初始原型，初始原型的建立在很大程度上取决于原型的制作工具与环境，然而想利用已有的工具与环境使一个系统在需求描述后直接生成工作原型还存在一些问题，主要表现在：

1）目前的工具与环境并不成熟，而要设计出真正满足要求的支持环境有一定的难度，存在一些障碍和瓶颈问题。

2）快速原型法开发的只是个初步系统，即没有考虑开发效率，开发过程中也没有有效的控制，所以在确定把原型系统投入实际使用之前，必须在可靠性、安全性、保密性等方面作进一步的改进和优化。

3. 系统建设方法的实际应用

如上所述，对那些较难预先定义需求的系统，用结构化生命周期法开发系统时会产生很多问题。而快速原型法在解决需求分析方面要优于结构化生命周期法，如果采用快速原型法来进行需求定义，就可以弥补结构化生命周期的不足。事实上，在建设防空 C^3I 系统的实践中，常常将上述两种方法结合使用，如图 9－4 所示。

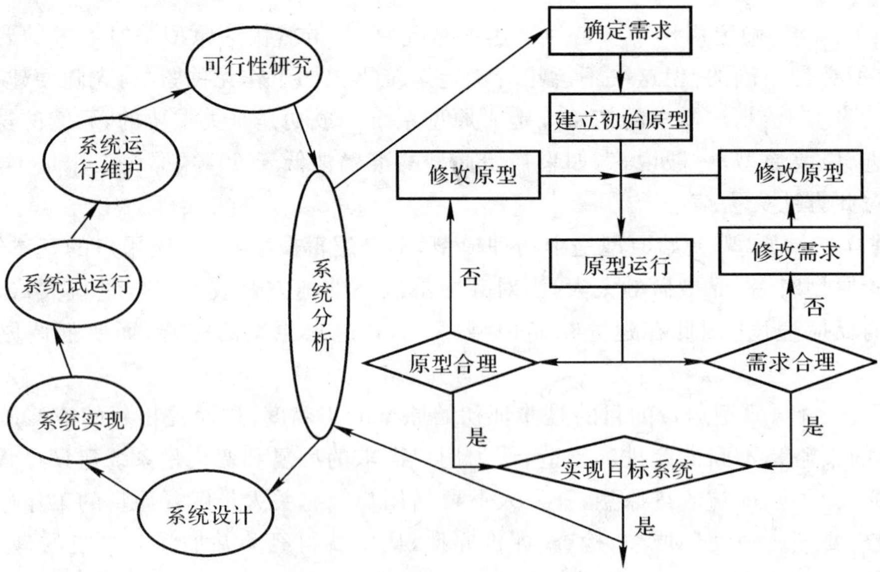

图 9－4　结构化生命周期法与快速原型法的结合

结构化生命周期法与快速原型法的结合就是在结构化生命周期法的系统分析阶段嵌入快速原型法。建立一个原型系统作为目标系统的雏形，让用户认识它、试用它、评价它，并提出修改意见，从而提高完善原型系统。反复进行这种原型迭代，逐步逼近最终的需求定义，直到系统的需求最终确定下来，再按照结构化生命周期法来进行系统建设，以弥补快速原型法的不足。将这两种方法结合运用，能够取长补短，大大减少系统建设的风险，避免了建设中的反复，缩短了建设的时间。

两种方法的结合运用，也要根据具体情况灵活掌握。具体说有以下三种情况：

(1) 如果系统需求模糊的问题不仅发生在系统分析阶段，还发生在系统论证和技术设计阶段，那么在这些阶段都应该建立相应的原型，以获得系统的概况。

(2) 当系统规模较小、完整性要求较弱时，可以只在某一问题、某一局部或某一阶段嵌入原型法，这样比建立、修改一个完整的系统模型减少了工作量和时间，也更灵活、更有效。

(3) 当系统规模较大时，可采用系统分解技术，把大系统分解成若干个相对独立的子系统或模块来分别解决。如果其中一个或几个子系统的需求难以把握，则只对这一个或几个子系统建立完整的原型，而其他子系统可根据需要进行某一方面、某一问题的原型化或根本不进行原型化。

9.3.2　防空 C^3I 系统集成

防空 C^3I 是集指挥、控制、通信、情报等功能于一体的大型系统工程，它涉及了许多科学和技术，但它本身不是一门科学，也不是一门技术，而是若干科学和技术的综合应用，其本质是集成。那么如何进行集成，如何使防空 C^3I 系统的组成要素、功能有机地结合起来，使之达到整个系统全局优化的目标，是防空 C^3I 系统工程建设中一个十分重要的研究课题。

1. 系统集成的含义

“系统集成”这个概念涵盖的内容很广，迄今为止也没有一个统一的明确的定义。那么系统集成到底是什么呢?把计算机的各部件组装成裸机的工作不能称为系统集成，而只能称为“装配”。因为系统小，而且这种工作千篇一律、大规模地以工程化的方法进行。综合布线工程，因对象不同，具体选择的线材、插件等各不相同，所以对各个楼宇的布线的设计和实施都不能够简单的重复。但因其设计的产品类型少、技术类型少，也称不上系统集成。实际上系统集成的目的就是要集成一个优化的系统。为此，系统集成首先应该做到应用集成。所谓应用集成是指系统开发者深入地了解用户的需求，与用户一起进行系统需求分析、可行性分析、总体方案设计等，并将用户需求的重点、历史情况、行业特点及投资概算等信息有机地体现在系统集成方案中。其次，系统集成要进行功能集成，能够提供功能完善的系统产品。

总之，系统集成不是产品的集成，不是软件，不是网络，它涉及多种技术、多种产品。它是按照用户的需求，对多种产品和技术进行优化组合，恰当地选择相关技术和策略，最佳地配置各种硬件和软件资源，来对用户所需求的信息系统进行一体化设计，自下而上地将系统的各个部分有机地组织起来，形成合理的层次结构和功能结构，使系统能适应环境而发挥最优功能。

2. 系统集成的特性

(1) 可行性和必要性。可行性是指集成的系统应该在经济上、技术上、军事上、工作环境上是可行的。必要性是指系统集成应严格遵循用户的实际需求，不盲目追求不必要的高新技术和软硬件产品。

(2) 开放性。开放性是指系统集成时所选择的体系结构、软硬件平台应遵循开放的标准，所集成的系统应该是跨平台可移植的系统。

(3) 完整性。系统集成是一项复杂的系统工程，涉及到集成方法、集成策略、集成环境、集成工具等因素。在系统集成时，必须要考虑系统体系结构、软硬件平台、系统的性能指标等内容。

(4) 整体性。系统集成的最终目的是使系统整体性能最优。因此，在系统集成时，应以整体性为原则，不必盲目追求高新技术及其软硬件产品，不必追求某个子系统或某个性能指标的最优，而是以系统整体性能最优为目标。

(5) 多重性。在系统集成时，集成方法、集成策略、集成环境、集成工具的不同必然产生不同的集成方案，当然不同的集成方案的优劣性也是不同的。

3. 防空 C^3I 系统集成的内容

防空 C^3I 系统集成就是在开放系统环境下进行一体化的系统设计与实现的技术与策略。防空 C^3I 系统集成有两个含义：一是防空 C^3I 分系统的集成，即如何将各种软硬件资源集成为分系统；二是防空 C^3I 系统集成，即如何把防空 C^3I 的各分系统集成为防空 C^3I 系统，对于第二种集成也称为防空 C^3I 系统综合集成。

不论是分系统的集成还是系统的系统集成，都应包括以下五个方面的内容：

(1) 硬件和软件的集成。硬件和软件集成的目的是构建系统运行的平台或环境。硬件集成是指根据系统的体系结构，用网络将各种硬件设备、各个子系统互连起来，形成一个大系统。

硬件集成是系统集成的物理基础。而软件集成比硬件集成更重要、更复杂、内容更丰富，涉及的软件包括操作系统、网络操作系统、数据库管理系统、开发工具以及应用软件等。其中，选择操作系统时要考虑实时多任务、互通性和安全性，选择网络操作系统时要考虑信息综合、实时、可靠传输的要求；除此之外，还应综合考虑所选系统、软件的先进型和成熟性。

为了实现集成，一是要考虑标准化和开放体系的要求，要与全军防空 C^3I 系统互连互通，即要做到统一通信接口、统一编程接口、统一最终用户接口、统一系统管理与服务管理、统一信息格式和数据格式；二是要满足一定的抗干扰和信息安全保密要求。

(2) 数据和信息的集成。在实现了软硬件集成后，要进行数据和信息的集成，从而构成一个完整的信息系统。数据和信息的集成的目的是实现数据和信息的共享，避免数据和信息的冗余。为此，要从信息资源管理出发，进行全系统的数据总体规划、分布分析和应用分析，统一规划设计数据库单位，使不同部门、不同专业、不同层次的人员能够高度共享信息资源。

(3) 应用功能的集成。硬件和软件集成是实现系统集成的操作平台，数据和信息集成则为应用功能的集成提供了必要的手段。应用功能集成就是在硬软件集成、数据信息集成的基础上，建设一个满足用户功能需求的完整的系统。

(4) 技术的集成。为了确保应用功能集成的顺利完成，需要有足够的技术支持。比如，在系统进行系统分析设计时，必然要涉及系统工程理论、系统开发方法。在系统实现阶段，典型的技术有数据库技术、网络通信技术、人工智能技术、系统优化技术和管理科学等。

(5) 人和组织机构的集成。在进行系统集成时，不仅要重视硬软件集成、数据信息集成、应用功能集成和技术集成，还要搞好人和组织的集成。这是因为再先进的装备还是要人操纵和使用，指挥自动化系统也不例外。人和组织是整个指挥自动化系统中的不可分割的有机组成部分，从系统设计到系统建设、管理、系统运行维护，人和组织都起着决定性的作用。

人和组织的集成应主要考虑四点，即各部门、组织、个人的协同工作，人和设备之间的良好的人 — 机交互界面，人工智能和专家系统的引入，用户与研制部门技术人员的密切合作。

上述五个方面的集成相互依赖，不可分割。其中，硬软件集成和技术集成决定了系统建成后的技术水平、运行效率和生命周期，数据信息集成是核心，应用功能集成直接影响系统效率和质量，而人和组织集成是关键。

4. 防空 C^{3}I 系统综合集成技术

综合集成是指自下而上的将系统的各个部分有机地组织起来，形成合理的层次结构和功能结构，使系统能适应环境而发挥最优功能。综合集成的目标在于整体优化，即为达到整体战略目标而合理的配置系统的资源。因此，综合集成与整体优化是不可分割的，综合集成必须在整体优化的目标指导下进行，而整体优化则只能在综合集成的基础上实现。综合集成是系统发展中出现的一项总体技术革命，涉及系统的综合分析、综合论证、综合设计、系统集成、模拟仿真、连续优化、综合运用等，它指出了解决复杂系统和复杂问题的过程，以及过程的方向性和反复性。

防空 C^{3}I 系统综合集成就是运用系统工程思想和方法，采用先进的网络通信技术、信息处理技术、分布式人工智能技术、系统分析技术及军事运筹学方法，综合集成防空 C^{3}I 系统的组成要素，建立一个结构优化、自适应、高性能、高抗毁、实时互操作的防空 C^{3}I 系统，通过合理的协调管理和指挥控制，实现防空体系结构的合理化、系统组成的配套化、作战功能的一体化，达到防空效能最优的目的。因为信息技术发展快，战术需求的变化也快，所以必须用综合集成的方法和技术来发展防空 C^{3}I 系统。

(1) 信息基础的综合集成技术。防空 C^{3}I 系统中的指挥、控制、通信、计算机等各军种的共用部分 —— 信息基础结构 —— 应由统一组织进行建设，各军种共享。这样，不仅可以节省大量资金，而且可以比较容易地保证信息的质量(完整性和准确性) 和互通、互操作，有利于在未来高技术战争中实施各种级别的联合作战。

1) 指挥控制系统的共用部分。一是计算机系统。在各级指挥所中，应选定开放式分布式结构，建立数据库标准，规定操作系统及语言等。二是指挥所之间必须具备信息交换的互操作能力。三是信息处理应建立共用操作环境和各种信息处理及交换标准(如图形、图像、文档、地理、气象等)。四是建立人 — 机交互和接口标准。

2) 信息传输系统的共用部分。一是建立端系统标准。包括主机、电视会议、传真、图像传输等。二是建立网络标准。包括路由器、子网络、网络访问协议等。三是建立传输媒体标准。包括卫星通信、无线通信、光缆通信等。

3) 信息安全标准部分。包括信息处理、信息传输、信息建模及人 — 机接口等。

4) 指挥控制系统和通信系统的非共用部分。应首先建立相应标准及规范，可由各军种组织实施，如作战应用软件、专用战术通信网等。

(2) 信息源的综合集成技术。各军种共用信息的预警探测、情报侦察及电子战系统由国家统一组织建设，建立信息建模及信息格式标准，并将其所获取的信息送至各级信息融合中心，加工处理后供各军种使用。非各军种共用信息的预警探测、情报侦察系统，可由各军兵种负责单独建设，其中部分信息需送至各级信息融合中心。各级融合中心保证信息的及时性、完整性和准确性。

(3) 互操作技术。为满足联合作战的需要，应建立开放式系统环境和公共操作环境。这是防空 C^{3}I 系统互操作性和应用方便性所要求的。互操作性的软件能力要求不同开发者设计的软件能相互通信。应用方便性则要求应用软件在少量修改或不做修改的条件下都能在各种不同的硬件平台和软件平台上运行。指挥控制系统均可以互相使用。在可能的情况下，应尽量采用商业流行的产品(COTS)，以节省开发费用。

(4) 无缝技术。在作战空间内，要求通信、信息、操作（指挥、控制、显示）都应是无缝连接的。随着全球移动通信的发展，在全球信息系统建成的情况下，通信无缝和信息无缝是容易实现的。至于操作无缝可以通过建设必要的少量移动指挥所，在冲突突发地区“即插即用”来实现。美军的无缝技术是世界一流的，它的无缝范围是全球的，作战人员在世界任何地方都能及时获取作战空间的融合图像。

(5) 软件综合集成技术。软件综合集成的目的，一是提供安全可靠的信息处理、信息传输能力，简化决策过程，提高决策质量；二是使指战员充分使用信息，提高作战效能，同时限制敌方的这种能力；三是把信息系统中的先进概念和演变中的作战概念密切结合；四是保证实时信息全面共享和交换的全球能力，以达到作战空间的互操作性；五是保证把情报和反情报综合集成到决策过程，以支持军事作战和国家安全战略。

(6) 安全保密技术。防空 C^3I 系统是信息密集的庞大系统，故系统纵向和横向的多级安全保密尤为重要。为此，一是要加强系统的各级信息保密措施；二是建立有效的信息攻击 / 侵入侦察系统；三是采取对付信息攻击 / 入侵的保护性措施；四是采取进攻性的防御措施；五是系统所采用的商业产品必须具备统一要求的安全保密措施。

(7) 可靠性和生存能力技术。防空指挥自动化系统的重要性、规模庞大和技术复杂决定了其可靠性和生存能力的重要性。因此，需要组织专门机构和科研部门对防空指挥自动化系统或国家信息基础结构的可靠性和生存能力进行研究规划，以保证系统在框架设计时就有充分的论证和检验。在系统可靠性方面，一要提高设备和分系统的可靠性和可维修性；二是对系统进行冗余设计，并进行智能管理。在系统生存能力方面，一是要做好机动、冗余、加固、地下掩体、三防等；二是要组织紧急抢险队伍，以便在系统瘫痪时抢救恢复。

(8) 军民结合与平战结合的综合集成原则。为资源的合理配置和节约开支，一些资源通常是军民两用的。比如全球卫星通信系统、全球导航定位系统、气象系统等多数信息系统都是军民两用的，平时以民用为主，战时以军用为主。有些军事系统、信息系统，平时可作作战值班和训练用，战时执行作战任务。在防空 C^3I 系统综合集成中，也要正确运用军民结合和平战结合的综合集成原则。

(9) 系统的连续优化技术。防空 C^3I 系统综合集成不可能一次完成，而是随着作战需求和技术进步而发展变化的。因此，防空 C^3I 系统的综合集成也是个长期发展演变的过程，主要表现在以下三个方面：

1) 新技术嵌入。将最新信息成果综合集成到防空 C^3I 系统中，以提高作战效能和降低造价。

2) 防空 C^3I 系统的扩充。将新的信息系统成员综合到防空 C^3I 系统。例如由防空 C^3I 系统发展成防空 C^4ISR 系统，增加了新成员。这些新成员需要经过改造或重新研制，才能与旧系统一起集成为新系统。

3) 发展新的防空 C^3I 系统的体系结构。在未来几年内可分为几个阶段，使系统体系结构上几个较大的台阶，以适合新的战术、技术需求。当原有的系统体系结构不能满足新的需求而有难以改造时，就要通过一定的过渡形式，建立全新的体系结构。为了防空 C^3I 系统的连续优化，在系统组成及概念中，应明确“全球栅格”、“技术嵌入”和“未来目标体系结构”等内容。

9.4　防空 C^3I 系统建模

9.4.1　防空 C^3I 系统建模仿真概述

1. 建模仿真需求分析

防空 C^3I 系统是一个涉及指挥、控制、通信和情报的复杂的军用电子信息系统，它包含多种技术因素和不确定性。它的根本使命是为作战服务，因此既要与部队和武器系统相结合，又要受指挥体制、作战管理等方面的制约。这就为防空 C^3I 系统的设计和研制带来一系列的难题，比如如何确定防空 C^3I 系统的需求，如何协调并确定防空 C^3I 系统的战术技术指标？如何优化系统结构？如何评估多种可选系统方案的优劣？如何测试和评估系统的战术技术指标，评估它的性能和作战效能？如何改进现有系统，找出瓶颈，使系统不断优化？所有这些都是在防空 C^3I 系统的需求分析、设计、开发和建设过程中必须要考虑的问题。

建模仿真技术为解决这些问题提供了一条可行的途径。建模仿真是可以控制的无破坏性的允许多次重复的试验手段，是以控制论、相似原理和计算机技术为基础，以计算机与多种物理效应为工具，借助系统模型对真实的或设想的系统进行实验研究的一门综合性技术，是计算机科学、系统科学和数学科学等学科的综合结晶。建模仿真已经成为各种系统分析、系统设计、运筹规划和预测决策的强有力的工具。因此，在设计、开发防空 C^3I 系统之前，有必要建一个仿真系统，用来研究防空 C^3I 系统的静态特性和动态特性，解决系统中的一些关键问题，揭示各种方案的优势和不足，并根据一定原则和指标选择最优的系统方案。

防空 C^3I 系统建模仿真不仅有助于系统的分析、设计和开发，而且还有助于防空 C^3I 系统理论研究。防空 C^3I 系统理论的涉及面非常广，涉及控制理论、通信理论、信息论、系统工程等学科。对于这样复杂的系统，借助模型和仿真进行研究可以说是唯一的途径。只有根据模型才能更好地理解系统，考察系统的静态和动态特性，评价和优化系统。

2. 建模仿真的模式

防空 C^3I 系统建模仿真一般有三种模式，即计算机仿真、系统试验床、系统原型（实物仿真）。

(1) 计算机仿真。计算机仿真特点是完全用数学模型描述系统，不使用实际系统的任何部件，是个纯软件系统。根据模型的形式不同，仿真模型可分为数学模型和数字仿真模型。数学模型通过建立系统各属性或变量之间的函数关系，从方程的求解获得对系统的认识。数字仿真模型抽象和再现系统的功能过程，通过模型在执行时状态的变化模拟实际系统的运行情况，从而获得关于系统的认识。

(2) 系统试验床。系统试验床与计算机仿真的主要区别是其包含了部分实际系统的部件，系统的其他部分则采用计算机仿真形式，系统操作环境（包括威胁）可以是实物模拟，也可以是计算机仿真。这种模式通常称为半实物仿真。系统试验床按其不同的用途和结构可分为两类：一类是为系统设计开发中的需求分析服务的；另一类是为系统概念研究、体系评估、人员训练等服务的。目前国内外已有不少防空 C^3I 系统试验床产品，比如美国新墨西哥州的战区空军指挥控制模拟设施（TACCSF），该试验床主要用来研究防空体系，及检验、评估北约和美国的防空武器系统的 C^3I 性能。我国典型的 C^3I 试验床有兵器工业部207所的野战 C^3I 系统试验床、船舶工业部709所的以海军C^3I需求为目的的试验床等。

(3) 系统原型。系统原型全部使用实际系统的子系统或部件,可以任意接近最后的系统配置。这种方法的真实性和处理未预见情况的效果最好,但它费用最高,且试验控制的灵活性差。

上述三种模式的区别在于实际使用系统部件的数量。从这个意义上讲,系统试验床是计算机仿真与部分实际系统部件的结合,是半实物仿真系统,这也是人们通常所理解的试验床概念。

3. *建模仿真的应用场合*

防空C^3I系统建模仿真对于防空C^3I系统的分析、设计、开发建设、管理和使用都有着广泛的应用前景。具体说主要用于下列几个阶段:

(1) 立项论证阶段(需求分析阶段)。在立项论证阶段,建模仿真主要用于系统风险评估和战术技术指标论证。通过建模仿真,从性能、费用、进度三个方面对防空C^3I系统进行立项风险评估。防空C^3I系统的性能指标是相互制约的,而且一些性能指标是互斥的,通过建模仿真,对系统性能指标进行量化和细化,分析它们的合理性和灵敏度,寻求指标间的匹配和制约关系,并进行折中。这种以建模仿真为基础的分析评估已成为定义防空C^3I系统功能、最佳作战指挥管理过程、系统作战有效性等要求的唯一方法,并作为系统在规划和确认阶段进行综合作战适应性试验的方法。

(2) 系统设计开发阶段。在系统设计开发阶段,建模仿真可用于系统结构优化、方案优选、关键设备选型论证、系统抗干扰能力和系统“三性”(可靠性、可维修性、保障性)的计算分析及系统一些关键作战能力的分析论证等,还可以利用仿真试验床作为系统开发的基础平台,快速生成系统原型。

(3) 系统鉴定、定型、验收阶段。在系统鉴定、定型、验收阶段,建模仿真用于综合测试,为评价系统提供环境和手段。它能模拟产生防空C^3I系统各种信源的行为和特征,灵活改变系统参数和系统所能承受的数据处理负荷和通信负荷,形成可拆装的一套集成测试工具。

除此之外,防空C^3I系统建模仿真还用于作战指挥模拟和军事训练。通过模拟产生多种典型的空情态势和作战背景,以便进行作战指挥模拟训练,此时参训的作战节点可以是实体,也可以是仿真体。

在不同的开发阶段,采用相应的模式。一般来说在系统开发的初期,在需求分析和总体设计阶段多采用计算机仿真或系统试验床技术;在系统开发的后期则采用实物原型与评价系统。三种模式也可以综合使用,以便取长补短。例如,利用计算机仿真确定系统性能的关键区域,然后再对关键区域用实物原型试验,这样可大幅度提高实物试验的有效性和经济性。

9.4.2 防空C^3I系统建模方法

不论采取何种模式,都需要对系统进行建模,即使在实物原型阶段,也需要对系统的应用功能进行建模。可以说借助模型研究防空C^3I系统是唯一的有效途径。正因为如此,近年来国内外都开始重视对防空C^3I系统建模仿真理论的研究,研究的目的在于探讨各种用于表示、理解、分析、设计、评价、管理和综合C^3I系统的思想、理论、方法和工具,并将其应用到实际的防空C^3I系统建设中。目前防空C^3I系统建模方法有多种,传统的建模方法有Petri网、Lanchester方程、影响图等。

(1) 基于Petri网建模方法。Petri网是由德国网论学者C. A. Petri于1962年在其博士论文中提出的一种描述具有分布、并发、异步特征的信息系统及其相互关系的网型数学模型，而防空 C^3I 系统是一个具有分布、并发、异步等特性的信息系统，因此，可以利用 Petri 网能够描述防空 C^3I 系统中的信息的同步、并发以及资源争用等特性，但是用 Petri 网理论对防空 C^3I 系统进行建模，存在一些困难：一是 Petri 网本身完全用结构描述问题，没有数据的概念，所有的数据控制都必须转化成网结构，因此，对防空 C^3I 系统所有问题的描述，在工程上实现还存在很多困难。二是 Petri 网没有层次化的设计思想，所有元素都在一个平面上，建立的系统模型层次不清，不能与防空 C^3I 系统的层次性相适应，因而这样的模型理解困难。三是 Petri 网只描述了系统的逻辑结构相关性，没有给出时间上的相关性，无法描述系统内的时序关系，而防空 C^3I 系统的信息有很强的时序关系。

随着人们对 Petri 网研究的深入，出现了高级 Petri 网和层次 Petri 网。其中着色 Petri 网(CPN) 是最著名的高级 Petri 网之一，它较好地解决了数据结构和层次分解的问题。国防科技大学 C^3I 研究中心在研究 CPN 的基础上，提出了基于对象的 Petri 网描述语言(Object Based Petri Nets Description Language，OPDL)，并实现基于 OPDL 的建模仿真支持环境(OPMSE)，用于 C^3I 系统的研制和开发，通过仿真进行系统体系结构、性能分析和效能评价。基于对象的 Petri 网建模方法虽然较之前几种 Petri 网已有很大的提高，但仍然没有解决语义信息和语用信息的描述问题。

(2) 基于 Lanchester 方程的建模方法。Lanchester 战斗理论是 1914 年英国工程师 F. W. Lanchester 在英国工程杂志上发表的一系列论文中提出的。Lanchester 方程是指在一些简单假设的前提下，建立的一系列描述交战过程中双方兵力变化数量关系的微分方程组，以及由此得出的关于兵力运用的一些原则。基于 Lanchester 方程进行防空 C^3I 系统的建模的一般思想是：由于防空 C^3I 系统的出现以及其功能的增强，使冲突双方对对方目标位置的辨识增强，从而使对方更多的目标被置于被点杀伤的境地。这样，点目标毁伤和面目标毁伤的比例大小便能在一定程度上反映防空 C^3I 系统对作战的影响，通过改变点目标的毁伤和面目标毁伤的比例大小来反映防空 C^3I 系统对作战的影响。

目前，为使 Lanchester 方程能在描述复杂的现代战争过程中有更大的作为，很多学者着力于改进 Lanchester 方程，使之能对防空 C^3I 系统这个所谓的“力量倍增器”有所描述。现今，基于 Lancheshter 方程的防空 C^3I 系统建模方法主要有 Lanchester 平方率战斗模型、可变交战率模型、兵力倍增模型、信息战的 Lanchester 方程模型、利用突变理论的基础上改进的 Lanchester 方程等。

Lanchester 方程描述防空 C^3I 系统作战模型的主要特点是相当详细地考虑战斗过程的各种可量化因素，而又用较简单的、确定的解析方程描述所考虑因素对兵力损耗的客观约束关系。用 Lanchester 方程描述防空 C^3I 系统的作战模型的缺点主要表现在所用数学结构的局限性和输入数据的庞大性。而且，在数学结构上，模型的基本框架是 Lanchester 平方率方程，它不能反映设计的饱和效应，不能描述损耗与运动之间的负反馈联系，无法反映防空 C^3I 系统内部因素在战场中的作用等。没有真正反映防空 C^3I 系统内的信息传输以及信息的对抗性。

(3) 基于影响图建模方法。影响图建模方法是美国麻省理工学院的 James R. Burns 提出的一种复杂系统的规范化建模方法。这种方法通过分析所要研究的复杂系统，找出表征系统运行过程所必须的系统参量，通过分析系统各参量之间的相互影响关系画出系统的影响图，根据影响图与系统参量的实际物理意义，运用一定的建模算法，最后得出系统的状态方程。

影响图建模方法在分析防空 C^3I 系统性能及其他系统性能(如武器系统等)对战场态势影响的研究上是切实可行的。但影响图对防空 C^3I 建模也存在一些问题:一是防空 C^3I 系统的内部状态确定不完善;二是利用有向图不能建立所有状态之间的微分方程;三是用影响图建立的防空 C^3I 系统的作战过程一般都是非线性微分方程,不能求解出防空 C^3I 系统的表达式而研究防空 C^3I 系统的属性。

Petri 网、Lanchester 模型和影响图模型建模方法在防空 C^3I 系统的分析中得到了深入而广泛的应用,但它们存在着不少缺点,尤其是不能充分地反应防空 C^3I 系统作为信息系统的特点(信息共享和信息驱动)。而对以面向对象思想为基础的对象模型技术,通过构造一组相关模型(对象模型、动态模型和功能模型)来获得关于问题的全面认识,尤其充分反应了信息驱动的特点,而且所建立的模型容易理解。下面就详细介绍基于对象模型技术的建模方法。

1. OMT 方法

对象模型技术是 J. Rumbaugh 在面向对象技术开发实践的基础上提出的一套系统开发方法学。它以面向对象思想为基础,通过构造一组相关模型(对象模型、动态模型和功能模型)来获得关于问题的全面认识(即问题的领域模型)。

OMT 方法从三个视角描述系统,即对象模型、动态模型和功能模型。对象模型描述对象的静态结构和它们之间的关系,主要概念有类、属性、操作、关联(即关系)和聚合;动态模型描述系统那些随时间变化的方面,主要概念有状态、子状态和超状态、事件、行为及活动;功能模型描述系统内部数据值的转换,主要概念有加工,数据存储、数据流、控制流及角色。

这三个模型从不同的角度对系统进行描述,分别抓住了系统的一个重要方面,组合起来则构成了对系统的完整描述。OMT 认为一个典型的软件过程是三个方面的合作:它的数据结构(对象模型)、它按时间顺序的操作(动态模型)和它所改变的值(功能模型)。每个模型都和其他模型的实体相关,例如,操作和对象模型中的对象相联系,并在功能模型中完全展开;并在此基础上进一步考察在性能和环境等方面的要求,确立有关的设计、实现原则;然后,OMT 平滑地转入系统设计阶段,将问题的领域模型变换成解决问题的计算模型。每个模型在开发周期中发展,在分析阶段,应用领域的模型被建立,不考虑最后的实现;在设计阶段,解决领域的结构加入模型中,明确系统中各个类的定义和相互关系及各个类中的操作,并考虑到重用效率,重新设计一些类和关系;在实现阶段,应用领域和解决领域的结构都被编码。

2. 基于 OMT 建模的一般过程

基于 OMT 的建模过程可分为四个阶段,即分析阶段、系统设计阶段、对象设计阶段和实现阶段。

(1) 分析阶段。分析是基于问题和用户需求的描述,建立现实世界的模型。分析是 OMT 方法的第一步,目的是设计一个正确、简洁和可理解的真实世界模型。成功的分析模型说明了必须做什么,没有限制它怎样做和如何实现。

首先由用户和开发人员进行问题陈述。陈述可能是不完整的,分析使它更精确并暴露出它的模糊性和不一致性;接着根据分析的结论要充分理解问题陈述所描述的真实世界系统,并把它的本质特征抽象为一个模型。使用自然语言的陈述常常是模糊的、不完整的和不一致的,而分析模型是一个正确、简洁的问题表示。分析模型描述了对象的三个方面:静态结构(对象模型)、交互顺序(动态模型)和数据转换(功能模型)。因此,分析阶段的产物包括:

1) 问题陈述。

2）对象模型 = 对象图 + 数据词典。

3）动态模型 = 状态图 + 全局事件流图。

4）功能模型 = 数据流图 + 约束。

(2) 系统设计阶段。系统设计阶段决定系统的体系结构。以对象模型为依据，把系统分解为子系统，并通过把对象组织成并发的任务来实现并发。在这一阶段，还要决定各节点之间的通信、数据存储和动态模型的实现。

设计阶段就是要决定怎样解决问题，选择解决问题的基本方法。在系统设计阶段，要决定总体的结构和风格，为在以后的设计阶段中更详细地决定提供依据。通常系统设计者可做出作用于整个系统的高层决定，将问题划分成子系统，以便以后的工作可以由几个设计者独立地在不同的子系统上完成。为此，系统设计者必须做出以下的决定：

1）将系统划分成子系统。

2）确定问题中一致的继承。

3）分配子系统的处理器和任务。

4）选择方法管理数据存储。

5）处理全局资源的访问。

6）用一致的任务处理边界条件。

(3) 对象设计阶段。在对象设计阶段，分析模型被不断地提炼、求精、优化，产生出一个较为实用的设计。为此，要从应用概念逐步转移到计算机概念上。首先，要决定系统中主要的算法，使对象模型的结构得到最有效、最优化的实现；其次对象设计还必须考虑在系统设计中定义的并发和动态控制流，以便决定每个连接和属性的实现；最后，子系统被打包成模块。对象设计阶段决定实现中所用的类和关系的全部定义，包括接口和用于实现操作的算法。

在分析阶段定义的操作必须用算法表示，将复杂的操作分解成简单的内部操作。对分析的类、属性和关系必须用特定的数据结构来实现。必须引入新的对象类来存储程序执行时的中间结果和避免重复计算。

因此，在对象设计阶段，设计者必须完成下面的工作。

1）合并三个模型来获得类的操作。在功能模型中为每个过程找一个操作；在动态模型中为每个事件定义一个操作，这取决于控制的实现。

2）设计算法来实现操作。选择实现操作开销最小的算法；选择适于该算法的数据结构；定义所需的新的内部类的操作；为那些不明确和单个类相关的操作分配责任。

3）优化对数据的访问途径。增加冗余的关系来减少访问开销和增加方便；调整计算使效率更高；保存所得值来避免复杂表达式的重复计算。

4）实现外部交互的控制。

5）调整类结构增加继承。重新安排类和对象，增加继承；抽象出一组类的共同行为；当继承是语义上无效时，用新的类代表共享行为。

6）设计关系的实现。分析关系的作用过程；用不同的对象实现每个关系，或者在关系的一个或两个类中增加有值对象属性。

7）决定对象的表示。

8）将类和关系在模块中结合。

(4) 实现阶段。实现阶段将设计转换为用特定编程语言编写的程序或硬件，同时保持可追踪性、灵活性和可扩展性。

3. 防空 C^3I 系统的 OMT 建模

由于对象模型技术的特点、优点和防空 C^3I 系统的特点，很适合用对象模型技术对防空 C^3I 系统进行建模。下面主要介绍了用 OMT 对防空 C^3I 系统进行描述的三个模型及其之间的关系。

(1) 对象模型。对象模型描述了系统中对象的结构，即对象的标识、对象之间的关系、对象的属性及操作。对象模型为动态模型和功能模型提供了重要的框架，因为只有实物变化时，动态模型和功能模型才有存在的意义。

OMT 建立对象模型的步骤如下：

1) 确定对象类。

2) 定义数据词典，包括类、属性和关系的描述。其中关系是指类之间的关联关系、包容关系和继承关系。

3) 增加类之间的关系；增加对象和联系的属性。

4) 用继承组织和简化对象类。

5) 用场景测试访问路径。

6) 基于相近的关系和相近的功能将成组的对象组成模块。

对于防空 C^3I 系统来说，建立对象模型就是要确定子系统对象类、子系统对象类的组成、类的属性操作及类之间的关系。下面主要对建立对象模型的第一步(确定对象类) 进行说明。

对于防空 C^3I 系统而言，其系统对象模型有五个子系统类，即目标子系统类、探测子系统类、指挥所子系统类、火力单元子系统类和通信子系统类，而每个子系统类也可有数个相关的类组成。现对各个子系统类的组成和实现的功能说明如下：

1) 目标子系统类。该类主要用来模拟各种目标的航迹，并实现对其的管理。目标子系统类主要有航迹生成类和航迹管理类组成。航迹生成类用来生成各种目标的航迹信息，以驱动整个 C^3I 系统模型；航迹管理类用来实现对航迹增加、删除、修改等。

2) 探测子系统类。该类主要完成对目标的发现、跟踪等过程的仿真，并把发现的目标信息发布于网络，实现信息的共享。根据探测子系统类完成的功能，其主要由雷达类、红外传感器类、信息获取类组成。通过雷达类和红外传感器类可产生多个不同属性的探测器；信息获取类主要实现对目标的探测、跟踪和初步融合。信息获取类又有三个子类，即探测子类、跟踪子类和航迹融合子类，由它们可派生出探测模型对象、跟踪模型对象和航迹融合模型对象，这些模型对象间通过目标信息驱动。雷达类和红外传感器类通过信息获取类实现对目标信息的获取。

3) 指挥所子系统类。该类主要完成对目标的信息融合、目标的威胁判断和目标的分配。指挥所子系统类主要由信息处理类和信息利用类构成。其中信息处理类有信息融合子类、目标识别子类、目标威胁判断子类和辅助决策子类，由它们派生出信息融合模型对象、目标识别模型对象、目标威胁判断模型对象和辅助决策模型对象，这些模型对象间通过目标信息驱动，以获得目标的综合态势信息；信息利用类派生出目标分配模型对象，根据目标的综合态势信息完成对空袭目标的火力分配。

4) 火力单元子系统类。该类主要完成对目标的跟踪、威胁判断、目标分配、攻防对抗等过程的仿真，并能把目标的情报信息、武器的状态信息、作战情况信息等发布于网络，供其他对象根据访问信息的级别共享。防空火力单元子系统类主要由雷达类、信息获取类、信息处理类和弹－目信息对抗类构成。雷达类可以派生出目标指示雷达对象和制导雷达对象；信息获取类和信息利用类与上相同；弹－目信息对抗类派生出弹－目对抗模型对象，由目标分配信息驱动，完成对来袭目标的拦截。

5）通信子系统类。该类主要实现交互信息的可靠传输，对网络通信信息的管理、监控和通信流量分配等。通信子系统类主要由信息传输类和信息监控类组成。信息监控类主要完成对交互信息、流量的监控和通信流量的分配；信息传输类主要完成各种通信方式的信息传输的模拟，以便确定在各种通信方式下的通信子系统的性能参数。

（2）动态模型。动态模型描述系统中与时间有关的方面及操作执行的顺序，包括引起变化的事件、事件的序列、定义事件序列上下文的状态以及事件和状态的主次。动态模型抓住了"控制流"特性，即系统中各操作发生的顺序；而对这些操作到底做什么，作用在什么上面以及如何实现都不必关心。

动态模型包括状态图和全局事件图，每个状态图表示系统中对一个类的对象来说允许的事件和状态序列。在状态图中的工作对应功能模型中的功能，而状态途中的事件则在对象模型中表示为操作。

OMT 建立一个动态模型的步骤如下：

1）准备典型的交互序列的场景。

2）确定对象之间的事件和为每个场景准备一个事件跟踪图。

3）为每个系统准备一个事件流图。

4）为每一个有重要动态行为的类开发一个状态图。

5）检验状态图之间的共享事件的一致性和完整性。

防空 C^3I 系统动态模型从时间角度来描述系统中对象和关系的状态、状态转换的触发事件及对象的行为。下面用状态转换图来描述对象动态模型。

防空 C^3I 系统包括探测子系统、指挥所子系统、火力单元子系统和通信子系统。其中探测子系统的状态有等待状态、搜索跟踪状态；指挥所子系统的状态主要有信息融合状态、目标分配状态和评估状态；火力单元子系统的状态有等待状态、搜索状态、跟踪状态、目标识别状态、目标威胁判断状态和目标拦截状态；通信子系统的状态有监控状态和传输状态，在没有信息事件发生时，处于监控状态，当有信息事件发生时，由监控状态转入传输状态。通过对探测子系统、指挥所子系统和火力单元子系统状态转换的分析，构建了简单的防空 C^3I 系统动态模型，如图 9－5 所示。

（3）功能模型。对象模型指出事件发生在什么上面，动态模型指出什么时候发生，而功能模型指出要发生什么。功能模型表示怎样从输入值得到输出值，描述了系统做什么，而不关心如何做和何时做。

通常用数据流图来描述对象的功能模型。数据流图由数据流（用带有箭头的数据流向表示）、处理（用圆圈表示）和实体（用椭圆圈表示）组成。层次数据流图就是把数据流图中的处理视为子系统，对其再进行分解直至容易理解为止。

功能模型包括数据流图和限制，建立功能模型的步骤如下：

1）确定输入和输出值。

2）需要时用数据流图表示功能的依赖性。

3）描述每个功能干什么。

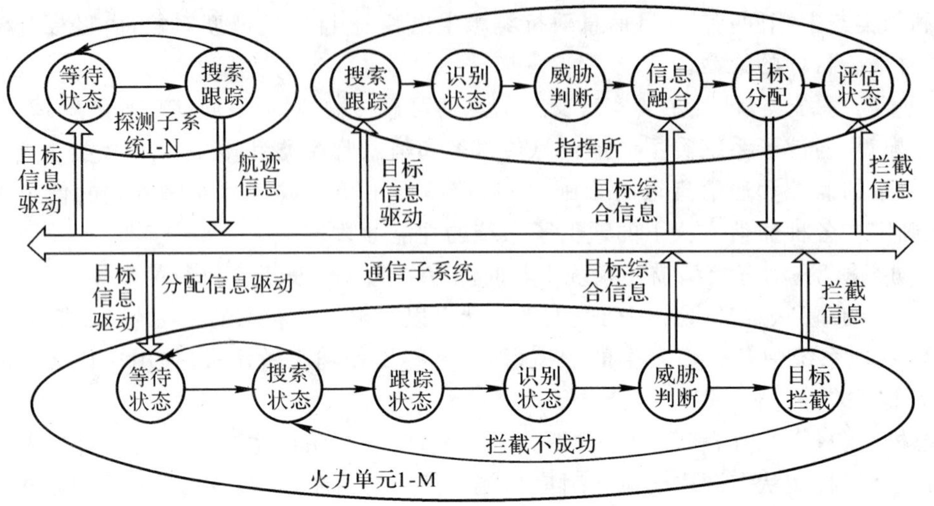

图 9-5 防空 C^3I 系统动态模型

4）确定限制。

5）指定优化准则。

利用层次数据流图可以建立防空 C^3I 子系统对象的功能模型，也可建立防空 C^3I 系统的功能模型。防空 C^3I 功能模型描述了动态模型中行为的细节问题，即描述了防空 C^3I 系统中数据（信息）的变换处理过程。通过对防空 C^3I 各子系统功能模型的分析，构建了简单的防空 C^3I 系统的功能模型，如图 9-6 所示。

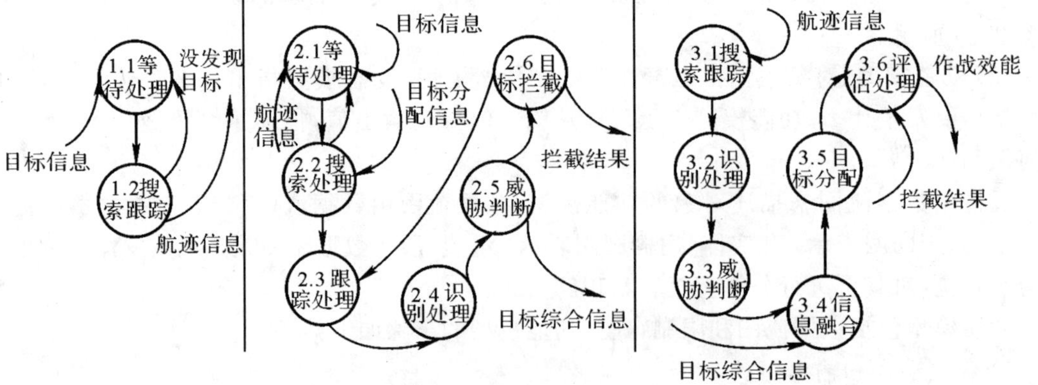

图 9-6 防空 C^3I 系统的功能模型

探测子系统的处理包括等待处理和搜索跟踪处理。等待处理：当目标信息作用于等待处理时，输出一数据流作用于搜索跟踪处理。搜索跟踪处理：搜索跟踪处理完成对目标的搜索和跟踪，输出的数据流一方面作用于火力单元的等待处理，另一方面作用于指挥所的信息融合处理。

火力单元子系统包括等待处理、搜索处理、跟踪处理、识别处理、威胁判断处理和目标拦截处理。等待处理：当目标信息或航迹信息（来自探测子系统或指挥所）作用于等待处理时，输出的数据流用于搜索处理。搜索处理：完成对目标发现的操作，输出的数据流用于跟踪处理。跟踪处理：跟踪处理完成对目标的跟踪操作，输出的数据流一方面用于识别处理，一方面用于搜索处理（如果没跟踪上目标）。识别处理：完成对属性的识别，输出的数据流用于威胁判断处理。威胁判断处理：完成对目标威胁程度的判断，输出的数据流是目标综合态势信息，一方面作用于目标拦截处理，另一方面用于指挥所的信息融合处理。目标拦截处理：目标拦截处理完成对目标的拦截打击，输出的数据流一方面作用于跟踪处理（如果没有击中目目标），另一方面作用于指挥所的评估处理。

指挥所的处理包括搜索跟踪处理、识别处理、威胁判断处理、信息融合处理、目标分配处理和作战效能评估处理。其中搜索跟踪处理、识别处理、威胁判断处理和火力单元子系统的大致相同。信息融合处理：信息融合处理对来自指挥所和各火力单元的目标综合信息进行融合，输出的数据流作用于目标分配处理。目标分配处理：给每批来袭目标选择合适的火力单元，输出的目标分配信息一面作用于作战效能评估处理，另一面用于火力单元的搜索处理。评估处理：输入数据流的是指挥所的目标分配信息和各火力单元的拦截结果，输出的数据流是防空 C³I 系统的作战效能情况。

(4) 三个模型之间的关系。对象模型、动态模型和功能模型都包含了同样的概念、数据、序列和操作，但它们从不同的角度描述了系统的不同方面。对象模型描述了系统中的对象及其相互关系；动态模型用来描述与时间和操作有关的属性，如触发事件、事件序列、事件状态等；功能模型用来描述系统中数据变化的过程。对象模型描述了动态模型和功能模型所操作的数据结构，对象模型中的操作对应于动态模型中的事件和功能模型中的函数；动态模型描述了对象的控制结构，说明了哪些决策依赖于对象值，哪些引起对象的变化并激活了功能；功能模型描述了对象模型中的操作和动态模型中动作所激活的功能，而功能作用在对象模型所说明的数据上，功能模型还表示了对象值的约束。

简而言之，功能模型指明发生了什么；动态模型确定何时发生；而对象模型确定发生的客体。

9.5　防空 C³I 系统仿真

9.5.1　防空 C³I 系统综合集成仿真环境

1. 综合集成仿真环境的概念

防空 C³I 系统建模、仿真实验和结果分析，是个一体化的过程，模型的建立和模型的实验两者具有逻辑上的不可分割性。在建模和仿真中，既要增加仿真系统的可扩充性、可靠性及可重用性，又必须实现建模、仿真实验和结果分析的有效分离。因此，防空 C³I 系统综合集成仿真环境是指在具有分布性、交互性、开放性的仿真支撑平台上，有效集成各种支持防空 C^3I 仿真开发的建模工具、仿真运行框架和数据系统等，通过一致、透明的仿真接口，为用户提供方便、灵活的建模、仿真实验和分析的手段，以支持防空 C^3I 系统仿真的全过程。关于综合集成仿真环境的研究，在军事仿真领域已经广泛展开。在我国关于综合仿真系统的研究也取得了一定的突破，建立一些防空 C^3I 系统实验床。但防空 C^3I 系统综合仿真环境这方面工作尚处于探索阶段。建立一个防空 C^3I 系统综合集成仿真环境的关键在于：

(1) 设计适合于防空 C^3I 系统仿真的、具有分布性、并发结构的仿真系统体系结构，包括防空 C^3I 系统的模型开发环境、支持仿真过程的实验运行框架等。

(2) 在此基础上选择或自主开发专用仿真支撑环境，包括通信软件、应用软件及交互操作协议等。

2. 综合集成仿真环境的体系结构

防空 C^3I 系统综合集成仿真环境的体系结构是指仿真系统各组成部分间的相互关系以及管理整个系统设计和演化的原则和指南。简单地说，系统的体系结构就是解决系统结构复杂度的技术。它主要研究系统的部件构成、部件互连、部件互动问题，因此体系结构实质是一种管理技术。

根据防空 C^3I 系统仿真的需求，防空 C^3I 系统综合集成仿真环境的体系结构如图 9-7 所示。

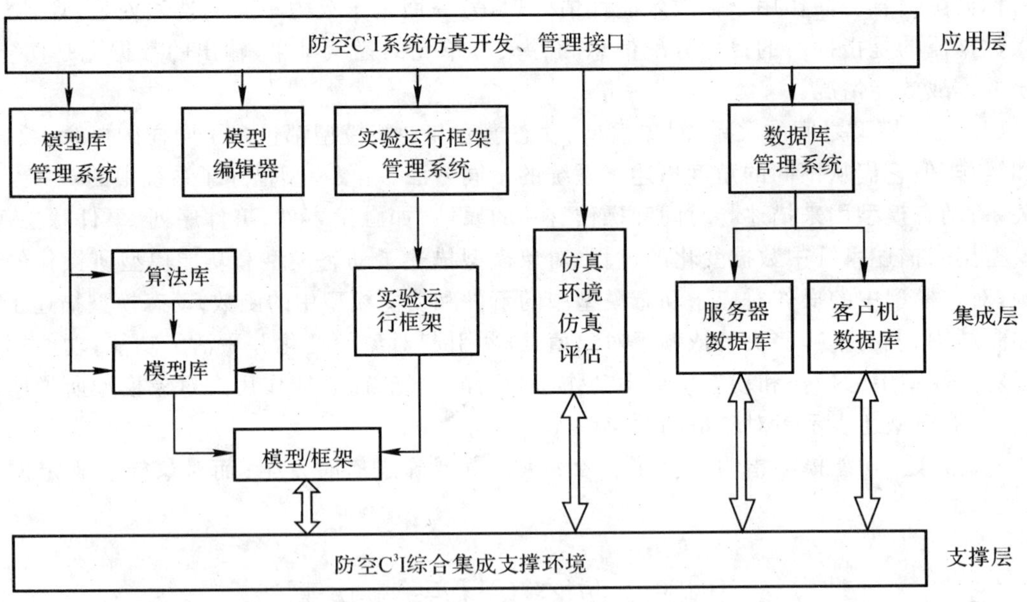

图 9-7 防空 C^3I 系统综合集成仿真环境体系结构

在图 9-7 中，应用层提供开发、管理防空 C^3I 系统仿真的一致性接口，封装其底层，即封装了软硬件支撑层的大部分工作，增加了系统对用户人员的透明度。集成层主要完成模型库、实验运行框架库、数据库、仿真评估系统的开发以及相互之间的逻辑集成。

3. 综合集成仿真的支撑环境

防空 C^3I 系统综合集成仿真支撑环境必须在集成化体系结构的指导下，进行合理的选取或自主开发。基于上述体系结构，结合防空 C^3I 系统自身特点，能够有效地支持防空 C^3I 系统综合集成仿真环境的仿真支撑平台，应具备以下特点：

(1) 便于仿真系统的扩展，使得所建立的仿真环境很容易地转为支持防空 C^3I 系统原型开发的环境。

(2) 分布式资源分散性、工作并行性、协作自治性、系统透明性及高可用性等特点，使得分布式仿真环境更加符合防空 C^3I 系统真实的应用环境及未来的发展方向。

(3) 交互式对仿真用户而言，在仿真运行过程中，可以随时挂起仿真进程，观察、设置和修改状态变量的值，并在该条件下继续运行；对仿真对象而言，支撑环境提供有效的交互手段，便于仿真节点间方便、独立地进行信息交互。

(4) 开放性使防空 C^3I 仿真系统易于扩充和扩展，利于实现异种仿真平台的系统互连、互通和互操作。防空 C^3I 系统包括多个子系统，如地空导弹子系统、航空兵子系统、高射炮子系统等，而且它们还可以细分。良好的开放特性，可以将已有的这些子系统的仿真系统稍加改进或不加改进，进行互连，以便进行防空 C^3I 系统原型开发、合同作战模拟训练或攻防对抗演练等。

基于上述特点，分布式交互仿真(DIS) 和高层体系结构(HLA) 为防空 C^3I 系统综合集成仿真环境的建立提供了一个良好的仿真支撑环境。它们可以将分布的仿真环境系统集成到一个综合环境中，采用面向对象的方法来分析系统，支持建立不同粒度的对象模型，有力地促进了仿真系统和仿真系统中各组件的重用性，通过网络通信技术和作战仿真技术的结合，把分散在各地的平台仿真器、计算机仿真模型和兵力实体集成在一个时空统一的战场环境中去。下面就简单介绍 DIS 和 HLA。

9.5.2　基于 DIS 的防空 C^3I 系统仿真

1. DIS 简介

DIS(Distributed Interactive Simulation—— 分布式交互仿真) 是在美国 SIMUNET 计划的基础上发展起来的新的仿真理论，其深远的工程应用价值，尤其是在军事领域的应用价值，已经引起世界各国的广泛重视。DIS 主要通过网络技术把分散在不同地点的软、硬件设备及有关人员联系成一个整体，在这个人工合成的“电子环境” 中，形成在时间和空间上互相耦合的、同时共享一个综合虚拟战场环境而进行体系对抗的仿真。通过近 20 年的发展，从仅支持同构网络的分布交互仿真发展为对基于异构网络分布式交互仿真的支持，从概念研究到人员训练、武器研制、战术演练和空中交通管制仿真等军事和非军事方面得到成功应用，分布交互仿真技术已经逐步走向实用。

DIS 的主要功能是定义一个包括接口标准、通信结构、管理结构、置信度指标、技术规范等内容的框架，以便把不同地理位置、不同类型的仿真对象加入到一个统一的、无缝的综合环境中，以实现人、平台、环境之间的交互。DIS 支持三种实体的混合仿真，即虚拟实体(如人在回路的仿真器)、真实实体(客观存在的设备或系统) 和构造实体(如军事演习等)。

2. 防空 C^3I 分布式交互仿真系统的组成

从 DIS 物理结构构成来看，DIS 系统由仿真节点、网络接口单元(NIU) 和计算机网络组成，其物理结构如图 9-8 所示。

(1) 仿真节点。仿真节点实现本节点的仿真功能，它不仅要解算本节点上的仿真实体模型，还要把仿真实体的状态通知其他节点，并接收其他节点发送来的信息，计算该信息对本节点的影响。基于 DIS 的防空 C^3I 仿真节点分为高炮仿真节点、导弹部队仿真节点、航空兵仿真节点、指挥所仿真节点等，仿真节点又由多个小的功能节点组成。因此，通常情况下仿真节点可由一台仿真服务器和若干台仿真计算机组成；仿真服务器主要负责仿真进程的管理和网络的管理，仿真计算机完成仿真节点的功能。

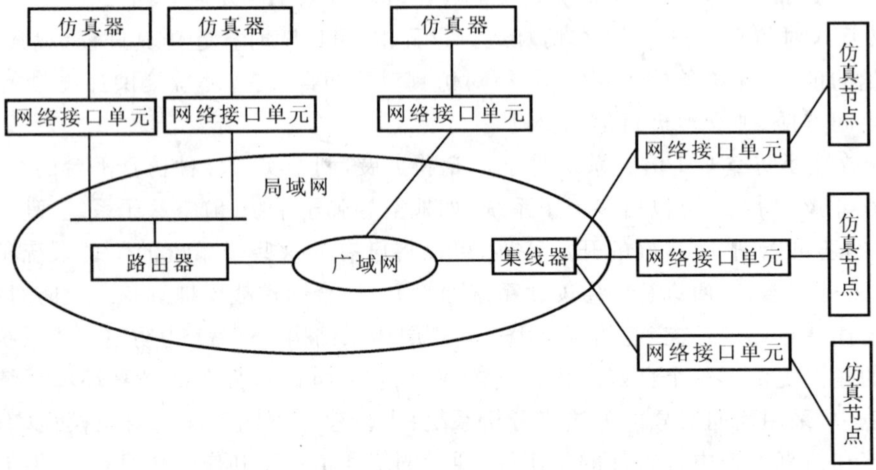

图 9-8 DIS 系统的物理结构

(2) 网络接口单元。在 DIS 系统中，各仿真节点所采用的计算机、通信接口是各异的，其内部的数据源也不同，且都有各自的时空体系，因此，要通过一个共同的网络环境互连，实现彼此的信息交互，仿真节点间必须有个接口处理设备，即网络接口单元。各仿真节点是通过网络接口单元与网络相连的，其主要的功能有：① 在物理连接上实现各仿真节点的不同标准的数据接口与网络系统的互连；② 在数据流上，实现不同格式的数据与 PDU(Protocol Data Unit) 的互换，即在接收数据时把 PDU 转化本仿真节点可以接收的局部数据，发送时，将本仿真节点的局部数据转化为 PDU；③ 在仿真环境方面，进行各仿真节点的时空坐标与 DIS 统一时空坐标的互换；④ 根据仿真节点的需要，决定是否接收某信息；⑤ 对信息传输延时进行补偿。

(3) 计算机网络包括局域网、广域网、网桥、路由器、网关。从 DIS 系统中实体所扮演的角色来看，DIS 系统由红、蓝、白三方组成，红方、蓝方是系统对抗方，白方是管理方。

红方主要是实现防空 C^3I 系统的系统功能，包括如下数学模型和功能软件：① 多目标航迹辨识处理模型和软件；② 多目标信息融合模型和软件；③ 作战控制模型和软件；④ 辅助决策系统模型和软件；⑤ 弹－目信息对抗模型和软件；等。

蓝方主要是空袭方目标流和对抗环境的仿真，主要包括目标流生成模块和干扰环境生成模块。空袭目标流的仿真可以模拟各种具有一定战术背景的空情；空袭目标干扰环境的仿真，可以模拟各种干扰条件下的空袭。

白方负责整个 DIS 系统演练前的规划准备、演练的初始化和运行阶段的管理与控制。其主要分为初始化模块、评判模块和重演模块。初始化模块主要根据作战想定、目标以及可用的仿真资源进行初始化工作，即明确红、蓝双方的作战配置、作战环境，初始化仿真实体，格式转换，时钟同步，启动仿真，武器配置，坐标设置等。评判模块根据所记录的仿真数据，分析判断红、蓝双方的对抗过程，并对其对抗的胜负进行判断，必要时干预演练的进程。重演模块主要通过记录DIS演练过程中产生的PDU数据、语音和环境数据。在DIS演练结束后，利用记录的数据对仿真过程进行重演，为防空 C^3I 系统的分析提供数据和依据。

3. DIS的技术特点

分布交互仿真技术发展至今，其主要的技术特点：

采用对象/事件的体系结构，把所研究的事物用许多对象模型的集合来描述，这些对象之间通过一系列的事件产生交互作用。

每个仿真器都是一个自治的仿真节点，它负责对描述实体的仿真，提供实体状态更新和交互信息。

所有仿真节点的地位是平等的，没有中央节点对仿真过程进行管理和控制。

只有在实体状态发生改变时，才以协议数据单元PDU的形式向其他仿真节点发送信息。

主要采用广播方式传输PDU到网络上的所有节点，某些PDU采用点对点传输方式，对局部广播方式，目前依靠一点对多点的路由器来实现静态局部广播。

DIS是一个开放的体系结构，允许仿真节点在任何时候加入和退出DIS环境而不会干扰其他仿真节点的正常运行。

4. DIS的关键技术

(1) 时钟同步技术。在DIS中，各仿真节点具有各自的时钟，这些时钟的不同步会导致仿真节点之间对时间的观测和理解上的不一致。此外，由于仿真节点之间的信息交互和仿真实体的运动使得时间信息和空间信息紧密耦合，这样，通信系统中固有的信息传输延迟及节点时钟的不同步将导致时空不一致，而时空一致的仿真环境要求仿真节点之间的时钟偏差尽可能的小。

在分布式系统中，时钟同步方法分为三类：

1) 软件同步算法。完全利用软件完成分布式系统中各时钟的同步，其缺点是工作量大，节点间的同步偏差容易积累，更重要的是同步信息在广域网上传输时延时大，且具有很大的不确定性。因此，软件同步的效果不会很理想。

2) 硬件同步。硬件同步是借助于全球定位系统(GPS) 实现的。但是 GPS 价格昂贵，因此，完全依靠硬件同步的成本很高。

3) 分层式混合同步：采用硬件和软件实现节点间的时钟同步。具体算法如下：对于DIS中的每一个LAN，选择某一个节点作为Time Master(简称TM)，并在TM中引入一个GPS接收机及相应的时钟接口设备，这样在不同的LAN中的TM就可以通过GPS的时间信号实现同步；在每一个LAN内部，各节点通过软件同步实现与该LAN的TM同步。

(2) 时戳机制与网络同步延迟的补偿技术。在对系统进行时钟同步后，各个仿真节点间的时钟是以要求的同步精度同步的，所有的仿真节点以同一时间标准运行。但是由于信息的网络传输延迟而造成各节点间对时间与空间理解的不一致是不可避免的。为了对网络传输延迟进行有效地补偿，DIS中采用了时戳机制，即在所有实体状态信息中都加入此状态产生的时间 t_0，从而便于接收方在 t_1 时刻接收时准确地了解状态信息所对应的时间，并对接收时刻发送方的状态进行估算。

(3)DR技术。DR(Dead Reckoing) 是DIS中普遍采用的一项技术，它可以在仿真精度和通信带宽之间进行很好地折中，即可以在一定的仿真精度要求的前提下，大大地减少仿真节点之间状态信息传递的次数。

由于网络通信带宽的限制,仿真节点间不可能在每一个仿真周期都进行信息交换。因此,我们采用低阶运动学 DR 模型代替高阶准确模型的方法来推算实体运动状态,从而达到在满足一定精度的前提下最大限度地减少网络通信量的目的。接口处理器对由高精度的状态模型解算得来的本节点的实体状态信息和由 DR 模型得来的其他节点对本节点的状态估计信息进行比较,当计算的差值大于规定的阀值时,本节点实体的状态信息送通信网络进行传送;反之,本节点实体的状态信息不传送。

(4) 信息交换标准。为了生成时空一致的仿真环境,并支持仿真实体间的交互作用,必须制定相应的信息交换标准。主要包括信息交换的内容、格式的约定以及通信结构和通信协议的选取。

目前,DIS1.0 和 DIS2.0 标准已经制定并得到 IEEE 的批准,这两个标准中包括了 DIS 的信息交换标准,即 DIS 中协议数据单元(Protocol Data Unit,PDU)。PDU 标准中规定了多种 PDU 的具体格式和内容,如实体状态 PDU 描述实体的位置与运动特性;武器发射 PDU 描述了武器的类型、发射姿态、速度等相关参量;碰撞 PDU 描述实体间的相互碰撞; 爆炸 PDU 则描述了爆炸发生的地点、规模和破坏程度等。

(5) 接口处理技术。引入接口处理器(Interface Processor,简称 IP) 的目的是为了实现由于连网而附加给仿真节点的负担,从而减少对仿真节点所做的修改,最大限度维护仿真节点的独立性。接口处理器主要完成网络平均传输延迟的测定、时钟同步的实现、协议数据单元的发送和接收、时戳机制的实现与网络传输延迟的补偿、坐标变换与数据格式转换等功能。

目前接口处理器与仿真节点的连接有两种方式:一种是将接口处理器驻留在网桥中,通过局域网与仿真节点的连接进行数据交换;另一种是利用反射内存系统来连接仿真节点和接口处理。

(6) 计算机生成兵力。计算机生成兵力(Computer Generated Forces,CGF) 是构造大规模 DIS 仿真的关键技术。由仿真器生成和控制的一个或多个仿真实体称为计算机生成兵力。它不仅可以扩大 DIS 的规模、实体种类和数量,而且成本低廉,节省人力。目前,CGF 的研究主要涉及 CGF 动态模型的建立与简化、CGF 实体间的交互关系、CGF 系统的可视化、CGF 行为决策、对抗效果评估等。

9.5.3 高层体系结构 HLA

虽然 DIS 在军事领域有着广泛的应用,但 DIS 技术存在一定的缺陷:一是在对象模型、数据表示和通信协议上不够完善,缺乏灵活性、有效性,如某个仿真实体要向其他仿真实体通知自己的状态变化,这一状态变化只需要改变 PDU 数据的某一位,但它必须发送整个实体状态 PDU 来表示这一改变;二是 DIS 是定位于实时、平台级的分布式仿真,对大规模的仿真和聚合级仿真则不大适合。HLA 就是在这样的背景下产生的。1996 年 8 月,美国国防部建模与仿真办公室 DMSO(Defense Modeling & Simulation Office) 公布了作为其"建模与仿真总体计划(Modeling and Simulation Master Plan)"的关键部分"建模与仿真高级结构(High Level Architecture for Modeling and Simulation)",简称 HLA。目前,HLA 已被正式接受为 IEEE 标准,成为新一代分布交互式仿真体系结构的标准。

在 HLA 中,为实现某种特定的仿真目的而组织到一起, 并彼此能进行交互作用的仿真系统、支撑软件和其他相关的部件构成一个联邦，其执行过程称为联邦执行；组成联邦的各仿真应用系统称为联邦成员（它可以是真实实体仿真系统、构造或虚拟仿真系统及一些辅助性的仿真应用，如联邦运行管理控制器、数据收集器等）；对某一应用领域内的仿真物体所建立的模型称为对象。在 HLA 框架下，联邦成员通过 RTI(Run Time Infrastructure) 构成一个开放性的分布式仿真系统，联邦成员间通过 RTI 进行数据交换。基于 HLA 的防空 C^3I 系统仿真综合集成环境，如图 9－9 所示。

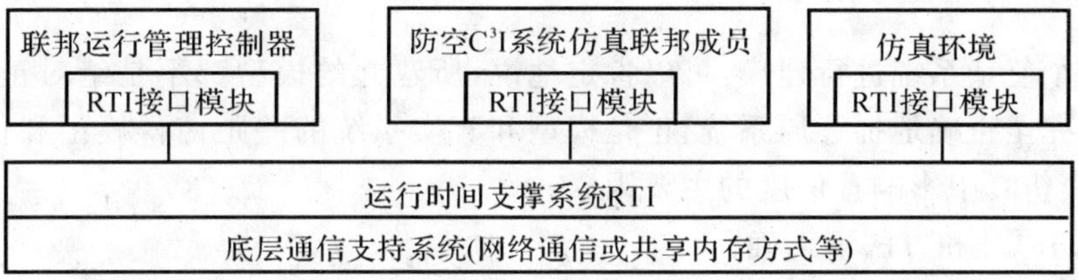

图 9－9　防空 C^3I 系统仿真综合集成 C^4 环境

HLA 主要由三部分组成：规则(Rules)、对象模型板 OMT (Object Model Templates) 和接口规范(Interface Specification)。

HLA 共定义了 10 条规则，描述仿真和联邦成员的职责，以确保一个联邦内仿真的正确交互。其中前 5 条规则规定一个联邦必须满足的要求，而后 5 条规则是一个联邦成员必须满足的条件。

OMT 是对仿真中的对象、对象属性和对象间信息交互的格式和内容进行定义的标准化描述。HLA 中的联邦对象模型 FOM 和仿真对象模型 SOM 就是通过 OMT 来描述的，FOM 对 HLA 联邦中联邦成员之间的共享信息及其交换条件进行了描述，它包括被共享的对象、属性和交互作用；SOM 是单个联邦成员中的对象模型，它描述了联邦成员中所有对象的属性和关系，从而提供了判断联邦成员是否适合联邦的方便而标准的方法。FOM/ SOM 是一种建模的标准化技术和方法，它便于模型的建立、修改、生成与管理，便于仿真资源的重用。

RTI 是一组应用软件，在每个联邦成员的主机上都有相应的程序，可以看做是个分布式操作系统，用于实现各类仿真应用之间的交互操作，是连接系统各部分的纽带。IEEE1516.1 标准定义了联邦成员和 RTI 之间的功能接口。RTI 类似于分布式操作系统，它通过 130 个调用接口把联邦成员有机地连接起来。这些调用功能可以划分为联邦管理、声明管理、对象管理、所有权管理、时间管理和数据分发管理等。联邦管理用于对联邦执行的整个生命周期的活动进行协调；声明管理用来建立联邦成员要公布和订购的对象属性和交互；对象管理支持对对象的属性以及对象产生的交互进行建立、修改和删除；所有权管理允许联邦成员动态地转移对象属性的所有权；时间管理用于控制联邦时间和联邦成员时间的推进，它支持具有不同时间推进机制的联邦成员，它与对象管理服务一起保证联邦内信息按因果关系提交给各联邦成员；数据分发管理允许联邦成员规定它发送或接收数据的分发条件，以便更有效地分发数据。

9.6 防空 C^3I 系统建模仿真中的 VV&A

建模仿真在防空 C^3I 系统建设中的应用越来越广泛，但是模型和仿真系统的置信度也愈来愈引起人们的关注。建模仿真中的校核、验证与确认（Verification，Validation and Accreditation，VV&A）就是要提高模型和仿真的置信度，降低由于模型不准确和仿真置信度低所引起的风险。

9.6.1 VV&A 的基本概念

对任何一个复杂系统进行建模，可以肯定地说，所建立的模型都不是绝对正确的，也就是说模型并没有完全正确地描述原系统。正是模型和真实系统的差距使得模型和仿真的置信度受到影响。建模仿真中影响置信度的主要因素：

（1）建模的原理和方法不正确。

（2）建模过程中忽略了一些次要因素。在建模过程中，一些对系统影响较小的因素或较难用数学描述的因素常被忽略。这些忽略在一定程度上具有潜在的危险。因为建模者还不清楚某个因素对系统的影响小到什么程度才能被忽略。

（3）对模型初始数据的选取存在失误。对于某些系统来说，仿真模型的初始状态对仿真的输出有直接影响。初始数据的偏差可能会引起仿真结果较大的“扰动”。

（4）随机变量的概率分布类型确定或参数选取有误。仿真模型中的随机变量服从一定的概率分布，能否正确确定这些概率分布直接影响到模型的质量。

（5）在计算机实现过程中，仿真模型的置信度还会受到计算机字长、编码错误和算法等方面的影响。上述诸多因素使得模型与真实系统之间存在着一定的差距，也正是这种差距使得对模型和仿真的校核、验证和确认变得十分重要。

模型校核所处理的问题是建模过程的正确性，即证实模型从一种形式转换成另一种形式的过程是否具有足够的精确度，例如从概念模型（数学模型、物理模型、逻辑模型等）→ 程序流程图 → 计算机程序，需要检查和确认仿真计算模型是否准确地表达了概念模型，特别要检查将数学模型的公式转换成计算机程序的逻辑和代码的正确性、合理性。

模型验证就是要检验建模结果的正确性，即根据特定的建模目的和目标，考察模型在其作用域内是否准确地代表了实际系统。验证包括了两个方面的含义：一是首先核实概念模型是否正确地描述了实际系统；二是进一步检验模型输入／输出行为是否接近实际系统的输入／输出行为。模型验证的目的并不是为了使模型系统和实际系统的行为完全一致，而是为了达到特定的仿真目的，使模型系统在一定程度上复现实际系统的行为。

模型认可是指由权威人士或决策部门对整个建模仿真及其置信度进行综合性评估，从而认定系统模型和仿真结果相对于特定的研究目的来说是否可以接受。模型认可同研究目的、仿真目标、认可标准、用户要求等方面的因素有关。

仿真系统的置信度是建模与仿真 VV&A 工作的最终目的，它取决于建模、仿真的过程和结果。仿真系统的置信度评估实际上是将仿真系统生命周期中的校核、验证、确认工作及测试与评估等工作有效地统一到一个框架中，目的是检验仿真结果的正确性、可靠性、可用性等，为仿真系统全面质量管理提供有力的技术支持。置信度评估包括五项内容：理论模型有效性确认、仿真软件校核与验证、运行有效性确认、数据有效性确认和内部安全性验证。仿真系统的置信度评估与 VV&A 及全面质量管理的管理如图 9-10 所示。

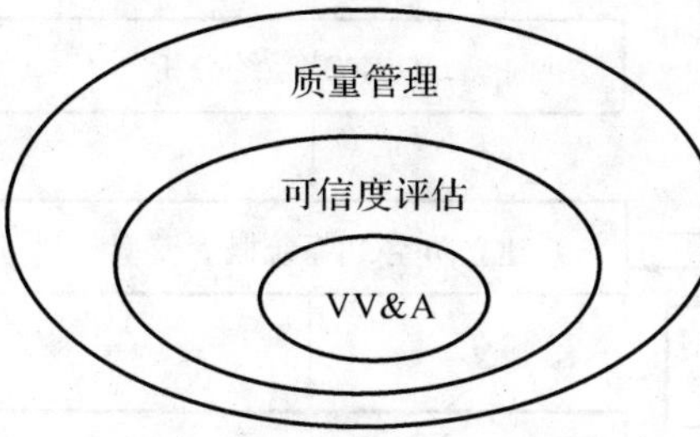

图 9-10　仿真系统置信度评估、VV&A 和全面质量管理的关系

建模仿真的 VV&A 涉及研究对象领域、软件工程和软件测试、数理统计、数据分析、系统工程等。在 VV&A 工作中要注意两点，一是 VV&A 工作模式的规范化，不同领域的仿真应建立适合自己的 VV&A 标准和规范。规范的重点是文档。文档的内容包括建模仿真的指标、性能、数据要求、分析结果、存在问题等。二是标准数据库。在建模仿真及其 VV&A 过程中所用的数据必须是合适的、精确的和完整的。所有数据必须提供正确的表达式，必须经过精确的测量或估计。对原始数据的变换也必须准确，并且数据相关性必须具有充分的描述，数据尽量规范化、标准化。

9.6.2　防空 C³I 系统建模仿真及 VV&A 流程

防空 C³I 系统是一个复杂的大系统，对其进行建模仿真更是一项复杂的系统工程。所建立的模型能否反映系统的静态特性和动态行为，模型行为特性和系统行为特性的对比精度能否满足仿真目的的规定要求，这些问题都需要在防空 C³I 系统建模仿真中加以考虑。因此，可以说 VV&A 贯穿于防空 C³I 系统建模仿真的全过程，其一般步骤：

(1) 分析防空 C³I 系统的特点，明确建模仿真的研究目的，针对特定的研究目的选择建模方法，建立概念模型，同时要进行概念模型校核。概念模型校核是对仿真研究目的的描述和对仿真研究对象描述的确认。

(2) 建立防空 C³I 系统及其子系统仿真模型，并进行模型校核。在这里，模型校核有两层含义，一是指数学模型校核，包括对数学模型的类型和建模方法的确认。由于数学模型是对真实对象的抽象，因此在建模过程中必须做出许多假设，应对这些假设的合理性进行确认。二是指数学仿真模型的校核。数学仿真模型的校核是指对所选的计算机性能、仿真程序逻辑、数值算法等的正确性和精度的分析。校核程序可用软件工程中的检验方法和定性的专家评定方法。

(3) 建立防空 C³I 子系统仿真模型的性能指标和系统模型的性能指标。

(4) 构建分布式交互仿真环境。

(5) 运行仿真模型，并进行仿真模型的验证。仿真模型验证包括物理仿真模型验证、数学仿真模型验证和半实物仿真系统验证。根据仿真结果的分析、认可标准和专家经验判断防空 C³I 系统模型及仿真结果是否可以接受。

(7) 如果模型及仿真结果不能接受，则根据对仿真结果的分析，判断引起仿真结果不可信的原因(某个子模型的不完善或概念模型的不准确)，对引起仿真结果不可信的子模型(或概念模型）进行优化（或修正）。

其具体流程如图 9－11 所示。

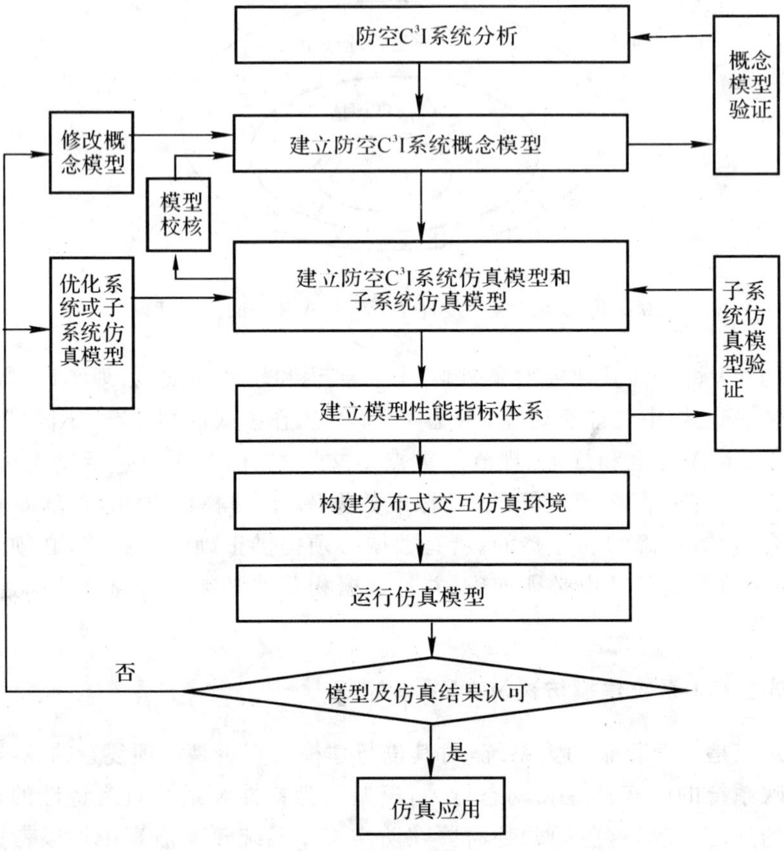

图 9－11 防空 C³I 系统建模仿真及 VV&A 流程

9.6.3 防空 C³I 系统模型的校核

校核的目的和任务就是要检查和确认仿真模型是否准确地表达了概念模型。模型校核工作主要有两个方面：一是分析在建模仿真中各种误差对仿真结果精确性的影响；二是对仿真程序的校核。

1. *系统仿真误差源校核*

系统仿真误差源主要包括仿真模型误差、仿真方法及算法误差、计算机误差和仿真硬件误差等。

(1) 仿真模型误差。在建立数学模型时，由于忽略了一些次要因素，并且对系统做了各种假设和简化处理，从而得到的是简化模型。仿真模型又是建立在这个简化模型基础上的，所以系统仿真模型是对实际系统的二次简化模型。在这简化过程中，就不可避免地引入了各种误差。另外，由于各种噪声干扰和采样误差，又给仿真模型带来了各种计算误差。

(2) 仿真硬件误差。对全数字仿真来说，仿真系统硬件主要是计算机和网络，其所涉及的误差是计算机引起的舍入误差和网络延迟误差。对于半实物仿真来说，仿真系统包括计算机、物理仿真设备、研究对象实物和接口装置，因而仿真硬件误差还包括物理仿真设备和接口误差等。

（3）仿真方法及算法误差。主要是在编制仿真程序时，由所采用的仿真方法及算法引起的截断误差和舍入误差等。

对防空 C^3I 系统仿真误差源的校核，主要以理论校核为主，详细分析并说明误差的来源及可能引起的仿真结果和实际系统的差异，然后由防空 C^3I 系统专家进行评估。专家评价如表 9－1 所示。

表 9－1　专家评价表

指标名称	合理度（1 ～ 100）	权　重
理论依据是否充分		ω_1
模型假设是否合理		ω_2
模型简化是否合理		ω_3
模型参数设置是否合理		ω_4
输入、输出变量选区是否合理		ω_5
随机变量设置是否合理		ω_6
模型参数设置是否合理		ω_7
参数取值是否正确		ω_8
随机变量的分布函数是否合理		ω_9
输入、输出影响关系是否正确		ω_{10}
模型的行为特征是否合理		ω_{11}
总　　计	$P_i = \sum_{i=1}^{11} r_i \omega_i$	$\sum_{i=1}^{11} \omega_i = 1$

专家评价总体得分为 P，则

$$P = \sum_{i=1}^{n} P_i$$

式中，n 为参加校核评价的专家人数。

2．仿真程序校核

原则上讲，软件工程领域提出的所有软件校核方法都可用于仿真程序的校核。表 9-2 给出了用于仿真程序校核的各种方法。

表 9－2 仿真程序校核的各种方法

分 类	方法名称
非正规方法	程序员自查、概念执行、代码会审、设计审查、过程审查等
静态分析	词法分析、语义分析、结构分析、数据流分析、一致性检查等
动态测试	黑箱测试、白箱测试、临界测试、运行跟踪、运行监控、运行描绘、符号调试、递归调试等
符号分析	符号运行、路径分析等
约束分析	断言检查、归纳断言、边界分析等
理论证明	正确性证明、谓词微积分、谓词变换、推理、逻辑演绎、归纳等

在防空 C^3I 仿真模型的校核中，综合运用表 9－2 所示的方法，采用从局部到整体、自下而上、逐渐逼近的策略，来检验仿真程序的正确性，提高其精度。将系统模型分成几个子系统仿真模型(子系统仿真模型也可有几个仿真模型组成)，从整个系统仿真模型的输入部分开始进行仿真模型校核，然后按照信息流的顺序依次加入子系统仿真模型，进行组合仿真模型校核，并在仿真模型校核中提高其精度，直至所有子系统仿真模型都加入。

9.6.4 防空 C^3I 系统模型验证

对于复杂系统的模型和仿真，要想从理论上证明其正确性或精度，是非常困难甚至不可能的。判断模型及其仿真结果是否正确的唯一办法是“通过实践来检验”，即通过比较模型结果和实际系统运行结果的偏差来表示模型的准确度，即模型验证。要进行模型验证，就必须建立模型的性能指标。模型性能指标大体可分为两类：静态指标和动态指标。静态指标在一次试验过程中是个随机变量，于是模型静态指标验证问题就变成了两个随机变量是否一致的问题；而动态指标在一次试验过程中是个变化的序列，对模型动态指标的验证就是检验两个序列的一致性程度。因此，对应两类不同的模型验证指标，模型的验证方法也不同。验证的目的就是通过在一定条件下检验模型，评价模型在预期的应用目的下是否满足一定的精度来判断模型的有效性。模型有效性是模型可用性的度量，与试验条件、应用目的、精度和用户要求有关。同一模型在某一试验条件下是有效，在另一试验条件下则是无效的；同样，同一模型的精度在某种情况下是可以接受的，而在另一些情况下是不能接受的。因此，在进行模型验证时，对模型和实际系统或参考系统所进行的试验或所选的运行条件应当是一致的。

1. 模型验证的一般方法

模型验证方法按照原理可分为主观确认法、动态关联分析法、数理统计方法、时－频分析法等。除此之外，模型验证方法还可以分为定性验证方法和定量验证方法，定性方法通过计算某个性能指标值来确定仿真系统输出与实际系统输出之间的一致性，只能给出定性结论；而定量方法可以给出仿真系统输出与实际系统输出之间的一致性的定量分析结果。

(1) 主观确认法。主观确认法通常包括直观有效评价法、事件有效检验法、内部有效性评价法、曲线对比法、图灵测试法等。主观确认法比较实用，是工程界比较熟悉和经常使用的方法，其优点是比较容易掌握和使用；但主观确认法有个严重的缺点，即分析结果在很大程度上受到分析人员主观意志的影响和制约。因此，通常只在实际系统或参考系统的结果无法获取的情况下，才用主观确认法进行模型验证。

(2) 数理统计方法。数理统计法主要包括参数估计法、参数假设检验、非参数假设检验，其中，参数估计法又包括点估计、区间估计、最小二乘估计、最大似然估计、Bayes 方法等；参数假设检验包括 t — 检验、F — 检验、χ^2 — 检验等；非参数检验包括符号检验、秩和检验、序贯检验等。数理统计方法通常用来验证模型的静态性能。数理统计方法在使用时有两个前提：一是需要对仿真模型进行大量重复运行以获得足够的数据来满足他们的应用条件，如独立分布假设等；二是要求被比较的输出时间序列在整个时间域上是独立的。

(3) 动态关联分析法。动态关联分析法包括 TIC 不等式系数法、灰色关联度法、回归分析等。动态关联分析法的基本思想是通过两个序列的误差序列的计算，用误差序列的各种范数来衡量两个时间序列一致性的程度，典型的有均方误差、平方和误差、归一化平方和误差、最大误差、THEIL 不等式系数等。动态关联分析法通常用来验证模型的动态性能。

(4) 时 — 频分析法。时 — 频分析法包括时间序列分析、古典谱估计、现代谱估计、小波分析等。时 — 频分析法常用来进行模型动态性能的定量验证，其中谱分析法应用的较多。谱分析法的基本原理是通过比较计算仿真模型输出序列和实际系统输出序列的频谱的一致性，来判断两输出序列的一致性，从而验证模型的某个动态性能指标。

2. 模型验证等级

通常，验证模型的可信度和有效性，需要根据仿真各阶段的不同研究目的，参考相应的系统或数据库，并要求参考的系统或数据库在某种程度上是可信的。根据数据来源的不同，分别形成不同置信度等级的数据库资源，并利用等级高的数据库对产生等级低的数据库资源的模型进行验证。通常可将数据库分为五个等级：

(1) 数据库 1—— 来源于结论、结果、经验等验前信息。

(2) 数据库 2—— 来源于理论模型和经过验证的仿真模型。

(3) 数据库 3—— 来源于分系统测量数据。

(4) 数据库 4—— 来源于半实物仿真系统。

(5) 数据库 5—— 来源于真实系统。

根据模型验证所需数据的来源不同，模型验证结果可信度的等级也不同，如图 9-12 所示。

3. 防空 C^3I 系统子模型验证

防空 C^3I 系统模型由众多的子模型组成，在进行系统模型验证前，应该综合运用上述的模型验证方法进行子模型验证。子模型输入、输出特点的不同，子模型的验模方法也就不同。模型的性能指标有一个或多个，一些性能指标还有可能是互斥的，在子模型验证优化阶段，应使各个性能指标都符合实际子系统的要求，然后，在系统模型验证阶段，可对个别性能进行调整，以使系统模型整体性能较优。下面以跟踪模型验证为例来说明模型的验证过程。

对跟踪模型的验证，可以按图 9-13 所示的流程进行。首先进行仿真输入数据的判定，符合要求后，再通过雷达跟踪系统的数据与跟踪模型的数据进行比较，来判断跟踪模型的可信性。

跟踪模型有多个性能指标，我们以跟踪精度为例。

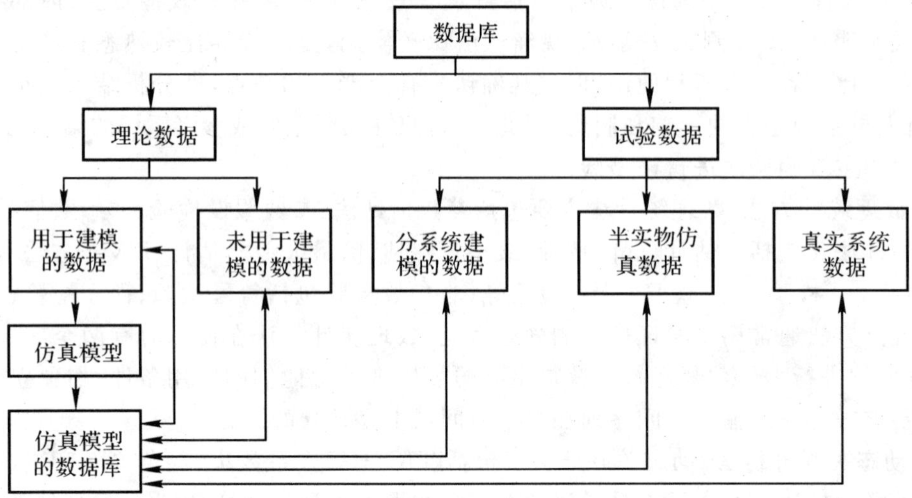

图 9-12 模型验证等级和数据库的关系

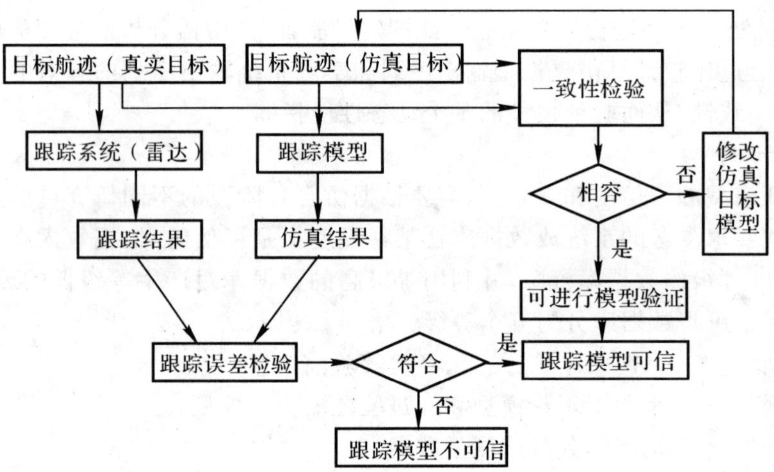

图 9-13 利用雷达跟踪数据验证跟踪模型

下面主要对跟踪误差 $f_0(k)$、跟踪误差变化率 $\dot{f}_0(k)$ 进行研究。根据仿真结果和实际跟踪系统的跟踪数据可得到跟踪误差序列 $f_0(k)$，即

$$f_0(k) = \| X_m(k) - X_{m(k|k)} \|$$

式中，$X_m(k)$ 为跟踪系统对目标 k 时刻的测量状态，$X_{m(k|k)}$ 为跟踪模型对目标 k 时刻的滤波值。理想情况下，跟踪误差序列 $f_0(k)$ 都为零；实际上，只要 $f_0(k)$ 的值尽可能小，且不超过某一值（如果超过该值，则认为目标跟踪丢了），就认为该跟踪模型在跟踪精度方面很接近实际跟踪系统。跟踪误差变化率是用来衡量跟踪机动目标和施放干扰目标的能力。对跟踪模型的跟踪误差

和跟踪误差变化率可用跟踪误差序列的均方误差 $\hat{S}_g(n)$ 来综合衡量，$\hat{S}_g(n)$ 定义为

$$\hat{S}_g^2(n)=\frac{1}{n-1}\sum_{k=1}^{n}(f_0(k)-\overline{f}_0(k))^2$$

式中，$\overline{f}_0(k)$ 为跟踪误差序列的均值，n 为目标航迹点数。均方误差 $\hat{S}_g(n)$ 越小，跟踪误差和跟踪误差变化率越小。

4. 防空 C^3I 系统模型验证

(1) 功能层次分解法。对系统模型进行验证时，首先要对各子系统模型的可信性和可用性进行评估。在对子系统模型进行验证时，首先要考虑的是子系统所在的复杂系统这一环境。子系统在这一复杂系统中具有哪些有用的功能，子系统的模型是如何组成的，这是功能性层次分析法的基础。也就是说，功能层次分析法是建立在模型的结构可分解和在分解时将模型模块功能化这两点之上的。层次分解法是一种把复杂系统中各因素构造为一个多层次的结构模型进行分析的方法。我们根据仿真系统的功能性层次结构这一特点，将这一方法运用到仿真结果。

从信息处理能力、信息传输能力、指挥作战能力、抗干扰能力和生存能力五个方面对防空 C^3I 系统模型进行分解，则防空 C^3I 系统模型性能的置信度 E 可表示为

$$E=\omega_1E_1+\omega_2E_2+\omega_3E_3+\omega_4E_4+\omega_5E_5$$

式中，$\sum_{i=1}^{5}w_i=1$，E_1,E_2,E_3,E_4,E_5 分别表示防空 C^3I 系统模型在信息处理能力、信息传输能力、指挥作战能力、抗干扰能力和生存能力的置信度；$\omega_1,\omega_2,\omega_3,\omega_4,\omega_5$ 分别表示其对应的权重，$\sum_{i=1}^{5}w_i=1$。防空 C^3I 系统模型的某个方面的性能是由其所涉及的子模型决定的，比如说防空 C^3I 系统模型的指挥作战能力由目标分配模型、弹目对抗模型、辅助决策模型决定，则防空 C^3I 系统模型在指挥作战能力方面的置信度 E_3 可表示为

$$E_3=\omega_{31}E_{31}+\omega_{32}E_{32}+\omega_{33}E_{33}$$

式中，E_{31},E_{32},E_{33} 分别表示根据目标分配模型、弹目对抗模型、辅助决策模型的性能指标对其进行验证所得的置信度；$\omega_{31},\omega_{32},\omega_{33}$ 分别表示目标分配模型、弹目对抗模型、辅助决策模型相对于防空 C^3I 系统指挥作战能力方面的加权。

(2) 黑箱验证法。防空 C^3I 系统模型性能的好坏最终体现在对目标的拦截上，因而也可用有效拦截的目标数作为对其的度量。对不同的 N 批目标多次运行系统仿真模型，如果拦截目标数越多，且变化率不大，说明系统模型的性能是可信的；反之，要根据仿真中间结果(各子模型的输入、输出) 找出引起仿真结果不可信的原因(某个子模型的不完善)，再对引起仿真结果不可信的子模型进行优化，直至有效拦截的目标数及变化率符合要求。

参考文献

[1] 苏建志,等. 指挥自动化系统[M]. 北京:国防工业出版社,1999.

[2] 蔡皖东. 计算机网络[M]. 西安:西安电子科技大学出版社,2000.

[3] 黄步武,杨一平. 计算机网络工程教程[M]. 北京:清华大学出版社,1999.

[4] 陈文伟. 决策支持系统及其开发[M]. 2版. 北京:清华大学出版社,2000.

[5] 罗雪山,张维明,等. C^3I系统理论基础——C^3I系统建模方法和技术[M]. 长沙:国防科技大学出版社,2000.

[6] 中国军事百科全书编审委员会. 中国军事百科全书[M]. 光盘版. 北京:军事科学院军事百科研究部,北京北大方正电子出版社,1995.

[7] 王维平,朱一凡,等. 仿真模型有效性确认与验证[M]. 长沙:国防科技大学出版社,1998.

[8] 竺南直,朱德成. 指挥自动化系统工程[M]. 北京:电子工业出版社,2001.

[9] 康凤举. 现代仿真技术与应用[M]. 北京:国防工业出版社,2001.

[10] 刘贵芳,张健,等. 高技术条件下的C^4ISR——军队指挥自动化[M]. 北京:国防大学出版社,2002.

[11] 王红卫. 建模与仿真[M]. 北京:科学出版社,2003.

[12] 童志鹏,刘兴. 综合电子信息系统[M]. 北京:国防工业出版社,1999.

[13] 贺正洪,张金成. 防空C^3I系统中实现武器自动控制的途径[J]. 飞航导弹,2001(3).

[14] 王刚,李为明,等. 防空C^3I系统综合集成仿真环境研究[J]. 系统工程与电子技术,2002(4).

[15] 罗爱民,罗雪山. C^3I系统体系结构框架研究[J]. 系统工程理论与实践,2003(6).

[16] Edward Ealtz. 信息原理与实践[M]. 吴汉平,译. 北京:电子工业出版社,2004.